U0451681

大足石刻全集

第三卷
北山佛湾石窟第193—290号考古报告
上册

大足石刻研究院　编

黎方银　主编

DAZU SHIKE
QUANJI

THE DAZU ROCK CARVINGS

Vol. III
FOWAN (NOS. 193—290), BEISHAN
Part One

EDITED BY
ACADEMY OF DAZU ROCK CARVINGS

EDITOR IN CHIEF
LI FANGYIN

总策划　郭　宜　黎方银

《大足石刻全集》学术委员会

主　任　丁明夷
委　员　丁明夷　马世长　王川平　宁　强　孙　华　杨　泓　李志荣　李崇峰
　　　　李裕群　李静杰　陈明光　陈悦新　杭　侃　姚崇新　郭相颖　雷玉华
　　　　霍　巍（以姓氏笔画为序）

《大足石刻全集》编辑委员会

主　任　王怀龙　黎方银
副主任　郭　宜　谢晓鹏　刘贤高　郑文武
委　员　王怀龙　毛世福　邓启兵　刘贤高　米德昉　李小强　周　颖　郑文武
　　　　郭　宜　黄能迁　谢晓鹏　黎方银（以姓氏笔画为序）
主　编　黎方银
副主编　刘贤高　邓启兵　黄能迁　谢晓鹏　郑文武

《大足石刻全集》第三卷编纂工作团队

调查记录　刘贤高　黄能迁　邓启兵　陈　静　郭　静　赵凌飞
现场测绘　刘贤高　毛世福　周　颖　黄能迁　邓启兵　张　强
　　　　　吕　品　陈　杰　潘春香　余倩倩
绘　图　　毛世福　周　颖　陈　杰　潘春香　余倩倩
图版拍摄　郑文武（主机）　郭　宜　周　瑜　吕文成　王　远　张　勖
拓　片　　唐长清　唐毅烈
铭文整理　赵凌飞
资料整理　赵凌飞　张媛媛　未小妹　李朝元
英文翻译　姚淇琳
英文审定　Tom Suchan　唐仲明
报告编写　黎方银　刘贤高　邓启兵　黄能迁
统　稿　　黎方银
审　定　　丁明夷

《大足石刻全集》第三卷编辑工作团队

工作统筹　郭　宜　郑文武
三　审　　廖建明　杨希之　李盛强
编　辑　　郑文武　夏　添　吕文成　王　远　周　瑜
印前审读　曾祥志
图片制作　郑文武　周　瑜　吕文成　王　远
装帧设计　胡靳一　郑文武
排　版　　唐　珊
校　色　　宋晓东　郑文武
校　对　　陈　琨　李春燕　刘小燕　李小君　刘　艳　何建云

总目录

第一卷　　　　北山佛湾石窟第1—100号考古报告

第二卷　　　　北山佛湾石窟第101—192号考古报告

第三卷　　　　北山佛湾石窟第193—290号考古报告

第四卷　　　　北山多宝塔考古报告

第五卷　　　　石篆山、石门山、南山石窟考古报告

第六卷　　　　宝顶山大佛湾石窟第1—14号考古报告

第七卷　　　　宝顶山大佛湾石窟第15—32号考古报告

第八卷　　　　宝顶山小佛湾及周边石窟考古报告

第九卷　　　　大足石刻专论

第十卷　　　　大足石刻历史图版

第十一卷　　　附录及索引

GENERAL CATALOGUE

Vol. I　　　　FOWAN (NOS. 1–100), BEISHAN

Vol. II　　　　FOWAN (NOS. 101–192), BEISHAN

Vol. III　　　FOWAN (NOS. 193–290), BEISHAN

Vol. IV　　　DUOBAO PAGODA, BEISHAN

Vol. V　　　　SHIZHUANSHAN, SHIMENSHAN AND NANSHAN

Vol. VI　　　DAFOWAN (NOS. 1–14), BAODINGSHAN

Vol. VII　　　DAFOWAN (NOS. 15–32), BAODINGSHAN

Vol. VIII　　XIAOFOWAN AND SURROUNDING CARVINGS, BAODINGSHAN

Vol. IX　　　COLLECTED RESEARCH PAPERS ON THE DAZU ROCK CARVINGS

Vol. X　　　　EARLY PHOTOGRAPHS OF THE DAZU ROCK CARVINGS

Vol. XI　　　APPENDIX AND INDEX

目 录

第一章 概 述 ... 1
第一节 本卷报告的内容 ... 1
第二节 本卷报告的体例和规范 ... 1
一 编写体例 ... 1
二 报告文本 ... 1
三 测绘图 ... 10
四 图版 ... 11
第三节 本卷报告的编写经过 ... 12

第二章 第193—236号 ... 13
第一节 本章各编号位置及相互关系 ... 13
第二节 本章各编号所在岩体软弱夹层分布 ... 13
第三节 第193号 ... 13
一 位置 ... 13
二 形制 ... 16
三 造像 ... 16
四 晚期遗迹 ... 16
第四节 第194号 ... 16
一 位置 ... 16
二 形制 ... 18
三 造像 ... 18
四 晚期遗迹 ... 20
第五节 第195号 ... 20
一 位置 ... 20
二 形制 ... 20
三 造像 ... 22
第六节 第196号 ... 22
一 位置 ... 22
二 形制 ... 22
三 造像 ... 24
四 晚期遗迹 ... 25
第七节 第197号 ... 25
一 位置 ... 25
二 形制 ... 25
三 造像 ... 25
四 晚期遗迹 ... 28
第八节 第198号 ... 28
一 位置 ... 28
二 形制 ... 28
三 造像 ... 28
四 晚期遗迹 ... 31
第九节 第199号 ... 31
一 位置 ... 31
二 形制 ... 31
三 造像 ... 31
第十节 第200号 ... 33

一	位置	33
二	形制	33
三	造像	35

第十一节　第201号 35
一	位置	35
二	形制	35
三	造像	37
四	晚期遗迹	37

第十二节　第202号 37
一	位置	37
二	形制	37
三	造像	37

第十三节　第203、204号 39
一	位置	39
二	形制	39
三	造像	39
四	晚期遗迹	39

第十四节　第205号 42
一	位置	42
二	形制	42
三	造像	42
四	晚期遗迹	44

第十五节　第206号 45
一	位置	45
二	形制	46
三	造像	46
四	晚期遗迹	48

第十六节　第207号 48
一	位置	48
二	形制	48
三	造像	48
四	晚期遗迹	50

第十七节　第208号 50
一	位置	50
二	形制	50
三	造像	52
四	晚期遗迹	52

第十八节　第209号 53
一	位置	53
二	形制	53
三	造像	53
四	铭文	53
五	晚期遗迹	57

第十九节　第210号 57
一	位置	57
二	形制	57
三	造像	57
四	晚期遗迹	57

第二十节　第211号 59

	一 位置	59
	二 形制	59
	三 造像	61
	四 晚期遗迹	61

第二十一节 第212号 ... 61
	一 位置	61
	二 形制	61
	三 造像	61
	四 晚期遗迹	64

第二十二节 第213号 ... 64
	一 位置	64
	二 形制	64
	三 造像	64
	四 晚期遗迹	64

第二十三节 第214号 ... 67
	一 位置	67
	二 形制	67
	三 造像	68
	四 晚期遗迹	68

第二十四节 第215号 ... 69
	一 位置	69
	二 形制	69
	三 造像	70
	四 晚期遗迹	70

第二十五节 第216号 ... 70
	一 位置	70
	二 形制	70
	三 造像	71
	四 晚期遗迹	71

第二十六节 第217号 ... 71
	一 位置	71
	二 形制	72
	三 造像	72
	四 晚期遗迹	74

第二十七节 第218号 ... 74
	一 位置	74
	二 形制	74
	三 造像	74
	四 晚期遗迹	77

第二十八节 第219号 ... 78
	一 位置	78
	二 形制	78
	三 造像	79
	四 晚期遗迹	81

第二十九节 第220号 ... 81
	一 位置	81
	二 形制	81
	三 造像	81
	四 晚期遗迹	81

第三十节　第221号 85
　　一　位置 85
　　二　形制 85
　　三　造像 85
　　四　晚期遗迹 88
第三十一节　第222号 88
　　一　位置 88
　　二　形制 88
　　三　造像 88
　　四　晚期遗迹 90
第三十二节　第223号 90
　　一　位置 90
　　二　形制 91
　　三　造像 91
第三十三节　第224号 91
　　一　位置 91
　　二　形制 91
　　三　造像 91
　　四　晚期遗迹 95
第三十四节　第225号 95
　　一　位置 95
　　二　形制 95
　　三　造像 97
　　四　晚期遗迹 97
第三十五节　第226号 97
　　一　位置 97
　　二　形制 97
　　三　造像 97
　　四　晚期遗迹 97
第三十六节　第227号 99
　　一　位置 99
　　二　形制 99
　　三　造像 101
　　四　晚期遗迹 101
第三十七节　第228号 101
　　一　位置 101
　　二　形制 101
　　三　造像 101
　　四　晚期遗迹 104
第三十八节　第229号 104
　　一　位置 104
　　二　形制 104
　　三　造像 105
　　四　晚期遗迹 106
第三十九节　第229-1号 106
　　一　位置 106
　　二　形制 106
　　三　造像 106
　　四　晚期遗迹 107

  第四十节　第230号 109
   一　位置 109
   二　形制 109
   三　造像 109
   四　晚期遗迹 112
  第四十一节　第231号 112
   一　位置 112
   二　形制 112
   三　造像 112
   四　晚期遗迹 114
  第四十二节　第232号 114
   一　位置 114
   二　形制 115
   三　造像 115
   四　晚期遗迹 115
  第四十三节　第233号 115
   一　位置 115
   二　形制 115
   三　造像 119
   四　晚期遗迹 119
  第四十四节　第234号 120
   一　位置 120
   二　形制 120
   三　造像 122
   四　晚期遗迹 122
  第四十五节　第235号 122
   一　位置 122
   二　形制 122
   三　造像 125
   四　晚期遗迹 126
  第四十六节　第236号 126
   一　位置 126
   二　形制 127
   三　造像 127
  第四十七节　本章小结 127
   一　形制特点 127
   二　年代分析 128
   三　题材内容 128
   四　晚期遗迹 130

第三章　第237—249号 131
 第一节　本章各编号位置及相互关系 131
 第二节　第237号 131
  一　位置 131
  二　形制 131
  三　造像 139
 第三节　第238号 139
  一　位置 139
  二　形制 139
  三　造像 139

第四节　第239号 ... 141
一　位置 ... 141
二　形制 ... 141
三　造像 ... 142
四　晚期遗迹 ... 142

第五节　第240号 ... 143
一　位置 ... 143
二　形制 ... 143
三　造像 ... 143
四　铭文 ... 143

第六节　第241号 ... 146
一　位置 ... 146
二　形制 ... 146
三　造像 ... 146

第七节　第242号 ... 148
一　位置 ... 148
二　形制 ... 148
三　造像 ... 149

第八节　第243号 ... 150
一　位置 ... 150
二　形制 ... 151
三　造像 ... 151
四　铭文 ... 154
五　晚期遗迹 ... 155

第九节　第244号 ... 155
一　位置 ... 155
二　形制 ... 155
三　造像 ... 155
四　铭文 ... 157

第十节　第245号 ... 158
一　位置 ... 158
二　形制 ... 158
三　造像 ... 158
四　铭文 ... 222
五　晚期遗迹 ... 222

第十一节　第246号 ... 224
一　位置 ... 224
二　形制 ... 224
三　造像 ... 224
四　晚期遗迹 ... 224

第十二节　第247号 ... 224
一　位置 ... 224
二　形制 ... 224
三　造像 ... 227
四　铭文 ... 227

第十三节　第248号 ... 227
一　位置 ... 227
二　形制 ... 227
三　造像 ... 227

第十四节　第249号 231
　　一　位置 231
　　二　形制 231
　　三　造像 232
　　四　铭文 233
　　五　晚期铭文 233
第十五节　本章小结 234
　　一　形制特点 234
　　二　年代分析 234
　　三　题材内容 235
　　四　晚期遗迹 236

第四章　第250—284号 237
第一节　本章各编号位置及相互关系 237
第二节　本章各编号所在岩体裂隙分布 237
第三节　第250号 237
　　一　位置 237
　　二　形制 237
　　三　造像 241
　　四　晚期遗迹 241
第四节　第251号 241
　　一　位置 241
　　二　形制 241
　　三　造像 241
　　四　晚期遗迹 242
第五节　第252号 243
　　一　位置 243
　　二　形制 243
　　三　造像 245
　　四　铭文 245
　　五　晚期遗迹 245
第六节　第253号 245
　　一　位置 245
　　二　形制 245
　　三　造像 247
　　四　晚期遗迹 250
第七节　第254号 252
　　一　位置 252
　　二　形制 252
　　三　造像 252
　　四　晚期遗迹 258
第八节　第255号 258
　　一　位置 258
　　二　形制 258
　　三　造像 258
　　四　铭文 262
　　五　晚期遗迹 263
第九节　第256号 263
　　一　位置 263
　　二　形制 263

三　造像	265
四　晚期遗迹	268

第十节　第257号 268
　　　一　位置 268
　　　二　形制 268
　　　三　造像 268
　　　四　晚期遗迹 268

第十一节　第258号 271
　　　一　位置 271
　　　二　形制 271
　　　三　造像 271
　　　四　晚期遗迹 271

第十二节　第259号 271
　　　一　位置 271
　　　二　形制 273
　　　三　造像 273
　　　四　晚期遗迹 274

第十三节　第260、262、266号 274
　　　一　位置 274
　　　二　形制 275
　　　三　造像 275
　　　四　铭文 277
　　　五　晚期遗迹 279

第十四节　第261号 279
　　　一　位置 279
　　　二　形制 279
　　　三　造像 280
　　　四　晚期遗迹 280

第十五节　第263号 281
　　　一　位置 281
　　　二　形制 281
　　　三　造像 281

第十六节　第264号 283
　　　一　位置 283
　　　二　形制 283
　　　三　造像 283
　　　四　晚期遗迹 283

第十七节　第265号 284
　　　一　位置 284
　　　二　形制 284
　　　三　造像 284

第十八节　第267号 284
　　　一　位置 284
　　　二　形制 285
　　　三　造像 285
　　　四　晚期遗迹 288

第十九节　第268、272号 289
　　　一　位置 289
　　　二　形制 289

		三 造像	289
		四 晚期遗迹	292
第二十节	第269、270号		292
	一	位置	292
	二	形制	292
	三	造像	294
	四	铭文	296
	五	晚期遗迹	298
第二十一节	第271号		298
	一	位置	298
	二	形制	298
	三	造像	298
	四	铭文	299
	五	晚期遗迹	301
第二十二节	第273号		301
	一	位置	301
	二	形制	301
	三	造像	301
	四	晚期遗迹	306
第二十三节	第274号		307
	一	位置	307
	二	形制	307
	三	造像	307
	四	晚期遗迹	307
第二十四节	第275号		310
	一	位置	310
	二	形制	310
	三	造像	310
	四	晚期遗迹	311
第二十五节	第276号		313
	一	位置	313
	二	形制	313
	三	造像	313
	四	晚期遗迹	314
第二十六节	第277号		316
	一	位置	316
	二	形制	316
	三	造像	316
	四	晚期遗迹	317
第二十七节	第278号		319
	一	位置	319
	二	形制	319
	三	造像	319
	四	晚期遗迹	323
第二十八节	第279号		323
	一	位置	323
	二	形制	323
	三	造像	323
	四	铭文	331

五　晚期遗迹 334

第二十九节　第280号 335
　　一　位置 335
　　二　形制 335
　　三　造像 335
　　四　铭文 335

第三十节　第281号 337
　　一　位置 337
　　二　形制 337
　　三　造像 337
　　四　铭文 347
　　五　晚期遗迹 347

第三十一节　第282号 348
　　一　位置 348
　　二　形制 348
　　三　造像 348
　　四　晚期遗迹 348

第三十二节　第283号 348
　　一　位置 348
　　二　形制 348
　　三　造像 348
　　四　晚期遗迹 351

第三十三节　第284号 351
　　一　位置 351
　　二　形制 351
　　三　造像 351
　　四　晚期遗迹 351

第三十四节　本章小结 353
　　一　形制特点 353
　　二　年代分析 353
　　三　题材内容 353
　　四　晚期遗迹 355

第五章　第285—290号 357
　第一节　本章各编号位置及相互关系 357
　第二节　本章各编号所在岩体裂隙分布 357
　第三节　第285号 357
　　一　位置 357
　　二　形制 357
　　三　造像 357
　　四　晚期遗迹 361

　第四节　第286号 361
　　一　位置 361
　　二　形制 361
　　三　造像 361
　　四　铭文 363
　　五　晚期遗迹 364

　第五节　第287号 364
　　一　位置 364
　　二　形制 364

		三　造像	364
		四　铭文	365
		五　晚期遗迹	365
	第六节　第288号		365
		一　位置	365
		二　形制	365
		三　造像	365
		四　铭文	372
		五　晚期遗迹	373
	第七节　第289号		373
		一　位置	373
		二　形制	373
		三　造像	373
		四　铭文	375
		五　晚期遗迹	376
	第八节　第290号		376
		一　位置	376
		二　形制	376
		三　铭文	376
	第九节　本章小结		378
		一　形制特点	378
		二　年代分析	378
		三　题材内容	378
		四　晚期遗迹	379
第六章　北山佛湾石窟结语			380
	第一节　石窟开凿		380
	第二节　题材内容		387
	第三节　造像特征		394
	第四节　妆绘遗迹		396
附　录　北山佛湾石窟造像一览表			400

Catalogue

Chapter One   Overview 1

Section One   Content of Vol. Ⅲ 1

Section Two   Guidelines and Organization of Vol. Ⅲ 1

    2.1   Editorial Guidelines and Organization 1

    2.2   Text 1

    2.3   Plans and Drawings 10

    2.4   Photographs 11

Section Three   Writing and Editing Process of Vol. Ⅲ 12

Chapter Two   Nos. 193-236 13

Section One   Locations and Interrelations of Nos. 193-236 13

Section Two   Distribution of Inter-layer Soft Rocks 13

Section Three   No. 193 13

    3.1   Location 13

    3.2   Dimensions and Layout 16

    3.3   Carved Images 16

    3.4   Alterations and Additions 16

Section Four   No. 194 16

    4.1   Location 16

    4.2   Dimensions and Layout 18

    4.3   Carved Images 18

    4.4   Alterations and Additions 20

Section Five   No. 195 20

    5.1   Location 20

    5.2   Dimensions and Layout 20

    5.3   Carved Images 22

Section Six   No. 196 22

    6.1   Location 22

    6.2   Dimensions and Layout 22

    6.3   Carved Images 24

    6.4   Alterations and Additions 25

Section Seven   No. 197 25

    7.1   Location 25

    7.2   Dimensions and Layout 25

    7.3   Carved Images 25

    7.4   Alterations and Additions 28

Section Eight   No. 198 28

    8.1   Location 28

    8.2   Dimensions and Layout 28

    8.3   Carved Images 28

    8.4   Alterations and Additions 31

Section Nine   No. 199 31

    9.1   Location 31

    9.2   Dimensions and Layout 31

    9.3   Carved Images 31

Section Ten   No. 200 33

    10.1   Location ... 33

    10.2   Dimensions and Layout ... 33

    10.3   Carved Images ... 35

Section Eleven   No. 201 ... 35

    11.1   Location ... 35

    11.2   Dimensions and Layout ... 35

    11.3   Carved Images ... 37

    11.4   Alterations and Additions ... 37

Section Twelve   No. 202 ... 37

    12.1   Location ... 37

    12.2   Dimensions and Layout ... 37

    12.3   Carved Images ... 37

Section Thirteen   Nos. 203 and 204 ... 39

    13.1   Location ... 39

    13.2   Dimensions and Layout ... 39

    13.3   Carved Images ... 39

    13.4   Alterations and Additions ... 39

Section Fourteen   No. 205 ... 42

    14.1   Location ... 42

    14.2   Dimensions and Layout ... 42

    14.3   Carved Images ... 42

    14.4   Alterations and Additions ... 44

Section Fifteen   No. 206 ... 45

    15.1   Location ... 45

    15.2   Dimensions and Layout ... 46

    15.3   Carved Images ... 46

    15.4   Alterations and Additions ... 48

Section Sixteen   No. 207 ... 48

    16.1   Location ... 48

    16.2   Dimensions and Layout ... 48

    16.3   Carved Images ... 48

    16.4   Alterations and Additions ... 50

Section Seventeen   No. 208 ... 50

    17.1   Location ... 50

    17.2   Dimensions and Layout ... 50

    17.3   Carved Images ... 52

    17.4   Alterations and Additions ... 52

Section Eighteen   No. 209 ... 53

    18.1   Location ... 53

    18.2   Dimensions and Layout ... 53

    18.3   Carved Images ... 53

    18.4   Inscriptions ... 53

    18.5   Alterations and Additions ... 57

Section Nineteen   No. 210 ... 57

    19.1   Location ... 57

    19.2   Dimensions and Layout ... 57

    19.3   Carved Images ... 57

    19.4   Alterations and Additions ... 57

Section Twenty   No. 211 ... 59

  20.1 Location 59

  20.2 Dimensions and Layout 59

  20.3 Carved Images 61

  20.4 Alterations and Additions 61

Section Twenty-one No. 212 61

  21.1 Location 61

  21.2 Dimensions and Layout 61

  21.3 Carved Images 61

  21.4 Alterations and Additions 64

Section Twenty-two No. 213 64

  22.1 Location 64

  22.2 Dimensions and Layout 64

  22.3 Carved Images 64

  22.4 Alterations and Additions 64

Section Twenty-three No. 214 67

  23.1 Location 67

  23.2 Dimensions and Layout 67

  23.3 Carved Images 68

  23.4 Alterations and Additions 68

Section Twenty-four No. 215 69

  24.1 Location 69

  24.2 Dimensions and Layout 69

  24.3 Carved Images 70

  24.4 Alterations and Additions 70

Section Twenty-five No. 216 70

  25.1 Location 70

  25.2 Dimensions and Layout 70

  25.3 Carved Images 71

  25.4 Alterations and Additions 71

Section Twenty-six No. 217 71

  26.1 Location 71

  26.2 Dimensions and Layout 72

  26.3 Carved Images 72

  26.4 Alterations and Additions 74

Section Twenty-seven No. 218 74

  27.1 Location 74

  27.2 Dimensions and Layout 74

  27.3 Carved Images 74

  27.4 Alterations and Additions 77

Section Twenty-eight No. 219 78

  28.1 Location 78

  28.2 Dimensions and Layout 78

  28.3 Carved Images 79

  28.4 Alterations and Additions 81

Section Twenty-nine No. 220 81

  29.1 Location 81

  29.2 Dimensions and Layout 81

  29.3 Carved Images 81

  29.4 Alterations and Additions 81

Section Thirty　　No. 221 85
    30.1　　Location...85
    30.2　　Dimensions and Layout..85
    30.3　　Carved Images..85
    30.4　　Alterations and Additions 88

Section Thirty-one　　No. 222 88
    31.1　　Location..88
    31.2　　Dimensions and Layout...88
    31.3　　Carved Images...88
    31.4　　Alterations and Additions 90

Section Thirty-two　　No. 223 90
    32.1　　Location..90
    32.2　　Dimensions and Layout...91
    32.3　　Carved Images...91

Section Thirty-three　　No. 224 91
    33.1　　Location..91
    33.2　　Dimensions and Layout...91
    33.3　　Carved Images...91
    33.4　　Alterations and Additions 95

Section Thirty-four　　No. 225 95
    34.1　　Location..95
    34.2　　Dimensions and Layout...95
    34.3　　Carved Images...97
    34.4　　Alterations and Additions 97

Section Thirty-five　　No. 226 97
    35.1　　Location..97
    35.2　　Dimensions and Layout...97
    35.3　　Carved Images...97
    35.4　　Alterations and Additions 97

Section Thirty-six　　No. 227 99
    36.1　　Location..99
    36.2　　Dimensions and Layout...99
    36.3　　Carved Images...101
    36.4　　Alterations and Additions 101

Section Thirty-seven　　No. 228 101
    37.1　　Location..101
    37.2　　Dimensions and Layout...101
    37.3　　Carved Images...101
    37.4　　Alterations and Additions 104

Section Thirty-eight　　No. 229 104
    38.1　　Location..104
    38.2　　Dimensions and Layout...104
    38.3　　Carved Images...105
    38.4　　Alterations and Additions 106

Section Thirty-nine　　No. 229-1 106
    39.1　　Location..106
    39.2　　Dimensions and Layout...106
    39.3　　Carved Images...106
    39.4　　Alterations and Additions 107

Section Forty　No. 230 109
    40.1　Location 109
    40.2　Dimensions and Layout 109
    40.3　Carved Images 109
    40.4　Alterations and Additions 112

Section Forty-one　No. 231 112
    41.1　Location 112
    41.2　Dimensions and Layout 112
    41.3　Carved Images 112
    41.4　Alterations and Additions 114

Section Forty-two　No. 232 114
    42.1　Location 114
    42.2　Dimensions and Layout 115
    42.3　Carved Images 115
    42.4　Alterations and Additions 115

Section Forty-three　No. 233 115
    43.1　Location 115
    43.2　Dimensions and Layout 115
    43.3　Carved Images 119
    43.4　Alterations and Additions 119

Section Forty-four　No. 234 120
    44.1　Location 120
    44.2　Dimensions and Layout 120
    44.3　Carved Images 122
    44.4　Alterations and Additions 122

Section Forty-five　No. 235 122
    45.1　Location 122
    45.2　Dimensions and Layout 122
    45.3　Carved Images 125
    45.4　Alterations and Additions 126

Section Forty-six　No. 236 126
    46.1　Location 126
    46.2　Dimensions and Layout 127
    46.3　Carved Images 127

Section Forty-seven　Chapter Conclusion 127
    47.1　Structural Characteristics 127
    47.2　Periodization and Dating 128
    47.3　Subject Matter and Content 128
    47.4　Alterations and Additions 130

Chapter Three　Nos. 237-249 131
  Section One　Locations and Interrelations of Nos. 237-249 131
  Section Two　No. 237 131
    2.1　Location 131
    2.2　Dimensions and Layout 131
    2.3　Carved Images 139
  Section Three　No. 238 139
    3.1　Location 139
    3.2　Dimensions and Layout 139
    3.3　Carved Images 139

Section Four   No. 239 141
- 4.1   Location 141
- 4.2   Dimensions and Layout 141
- 4.3   Carved Images 142
- 4.4   Alterations and Additions 142

Section Five   No. 240 143
- 5.1   Location 143
- 5.2   Dimensions and Layout 143
- 5.3   Carved Images 143
- 5.4   Inscriptions 143

Section Six   No. 241 146
- 6.1   Location 146
- 6.2   Dimensions and Layout 146
- 6.3   Carved Images 146

Section Seven   No. 242 148
- 7.1   Location 148
- 7.2   Dimensions and Layout 148
- 7.3   Carved Images 149

Section Eight   No. 243 150
- 8.1   Location 150
- 8.2   Dimensions and Layout 151
- 8.3   Carved Images 151
- 8.4   Inscriptions 154
- 8.5   Alterations and Additions 155

Section Nine   No. 244 155
- 9.1   Location 155
- 9.2   Dimensions and Layout 155
- 9.3   Carved Images 155
- 9.4   Inscriptions 157

Section Ten   No. 245 158
- 10.1   Location 158
- 10.2   Dimensions and Layout 158
- 10.3   Carved Images 158
- 10.4   Inscriptions 222
- 10.5   Alterations and Additions 222

Section Eleven   No. 246 224
- 11.1   Location 224
- 11.2   Dimensions and Layout 224
- 11.3   Carved Images 224
- 11.4   Alterations and Additions 224

Section Twelve   No. 247 224
- 12.1   Location 224
- 12.2   Dimensions and Layout 224
- 12.3   Carved Images 227
- 12.4   Inscriptions 227

Section Thirteen   No. 248 227
- 13.1   Location 227
- 13.2   Dimensions and Layout 227

	13.3 Carved Images	227
Section Fourteen	No. 249	231
	14.1 Location	231
	14.2 Dimensions and Layout	231
	14.3 Carved Images	232
	14.4 Inscriptions	233
	14.5 Later Inscriptions	233
Section Fifteen	Chapter Conclusion	234
	15.1 Structural Characteristics	234
	15.2 Periodization and Dating	234
	15.3 Subject Matter and Content	235
	15.4 Alterations and Additions	236

Chapter Four   Nos. 250-284 237

Section One	Locations and Interrelations of Nos. 250-284	237
Section Two	Distribution of Rock Mass Fissures	237
Section Three	No. 250	237
	3.1 Location	237
	3.2 Dimensions and Layout	237
	3.3 Carved Images	241
	3.4 Alterations and Additions	241
Section Four	No. 251	241
	4.1 Location	241
	4.2 Dimensions and Layout	241
	4.3 Carved Images	241
	4.4 Alterations and Additions	242
Section Five	No. 252	243
	5.1 Location	243
	5.2 Dimensions and Layout	243
	5.3 Carved Images	245
	5.4 Inscriptions	245
	5.5 Alterations and Additions	245
Section Six	No. 253	245
	6.1 Location	245
	6.2 Dimensions and Layout	245
	6.3 Carved Images	247
	6.4 Alterations and Additions	250
Section Seven	No. 254	252
	7.1 Location	252
	7.2 Dimensions and Layout	252
	7.3 Carved Images	252
	7.4 Alterations and Additions	258
Section Eight	No. 255	258
	8.1 Location	258
	8.2 Dimensions and Layout	258
	8.3 Carved Images	258
	8.4 Inscriptions	262
	8.5 Alterations and Additions	263
Section Nine	No. 256	263
	9.1 Location	263

  9.2 Dimensions and Layout 263

  9.3 Carved Images 265

  9.4 Alterations and Additions 268

Section Ten No. 257 268

  10.1 Location 268

  10.2 Dimensions and Layout 268

  10.3 Carved Images 268

  10.4 Alterations and Additions 268

Section Eleven No. 258 271

  11.1 Location 271

  11.2 Dimensions and Layout 271

  11.3 Carved Images 271

  11.4 Alterations and Additions 271

Section Twelve No. 259 271

  12.1 Location 271

  12.2 Dimensions and Layout 273

  12.3 Carved Images 273

  12.4 Alterations and Additions 274

Section Thirteen Nos. 260, 262 and 266 274

  13.1 Location 274

  13.2 Dimensions and Layout 275

  13.3 Carved Images 275

  13.4 Inscriptions 277

  13.5 Alterations and Additions 279

Section Fourteen No. 261 279

  14.1 Location 279

  14.2 Dimensions and Layout 279

  14.3 Carved Images 280

  14.4 Alterations and Additions 280

Section Fifteen No. 263 281

  15.1 Location 281

  15.2 Dimensions and Layout 281

  15.3 Carved Images 281

Section Sixteen No. 264 283

  16.1 Location 283

  16.2 Dimensions and Layout 283

  16.3 Carved Images 283

  16.4 Alterations and Additions 283

Section Seventeen No. 265 284

  17.1 Location 284

  17.2 Dimensions and Layout 284

  17.3 Carved Images 284

Section Eighteen No. 267 284

  18.1 Location 284

  18.2 Dimensions and Layout 285

  18.3 Carved Images 285

  18.4 Alterations and Additions 288

Section Nineteen Nos. 268 and 272 289

  19.1 Location 289

  19.2 Dimensions and Layout 289

  19.3 Carved Images 289

  19.4 Alterations and Additions 292

Section Twenty Nos. 269 and 270 292

  20.1 Location 292

  20.2 Dimensions and Layout 292

  20.3 Carved Images 294

  20.4 Inscriptions 296

  20.5 Alterations and Additions 298

Section Twenty-one No. 271 298

  21.1 Location 298

  21.2 Dimensions and Layout 298

  21.3 Carved Images 298

  21.4 Inscriptions 299

  21.5 Alterations and Additions 301

Section Twenty-two No. 273 301

  22.1 Location 301

  22.2 Dimensions and Layout 301

  22.3 Carved Images 301

  22.4 Alterations and Additions 306

Section Twenty-three No. 274 307

  23.1 Location 307

  23.2 Dimensions and Layout 307

  23.3 Carved Images 307

  23.4 Alterations and Additions 307

Section Twenty-four No. 275 310

  24.1 Location 310

  24.2 Dimensions and Layout 310

  24.3 Carved Images 310

  24.4 Alterations and Additions 311

Section Twenty-five No. 276 313

  25.1 Location 313

  25.2 Dimensions and Layout 313

  25.3 Carved Images 313

  25.4 Alterations and Additions 314

Section Twenty-six No. 277 316

  26.1 Location 316

  26.2 Dimensions and Layout 316

  26.3 Carved Images 316

  26.4 Alterations and Additions 317

Section Twenty-seven No. 278 319

  27.1 Location 319

  27.2 Dimensions and Layout 319

  27.3 Carved Images 319

  27.4 Alterations and Additions 323

Section Twenty-eight No. 279 323

  28.1 Location 323

  28.2 Dimensions and Layout 323

  28.3 Carved Images 323

28.4	Inscriptions	331
28.5	Alterations and Additions	334

Section Twenty-nine　No. 280 335

29.1	Location	335
29.2	Dimensions and Layout	335
29.3	Carved Images	335
29.4	Inscriptions	335

Section Thirty　No. 281 337

30.1	Location	337
30.2	Dimensions and Layout	337
30.3	Carved Images	337
30.4	Inscriptions	347
30.5	Alterations and Additions	347

Section Thirty-one　No. 282 348

31.1	Location	348
31.2	Dimensions and Layout	348
31.3	Carved Images	348
31.4	Alterations and Additions	348

Section Thirty-two　No. 283 348

32.1	Location	348
32.2	Dimensions and Layout	348
32.3	Carved Images	348
32.4	Alterations and Additions	351

Section Thirty-three　No. 284 351

33.1	Location	351
33.2	Dimensions and Layout	351
33.3	Carved Images	351
33.4	Alterations and Additions	351

Section Thirty-four　Chapter Conclusion 353

34.1	Structural Characteristics	353
34.2	Periodization and Dating	353
34.3	Subject Matter and Content	353
34.4	Alterations and Additions	355

Chapter Five　Nos. 285-290 357

Section One　Locations and Interrelations of Nos. 285-290 357

Section Two　Distribution of Rock Mass Fissures 357

Section Three　No. 285 357

3.1	Location	357
3.2	Dimensions and Layout	357
3.3	Carved Images	357
3.4	Alterations and Additions	361

Section Four　No. 286 361

4.1	Location	361
4.2	Dimensions and Layout	361
4.3	Carved Images	361
4.4	Inscriptions	363
4.5	Alterations and Additions	364

Section Five　No. 287 364

5.1	Location	364

	5.2	Dimensions and Layout	364
	5.3	Carved Images	364
	5.4	Inscriptions	365
	5.5	Alterations and Additions	365

Section Six   No. 288 365

	6.1	Location	365
	6.2	Dimensions and Layout	365
	6.3	Carved Images	365
	6.4	Inscriptions	372
	6.5	Alterations and Additions	373

Section Seven   No. 289 373

	7.1	Location	373
	7.2	Dimensions and Layout	373
	7.3	Carved Images	373
	7.4	Inscriptions	375
	7.5	Alterations and Additions	376

Section Eight   No. 290 376

	8.1	Location	376
	8.2	Dimensions and Layout	376
	8.3	Inscriptions	376

Section Nine   Chapter Conclusion 378

	9.1	Structural Characteristics	378
	9.2	Periodization and Dating	378
	9.3	Subject Matter and Content	378
	9.4	Alterations and Additions	379

Chapter Six   Conclusion on the Fowan, Beishan 380

Section One   Stone Carvings 380

Section Two   Subject Matter and Content 387

Section Three   Characteristics of the Carved Images 394

Section Four   Gilding and Polychrome 396

Appendix   List of Stone Carvings at the Fowan, Beishan 400

插图目录

图1	北山佛湾石窟分区图	2
图2	北山佛湾北区石窟区段图	4
图3	第193—290号在北区石窟中的位置图	6
图4	第193—290号分组图	8
图5	北山佛湾石窟龛窟外立面示意图	11
图6	北山佛湾石窟龛窟结构形制部位名称示意图	11
图7	第193—236号在本卷龛窟中的位置图	14
图8	第193—236号位置关系图	14
图9	第193号龛平、立、剖面图	17
图10	第194号龛立面图	18
图11	第194号龛平、剖面图	19
图12	第195号龛立面图	20
图13	第195号龛平、剖面图	21
图14	第196号龛立面图	22
图15	第196号龛平、剖面图	23
图16	第196号龛左沿外侧浅龛立面图	24
图17	第197号龛平、立面图	26
图18	第197号龛剖面图	27
图19	第198号龛立面及造像编号图	29
图20	第198号龛平、剖面图	30
图21	第199号龛平、立、剖面图	32
图22	第200号龛立面图	33
图23	第200号龛平、剖面图	34
图24	第201号龛立面图	35
图25	第201号龛平、剖面图	36
图26	第202号龛平、立、剖面图	38
图27	第203、204号龛立、剖面图	40
图28	第203、204号龛平面图	41
图29	第204号龛龛外右侧方框内造像立面图	41
图30	第205号龛平、立面图	43
图31	第205号龛剖面图	44
图32	第205号龛左侧壁立面图	45
图33	第205号龛右侧壁立面图	45
图34	第206号龛立面图	46
图35	第206号龛平、剖面图	47
图36	第207号龛平、立、剖面图	49
图37	第207号龛左端残龛立面图	50
图38	第208号龛平、立面图	51
图39	第208号龛剖面图	52
图40	第209号龛立面图	54
图41	第209号龛平、剖面图	55
图42	第209号龛主尊菩萨像等值线图	56
图43	第209号龛左、右沿内侧平整面下部武士像立面图	56
图44	第210号龛平、立面图	58
图45	第210号龛剖面图	59
图46	第210号龛左侍者像效果图	59
图47	第211号龛平、立、剖面图	60
图48	第212号龛立面图	62
图49	第212号龛平、剖面图	63
图50	第213号龛立面图	65
图51	第213号龛平、剖面图	66
图52	第214号龛平、立、剖面图	67
图53	第214号龛造像效果图	68
图54	第214号龛左壁供养人像立面图	68
图55	第215号龛平、立、剖面图	69
图56	第216号龛立、剖面图	70
图57	第216号龛平面图	71
图58	第217号龛立面图	72
图59	第217号龛平、剖面图	73
图60	第218号龛立面图	75
图61	第218号龛平、剖面图	76
图62	第218号龛主尊菩萨像效果图	77
图63	第218号龛左壁造像立面图	78
图64	第218号龛右壁造像立面图	78
图65	第219号龛立面图	79
图66	第219号龛平、剖面图	80
图67	第220号龛立面图	82
图68	第220号龛平面图	83
图69	第220号龛剖面图	84
图70	第221号龛立面图	86
图71	第221号龛平、剖面图	87
图72	第222号龛平、立面图	89
图73	第222号龛剖面图	90
图74	第223号龛平、立、剖面图	92
图75	第224号龛立面图	93
图76	第224号龛平、剖面图	94
图77	第225号龛立面图	95
图78	第225号龛平、剖面图	96
图79	第226号龛平、立、剖面图	98
图80	第227号龛立面图	99
图81	第227号龛平、剖面图	100
图82	第228号龛平、立面图	102

图83	第228号龛剖面图	103
图84	第229号龛立面图	104
图85	第229号龛平、剖面图	105
图86	第229-1号龛立面图	107
图87	第229-1号龛平、剖面图	108
图88	第230号龛立面图	110
图89	第230号龛平、剖面图	111
图90	第231号龛平、立面图	113
图91	第231号龛剖面图	114
图92	第232号龛立面图	116
图93	第232号龛平、剖面图	117
图94	第233号龛平、立、剖面图	118
图95	第233号龛主尊菩萨像等值线图	119
图96	第234号立面图	120
图97	第234号龛平、剖面图	121
图98	第235号龛立面图	123
图99	第235号龛平、剖面图	124
图100	第235号龛左壁造像立面图	126
图101	第235号龛右壁造像立面图	126
图102	第236号龛平、立、剖面图	127
图103	第237—249号在本卷龛窟中的位置图	132
图104	第237—249号位置关系图	134
图105	第237—244号立面图	136
图106	第246—249号立面图	137
图107	第237号龛平、立、剖面图	138
图108	第238号龛平、立、剖面图	140
图109	第239号龛立、剖面图	141
图110	第239号龛平面图	142
图111	第240号龛立面图	144
图112	第240号龛平、剖面图	145
图113	第241号龛平、立面图	147
图114	第241号龛剖面图	148
图115	第242号龛立面图	149
图116	第242号龛平、剖面图	150
图117	第243号龛立面图	152
图118	第243号龛平、剖面图	153
图119	第243号龛左侍者像效果图	154
图120	第244号龛平、立面图	156
图121	第244号龛剖面图	157
图122	第245号龛立面图	161
图123	第245号龛剖面图	163
图124	第245号龛平面图	164
图125	第245号龛造像布局结构示意图	166
图126	第245号龛正壁立面图	167
图127	第245号龛正壁中部造像立面图	168
图128	第245号龛主尊一佛二菩萨像等值线图	169
图129	第245号龛正壁中部左侧主尊菩萨像与左侧勾栏之间天众像立面及编号图	176
图130	第245号龛正壁中部主尊佛像与左菩萨像之间天众像立面及编号图	176
图131	第245号龛正壁中部主尊佛像与右菩萨像之间天众像立面及编号图	177
图132	第245号龛正壁中部右侧主尊菩萨像与右侧勾栏之间天众像立面及编号图	177
图133	第245号龛正壁中下部造像立面图	178
图134	第245号龛正壁中下部方形基台造像立面图	181
图135	第245号龛正壁中下部方形基台造像效果图	181
图136	第245号龛正壁上部及左右侧壁上部建筑展开图	188
图137	第245号龛正壁上部造像立面图	191
图138	第245号龛左侧壁上部造像立面图	192
图139	第245号龛右侧壁上部造像立面图	193
图140	第245号龛正壁上部主殿立面、侧视图	194
图141	第245号龛正壁上部左、右经楼立面图	197
图142	第245号龛正壁上部左、右楼阁式塔立面、侧视图	200
图143	第245号龛左、右侧壁上部配殿立面、侧视图	201
图144	第245号龛右侧壁上部外侧斜殿立面、侧视图	203
图145	第245号龛左侧壁上部外侧斜殿立面、侧视图	203
图146	第245号龛龛顶仰视图	207
图147	第245号龛龛顶共命鸟示意图	209
图148	第245号龛右侧壁中下部造像立面图	215
图149	第245号龛左侧壁中下部造像立面图	216
图150	第245号龛正壁下部造像立面图	217
图151	第245号龛沿面造像立面图	218
图152	第245号龛右沿造像立面图	219
图153	第245号龛左沿造像立面图	220
图154	第245号龛龛外右侧中部供养人像立面图	221
图155	第246号平、立、剖面图	225
图156	第247号平、立、剖面图	226
图157	第248号立面图	228
图158	第248号平、剖面图	229
图159	第248号龛效果图	230
图160	第249号立面图	231
图161	第249号平、剖面图	232
图162	第250—284号在本卷龛窟中的位置图	238
图163	第250—284号位置关系图	238
图164	第250号平、立、剖面图	240
图165	第251号平、立、剖面图	242
图166	第252号立面图	243

图167	第252号龛平、剖面图	244
图168	第253号龛平、立面图	246
图169	第253号龛剖面图	247
图170	第253号龛正壁主尊造像等值线图	248
图171	第253号龛正壁主尊造像效果图	248
图172	第253号龛华盖效果图	249
图173	第253号龛左侧壁立面图	251
图174	第253号龛右侧壁立面图	251
图175	第254号龛平、立面图	253
图176	第254号龛剖面图	254
图177	第254号龛正壁居中佛像等值线图	255
图178	第254号龛左、右侧壁立面图	256
图179	第254号龛龛顶仰视及乐器编号图	257
图180	第255号龛平、立面图	259
图181	第255号龛剖面图	260
图182	第255号龛左、右侧壁及龛外浅龛立面图	261
图183	第256号龛平、立面图	264
图184	第256号龛剖面图	265
图185	第256号龛左、右侧壁立面图	266
图186	第256号龛龛顶仰视图	267
图187	第257号龛立面图	269
图188	第257号龛平、剖面图	270
图189	第258号龛平、立、剖面图	272
图190	第259号龛立、剖面图	273
图191	第259号龛平面图	274
图192	第259号龛主尊菩萨像等值线图	274
图193	第260、262号龛立面图	275
图194	第260、262号龛平面图	276
图195	第260号龛剖面图	276
图196	第262号龛剖面图	276
图197	第260号龛左壁立面图	278
图198	第262号龛左壁立面图	278
图199	第262号龛右壁立面图	278
图200	第266号龛立面图	278
图201	第261号龛平、立、剖面图	280
图202	第263号龛立面图	281
图203	第263号龛平、剖面图	282
图204	第264号龛立、剖面图	283
图205	第264号龛平面图	284
图206	第265号龛立面图	285
图207	第267号龛立面图	286
图208	第267号龛平、剖面图	287
图209	第267号龛龛外左侧壁造像立面图	288
图210	第268、272号龛平、立面图	290
图211	第268号龛剖面图	291
图212	第272号龛剖面图	291
图213	第269、270号龛平、立面图	293
图214	第269号龛剖面图	294
图215	第270号龛剖面图	294
图216	第269号龛左壁及龛外左侧壁浅龛立面图	295
图217	第270号龛左壁立面图	297
图218	第270号龛右壁及龛外右侧壁浅龛立面图	297
图219	第271号龛立、剖面图	299
图220	第271号龛平面图	300
图221	第273号龛平、立面图	302
图222	第273号龛剖面图	303
图223	第273号龛主尊菩萨像等值线图	303
图224	第273号龛左、右侧壁立面图	305
图225	第273号龛龛顶仰视图	305
图226	第273号龛龛外左、右侧壁立面图	306
图227	第274号龛平、立面图	308
图228	第274号龛剖面图	309
图229	第274号龛左、右壁立面图	309
图230	第275号龛立面图	311
图231	第275号龛平、剖面图	312
图232	第276号龛立面图	314
图233	第276号龛平、剖面图	315
图234	第276号龛主尊像效果图	316
图235	第276号龛龛外右侧浅龛立面图	316
图236	第277号龛立面图	317
图237	第277号龛平、剖面图	318
图238	第277号龛二主尊像等值线图	319
图239	第278号龛立面图	320
图240	第278号龛平、剖面图	321
图241	第278号龛左、右侧壁立面图	322
图242	第279号龛立面图	324
图243	第279号龛平面图	325
图244	第279号龛左内龛剖面图	326
图245	第279号龛右内龛剖面图	326
图246	第279号龛左内龛左、右侧壁立面图	328
图247	第279号龛左内龛龛底神将像效果图	330
图248	第279号龛左内龛龛顶仰视及乐器编号图	330
图249	第279号龛右内龛经幢等值线图	332
图250	第279号龛右内龛经幢效果图	332
图251	第279号龛右内龛左侧壁立面图	332
图252	第279号龛右内龛右侧壁立面图	332
图253	第279号龛外层龛与左内龛之间的造像立面图	333
图254	第279号龛外层龛右沿内侧浅龛立面图	333

图255　第279号龛龛外左侧竖直壁面浅龛立面图 …………333
图256　第280号龛平、立、剖面图 ……………………336
图257　第281号龛立面图 …………………………………338
图258　第281号龛平面图 …………………………………339
图259　第281号龛左内龛剖面图 …………………………340
图260　第281号龛右内龛剖面图 …………………………340
图261　第281号龛左内龛左侧壁立面图 …………………341
图262　第281号龛左内龛右侧壁立面图 …………………341
图263　第281号龛右内龛左、右侧壁立面图 ……………342
图264　第281号龛右内龛龛顶仰视及乐器编号图 ………344
图265　第281号龛外层龛与左内龛之间造像立面图 ……346
图266　第281号龛外层龛右沿内侧浅龛立面图 …………346
图267　第281号龛龛外左侧竖直壁面造像立面图 ………346
图268　第282号龛平、立、剖面图 ……………………349
图269　第283号龛平、立、剖面图 ……………………350
图270　第284号龛平、立、剖面图 ……………………352
图271　第285—290号在本卷龛窟中的位置图 …………358
图272　第285—290号位置关系图 ……………………358
图273　第285号龛平、立、剖面图 ……………………360
图274　第286号龛平、立、剖面图 ……………………362
图275　第286号龛主尊菩萨像等值线图 …………………363
图276　第287号龛立面图 …………………………………364
图277　第288号龛平、立面图 ……………………………366
图278　第288号龛剖面图 …………………………………367
图279　第288号龛左壁方龛立面图 ………………………368
图280　第288号龛左壁方龛剖面图 ………………………368
图281　第288号龛右壁方龛立面图 ………………………369
图282　第288号龛右壁方龛剖面图 ………………………369
图283　第288号龛龛顶仰视及乐器编号图 ………………371
图284　第289号龛平、立面图 ……………………………374
图285　第289号龛剖面图 …………………………………375
图286　第290号龛立面图 …………………………………377

第一章　概述

第一节　本卷报告的内容

如本报告集第一卷《北山佛湾石窟第1—100号考古报告》上册第一章概述所述，根据北山佛湾石窟分布特点，将其分为南北两区（图1）。为记述方便，又将北区石窟分为南段、中段、北段三个造像区域。从北区石窟南端开始，沿龛窟前抬升地坪，至地坪下降岩体，为其南段，编号为第101—123号。从第124号至第192号，为其中段。从第193号至佛湾石窟最北端的第290号，为其北段（图2）。

本卷报告所涉内容即为北区石窟北段部分，包括第193—290号，以及第229-1号等99个编号龛像或碑刻题记，约占北区石窟整体岩面的三分之一。其左端与北区石窟中段北端龛像所在岩体相接，右端边缘直抵北区石窟最北端（图3；图版Ⅰ：1、图版Ⅰ：2）。

第245号龛是本卷报告中最大的龛像，位于北段岩体中部（图3、图104）。该龛由自然岩体向内开凿后，于龛前部形成左右两个略呈梯形的竖直断面。其左侧断面布置第237—244号龛（图105；图版Ⅰ：3），右侧断面布置第246—249号龛（图106；图版Ⅰ：4）。从第237—244号龛断面，南（左）向至北区石窟中段北端崖壁上，布列第193—236号龛（图版Ⅰ：5）。从第246—249号龛断面，北（右）向至崖壁向西转折处，布列第250—280号龛（图版Ⅰ：6）。自第281号龛后，崖壁向西转折，形成一段南向壁面，在此壁面上，布列第281—284号龛（图版Ⅰ：7）。自第284号龛后，崖壁又向北转折，再次形成一段西向壁面，在此壁面上，布列第285—290号龛（图版Ⅰ：8）。

为记述方便，根据上述崖壁状况、龛窟设置、开凿和分布情况，将本卷报告所涉99个编号由南至北依次划分为四组：第一组，包括第193—236号，以及第229-1号等45个编号；第二组，包括第237—249号等13个编号；第三组，包括第250—284号等35个编号；第四组，包括第285—290号等6个编号（图4）。

第二节　本卷报告的体例和规范

一　编写体例

结合前节分组情况，本卷报告共分为六章：第一章为概述，主要介绍本卷报告的内容、体例与编写经过；第二章介绍第一组第193—236号（包括第229-1号）等45个编号；第三章介绍第二组第237—249号等13个编号；第四章介绍第三组第250—284号等35个编号；第五章介绍第四组第285—290号等6个编号；第六章为北山佛湾石窟结语，主要对北山佛湾石窟整体情况进行回顾和总结。

本卷报告分为上下两册，上册主要包括报告文本、测绘图、示意图等；下册主要包括造像、铭文及拓片等摄影图版。

二　报告文本

章节　报告文本除第一章概述外，各章按编号单独设节。每节依次介绍龛窟位置、形制、造像、铭文、晚期遗迹等五项基本内容。章末设小结，简要讨论本章龛窟的形制、年代、造像题材和晚期遗迹等。

编号　本卷报告以1982年大足县文物保管所的编号为依据，与1985年出版的《大足石刻内容总录》一致。其后及在本次调查中发现的龛窟，以邻近龛窟号为主号，新增龛窟为副号。例：第229-1号等。

空隙地

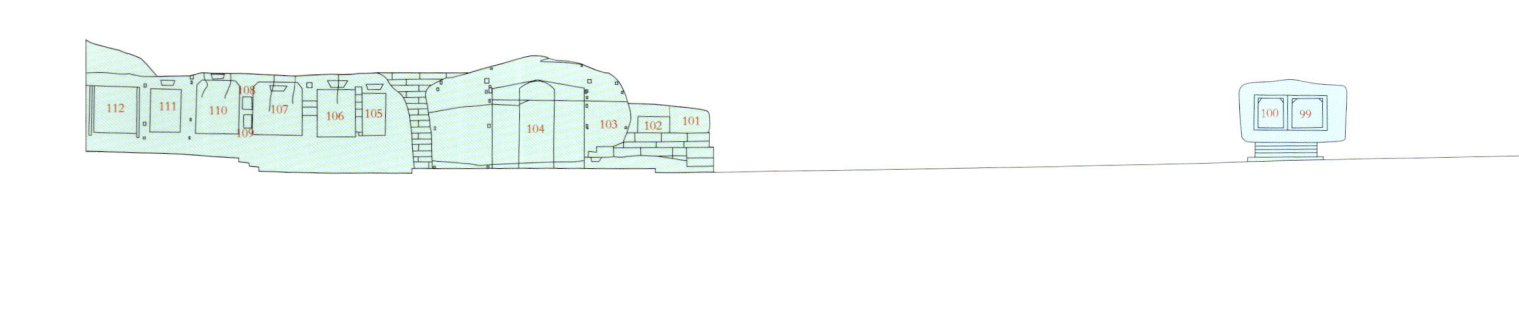

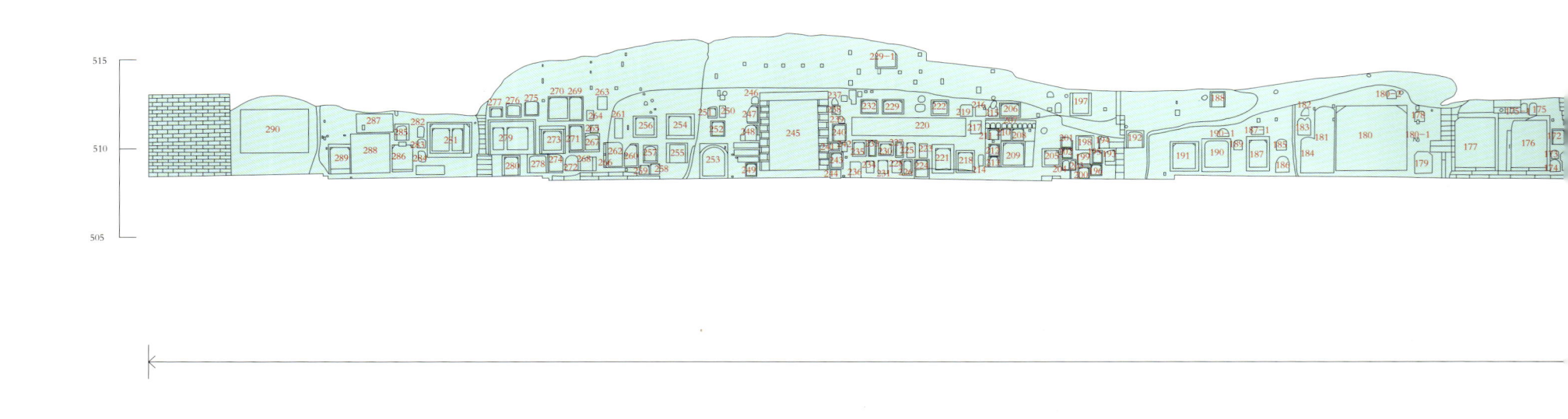

图1　北山佛湾石窟分区图

独立岩体

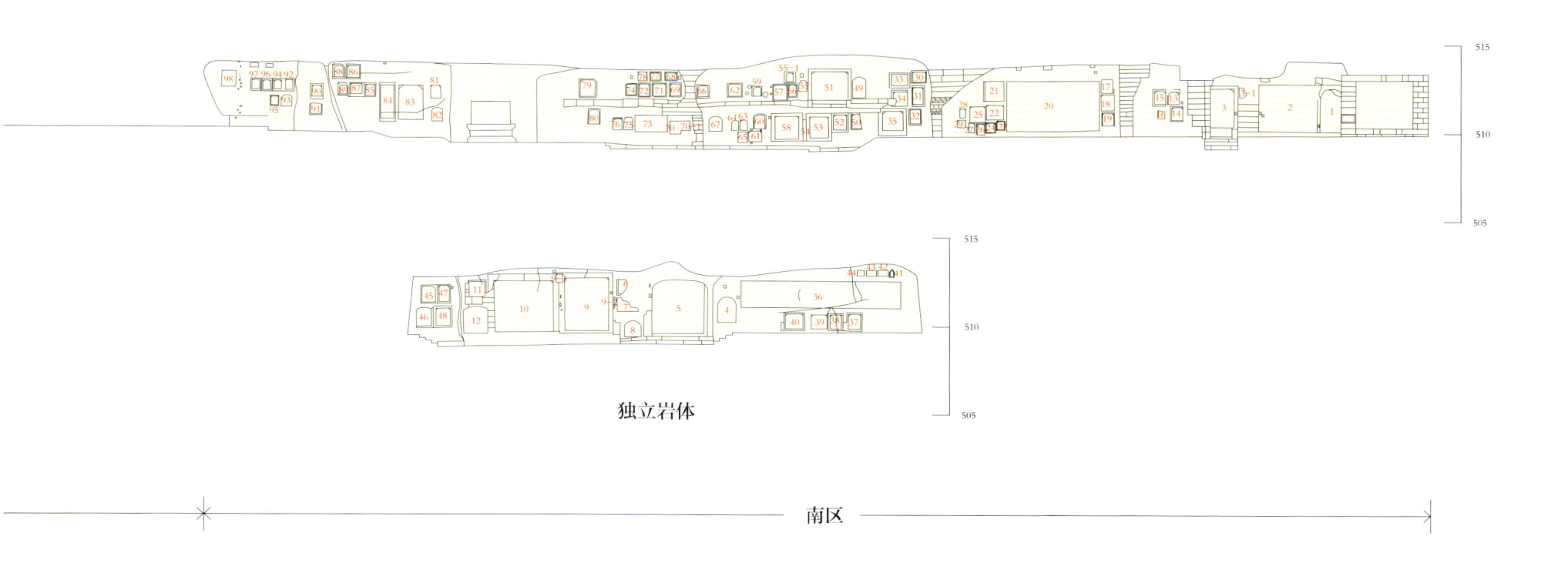

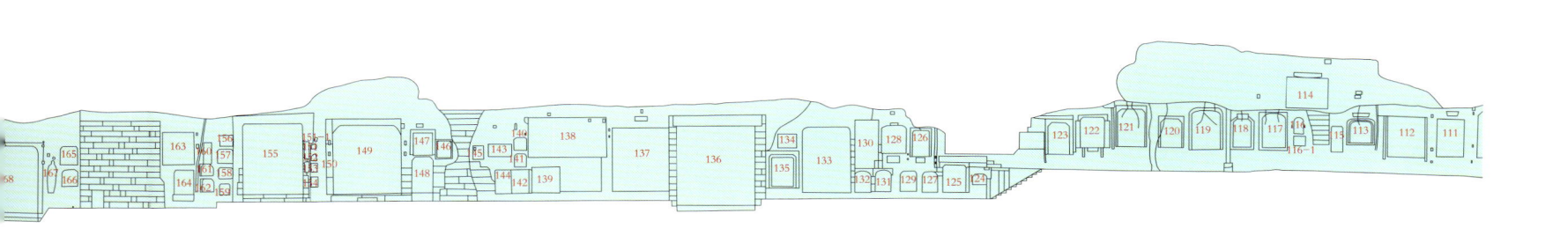

南区

北区

中段

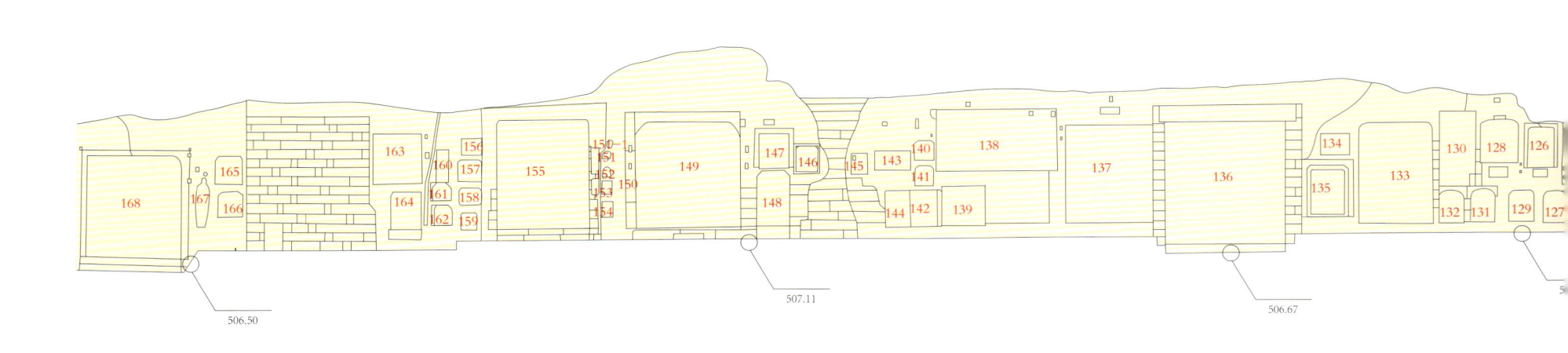

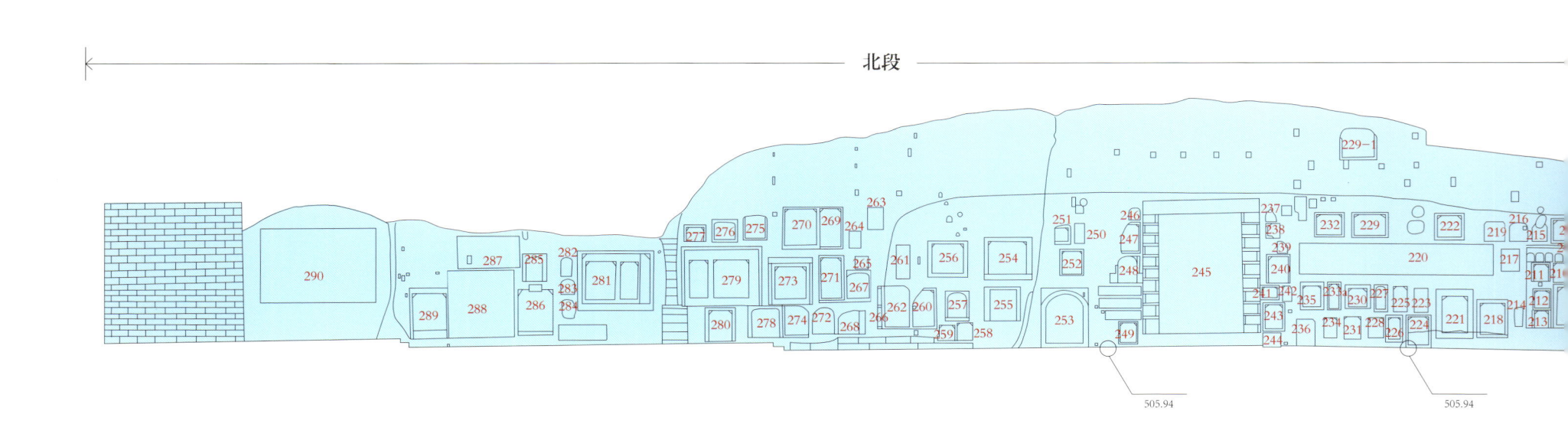

北段

图 2　北山佛湾北区石窟区段图

南段

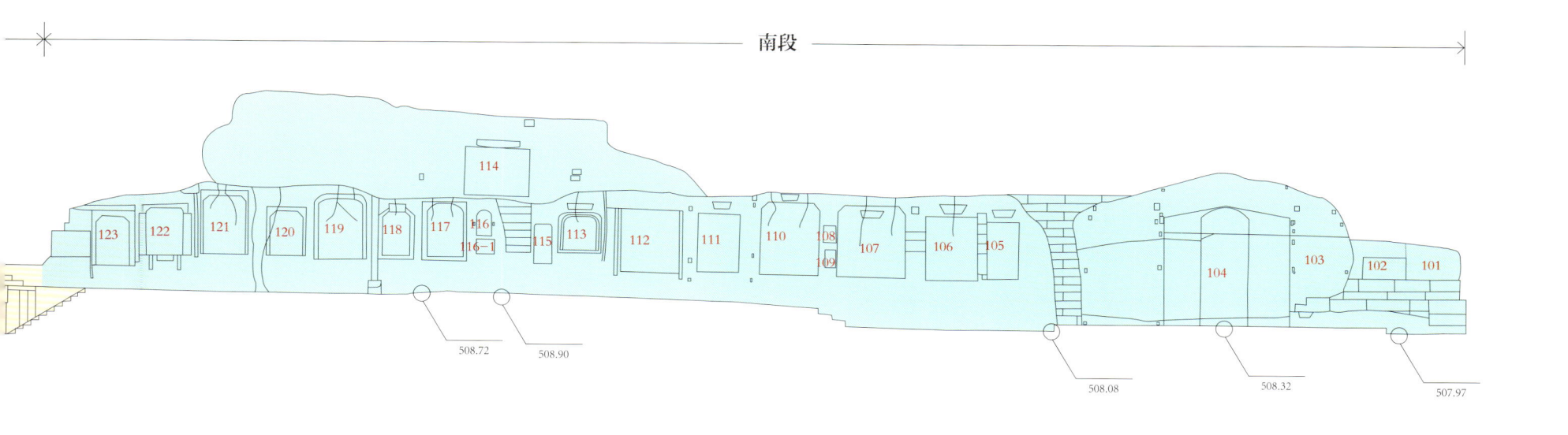

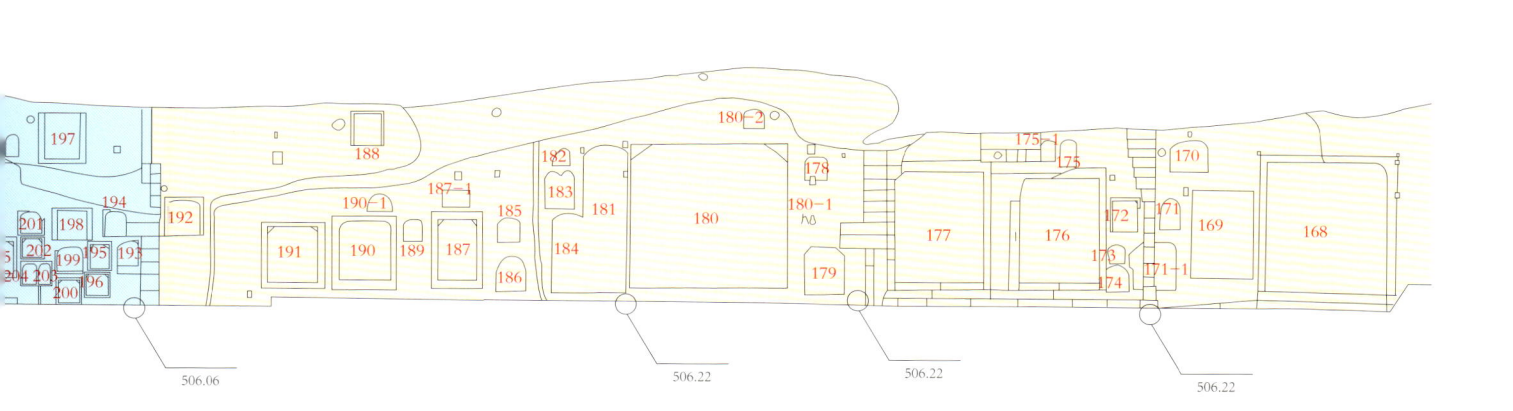

第一章 概述

中段

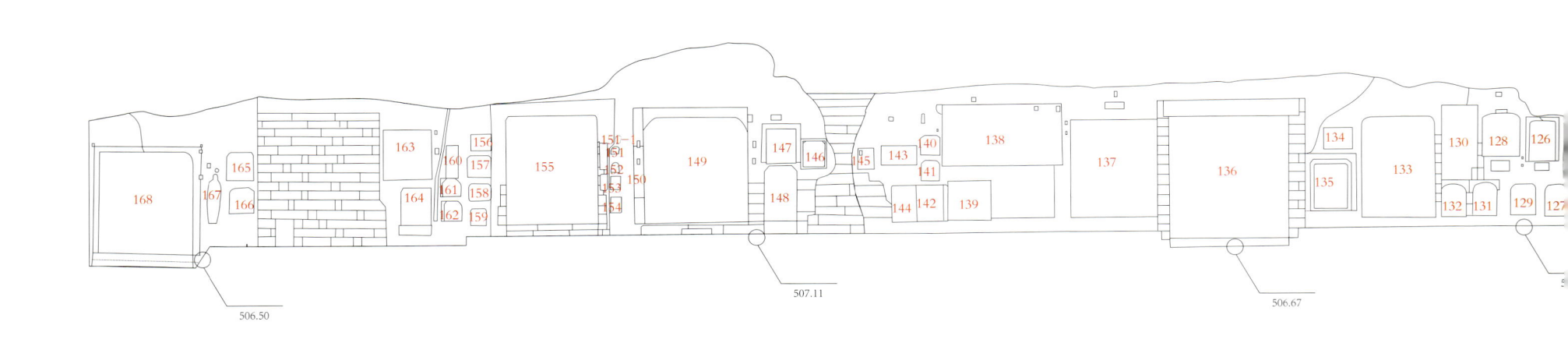

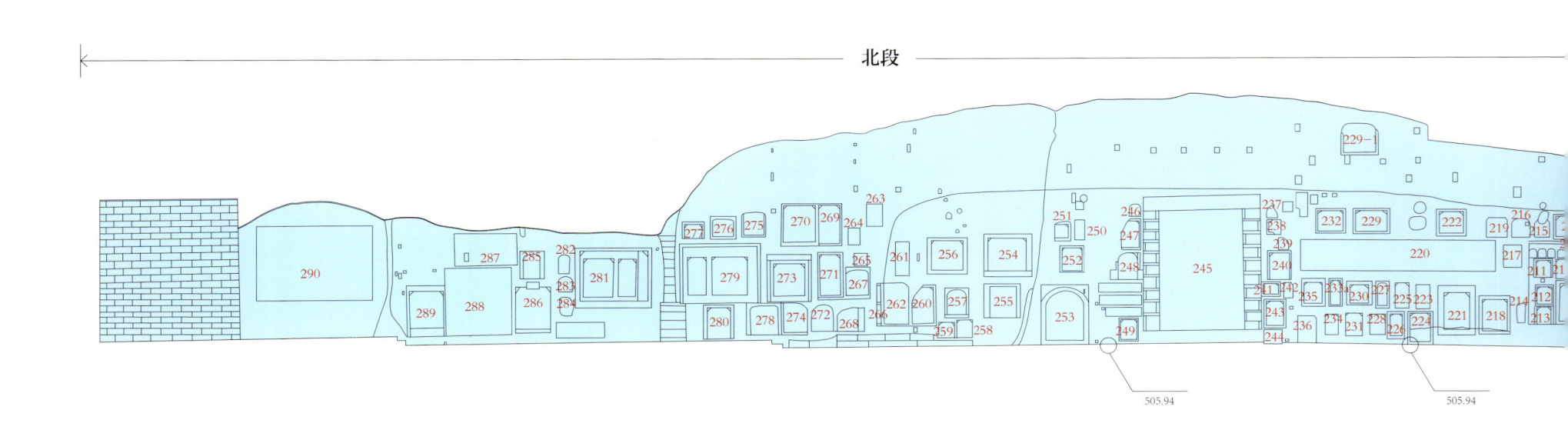

北段

图3　第193—290号在北区石窟中的位置图

南段

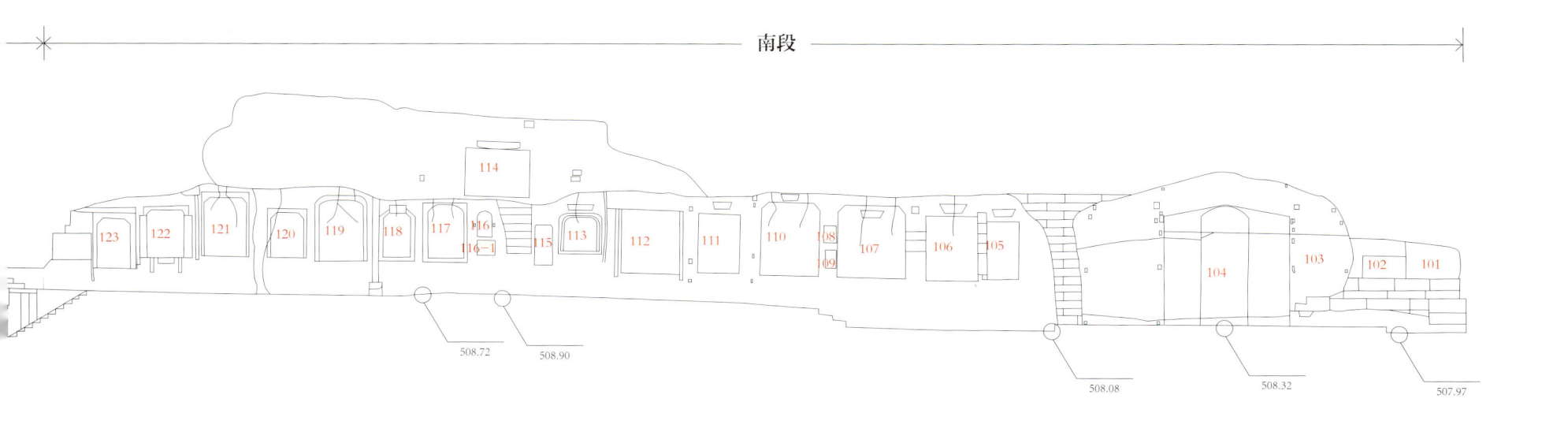

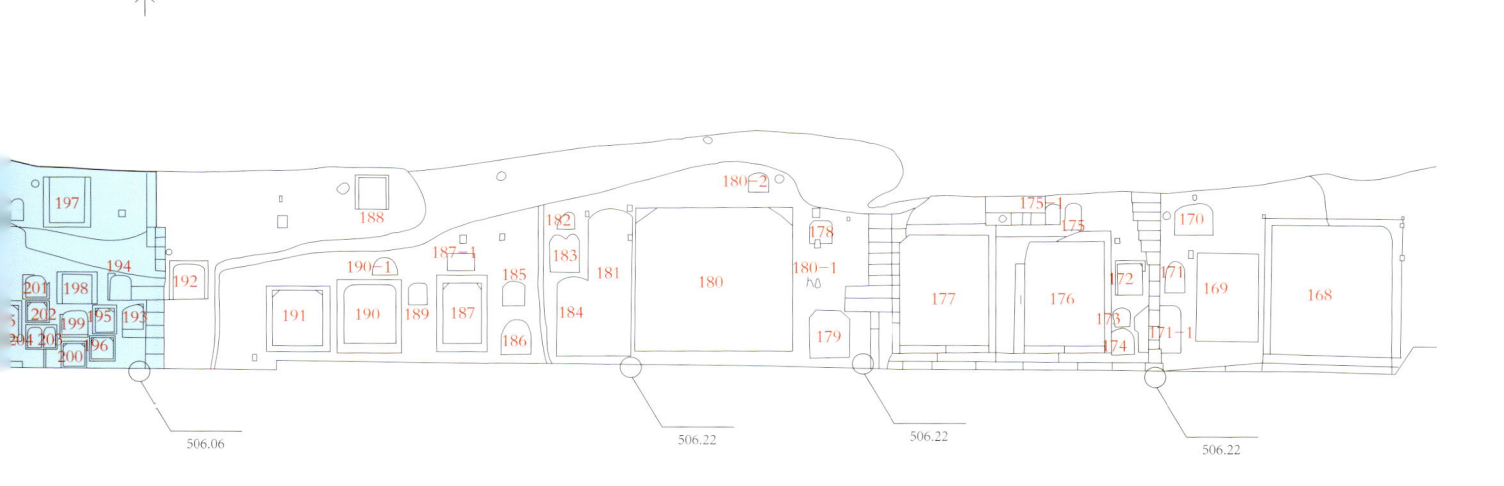

第一章 概述 7

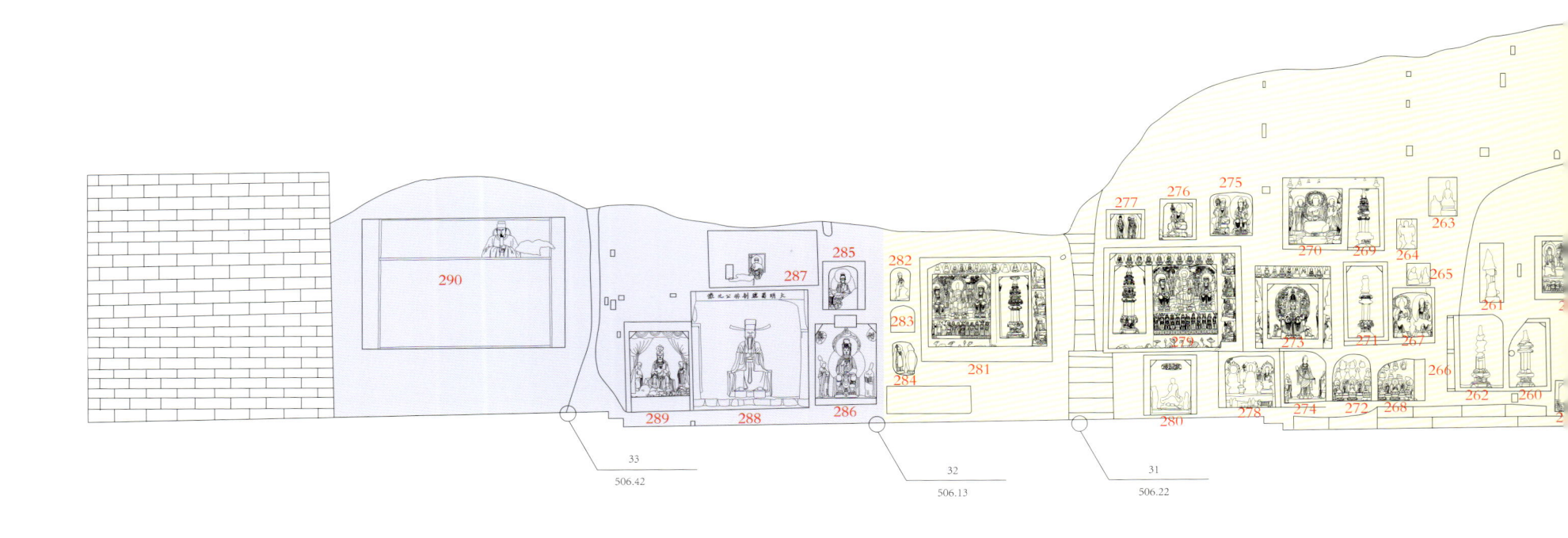

图4　第193—290号分组图

位置　崖壁、龛窟、造像、铭文等方位，均以其本身背向、左右定位。龛窟具体位置，先结合上一龛窟位置进行总体定位，再记述其四至界线。例：位于第105号龛右侧。左距第105号龛33厘米，右距第107号龛63厘米；上距岩顶约60厘米，下距地坪165厘米。

形制　通过对北山佛湾石窟龛窟形制的观察和归纳，本卷报告将一个完整的龛窟在形制结构上表述为龛窟型、龛窟口、龛窟沿、平整面、三角形斜撑、龛窟底、龛窟壁、龛窟顶等几部分（图5、图6）。其中，龛窟型是指龛窟外立面的总体形状，主要依据《中国石窟寺研究》关于石窟窟口类型的划分而定名，包括：方形龛、圆拱龛、尖拱龛、屋形龛、帐幔龛、人字顶龛等；龛窟口是指开凿过程中沿自然岩面向内凿进后，在龛窟外部形成的凿口，它与双重龛窟的外龛存在某种差别；平整面是指龛窟口至龛窟壁之间的凿面；三角形斜撑结构是指方形龛龛口左右上角的类似三角形托木的结构。记述中，将开凿深度大致在两米以上者称为窟，其余均称为龛。之所以提出并界定这些形制结构上的专门用语，是为统一北山佛湾石窟或大足其他石窟考古调查中涉及形制描述方面的称谓用语，以利调查和记述的方便。

造像　按造像位置，一般从正壁、侧壁、顶部至龛窟外的顺序依次叙述。对于造像较多需编号者，除个别处，大多按从上至下、从左至右或从内至外的原则记述。对于每身造像的详细介绍，除特例外，均以体量、头部（头光、背光、发式、冠式）、面部、胸饰、衣饰、手姿、身姿、座台等为序记述。

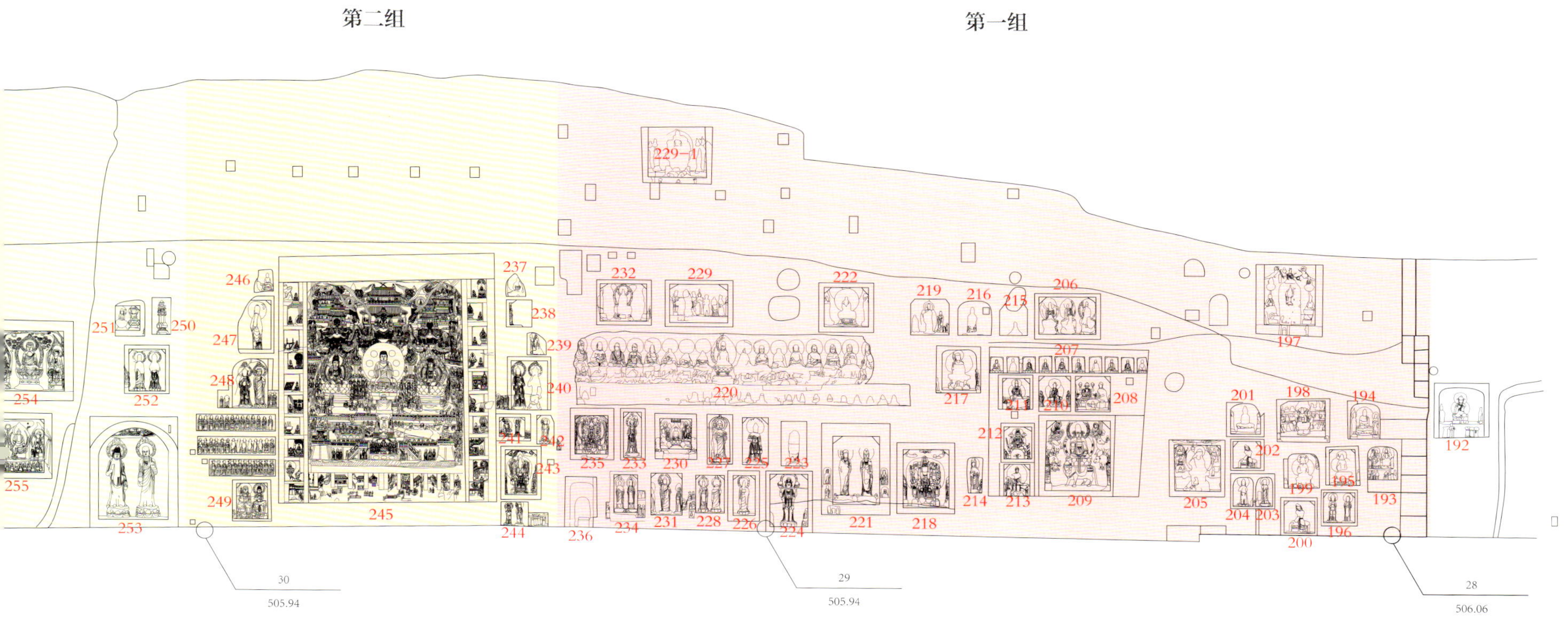

造像具体尺寸，均为可见或残毁后可辨识的部分。坐式造像的量度数据主要有坐高、头长、肩宽、胸厚等。坐高是自造像座台的台面至头顶、发髻顶部或冠顶的高度，不含座台和下垂的腿部；头长是自下颌底部至头顶、发髻顶部或冠顶的高度；肩宽是双肩水平向最大宽度；胸厚是指后背与前胸之间的最大厚度。立式造像的量度数据主要有通高、头长、肩宽、胸厚等。通高是自最低足底至头顶、发髻顶部或冠顶的高度，其余部位的量度数据取值与坐式造像同。

因造像为三维空间雕塑，且是手工雕凿，在水平和铅锤方向，几乎没有完全平直的线条，也因此几乎没有完全均等整齐的长宽高尺寸。本报告使用的量度数据，部分为人工量测，通常为约数，而测绘线图中的数据则是铅锤方向的正投影数据，为相对精确的数据。人工数据和测绘数据存在一定差异，除注明的以外，各量度数据的变化在测绘线图中有清楚显示，读者可清楚观察和实际量测。

铭文　本卷报告所称铭文是指刻写在龛窟、碑碣中的各种文字，如碑文、造像记、题记、榜题、经、偈、颂等。

（1）本卷报告铭文主要以1994年重庆大足石刻艺术博物馆拓片为底本实录，个别其后补拓者，已在文中注明；所有拓本录文均未据文献作校补；除个别漶蚀或原捶拓时依稀可辨者遵从《大足石刻铭文录》[1]外，其余均据拓片或现场辨识结果实录。

（2）除个别需按拓本格式实录外，其余一律分行横写，录文一行即为原文一行。为方便阅读，行前以阿拉伯数字标注行数；个

---

[1]《大足石刻铭文录》由重庆大足石刻艺术博物馆组织编纂，重庆出版社1999年出版。鉴于本卷报告中多次提及此书，以下均简称1999年《大足石刻铭文录》。

别铭文书写不规整、行文较为特殊者，因难以标注行数，其录文和图版则不予标注。

（3）铭文中的繁体字，除可能引起歧义者照录外，一律按照国家规范的简化字录写。铭文中出现的异体字（即字书中不常见的字、历史文献上的古体字、别字及石刻铭文作者的自造字等），根据辨识结果，录写为《现代汉语词典》《汉语大字典》等工具书中的规范字。为求客观记录，方便读者自辨，在报告各章后，以尾注形式，将异体字拓片的照片辑出。为与说明性脚注相区别，尾注采用方括号"［ ］"加阿拉伯数字的形式标注，如［1］、［2］。

（4）凡铭文行文行中未刻字的空字位，一个字位书写一个三角符号"△"；湮灭字，一个字书写一个方框符号"□"，不明字数的在字里行间夹注"（湮）"字表示；依稀可辨的字，夹注在一般方括号"〔 〕"内。

（5）统计字数，以拓本或现存可辨识的字数为限。

晚期遗迹　指造像开凿后添加的遗迹。主要包括晚期妆绘、后世题记、构筑遗迹等。需要说明的是，由于妆绘遗迹较为复杂，在目前条件下，报告者对其层位、色彩、颜料、损毁程度等难以准确辨识记录，故仅在晚期遗迹项中作了概括性的介绍。

在各章小结中，整理部分龛像中保存较好的妆绘涂层遗迹，简单分析了妆绘涂层的主要色种、着色部位以及涂层内外的区别。

为客观反映大足石刻造像妆绘情况，本报告集第九卷《大足石刻专论》特收录《大足石刻彩绘颜料检测分析报告》，报告选择石窟中部分代表性龛像中的标本，对包括颜料保存现状、成分、次第等情况作了具体检测分析，可参见。

三　测绘图

本卷报告的测绘图，主要包括总立面图，各龛窟平、立、剖面图，以及部分等值线图等。

总立面图　此部分图是在1989年南江水文地质大队实测图的基础上，于2006年再次实测后修改完成。总立面图中，增加了本次基于多基线数字近景摄影测绘技术所获得的各龛窟的外立面图。总平面图选择崖壁底部地坪作为基础的水平面，将崖壁最下层龛窟的平面形制、龛窟底部间岩体外轮廓等投影在此基础面上，崖壁中上部龛窟的平面形制则未作反映。

龛窟平、立、剖面图　第237—249号等13个龛的测绘图，是在参考1983—1985年近景摄影图[1]的基础上，在现场以1∶1比例绘制，其后在室内按1∶4比例清绘完成，再制作成数字矢量图。其余第193—236号和第229-1号，以及第250—290号等86个龛窟的测绘图，由武汉华宇世纪科技发展有限公司运用多基线数字近景摄影技术，按照考古线图测绘的总体要求，以及专门为此次测绘制订的技术规范和标准，在课题组的直接指导和参与下绘制而成。

平面图　以龛窟底投影面作为基础，结合龛窟空间结构以及造像布置情况，选取相应高程绘制水平断面，将不同高程的水平断面叠加在龛窟底的投影面上。平面图上以颜色区分不同高程的断面（以A、A'，B、B'，C、C'等英文大写字母标明），并标注壁面的人为分界点（以圆点标注）、剖面图剖视方向（以直角箭头"⌐"标注）。

立面图　包括龛窟外立面和各壁立面，壁面转角造像单独绘制立面图。立面图上标注平面图剖线所对应的不同高程，用英文字母加短横线（如A-、-A'，B-、-B'，C-、-C'）表示。

此外，部分龛窟还绘制了龛窟顶部仰视图、造像细部图，以及正视角度的等值线图。

剖面图　沿龛窟纵深方向者为纵剖面，与纵剖面垂直的剖面为横剖面。原则上选择与龛窟底投影面相垂直的正壁主尊中轴线或正壁中轴线作为剖线，同时考虑查阅的直观性和反映龛窟空间关系，将可见的侧壁、龛窟口、龛窟顶等内容投影在剖面上；其中，造像、龛窟口的原迹使用同一线型（实线），其余部分则据实使用相应的线型（虚线、圆点线、灰色线等）。

上述测绘图均配以方格网坐标尺。方格网依据正射影像生成，网格大小依据使用比例确定，标注数值以厘米为单位。全部测绘图均集中编印在本卷报告上册，即文本册内；部分测绘图的局部，虽作为插图使用，但也是实测的成果。

用线原则　龛窟形制、图像、残破等用实线表示，人为增加的壁面分界用灰色线表示，后期人为修补用圆点线表示；龛窟形制或造像复原用虚线表示。此在每张测绘图图例中已作说明。

1　由于此次运用近景摄影技术绘制的测绘图没有专业考古人员参与，且绘制者亦未到现场调绘，故局部、细部误差甚大，但轮廓数据较为准确，在现场测绘中仍有借鉴作用。

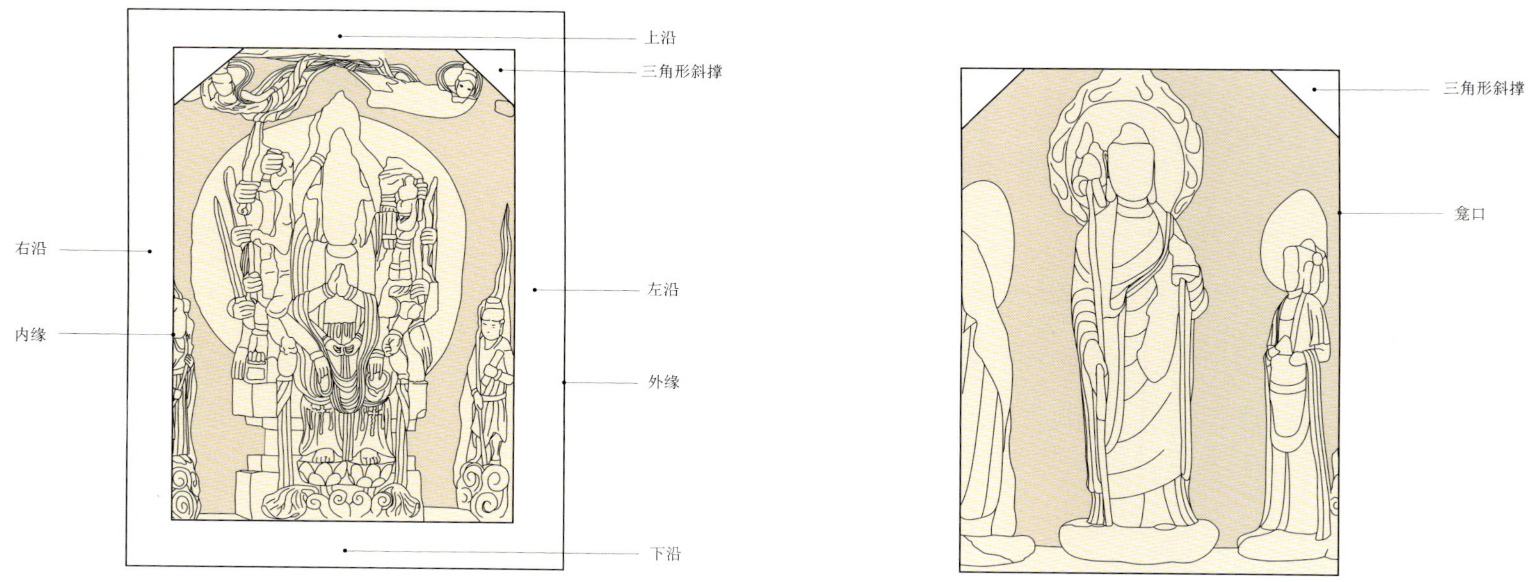

图5 北山佛湾石窟龛窟外立面示意图

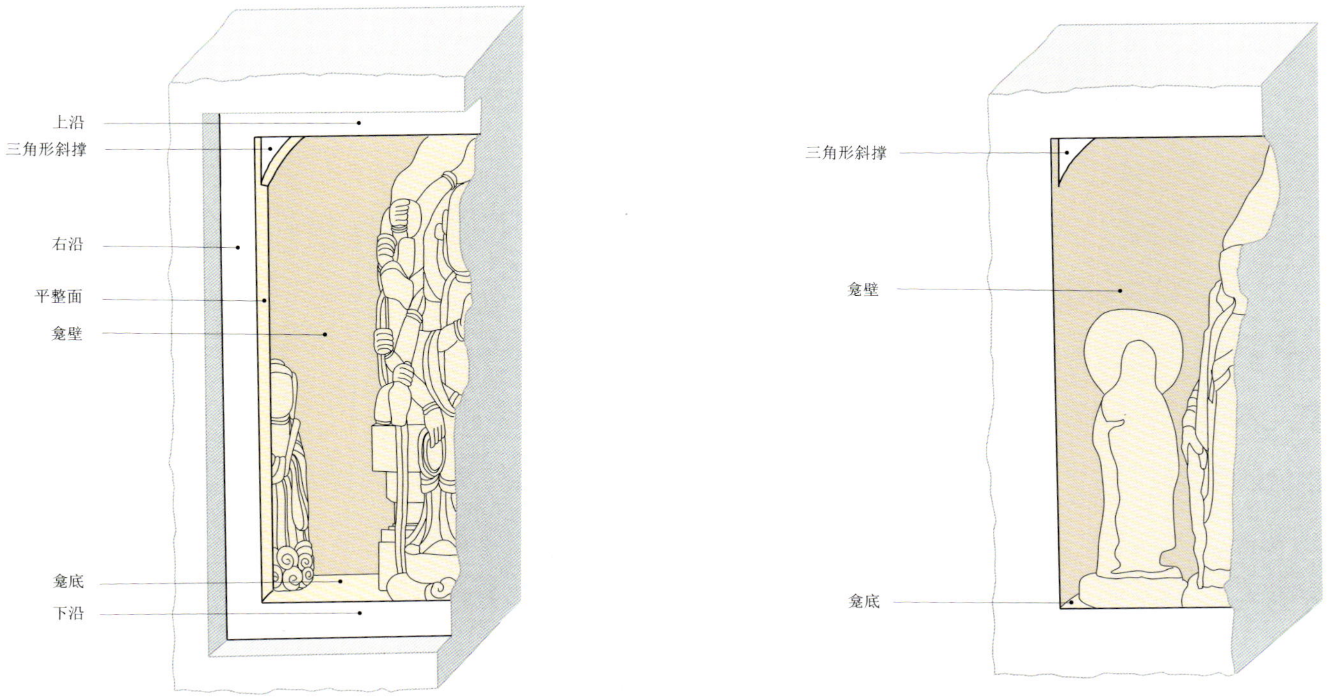

图6 北山佛湾石窟龛窟结构形制部位名称示意图

四 图版

本卷报告下册为图版册，分为图版Ⅰ、图版Ⅱ两部分。

图版Ⅰ为摄影图版，大多为2013年用高清数字相机拍摄，部分为2014年补拍。由于龛窟环境所限，部分图版无法达到正投影的要求，且个别图版采用了数码拼接，此已在图版说明中注明。

图版Ⅱ为铭文图版，包括铭文实物照片和拓片照片两部分。其中，铭文实物照片均为2015年2月用高清数字相机拍摄；拓本除注明者外，均为1994年5—7月所拓，2013年装裱后拍摄。

第三节　本卷报告的编写经过

2012年9月，在对本报告集第二卷《北山佛湾石窟第101—192号考古报告》进行室内整理的同时，课题组即开展了本卷报告的相关工作。按照分工，课题组组长黎方银负责总体组织协调，刘贤高负责具体指导。

现场调查　2004年，重庆大足石刻艺术博物馆启动《大足北山石窟考古学研究》项目。由于北山佛湾石窟第245号龛的考古学研究在大足石刻中极具代表性，故在马世长教授的提议和指导下，于2004年11月至次年5月，完成了对北山佛湾石窟第237—249号龛的考古调查。此次调查中，时在北京大学任教的李志荣博士重点参与了建筑部分的记录和测绘工作；重庆大足石刻艺术博物馆刘贤高、黄能迁、邓启兵、陈静、郭静等参与了现场文字记录。因此，2012年9月至12月的现场调查，仅包括第193—236号和第229-1号，以及第250—290号等86个编号。参加调查的有刘贤高、黄能迁、邓启兵、陈静、郭静、赵凌飞等。

龛窟测绘　在2004年11月至2005年5月对北山佛湾石窟第237—249号进行现场调查的同时，开展了相应的考古测绘工作。图像部分（立面图）由周颖、毛世福参考1983—1985年绘制的近景摄影图，在现场以1∶1比例绘制而成。其后在室内按1∶4比例清绘完成。平面、剖面图由刘贤高、黄能迁、邓启兵、陈静、郭静测绘，周颖、毛世福清绘完成。

其余第193—236号和第229-1号，以及第250—290号等86个龛窟的测绘图，由武汉华宇世纪科技发展有限公司运用多基线数字近景摄影测绘技术，按照考古线图测绘的总体要求，以及专门为此次测绘制订的技术规范和标准，在刘贤高、周颖、邓启兵、黄能迁等课题组人员的直接指导和参与下完成。从2012年10月至2013年10月，武汉公司总经理黄莉萍女士具体组织协调了己方的测绘工作；测绘人员张强、吕品等先后四次进驻现场采集数据，陈杰、潘春香负责线图绘制和现场调绘，并按课题组要求进行修改。在获得测绘线图初稿后，双方工作人员在现场至少进行了三次以上的核对、修改，最后由周颖、黄能迁、邓启兵终校定稿。

本卷报告的示意图、造像效果图等主要由周颖完成，毛世福绘制了部分图件。

造像图版　2012年7月至2013年3月，重庆出版集团美术编辑中心副主任、主摄影师郑文武和助理摄影师周瑜进驻大足，完成了大部分图版的现场拍摄工作。其后，又根据课题组要求，先后数次补拍了部分图版。

拓片图版　本卷报告中的拓片，大多系1994年重庆大足石刻艺术博物馆（现大足石刻研究院前身）在进行北山石刻铭文收集时，由唐长清、唐毅烈所拓，个别为本次调查时由唐长清补拓。拓片拍摄由郑文武、周瑜完成。

报告编写　本卷报告的编写分为两个阶段。2004—2005年，刘贤高对第237—249号龛进行了整理，编写完成《北山佛湾石窟第237—249号考古报告》初稿。2013年5月至2014年3月，邓启兵、黄能迁对除第237—249号龛外的其余龛窟调查文字进行了整理、现场校对和修改，并按新的体例对第237—249号龛进行了完善和补充；赵凌飞、陈静、郭静对铭文作了校对。至2014年4月，邓启兵、黄能迁完成了本卷报告文本初稿的编写（结论部分由黎方银撰写完成），赵凌飞再次对铭文作了校对。2014年5月至2015年2月，黄能迁、邓启兵统筹选定本卷报告图版、测绘图、示意图等，同时黎方银对本卷报告文字、图件作了调整、修改和审订，最终形成报告定稿。

第二章　第193—236号

第一节　本章各编号位置及相互关系

本章介绍的第193—236号及第229-1号等45龛像，位于北山佛湾石窟北区北段南侧岩体西向壁面，从南至北分层设置，大致可分为左、中、右三部分（图7、图8；图版Ⅰ：5）。

左部岩体分布第193—205号龛（图版Ⅰ：9）。从左至右，大致作纵向5列相邻布置。第一列，自上而下布置第194、193号龛，其中第193号龛位于壁面最左端，与岩体边缘嵌补的条石紧邻。第二列，自上而下布置第195、196号龛。第三列，自上而下布置第197—200号龛，其中第197号龛位于岩体最上端。第四列，自上而下布置第201—204号龛。第五列，仅设置第205号龛。

中部岩体向内凿出方形平整界面，布置第207—214号龛（图版Ⅰ：10）。其中，平整界面最上方，为第207号龛；其下方横向布置第208、210、211号等3龛。平整界面左下方，为第209号龛，几乎占据壁面的三分之一；其右侧为上下布置的第212、213号龛，再右竖直壁面上为第214号龛。

右部岩体，即上述平整界面上方及右侧，分布第206、215—236、229-1号龛（图版Ⅰ：11）。自上而下，大致作横向四排布置。第一排，从左至右依次布置第206、215、216、219、222、229、232号等7龛，其中第206号龛位于第207号龛上方。第二排，从左至右为第217、220号龛等2龛。第三排，从左至右布置第218、221、223、225、227、230、233、235号等8龛，其中第218号龛位于第217号龛下方。第四排，位于壁面最下部，从左至右依次设置第224、226、228、231、234、236号等6龛，其中第236号龛位于壁面右下方。

第229-1号龛位于第229号龛右上方，居于崖壁最上部位置。

第二节　本章各编号所在岩体软弱夹层分布

本章各编号所在岩体分布有三条较为明显的软弱夹层带。

第一条　始于本章编号所在岩体南侧中上部，水平向右发育，止于第217号龛左上角；全长约743厘米，最厚约65厘米；夹层带现以条石修补。

第二条　始于第221号龛上方，水平向右发育至第233号龛正壁；全长约550厘米，最厚约28厘米。

第三条　始于第221号龛左下方，水平向右发育，止于第226号龛右沿中部；全长约540厘米，最厚约10厘米。

第三节　第193号

一　位置

位于北山佛湾石窟北区北段岩体最南端。左距壁面边缘32厘米，右距第195号龛16厘米；上距第194号龛21厘米，下距地坪67厘米。龛口西向，方向263°。

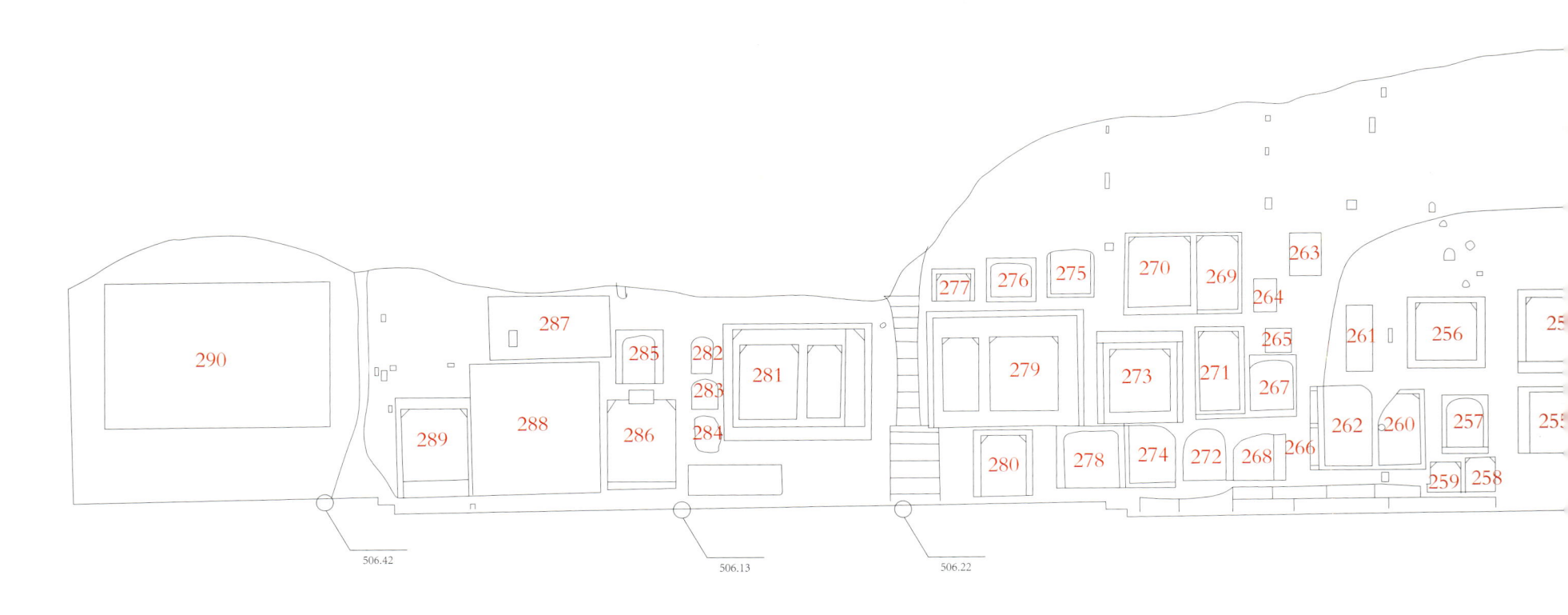

图 7　第 193—236 号在本卷龛窟中的位置图

图 8　第 193—236 号位置关系图

14　大足石刻全集　第三卷（上册）

第二章　第193—236号

二　形制

单层方形龛（图9；图版Ⅰ：12）。

龛口　从崖壁表面平直凿进最深约13厘米形成龛口。龛口方形，外缘高70厘米，宽69厘米。左沿宽9厘米，外侧与嵌入的条石相接；右沿毁；上沿存左端少许，存宽8.5厘米；未刻下沿。龛口下部凿出高26厘米的平整面，并形成台面；台面宽71厘米，深13厘米。龛口内缘高58厘米，宽63厘米，至后壁最深19厘米。龛口左上角刻三角形斜撑，略残，右上角斜撑毁。

龛底　呈方形，前端略残。

龛壁　壁面竖直。正壁与左右侧壁弧面相接，右壁大部残；壁面与龛顶弧面相交。

龛顶　券顶，略残。

三　造像

刻像13身（图9-2；图版Ⅰ：12）。其中，正壁刻主尊像2身，并坐于通体共用的方台上，台高19厘米，宽42厘米，深11厘米；其身左右下侧各刻立像1身；龛下平台上刻立式供养人像9身。

左主尊像　坐高20厘米。残存圆形头光和身光。冠体模糊，头后垂作结的冠带。面残，身蚀。似着双领下垂式袈裟，下着裙。双手、大腿大部残，倚坐于方台上；足残，踏莲台。莲台部分残，高7厘米，直径20.5厘米。其身左下侧，刻立像1身，残泐不清，仅辨轮廓，残高28厘米。

右主尊像　坐高27厘米。浅浮雕圆形素面头光和身光，部分残。头大部毁。存披帽披幅遗迹。内着交领服，外披袒右式袈裟，下着裙。左手抚膝，手残；右手胸前持锡杖，手及锡杖皆部分残。倚坐于方台上，跣足踏单重仰莲台。莲台与左主尊同。其身右下侧，刻立像1身，残毁略重，残高约28厘米。可辨上着宽袖服，下着裙。双手身前持物，物难辨，足鞋。

供养人像　9身。皆残。大致呈左右两组相对站立，两组间有一定间距。其中，左5像身略右侧，右4像身略左侧。从左至右编为第1—9像。

第1像　残高约21厘米，可辨双手于身前持长柄状物，似香炉。

第2像　残高约22厘米，可辨双手屈于胸前。

第3像　残高约19厘米，可辨双手置于胸前。

第4—5像　分立第3像身前左右侧，残高分别为9、4厘米；细节不明。

第6—9像　残高约18—21厘米，可辨双手横置胸下，并垂搭帛带一条。

四　晚期遗迹

龛内保存灰白色涂层。

第四节　第194号

一　位置

位于第193号龛右上方。左距壁面边缘77厘米，右距第198号龛25厘米；上距本章第二节所述第一条软弱夹层带下缘72厘米，右下为第195号龛，竖直相距21厘米。

龛口西向，方向270°。

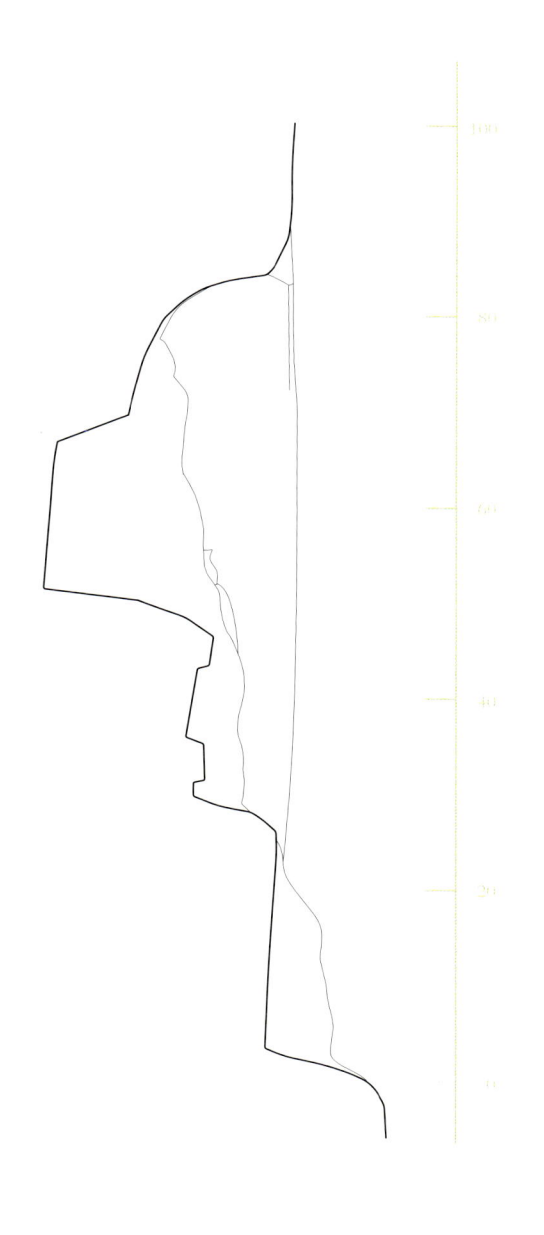

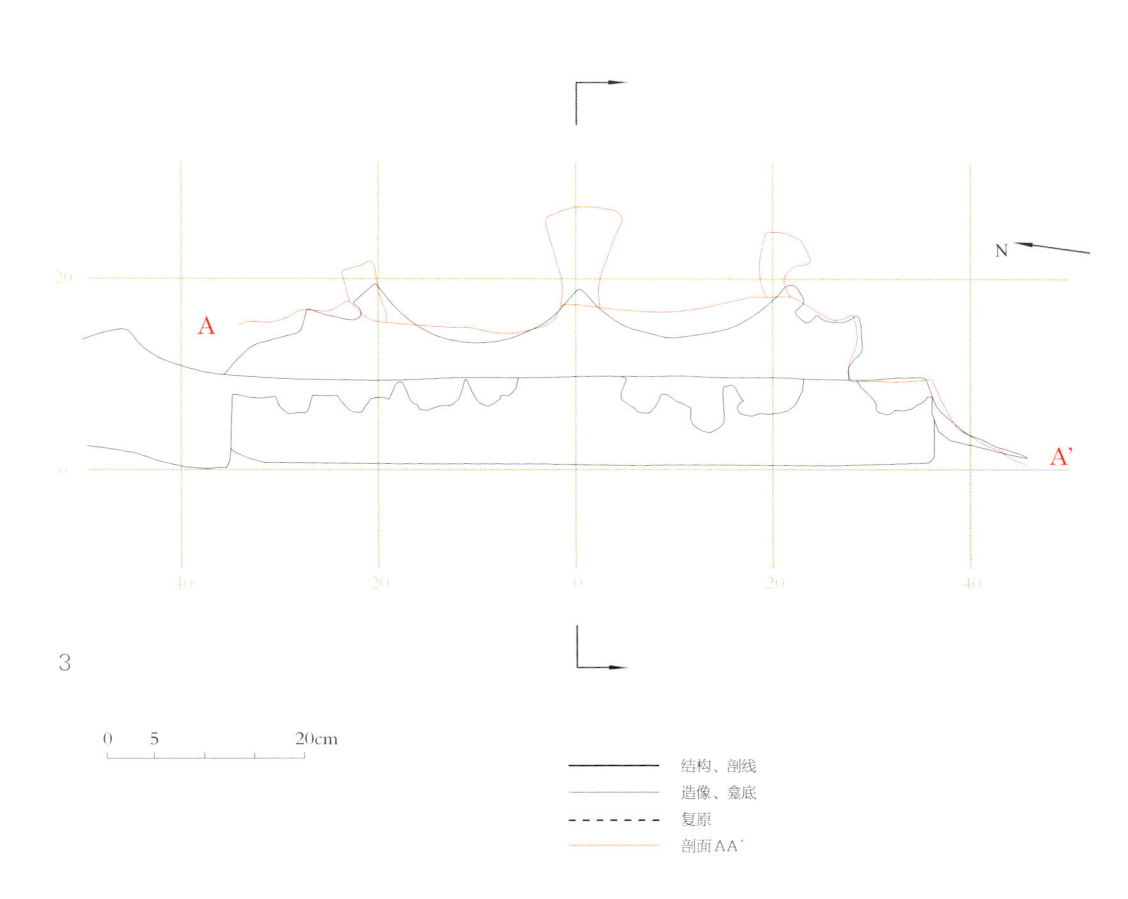

图9 第193号龛平、立、剖面图
1 剖面图 2 立面图 3 平面图

二　形制

龛残毁甚重（图10、图11；图版Ⅰ：13）。龛口仅存右沿上端及上沿右侧少许，残宽皆6厘米。龛口残高63厘米，宽60厘米，至后壁最深17厘米。龛口左上角凿三角形斜撑，高约12厘米，宽约14厘米，略低于沿面0.5厘米；右上角毁。龛底前端毁，存留部分略呈弦月形；龛壁为弧壁，与龛顶弧面相接；龛顶为券顶，大部毁，存少许。

三　造像

刻像3身（图10；图版Ⅰ：13）。

龛中刻主尊坐像，坐高33厘米。残存椭圆形素面背光，横径31厘米。头大部毁，肩蚀，上着双领下垂式袈裟，下身衣饰不明。双手残，置于腹前；双腿残，结跏趺坐于束腰仰莲座上。座残，通高19厘米。

主尊左右侧各刻立像1身。左立像残高约38厘米。残存圆形素面头光，直径13厘米。头大部毁，身残，似上着袈裟，下着裙；双手似拱于胸前，立于莲台上。台部分残，高5厘米，直径12厘米。右立像残高41厘米。浅浮雕桃形头光，边缘刻火焰纹，横径13厘米。头大部残，存作结的冠带。面蚀身残，衣饰不明，双手残，立于圆台上。台大部残。

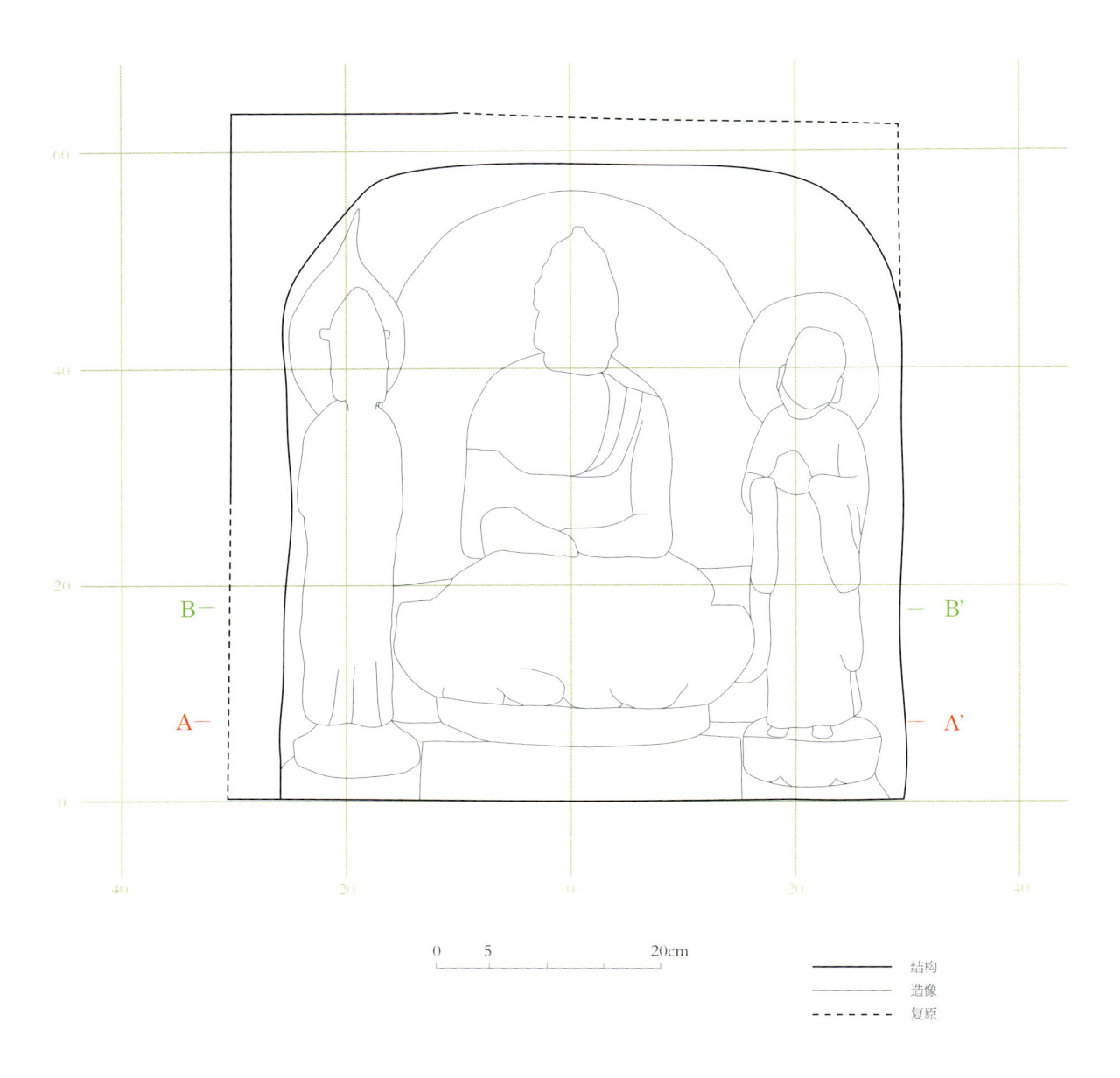

图10　第194号龛立面图

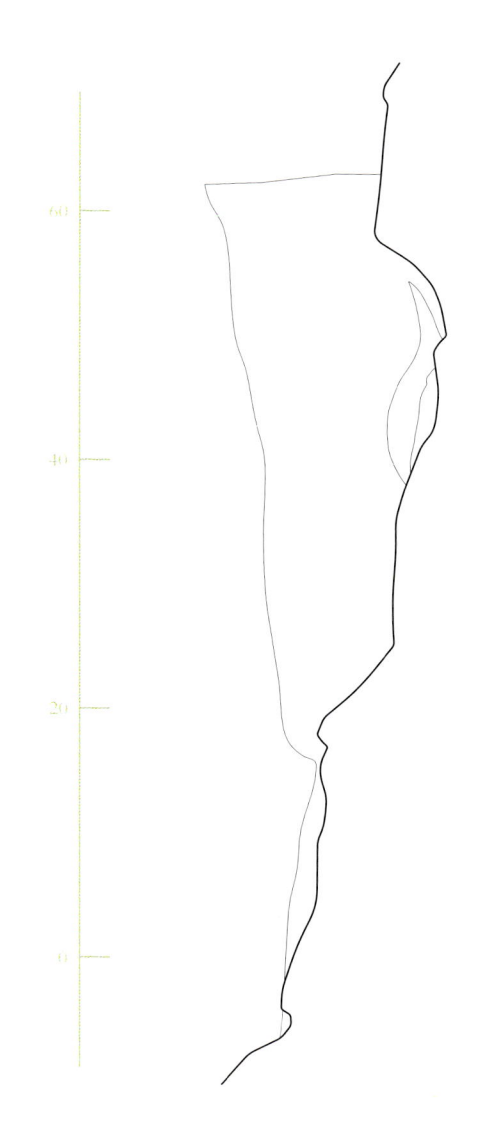

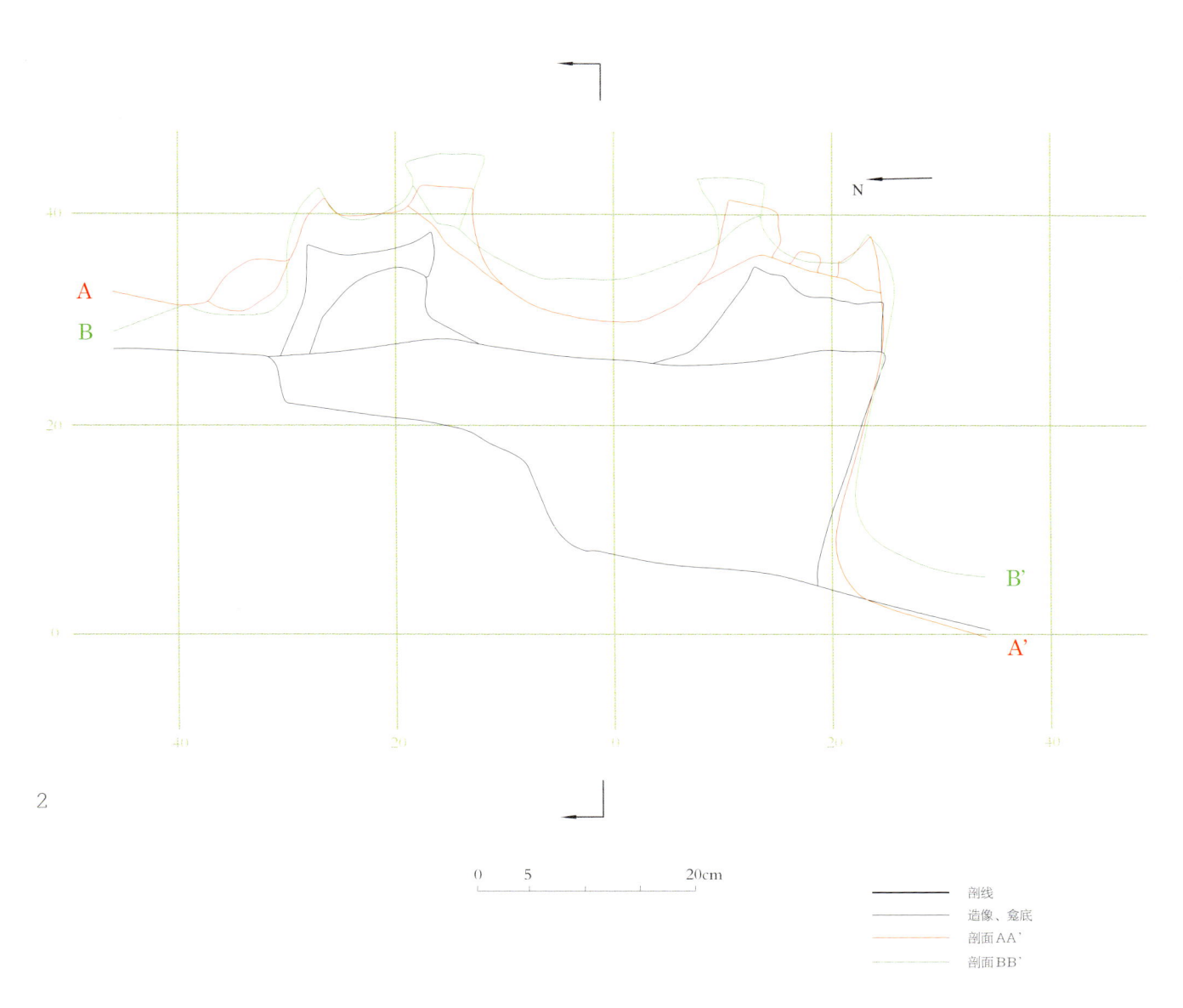

图11 第194号龛平、剖面图
1 剖面图 2 平面图

四　晚期遗迹

龛内保存灰白色涂层。

第五节　第195号

一　位置

位于第193号龛右侧。左距第193号龛16厘米，右距第199号龛16厘米；左上方为第194号龛，竖直相距10厘米；下距第196号龛10厘米。

龛口西向，方向268°。

二　形制

单层方形龛（图12、图13；图版Ⅰ：14）。

龛口　从崖壁表面平直凿进最深约14厘米形成龛口。龛口方形，外缘高72厘米，宽56厘米。左沿宽5厘米，右沿中上部及下部

图12　第195号龛立面图

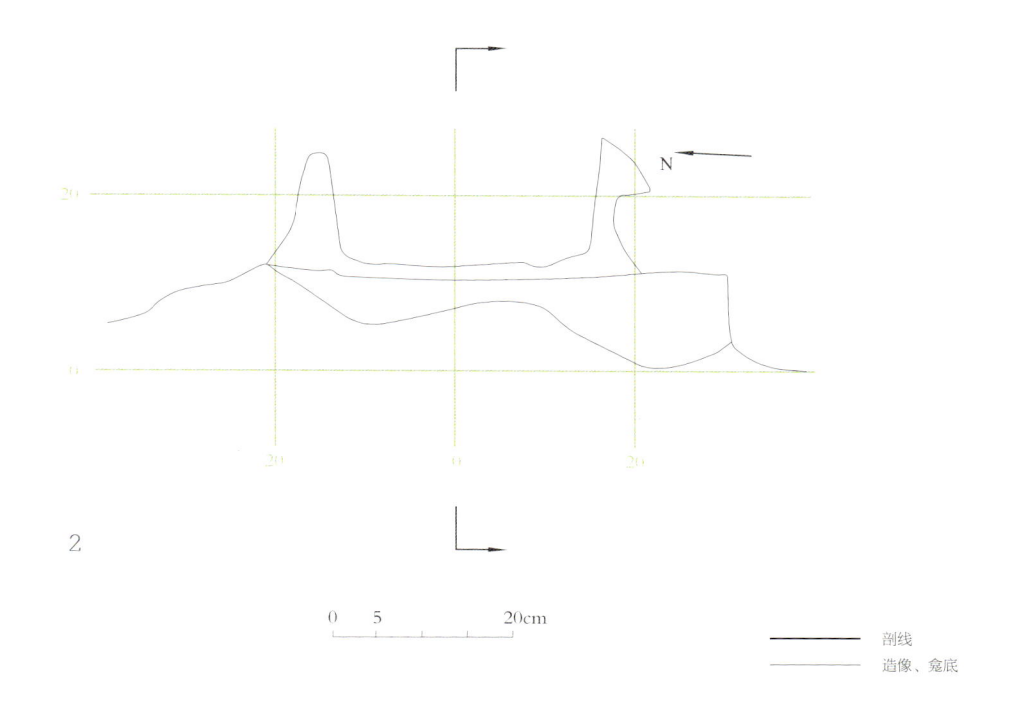

图 13　第 195 号龛平、剖面图
1　剖面图　2　平面图

残，存宽6厘米；上沿中部残，存宽6厘米；下沿大部残，存宽约6厘米。龛口内缘高60厘米，宽45厘米，至后壁最深16厘米。左右上角刻三角形斜撑，高5.5厘米，宽6厘米，斜边弧形；略低于沿面1厘米。

　　龛底　略呈半圆形。

　　龛壁　弧壁，与龛顶弧面相交。

　　龛顶　券顶，前端稍残。

三 造像

刻像2身（图12；图版Ⅰ：14）。

中刻主尊坐像，残毁甚重，残坐高约37厘米。浅浮雕圆形素面头光和身光。头光略蚀，直径约17厘米；身光左侧毁，存右侧部分。头后左右存斜向的带头（估计是束扎风帽的带头），右侧存桃形杖首遗迹。衣饰、坐姿不明。座为须弥座，部分残，高约13厘米；座前存并蒂莲遗迹。座左下存伏兽遗迹。

左沿下方刻立像1身，残漶不清，仅辨轮廓，残高19厘米。

第六节 第196号

一 位置

位于第195号龛下方。左距壁面转折边缘132厘米，右距第200号龛7.5厘米；上距第195号龛10厘米，下距地坪20厘米。龛口西向，方向273°。

二 形制

单层方形龛（图14、图15；图版Ⅰ：15）。

图14 第196号龛立面图

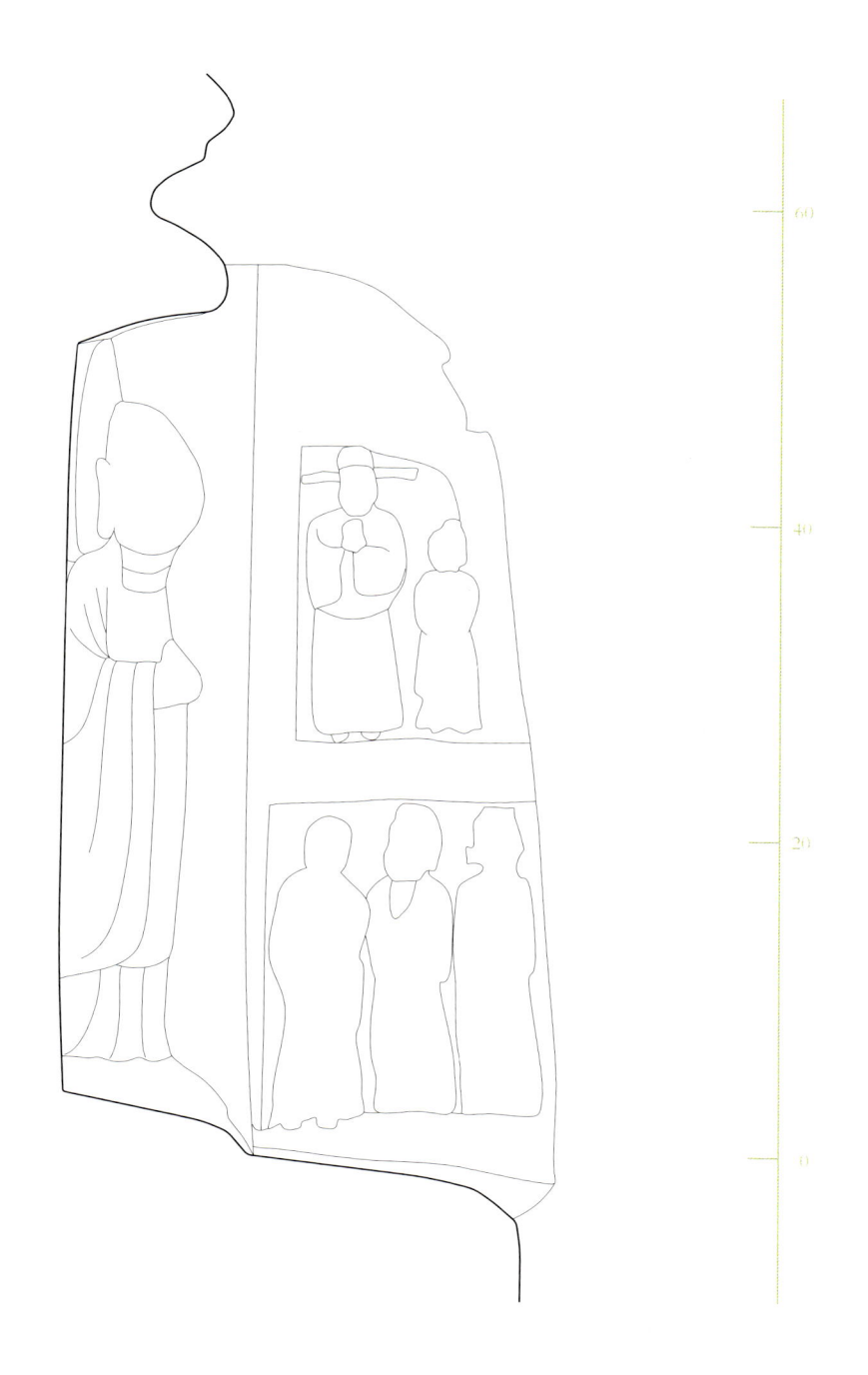

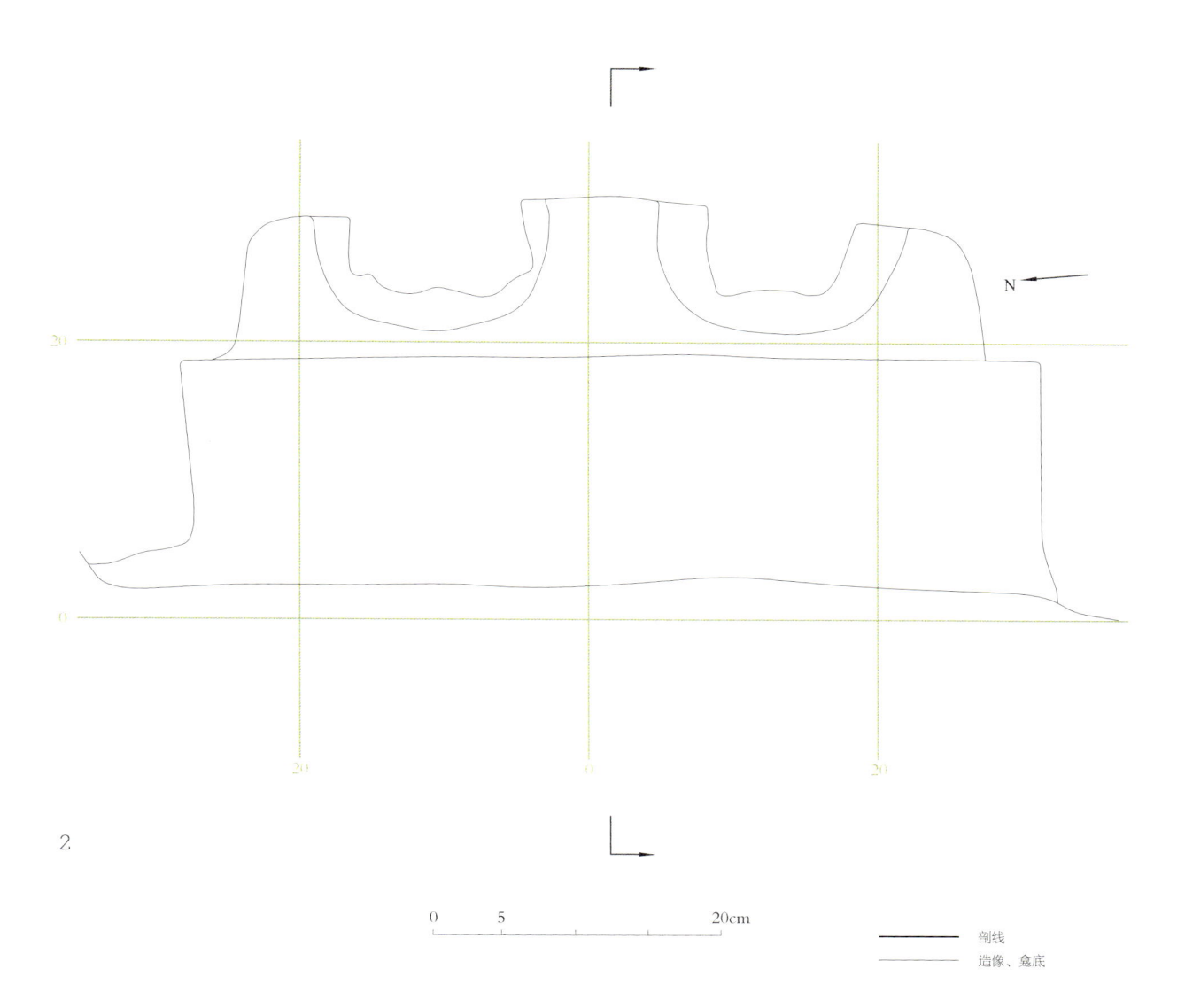

图 15　第 196 号龛平、剖面图
1　剖面图　2　平面图

龛口　从崖壁表面平直凿进最深约18厘米形成龛口。龛口方形，外缘高56.5厘米，宽61厘米。左、右沿各宽4厘米；上沿部分残损，存宽3.5厘米；下沿宽2厘米。龛口内缘高51厘米，宽53厘米，至后壁最深8厘米；内缘左右上角刻三角形斜撑，高6厘米，宽6厘米，斜边弧形；低于沿面0.5厘米。

龛底　略呈方形。

龛壁　壁面竖直。正壁与左右侧壁略垂直相交，壁面与龛顶垂直相交。

龛顶　平顶，略呈方形。

三　造像

刻像7身（图14；图版Ⅰ：15）。分为正壁、左沿外侧壁造像两部分。

（一）正壁

刻主尊菩萨立像2身。

左菩萨像　立像高41厘米，头长9厘米，肩宽9厘米，胸厚3.5厘米。浮雕圆形素面头光，直径15厘米，厚1.5厘米。头、面蚀，可辨上着袒右式袈裟，下着裙，双手于胸前托物，物难辨，足残，立于单重仰莲台上。台高2.5厘米，直径16厘米。

右菩萨像　立像高43厘米，头长9.5厘米，肩宽9.5厘米，胸厚4.5厘米。浮雕圆形素面头光，直径14.5厘米，厚1厘米。梳髻戴冠，冠带作结下垂及肩；脸长圆，略蚀；上着披巾，下着裙，披巾两端敷搭前臂后长垂至台面；双手于胸前托圆状物，跣足立于单重仰莲台上。台高2.5厘米，直径16厘米。

（二）左沿外侧壁

左沿外侧壁面纵向开二方形浅龛，形制相近，高约20厘米，宽12—15厘米，深2厘米；龛内共刻立式供养人像5身（图16；图版Ⅰ：16）。

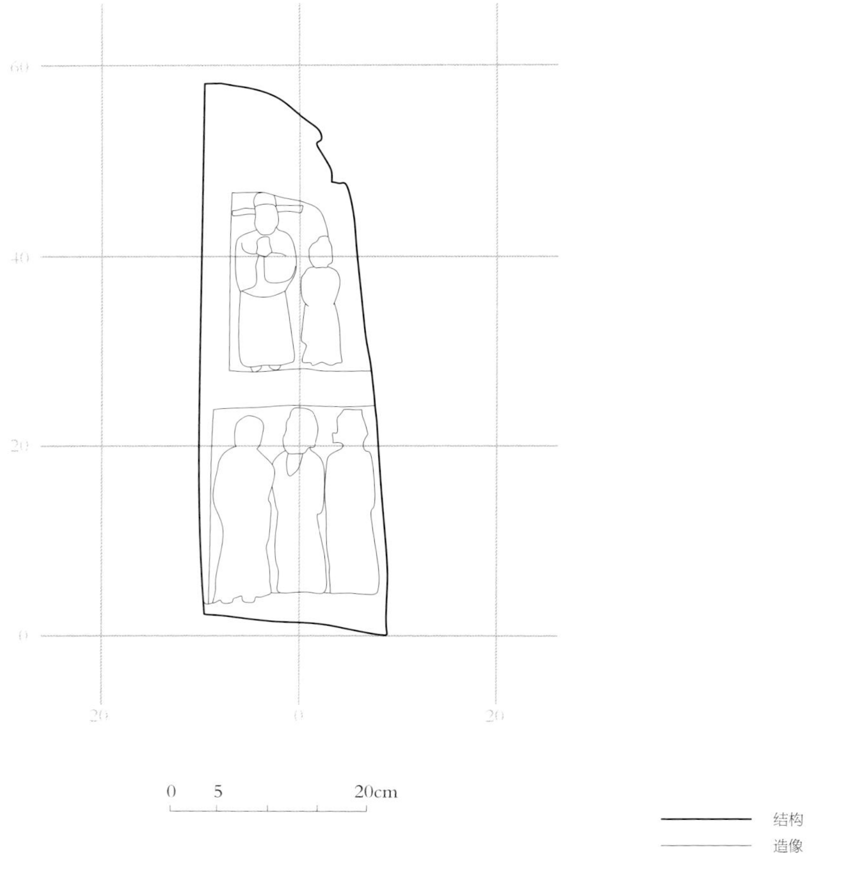

图16　第196号龛左沿外侧浅龛立面图

上龛造像　2身。外侧像仅辨轮廓，残高14厘米；内侧像残高19厘米，可辨头戴展脚幞头，双手似胸前合十。

下龛造像　3身。皆残毁甚重，残高约20厘米。

四　晚期遗迹

龛外左侧19厘米处凿一圆孔，直径9厘米，深5厘米。

第七节　第197号

一　位置

位于岩体壁面最上端。上方为后世补砌的外挑石体，下方为第198、201号龛，分别竖直相距111、121厘米。

龛口西向，方向264°。

二　形制

单层方形龛（图17、图18；图版Ⅰ：17）。

龛口　从崖壁表面平直凿进最深约22厘米形成龛口。龛口方形，上部因后世补修，外缘高度不明，宽约113.5厘米。左沿略蚀，宽13厘米；右沿完整，宽13.5厘米；上沿毁；下沿宽15厘米，较左右沿外凸5.5厘米。龛口内缘高107厘米，宽87厘米，至后壁最深约25厘米。左右沿内侧凿出宽4厘米的平整面。龛口左右上角残。

龛底　略呈弦月形，前端稍残。

龛壁　弧壁，与龛顶弧面相接。

龛顶　平顶，略呈弦月形。

三　造像

刻像15身（图版Ⅰ：17）。分为龛内、下沿造像两部分。

（一）龛内

刻像12身。其中，中刻主尊坐像3身，中主尊体量略大，头顶上方刻坐像1身，再上左右各刻飞天像1身；左右主尊体量略小，头顶上方亦刻坐像1身；左主尊座台左侧刻立像2身，右主尊座台右侧刻立像2身。

中主尊像　残毁甚重，残高约56厘米。视其轮廓，疑为千手观音像。可辨身前双手结印及束腰须弥座左侧的少许遗迹。座前刻并蒂莲，部分残。

该像头顶上方刻坐像1身，坐高21厘米。头大部毁，存冠体遗迹；着双领下垂式袈裟。身六臂，上两手屈肘托祥云，左手及祥云毁，云上置圆状物；左中手斜伸执羂索，右中手斜伸握剑；左下手腹前托钵，右下手胸前持柳枝。腿残，结跏趺坐于圆台上。圆台大部毁。

左主尊像　残毁甚重，轮廓清晰，残坐高约24厘米。可辨双手似置腹前，结跏趺坐于束腰圆台上。台大部残，通高约17厘米。该像头顶生起一枝带茎仰莲，莲大部残。莲上刻坐像1身，高约13厘米；头残身蚀，着双领下垂式袈裟，双腿部分残，似结跏趺坐。

该主尊座台左侧纵向刻立像2身，仅存轮廓，残高约32厘米。

右主尊像　残坐高18厘米，线刻头光和身光，存左侧部分。内着交领服，外披袒右式袈裟，左手似置腹前，右手屈于胸前，皆

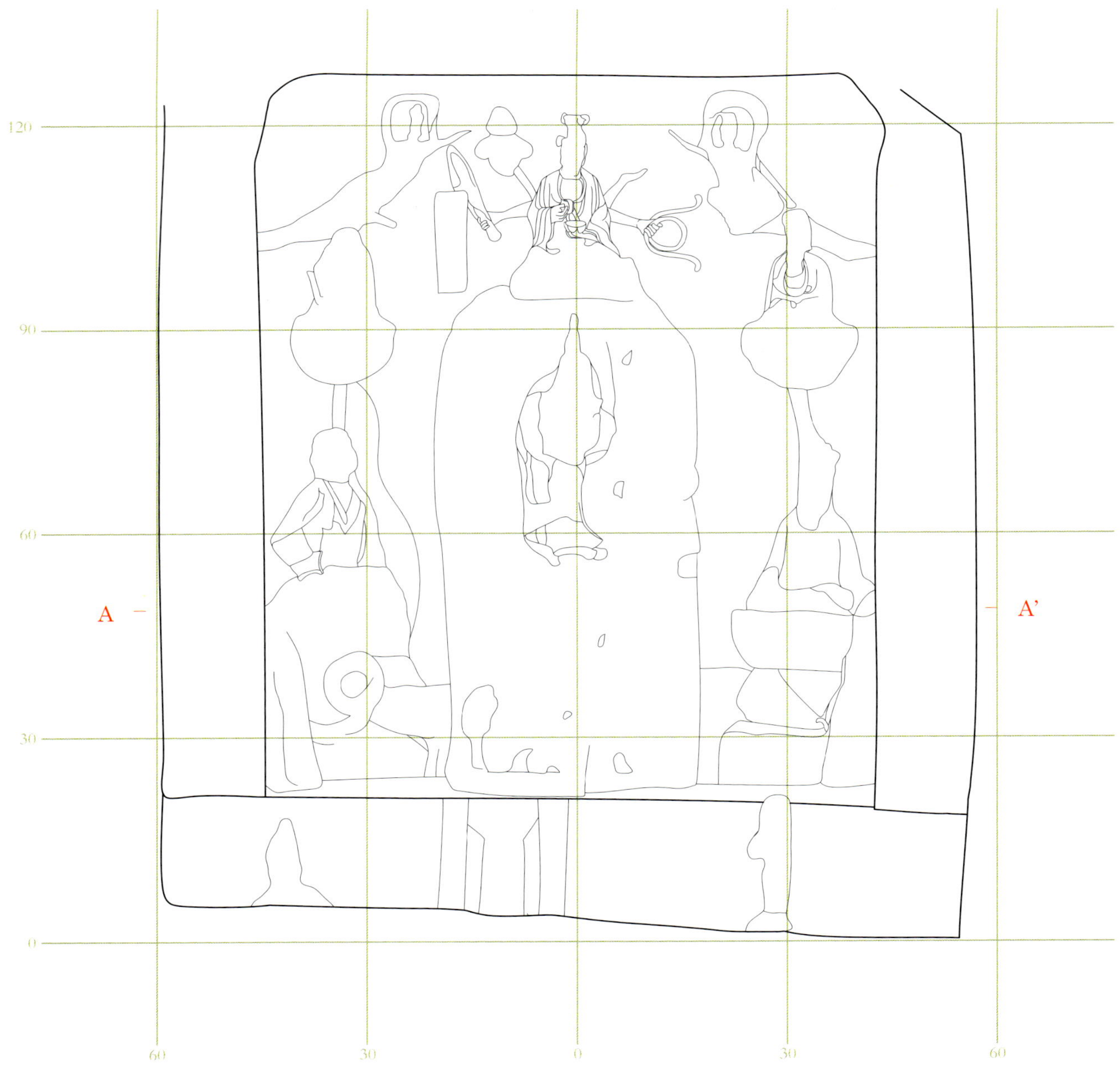

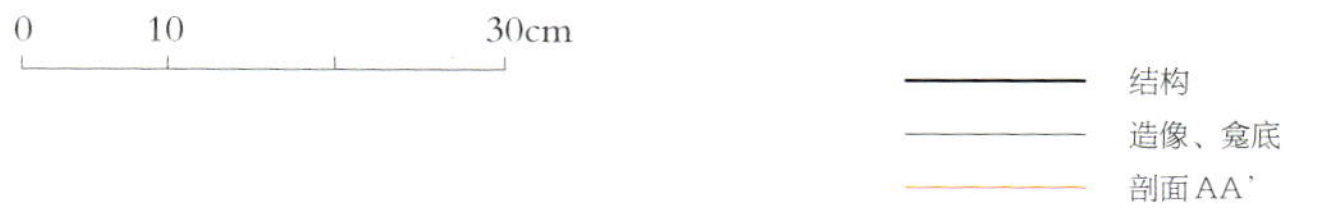

图 17　第 197 号龛平、立面图
1　立面图　2　平面图

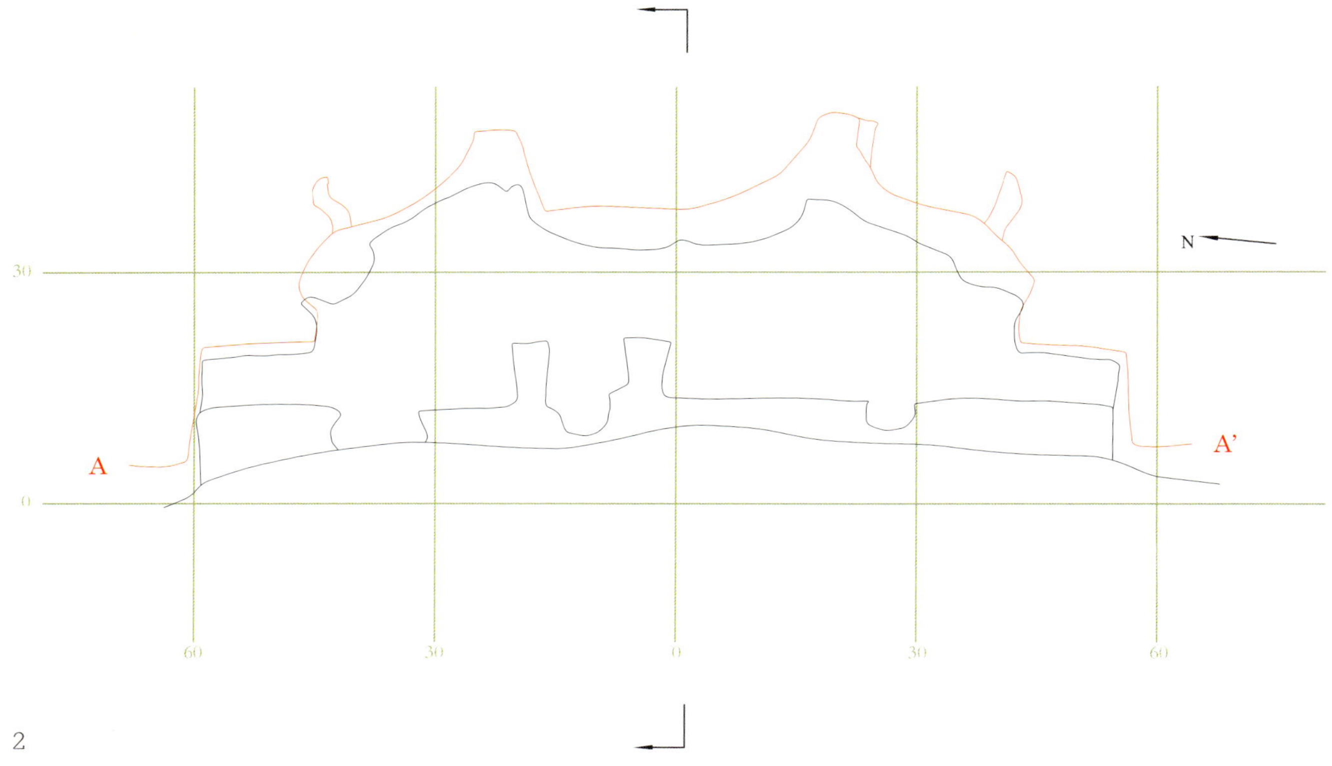

图18　第197号龛剖面图

残；双腿及座台大部残。该坐像头顶升起一枝带茎仰莲，莲大部残。莲上刻坐像1身，仅可辨轮廓。

该主尊座台右侧存立像2身，残毁甚重，残高约30厘米。

左飞天像　残毁甚重，身长约31厘米。可辨披帛环状绕于头后，左手斜伸体侧，右手前伸，右腿屈膝上抬，左腿略后翘，向龛内飘飞。

右飞天像　残毁甚重，身残长约24厘米。仅辨环于头后的披帛和身躯轮廓。

（二）下沿

刻像3身（图17-1；图版Ⅰ：17）。其中，左像头毁，残高13厘米，侧身向右，衣饰不明。中像残高8厘米，身后刻一方案，高13厘米，宽9厘米，深7厘米。右像毁，存少许轮廓。

四　晚期遗迹

中主尊像右上方凿一方形凹槽，高15厘米，宽4厘米，深6厘米。下沿中偏右位置竖直凿二方槽，皆高17厘米，宽14厘米，深8厘米。

第八节　第198号

一　位置

位于第194号龛右侧。左距第194号龛25厘米，右距第201号龛20厘米；上竖直相距第197号龛111厘米，下距第199号龛13厘米。龛口西向，方向270°。

二　形制

单层方形龛（图19、图20；图版Ⅰ：18）。

龛口　从崖壁表面平直凿进最深约23厘米形成龛口。龛口方形，外缘高78厘米，宽95厘米。左沿部分残，存宽10.5厘米；右沿部分残，存宽10.5厘米；上沿仅存右端少许，存宽7厘米；下沿大部毁，宽度不明。龛口内缘高69厘米，宽76厘米，至后壁最深21厘米。龛口左右上角残。

龛底　呈弦月形，部分残。

龛壁　弧壁，与龛顶略垂直相接。

龛顶　平顶，略呈弦月形；大部残脱。

三　造像

刻像28身（图19；图版Ⅰ：18）。分为壁面中部、壁面左右、龛沿造像等三部分。

（一）壁面中部

刻像5身。中刻主尊坐像，残高24厘米。存部分火焰纹头光和身光，头光宽度不明，身光最宽约31厘米。头毁肩残，上披袈裟，下着裙。左手抚膝，右手残，屈于胸前；双腿部分残，结跏趺坐于束腰座上。座大部残毁，高24厘米。主尊头顶上方存部分华盖遗迹。其身左右纵向各刻立式像2身，皆残毁较重，残高约19—25厘米。

（二）壁面左右

刻像23身，包括体量较大的坐像16身和体量较小的立像7身，大部残毁。大致环壁作上中下三排对称布置；其中，坐像呈上三中二下三布置，均坐于山石台上，台高约4厘米，宽10厘米，深约5厘米；立像散列其间。从上至下、从左至右将坐像通编为第1—16像。

第1像　仅存轮廓，残高约9厘米。该像左侧刻立像1身，高9厘米，双手于胸前捧物，屈膝半蹲，立于石台上。该像右侧存有一躯体遗迹。

第2—5像　大部毁，仅存轮廓。

第6像　残高约10厘米，细节不明。该像左侧刻立像1身，仅辨轮廓；右侧刻立像1身，仅存头和右肩。

第7像　残高约10厘米。仅辨左手抚膝，右手置腹前。座台右下方刻一净瓶，仅存轮廓。该像左侧刻立像1身，高11厘米，特征同第1像左立像。

第8像　残高约9.5厘米，仅辨双手置腹前。该像左右饰刻云纹（蚀）。

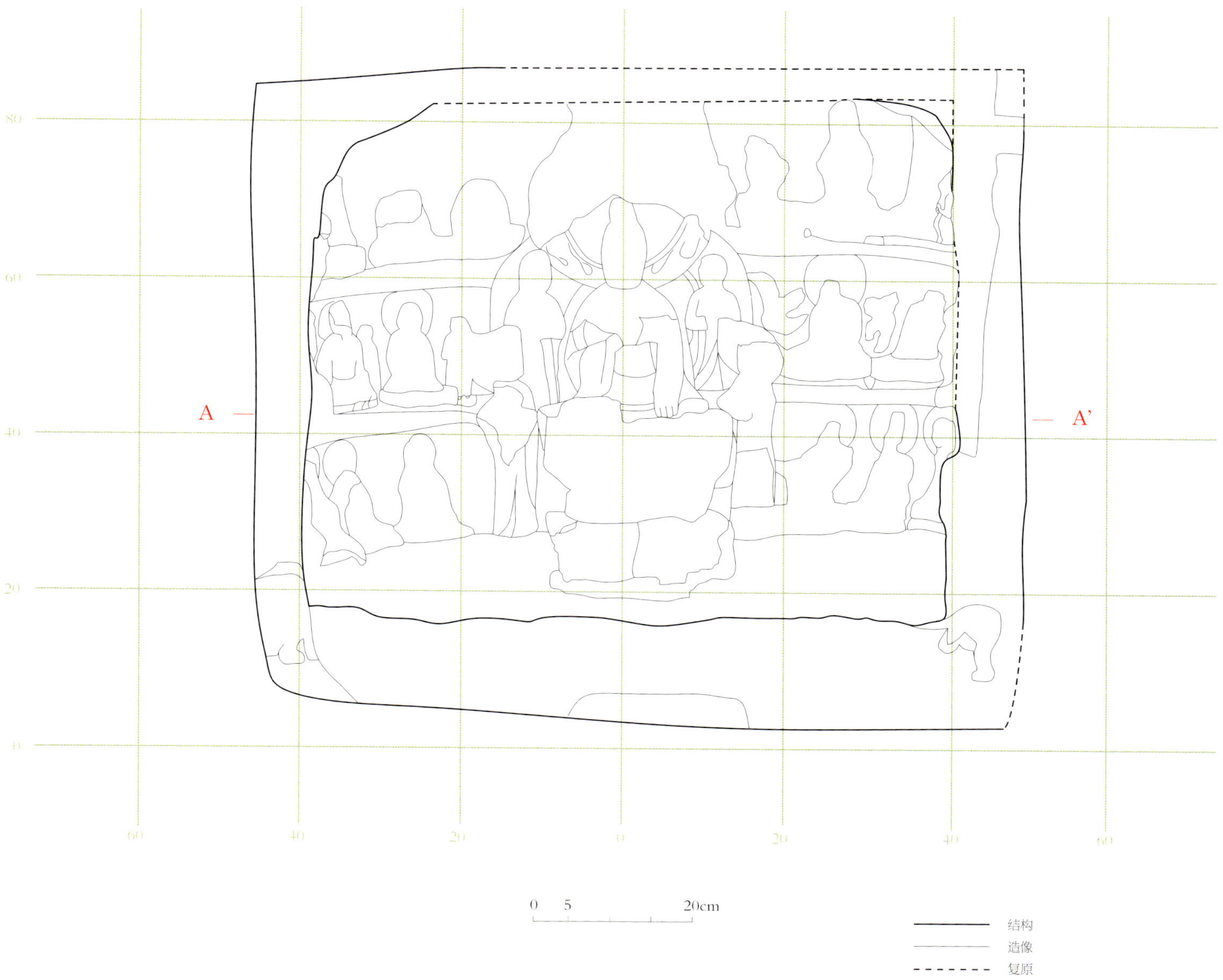

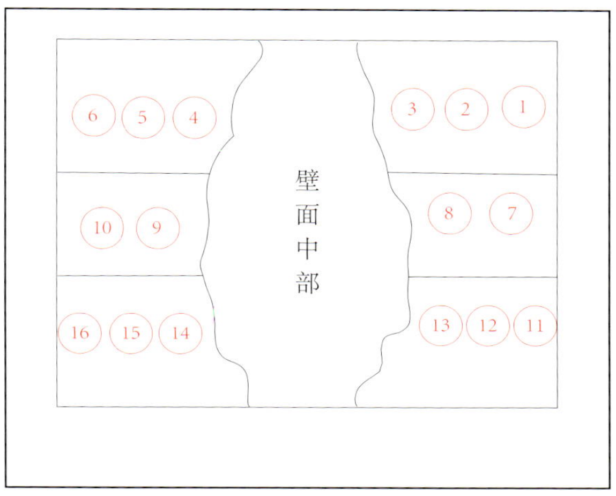

图 19　第 198 号龛立面及造像编号图

1

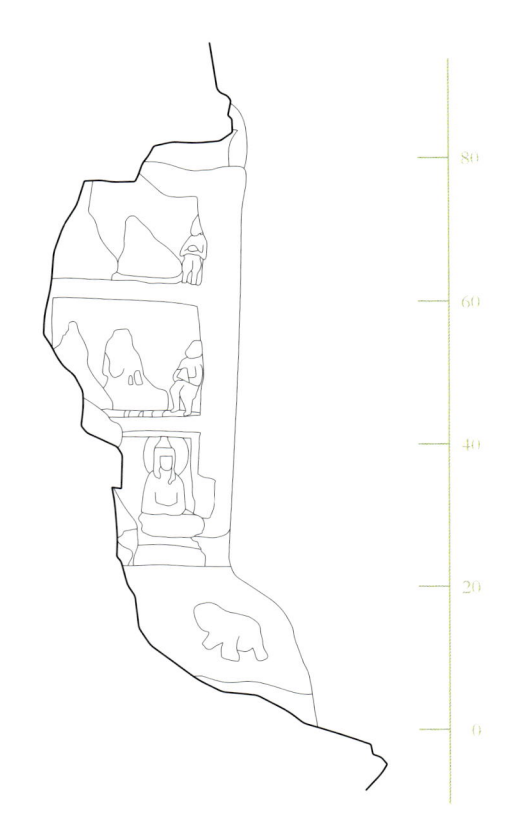

2

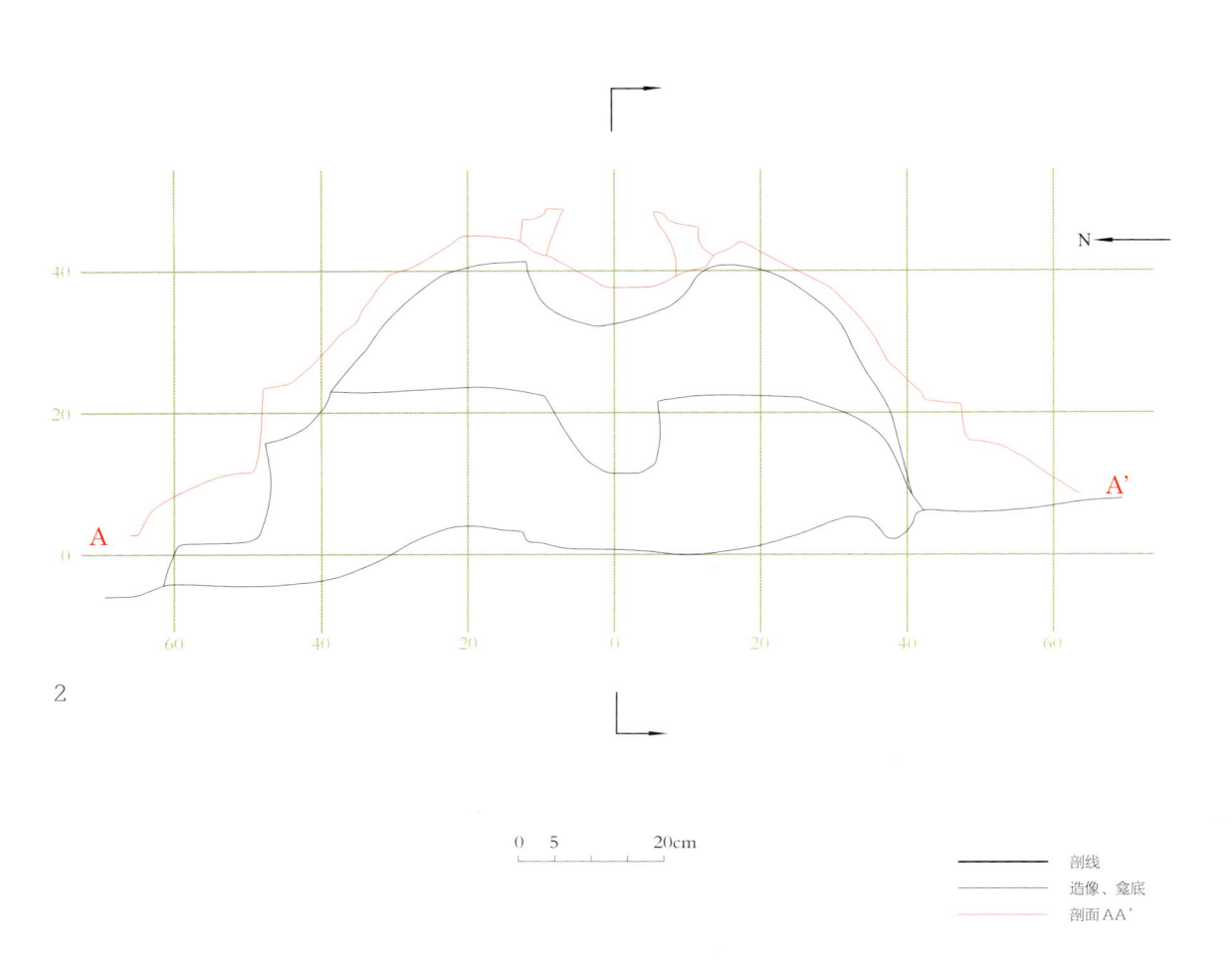

图20　第198号龛平、剖面图
1　剖面图　2　平面图

第9像　残高约11厘米。有圆形头光，直径7厘米。该像左侧刻立像1身，大部残，残高9厘米；右侧刻立像1身，仅存下部躯体，残高6厘米。

第10像　残高约11厘米。有圆形头光，直径7厘米，衣饰不明，左手抚膝，右手斜垂体侧，作抚摸状，结跏趺坐。该像右侧刻一立兽，大部毁，尾上竖。

第11像　残高约11.5厘米。面蚀，衣饰不明，双手似置腹前，结跏趺坐。

第12像　大部毁，残高约11厘米。

第13像　大部毁，残高约11厘米。仅辨右手似斜向前伸。

第14像　毁，仅辨轮廓。

第15像　头毁身残，残高10厘米。有圆形头光，直径6厘米。

第16像　残毁甚重，残高约11厘米。存头光左侧。左手似置腹前，右手置于右膝上，似盘左腿，竖右腿而坐。

（三）龛沿

左右沿底端各刻立兽1只，均残，残高约11厘米，仅辨两前腿。兽立于低台上，台残高约3厘米。

四　晚期遗迹

龛内保存灰白色、红色两种涂层。

第九节　第199号

一　位置

位于第198号龛下方。左距第195号龛16厘米，右距第202号龛35厘米；上距第198号龛13厘米，下距第200号龛9.5厘米。龛口西向，方向270°。

二　形制

从崖壁表面平直凿进最深约14厘米形成龛口（图21；图版Ⅰ：19）。龛口左侧、上部毁；右沿略残，宽6厘米；下沿宽3厘米。龛口内缘高61厘米，宽53厘米，至后壁最深约16厘米。龛底呈方形，龛壁竖直，正壁与左右侧壁弧面相接。龛顶为券顶，大部毁。

三　造像

刻像3身（图21-1；图版Ⅰ：19）。

正壁中刻主尊坐像，残毁甚重，残高38厘米。浮雕圆形素面头光和身光，皆略残，横径分别为18.5、36厘米。头后存斜向的带头（似头戴风帽），须弥座大部残毁，残高19厘米。座前刻并蒂莲，亦残。

左侧壁上部云纹内刻坐像1身，残蚀较重，仅辨头部遗迹。云纹蚀，云尾斜向延至龛顶。

右沿下方刻立像1身，亦残蚀较重，残高21厘米，可辨轮廓。下部圆台残，高约9厘米。

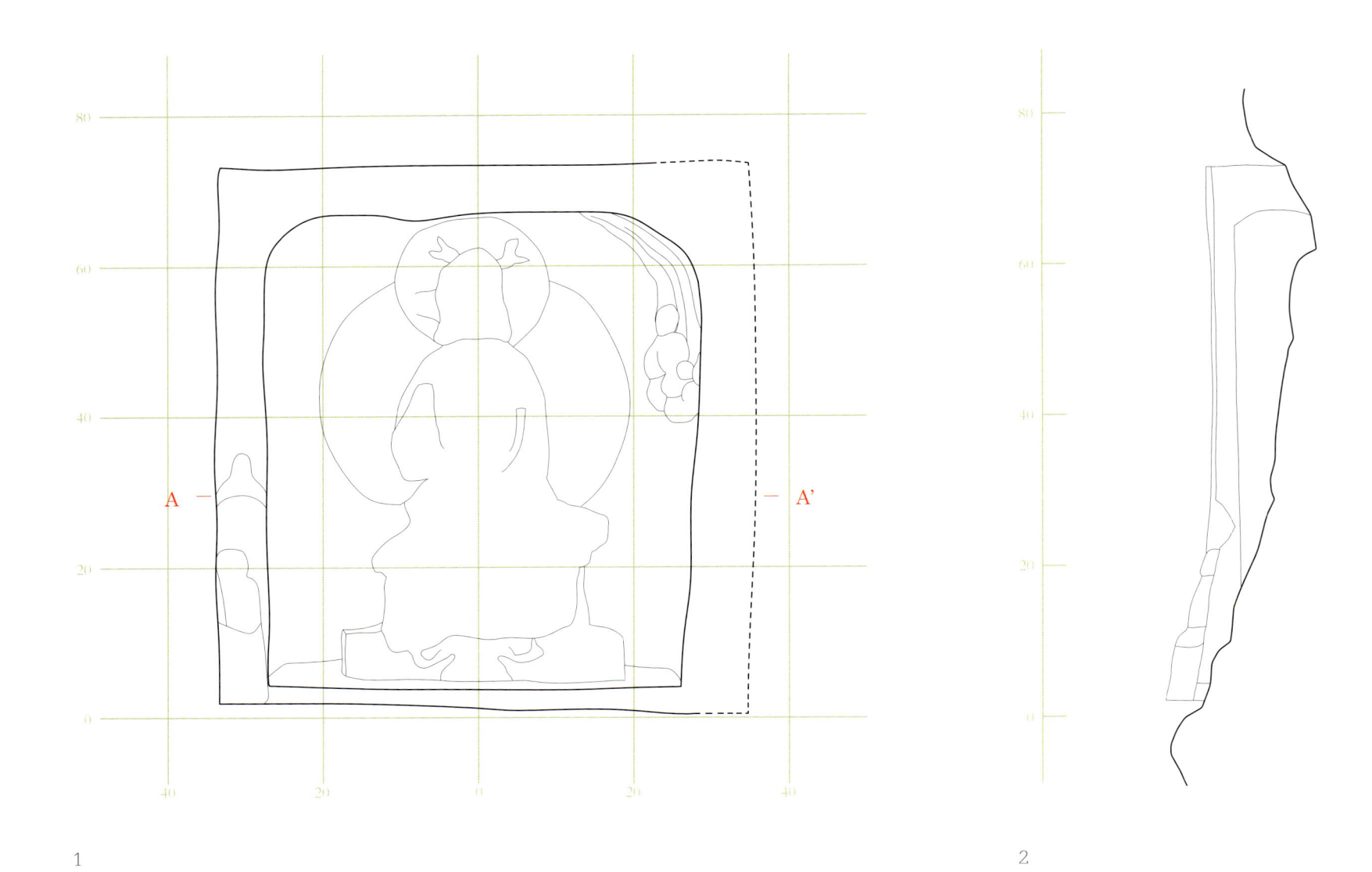

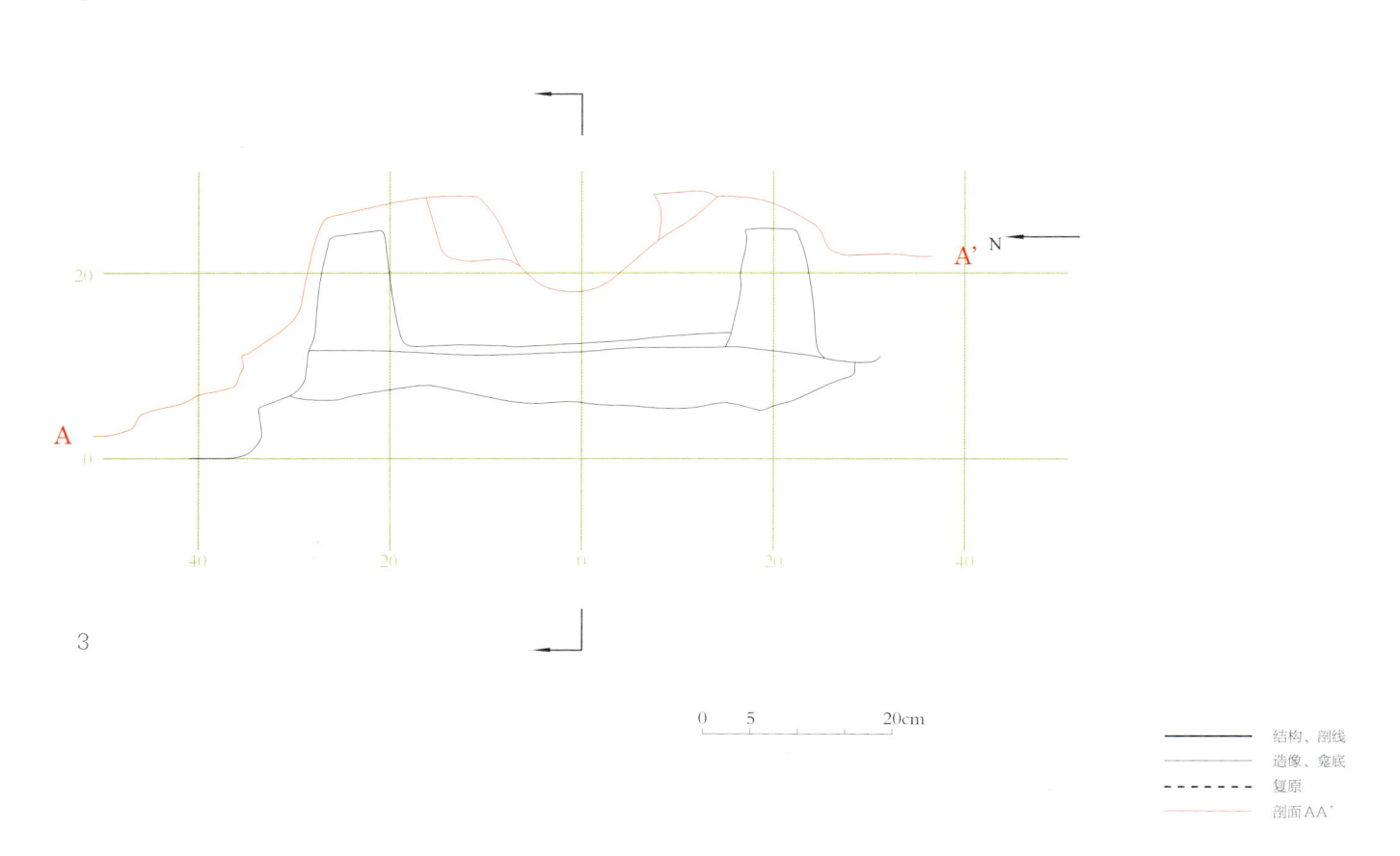

图 21　第 199 号龛平、立、剖面图
1　立面图　2　剖面图　3　平面图

第十节 第200号

一 位置

位于第199号龛下方。左距第196号龛7.5厘米,右距第203号龛11厘米;上距第199号龛9.5厘米,下与地坪齐平。龛口西向,方向267°。

二 形制

单层方形龛(图22、图23;图版Ⅰ:20)。

龛口 从崖壁表面平直凿进最深约19厘米形成龛口。龛口方形,外缘高66厘米,宽58厘米。龛沿完整,左右沿宽4.5厘米,上沿宽4厘米,下沿宽5厘米。龛口内缘高57厘米,宽49厘米,至后壁最深13厘米。龛口左右上角刻三角形斜撑,高6厘米,宽6厘米,斜边弧形,略低于沿面0.5厘米。

龛底 呈弦月形。

龛壁 弧壁,壁面中部与龛顶垂直相接,壁面左右与龛顶弧面相交。

龛顶 平顶,呈方形。

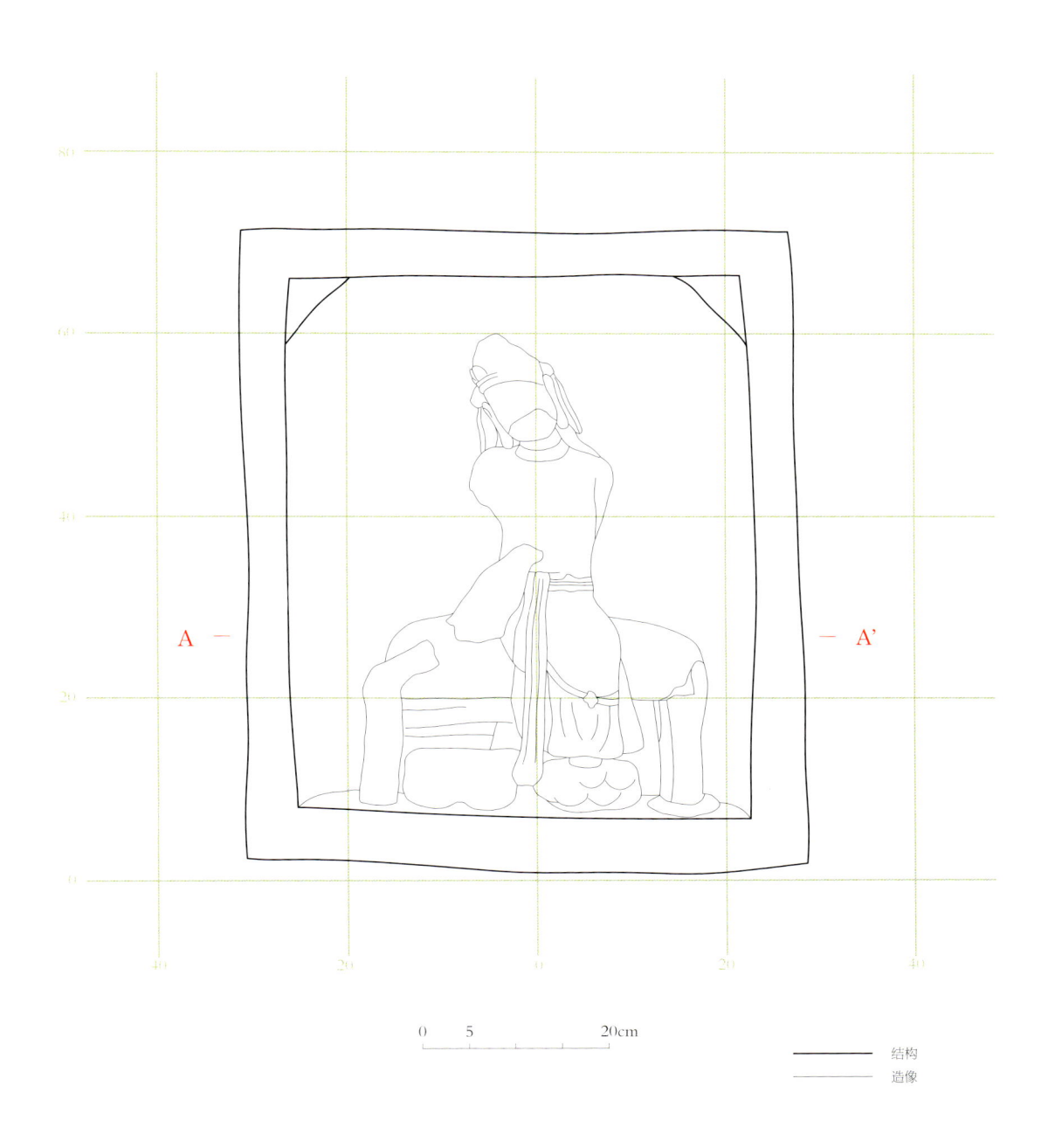

图22 第200号龛立面图

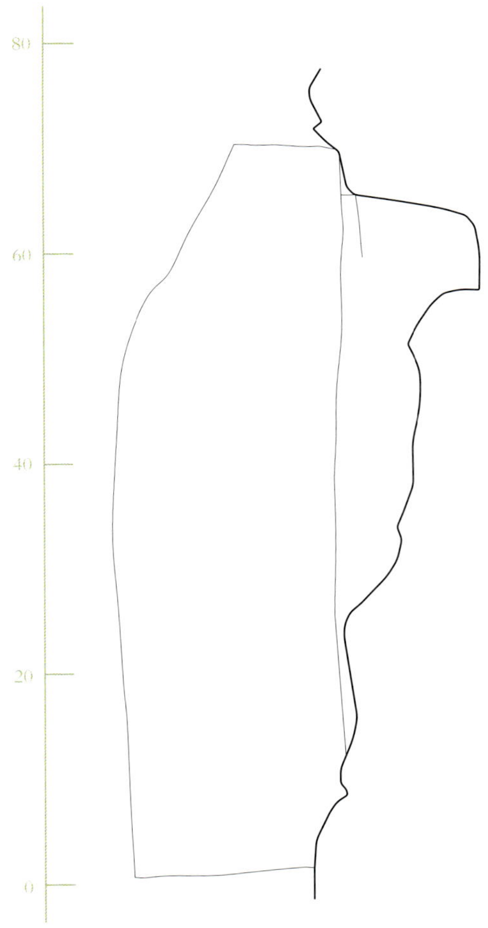

图 23　第 200 号龛平、剖面图
1　剖面图　2　平面图

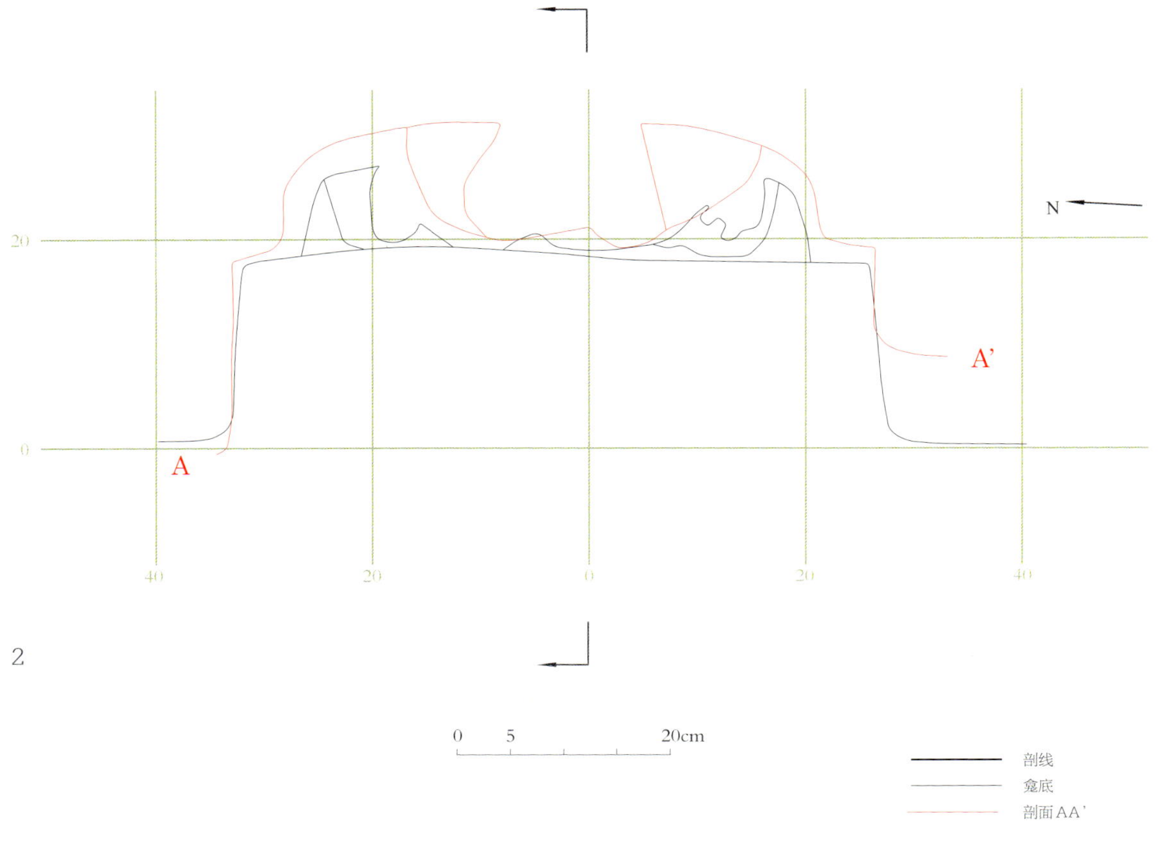

三 造像

刻像3身（图22；图版Ⅰ：20）。

正壁中刻主尊菩萨坐像，坐高31厘米。头右倾，戴冠，顶残，冠带作结下垂至肩。面残，身蚀，可辨下着裙；腰带自腹前下垂至座前。双手毁，垂左腿，跣足踏仰莲；右腿斜向上竖，部分残，坐于山石座上。座通高18厘米，宽32厘米，深10厘米；座前刻两朵仰莲，大部残。

主尊座前左右各刻立像1身。左立像头毁、肩残，残高18厘米。可辨上着袈裟，下着裙；双手置胸前，手残，跣足立于低台上。右立像残毁甚重，残高约15厘米。可辨双手斜举，似扶山石座。

第十一节 第201号

一 位置

位于第198号龛右侧。左距第198号龛20厘米，右为崖壁；上距后世开凿的排水沟45厘米，下距第202号龛5厘米。

龛口西向，方向272°。

二 形制

从崖壁表面平直凿进最深约13厘米形成龛口（图24、图25；图版Ⅰ：21）。龛口方形，上部毁，外缘高度不明，宽约62厘米。左沿上、下残毁，中部存宽约5厘米；右沿完整，宽5厘米；上沿毁；下沿大部残，残宽约3厘米。龛口内缘残高56厘米，宽52厘米，至后壁最深14厘米。龛口左上角毁，右上角刻三角形斜撑，高6厘米，宽6厘米，斜边弧线；低于沿面0.5厘米。龛底呈方形，部分剥蚀。龛正壁竖直，与左右侧壁弧面相交，与龛顶垂直相接；左右侧壁与龛顶弧面相交。龛顶大部毁。

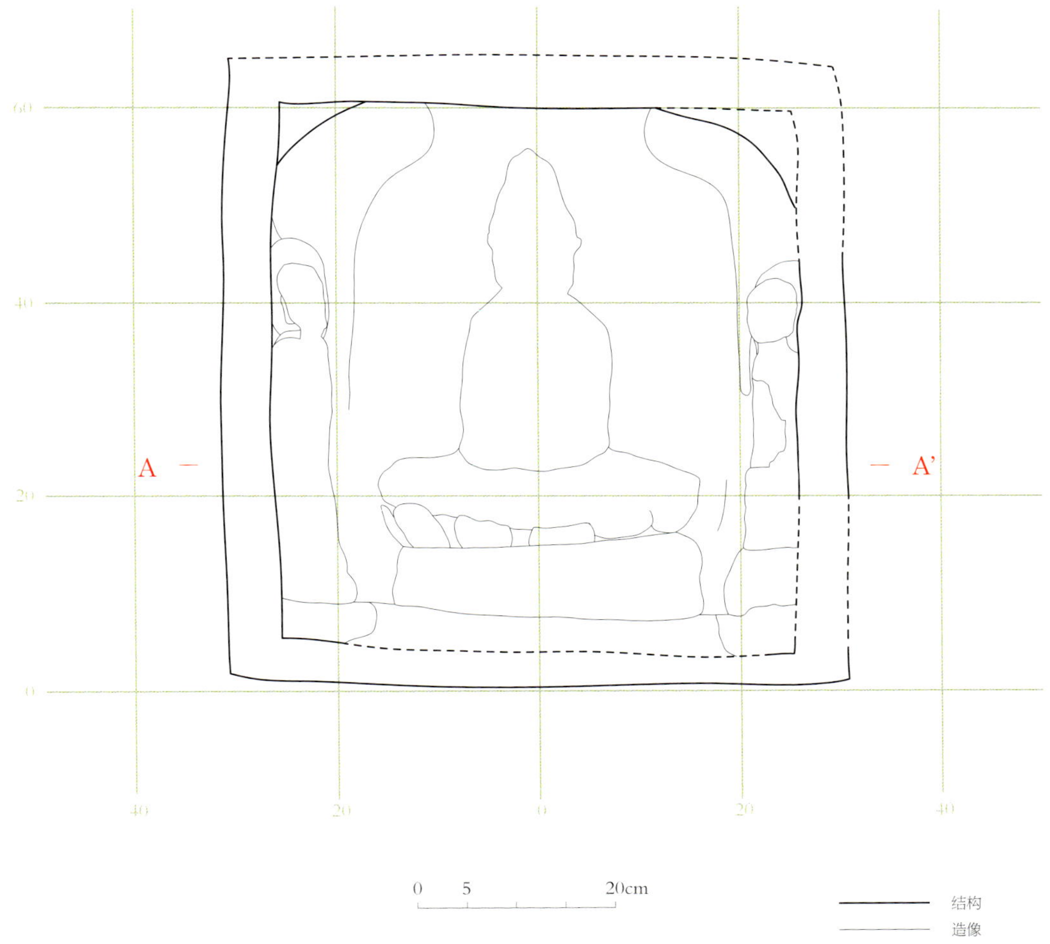

图24 第201号龛立面图

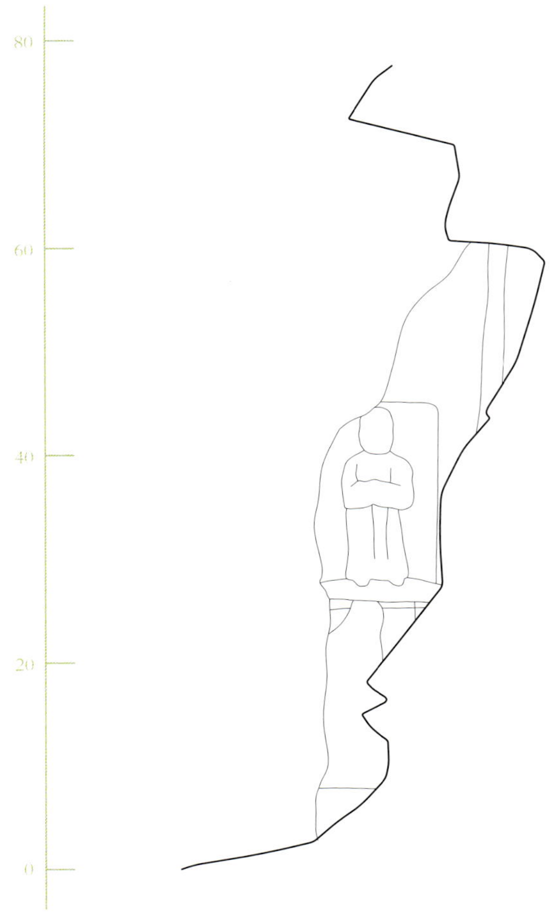

图 25　第 201 号龛平、剖面图
1　剖面图　2　平面图

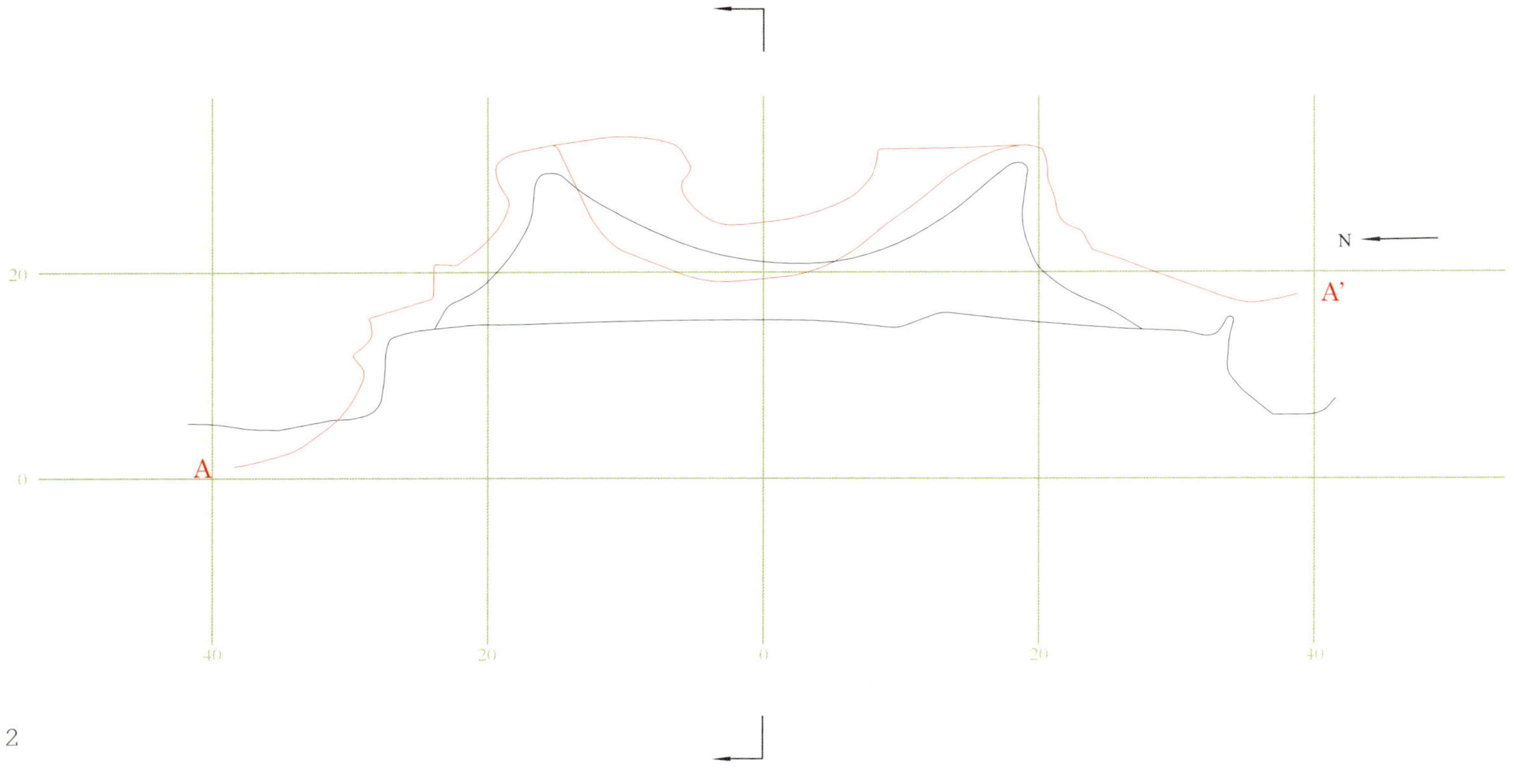

三　造像

刻像5身（图24；图版Ⅰ：21）。

正壁刻主尊坐像，残毁甚重，仅存轮廓，残高约25厘米。束腰仰莲座部分残，通高12厘米，宽30厘米。主尊左右侧各刻菩提树一株，树干残，树冠凸于龛壁左右上角，略蚀。

主尊像左右侧，各刻立像1身。左像立高31厘米，浅浮雕圆形素面头光，直径9厘米。光头，面、身蚀，衣饰不明，立于低台上；足及台残。右像立高约32厘米，浅浮雕圆形素面头光，直径9厘米，左侧部分残。头、身残，仅辨轮廓；台大部毁。

龛外右侧竖直壁面比邻凿二浅龛，龛制毁，内各刻像1身（图25-1；图版Ⅰ：22）。上龛像立高18厘米，头似梳髻，面残，上着宽袖服，下着裙；双手笼袖内，足蚀。下龛像毁，残立高约19厘米。

四　晚期遗迹

龛内存灰白色涂层。

第十二节　第202号

一　位置

位于第201号龛下方。左距第199号龛35厘米，右距第205号龛9厘米；上距第201号龛5厘米，下距第203号龛6.5厘米。龛口西向，方向266°。

二　形制

单层方形龛（图26；图版Ⅰ：23）。

龛口　从崖壁表面平直凿进最深约10厘米形成龛口。龛口方形，外缘高56厘米，宽55厘米。上沿中部残，存宽5厘米；左沿和下沿完整，皆宽5厘米；右沿中下部残，上部宽5厘米。龛口内缘高46厘米，宽45厘米，至后壁最深7厘米。龛口左右上角刻三角形斜撑，高7厘米，宽9厘米，斜边弧形；低于沿面1厘米。

龛底　呈梯形，右端略残。

龛壁　正壁竖直，与左右侧壁弧面相交，与龛顶垂直相接；左右侧壁与龛顶弧面相交。

龛顶　大部毁。

三　造像

刻像3身（图26-2；图版Ⅰ：23）。

正壁刻主尊菩萨立像2身。左像立高38.5厘米。浅浮雕圆形素面头光，直径14厘米。头顶残，面蚀，冠带作结下垂及肩。身细长，胸毁，上身衣饰不明，下着长裙；披帛沿双腿外侧下垂至莲台。双手毁，足蚀，立于莲台上。台大部残，高5.5厘米，直径13.5厘米。右像立高38.5厘米，特征及保存状况与左菩萨像略同。

龛左沿下方刻供养人立像1身，高20厘米。头戴硬脚幞头，面蚀，衣饰不清，双手似置胸前，直身站立。

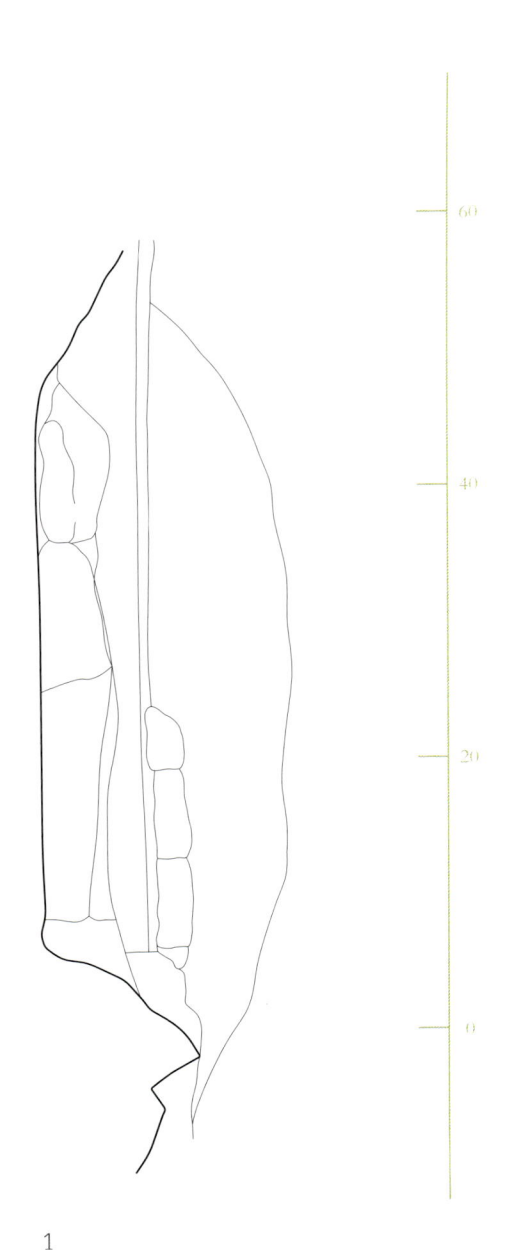

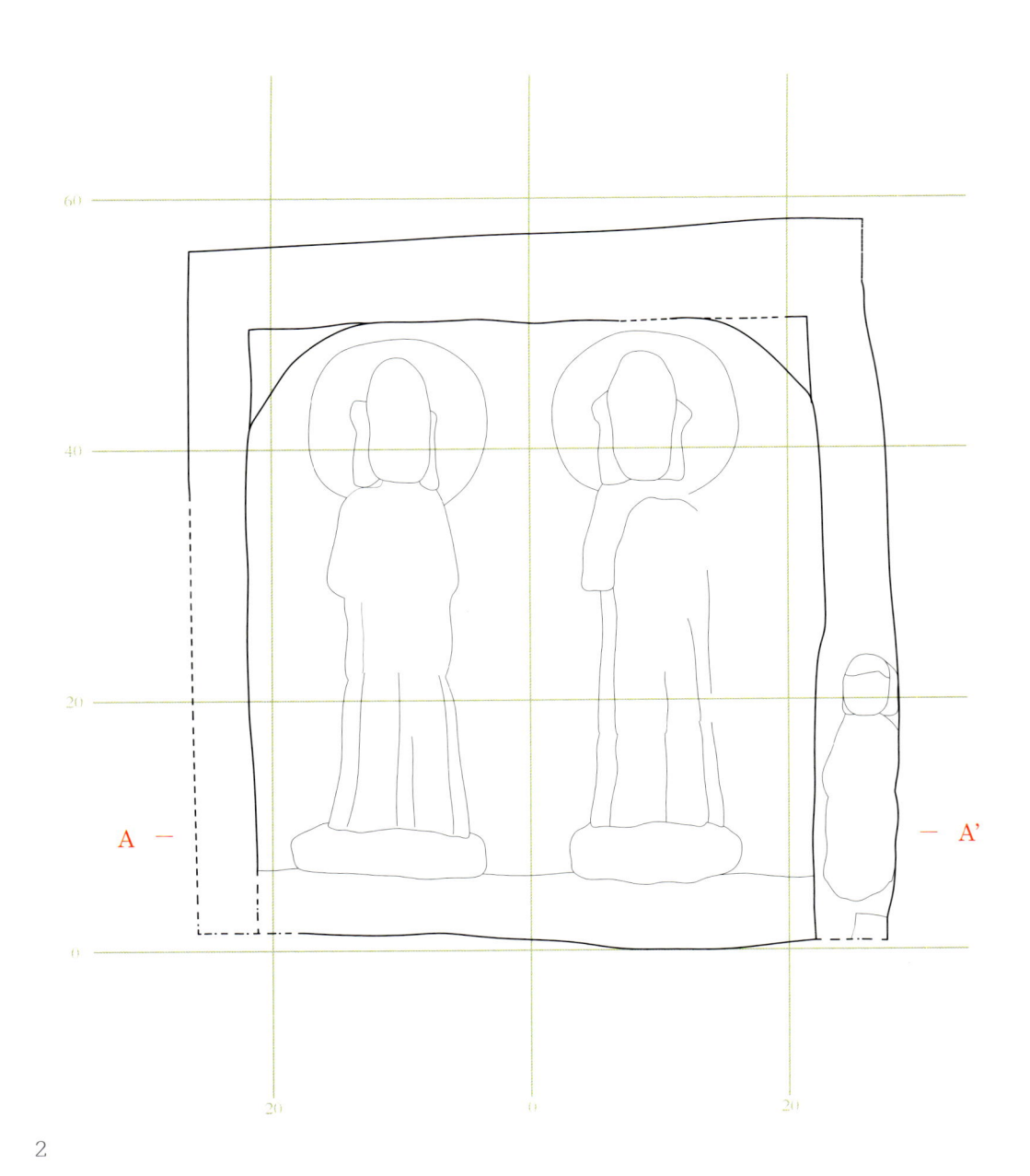

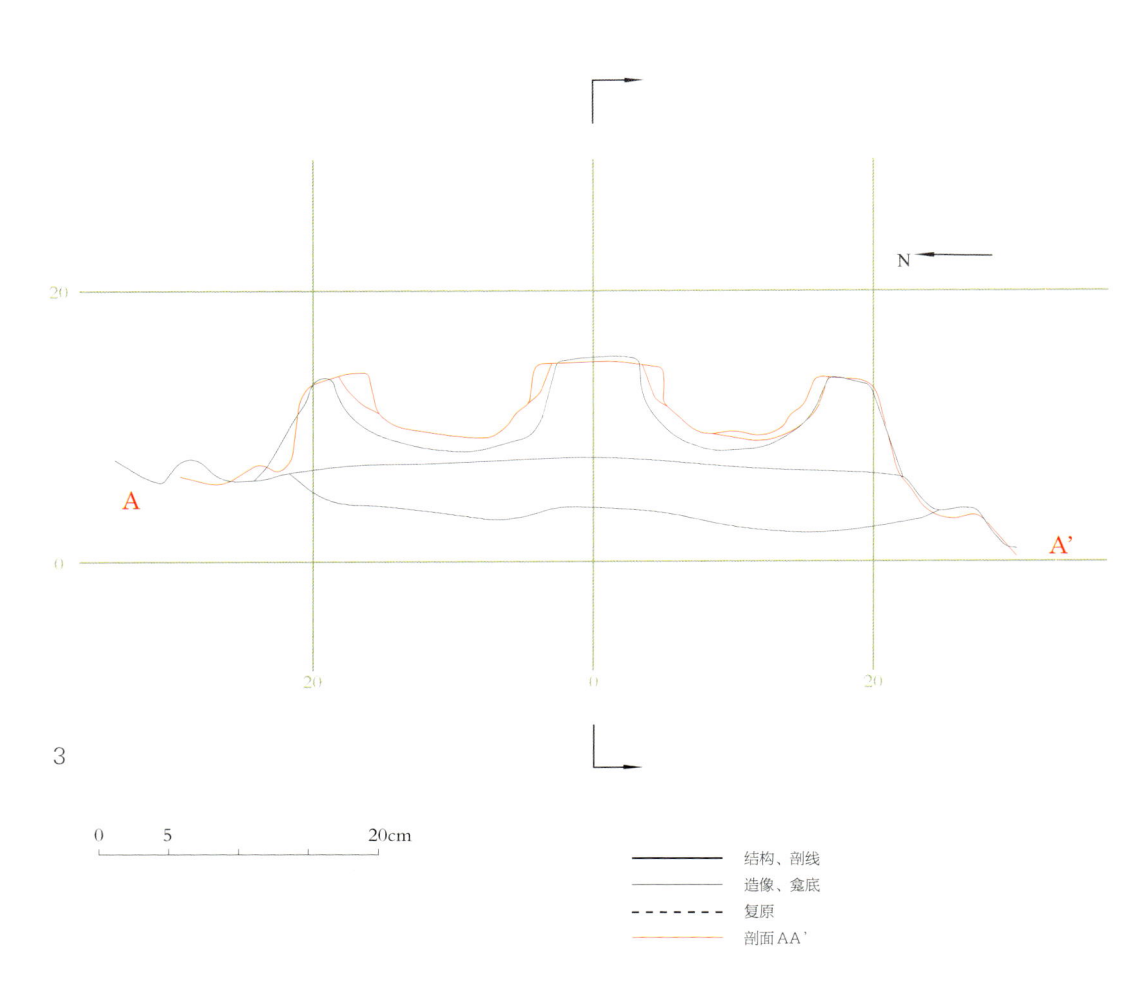

图26　第202号龛平、立、剖面图
1　剖面图　2　立面图　3　平面图

第十三节 第203、204号[1]

一 位置

位于第202号龛下方。第203号龛左距第200号龛11厘米，第204号龛右距第205号龛12厘米；上距第202号龛6.5厘米，下距地坪45厘米。

龛口西向，方向266°。

二 形制

从崖壁表面平直凿进最深约14厘米形成一个开凿界面。界面呈方形，高52厘米，宽65厘米。界内并列设置两龛，左龛为第203号龛，右龛为第204号龛（图27、图28；图版Ⅰ：24）。两龛龛口与界面边缘之间打磨平整形成龛沿，两龛之间共沿。

第203号龛　龛口方形，左沿宽5.5厘米，右沿宽5.5厘米，上沿大部毁，下沿宽3.5厘米，略蚀。龛口内缘残高52厘米，宽29厘米，至后壁最深8厘米。龛左上角存斜撑结构遗迹，右上角毁。龛底略呈方形。正壁竖直，与左右侧壁弧面相交；壁面与龛顶弧面相接。龛顶残蚀。

第204号龛　龛口方形，左沿宽5.5厘米，右沿宽4.4厘米，上沿毁，下沿宽3.5厘米；龛口内缘高52厘米，宽31—32厘米，至后壁深8厘米；龛制与第203号龛略同。

三 造像

刻像12身。分为第203号龛、第204号龛、龛内及龛外造像三部分（图27-2；图版Ⅰ：24）。

（一）第203号龛

刻主尊菩萨立像1身。像高42厘米，头长9.5厘米，肩宽9.5厘米，胸厚5厘米（图版Ⅰ：25）。浅浮雕圆形素面头光，直径15.5厘米。头似戴披帽，面残；上着袈裟，下着裙，左手于胸前托珠（部分残），右手部分残，握持锡杖，杖首（大部残）刻于头部右侧；足残，立于莲台上。台高5厘米，直径18.5厘米。

（二）第204号龛

刻主尊菩萨立像1身。像高43厘米，头长11厘米，肩宽10厘米，胸厚5.5厘米（图版Ⅰ：26）。浅浮雕圆形素面头光，直径19厘米。戴冠，冠带作结下垂及肩。面残，上身剥蚀，下着裙，双腿外侧存下垂的披帛。双手残，跣足立于单层仰莲台上。台高3.5厘米，直径19.5厘米。

（三）龛内及龛外

刻立像10身。其中，第203号龛龛外左侧壁下方方框内刻像1身（图版Ⅰ：27），第204号龛龛外右侧壁上、下方框内各刻像3身（图29；图版Ⅰ：28）；两龛之间沿面下部刻像3身。像皆残损甚重，仅辨轮廓，最高者14.5厘米，最矮者7厘米。

四 晚期遗迹

第203号龛上方凿有一枋孔，高8厘米，宽4厘米，深6厘米。

---

[1] 第203号龛与第204号龛比邻于同一开凿界面内，规模相近，是统一构思开凿形成的一组双龛。1985年《大足石刻内容总录》将其分别编号为第203、204号龛。本次调查沿用原编号，但将其纳入同一龛像进行调查记录。

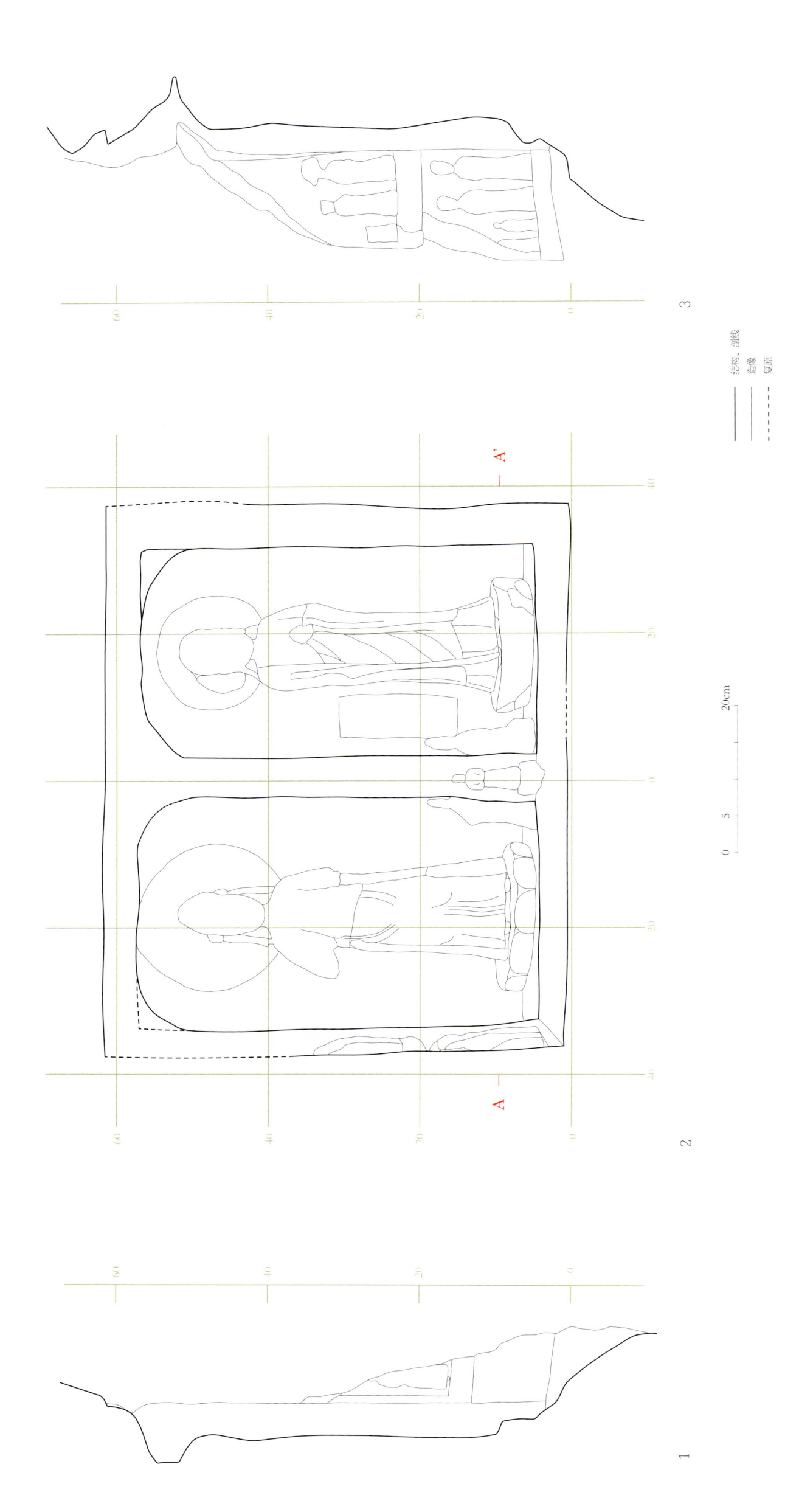

图27 第203、204号龛立、剖面图

1 第203号龛剖面图 2 第203、204号龛立面图 3 第204号龛剖面图

40　大足石刻全集　第三卷（上册）

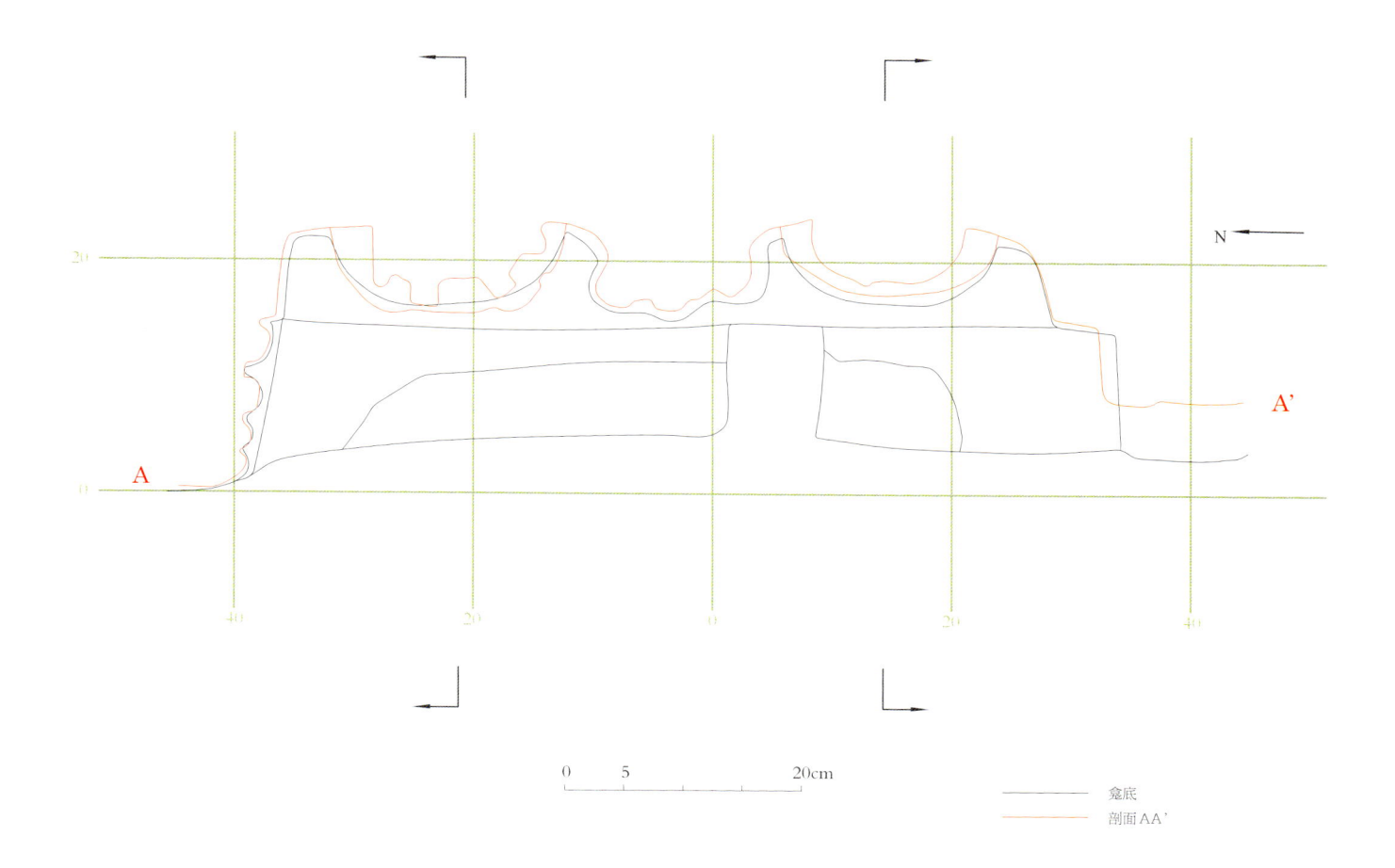

图 28　第 203、204 号龛平面图

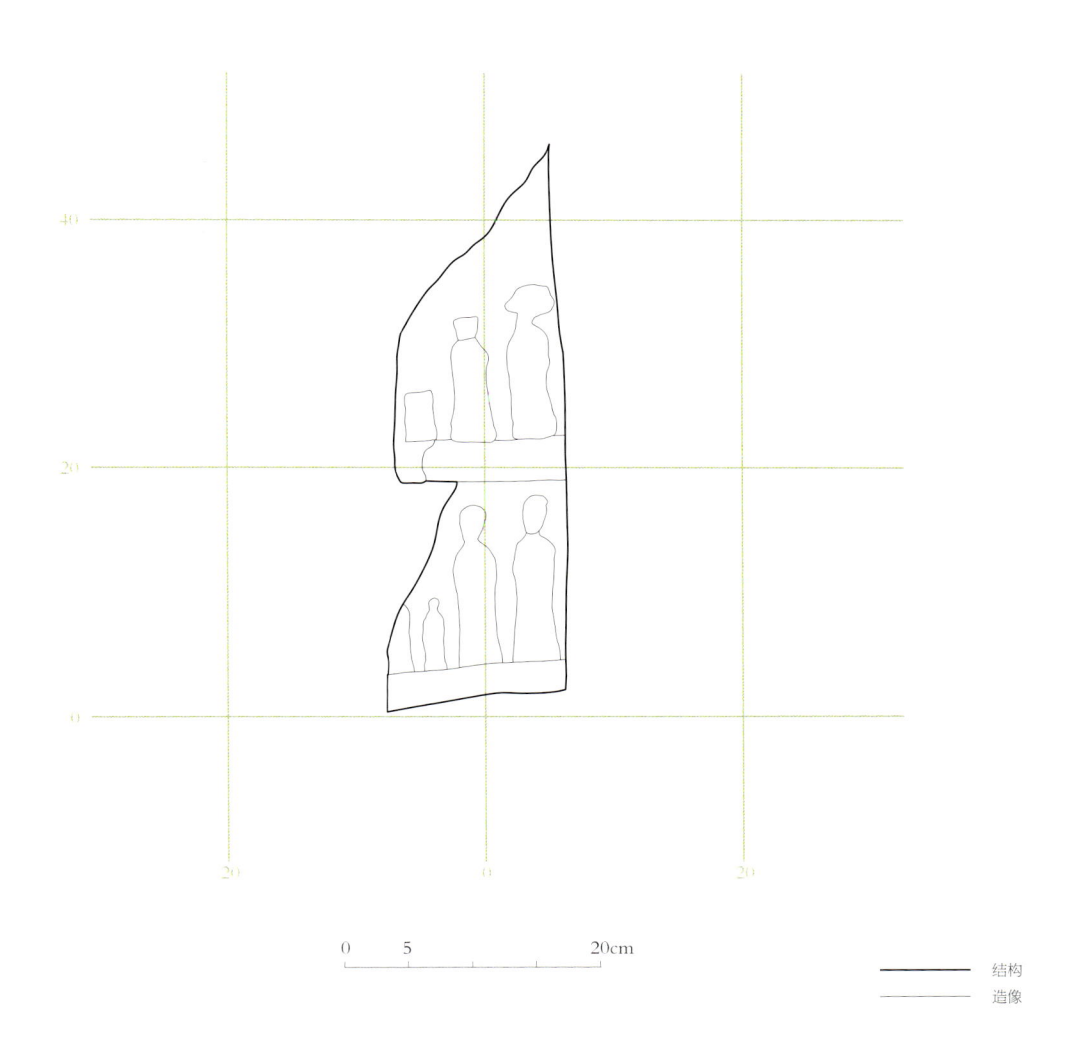

图 29　第 204 号龛龛外右侧方框内造像立面图

第二章　第 193—236 号　41

第203号龛正壁左下方凿有一枋孔，高16厘米，宽5.5厘米，深7厘米。

第203号龛下沿右端与地坪间凿有纵向的凹槽，高48厘米，宽8厘米，最深11厘米。

第十四节　第205号

一　位置

位于第204号龛右侧。左距第204号龛12厘米，右距岩体转折边缘49厘米；上为崖壁，下距地坪85厘米。

龛口西向，方向266°。

二　形制

单层方形龛（图30、图31、图32、图33；图版Ⅰ：29、图版Ⅰ：30、图版Ⅰ：31）。

龛口　从崖壁表面平直凿进最深约24厘米形成龛口。龛口方形，外缘高98厘米，宽97厘米。龛沿略残，皆宽约8.5厘米。龛口内缘高81厘米，宽80厘米，至后壁最深29厘米。左右沿内侧凿出宽2.5厘米的平整面。龛左右上角凿三角形斜撑，高10厘米，宽12厘米，斜边弧形；低于沿面1厘米。

龛底　呈方形，前端略剥蚀。

龛壁　壁面竖直，正壁与左右侧壁略垂直相交；壁面与龛顶亦垂直相交。

龛顶　呈方形，平顶，前端稍残。

三　造像

刻像39身。分为正壁、左侧壁、右侧壁、上沿造像等四部分。

（一）正壁

刻像19身（图30-1；图版Ⅰ：29）。中刻主尊坐像，坐高38厘米。有圆形素面头光和身光，直径分别为19、44厘米。头光右上方存桃形锡杖杖首。头大部残，似戴披帽，身残，坐于须弥座上。座部分残，高34厘米，宽41厘米，深10厘米；座前刻莲朵，亦部分残。

主尊身左右侧，各纵向刻一列三朵蝌蚪形云朵，样式相近，云头左右宽20厘米，上下高20厘米，厚4.5厘米。内各刻像3身，皆蚀，仅辨轮廓。其布置一致，中刻方案，高5厘米，宽9厘米，厚3厘米，覆帷幔；案后中刻坐式主像1身，露出部分高约15厘米；左右各刻立式侍者像1身，高约12厘米。

（二）左侧壁

刻像9身。壁面上部两朵蝌蚪形云纹和下部一朵"L"形云纹内各刻像3身（图32；图版Ⅰ：30）。上部两朵蝌蚪形云纹略残，云头左右宽18厘米，上下高17厘米，厚约3厘米；内居中刻方案，高3.5厘米，宽9厘米，深2厘米，覆帷幔；案后主像显露部分高7厘米，左右侍者立像高10.5厘米，皆仅辨轮廓。下部"L"形云纹左右宽17厘米，上下高4厘米，厚2厘米；三像作"品"字形布置；像皆残，细节不明，残高约18厘米。

（三）右侧壁

刻像9身。布局与左侧壁同，对应的云纹式样亦同（图33；图版Ⅰ：31）。上部为两朵蝌蚪形云纹，云头左右宽16厘米，上下高

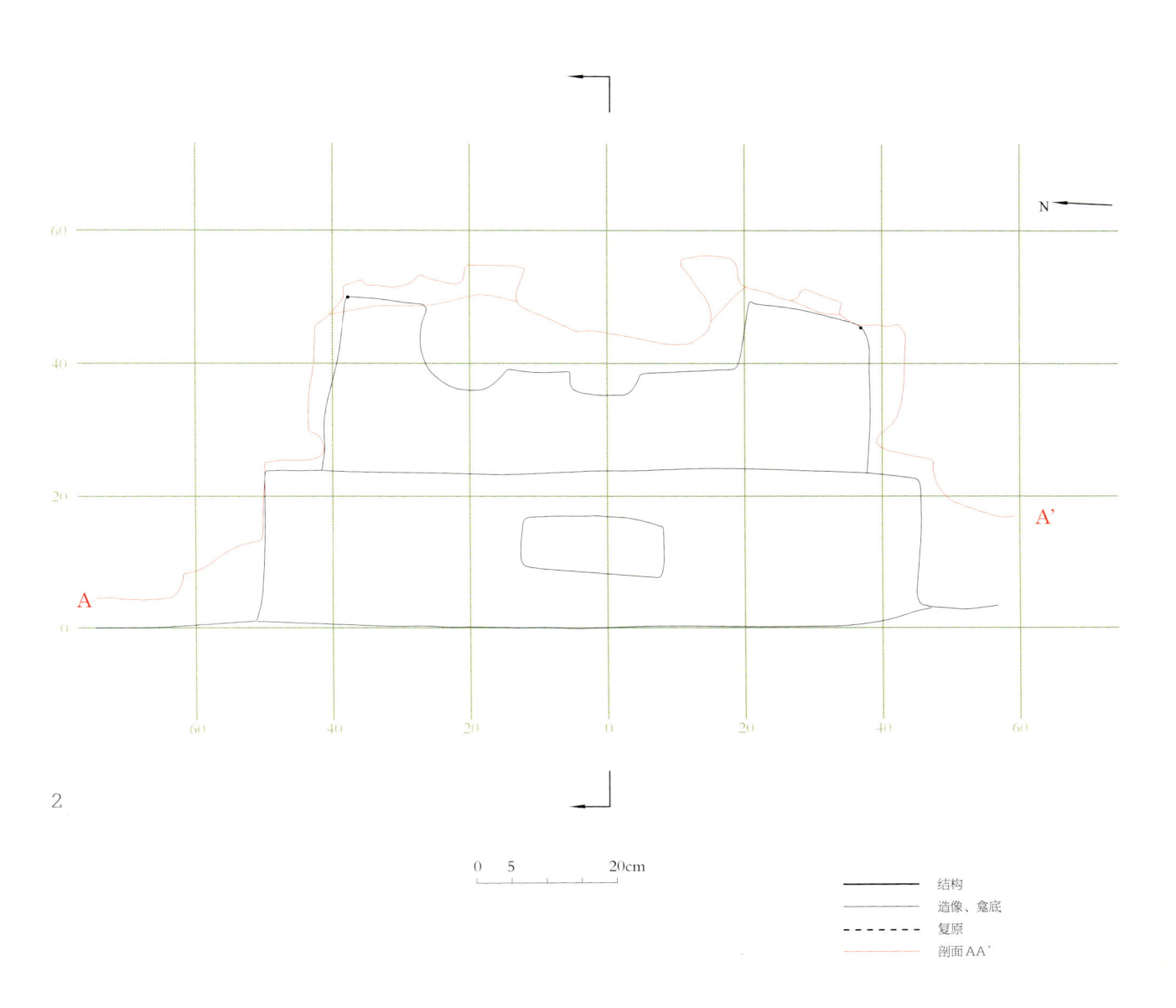

图30　第205号龛平、立面图
1　立面图　2　平面图

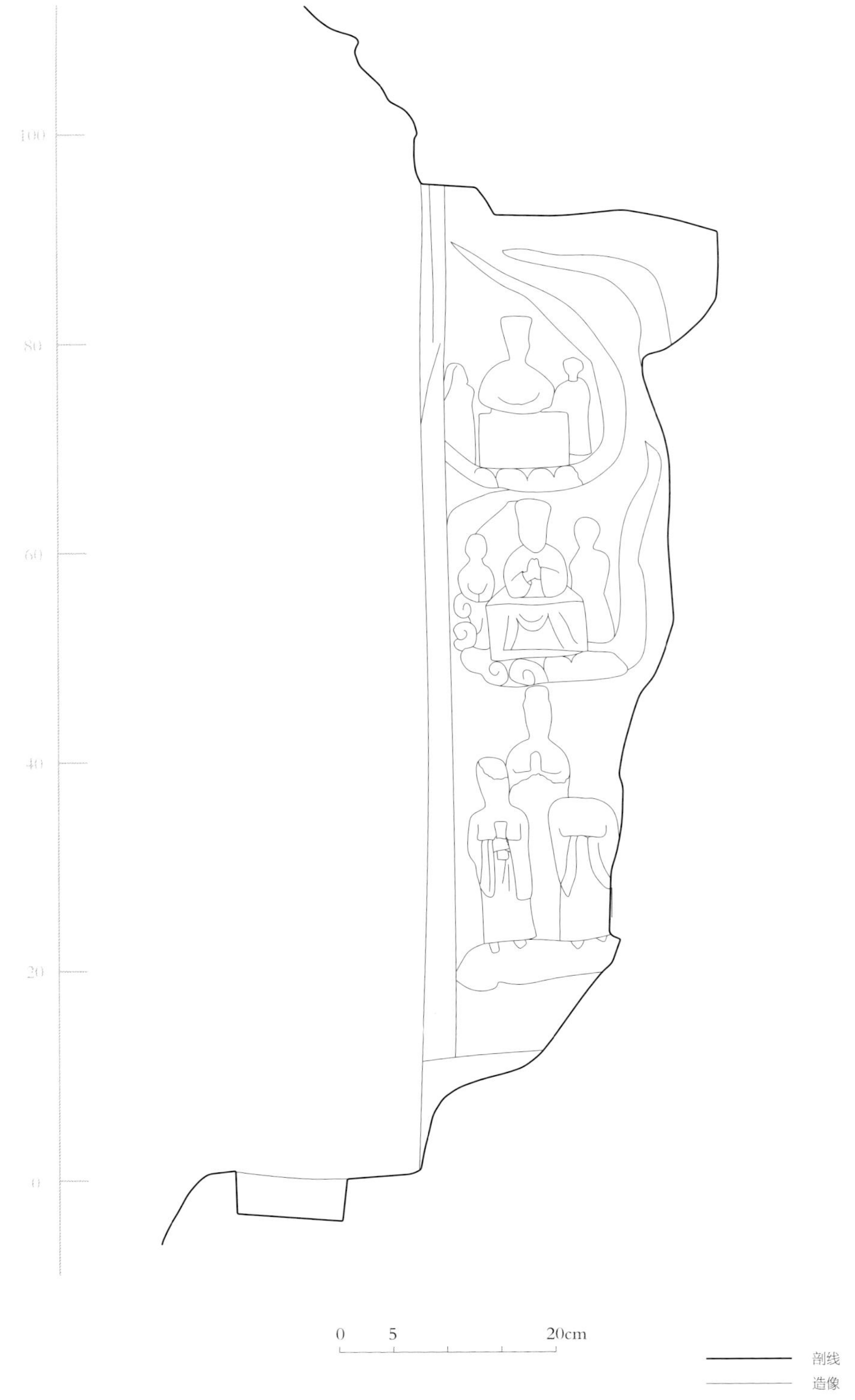

图31　第205号龛剖面图

24厘米，厚2.5厘米；居中方案高4.5厘米，宽8.5厘米，深2厘米，覆帷幔；案后主尊坐像显露部分高9.5厘米，头戴冠；其中，上方云纹内主像双手置案上，下方云纹内主像双手置胸前，余细节难辨；左右侍者立像高约8.5厘米，仅辨轮廓。下部"L"形云纹左右宽17厘米，上下高4厘米，厚2厘米；三像亦作"品"字形布置；其体量、特征相近，高约19厘米，可辨头戴幞头，上着宽袖服，下着裙；双手胸前似持笏，着鞋站立。

（四）上沿

刻飞天像2身（图30-1）。皆残，可辨头部轮廓，侧身持物，置于云纹内相对飘飞。云头大部残，云尾水平后飘，全长约35厘米。

四　晚期遗迹

龛右沿中部及底端各凿一不规则的孔洞，高5厘米，宽4.5厘米，深3厘米。龛外右上方33厘米处亦凿一孔洞，高8厘米，宽8厘

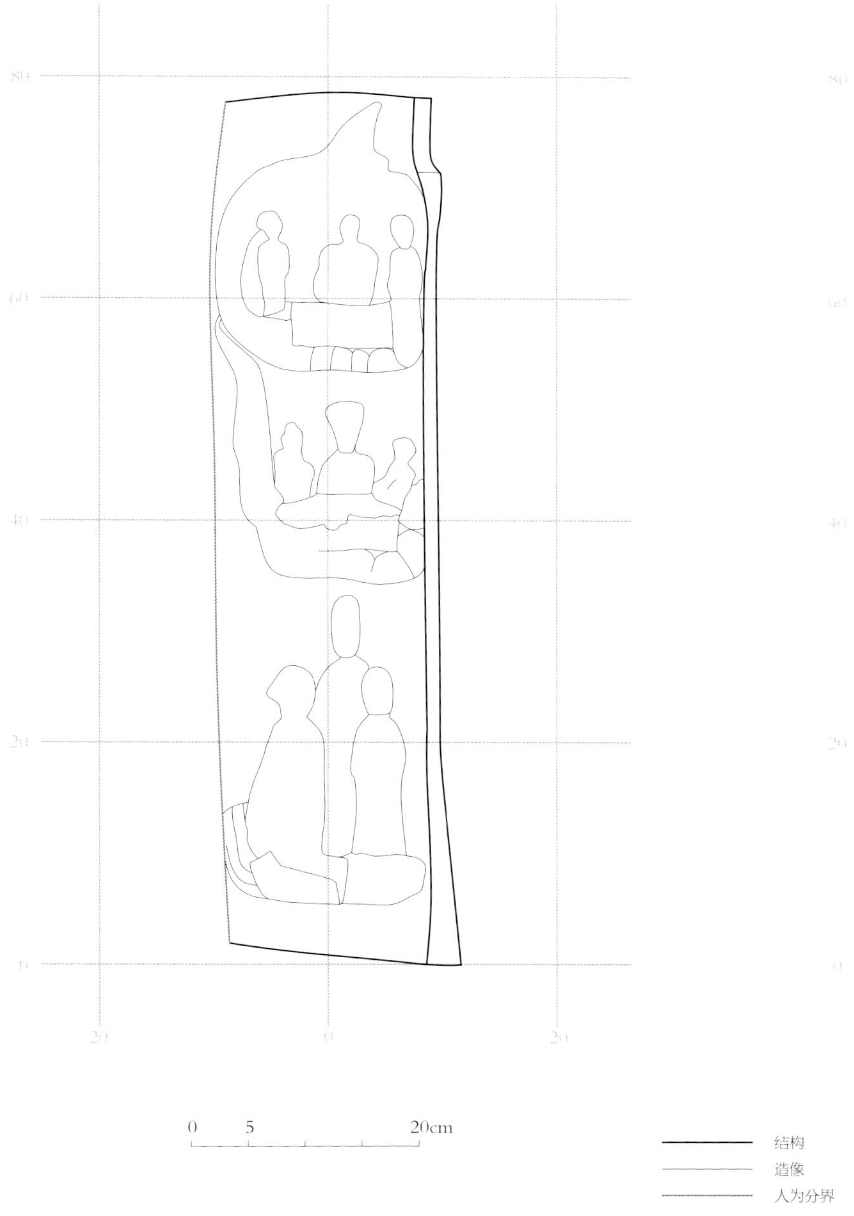

图32　第205号龛左侧壁立面图 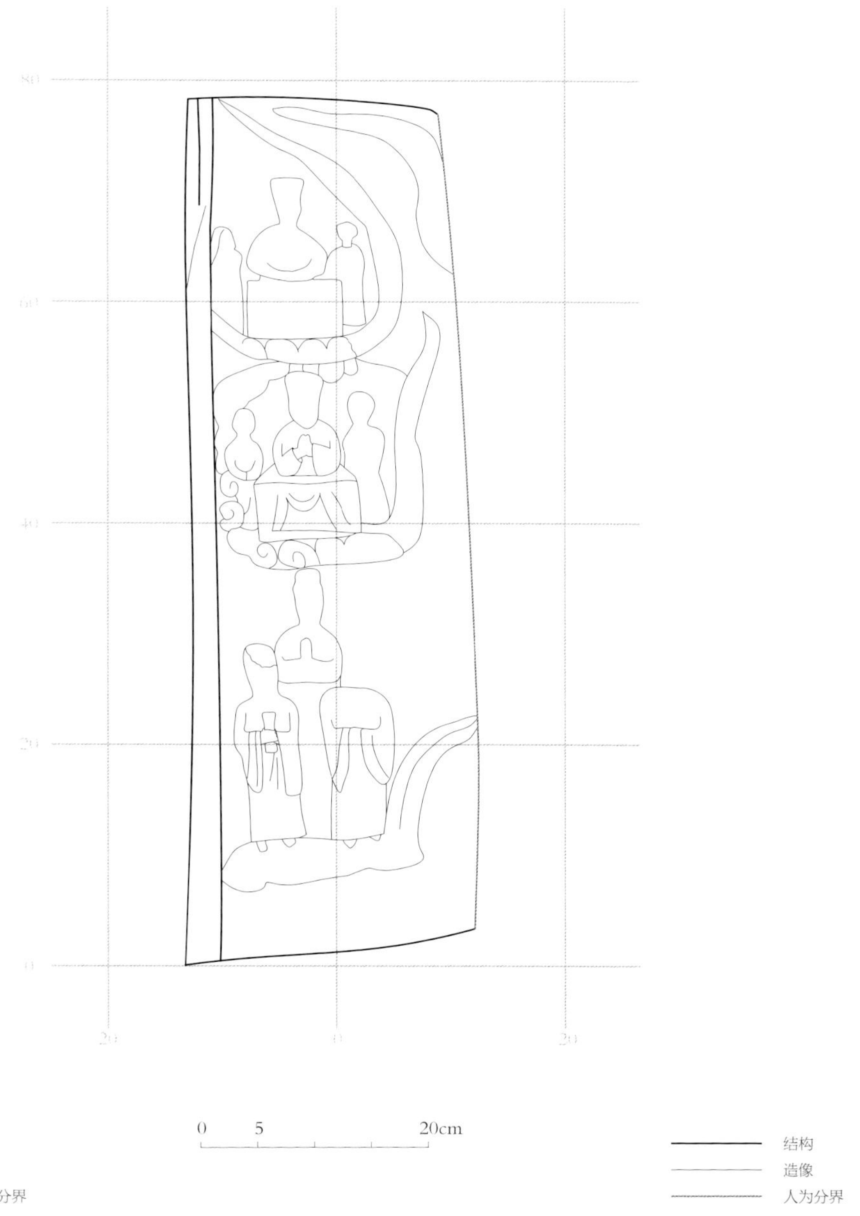　　　　　　　　　图33　第205号龛右侧壁立面图

米，深6厘米。此三孔洞大致在同一竖直线上。

龛底前侧凿有凹槽，长21厘米，宽8厘米，深5.5厘米。

龛内保存灰白色涂层。

第十五节　第206号

一　位置

位于第205号龛右上方。左为崖壁，右距第215号龛8厘米；上为崖壁，下距第207号龛14厘米。

龛口西向，方向264°。

二 形制

单层方形龛（图34、图35；图版Ⅰ：32）。

龛口　从崖壁表面平直凿进最深约39厘米形成龛口。龛口方形，外缘高73.5厘米，宽109.5厘米。左沿完整，宽5厘米；右沿下部残，上部存宽5.5厘米；上沿大部残，存宽6厘米；下沿宽5.5厘米，部分残。龛口内缘高62厘米，宽99厘米，至后壁深44厘米。龛口左右上角凿三角形斜撑，斜边弧形，部分残，低于沿面1厘米。

龛底　呈长方形，部分剥蚀。

龛壁　正壁竖直，与左右侧壁弧面相接；壁面与龛顶略垂直相交。

龛顶　平顶，呈弦月形，部分残。

三 造像

并列刻坐像三身，皆残毁其重（图34；图版Ⅰ：32）。

中像　残坐高27厘米。浮雕桃形头光和椭圆形身光，部分残，内皆素平，边缘刻宽约5厘米的火焰纹；头光横径11.5厘米，身光

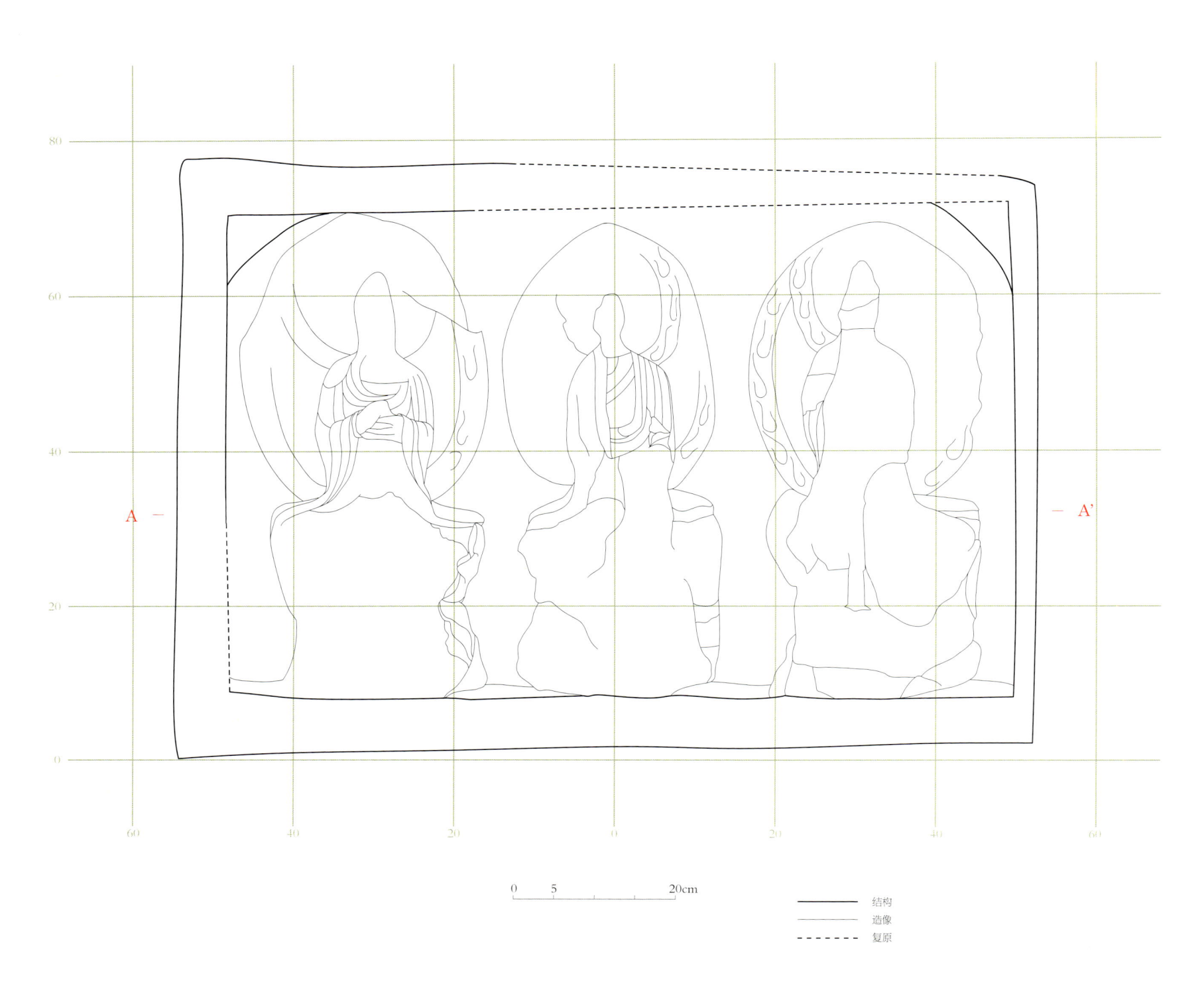

图34　第206号龛立面图

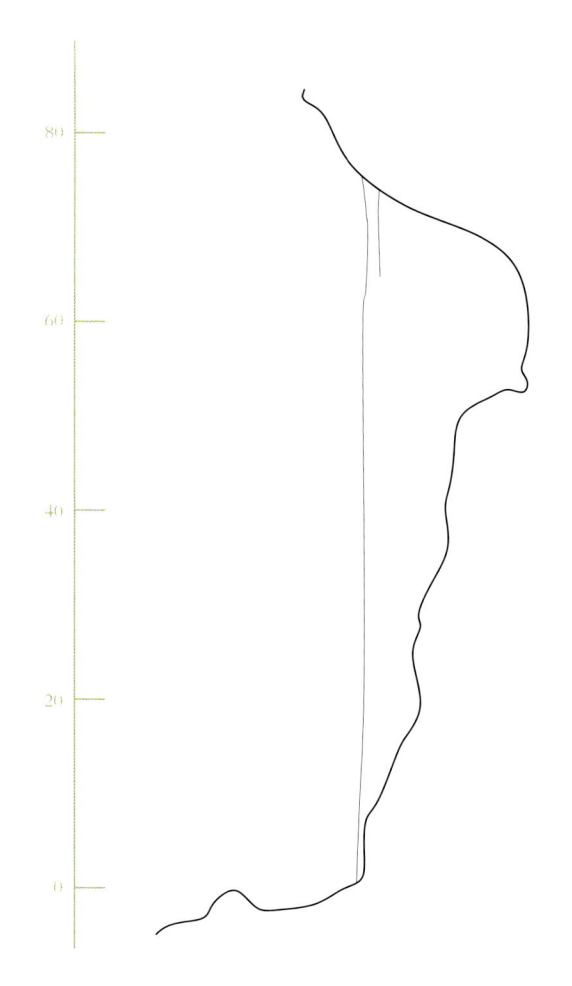

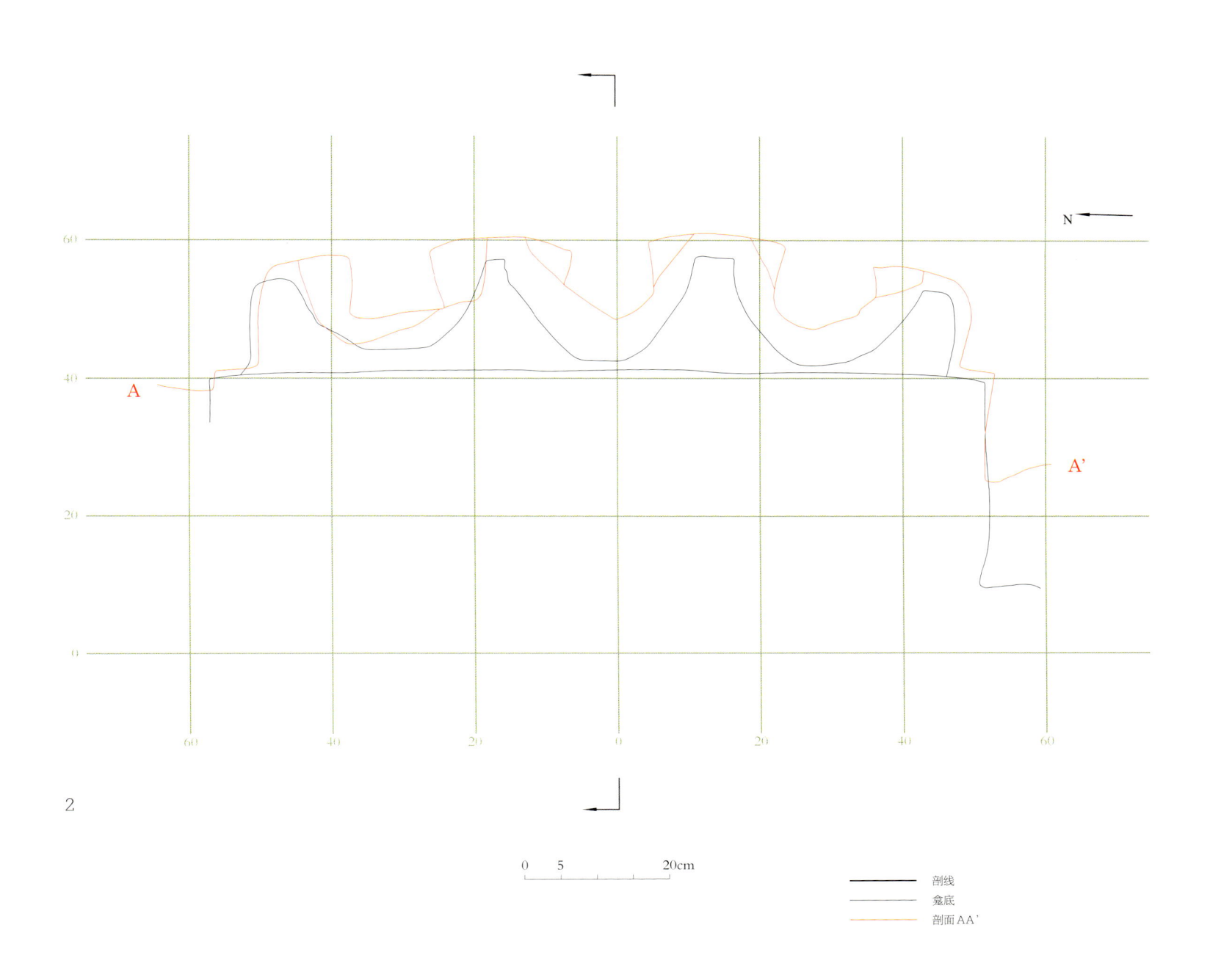

图 35　第 206 号龛平、剖面图
1　剖面图　2　平面图

最宽21厘米。头毁，存残痕；右肩毁，可辨着双领下垂式袈裟，手及腿大部残，坐于束腰座上。座大部残，残高24厘米。

左像　大部残，残坐高32厘米；有椭圆形背光，边缘刻宽约5厘米的火焰纹，横径约32厘米。束腰莲座大部残，残高约24厘米。

右像　残毁甚重，残坐高33厘米。可辨着通肩袈裟，双手于胸前似结印，座台残存仰莲瓣；余与中像略同。

四　晚期遗迹

龛内保存灰白色涂层。

第十六节　第207号[1]

一　位置

位于第206号龛下方。左右齐抵开凿界面的左右端，上距第206号龛14厘米；下距第208、210、211号龛5—7厘米。

龛口西向，方向268°。

二　形制

本龛由"一"字形布列的十个方形浅龛组合而成，通宽263厘米；相邻浅方龛间距5—6厘米（图36；图版Ⅰ：33）。方龛形制、大小相近，龛口高28厘米，宽22厘米，至后壁深7厘米；龛口左右上角凿三角形斜撑，斜边弧形。龛底略呈弦月形，低于龛口0.5厘米，龛壁为弧壁，与龛顶弧面相交。龛顶为券顶。

三　造像

各方龛内刻坐佛1身，共计10身（图36-2；图版Ⅰ：33）。佛像体量相近，坐高21厘米，头长8厘米，肩宽8厘米，胸厚3厘米。头、面略蚀，内着僧祇支，外披双领下垂式袈裟（第10像袈裟似覆于头顶），下着裙，结跏趺坐于方台上。台高4厘米，与龛口等宽，正面线刻仰莲瓣。从左至右将其编为第1—10像，其手姿如下：

第1像　双手置腹前，手残。

第2像　双手腹前结印。

第3像　双手腹前笼袖内。

第4像　双手残。

第5像　双手腹前笼袖内。

第6像　左手腹前结印，右手抚膝。

第7像　左手抚膝，右手腹前结印。

第8像　双手腹前笼袖内。

第9像　双手残。

第10像　双手腹前笼袖内。

此外，在界面左侧竖直壁面内侧（右侧），存一个方形残龛，与本龛齐平。龛残高约12厘米，宽约15厘米，深约3厘米，内存像1身，残高约7厘米，仅辨向龛外胡跪的姿势（图37）。

---

[1] 第207—213号等7龛处于同一开凿界面内，开凿进深为78厘米。开凿界面呈方形，高294厘米，宽263厘米。界面的开凿，使其左右形成竖直的开凿壁面，上部形成岩檐，下部形成一台面。台面中部残损，右侧凿有方形凹槽，长31厘米，宽11厘米，深7厘米。台面下距地坪39厘米。见本卷报告下册第15页图版10。

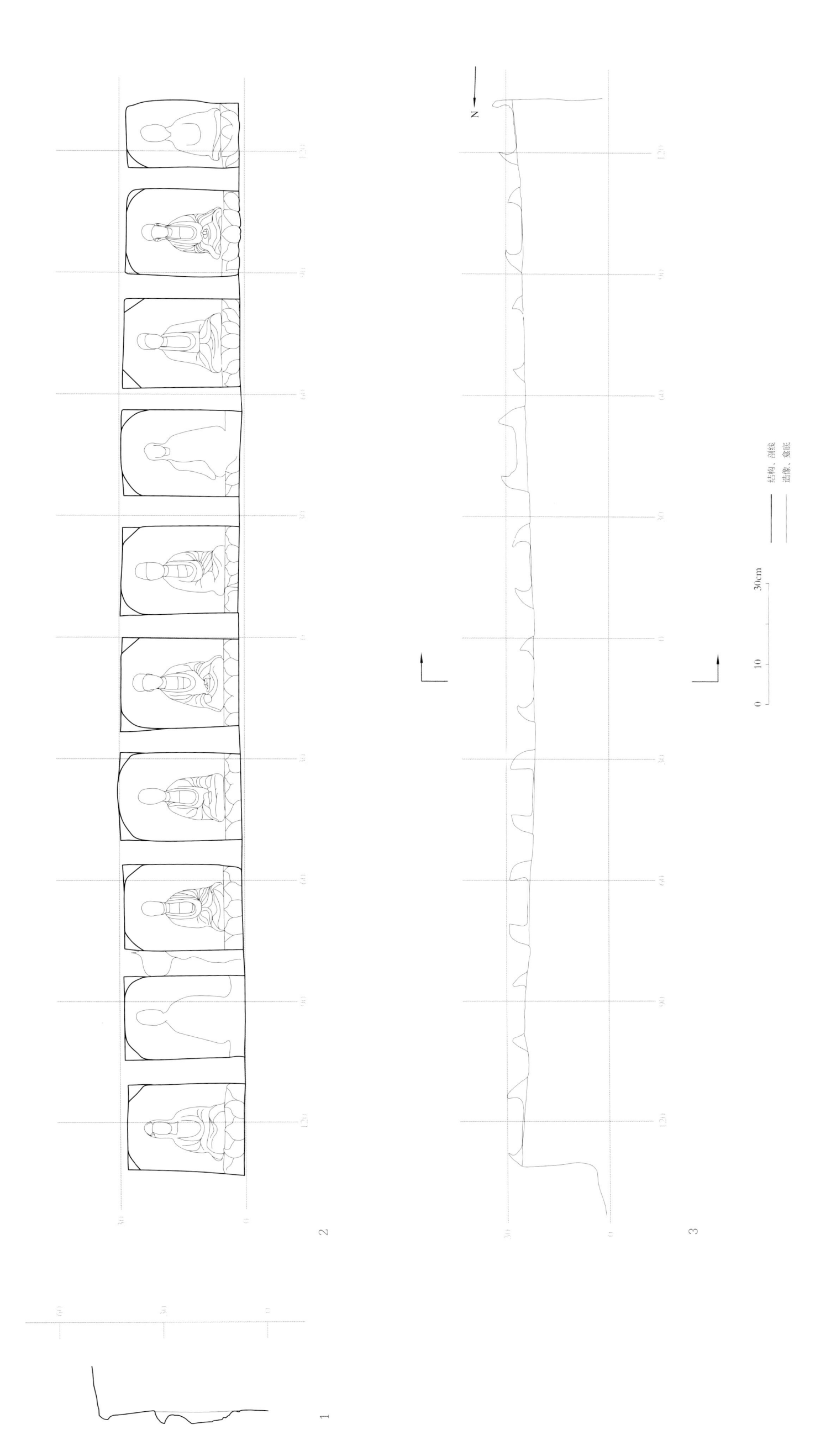

图 36　第 207 号龛平、立、剖面图
1　剖面图　2　立面图　3　平面图

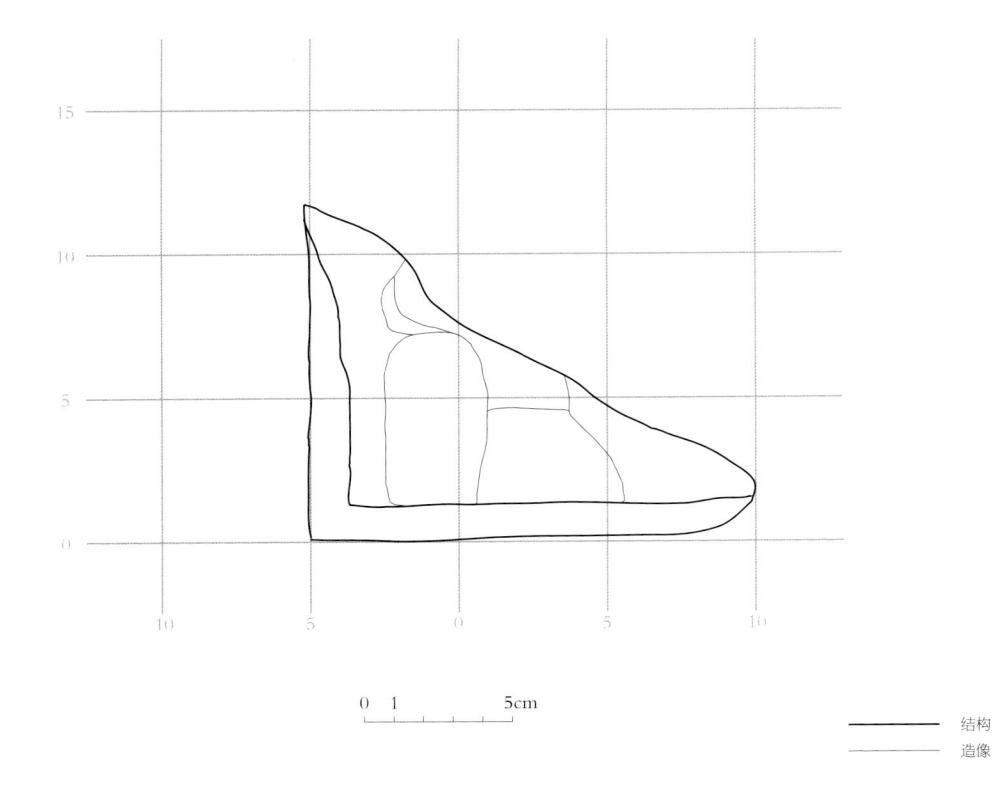

图 37　第 207 号龛左端残龛立面图

四　晚期遗迹

龛内保存蓝色、绿色、红色及灰白色四种涂层。

第十七节　第208号

一　位置

位于第207号龛下方左侧。左距界面边缘49厘米，右紧邻第210号龛；上距第207号龛5厘米，下部紧邻第209号龛。龛口西向，方向268°。

二　形制

单层方形龛（图38、图39；图版Ⅰ∶34）。

龛口　在壁面直接凿建龛口。龛口方形，左沿宽9厘米，上部未凿完整；右沿与第210号龛共沿，宽8厘米；上沿宽5厘米，下沿宽7厘米。龛口内缘高56厘米，宽58厘米，至后壁最深25厘米。龛左右沿内侧凿出宽3厘米的平整面。龛口左右上角凿三角形斜撑，高8厘米，宽10厘米，斜边平直；低于沿面2厘米。

龛底　略呈方形。

龛壁　正壁竖直，与左右侧壁弧面相交；壁面与龛顶弧面相交。

龛顶　券顶。

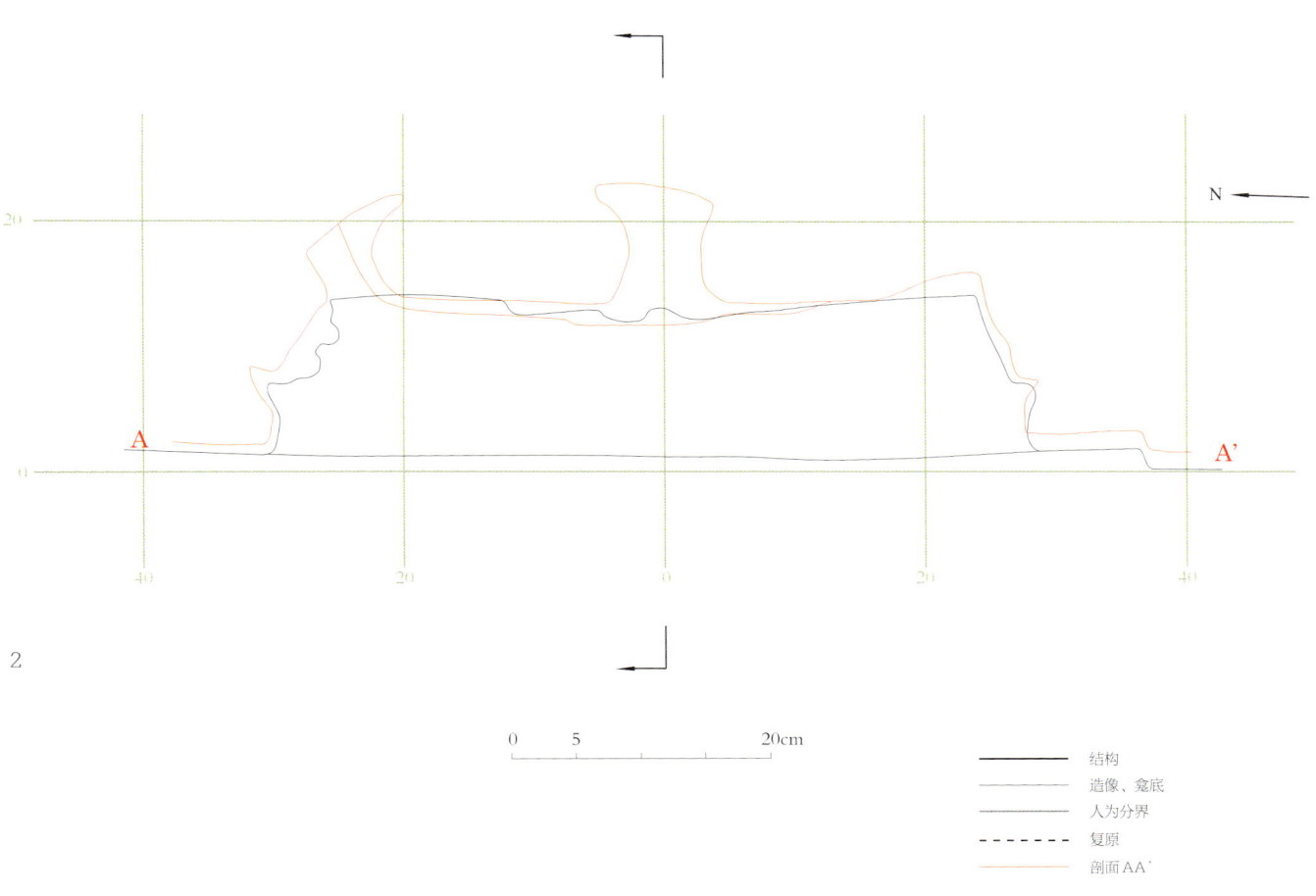

图38 第208号龛平、立面图
1 立面图 2 平面图

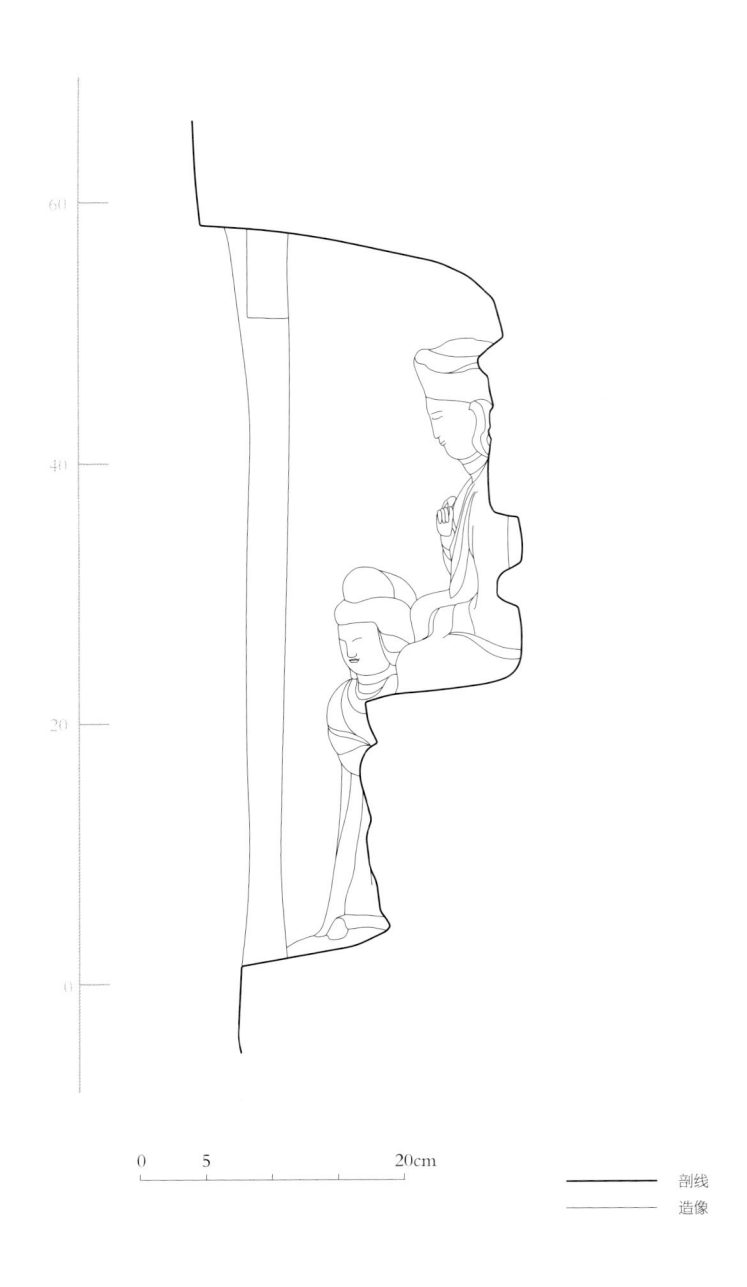

图 39　第 208 号龛剖面图

三　造像

刻像5身（图38-1；图版Ⅰ：34）。中刻主尊菩萨坐像2身，其座前中刻飞人1身；左右侧壁下端各刻立像1身。

左菩萨像　坐高26厘米。头残，身蚀，衣饰不明；左手毁，右手抚膝；结跏趺坐。

右菩萨像　坐高26厘米。梳髻戴冠，冠带作结。面方圆，略蚀；上着双领下垂式袈裟，下着裙，裙摆覆于座前。结跏趺坐，身六臂，腕镯。上两手分托月牙状云纹，上置圆珠，珠径3.5厘米；左中手斜伸持物，物难辨，右中手斜伸持剑，剑长21厘米；左下手腹前托钵，钵高4厘米，直径4厘米，右下手胸前持柳枝。

二菩萨像坐于同一须弥座上，座高17厘米，残宽50厘米，深11.5厘米，左端残损。座前浮雕圆弧形背屏，略蚀，直径约23厘米；屏上浮雕飞人1身，高14.5厘米；一头两面，略蚀，衣饰不清；身有两翅，双臂（左手残）外展，贴于双翅之下；左腿屈膝，右腿斜伸，似作弓步而立。

左立像　头身皆残，残像立高25厘米。可辨上着交领袈裟，袈裟一角系于左肩，下着裙；左手胸前托圆状物，右手残，足残。

右立像　立像高27厘米。头梳髻，面圆，上着交领窄袖服，下着裙，双手笼袖内斜置于体侧，足鞋。

四　晚期遗迹

龛内保存灰白色、红色两种涂层。

第十八节　第209号

一　位置

位于第208号龛下方。左距界面边缘42厘米，右邻第212、213号龛约9厘米；上方紧邻第208号龛，下距界面平台40厘米。龛口西向，方向267°。

二　形制

单层方形龛（图40、图41、图43；图版Ⅰ：35、图版Ⅰ：36、图版Ⅰ：37）。

龛口　从壁面平直凿进最深约17厘米形成龛口。龛口方形，外缘高141厘米，宽133厘米。龛沿较完整，左右沿略窄，宽6—13厘米；上下沿略宽（下沿略蚀），宽12厘米。龛口内缘高117厘米，宽112厘米，至后壁最深42厘米。龛左右沿内侧凿宽5—7厘米的平整面。龛左右上角刻三角形斜撑，高18厘米，宽16厘米，厚5厘米，斜边平直；低于沿面2厘米。

龛底　呈方形，略蚀。

龛壁　正壁竖直，与左右侧壁弧面相接；壁面与龛顶弧面相接。

龛顶　平顶，略呈方形；少许剥蚀。

三　造像

刻像8身，水牛5头（图40；图版Ⅰ：35）。其中，正壁中刻主尊菩萨坐像1身，其头部左右各刻飞天1身；壁面中部左右各刻水牛2头并牧童像3身，左侧下部刻牛犊1头；左右沿内侧平整面下部各刻武士立像1身。

主尊菩萨像　坐高60厘米，头长24厘米，肩宽21厘米，胸厚9厘米（图42）。浮雕桃形头光和圆形身光，头光内圆素平，边缘刻火焰纹，宽约6厘米，焰尖延至龛顶，横径38厘米；身光内圆素平，最宽53厘米，边缘刻出宽3厘米的弧形装饰带，内凹约0.3厘米，饰菱形和花卉图案。戴冠，略蚀；冠带作结下垂及肩。面长圆，略蚀；胸略残，内着僧祇支，系带作结，上着披巾，下着裙；披巾腹前交绕后敷搭前臂，垂于座侧；腰带长垂座前。左手抚膝，右手屈肘掐印（部分残）；结跏趺坐于牛背负的双层仰莲台上。台高15厘米，直径46厘米。牛高46厘米，身长61厘米，扭头向龛外，头略残，刻络头、攀胸，背负鞯，尾长垂，四足踏低台，台毁。

飞天像　2身。相向胡跪。左飞天像高20厘米，梳髻，面蚀，上着宽袖服，下着裤；飘带环于头后，经双肩缠绕前臂飘于身后；双手胸前托盘，内盛花；胡跪于云纹内。云头最高约13厘米，最宽27厘米，厚3.5厘米，云尾上飘至龛顶。右飞天像高22厘米，双手胸前托盘，内置假山；余与左飞天像同。

水牛　4头。体健。高27—33厘米，身长35—47厘米。其中，左上方水牛略蚀，昂颈回头，背呈"U"形；背上牧童高12厘米，头残，衣饰不明，左手伸向牛尾，右手置大腿上，盘坐于牛背上。左下方水牛，头平伸；背上牧童高15厘米，头残，身着短衣，背负斗笠，双手置唇边作吹奏状，侧身骑于牛背上。右上方水牛，直颈低伏；背上牧童高15厘米，头梳髻，面圆；身略蚀，双手合十，交脚坐于牛背上。右下方水牛，扭颈低伏，作半蹲状。

左下侧另刻一头牛犊，高12厘米，身长17厘米；扭颈上扬，作哞哞叫状。

武士像　2身，相向直立（图43）。左武士像立高62厘米（图版Ⅰ：36）；戴盔，顿项翻卷，下颌系带；面圆，略蚀；肩饰披膊，上着明光甲，腰系带，系抱肚、圆护，下着腿裙，垂至双足；双手腹前拄斧，斧全长36厘米，足残，立于低台上；台略残，高7厘米，宽17厘米，深10.5厘米。右武士像立高60厘米（图版Ⅰ：37），身着裲裆甲；左手略残，右手腹前拄剑，剑全长32厘米；余同左武士像。

四　铭文

佚名造解冤结菩萨龛题记，北宋。位于龛口左外侧。刻石面高42厘米，宽6厘米，竖刻1行，存10字，楷体，字径2—4厘米（图版Ⅱ：1）。

图 40　第 209 号龛立面图

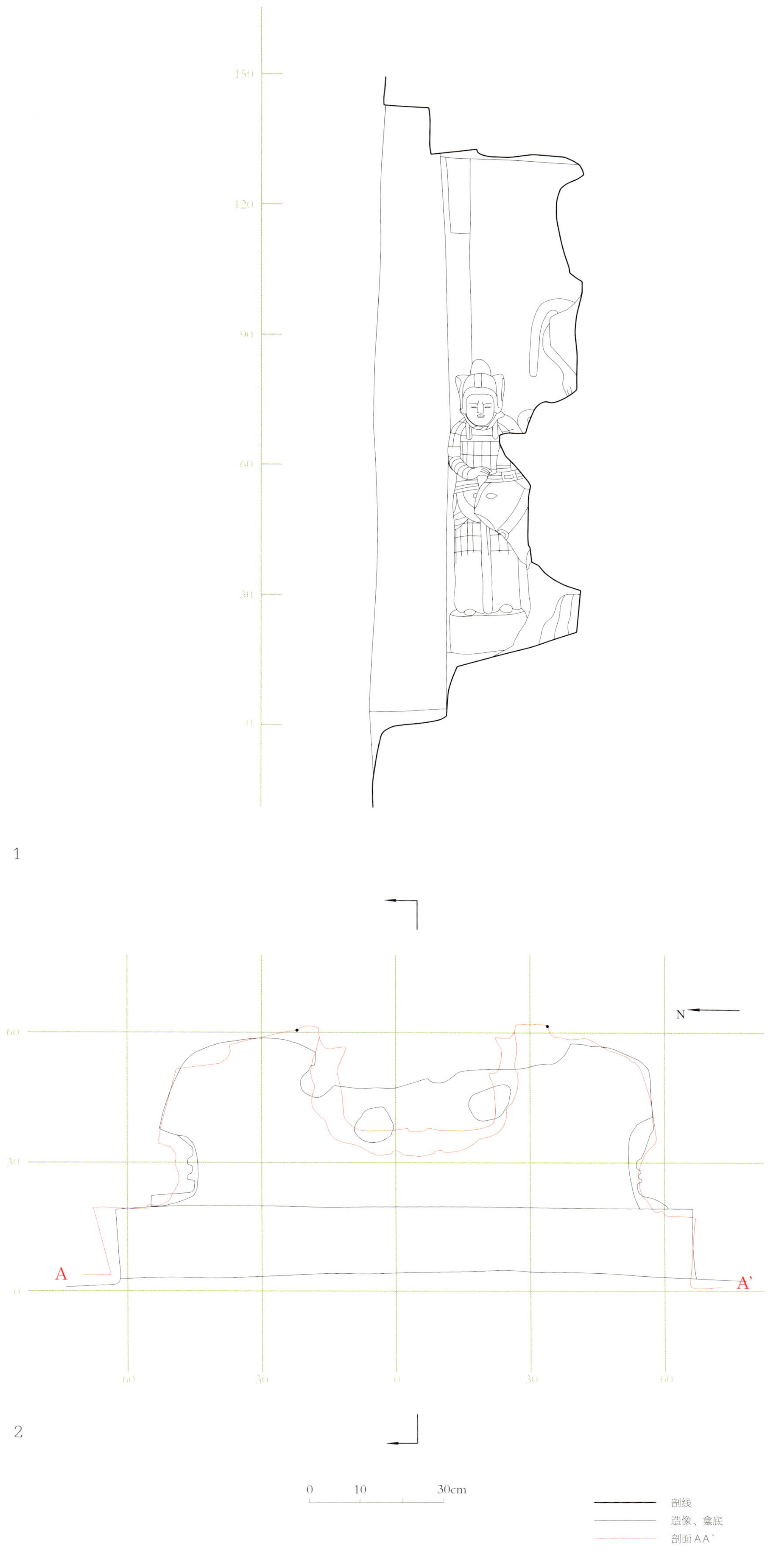

图41 第209号龛平、剖面图
1 剖面图 2 平面图

图 42　第 209 号龛主尊菩萨像等值线图

图 43　第 209 号龛左、右沿内侧平整面下部武士像立面图
1　左武士像　2　右武士像

□无大圣解冤结菩萨壹身

五 晚期遗迹

龛内保存灰白色、红色、蓝色三种涂层。

第十九节 第210号

一 位置

左邻第208号龛，右邻第211号龛；上邻第207号龛，下邻第209号龛。
龛口西向，方向268°。

二 形制

单层方形龛（图44、图45；图版Ⅰ：38）。

龛口 在壁面直接凿建龛口。龛口方形，外缘高69厘米，宽70.5厘米。左沿宽8厘米，右沿宽约6.5厘米，上沿5厘米，下沿宽7厘米。龛口内缘高57厘米，宽56厘米，至后壁最深19厘米。龛左右沿内侧刻一竖直线，以示形成宽3厘米的平整面。龛口左右上角凿三角形斜撑，高8厘米，宽10厘米，斜边平直；低于沿面0.5厘米。

龛底 略呈半圆形。

龛壁 弧壁，与龛顶弧面相交。

龛顶 券顶。

三 造像

刻像3身。其中，中刻主尊菩萨坐像1身，左右各刻侍者立像1身（图44-1；图版Ⅰ：38）。

菩萨像 坐高34厘米，头长9厘米，肩宽11厘米，胸厚7厘米。浅浮雕圆形素面头光和身光，略残；直径分别为21、31厘米。头面皆残，冠带作结后沿肩长垂至座台；细颈，胸下刻圆环饰物项圈，下垂坠饰；上身斜披络腋，下着长、短两层裙；腰带长垂台前。左手直伸撑台，右手（残）置膝上；跣足，垂左腿踏莲，竖右腿，坐于山石座台上。台高17厘米，宽24厘米，深8.5厘米；座前刻带茎并蒂仰莲，莲高4.5厘米，直径7.5厘米。

左侍者 立像高31厘米（图46；图版Ⅰ：39）。梳髻，面蚀，刻胡须；上着交领宽袖长服，下着裤，腰系带，双手胸前捧盏，内置圆状物；着鞋而立。

右侍者 立像高30厘米（图版Ⅰ：40）。梳髻，圆脸，肩罩云肩，上着交领宽袖服，下着裙，腰带长垂足间。双手胸前覆巾，上置圆状物（略残），着鞋站立。

四 晚期遗迹

龛内保存红色、灰白色两种涂层。

图44 第210号龛平、立面图
1 立面图 2 平面图

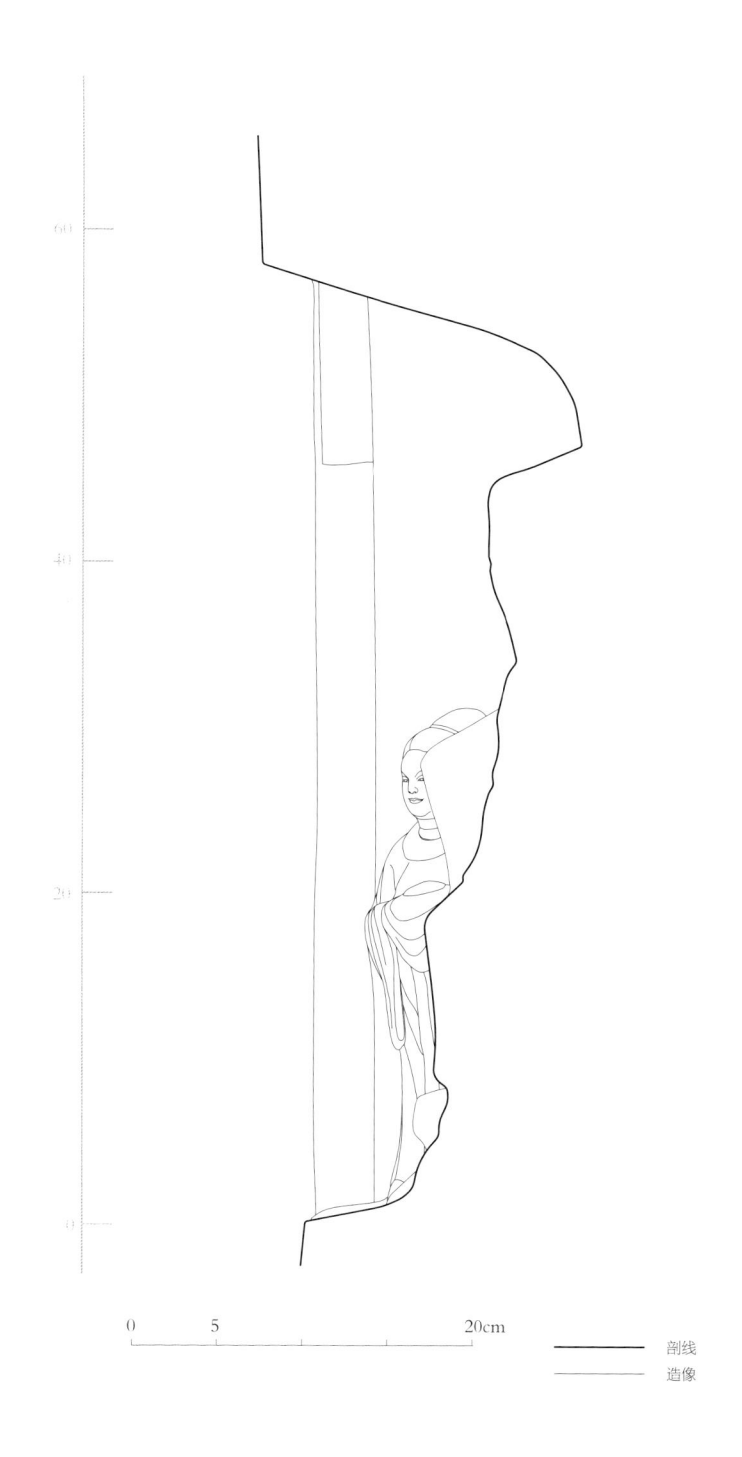

图45　第210号龛剖面图　　　　　　　　　　　　　　图46　第210号龛左侍者像效果图

第二十节　第211号

一　位置

左与第210号龛紧邻，右距界面边缘21厘米；上紧邻第207号龛，下距第212号龛25.5厘米。龛口西向，方向268°。

二　形制

单层方形龛（图47；图版Ⅰ：41）。

龛口　在壁面直接凿建龛口。龛口方形，外缘高57厘米，宽55厘米；左沿、右沿、上沿保存较好，宽约6厘米；下沿未刻。龛口内缘高51厘米，宽43厘米，至后壁最深12厘米。龛口右下角残损。龛口左右上角线刻三角形斜撑，高6厘米，宽6厘米，斜边弧形；略低于沿面0.5厘米。

龛底　略呈弦月形。

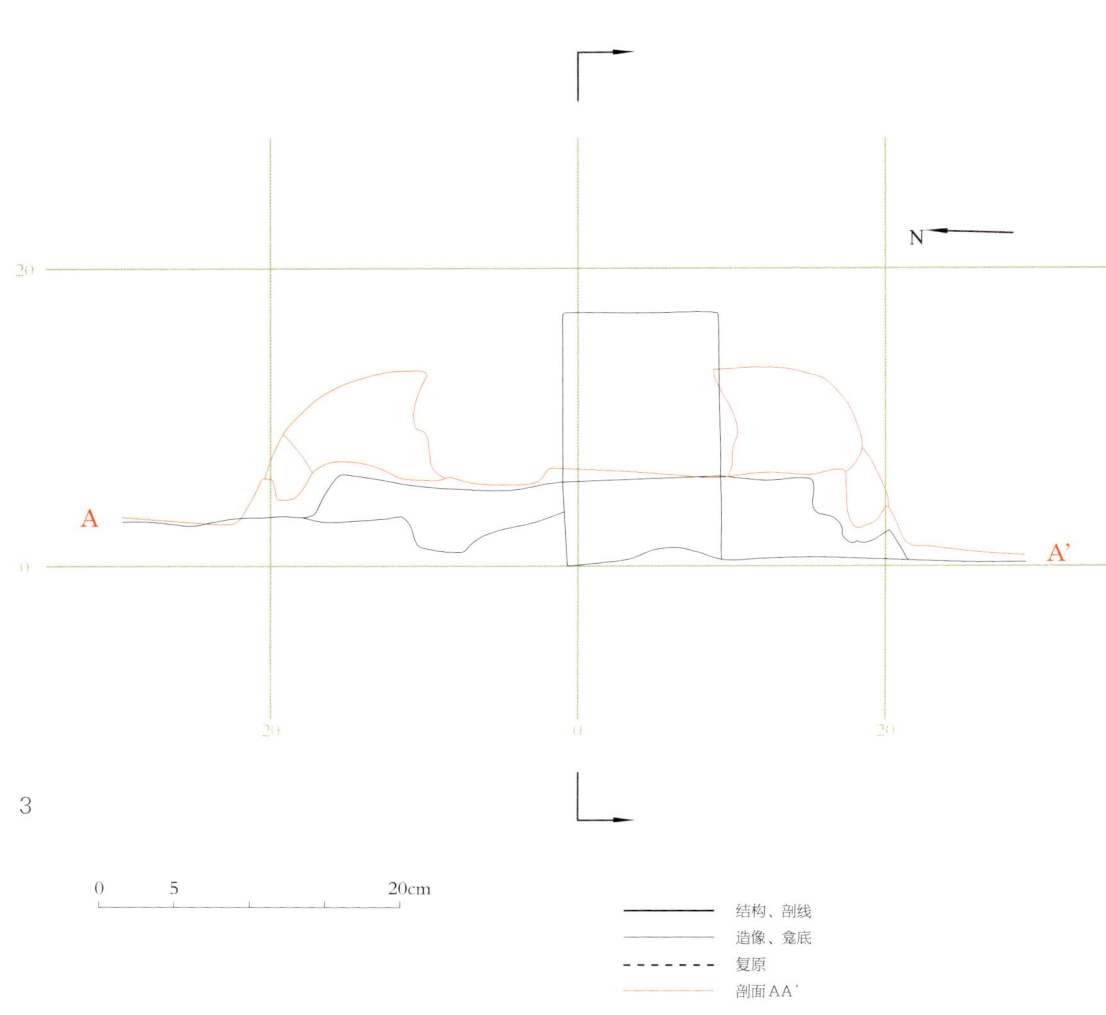

图47 第211号龛平、立、剖面图
1 剖面图　2 立面图　3 平面图

龛壁　弧壁，与龛顶弧面相交。

龛顶　券顶。

三　造像

刻像3身。其中，中刻主尊菩萨坐像1身，左右下方各刻立像1身（图47-2；图版Ⅰ：41）。

主尊菩萨像　坐高30厘米，头长10厘米，肩宽12厘米，胸厚6厘米。浅浮雕刻圆形素面头光和身光，横径分别为14、26厘米。戴冠，面长圆，略残；胸饰璎珞，略蚀，上部为圆弧项圈，中部下垂一条饰物链；饰物链左右再施圆珠，部分隐于袈裟内；上着双领下垂式袈裟，袈裟一角覆盖头冠，垂搭右肩；下着裙。左手握印带，右手胸前持印（残），结跏趺坐于低台上。台高18厘米，宽40厘米，深8厘米；台面略蚀，可辨线刻的莲瓣及卷草纹。

左立像　立高21厘米，梳髻，面残；上着交领宽袖服，下着裙。双手胸前似持笏；足略残（图版Ⅰ：42）。

右立像　头大部毁，残立高21厘米；上身似着交领宽袖服，下身残，衣饰不明；双手胸前覆巾，似托物。

四　晚期遗迹

龛下方凿一枋孔，高17厘米，宽10厘米，深17厘米。

龛内保存灰白色、红色、蓝色三种涂层。

第二十一节　第212号

一　位置

位于第211号龛下方。左距第209号龛9厘米，右距界面边缘23厘米；上距第211号龛25.5厘米，下距第213号龛3.5厘米。龛口西向，方向268°。

二　形制

单层方形龛（图48、图49；图版Ⅰ：43）。

龛口　在壁面直接凿建龛口。龛口方形，外缘高58.5厘米，宽56厘米；左沿完整，宽7厘米；右沿顶部略残，存宽6厘米；上沿宽6.5厘米，右端略蚀；下沿未刻。龛口内缘高52厘米，宽43厘米，至后壁最深15厘米。龛口左右上角线刻三角形斜撑，高7.5厘米，宽7.5厘米，斜边弧形，低于沿面0.5厘米。

龛底　略呈半圆形。

龛壁　弧壁，与龛顶弧面相交。

龛顶　券顶，前端略残。

三　造像

刻像3身。其中，中刻主尊坐式菩萨像1身，左右下部外端各立侍者像1身（图48；图版Ⅰ：43）。

主尊菩萨像　坐高31厘米，头长11厘米，肩宽11厘米，胸厚6厘米。线刻圆形素面头光和身光，横径分别为15、24厘米。梳髻、戴卷草冠。三面，略蚀。胸饰璎珞，上着双领下垂式袈裟，腰束带，下着裙；袈裟和裙摆覆于座前。六臂，皆腕镯；上两手分托祥云，上置圆物，直径4厘米；左下手斜伸握羂索，右下手斜伸握剑，剑略残，残长17厘米；左中手胸前托钵，略残，右中手胸前持柳枝。结跏趺坐于须弥座上；座通高17厘米，宽28厘米，深11.5厘米。

座前刻半圆形素面背屏，直径21.5厘米；屏上浮雕立式飞人1身，高8厘米。头圆，身着短衫，左手上举置于前额，右手残；侧身、屈膝站立。自背部生出展开的双翅。

左侍者像　头残，残高约16.5厘米。内着交领宽服，外披袒右式袈裟，下着裙。左手胸前托圆状物，似钵，右手前伸；着鞋站立（图版Ⅰ：44）。

右侍者像　头毁，残高约16厘米。上着双层交领长服，腰束带，下着裙；左手（前臂残）前伸，右手置腹前，残；着鞋而立（图版Ⅰ：45）。

图48　第212号龛立面图

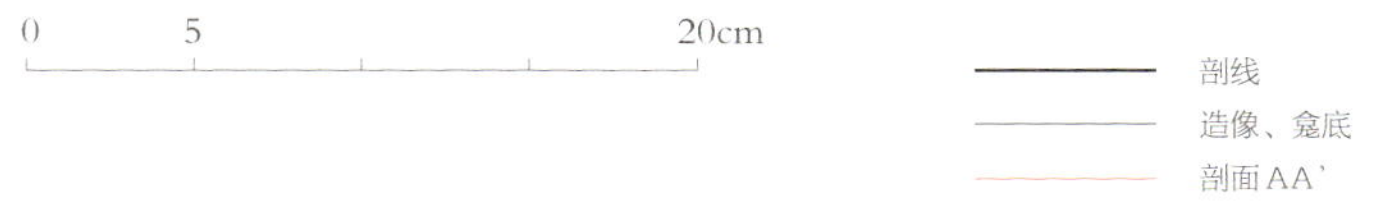

图49 第212号龛平、剖面图
1 剖面图 2 平面图

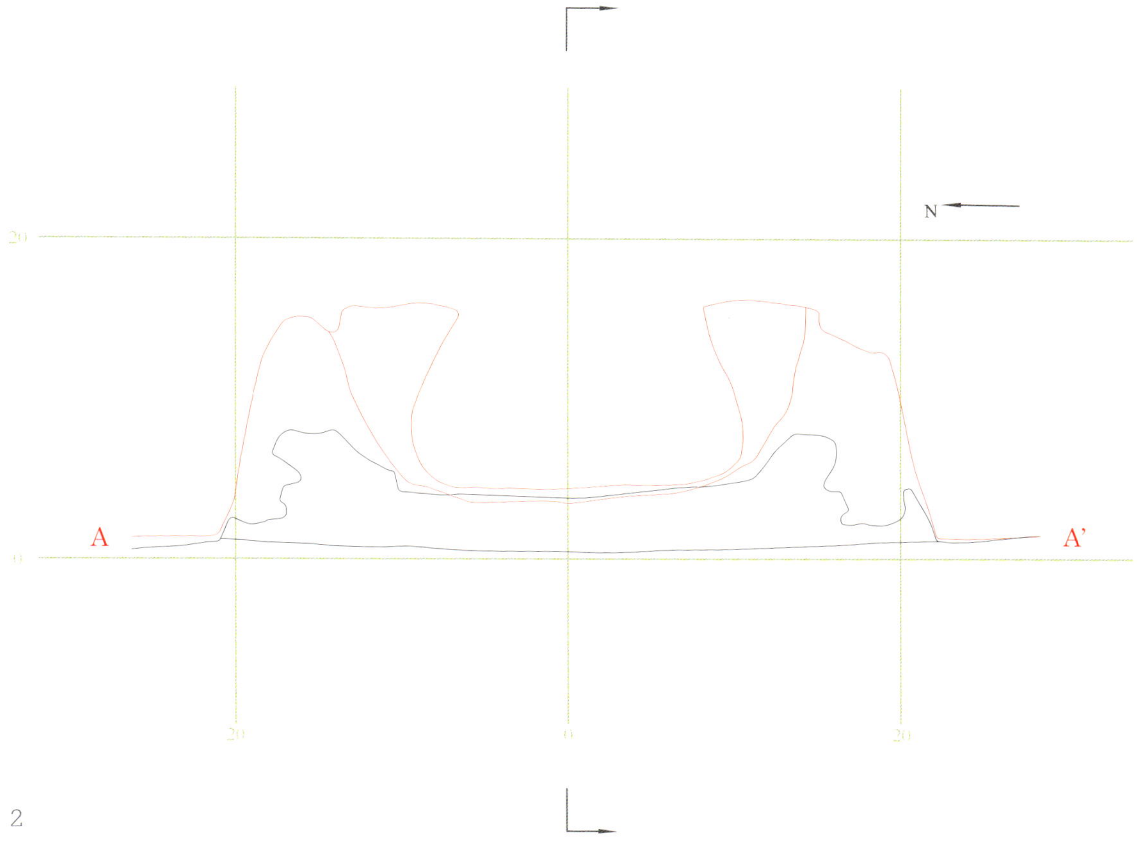

四 晚期遗迹

龛内保存红色、灰白色两种涂层。

第二十二节 第213号

一 位置

位于第212号龛下方。左距第209号龛9厘米，右距界面边缘21厘米；上距第212号龛3.5厘米，下距平台台面41厘米。龛口西向，方向268°。

二 形制

单层长方形龛（图50、图51；图版Ⅰ：46）。

龛口　在壁面直接凿建龛口。龛口方形，外缘残高60厘米，宽56厘米。左沿宽6.5厘米，右沿宽6.5厘米，下部剥蚀；上沿宽6厘米；下沿残，宽度不明。龛口内缘高54厘米，宽43厘米，至后壁最深15厘米。龛口左右上角线刻三角形斜撑，高5.5厘米，宽6厘米，斜边弧形，略低于沿面0.5厘米。

龛底　略呈半圆形。

龛壁　为弧壁，与龛顶弧面相交。

龛顶　券顶。

三 造像

刻像5身。其中，中刻主尊菩萨坐像1身，座前刻供养人立像4身（图50；图版Ⅰ：46）。

主尊菩萨像　坐高31厘米，头长10厘米，肩宽12厘米，胸厚5厘米。线刻圆形素面背光，直径34厘米。梳髻、戴冠，冠带残断，作结下垂至肩。脸形长圆，略残，胸剥蚀，上身斜披络腋，下着长、短两层裙；腰带覆于座前。腕镯，左手直伸撑台，右手残，似斜置右膝上。双腿部分残，盘左腿，竖右腿，坐于山石台上。台高18厘米，与龛口内缘等宽，深14厘米；台前另垂飘带三条。

供养人像　4身。从左至右，依次编为第1—4像。其中，第1像位于左端，身略右侧；第2—4像位于右端，身略左侧。

第1像　男像。立像高20厘米。戴展脚幞头，面残；上着圆领宽袖长服，下着裙；双手残，于胸前举持长柄香炉，着鞋站立。

第2像　小孩像。残毁甚重，残高8厘米，仅可辨其身姿斜靠于第3像身前。

第3像　女像。立像残高19厘米。戴团冠，面蚀，内着抹胸，外着交领服，双手及下身剥蚀。

第4像　女像。立像残高19厘米。右手肘部存环绕的帛带，余与第3像略同。

四 晚期遗迹

龛内保存灰白色、红色两种涂层。

图 50　第 213 号龛立面图

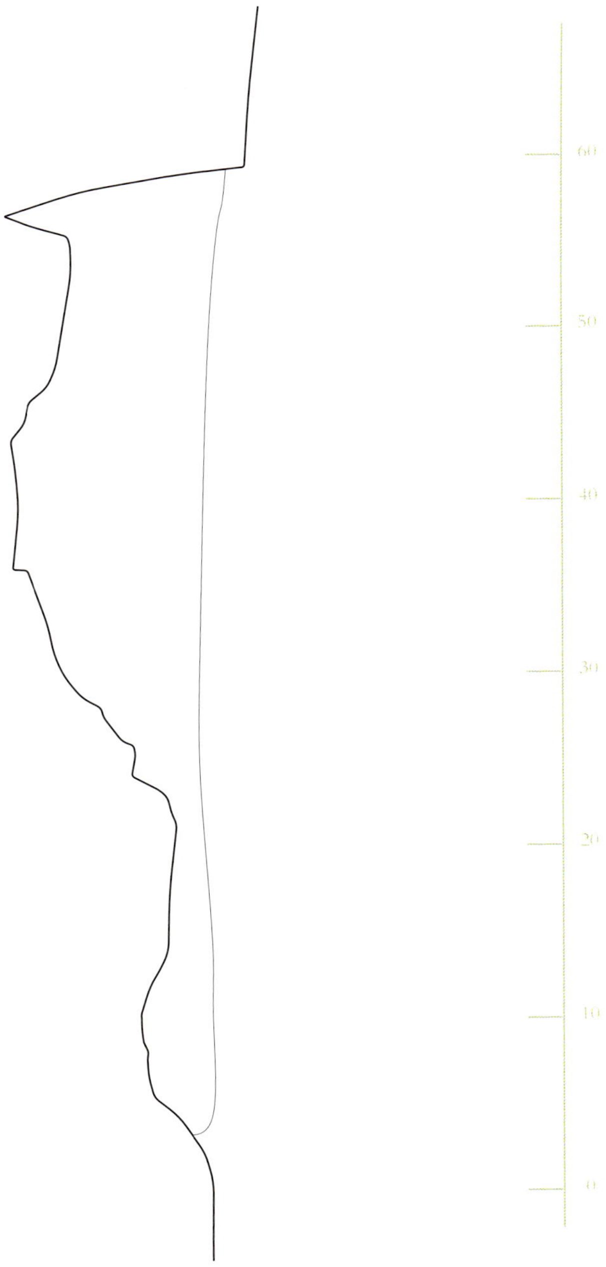

图51 第213号龛平、剖面图
1 剖面图 2 平面图

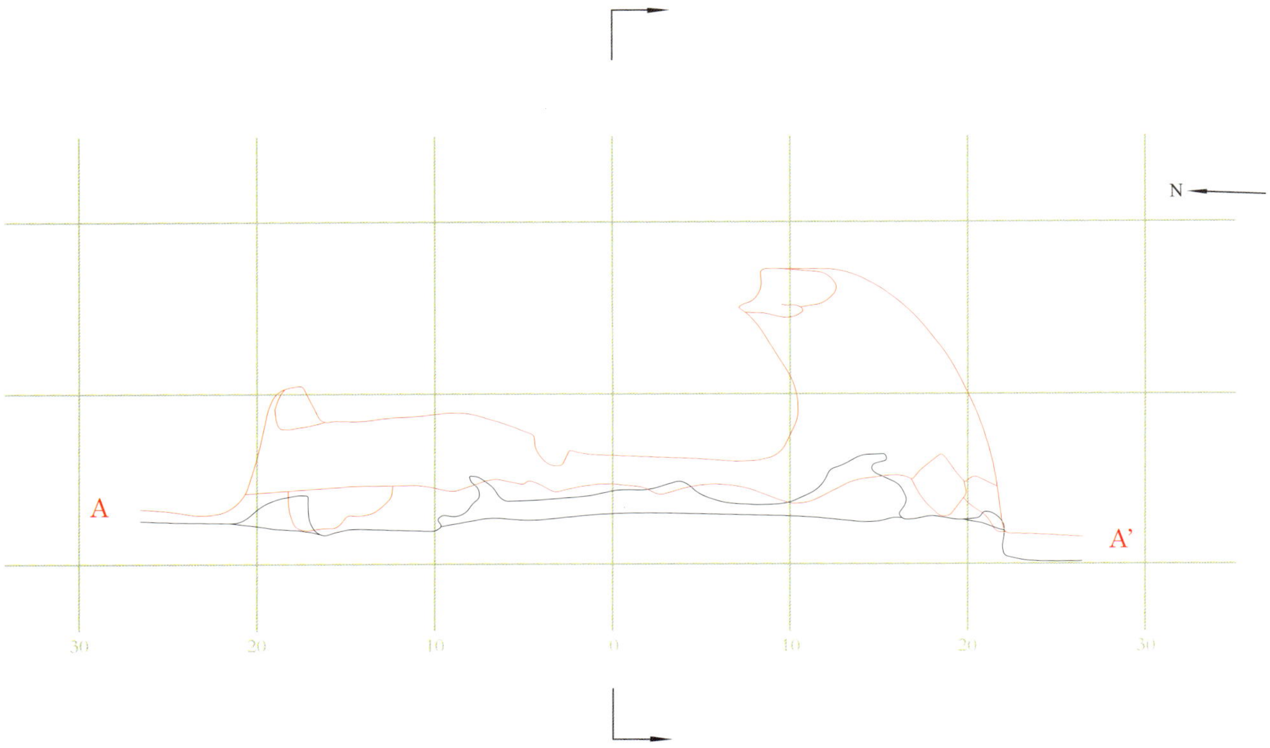

第二十三节 第214号

一 位置

位于第206—213号龛所在界面的右侧崖壁上。龛左与第213号龛水平相距29厘米，右为壁面外缘；上为崖壁，下距平台台面48厘米。龛口南向，方向178°。

二 形制

从崖壁表面平直凿进约1厘米形成龛口（图52；图版Ⅰ：47）。龛大部毁，龛沿仅存左沿，宽7.5厘米。龛口内缘残高64厘米，宽

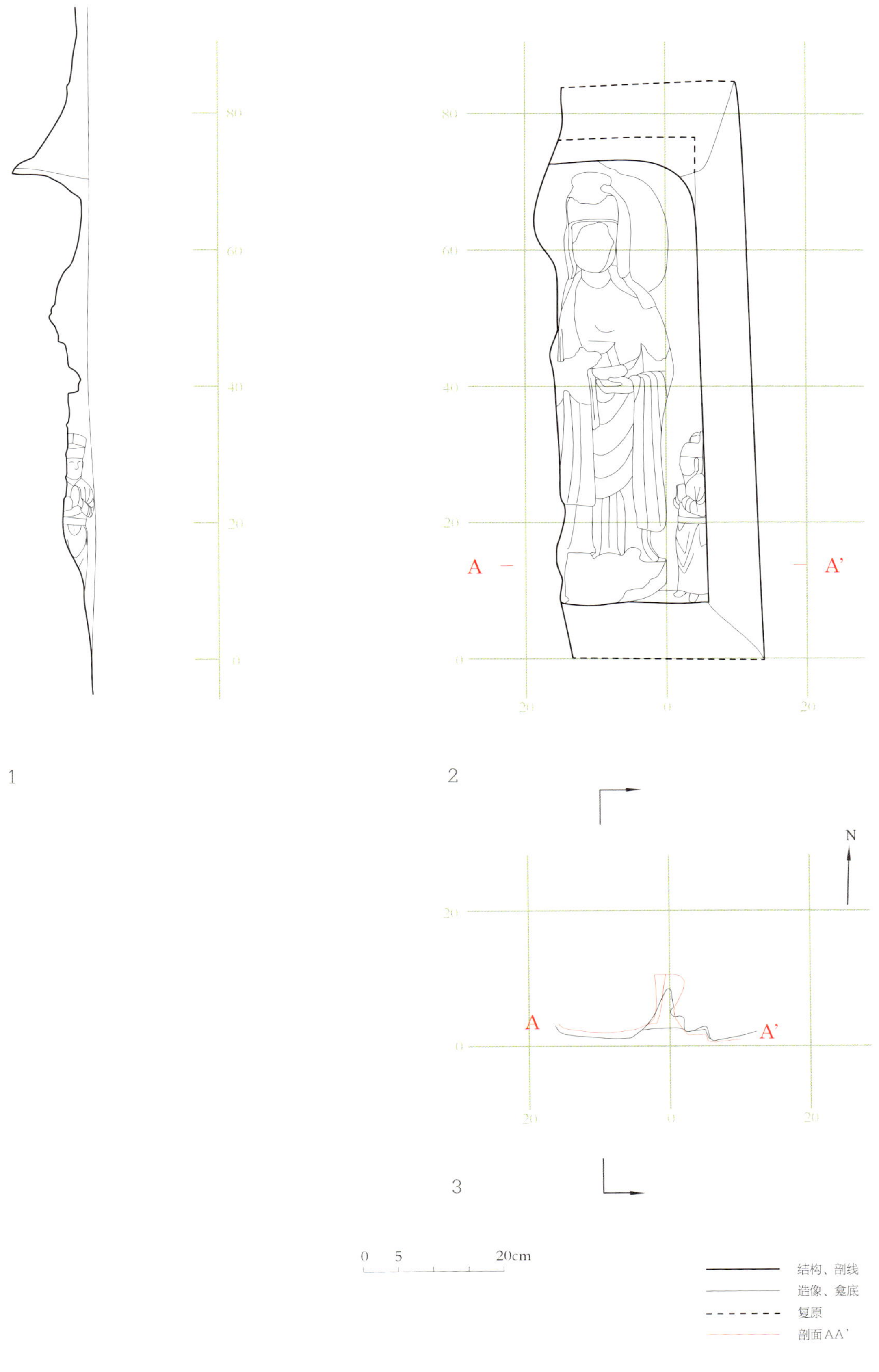

图52 第214号龛平、立、剖面图
1 剖面图 2 立面图 3 平面图

23厘米，至后壁最深约10.5厘米。龛口左上角存少许斜撑遗迹。龛底右端毁，残存龛底略呈方形。龛正壁右端及右侧壁毁，左壁保存较好。正壁、左侧壁和龛顶皆垂直相接，右侧壁与龛顶弧面相交。龛顶为券顶，大部毁。

三　造像

龛内存像2身（图53；图版Ⅰ：47）。其中，正壁刻主尊菩萨立像1身，左壁下方外端刻立式供养人像1身。

菩萨像　立像高58厘米，头长14厘米，肩宽13厘米，胸厚8厘米。线刻圆形素面头光，右侧毁。梳髻戴冠、罩巾、面残；胸剥蚀，可辨上着双领下垂式袈裟，下着裙，腰带长垂足间。左手胸下似托钵，右手残，置于钵上；足残，立于莲台上。台大部残，残高5.5厘米。

供养人像　立像高25厘米（图54；图版Ⅰ：48）。头巾，面圆，刻连鬓胡须，着圆领窄袖长服，腰束带，双手胸前合十，着鞋站立。

四　晚期遗迹

龛内保存红色涂层。

图53　第214号龛造像效果图

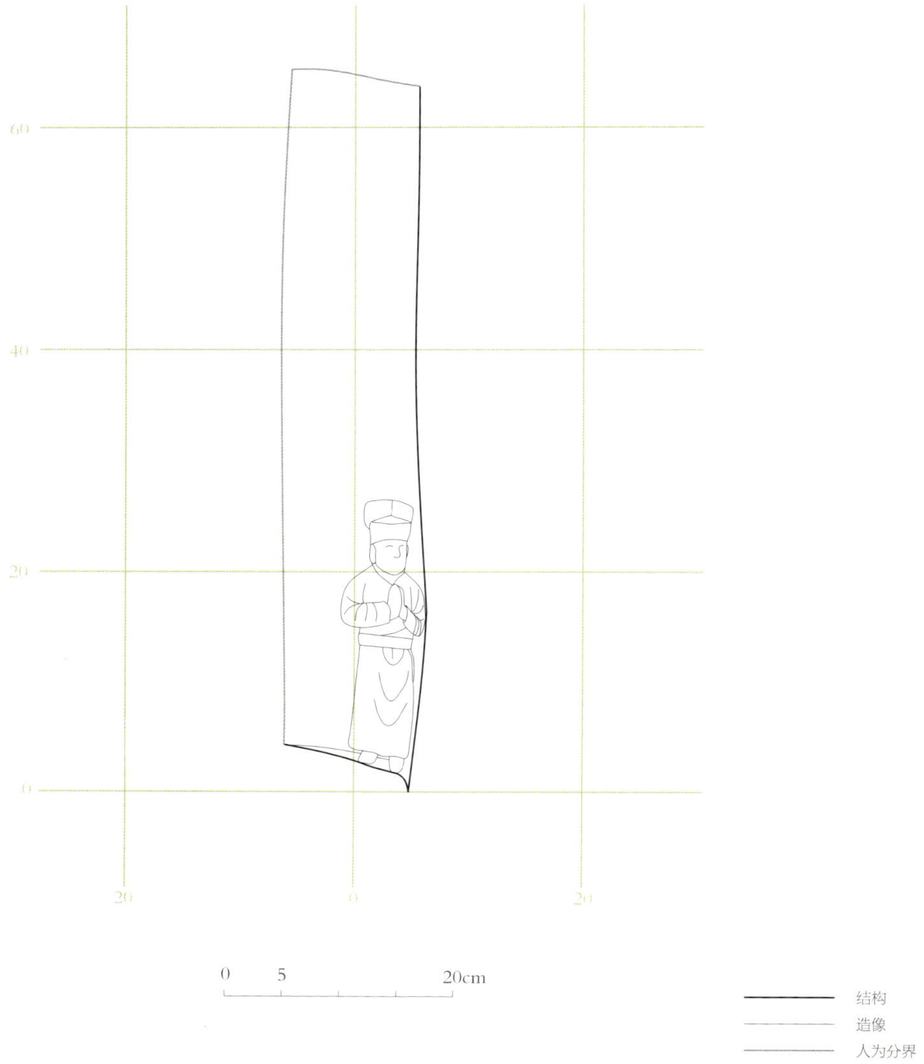

图54　第214号龛左壁供养人像立面图

第二十四节 第215号

一 位置

位于第206号龛右侧。左距第206号龛8厘米，右紧邻第216号龛；上为崖壁，下距第207号龛22厘米。龛口西向，方向270°。

二 形制

龛残毁甚重。龛口内缘残高53厘米，宽52厘米，至后壁最深10厘米（图55；图版Ⅰ：49）。龛口左右上角作圆弧处理。龛底略呈弦月形，部分剥蚀；龛壁为弧壁，龛顶大部毁。

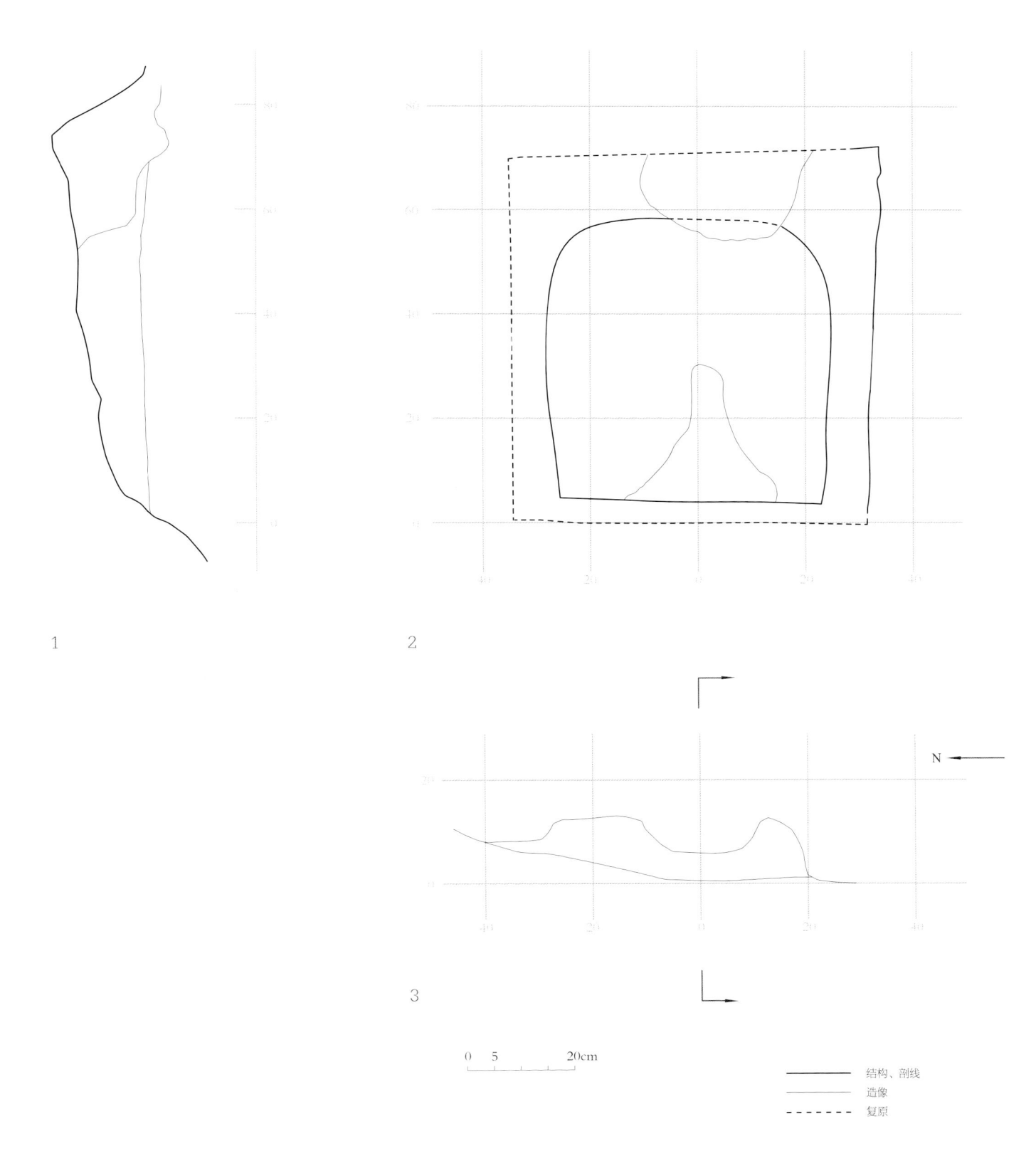

图55 第215号龛平、立、剖面图
1 剖面图 2 立面图 3 平面图

三 造像

龛内刻像1身,残毁甚重,仅辨少许轮廓(图版Ⅰ:49)。

四 晚期遗迹

龛顶上方凿一圆形梁孔,直径25厘米,最深32厘米。

龛内保存灰白色涂层。

第二十五节 第216号

一 位置

左紧邻第215号龛,右紧邻第219号龛;上为崖壁,下方右侧为第217号龛,竖直相距23厘米。龛口西向,方向274°。

二 形制

从崖壁表面平直凿进最深约12厘米形成龛口(图56、图57;图版Ⅰ:50)。龛残毁甚重,龛口内缘残高约60厘米,宽67厘米,

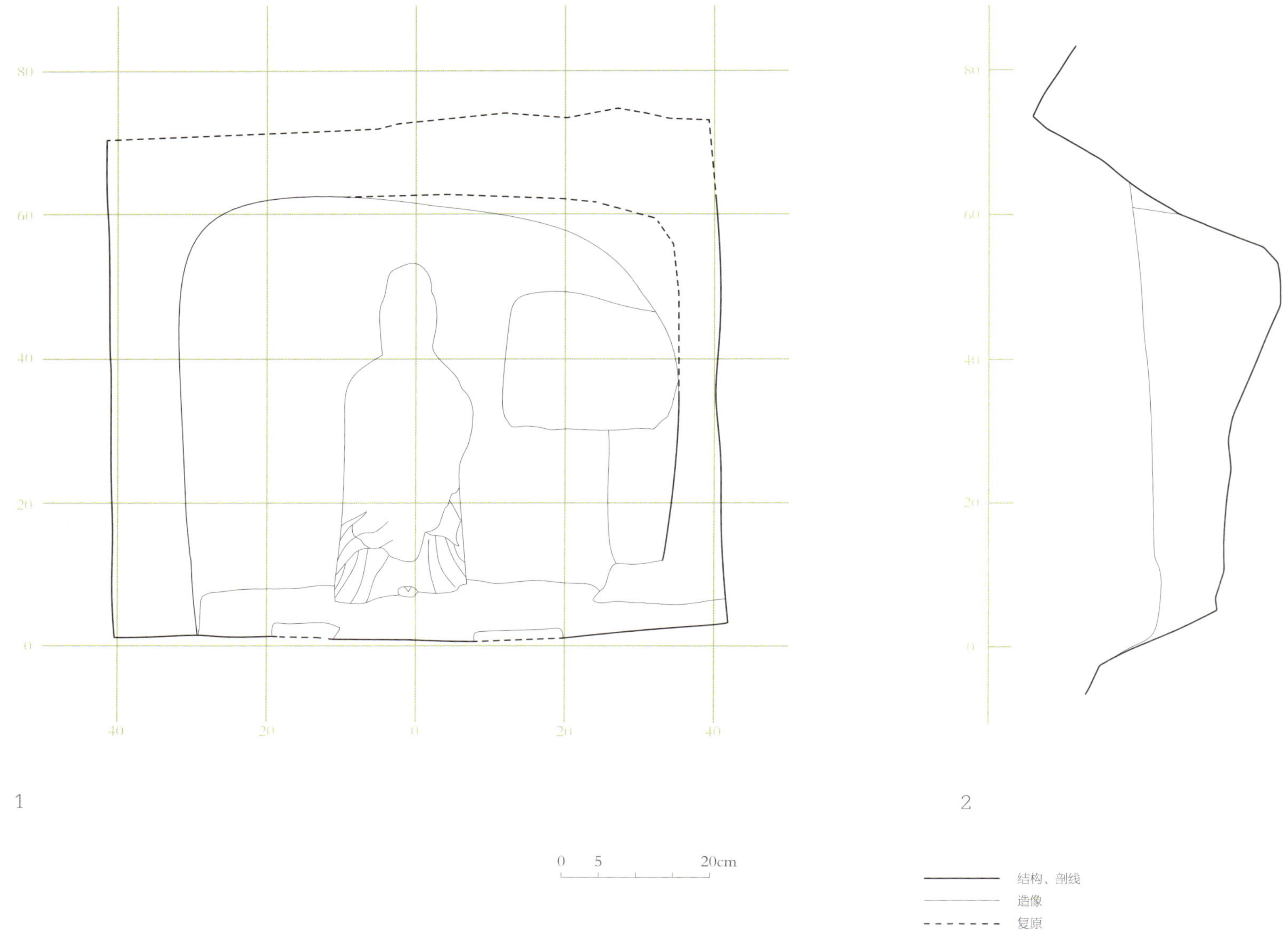

图56 第216号龛立、剖面图
1 立面图 2 剖面图

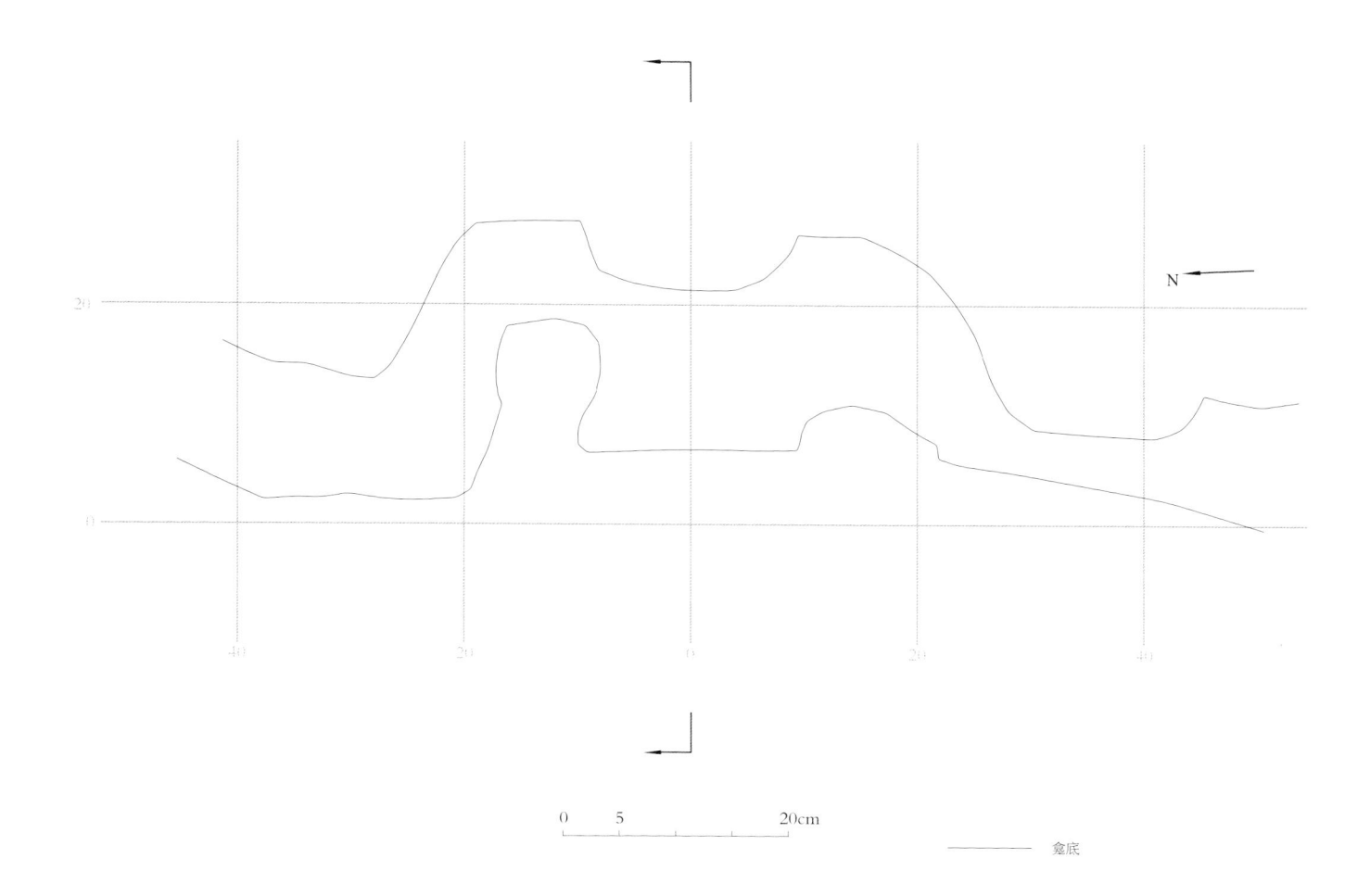

图 57　第 216 号龛平面图

至后壁最深21厘米。龛口左上角毁，右上角作弧面处理。龛底呈半圆形，部分残。龛壁为弧壁，龛顶为券顶。

三　造像

龛内刻立像1身，残高47厘米，仅辨轮廓（图版Ⅰ：50）。

四　晚期遗迹

龛壁左上部凿一方形枋孔，高18厘米，宽25厘米，深25厘米。
龛底左侧刻二不规则孔洞，大小相近，皆高14厘米，宽12厘米，深8厘米。
龛底右侧刻一不规则方槽，长22厘米，宽10厘米，深8厘米。
龛内保存灰白色涂层。

第二十六节　第217号

一　位置

位于第216号龛右下方。左距第207号龛12厘米，右距第220号龛13厘米；上距第216号龛23厘米，下距第218号龛56厘米。龛口西向，方向267°。

二　形制

从崖壁表面平直凿进最深约25厘米形成龛口（图58、图59；图版Ⅰ：51）。龛口方形，残毁较重。左沿存中下部，存宽6厘米；右沿、上沿毁；下沿略残，宽4厘米。龛口内缘残高68厘米，宽54厘米，至后壁最深19厘米。龛底略呈方形，前端略残。龛正壁竖直，与左右侧壁弧面相接。龛顶大部毁。

三　造像

刻像3身（图58；图版Ⅰ：51）。其中，正壁刻主尊菩萨坐像1身，左壁外端刻弟子立像1身，右沿下部外侧刻立像1身。

图58　第217号龛立面图

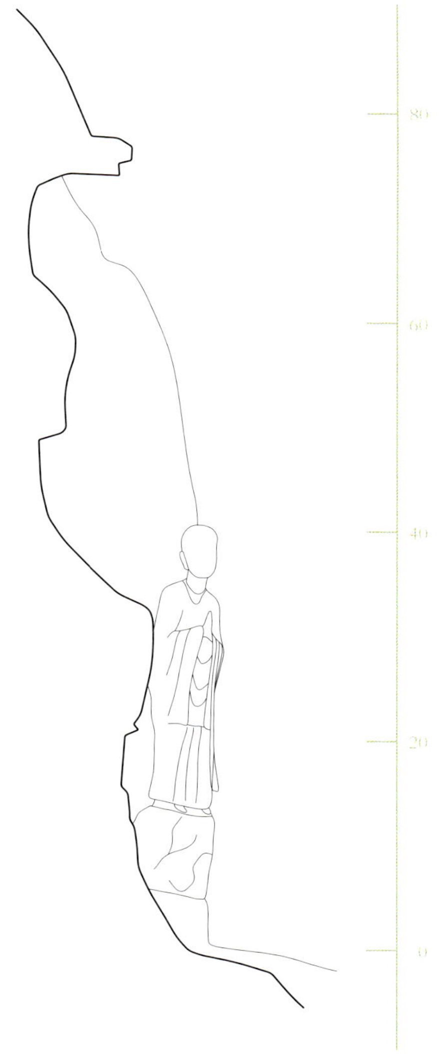

图 59　第 217 号龛平、剖面图
1　剖面图　2　平面图

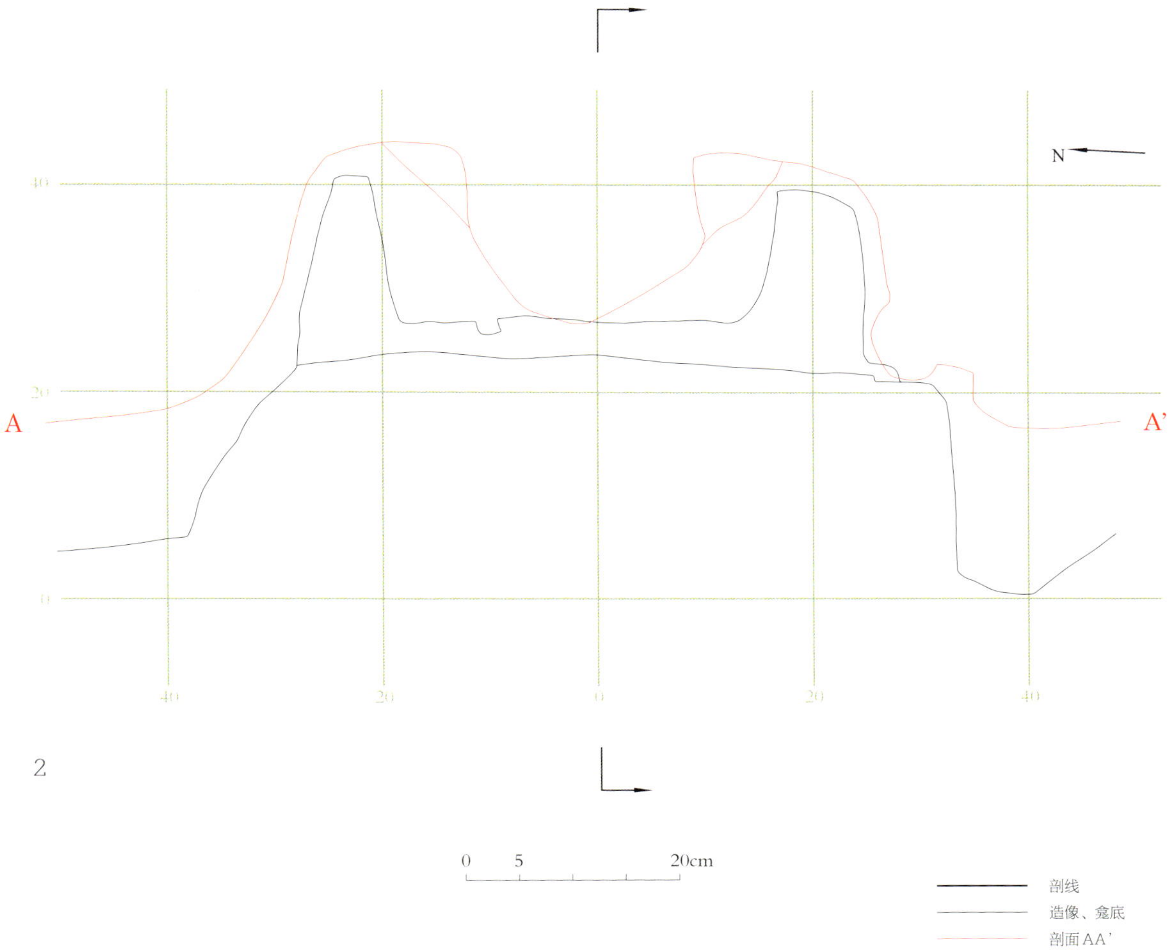

主尊像　坐高36厘米。浅浮雕圆形素面头光和身光，部分残；直径分别为15、43厘米。头大部残，存披帽披幅，头部右侧刻锡杖桃形杖首，存部分杖柄。身残，细节不明。座为须弥座，大部残，通高27厘米，最宽36厘米，深13厘米；座前刻带茎仰莲，仅辨轮廓。

弟子像　立像高30厘米（图版Ⅰ：52）。光头，圆脸，面蚀；上着通肩式袈裟，下着裙，双手胸前合十，双足略残，立于山石台上。台高8厘米，宽5厘米，深1.5厘米。

右沿立像　残毁甚重，残高24厘米。仅辨轮廓（图版Ⅰ：53）。

四　晚期遗迹

龛内保存灰白色涂层。

第二十七节　第218号

一　位置

位于第217号龛下方。左距第214号龛27.5厘米，右距第221号龛14厘米；上距第217号龛56厘米，下部凿一平台，长248厘米，宽43—55厘米；台面下距地坪28厘米。

龛口西向，方向269°。

二　形制

单层方形龛（图60、图61、图63、图64；图版Ⅰ：54、图版Ⅰ：55、图版Ⅰ：56）。

龛口　从崖壁表面平直凿进最深约26厘米形成龛口。龛口方形，外缘高125厘米，宽97厘米。左沿宽10厘米，下端残，沿面外侧岩体大部毁；右沿略蚀，宽9厘米，下端毁，外侧岩体打磨呈高123、宽24厘米的竖直壁面；上沿宽10厘米，略残，上部岩体外挑16厘米，并向上延伸形成长98、高32厘米的凿面；下沿毁，前端形成长98、宽24厘米的台面；台面下距龛前平台15厘米。龛口内缘高115厘米，宽78厘米，至后壁深19厘米。龛口左右上角凿三角形斜撑，略蚀，高8厘米，宽10厘米，斜边弧形；低于沿面1厘米。

龛底　大部残，现存龛底略呈方形。

龛壁　正壁竖直，与左右侧壁略垂直相交；壁面与龛顶略弧面相接。

龛顶　平顶，略呈方形。

三　造像

刻像5身（图60；图版Ⅰ：54）。其中，正壁刻主尊菩萨坐像1身，左右上方各刻飞天1身；左右侧壁下部各刻立像1身。

主尊菩萨像　坐高52厘米（图62）。浮雕圆形素面背光，直径66厘米。戴冠，略蚀；冠带作结下垂及肩。面残蚀，胸饰璎珞，可辨下垂珠串三道，中间一道沿胸、腹下垂，止于足间；左右一道下垂绕双膝隐于身后，并于膝部下垂一串坠饰；三道珠串间于胸下再横施一条弧形珠串相接。上着披巾，披巾两端敷搭当胸两手前臂后，于腿间交绕，再绕过腿上双手前臂后垂搭座前；下着裙，腰带下垂足间。跣足踏仰莲，右足残；倚坐于须弥座上。座高31厘米，宽47厘米，深12厘米；座前刻两朵带茎仰莲和莲蕾，莲高8厘米，直径11.5厘米，右莲残；莲蕾大部残。

自菩萨双肩簇状刻若干手臂，皆腕镯。其中，两手于头顶捧持化佛，化佛略蚀，坐高约6.5厘米，浅浮雕圆形头光和椭圆形身光；两手当胸合十，两手腹前结印，两手分置双膝，分别握持玉环和念珠。身左侧手臂持物，自上而下，可辨者有：金刚杵手，杵上部

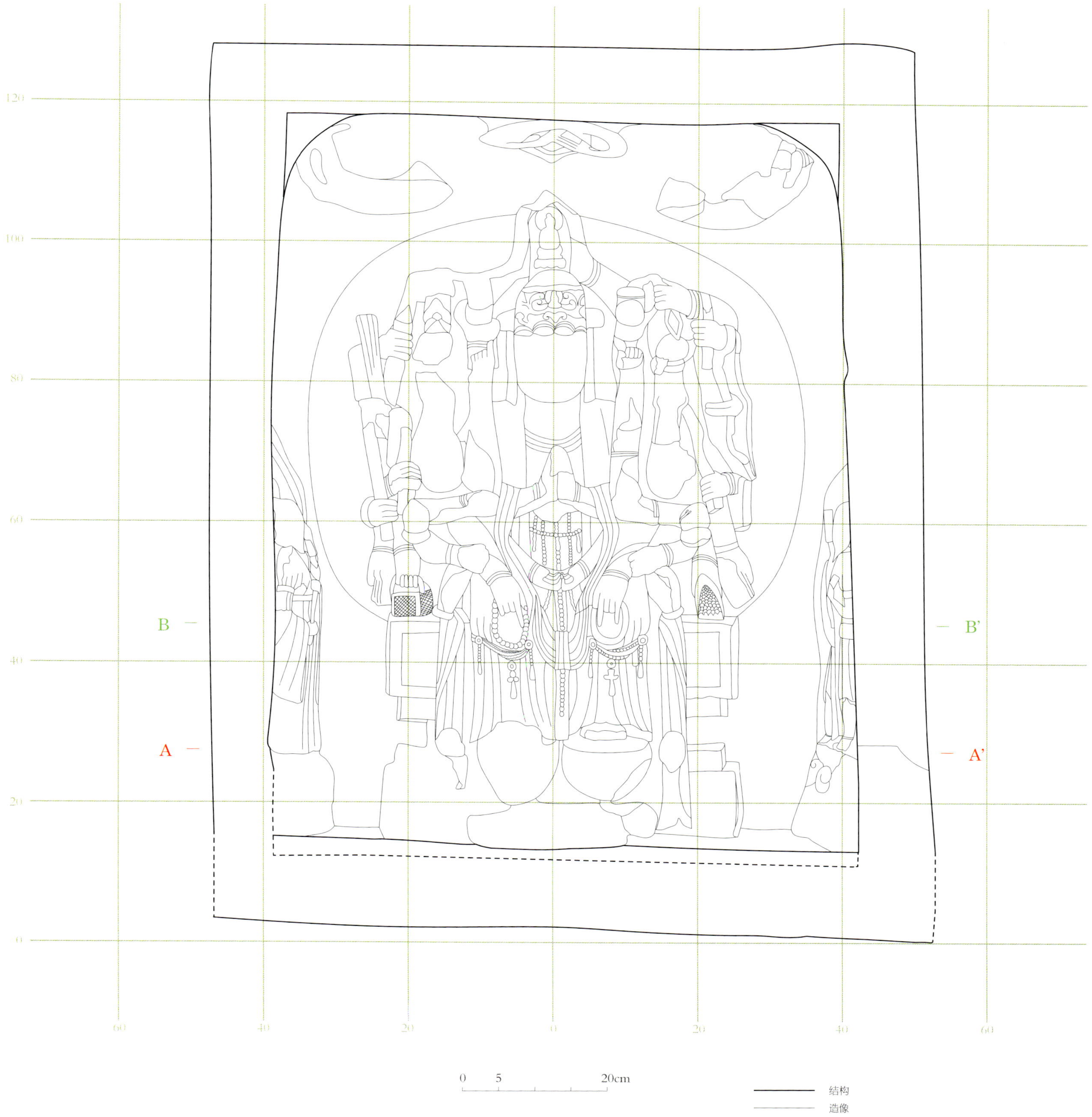

图60　第218号龛立面图

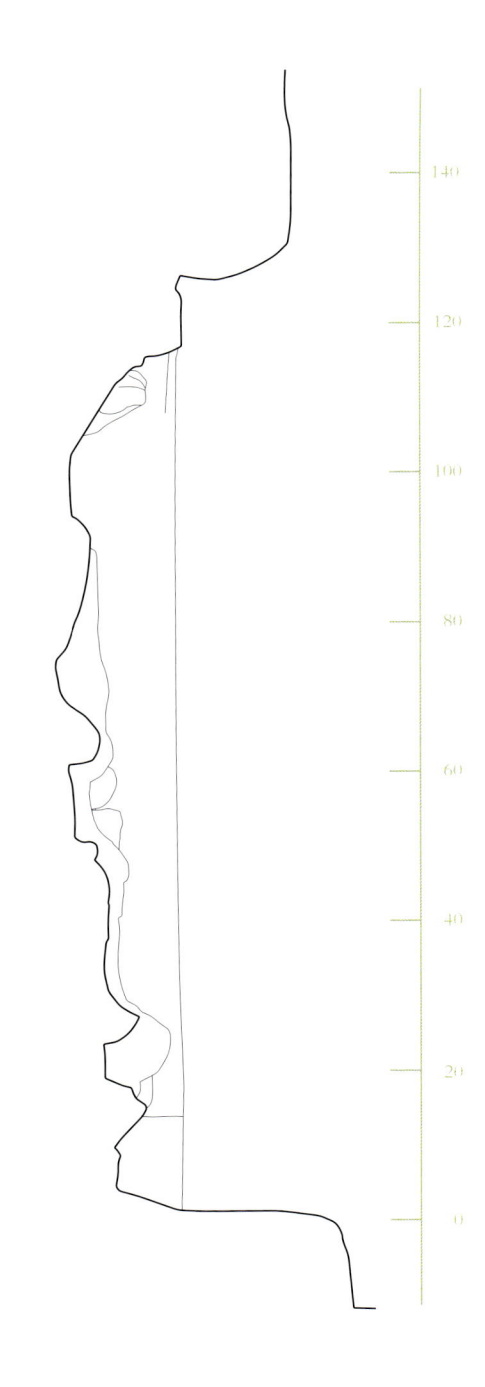

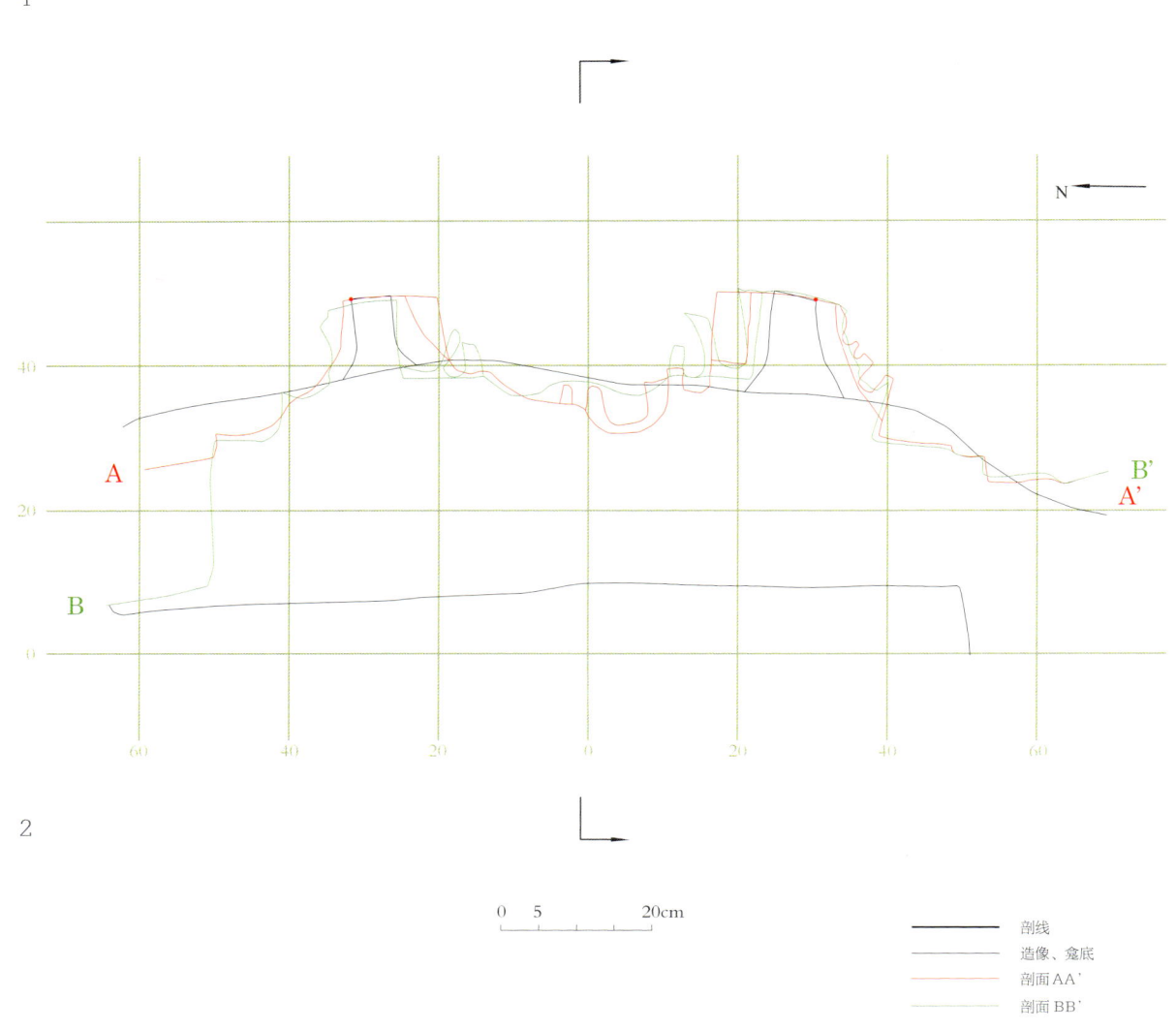

图61 第218号龛平、剖面图
1 剖面图 2 平面图

图62　第218号龛主尊菩萨像效果图

残；持日手，日横径4厘米；宝钵手，钵高3.5厘米，直径4厘米；宝弓手，弓部分残，全长约21厘米；旁牌手，牌残高6厘米，宽6厘米；骷髅手，骷髅高3.5厘米，宽3.5厘米；净瓶手，瓶略残，通高约10.5厘米；葡萄手，通高约5厘米；下部最内侧手，五指直伸，掌心向外；其余手臂毁，持物难辨。身右侧手臂持物，自上而下，可辨有者：持月手，月呈月牙儿形，略残；锡杖手，杖首呈桃形，略残；金刚杵手，杵两端残；宝箭手，箭部分残，残长19厘米；白拂手，全长约12厘米；宝戟手，戟通高约28厘米；净瓶手，瓶略残，通高约11厘米；宝篮手，篮高6厘米，最宽4.5厘米；下部最内侧手，五指直伸，掌心向外。其余手臂毁，持物不明。

主尊头顶上方左右，各刻飞天1身，相向而对，残损较重，仅辨侧身向龛外飘飞的姿势；披帛末端及双足位于龛顶中部。

龛顶中部，刻云纹华盖，残毁甚重。

左壁立像　立高35厘米（图63；图版Ⅰ：55）。头、面残，下颌刻须。上身斜披络腋，下着齐膝短裙。左手戴臂环，于胸前持方形物；右手腹前持杖，杖首位于头右侧，全长约34厘米。足环，跣足立于云头上。云头高16厘米，宽18厘米，深3厘米，略残；云尾顺龛壁上飘。

右壁立像　立高36厘米（图64；图版Ⅰ：56）。头、面残；上着单层交领宽袖服，臂间刻半臂；腰束带，下着裙；双手身前持带茎莲，斜靠左肩；双足残，立于云头上。云头大部残，云尾沿龛壁上飘。

龛左沿中部外侧另开一浅龛，仅有右沿，高54厘米，宽3厘米。

四　晚期遗迹

龛内保存灰白色、红色两种涂层。

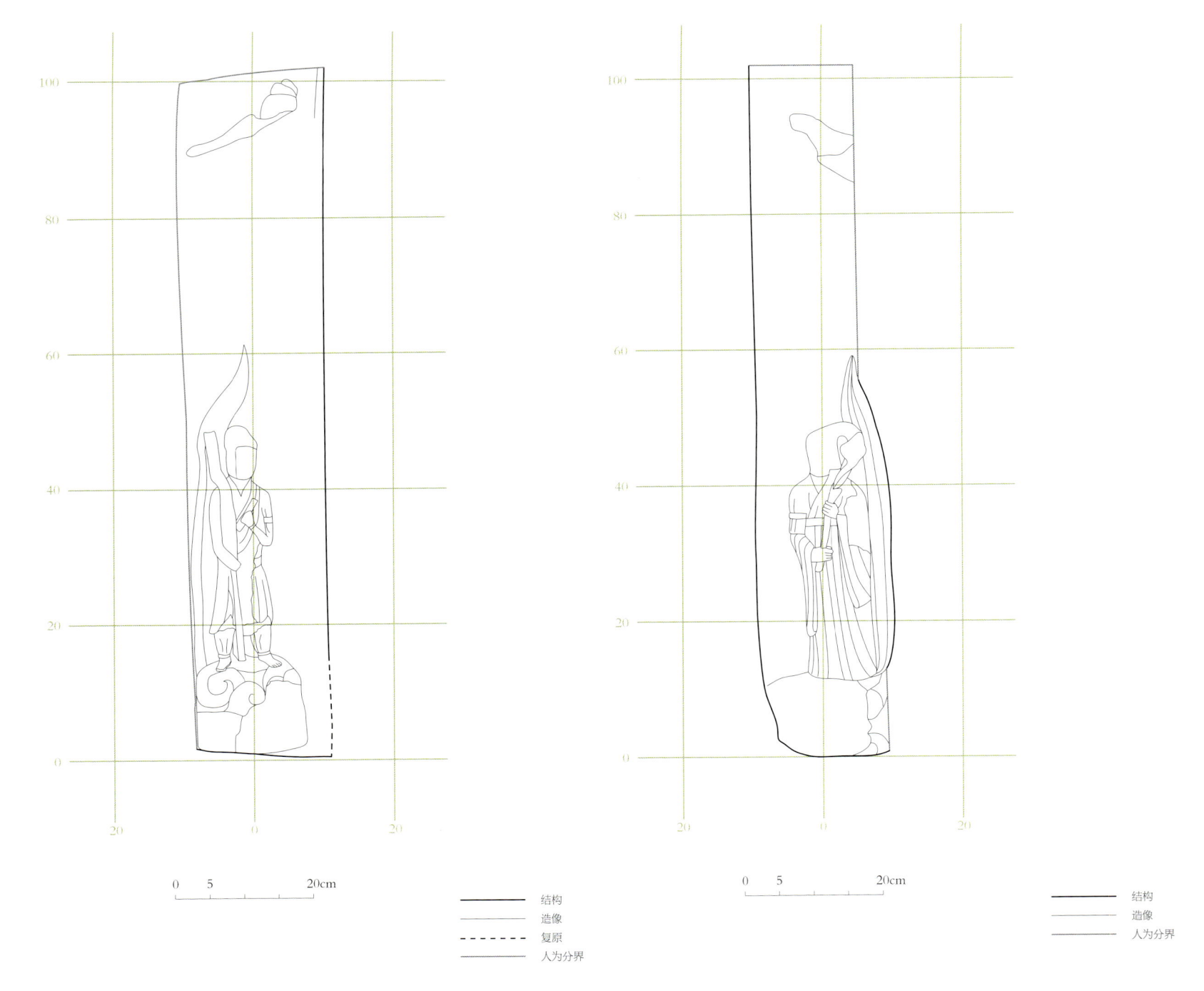

图 63　第 218 号龛左壁造像立面图　　　　　　　　　　　图 64　第 218 号龛右壁造像立面图

第二十八节　第219号

一　位置

左紧邻第216号龛，右距第222号龛54厘米；上为崖壁，下部右侧为第220号龛，竖直相距10厘米。

龛口西向，方向274°。

二　形制

单层方形龛（图65、图66；图版Ⅰ：57）。

龛口　从崖壁表面平直凿进最深约27厘米形成龛口。龛口方形，左沿与第216号龛右沿齐平，分界不明；右沿宽6.5厘米，大部残；上沿宽5厘米，下沿未刻。龛口内缘高64厘米，宽65厘米，至后壁最深23厘米。龛口左右上角刻三角形斜撑，高11厘米，宽11厘米，斜边弧形；低于沿面0.5厘米；右斜撑略残。

龛底　呈半圆形，略剥蚀。

龛壁　弧壁，与龛顶弧面相交。

龛顶　平顶，呈半圆形。

三 造像

刻像6身（图65；图版Ⅰ：57）。其中，正壁中刻主尊菩萨立像1身，左右各刻立式侍者像1身；壁面左下刻供养人立像3身。

主尊菩萨像 立像高53厘米。浮雕桃形头光和椭圆形身光，头光内圆素平，边缘刻火焰纹，横径18厘米；身光略残，横径20厘米。梳髻戴冠，冠带作结下垂；长圆脸，面蚀；身残，仅辨轮廓。

左侍者像 立像高37厘米，梳球状髻，长圆脸，略蚀；内着翻领窄袖服，外着交领宽袖服，下着裙；双手胸前持笏，着鞋立于低台上。低台高3厘米，宽7厘米，深3厘米。

右侍者像 毁。

供养人像 3身。从左至右依次编为第1—3像。第1像立高19厘米，头戴展脚幞头，面蚀，着圆领宽袖长服，双手胸前持长柄香炉，足残。第2像头毁，残高约16厘米；上着紧袖服，下身衣饰不明；双手胸前合十，足残。第3像头大部残，残高14厘米；风蚀较

图65 第219号龛立面图

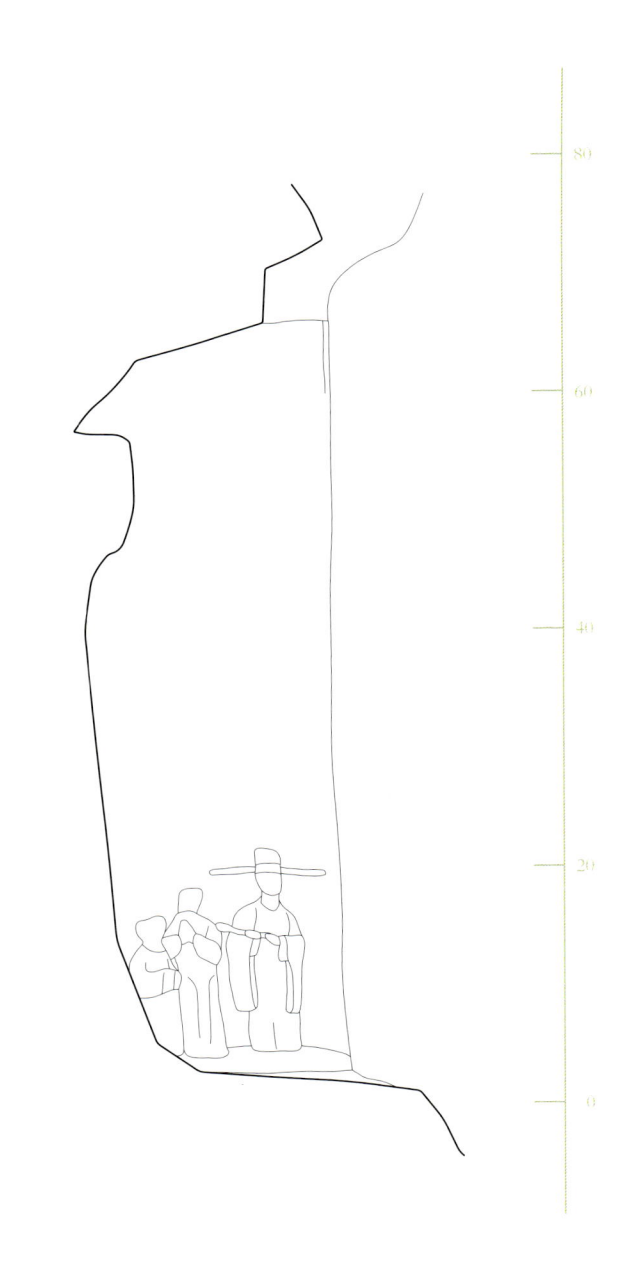

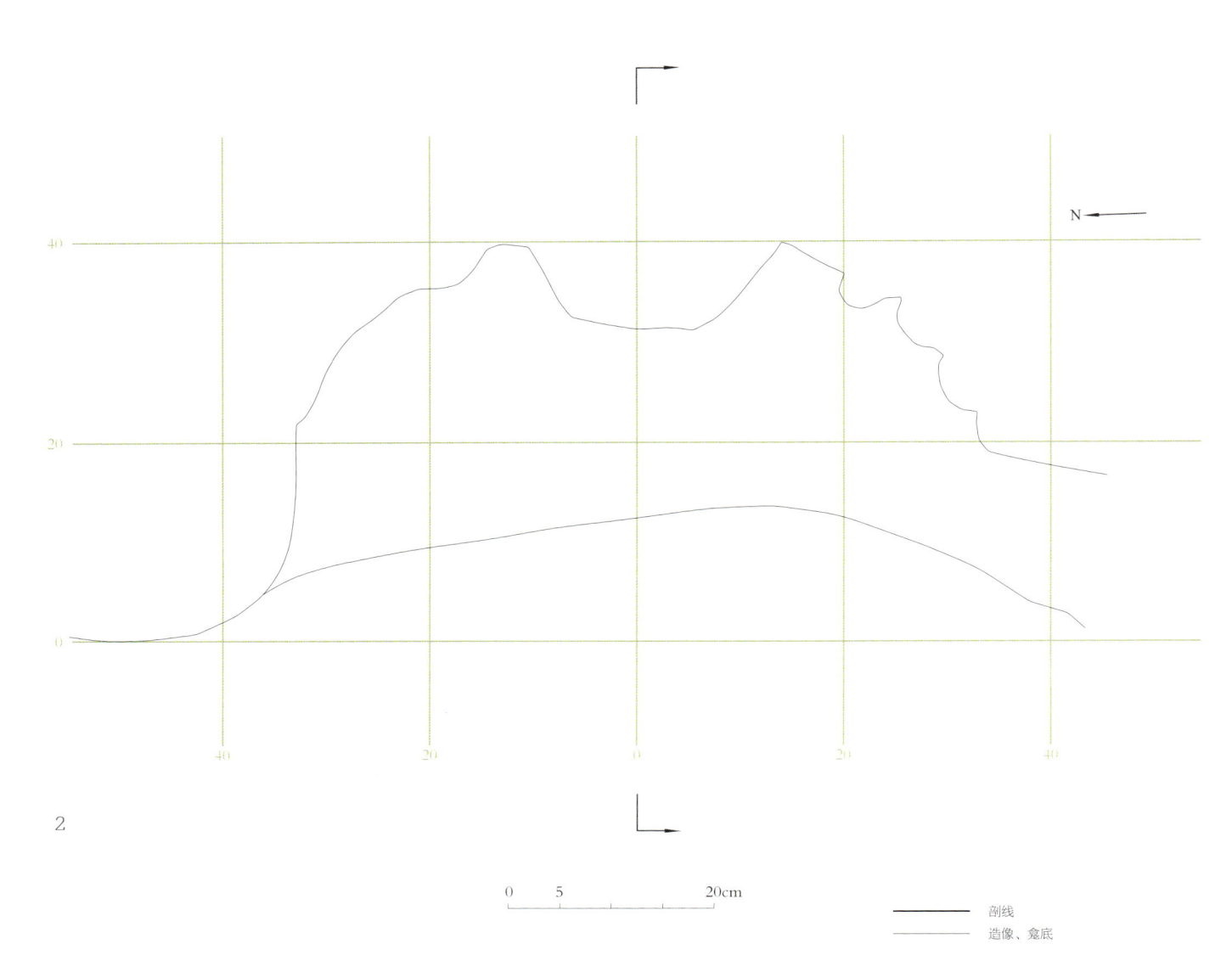

图 66 第 219 号龛平、剖面图
1 剖面图 2 平面图

重，可辨双手胸前笼袖内，足残。

四 晚期遗迹

龛内保存灰白色涂层。

第二十九节 第220号

一 位置

位于第217号龛右侧。左距第217号龛13厘米，右为崖壁残毁边缘；上部与第219、222、229、232号龛相邻；下部与第218、221、223、225、227、230、233、235号龛相邻。

龛口西向，方向273°。

二 形制

在崖壁直接凿建龛口（图67、图68、图69；图版Ⅰ：58）。龛口呈横长方形，残毁甚重，残高112厘米，宽608厘米，至龛后壁最深80厘米。龛底呈横长方形，部分残。龛壁竖直，左右端向外圆转，壁面与龛顶弧面相交。龛顶呈横长方形，大部残。

三 造像

刻像17身（图67；图版Ⅰ：58）。其中，中刻主尊坐式佛像1身，其左右各刻坐式罗汉像8身。

佛像 坐高52厘米（图版Ⅰ：59）。浮雕圆形素面头光和椭圆形身光。头光直径26厘米，身光最宽38厘米，皆厚约3厘米。头面略蚀，双耳垂肩；双肩及胸残，双手残蚀；腿残，似跏趺坐于束腰仰莲座上。座通高38厘米，上部为三重仰莲台，直径44厘米；中部束腰部分刻羊角形带纹，下部为三阶圆台叠涩，部分残。

罗汉像 16身。对称布置于主尊佛像左右。浮雕圆形素面头光，直径32厘米，厚2厘米；部分残。光头，双耳垂肩，坐于山石台上。台高37厘米，宽40厘米，深40厘米。以居中主尊佛像为界，左侧罗汉从右至左编为左第1—8像，右侧罗汉从左至右编为右第1—8像。其体量、造像特征详见表1。

此外，在龛外下方壁面上，横刻坐像1列[1]。坐像高约27厘米，残损甚重，仅辨轮廓；据其遗痕判断，似有25身（图67；图版Ⅰ：58）。

四 晚期遗迹

龛底左侧凿一凹槽，长47厘米，宽17厘米，深11厘米。

龛底中部偏左处凿一凹槽，长18厘米，宽10厘米，深11厘米。

龛底右端下部凿一枋孔，高17厘米，宽11厘米，深15厘米。

龛内保存灰白色涂层。

---

1 此列造像系本次调查新发现，但因其保存较差，故未重新编写记录，仅将其纳入本龛介绍。

图67 第220号龛立面图

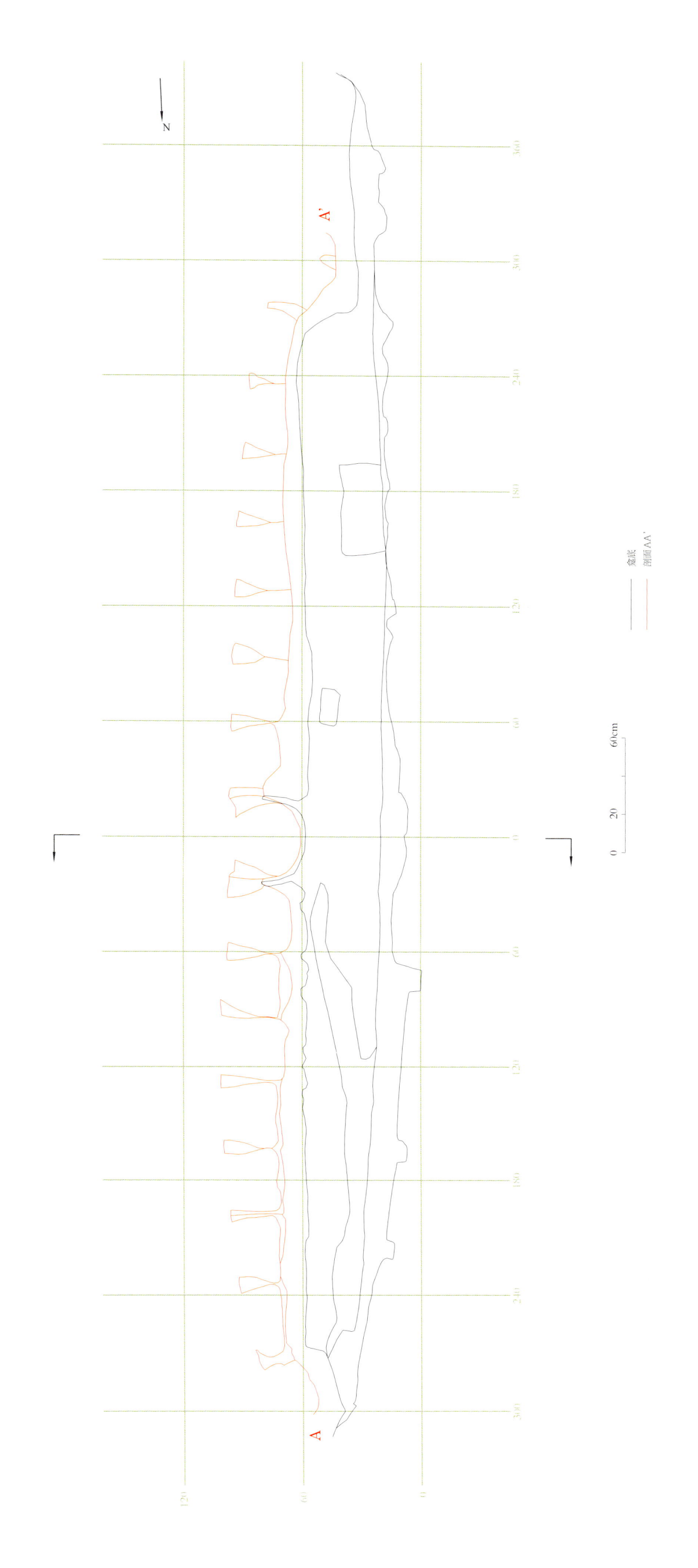

图 68　第 220 号茔平面图

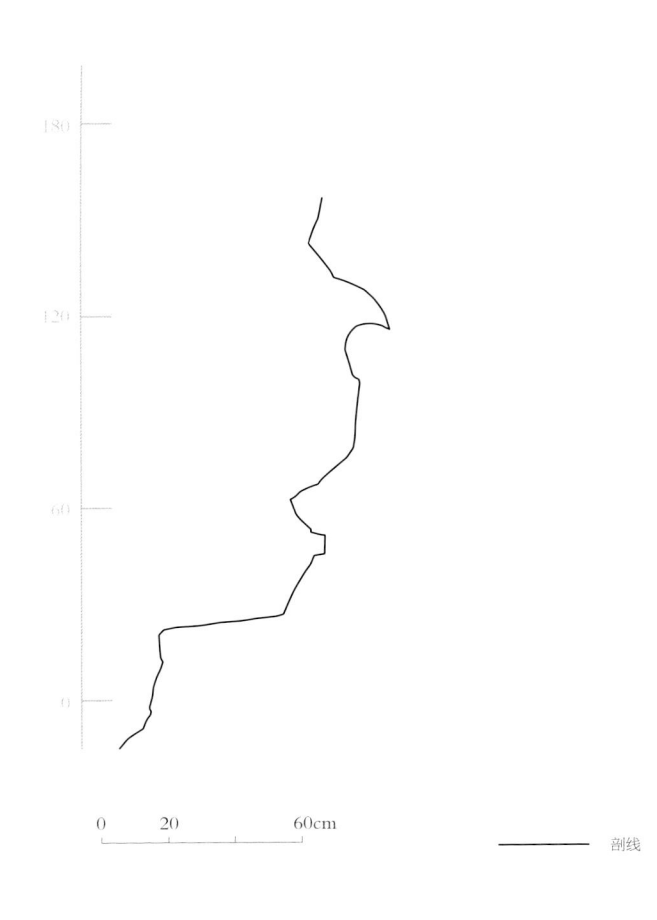

图 69　第 220 号龛剖面图

表1　第220号龛主尊左右罗汉像特征简表

左侧	体量	特征	右侧	体量	特征
1	残坐高45厘米。	头毁、身残，细节不明。台前刻短靴一双（残损略重）。台右下方刻净瓶一只，大部残。	1	残坐高28厘米。	像大部残，双手置腹前，结跏趺坐。台左下方刻净瓶一只。
2	坐高49厘米，肩宽22厘米，胸厚15厘米。	光头，面椭圆。双肩、胸略蚀，衣饰不明，腰系带。双手及腿残。台右下方刻净瓶一只，大部残。	2	残坐高31厘米。	头及上半身毁，细节难辨，结跏趺坐。台左下方刻净瓶一只。
3	残坐高46厘米。	头毁、身残，细节不明。台右下方刻净瓶一只。	3	残坐高37厘米。	头及肩残毁，身似着袈裟，左手残，右手残置胸前；结跏趺坐。台左下方刻净瓶一只。
4	坐高48厘米，头长17厘米，肩宽21厘米，胸厚13厘米。	面、身剥蚀，细节不明。双手似置腹前，双腿残。台右下方刻净瓶一只，大部残。	4	残坐高46厘米。	头残，胸剥蚀。身似着袈裟，双手残，结跏趺坐。台左下方刻净瓶一只，部分残。
5	坐高49厘米，头长18厘米，肩宽24厘米，胸厚12厘米。	脸形长圆，双颊饱满。上身剥蚀，衣饰不明；双手大部残。台右下存净瓶遗迹。	5	坐高49厘米，头长17厘米，肩宽24厘米，胸厚13厘米。	头顶略残，脸形方圆，颧骨略凸，嘴角下垂。身着双领下垂式袈裟，左手胸前持物，物残；右手残置膝上。结跏趺坐。台左下方刻净瓶一只，部分残。
6	坐高49厘米，头长18厘米，肩宽20厘米，胸厚12厘米。	面蚀，上身剥蚀，可辨袈裟袖摆。台右下方刻净瓶一只，大部残。	6	坐高53厘米，头长18厘米，肩宽24厘米，胸厚14厘米。	面残，刻出颈肌，锁骨凸出。身内着交领服，外披袒右式袈裟，双手腹前握持如意，结跏趺坐。台左下方刻净瓶一只，部分残。
7	残坐高48厘米，头长18厘米，肩宽22厘米，胸厚15厘米。	头部分残，面蚀，身剥蚀。双手合十，部分残，结跏趺坐。台右下方刻净瓶一只。	7	坐高54厘米，头长18厘米，肩宽24厘米，胸厚12厘米。	面蚀，胸剥蚀。身着袒右式袈裟，双手持拂子，结跏趺坐。台左下方刻净瓶一只，大部残。
8	残坐高51厘米。	头、身残毁，足残，倚坐。台右下方刻净瓶一只。	8	坐高54厘米，头长21厘米，肩宽25厘米，胸厚12厘米。	头、面部分残，前额略凸。身着通肩袈裟，双手置腹前。足残，倚坐。台左下方刻净瓶一只，大部残。

第三十节　第221号

一　位置

位于第220号龛下方。左距第218号龛14厘米，右距第223号龛22.5厘米；上距第220号龛26厘米，下部为第218号龛的平台，竖直相距12厘米。

龛口西向，方向272°。

二　形制

单层方形龛（图70、图71；图版Ⅰ：60）。

龛口　从崖壁表面平直凿进最深约76厘米形成龛口。龛口方形，外缘高160厘米，宽113厘米。龛左沿宽15.5厘米，底端残；中下部纵向开凿上下比邻的二浅龛（上龛最高28厘米，宽12厘米，深3厘米；下龛部分残，残高17厘米，宽12厘米，深3厘米）。右沿宽16.5厘米，底端残，中下部纵向开凿上下相邻的二浅龛（上龛最高27厘米，宽11厘米，深4厘米；下龛部分残，残高24厘米，宽12厘米，深3厘米），与左沿浅龛相对。上沿宽22厘米，剥蚀残损。下沿部分残，残存宽17厘米；右端凿一方形浅龛（高14厘米，宽22厘米，深4.5厘米）。龛口内缘高121厘米，宽81厘米，至后壁最深18厘米。龛口左右上角凿三角形斜撑，略残，高12厘米，宽12厘米，斜边弧线；略低于沿面0.5厘米。

龛底　大部毁。

龛壁　正壁竖直，与左右侧壁略垂直相接；壁面与龛顶弧面相交。

龛顶　平顶，剥蚀甚重。

三　造像

刻像9身。分为正壁、沿面造像两部分（图70；图版Ⅰ：60）。

（一）正壁

并列立主尊菩萨像2身。

左菩萨像　立高84厘米，头长17厘米，肩宽16厘米，胸厚7厘米。浅浮雕圆形素面头光，部分残，直径约24厘米。戴冠，略残，覆巾。长圆脸，面蚀，身修长，左肩及腹部剥蚀。胸饰项圈，上着双领下垂式袈裟，下着裙；双膝饰珠串。左手垂于体侧，略屈肘上抬，似持物；右手屈于胸前，手及物残。双足毁，立于祥云莲台上。台及云纹大部毁。

右菩萨像　立高81厘米，头长13厘米，肩宽16厘米，胸厚8厘米。浅浮雕圆形素面头光，直径24厘米。头戴披帽，披幅覆肩，圆脸，残；胸饰少许璎珞。身剥蚀，似上着袈裟，下着裙；双手毁，跣足立于祥云莲台上。台及云纹大部毁。像头部右侧存锡杖杖首，大部残。

（二）沿面

沿面造像分别刻于左、右沿面和下沿浅龛内，共7身。据其位置，分为左右沿面和下沿造像两部分。

1. 左右沿面

左右沿面各纵向开凿的二浅龛内，各刻供养人像1身（图版Ⅰ：61、图版Ⅰ：62）。从左至右、从上至下编为第1—4像。

第1像　男像，坐高21厘米。头巾，方面，着圆领窄袖服，双手胸前合十，盘坐；身前饰祥云。

第2像　男像，双肩以下残，残坐高14厘米。头巾，圆脸，似双手胸前合十。

图 70　第 221 号龛立面图

86　大足石刻全集　第三卷（上册）

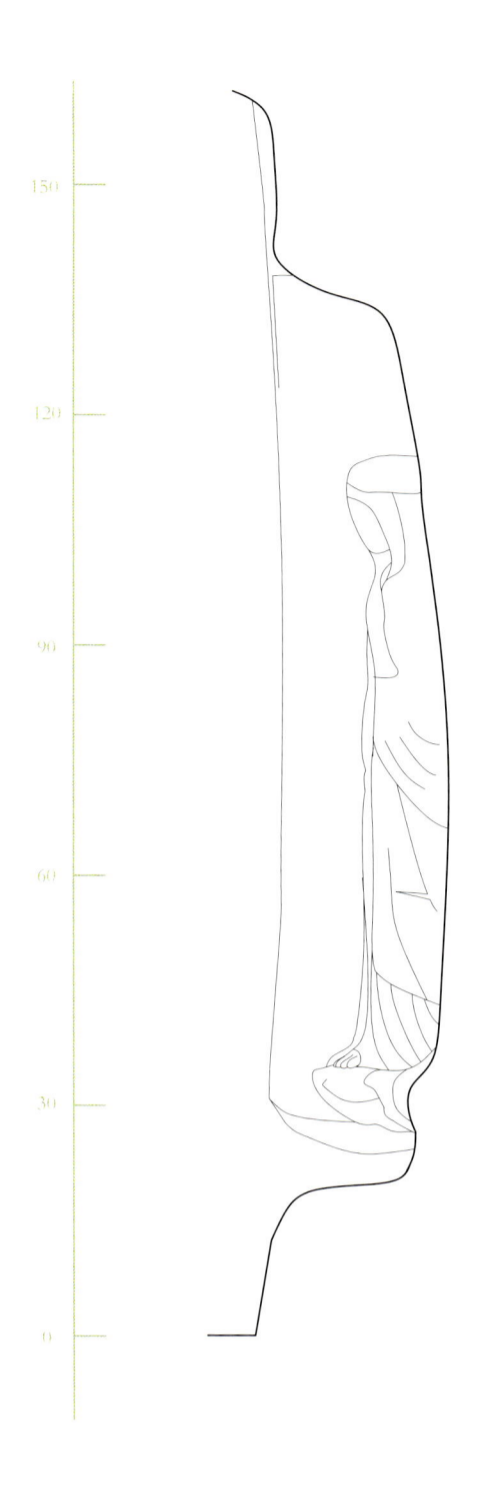

图71 第221号龛平、剖面图
1 剖面图 2 平面图

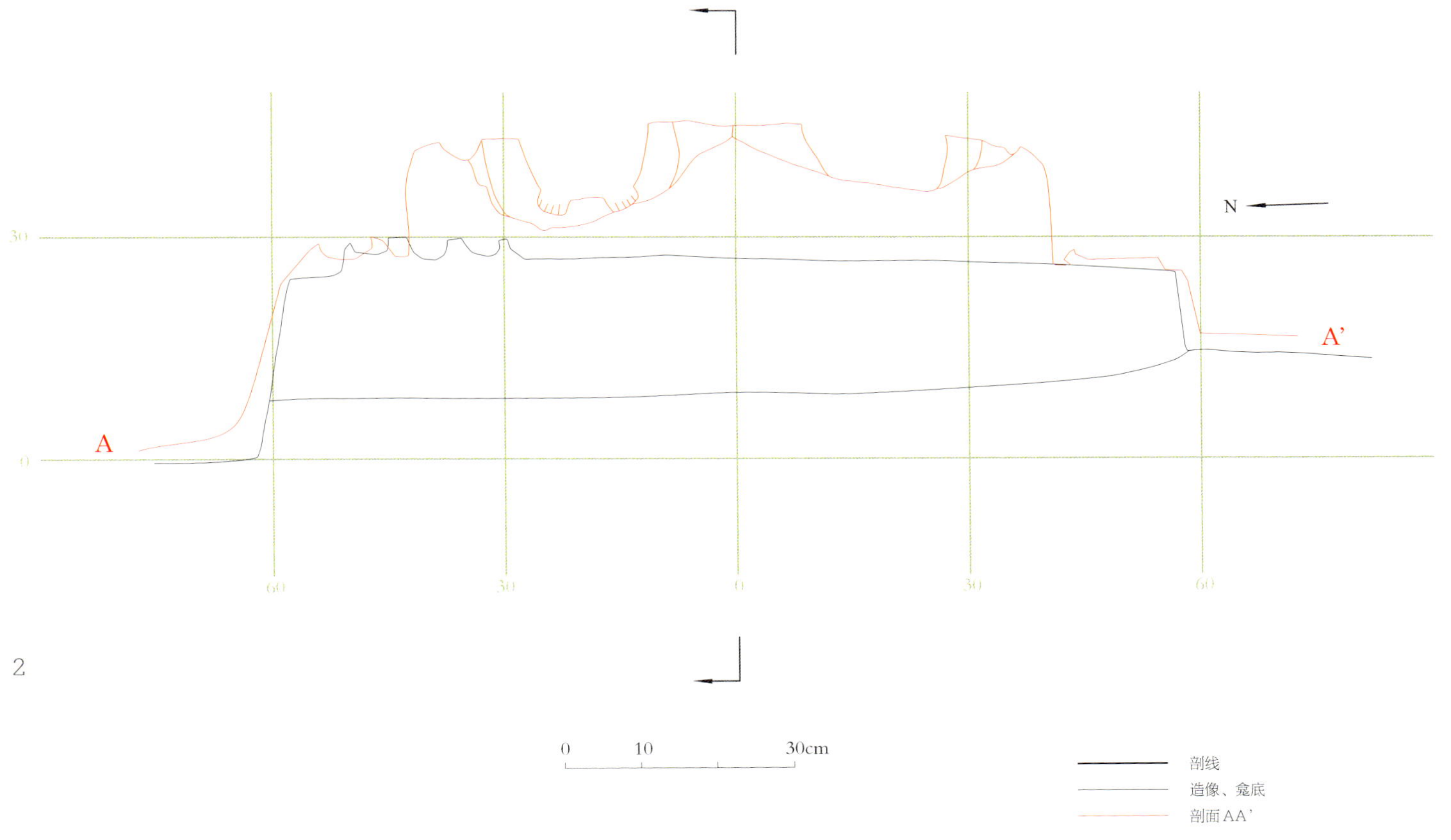

第3像　女像，立高25厘米。头梳髻，面方，身残，上身衣饰不明，下着裙。双手部分毁，似置胸前，敷搭下垂的帛带；着鞋站立。

第4像　头大部残，可辨残痕，立高约22厘米。似身着交领窄袖长服，双手胸前笼袖内，垂搭帛带；足毁。

2. 下沿

沿面右端浅龛内刻立像3身，仅存轮廓；残高约11.5—12厘米。

四　晚期遗迹

龛前平台凿一方形凹槽，长23厘米，宽7厘米，深10厘米。

龛内保存灰白色涂层。

第三十一节　第222号

一　位置

位于第219号龛右侧。左距第219号龛54厘米，右距第229号龛138厘米；上为崖壁，下距第220号龛8厘米。

龛口西向，方向280°。

二　形制

单层方形龛（图72、图73；图版Ⅰ：63）。

龛口　从崖壁表面平直凿进最深约38厘米形成龛口。龛口方形，外缘高83厘米，宽84.5厘米。左沿宽8.5厘米，右沿宽8厘米，下端略残；上沿宽7厘米，下沿宽8厘米。龛口内缘高68厘米，宽76厘米，至后壁最深24厘米。龛口左右上角凿三角形斜撑，高11厘米，宽11厘米，斜边弧形；低于沿面1厘米。

龛底　略呈半圆形，前端残。

龛壁　弧壁，与龛顶弧面相接。

龛顶　近似平顶，呈半圆形。

三　造像

刻像4身（图72-1；图版Ⅰ：63）。其中，中刻主尊坐像1身，左右各刻立式菩萨像1身；壁面右下方刻立像1身。

主尊像　头毁身残，残坐高30厘米。浅浮雕圆形背光，直径38厘米。双手似置腹前，结跏趺坐于束腰座上。座通高18厘米，上部残，中部束腰为圆棱台，饰羊角形带纹，下部为三阶圆台叠涩。

主尊像身后左右上方刻菩提树树冠，外凸于壁面，延至龛顶，略蚀。

左菩萨像　头毁，身蚀，立像残高约45厘米。有桃形头光和舟形身光；头光边缘刻火焰纹，横径14厘米；身光略残，宽约23厘米。可辨头部左侧存带茎莲朵。足残，足下莲台高9厘米，部分残。

右菩萨像　残毁甚重，立像残高45厘米。浅浮雕桃形头光，横径14厘米；似戴冠，可辨两手屈肘上举持物，物难辨；足毁，立于低台上。台高8.5厘米，大部残。

右下立像　残毁甚重，残高15.5厘米；左上方存一朵云纹残迹。

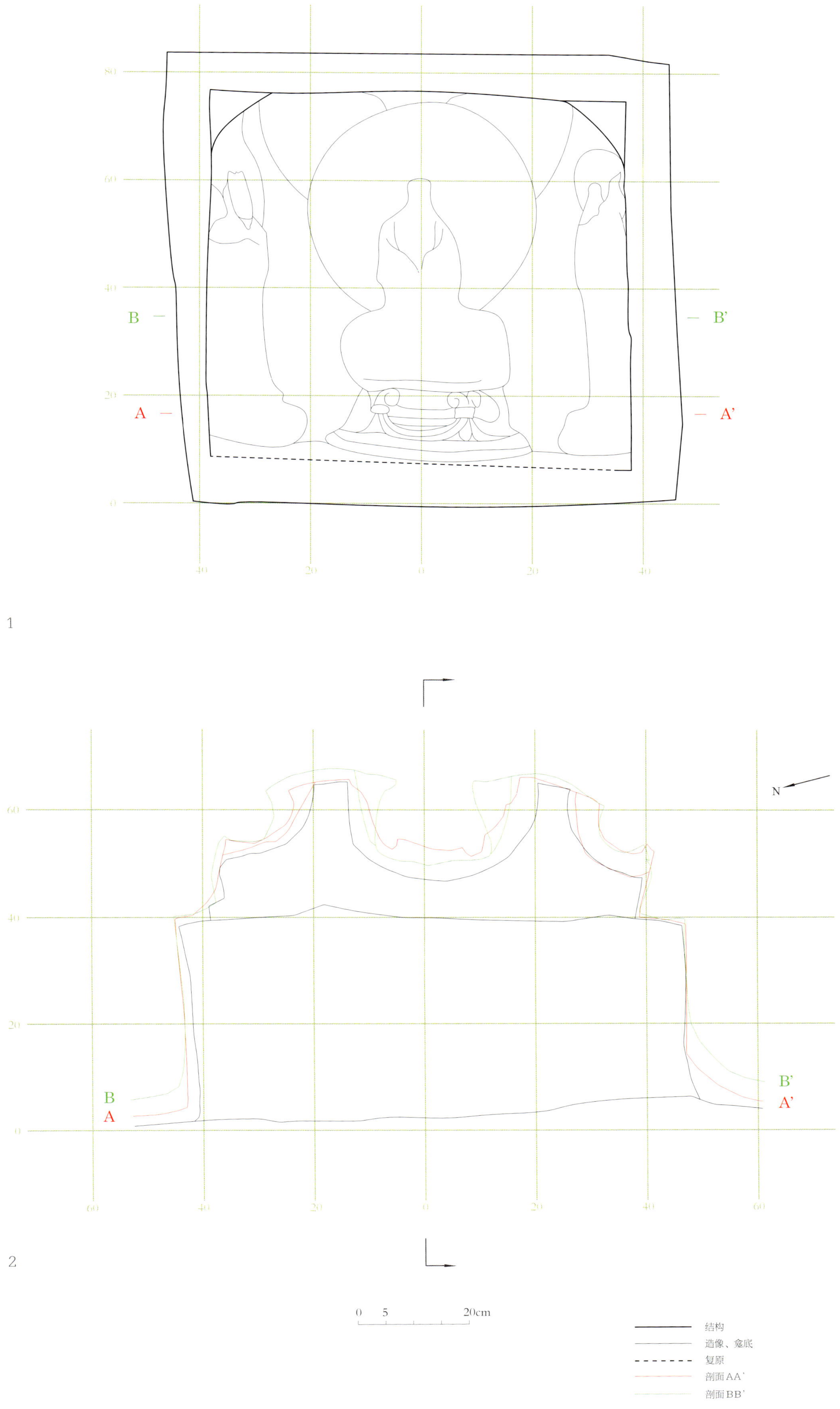

图 72　第 222 号龛平、立面图
1　立面图　2　平面图

图 73　第 222 号龛剖面图

四　晚期遗迹

龛左沿外侧上方凿一平整面，高45厘米，宽22厘米。

龛开凿界面左右上角各凿一方形小孔，边宽3厘米，深4厘米。

龛内保存灰白色涂层。

第三十二节　第223号

一　位置

位于第220号龛下方。左距第221号龛22.5厘米，右距第225号龛26厘米；上距第220号龛40厘米，下距第224号龛10.5厘米。龛口西向，方向268°。

二 形制

龛残损严重（图74；图版Ⅰ：64）。龛口略呈方形，残高82厘米，宽43厘米，至后壁最深18厘米。龛底方形，略剥蚀；龛正壁部分剥蚀，左右侧壁大部毁；正壁与左右侧壁略垂直相接。龛底大部毁。

三 造像

龛内刻立像1身（图版Ⅰ：64）。残毁甚重，残高41厘米；仅辨火焰纹头光左侧遗迹、袈裟下摆和长裙，足毁。低台大部残，高约5厘米，最宽23厘米。

第三十三节 第224号

一 位置

位于第223号龛下方。左距第221号龛26厘米，右距第226号龛10厘米；上距第223号龛10.5厘米，龛底与长廊地坪齐平。龛口西向，方向267°。

二 形制

单层方形龛（图75、图76；图版Ⅰ：65）。

龛口 从崖壁表面平直凿进最深约15厘米形成龛口。龛口方形，外缘高104厘米，宽76.5厘米。左沿宽7.5厘米，上部残缺；右沿宽7.5厘米，上沿宽9厘米；下沿位置被后世铺砌的地坪石板遮挡，无法观察。龛口内缘高95厘米，宽61.5厘米，至后壁最深22厘米。龛口左右上角凿三角形斜撑，高9厘米，宽8.5厘米，斜边弧形；低于沿面1厘米。

龛底 略呈半圆形，与长廊地坪齐平。

龛壁 正壁略竖直，与左右侧壁略作垂直相交；左壁上端残缺，自缺口向右发育一道裂隙，横贯龛壁，最宽约6厘米。龛壁与龛顶券面相接。

龛顶 平顶，略呈方形。

三 造像

刻像3身。中刻主尊菩萨立像1身，左右侧壁下部各刻立像1身（图75；图版Ⅰ：65）。

主尊菩萨像 立像高81厘米，头残长19厘米，肩宽16.5厘米，胸厚7厘米。浅浮雕桃形头光，横径22厘米，边缘刻火焰纹，略蚀，焰尖纵贯龛顶。梳髻，戴卷草冠，冠带作结下垂。长圆脸，部分残，颈部残断，致头部与身躯分离。胸饰璎珞，略蚀，可辨最上为宽扁项圈，下垂坠饰和三道珠串；中间一道珠串长垂足间，左右珠串隐于披巾内。上着披巾，腰束带，下着裙；披巾两端呈"U"形下垂腹前，向上绕双肘后垂于体侧；腰带长垂足间。四臂，腕镯；两上臂（自腕残断）屈肘托祥云，上置圆轮（直径7厘米）；两下手垂体侧握持披巾；跣足。略残，立于单重仰莲台上。台高8厘米，直径29厘米，略残。

左侧壁立像 头大部残毁，立像残高约24厘米（图版Ⅰ：66）。上身似披袈裟，下着裙；双手残，置胸前，着鞋立于山石圆台上。台高11厘米，直径10厘米。

右侧壁立像 仅辨轮廓，立像残高23厘米（图版Ⅰ：67）。圆台高5厘米，直径11厘米。

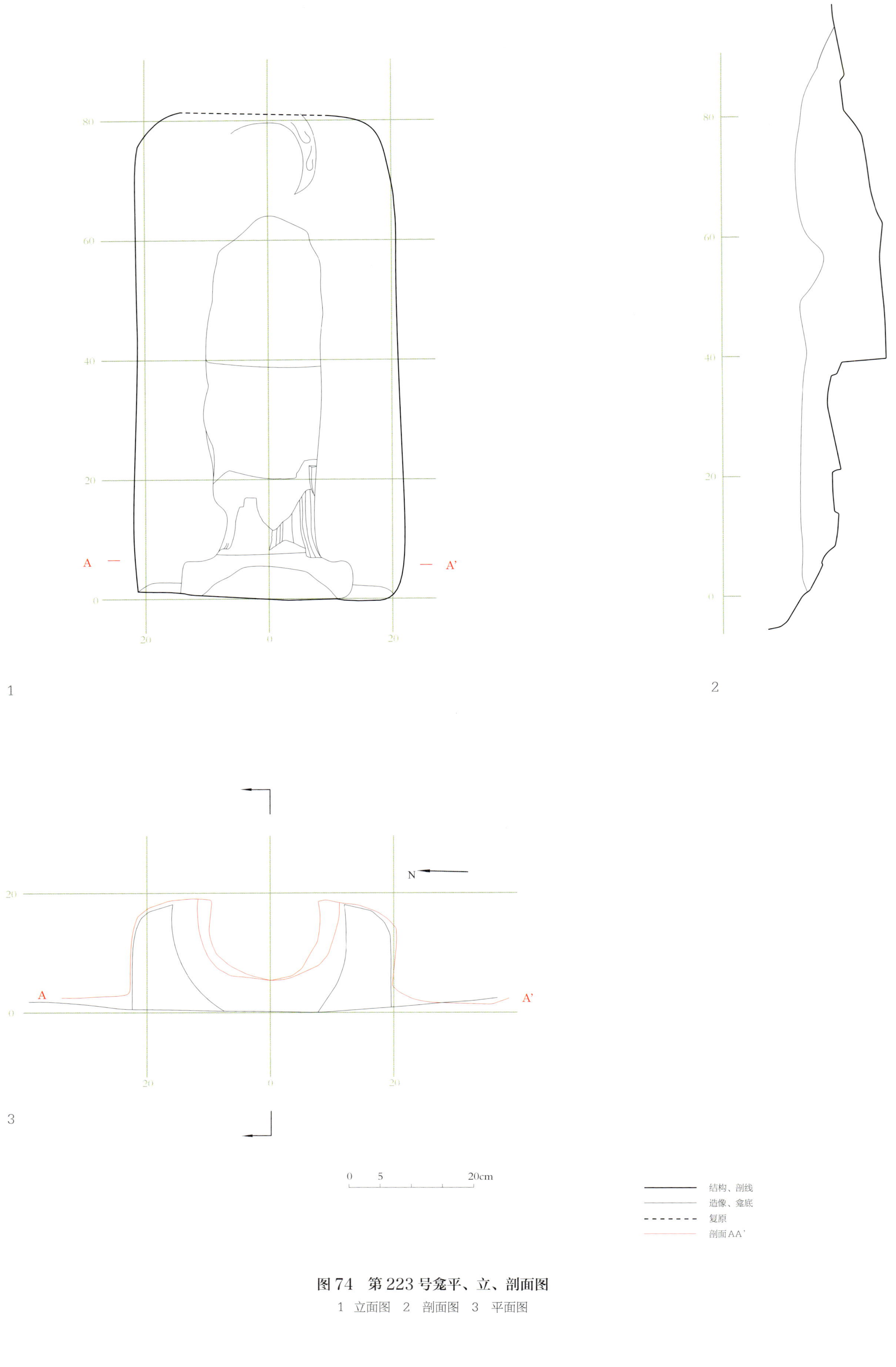

图 74 第 223 号龛平、立、剖面图
1 立面图　2 剖面图　3 平面图

图 75　第 224 号龛立面图

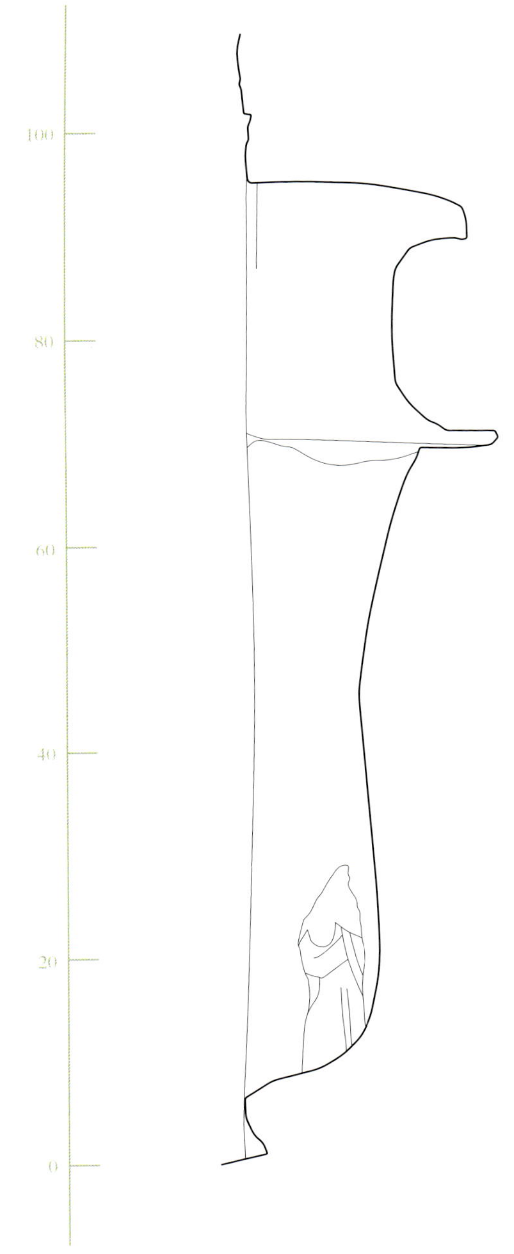

图 76 第 224 号龛平、剖面图
1 剖面图 2 平面图

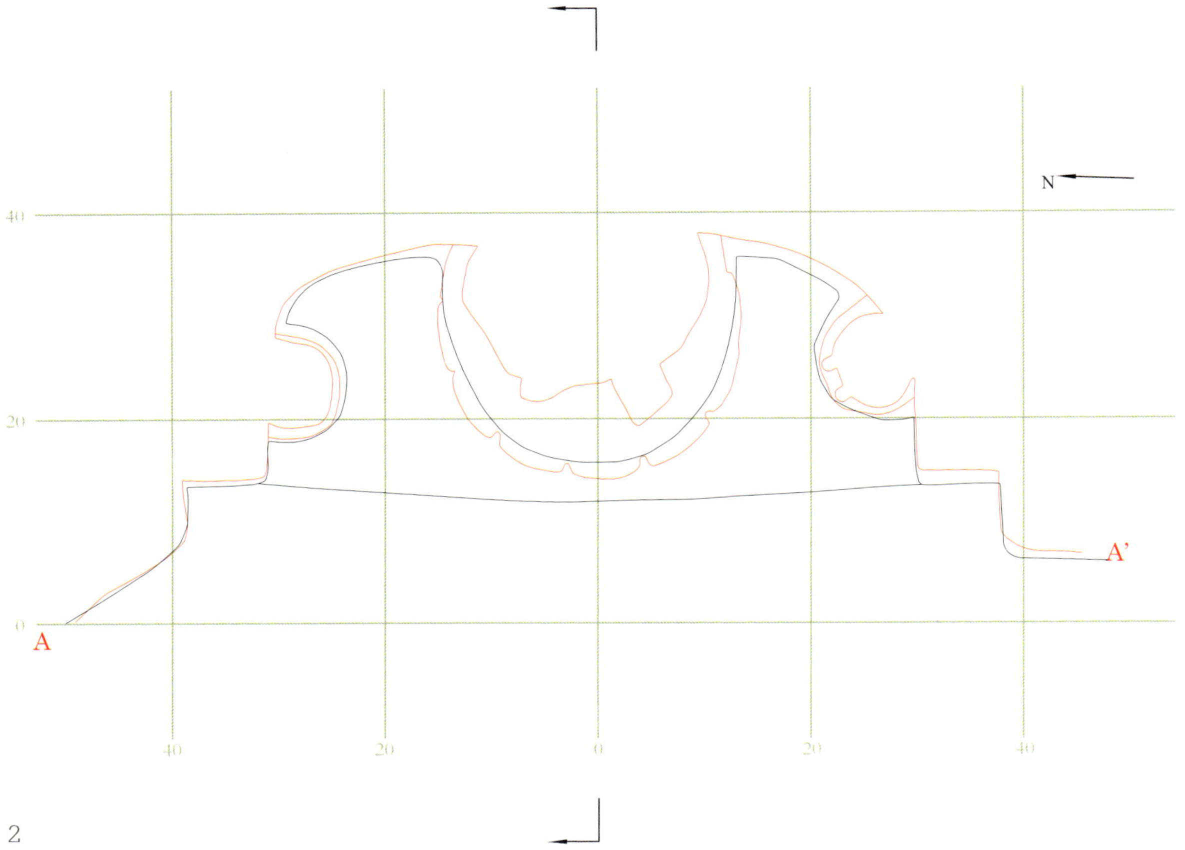

四　晚期遗迹

龛内保存灰白色涂层。

第三十四节　第225号

一　位置

位于第223号龛右侧。左距第223号龛26厘米，右距第227号龛12厘米；上距第220号龛41厘米，下方左右分别与第224、226号龛比邻。龛口西向，方向275°。

二　形制

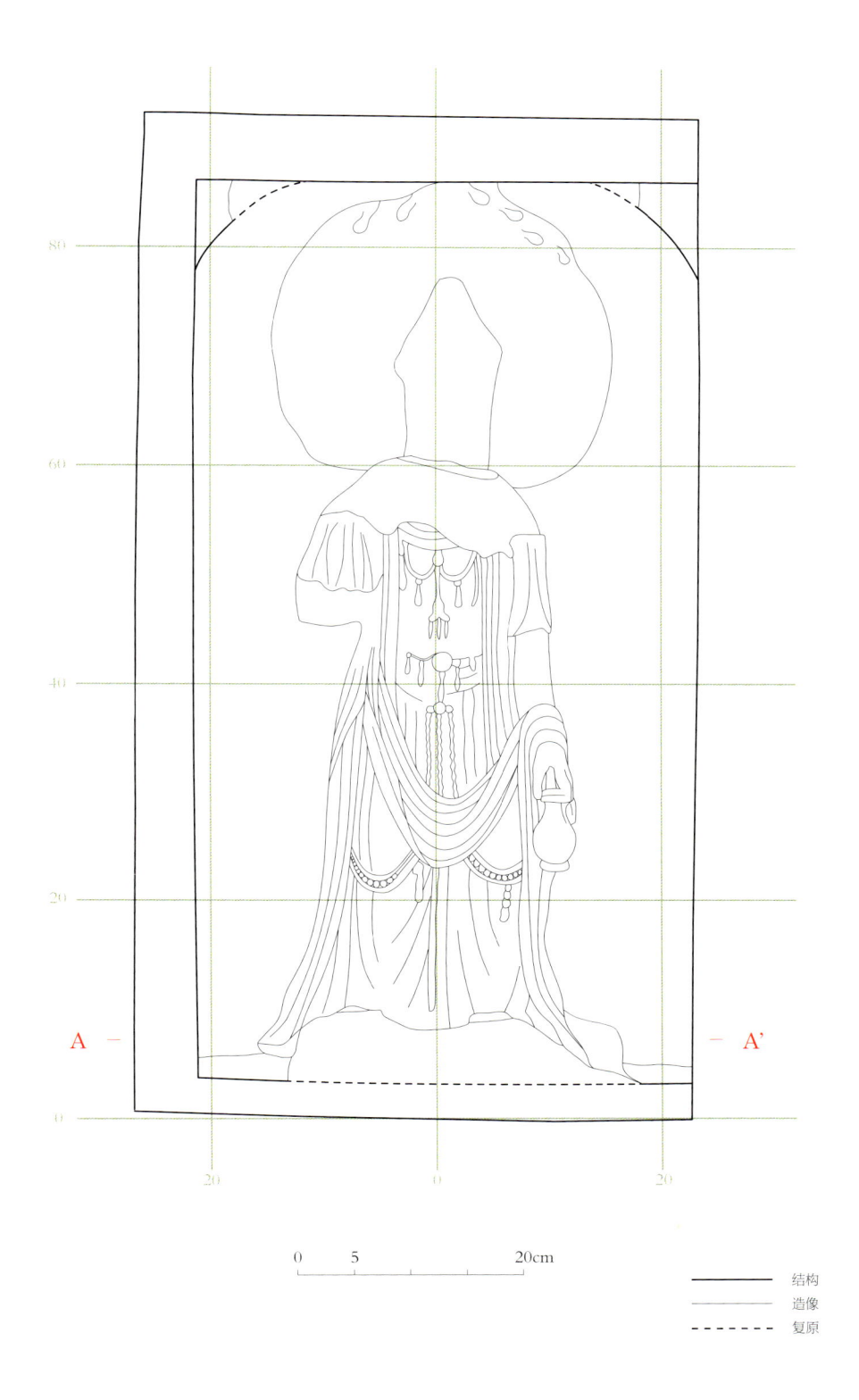

图77　第225号龛立面图

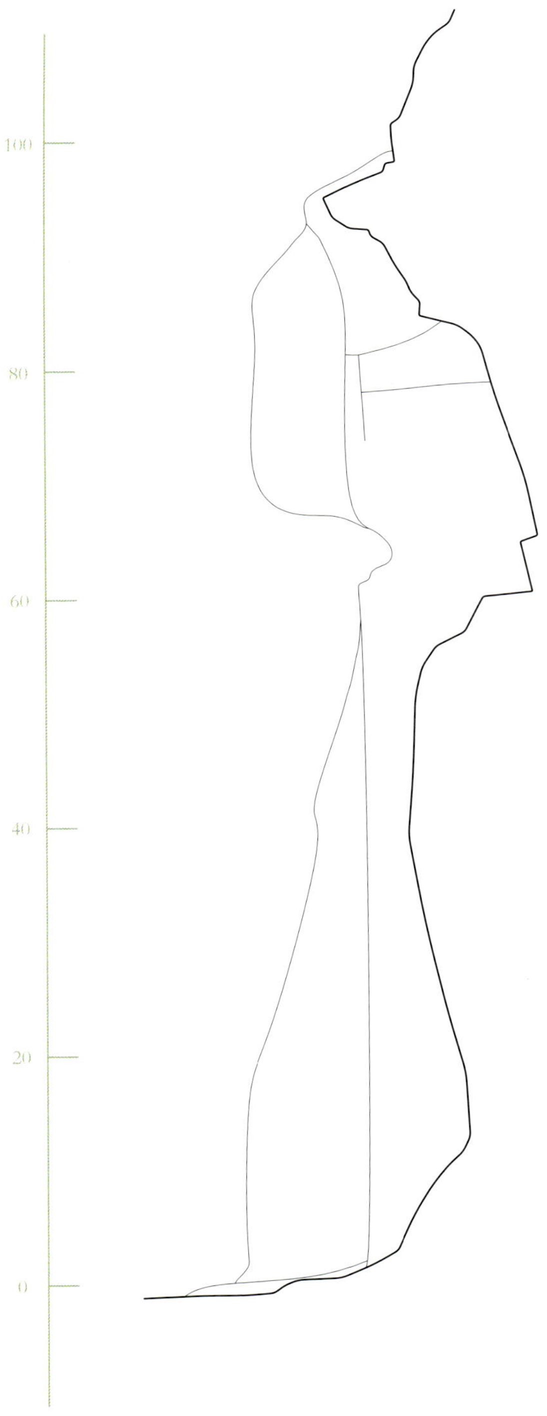

图 78 第 225 号龛平、剖面图
1 剖面图　2 平面图

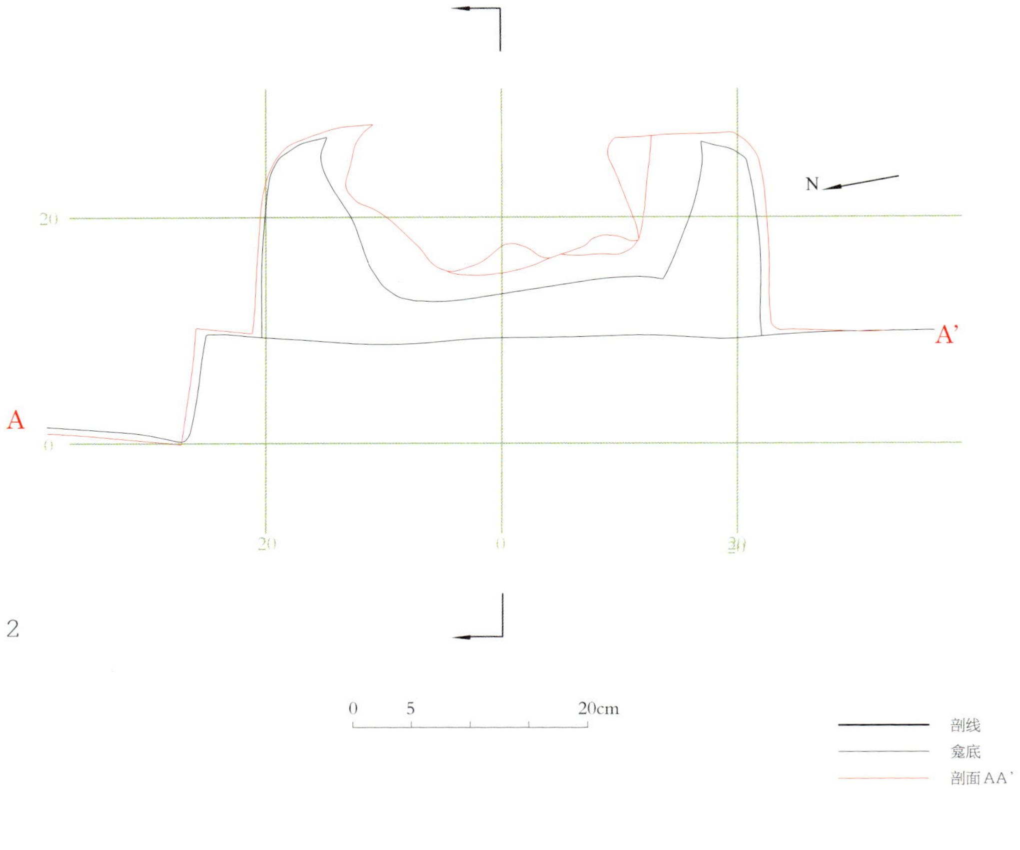

从崖壁表面平直凿进最深约48厘米形成龛口（图77、图78；图版Ⅰ：68）。龛口方形，残毁甚重。左沿与第223号龛的岩体分界模糊，宽度不明；右沿宽5.5厘米。上沿大部毁，仅存右端少许，宽4.5厘米；下沿大部残，残宽约4厘米。龛口内缘高82厘米，宽43厘米，至后壁最深21厘米；左上角残，右上角凿三角形斜撑结构，略残。龛底略呈方形，部分残。龛正壁与左右侧壁弧面相接；壁面与龛顶弧面相交。龛顶大部残，略呈券顶。

三 造像

刻立式菩萨像1身（图77；图版Ⅰ：68）。头毁，残高约56厘米。浮雕桃形头光，边缘刻火焰纹，焰尖残；横径31厘米，厚2.5厘米。双肩残，胸饰璎珞，上部略残，下部可辨三道下垂的珠串，中间一道长垂足间，左右一道绕双膝隐于身后。上着披巾，下着裙；披巾部分残断，交垂腹前，再敷搭前臂后垂于龛底。左手垂举净瓶，右手似屈肘，前臂毁；双足蚀，立于低台上。台部残，高约4厘米，直径29厘米。

四 晚期遗迹

龛内保存灰白色涂层。

第三十五节 第226号

一 位置

位于第225号龛右下方。左距第224号龛10厘米，右紧邻第228号龛；左上方紧邻第225号龛，下距地坪12厘米。龛口西向，方向272°。

二 形制

单层方形龛（图79；图版Ⅰ：69）。

龛口 从崖壁表面平直凿进最深约12厘米形成龛口。龛口方形，外缘高89厘米，宽55厘米。龛沿较完整，左沿宽6厘米，右沿宽5.5厘米；上沿部分剥蚀，宽约7厘米；下沿宽11厘米。龛口内缘高71厘米，宽43.5厘米，至后壁最深16厘米。龛口左右上角凿三角形斜撑，高6厘米，宽7厘米，斜边弧形；低于沿面0.5厘米。

龛底 呈方形。

龛壁 正壁竖直，与左右侧壁略垂直相交；壁面与龛顶券面相接。

龛顶 券顶，略剥蚀。

三 造像

龛内刻菩萨立像1身（图79-2；图版Ⅰ：69）。头毁，残高56厘米。浅浮雕桃形头光，横径22厘米；边缘刻火焰纹，宽约4厘米，焰尖部分残，贯穿龛顶。身略蚀，戴项圈，下垂坠饰；外披袈裟，下着裙。左手残，似屈肘于胸前；右手贴体下垂，齐腕残；跣足，略蚀，立于单层仰莲台上。台高6厘米，直径22厘米。

四 晚期遗迹

龛内保存灰白色涂层。

图 79　第 226 号龛平、立、剖面图
1　剖面图　2　立面图　3　平面图

第三十六节　第227号

一　位置

位于第225号龛右侧。左距第225号龛12厘米，右距第230号龛11厘米；上距第220号龛41厘米，下部分别与第226、228号龛比邻。龛口西向，方向277°。

二　形制

龛口　从崖壁表面平直凿进最深约20厘米形成龛口（图80、图81；图版Ⅰ：70）。龛口方形，外缘高88.5厘米，宽46.5厘米；龛沿完

图80　第227号龛立面图

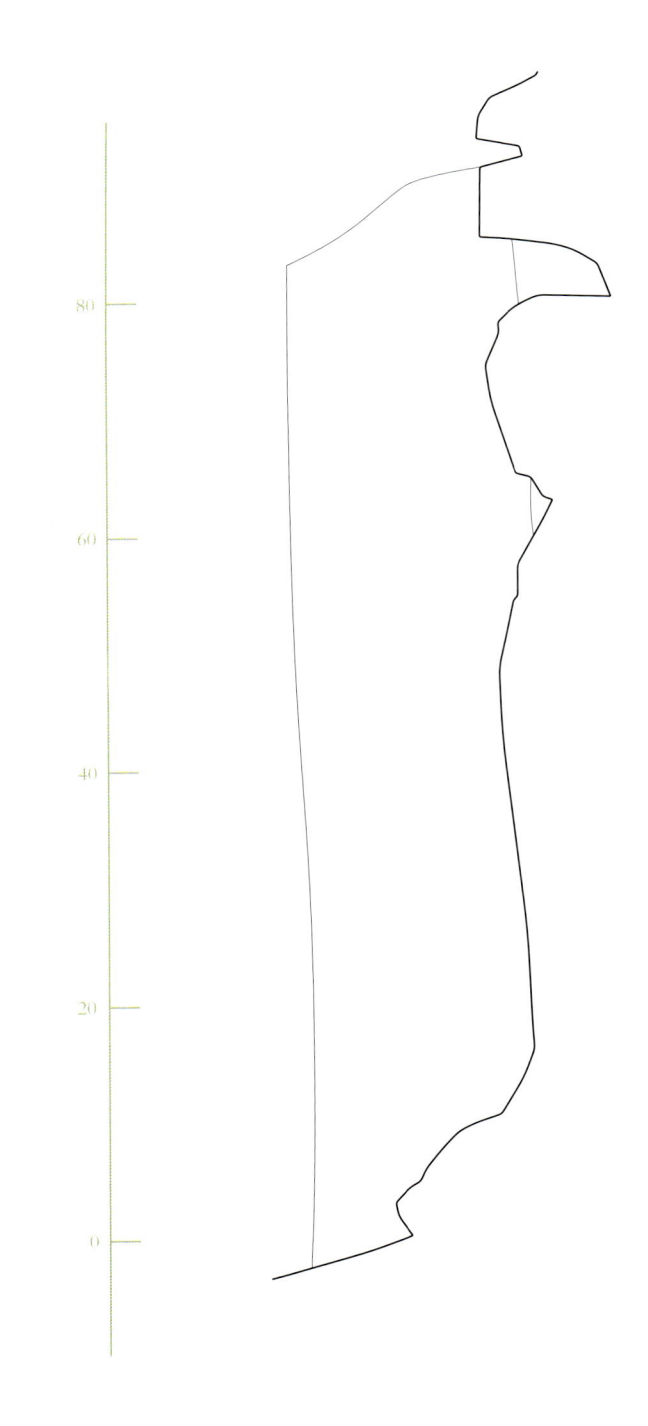

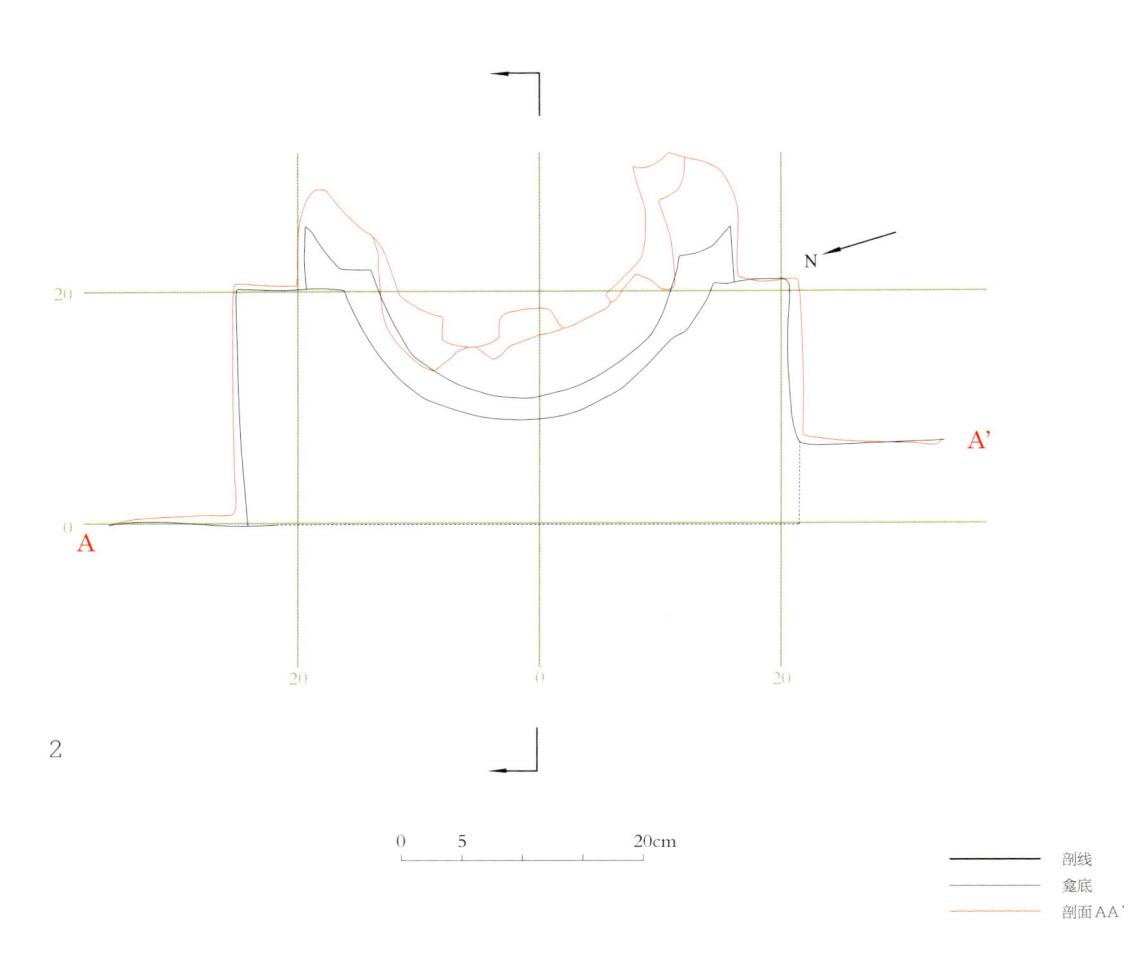

图81 第227号龛平、剖面图
1 剖面图　2 平面图

整，左沿宽5厘米，右沿宽5.5厘米，上沿宽4厘米，下沿宽4.5厘米。龛口左右上角作弧面处理，使龛口内缘呈圆拱形，高80厘米，宽36厘米，至后壁最深11厘米。

龛底　呈半圆形。

龛壁　弧壁，与龛顶弧面相交。

龛顶　券顶。

三　造像

龛内刻立佛1身（图80；图版Ⅰ：70）。佛像高70厘米，头长14.5厘米，肩宽17厘米，胸厚9厘米。浅浮雕桃形头光，横径25厘米，边缘刻火焰纹，尖端延至上沿。肉髻隆起，刻水波纹发，面方圆，略蚀，耳垂肥大。颈、双肩残。内着僧祇支，系带作结；外披袈裟，下着裙。左手屈举左肩托钵，钵部分残；右手残，似持锡杖，杖柄残毁；杖首呈桃形，刻于头部右侧。双足残，立于云纹承托的单层仰莲台上。云纹、莲台部分残，皆外凸龛沿。莲台高5厘米，直径24厘米；云台高6厘米，宽29厘米，云尾沿龛壁上飘。

四　晚期遗迹

龛外上方中部刻一枋孔，高2厘米，宽5厘米，深4厘米。

龛开凿界面左、右侧壁上方对称各刻一枋孔，大小相近，高3.5厘米，宽3厘米，深2厘米。

龛外前侧凿一凹槽，长20厘米，宽5厘米，深5厘米。

龛内保存灰白色涂层。

第三十七节　第228号

一　位置

位于第227号龛右下方。左紧邻第226号龛，右距第231号龛25厘米；下距地坪14厘米。

龛口西向，方向276°。

二　形制

单层方形龛（图82、图83；图版Ⅰ：71）。

龛口　从崖壁表面平直凿进约8厘米形成龛口。龛口方形，左沿完整，宽7.5厘米；右沿即为第231号龛左沿，宽25厘米，中下部纵向开凿三个方形浅龛；上沿残，宽度不明；下沿宽13.5厘米。龛口内缘高66厘米，宽50厘米，至后壁最深15厘米。龛口左右上角凿三角形斜撑，高3.5厘米，宽3.5厘米，斜边弧形；低于龛口1厘米。

龛底　呈方形。

龛壁　正壁竖直，与左右侧壁略垂直相交；壁面与龛顶弧面相交。

龛顶　券顶，部分残。

三　造像

刻像7身（图82-1；图版Ⅰ：71）。其中，正壁刻主尊立像2身，右沿浅龛刻供养人像5身。

图 82　第 228 号龛平、立面图
1　立面图　2　平面图

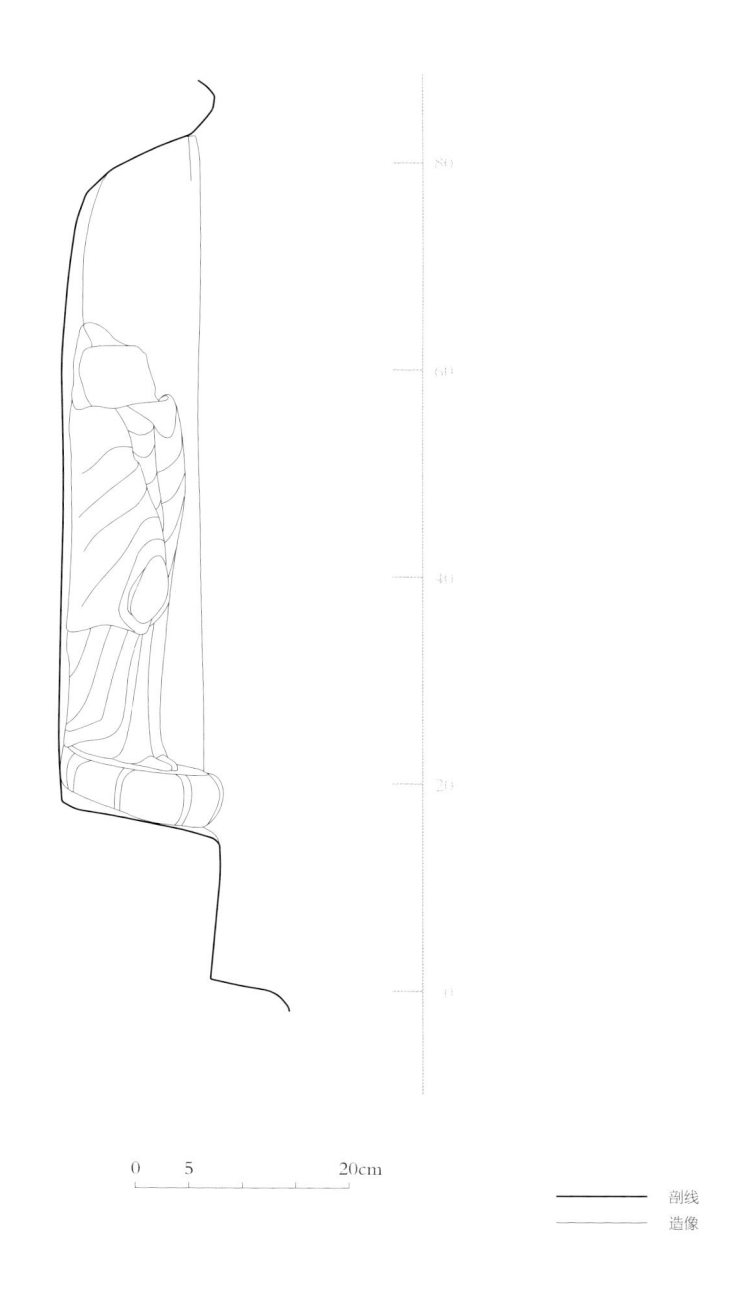

图83　第228号龛剖面图

左主尊像　头毁，残高43厘米。浅浮雕桃形头光，内圆素平，边缘刻火焰纹，焰尖延至龛顶前端，横径17.5厘米。右肩毁，胸残，上着袈裟，下着裙。左手似横置，手残；右手下垂体侧，手残；跣足，略残，立于单层仰莲台上。台高5.5厘米，直径20厘米。

右主尊像　头毁，残高42厘米。左手下垂体侧持物，右手横于胸前持物，物皆残；余与左主尊像略同。

供养人像　5身。刻于右沿中下部纵向开凿的3个浅龛内（图版Ⅰ：72）。上龛高14.5厘米，宽13厘米，深1.5厘米；中龛高17厘米，宽11厘米，深2厘米；下龛高11.5厘米，宽8.5厘米，深1.5厘米。其中，上两龛各刻像2身，下龛刻像1身。从上至下、从左至右将其编为第1—5像。其造像特征详见表2。

表2　第228号龛供养人像特征简表

组　别	编　号	体　量	特征
上龛	1	坐高14厘米。	似戴翘脚幞头，面蚀，身残，双手毁，盘坐于云纹上。
上龛	2	坐高16厘米。	梳髻，刻发簪，面蚀，着对襟窄袖服，双手置胸前，坐于云纹内。
中龛	3	坐高16.5厘米。	特征与第2像略同。
中龛	4	残立高13.5厘米。	残蚀甚重，仅辨梳髻，双手置胸前。
下龛	5	残坐高12厘米。	残蚀较重，仅辨头巾，右手置胸前。

四　晚期遗迹

龛内保存灰白色涂层。

第三十八节　第229号

一　位置

位于第222号龛右侧。左距第222号龛138厘米，右距第232号龛21厘米；上为崖壁，下距第220号龛13厘米。龛口西向，方向271°。

二　形制

单层方形龛（图84、图85；图版Ⅰ：73）。

龛口　从崖壁表面平直凿进最深约32厘米形成龛口。龛口方形，外缘高78厘米，宽110厘米。龛沿较完整，左沿宽7.5厘米，右沿宽8厘米，下部残；上沿宽6厘米；下沿大部残，存宽5.5厘米。龛口内缘高65厘米，宽96厘米，至后壁最深24厘米。龛口左右上角凿三角形斜撑，高11厘米，宽11厘米，斜边弧形；低于沿面1厘米。

图84　第229号龛立面图

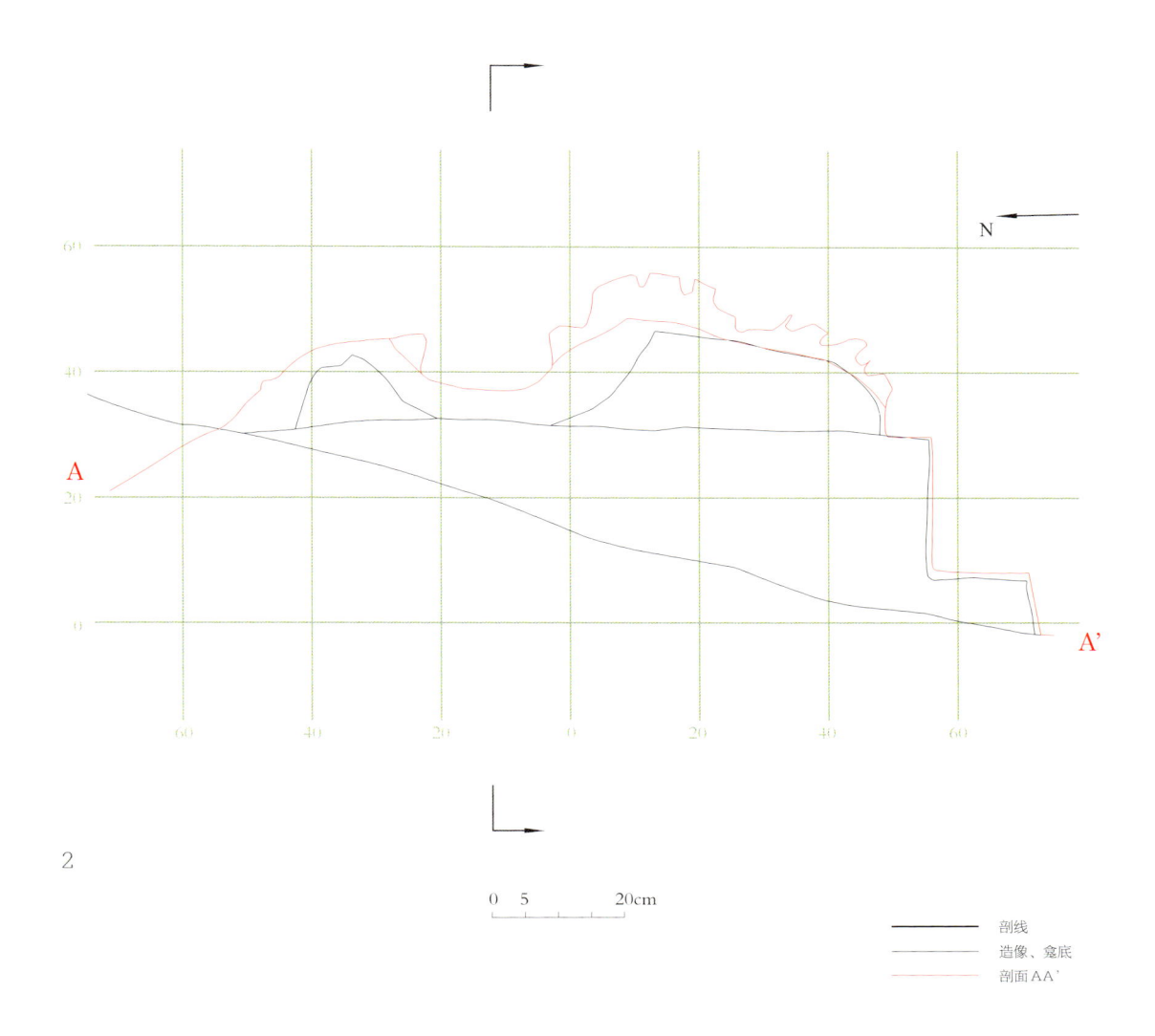

图 85　第 229 号龛平、剖面图
1　剖面图　2　平面图

龛底　呈弦月形，前端残；内侧建低坛一级，高8厘米，深8厘米，与龛口等宽。

龛壁　弧壁，与龛顶略垂直相接。

龛顶　平顶，呈弦月形。

三　造像

刻像11身（图84；图版Ⅰ：73）。其中，正壁中部右侧刻主尊立像1身，体量较大；其左右侧共刻立像10身。

主尊像　残毁甚重，残高46厘米；仅可辨胸腹左侧甲衣及镶嵌式甲片，身下低台大部残。

立像　主尊左侧刻立像7身，右侧刻立像3身。皆残甚重，立于低坛上。从左至右通编为第1—10像。

第1像高35厘米，可辨左手置下颔处，右手置身前，跣足。第2像残高38厘米，可辨着鞋。第3像残高37厘米，可辨上着宽袖服，下着裙；足鞋。第4像残高37厘米，可辨足靴。第5像高39厘米，戴冠，冠顶双翎（部分残）上竖，下颔系带，面圆；上着宽袖服，下着裙；双手似置胸前，着鞋。第6像仅辨轮廓，残高26厘米。第7像可辨半身轮廓，残高约14厘米。第8像仅辨轮廓，残高32厘米。第9像立像高40厘米，上身衣饰不明，腰束带，下着齐膝短裙；腕镯，双手胸前握持方条状物，跣足。第10像仅辨轮廓，残高38厘米。

此外，龛壁左上角刻云纹一朵，残蚀甚重，云尾斜飘龛外。

四　晚期遗迹

龛外左侧凿一平整面，残高30厘米，宽15厘米，外凸龛沿21厘米。

龛内保存灰白色涂层。

第三十九节　第229-1号

一　位置

位于第229号龛竖直上方，相距184厘米；上距岩顶46厘米，左右均为崖壁。

龛口西向，方向278°。

二　形制

从崖壁表面平直凿进最深约17厘米形成龛口（图86、图87；图版Ⅰ：74）。龛口残毁较重，存左右沿下部及下沿；左沿存宽8.5厘米，右沿存宽9厘米，下沿宽9厘米，上沿毁。龛口内缘高89厘米，宽95厘米，至后壁最深30厘米。龛底呈弦月形，右端稍残；龛底建低坛一级，高8厘米，深5厘米。龛壁为弧壁，部分剥落。龛顶大部残。

三　造像

造像保存较差，据其位置，分为龛内、下沿造像两部分（图86；图版Ⅰ：74）。

（一）龛内

刻像9身。其中，中刻主尊菩萨坐像1身；其上方左右各刻坐像2身，下方左右各刻立像2身，大致呈对称布置。

主尊菩萨像　坐高39厘米（图版Ⅰ：75）。存浅浮雕圆形背光遗迹。头残，存作结的冠带；身躯左右似生出若干手臂，已残，仅辨左侧一手持弓；坐于须弥座上。座高32厘米，大部残；前侧刻有卷曲的莲叶。

上方坐像　4身（图版Ⅰ：74）。横向布置于菩萨像左右，皆残甚重，仅存轮廓。其中，左侧外端坐像可辨身躯右侧两只手臂，上手屈肘上举，下手持棍状物。

下方立像　4身（图版Ⅰ：76、图版Ⅰ：77）。横向置于低坛上，皆残甚重，残高约33厘米；可辨梳髻，戴冠，立于圆台上。台高3厘米，大部残；台置于低坛上。

（二）下沿

下沿中刻半身像1身。头毁，残高8厘米，身略蚀，可辨腰带遗迹；双手斜垂外展，作抬举状。下沿左右各刻立兽1只，高约9厘米；大部残，存单腿，作相向直立状。

此外，在龛左右沿外侧竖直壁面中下部，各刻云纹1朵，皆残，存部分云头及少许云尾。

四　晚期遗迹

龛内保存灰白色涂层。

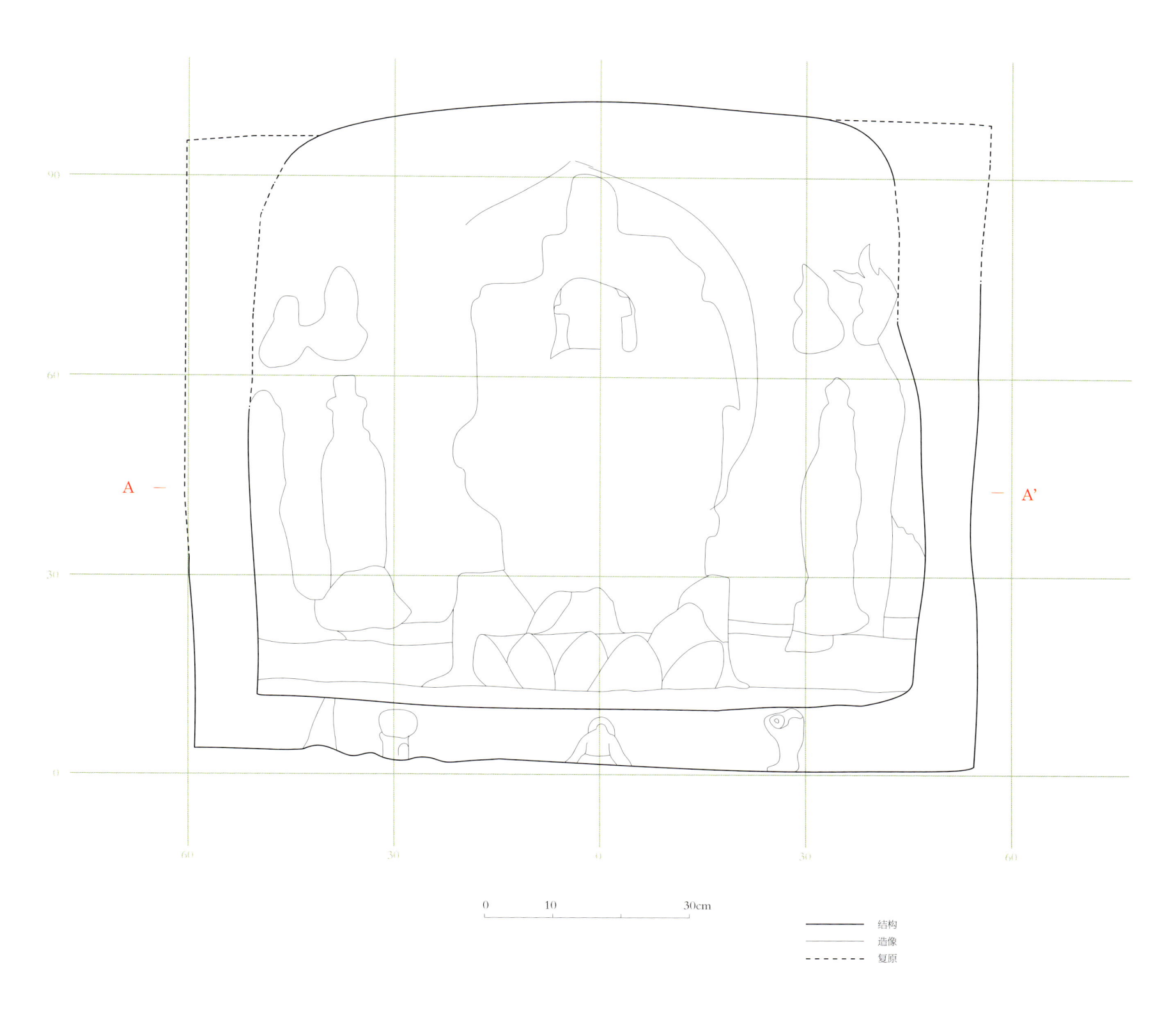

图86　第229-1号龛立面图

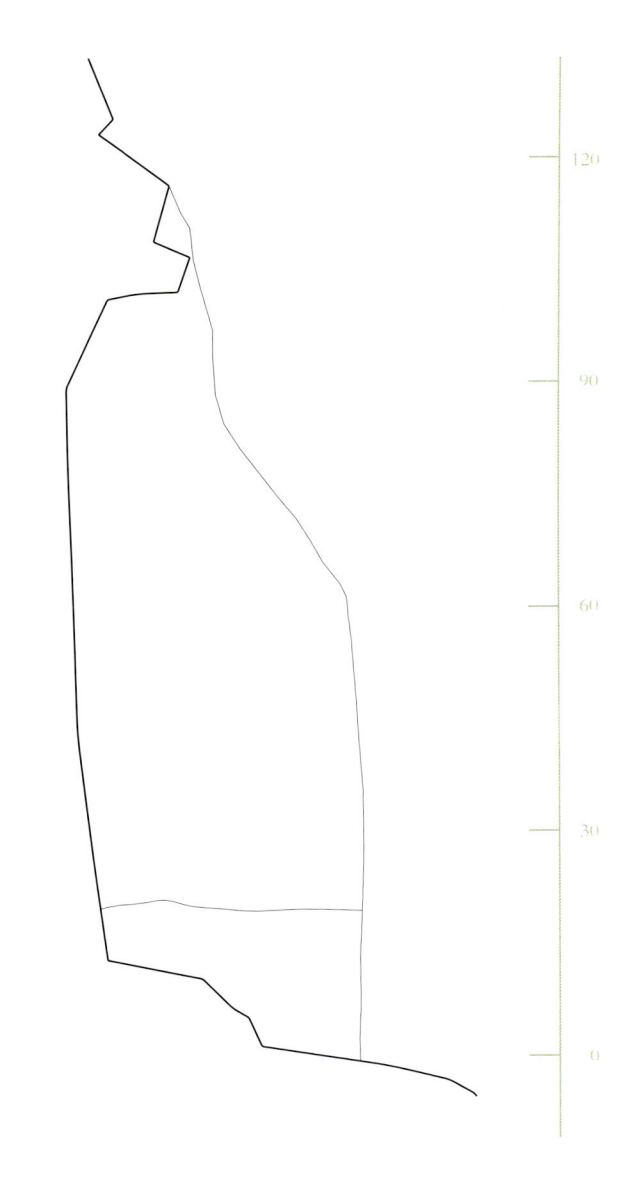

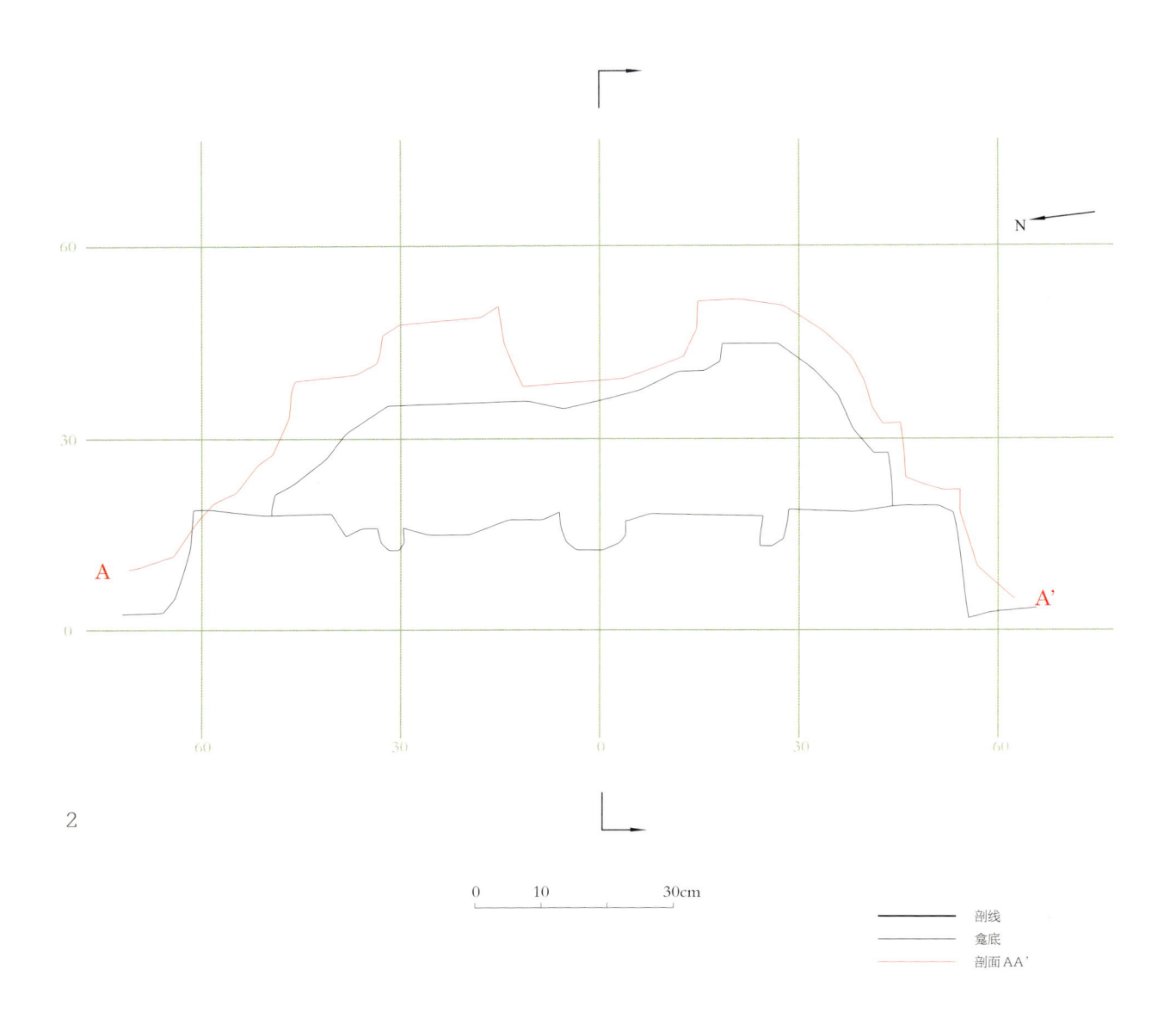

图 87　第 229-1 号龛平、剖面图

1　剖面图　2　平面图

第四十节 第230号

一 位置

位于第220号龛下方。左距第227号龛11厘米，右距第233号龛12厘米；上距第220号龛49厘米，下部与第228、231号龛相邻。龛口西向，方向276°。

二 形制

单层方形龛（图88、图89；图版Ⅰ：78）。

龛口 从崖壁表面平直凿进最深约30厘米形成龛口。龛口方形，外缘高74.5厘米，宽65厘米。龛左右沿保存较好，宽9厘米；下端各凿一方台，高13厘米，宽15厘米，外凸沿面4.5厘米。上沿高8.5厘米，部分残；下沿部分剥蚀，宽6厘米；前侧刻一低台，与左右沿方台相接；低台高10厘米，宽47厘米，深5厘米。龛口内缘高60厘米，宽59厘米，至后壁深26厘米。左右沿内侧凿建宽4厘米的平壁面。龛口左右上角凿三角形斜撑，高9厘米，宽9厘米，厚3厘米，斜边弧形；低于沿面0.5厘米。

龛底 略呈半圆形，部分剥蚀。沿龛壁建一级低坛，高12.5厘米，深3厘米。

龛壁 弧壁，壁面中部与龛顶略垂直相接，左右上端与龛顶弧面相交。

龛顶 平顶，略呈半圆形。

三 造像

刻像15身（图88；图版Ⅰ：78）。其中，中刻主尊一佛二菩萨坐像3身；主尊像身后刻弟子立像10身；龛左右沿下部各刻力士像1身。

主尊佛像 坐高27厘米。浮雕桃形背光，内素平，边缘刻火焰纹，横径21.5厘米。头顶上方刻两道毫光，根部残断，沿华盖经龛顶斜飘至龛外。头残肩损，可辨左手腹前托物，物残；右手抚膝；结跏趺坐于束腰仰莲座上。座通高17厘米，上部为两重仰莲台，直径20厘米；中部束腰为圆棱台，直径14厘米；下部为两阶圆台叠涩，大部残。

佛像头顶上方龛顶刻八角形华盖，高7厘米，左右宽18厘米，外凸壁面14厘米。华盖单重帷幔，饰珠串坠饰。

左菩萨像 坐高24厘米。浮雕桃形头光和椭圆形身光，皆内圆素平，边缘刻火焰纹；头光横径11厘米，身光最宽16.5厘米。梳髻、戴冠，冠带作结下垂及肩。面残，胸饰璎珞，略蚀；上着披巾，下着裙；披巾敷搭前臂，末端残。双手持物，手及物部分残。结跏趺坐于束腰仰莲座上。座通高16厘米，式样同佛座，部分残。

右菩萨像 残蚀甚重，仅辨轮廓，残坐高22.5厘米。浮雕桃形头光和椭圆形身光，皆内圆素平，边缘刻火焰纹；头光横径10厘米，身光最宽16.5厘米。座台亦大部残，残高约16厘米。

此外，龛前低台左右端各刻蹲兽1只，残损较重，仅存遗迹。

弟子像 10身。作两排布置。其中上排6身皆半身，高17厘米，位于三主尊像身后。下排4身为全身，间置于三主尊像左右，高26厘米，立于低坛上。从上至下、从左至右编为第1—10像，其中，第3、4、6像残损甚重，余像略好。

各弟子像衣饰形体大体相同，浅浮雕圆形素面头光，直径7.5厘米。光头，面残蚀，上着袈裟；全身者下着裙，着鞋。手势除第1像双手拱于胸前外，余皆双手胸前合十（图版Ⅰ：79、图版Ⅰ：80）。

力士像 2身。于左右沿下部方台呈对称站立（图版Ⅰ：81、图版Ⅰ：82）。皆残毁甚重，残高27厘米；可辨下着短裙，腰带长垂，飘带绕于头后并垂于体侧，跣足立于方台上。

图88 第230号龛立面图

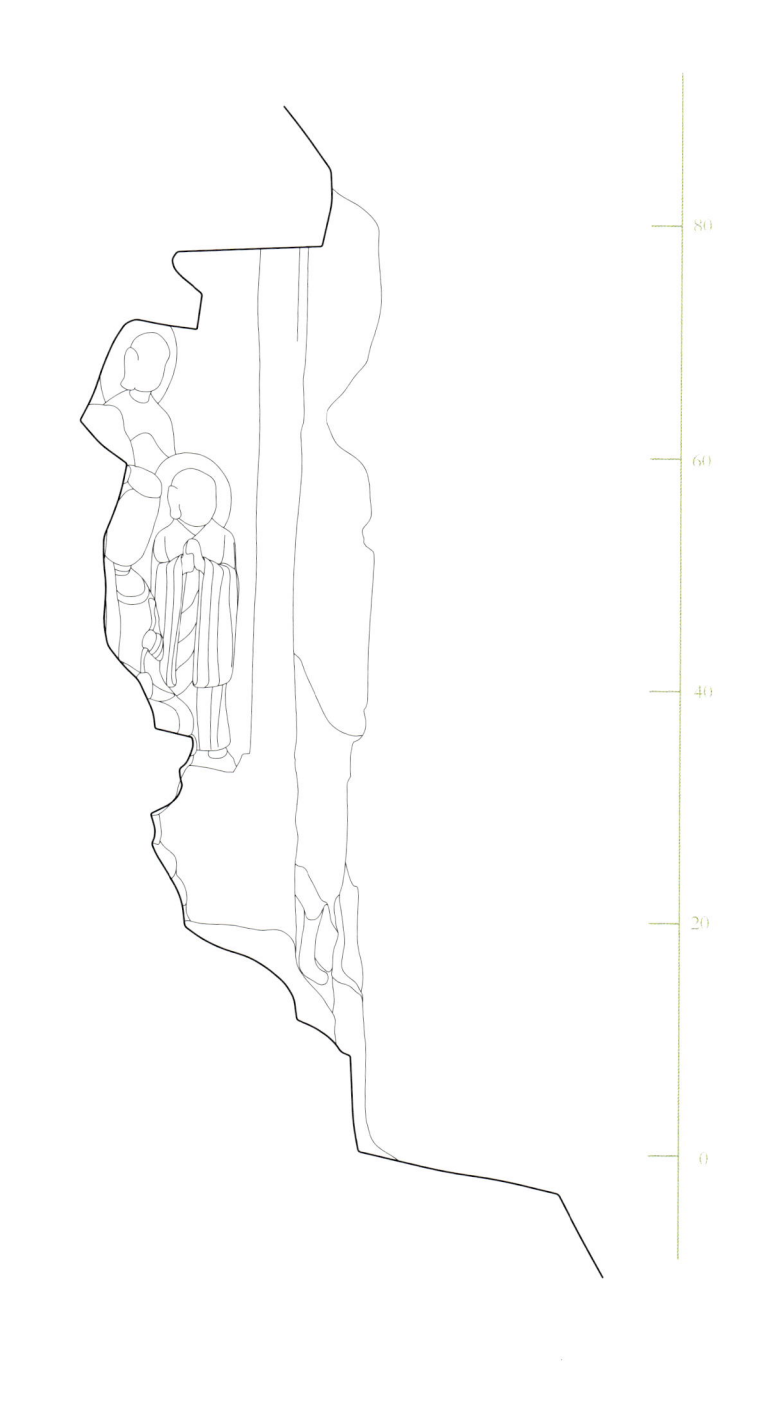

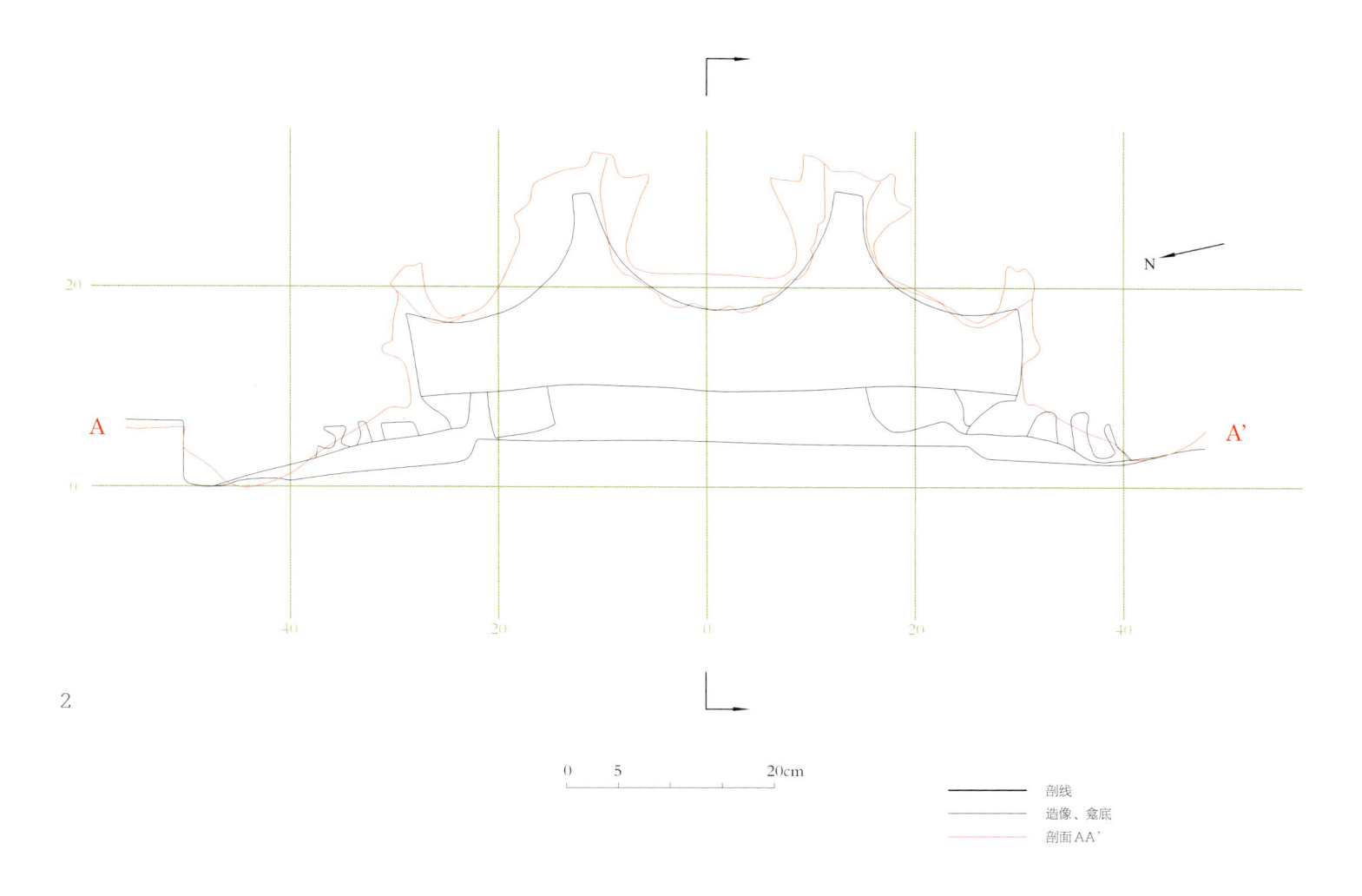

图89 第230号龛平、剖面图
1 剖面图 2 平面图

四　晚期遗迹

龛内保存有红色、灰白色两种涂层。

第四十一节　第231号

一　位置

位于第230号龛下方。左距第228号龛25厘米，右距第234号龛24厘米；上距第230号龛12.5厘米，下距地坪14厘米。龛口西向，方向280°。

二　形制

单层方形龛（图90、图91；图版Ⅰ：83）。

龛口　从崖壁表面平直凿进最深约8厘米形成龛口。龛口方形，左沿即为第228号龛右沿，宽25厘米；右沿即为第234号龛左沿，宽24厘米；上沿与崖壁分界不明，下沿宽10厘米。龛口内缘高69厘米，宽52厘米，至后壁最深17厘米。龛口左右上角凿三角形斜撑，高4厘米，宽4厘米，斜边平直；低于龛口1厘米；左斜撑残。

龛底　略呈方形。

龛壁　正壁竖直，与左右侧壁略垂直相交。壁面与龛顶弧面相交。

龛顶　平顶，呈方形；部分残。

三　造像

刻像4身（图90-1；图版Ⅰ：83）。其中，正壁中刻主尊立佛1身，左右侧壁各刻菩萨立像1身；龛口左下壁面刻供养人像1身。

主尊佛像　立像高56厘米，头残长10厘米，肩宽15厘米，胸厚10厘米。浮雕桃形头光，内圆素平，横径21厘米，边缘刻火焰纹，尖端纵贯龛顶。头顶残，面蚀，内着僧祇支，外披双领下垂式袈裟，下着裙。左手屈肘上举，似持物，手及物残；右手垂于体侧握持锡杖，锡杖全长57厘米，柄部分残；杖首刻于头部右侧，略残，呈桃形；足残，立于单层仰莲台上。台高4厘米，直径21厘米，部分残。

左菩萨像　立像高43.5厘米，头残长8.5厘米，肩宽8.5厘米，胸厚5厘米（图版Ⅰ：84）。浅浮雕圆形素面头光，直径15厘米。头残、面蚀，冠带作结下垂及肩。胸饰璎珞，残蚀，上着披巾，下着裙；披巾两端交垂腹前，敷搭前臂后垂至圆台。双手横于胸前，似持物，手及物残。足残，立于圆台上。台高4厘米，直径17厘米，部分残。

右菩萨像　残毁甚重，立像残高42厘米（图版Ⅰ：85）。浅浮雕圆形素面头光，直径15厘米。可辨上着袈裟，下着裙，立于圆台上。台高4厘米，直径16厘米，部分残。

供养人像　立像高14厘米。梳髻，面蚀，衣饰不明，双手胸前合十，侧身胡跪于云纹上。云头蚀，云尾沿身后斜向上飘。

图 90　第 231 号龛平、立面图
1　立面图　2　平面图

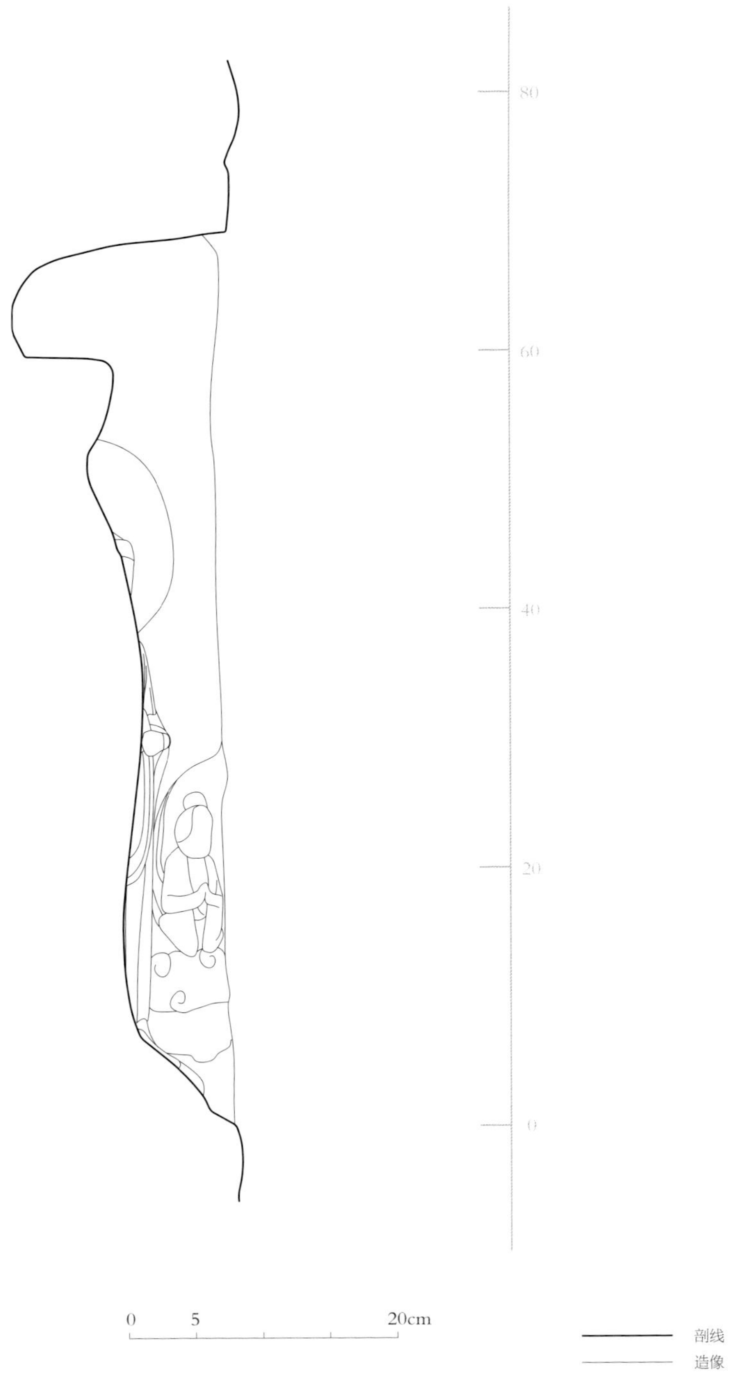

图91　第231号龛剖面图

四　晚期遗迹

龛内保存灰白色涂层。

第四十二节　第232号

一　位置

位于第229号龛右侧。左距第229号龛21厘米，右距壁面转折边缘42厘米；上为崖壁，下方岩体残，与第220号龛分界不明。龛口西向，方向275°。

二 形制

单层方形龛（图92、图93；图版Ⅰ：86）。

龛口　从崖壁表面平直凿进最深约20厘米形成龛口。龛口方形，外缘高78.5厘米，宽92厘米。龛沿较完整，左沿宽6厘米，右沿宽4厘米，中下部残；上沿宽5.5厘米，下沿部分残，存宽6厘米。龛口内缘高67厘米，宽82厘米，至后壁最深24厘米。左右沿内侧凿宽3厘米的平整面。龛口左右上角凿三角形斜撑，高、宽皆8.5厘米，斜边弧形；低于沿面1厘米。

龛底　呈横长方形，前端残损。

龛壁　正壁竖直，与左右侧壁弧面相接。正壁与龛顶略垂直相交，左右侧壁与龛顶弧面相接。

龛顶　平顶，略呈弦月形。

三 造像

刻像4身（图92；图版Ⅰ：86）。其中，正壁中刻主尊坐像1身，其左右各刻立像1身；龛左沿外侧竖直壁面刻立式供养人像1身。

主尊像　头毁身残，残坐高30厘米，可辨轮廓。浮雕桃形头光和椭圆形身光，内圆素平，边缘皆刻火焰纹，焰尖纵贯龛顶；头光横径22厘米，身光最宽31厘米。座台为束腰仰莲座，通高26厘米，大部残；上部为三重仰莲台，中部束腰为圆棱台，饰羊角形带纹装饰，下部为圆台。

主尊像身后左右各刻一株菩提树，显露部分树干，树冠刻于头光左右，略蚀。

左立像　残损略重，存轮廓，残高约44厘米（图版Ⅰ：87）。有桃形头光，略蚀，横径15厘米；存裙摆及飘带端头，立于仰莲台上。台上部为仰莲，高8厘米，大部残；下部为圆台，高4.5厘米，最宽19厘米。

右立像　残高43厘米，与左立像略同（图版Ⅰ：88）。

供养人像　立像高22厘米，头戴翘脚幞头，面蚀；着圆领窄袖长服，腰束带；双手胸前合十，左足残，右足着鞋，直身站立（图版Ⅰ：89）。

四 晚期遗迹

龛内保存灰白色涂层。

第四十三节　第233号

一 位置

位于第230号龛右侧。左距第230号龛12厘米，右距第235号龛9.5厘米；上距第220号龛约43厘米，下部比邻第231、234号龛。龛口西向，方向275°。

二 形制

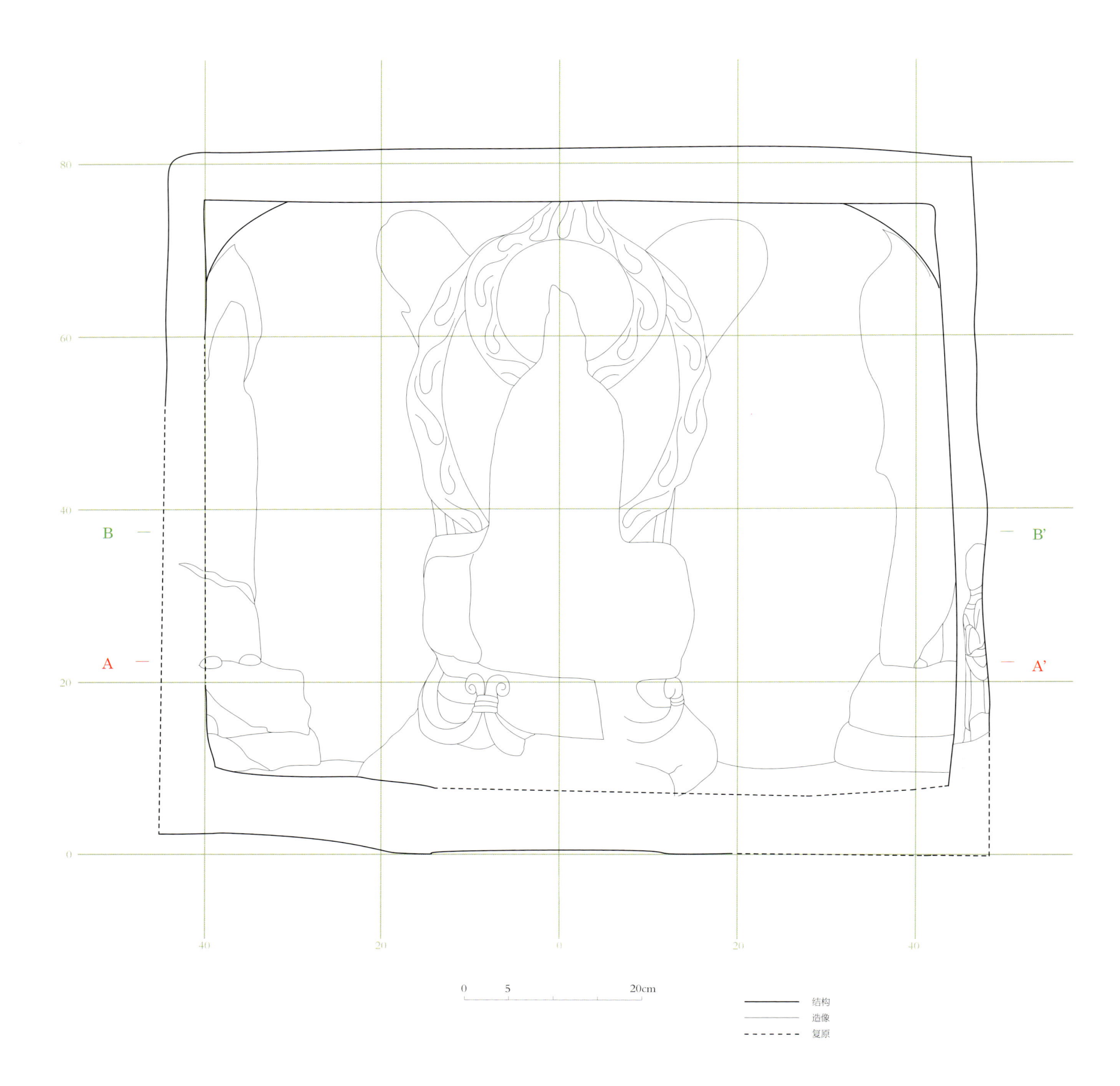

图 92　第 232 号龛立面图

116　大足石刻全集　第三卷（上册）

1

2

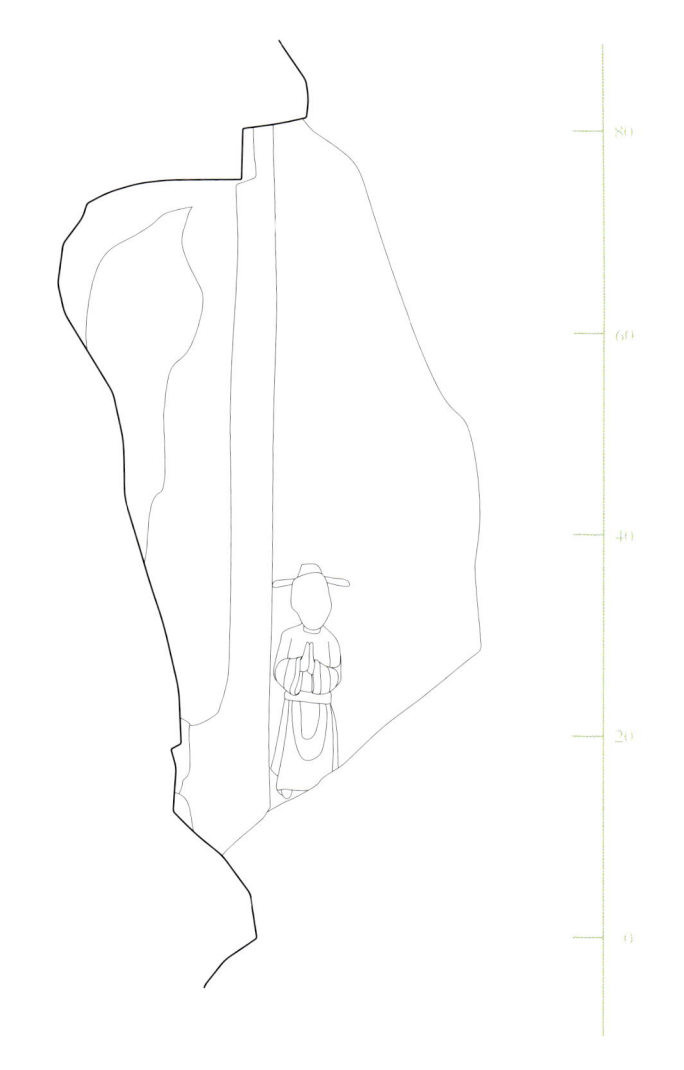

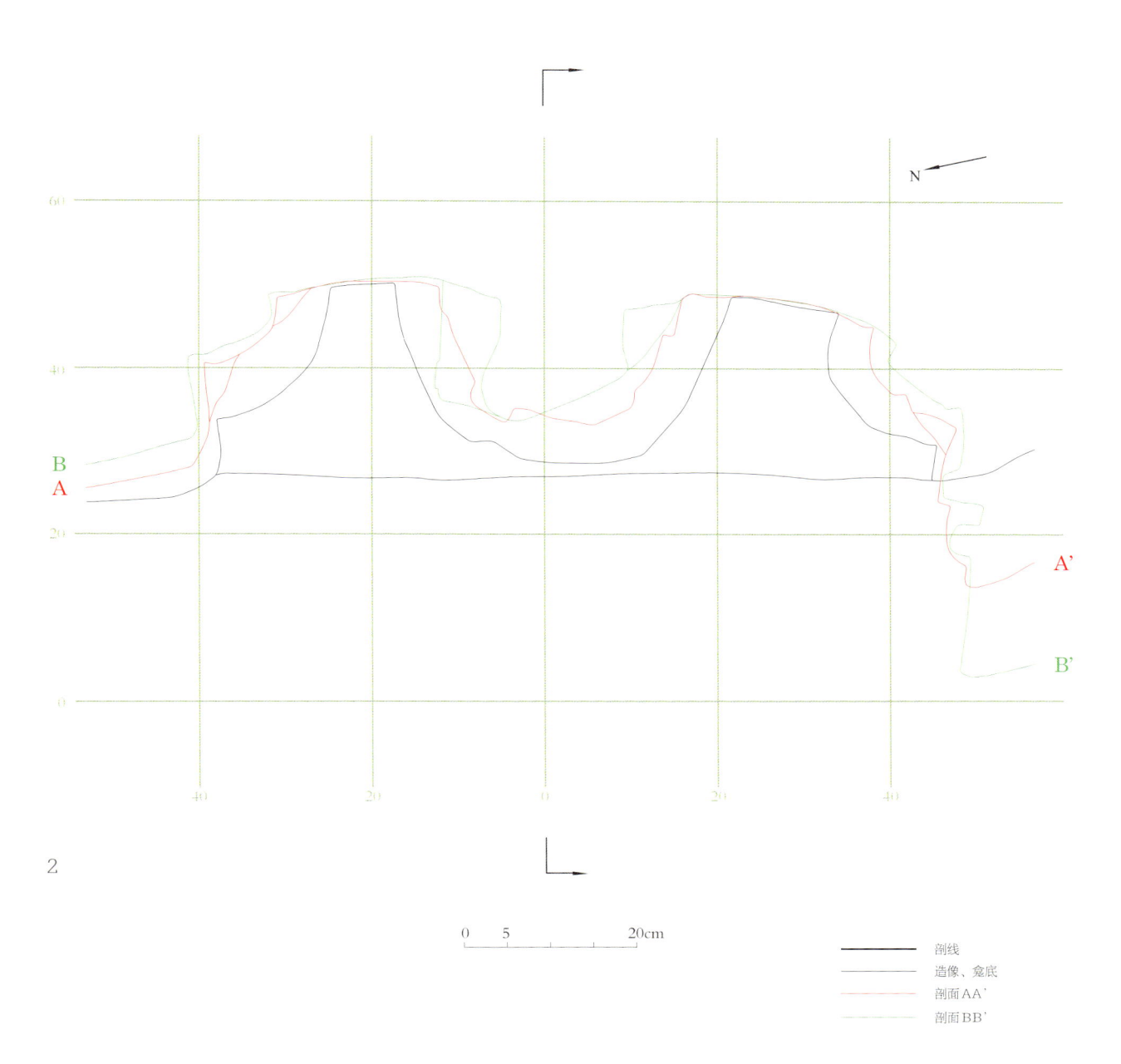

图 93　第 232 号龛平、剖面图
1　剖面图　2　平面图

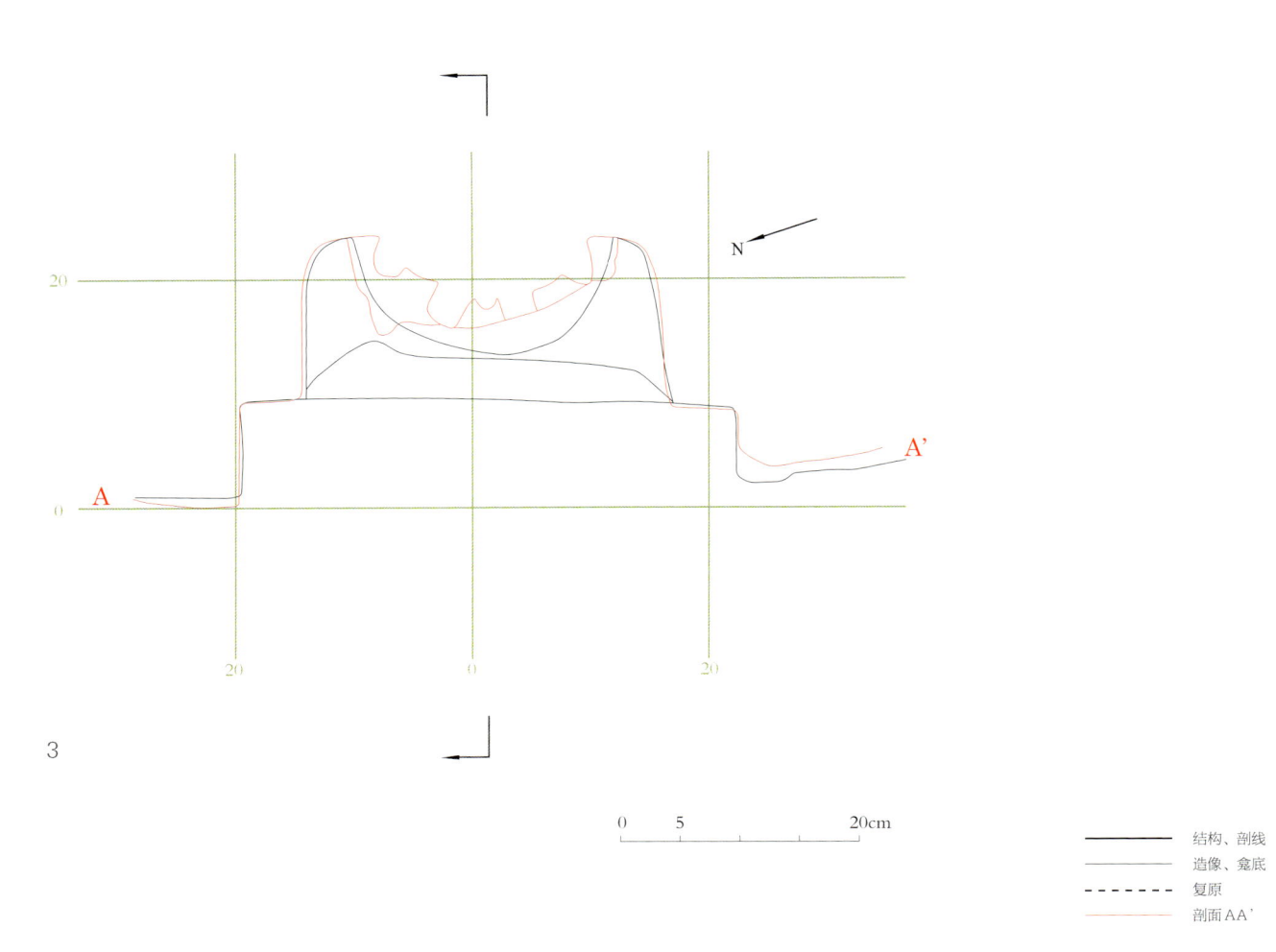

图94 第233号龛平、立、剖面图
1 立面图 2 剖面图 3 平面图

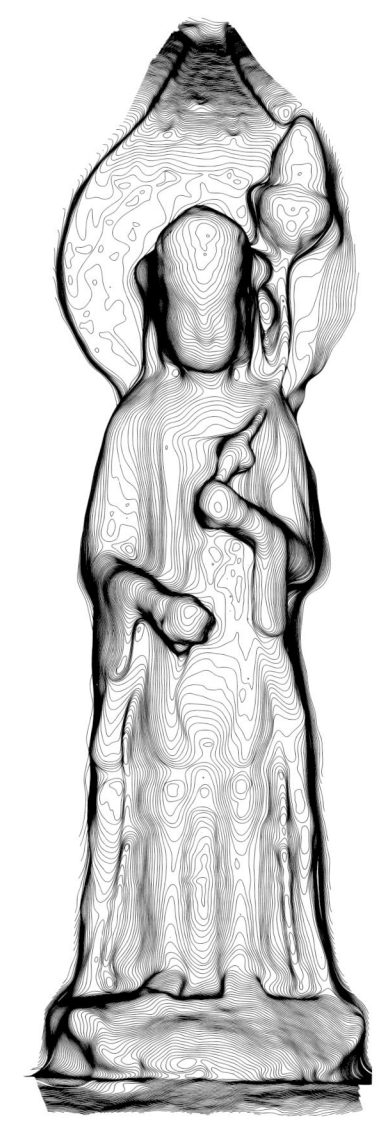

图 95　第 233 号龛主尊菩萨像等值线图

单层方形龛（图94；图版Ⅰ：90）。

龛口　从崖壁表面平直凿进最深约35厘米形成龛口。龛口方形，外缘高85.5厘米，宽42厘米。龛沿完整，左沿宽6厘米，右沿宽5厘米，上沿宽5.5厘米，下沿部分残，存宽5厘米。龛口内缘高75厘米，宽31厘米，至后壁深16厘米。龛口左右上角凿三角形斜撑，高8厘米，宽8厘米，斜边弧形；低于沿面1厘米。

龛底　略呈半圆形，前端残损。

龛壁　正壁竖直，与左右侧壁弧面相接。壁面与龛顶弧面相接。

龛顶　券顶。

三　造像

刻菩萨立像1身。身高57厘米，头长12厘米，肩宽13厘米，胸厚9厘米（图94-1、图95；图版Ⅰ：90）。浮雕桃形火焰纹头光，焰尖延至龛口，横径约19厘米。梳髻，戴卷草冠，冠带作结下垂及肩。面方圆，耳饰，戴圆形项圈，下垂坠饰；上着披巾，下着裙；披巾于腹前交绕，叠折敷搭前臂后下垂至仰莲台。腕镯，双手身前持带茎莲，茎部分残断；莲蕾高5厘米，直径6厘米，上置桃形物。物高5.5厘米，最宽5厘米。跣足，略残，立于单层仰莲台上。台高6厘米，直径22厘米，前端残。

四　晚期遗迹

龛外前方11厘米处凿一凹槽，长18厘米，宽4厘米，深7厘米。

龛外左下侧凿一不规则的孔，径9厘米，深4厘米。

龛内保存灰白色涂层。

第四十四节　第234号

一　位置

位于第233号龛右下方。左距第231号龛24厘米，右距第236号龛19厘米；左上方为第233号龛，竖直相距9厘米；下距地坪15厘米。龛口西向，方向282°。

二　形制

单层方形龛（图96、图97；图版Ⅰ：91）。

龛口　从崖壁表面平直凿进最深约14厘米形成龛口。龛口方形，左沿即为第231号龛右沿，宽24厘米；右沿宽5厘米，上沿宽6厘

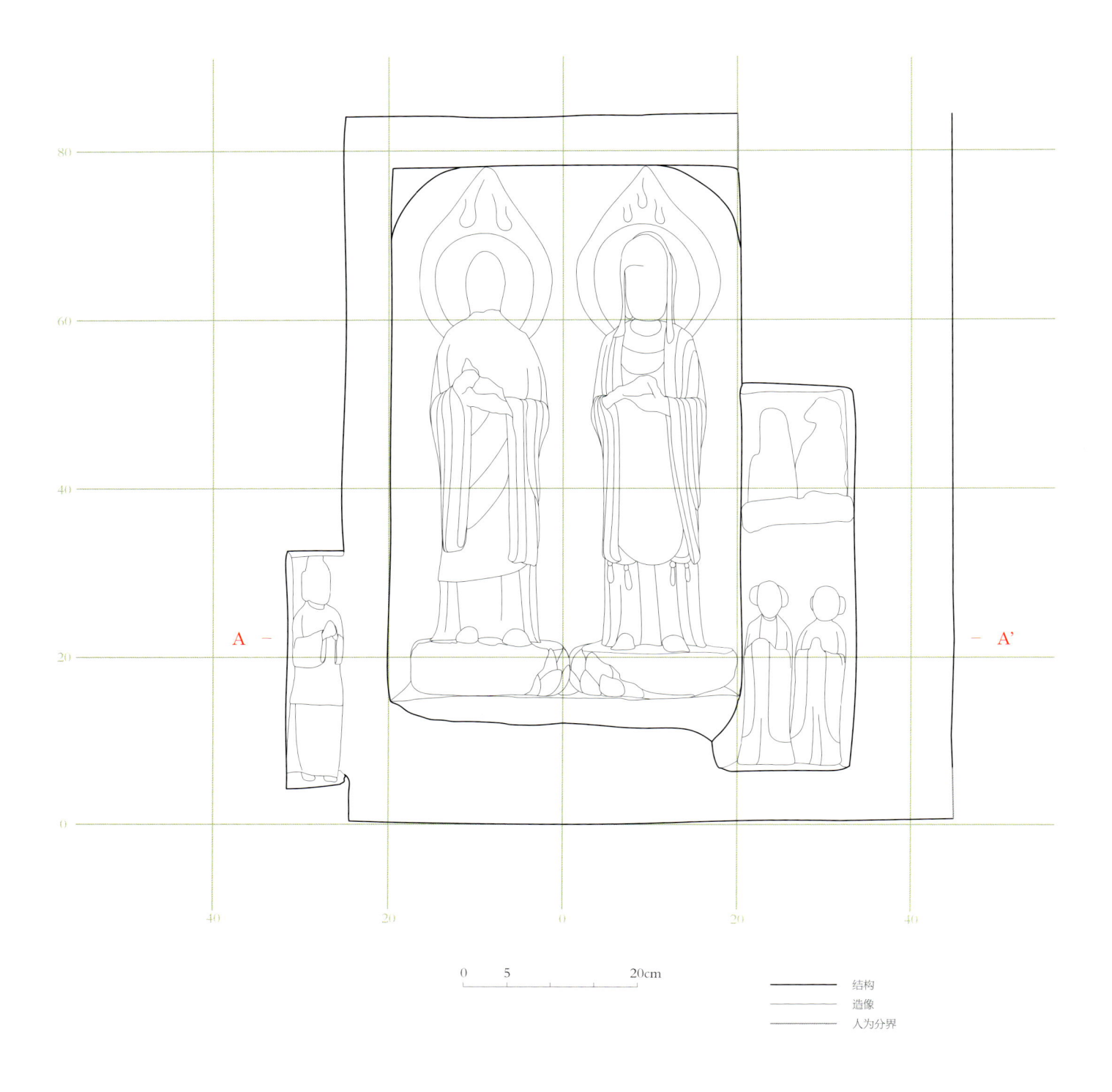

图96　第234号龛立面图

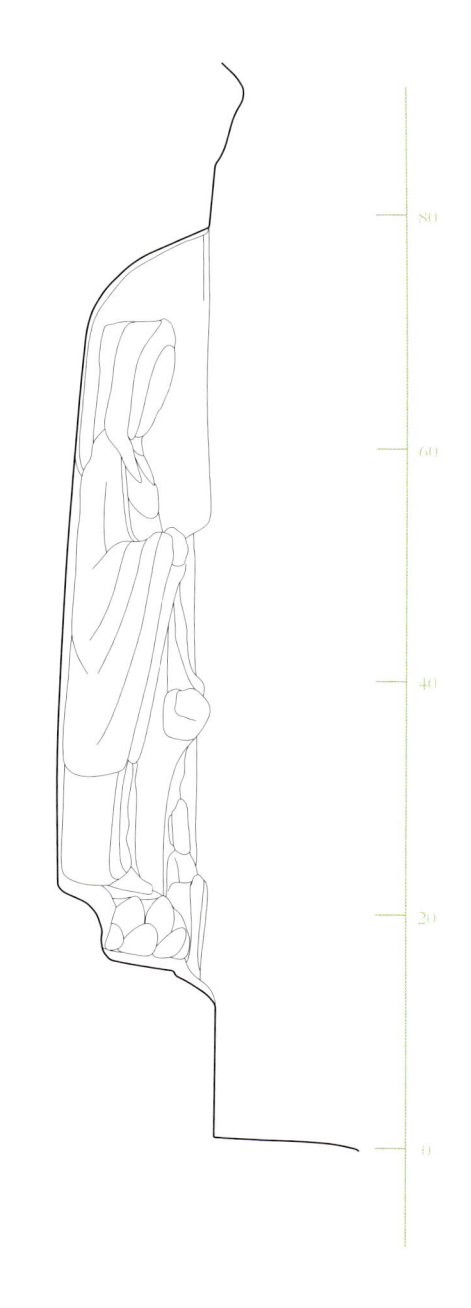

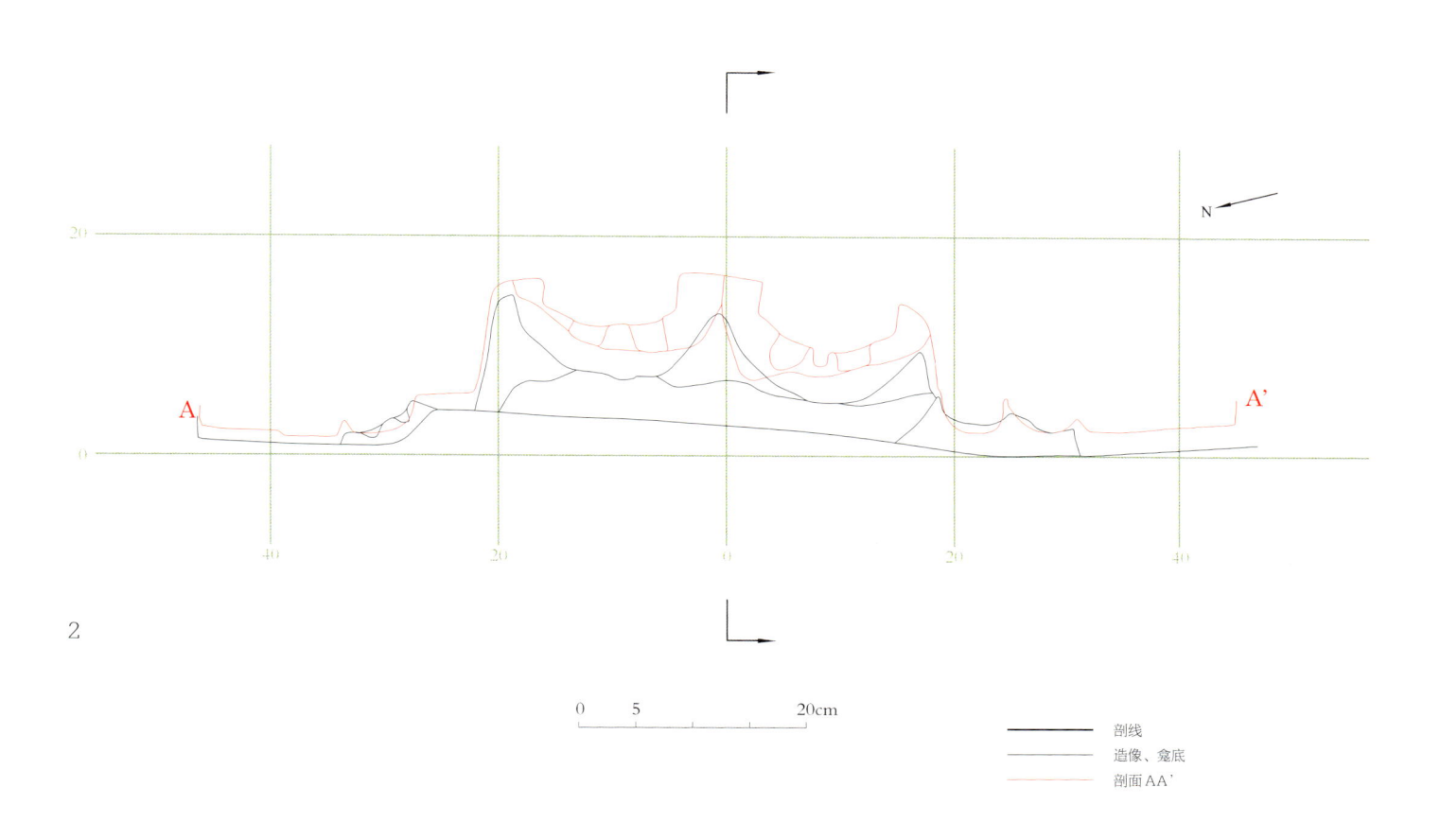

图 97　第 234 号龛平、剖面图
1　剖面图　2　平面图

米，下沿宽14厘米。龛口内缘高63厘米，宽40厘米，至后壁最深11厘米。龛口左右上角凿三角形斜撑，高7厘米，宽7厘米，斜边弧形；低于沿面0.5厘米。

龛底　略呈方形，前端残。

龛壁　正壁竖直，与左右侧壁略垂直相交。壁面与龛顶弧面相交。

龛顶　券顶。

三　造像

刻像7身（图96；图版Ⅰ：91）。其中，正壁刻主尊菩萨立像2身，龛左沿中下部减地刻供养人像4身，龛右沿下部外侧刻供养人像1身。

左菩萨像　立像高50厘米，头长9厘米，肩宽10厘米，胸厚5厘米。浮雕桃形头光，内圆素平，边缘刻火焰纹，尖端延至龛口，横径15厘米。戴冠，面残；胸饰璎珞，略蚀；上着袈裟，袈裟一角覆盖冠顶，披覆右肩；下着裙。双手胸前托物，手及物残；跣足，稍残，踏双重仰莲台上。台高5.5厘米，直径8厘米；部分残。

右菩萨像　颈以上毁，身残，残高39厘米，余与左菩萨略同。

供养人像　共5身。其中，龛左沿中下部减地造像4身，作上二下二布置（图版Ⅰ：92）；右沿下部外侧刻像1身（图版Ⅰ：93）。从左至右、由上至下依次编为第1—5像。

第1、2像　毁。

第3像　立像高21厘米。梳髻，面、身蚀，衣饰不明，双手胸前合十站立。

第4像　立像高22厘米，余同第3像。

第5像　立像高26.5厘米。戴冠，面蚀，着圆领窄袖长服，腰束带；双手胸前合十，着鞋站立。

四　晚期遗迹

龛内保存灰白色涂层。

第四十五节　第235号

一　位置

位于第233号龛右侧。左距第233号龛9.5厘米，右距壁面转折边缘23厘米；上距第220号龛约45厘米，下与第234、236号龛相邻。

龛口西向，方向276°。

二　形制

单层方形龛（图98、图99、图100、图101；图版Ⅰ：94）。

龛口　从崖壁表面平直凿进最深约39厘米形成龛口。龛口方形，外缘高85.5厘米，宽73厘米。龛沿完整，左沿宽7.5厘米，右沿7厘米，上沿宽8厘米，下沿（部分残）9.5厘米。龛口内缘高68厘米，宽58.5厘米，至后壁最深20厘米。龛左右沿内侧凿出宽4厘米的平整面。龛口左右上角凿三角形斜撑结构，高7厘米，宽6厘米，斜边弧形；低于沿面1厘米。

龛底　略呈梯形。正壁左右端各建低坛一级，皆高7厘米，深7厘米。

图 98　第 235 号龛立面图

第二章　第 193—236 号　123

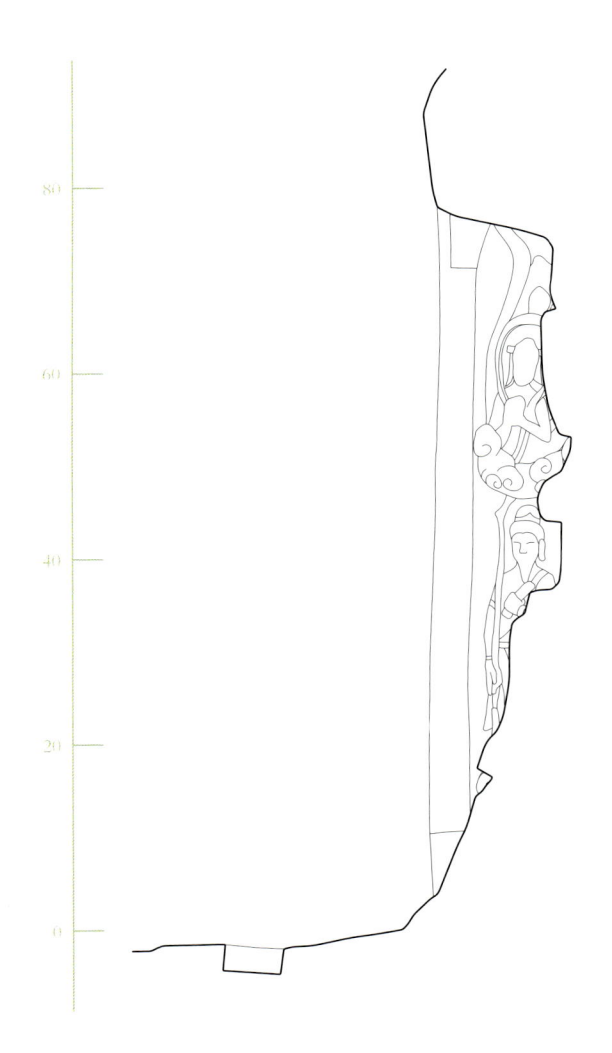

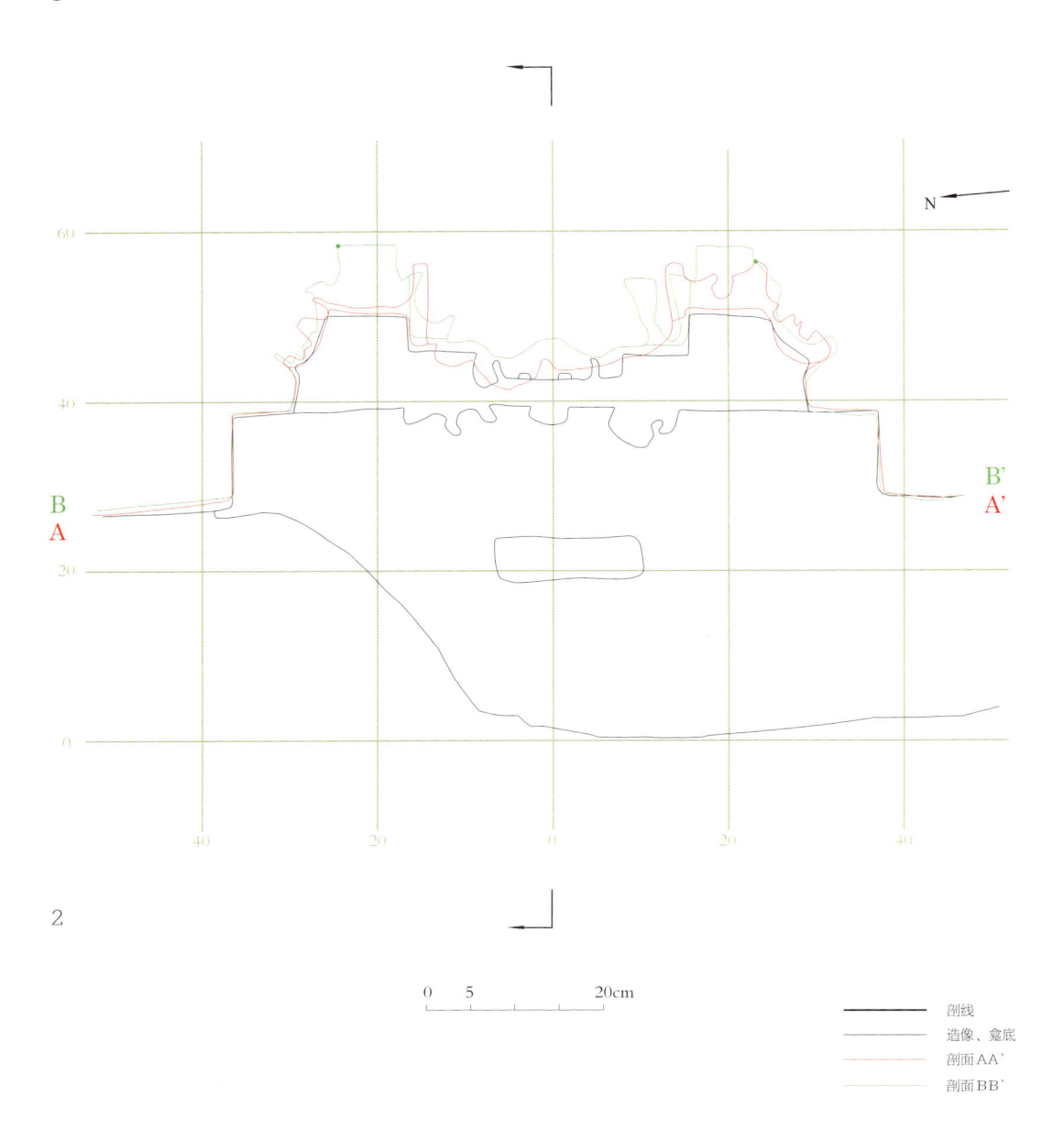

图 99　第 235 号龛平、剖面图
1　剖面图　2　平面图

龛壁　正壁竖直，与左右侧壁略垂直相接；壁面与龛顶弧面相交。

龛顶　平顶，略呈半圆形。

三　造像

刻像7身（图98；图版Ⅰ：94）。分为正壁、左壁、右壁造像三部分。

（一）正壁

中刻主尊菩萨坐像1身，座左右侧分刻跪像1身（图版Ⅰ：95）。

主尊菩萨像　坐高33厘米，头长13.5厘米。浮雕圆形素面背光，横径47厘米；下起座台台面，尖端延至龛口；边缘刻火焰纹，宽约3厘米。梳髻，戴冠，冠带作结下垂及肩；面长圆，戴珠串耳饰，下垂胸前；胸饰璎珞，上部为圆环项圈，下垂三条珠串，部分残。上着披巾，下着裙；披巾交垂小腿间，敷搭前臂后垂搭座前。足残，倚坐于须弥座上。座高23厘米，宽31.5厘米，深11厘米，上下枋正面刻方框；座前刻并蒂莲叶、仰莲，残毁略重。

自菩萨双肩簇状刻出42只手臂，皆腕镯。其中，两手于头顶捧化佛，化佛坐高4.5厘米，有桃形背光，结跏趺坐于圆台上；两手于胸前合十；两手于腹前结印；两手于双膝处分持玉环、念珠；其余手臂左右对称布置。左侧手臂17只，13只持物，4只毁。自上而下，持物手臂为：金刚杵手，杵全长12.5厘米；宝剑手，剑全长8厘米；持日手，日上部残，径约3厘米；宝钵手，钵高3厘米，径3.5厘米；宝弓手，弓全长16厘米；宝螺手，螺高2厘米，长4厘米；如意手，如意长8.5厘米；宝塔手，塔身方形，通高6.5厘米；旁牌手，牌高8.5厘米，宽5厘米；骷髅手，骷髅高2.5厘米，宽3厘米；甘露手，五指下垂，掌心向外，指尖刻下垂的液状体；葡萄手，葡萄高4厘米；净瓶手，瓶部分残，高约6厘米。右侧手臂17只，11只持物，6只毁。自上而下，持物手臂为：五色云手，云头呈圆形，径4厘米；金刚杵手，杵全长10厘米；持月手，月上部残，径约3厘米；宝剑手，剑全长14厘米；锡杖手，杖首桃形，全长7.5厘米；宝箭手，箭全长13厘米；白拂手，拂全长10厘米；宝戟手，戟全长27厘米；净瓶手，瓶部分残，高约5.5厘米；宝篮手，篮高4.5厘米，宽5厘米；麦穗手，五指下垂，掌心向外，指尖刻下垂的液状体。

左跪像　头毁身残，残高13厘米；可辨面向主尊双手前伸，胡跪于低坛上。

右跪像　高17厘米。头戴幞头，面圆。身着圆领窄袖长服，双手身前牵扯袋口并略上举，仰面，侧身跪于低坛上。

此外，座前下沿中部刻相对的两身蹲兽，残损甚重。兽间存少许香炉遗迹。

（二）左壁

壁面上部刻飞天像1身，下部刻立像1身（图100）。

飞天像　身呈"U"形，俯身于云纹内，显露高12厘米（图版Ⅰ：96）。梳髻，戴冠，冠带作结下垂。面残，上身衣饰不明，下着裙。飘带环状绕于头后，经双腋飘向身后。双手胸前捧物，物难辨。云头向龛外，云尾斜向上飘。

下部立像　高29厘米（图版Ⅰ：97）。戴冠，面残。上着宽袖服，下着裙。双手胸前捧圆状物，足残，侧身立于云纹内。云头高7厘米，宽9厘米，深4厘米，云尾斜飘身后。

（三）右壁

造像布局与左侧壁同，上部亦刻飞天像1身，下部刻立像1身（图101）。

飞天像　显露高12厘米，与左壁飞天像同（图版Ⅰ：98）。

下部立像　高28厘米（图版Ⅰ：99）。梳髻，戴三角小冠，面方，刻连鬓胡须，呈尖角状垂于胸前。上身斜披络腋，下着短裙。臂钏，腕镯；左手胸前持经卷，右手下垂持杖，杖全长29厘米。足环，跣足立于云纹内。云头高7厘米，宽8.5厘米，深3.5厘米，云尾斜飘身后。

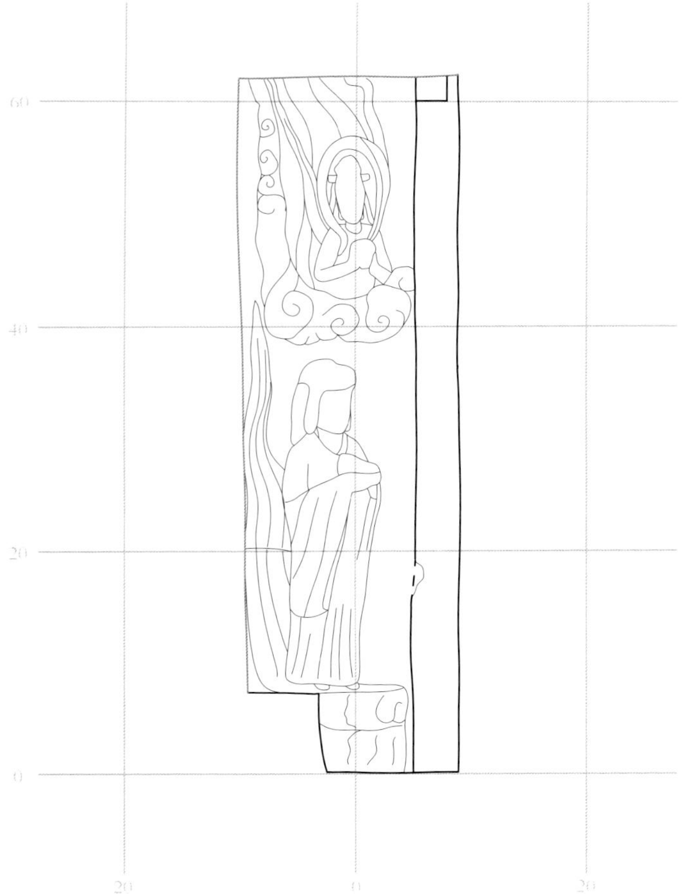

图 100　第 235 号龛左壁造像立面图　　　　　　　　　　　图 101　第 235 号龛右壁造像立面图

四　晚期遗迹

龛外左上角凿一圆孔，直径3厘米。

龛外右侧中部凿一枋孔，高6厘米，宽3厘米，深5厘米。

龛前刻一方形凹槽，长16.5厘米，宽5厘米，深7厘米。

主尊像花冠及手臂遗存少许金箔。

龛内保存灰白色、红色、绿色、黑色四种涂层。

第四十六节　第236号

一　位置

位于第235号龛右下方。左距第234号龛19厘米，右为崖壁转折边缘；左上方为第235号龛，竖直相距19厘米；下与地坪相接。龛口西向，方向286°。

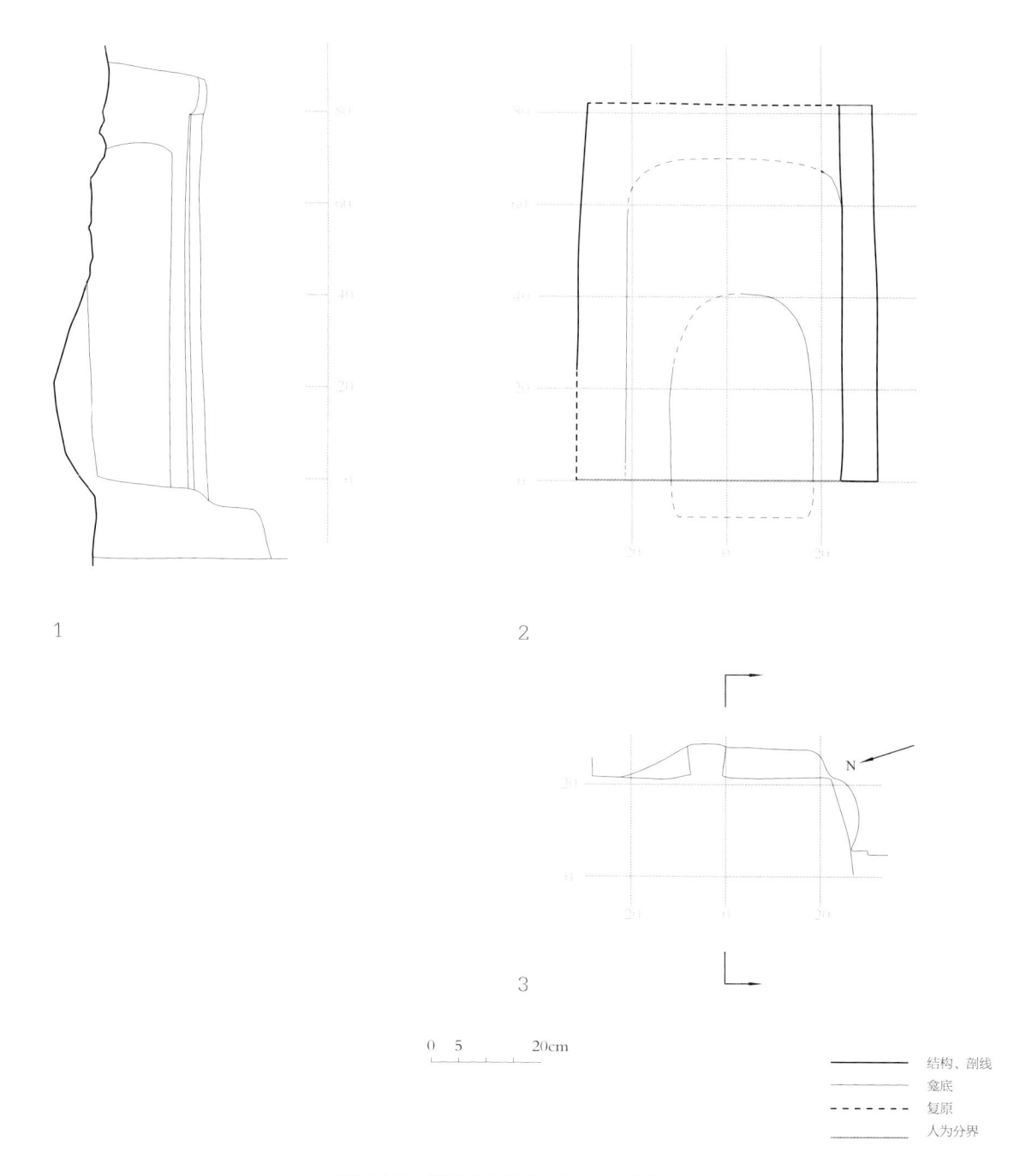

图102 第236号龛平、立、剖面图
1 剖面图 2 立面图 3 平面图

二 形制

龛口受损严重，仅存左沿，残高83厘米，宽7厘米（图102；图版Ⅰ：100）。龛口内缘残高73厘米，宽50厘米，深约20厘米。正壁上部竖直，存有粗大的凿痕；下部壁面被后世改刻，向内凹进，存留一方台和凹槽。左侧壁竖直、平整；右侧壁毁。龛底大部毁，仅存左端少许；残毁处遭后世改刻，与地坪垂直相接。龛顶毁。

三 造像

无。

第四十七节 本章小结

一 形制特点

本章45个龛像中，第193、194、197—199、201、214—217、220、223、225、229-1、236号15龛龛制残毁，特点不明。其余第195、196、200、202—213、218、219、221、222、224、226—235号30龛保存较好，特征明显，其龛型主要表现为单层方形龛

一种类型。

上述龛像规模均较小。龛口呈方形，除第207号龛外，其余各龛均有较完整的龛沿。龛底以方形、半圆形为主。龛壁为弧壁，圆转相接，无明显分界。龛沿与龛壁的交接，呈现出两种情形：一是第208、209、210、230、232、235号6龛在沿面内侧凿出竖直平整面，再由平整面内侧与龛壁圆弧相接；二是其余各龛沿面与龛壁直接相接。龛口左右上角，除第227号龛作弧形处理外，其余各龛均凿刻三角形斜撑结构，且略低于龛沿面；斜撑结构的斜边，除第208、209、210、231号4龛平直外，其余各龛均为弧形。

二　年代分析

本章45个编号龛像，布置在相对集中的崖壁上，各龛相互紧邻，体量相当，龛制大同，风格相近，且均无纪年。对其年代，我们试作如下推论。

在本卷第三章小结中，我们将讨论到本章各龛右邻的第237—249号龛的年代问题。其中将介绍到，第237—249号龛的开凿次第，是以第245号龛为中心，向左右两侧崖壁展开；并据其相关龛像的纪年及其开凿次第分析认为，第245号龛开凿于唐乾宁三年（896年）之前，与本章龛像紧邻的左侧壁面的第237—244号龛，以及其右侧壁面的第246—249号龛开凿于唐乾宁三年至后蜀广政八年（896—945年）。在本报告集第二卷第六章小结中，讨论了本章龛像左邻的第185—192号龛及第187-1、190-1号龛的年代问题，并认为，其上限可至前、后蜀，下限至北宋靖康（1126年）。因此，从本章各龛相邻的龛像年代及其在此段崖壁上龛像展开的次第看，本章龛像也与其开凿年代紧密相关。

结合本章龛像规模、龛制特点、造像风格，我们综合分析认为，本章龛像主要开凿于前、后蜀时期（907—965年），至晚仍不超过北宋靖康（1126年）。具体分析本章45个龛像的开凿情况，我们初步分析认为：第194—196、198—206、215—218、220—236号等34龛似为前后蜀时期造像，193、197、207—214、219号等11龛似为北宋时期造像。

三　题材内容

本章45个编号龛像中，第236号龛无造像；第199、215、216、222、223、226、232号7龛造像残毁，题材不辨；其余193—198、200—214、217—221、224、225、227—231（含229-1）、233—235号37龛保存略好。对其题材，我们试作如下简要分析。

第193号　龛内左主尊存圆形头光和身光，以及作结的冠带，应为菩萨坐像。右主尊存披帽披幅，右手于胸前持锡杖，应为地藏坐像。左右双手拱揖站立者，是其侍者像。龛下平台9身立式像则为供养人像。按其组合推测，此龛似为"观音地藏龛"。

第194号　龛内主尊像有椭圆形背光，着双领下垂式袈裟，双手置于腹前，结跏趺坐，疑为阿弥陀佛像。左右立像分别有圆形素面和桃形火焰纹头光，存作结的冠带，似分别为观音、地藏像。据其主尊认为此龛为"阿弥陀佛、观音、地藏龛"。

第195号　龛内主尊虽残泐甚重，但从其保存的圆形头光、身光，以及头后斜向带头和锡杖杖首，初步判断此龛为"地藏龛"。左沿下方立像为其侍者。

第196号　龛内两主尊并立，左像光头，着袒右式袈裟，双手于胸前托物，似为地藏像；右像梳髻戴冠，上着披巾，双手于胸前托圆状物，似为观音像。从左沿外侧壁造像衣饰形貌判断，其10身立像为供养人像。据此，初步推测此龛为"观音地藏龛"。

第197号　龛内主尊像虽残毁甚重，但据轮廓特征显示其应为千手观音像；上部坐像身具六臂，分持日月、羂索、剑、钵、柳枝等，疑为不空羂索观音；从衣饰判断，左右侧壁两坐像为菩萨像。据主尊像认为此龛为"千手观音龛"。

第198号　龛内造像保存较差，从居中主尊头顶上方存华盖，刻火焰纹头光和身光，上披袈裟，下着裙，左手抚膝，右手屈于胸前，结跏趺坐的特征判断，疑为佛像；其左右站立者，为两弟子和两胁侍菩萨像。左右侧壁23身造像残毁甚重，内容难辨。据主尊像认为此龛为"佛像龛"。

第199号　龛内造像保存较差，特征不明，内容难辨，将其定为"残像龛"。

第200号　龛内主尊头右侧，戴冠，垂左腿踏仰莲，右腿斜向上竖，坐于山石座上，从其形象姿势判断，应为水月观音像；左右两侧立像为其侍者。据主尊像将此龛定为"水月观音龛"。

第201号　龛内造像保存较差，为"残像龛"。从其主尊轮廓及坐于束腰仰莲座上，身后存菩提树等特征判断，疑为佛像；左右所立为二弟子像；龛外右侧两浅龛内各立1身供养人像。

第202号　龛内二主尊像并立，有头光、冠带，下着长裙，体侧长垂披帛，菩萨像特征较为明显，为"二菩萨龛"。左沿下方1身立像为供养人。

第203、204号　第203号龛像戴披帽，左手托珠，右手持锡杖，应为地藏像。第204号龛像戴冠，体侧垂披帛，似为观音像。此两小龛开凿于同一界面内，应为双层龛，为一组造像，故认为此龛为"观音地藏龛"。两龛之间沿面下部及外龛左右侧壁10身立像为供养人像。

第205号　从龛内主尊戴披帽、存桃形锡杖杖首等特征判断，应为地藏像。其左右五组造像，布局一致，中刻坐于方案后的主像，左右站立侍者像，从特征看，应为"十王"像。据此认为此龛为"地藏十王龛"。

第206号　龛内三像虽保存较差，但据其遗存的身光、袈裟、手势等特征判断，应为"三佛像龛"。

第207号　本龛由十个方形浅龛组成，龛内主尊内着僧祇支，外披双领下垂式袈裟，下着裙，手势不一，结跏趺坐，佛像特征较为明显，故认为此龛为"十佛龛"。

第208号　龛内二像并坐。右像戴冠，身六臂，分持日、月、剑、钵、柳枝等，应为不空羂索观音像；左像虽残毁略重，但从其轮廓姿势判断，似亦为观音像，据此认为此龛为"二观音龛"。

第209号　龛内主尊结跏趺坐于牛背双层仰莲台上，其左右另刻水牛五头，据龛外左侧镌刻的"□无大圣解冤结菩萨壹身"铭文，将此龛定为"解冤结菩萨龛"。

第210号　龛内主尊戴冠，左手撑台，右手置膝，游戏坐于山石座上，为水月观音像；左立老者为善财，右立女像为龙女。依其主尊认为此龛为"水月观音龛"。

第211号　龛内主尊戴冠，胸饰璎珞，上着双领下垂式袈裟，下着裙，左手握印带，右手举印，结跏趺坐，应为"持印观音龛"；座左右侧像为其侍者。

第212号　龛内结跏趺坐主尊梳髻戴冠，三面，六臂分持日、月、柳枝、羂索、剑等，座前刻1身展翅飞人，应为"不空羂索观音龛"。

第213号　龛内主尊梳髻戴冠，左手撑台，盘左腿，竖右腿，游戏坐于山石台上，为"水月观音龛"；座前4身立像，视其服饰、持物特征，应为供养人像。

第214号　龛内主尊立像梳髻戴冠、罩巾，上着双领下垂式袈裟，下着裙，左手似托钵，右手置胸前，似"观音龛"；其身左下侧立像，头巾，刻连鬓胡须，着圆领窄袖长服，腰束带，双手胸前合十，应为供养人像。

第215号　龛内刻像1身，残毁甚重，为"残像龛"。

第216号　龛内刻像1身，残毁甚重，为"残像龛"。

第217号　龛内主尊保存较差，从其遗存的头光、披帽、锡杖等特征判定，应为地藏像；左侧立像则为其弟子像；右沿像毁难辨。据此认为此龛为"地藏龛"。

第218号　龛内主尊所具千手观音像特征明显，其左右所立应为婆薮仙和吉祥天，故认为此龛为"千手观音龛"。

第219号　龛内主尊有桃形火焰纹头光和椭圆形身光，梳髻戴冠，为一菩萨像；其左像则其侍者。左壁下部三像，视其服饰及持物，应为供养人像。据此认为此龛为"菩萨龛"。

第220号　龛内居中结跏趺坐主尊佛像特征明显，其左右对称所坐16身像均为光头，身着袈裟，手势不一，座前刻靴、鞋及净瓶等，应为罗汉像。据此认为此龛为"十六罗汉龛"。

第221号　龛内左主尊立像戴冠，覆巾，上着双领下垂式袈裟，下着裙，左手垂体侧略上抬，右手屈举于胸前，具菩萨像特征。右主尊立像戴披帽，着袈裟，持锡杖，应为地藏像。左右沿及下方造像，视其服饰、手势特征，应为供养人像。根据二主尊特征，此龛似"观音地藏龛"。

第222号　龛内刻一坐像二立像，残毁甚重，为"残像龛"。

第223号　龛内一立像仅存下部身躯，为"残像龛"。

第224号　龛内主尊梳髻、戴冠，身四臂，左右立像残，特征不明。据主尊像手臂特征，暂名为"六臂观音龛"。

第225号　龛内主尊立像头毁，有桃形火焰纹头光，胸饰璎珞，上着披巾，下着裙，左手提净瓶，右手横置胸前，菩萨特征明显。据主尊持物，似"净瓶观音龛"。

第226号　龛内主尊立像头毁，其余特征不明显，为"残像龛"。

第227号　龛内主尊立像有桃形火焰纹头光，肉髻隆起，刻水波纹螺发，内着僧祇支，外披袈裟，左手托钵，右手残，存桃形杖首，似为"药师佛龛"。

第228号　龛内二主尊头毁，刻桃形火焰纹头光，上着袈裟，下着裙，双手毁，立于莲台上，符合一般菩萨像特征。龛右沿下方5身造像，视其服饰、身姿等特征，应为供养人像。据此认为此龛似为"二菩萨龛"。

第229号　龛内造像保存较差，主尊立像存胸腹左侧甲衣及镶嵌式甲片，左侧一侍者像头顶刻长翎，结合北山佛湾第5号造像特征，疑此龛为"毗沙门天王龛"。

第229-1号　龛内主尊坐像大部残，存圆形背光遗迹，可辨身躯左右若干手臂，疑为"千手观音龛"。其余像残毁不识。

第230号　龛内中坐像有桃形火焰纹背光，头顶华盖，左手腹前托物，右手抚膝，似释迦佛；左右侧主尊坐像虽残蚀较重，但菩萨特征明显，似为观音、大势至。三主尊身后刻有十位光头弟子像，左右龛沿残存力士像。据其组合，此龛疑为"释迦、观音、大势至菩萨龛"。

第231号　龛内主尊立像有桃形火焰纹头光，内着僧祇支，外披双领下垂式袈裟，下着裙；左手腋下似持物，右手持锡杖，应为药师佛像。左右立像虽残，但具菩萨像特征。据主尊像，初步认为此龛为"药师佛龛"。

第232号　龛内主尊及左右立像皆残毁甚重，为"残像龛"。

第233号　龛内主尊立像梳髻戴冠，上着披巾，下着裙，双手持带茎莲，似为"观音龛"。

第234号　龛内二像并立。左像有桃形火焰纹头光，戴冠，上着袈裟，下着裙，双手托物；右像头虽毁，但其余特征与左主尊略同，故似二菩萨像。龛外5身造像，视其服饰、身姿等特征，应为供养人像。据此认为此龛为"二菩萨龛"。

第235号　龛内主尊所具千手观音像特征明显，座台左右胡跪者为穷人、饿鬼像；左右侧壁立像则为婆薮仙和吉祥天，据此认为此龛为"千手观音龛"。

第236号　龛制大部毁，龛内无造像，定名为"空龛"。

四　晚期遗迹

（一）构筑遗迹

第197号龛下沿凿有二枋孔，第202号龛左下方凿有一枋孔，第203号龛正壁右侧竖向凿有一枋孔，第205号龛右沿凿有不规则的二孔洞；推测这些龛像在历史上曾搭架过建筑设施。

第205号龛上方壁面，第207—213号龛所在的界面，第216号龛上方横向延至第213号龛上方壁面，皆存有方形枋孔和圆形的梁孔，推测在这些壁面，历史上亦曾建有保护建筑。

第205、216、220、221、227、233、235号龛前存有方形凹槽，凿面较为粗糙，推测是后世信众为方便插放香烛而开凿的"香槽"。

（二）妆绘遗迹

本章龛像，以小型浅龛为主，妆绘涂层保存略差，褪色严重。第195、196、197、199、200、202、203（含204）、223号9个龛像，未见有明显的妆绘涂层；其余36个编号龛像，皆存妆绘遗迹，其中以第207、209、211、235号龛最为显著，保存略好，涂层颜料以灰白色、红色为主，亦有少量的蓝色、绿色和黑色。

一般而言，龛顶、龛壁通体施绘红色涂层作底。造像可见两层涂层，底层为灰白色，外层根据其不同部位施绘红色、蓝色等涂层。

此外，在第235号龛主尊像花冠及上方手掌保存少许金箔，表明历史上曾作过贴金处理。

第三章 第237—249号

第一节 本章各编号位置及相互关系

本章介绍的第237—249号等13个龛像，位于北山佛湾石窟北区北段中部（图103、图104）。其中，第245号龛是本章最大的龛像，系沿自然崖面向内开凿而成。凿进后，于该龛前部，分别形成左右两个相对的略呈梯形的竖直断面，并与地坪垂直（图版Ⅰ：101）。

在左侧断面上，大体纵向布列第237—244号等8个龛像（图105；图版Ⅰ：102）。该断面下起地坪，上与第245号龛龛檐左端相接，高约466厘米，并略向外敞，与第245号龛左沿面相交形成约120°的夹角。壁面外侧沿岩体坡度向上倾斜，逐渐收窄，由上至下，宽约37—116厘米，边缘多残毁剥蚀。第237号龛位于壁面最上部，第238号龛位于第237号龛竖直下方，第239号龛位于第238号龛下部左侧，其下为第240号龛。第240号龛下部并列第241、242号龛，其中第241号龛位于内侧，第242号龛位于外侧。第243号龛位于第241、242号龛下部，第244号龛位于壁面最下端。

第237—244号龛所在断面外侧转折向南，紧邻第220、232、235、236号等龛（图版Ⅰ：103）。

在右侧断面上，大致纵向布列第246—249号等4个龛像（图106；图版Ⅰ：104）。该壁面亦下起地坪，上与第245号龛龛檐右端相接，高约467厘米，略向外敞；与第245号龛右沿面相交后形成115°的夹角。壁面外侧沿岩体走势向上内倾，逐渐变窄，从上至下，宽33—181厘米，边缘多残毁剥蚀。第246号龛位于壁面最上部，第247号龛位于第246号龛竖直下方，第247号龛竖直下方为第248号龛；第248号龛下部为第245号龛的三排供养人像；第249号龛位于壁面最下部。

第246—249号龛所在壁面外侧转折向北，紧邻第250、251、252、253号等龛（图版Ⅰ：105）。

第二节 第237号

一 位置

位于第245号龛外左侧竖直壁面上方。龛左半侧毁，现存残迹即所在壁面边缘；右距第245号龛左沿约18厘米；上距第245号龛向外挑出的龛檐20厘米，下距第238号龛5厘米。

龛口北向，方向14°。

二 形制

残存的右半侧遗迹显示，应为单层圆拱龛（图107；图版Ⅰ：106）。

龛口　从壁面平直凿进最深约2厘米形成龛口。龛口左侧毁，存右沿及券沿右侧部分，沿面宽2厘米；龛口高40厘米，残宽29厘米，至后壁最深约9厘米。

龛底　大部毁，残宽23厘米，深约9厘米。

龛壁　正壁残宽14厘米，右壁宽8厘米，两壁面略呈垂直相交。

龛顶　似券顶，左侧毁，残深9厘米，与正壁略垂直相交，与龛右壁上部弧面相交。

图 103　第 237—249 号在本卷龛窟中的位置图

第三章 第237—249号

图 104　第 237—249 号龛位置关系图

第三章　第 237—249 号　135

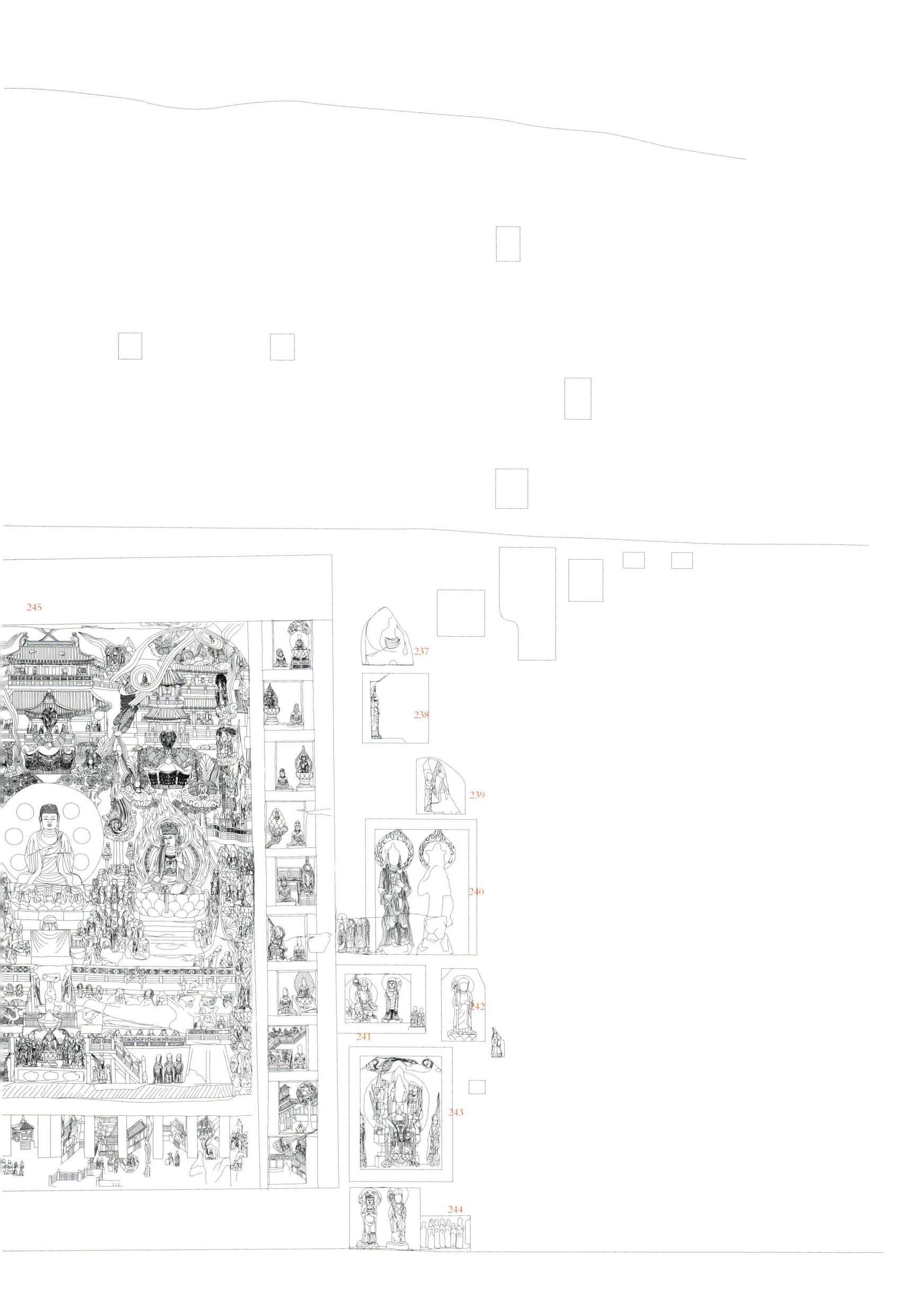

图 105　第 237—244 号立面图

136　大足石刻全集　第三卷（上册）

图 106　第 246—249 号立面图

第三章　第 237—249 号

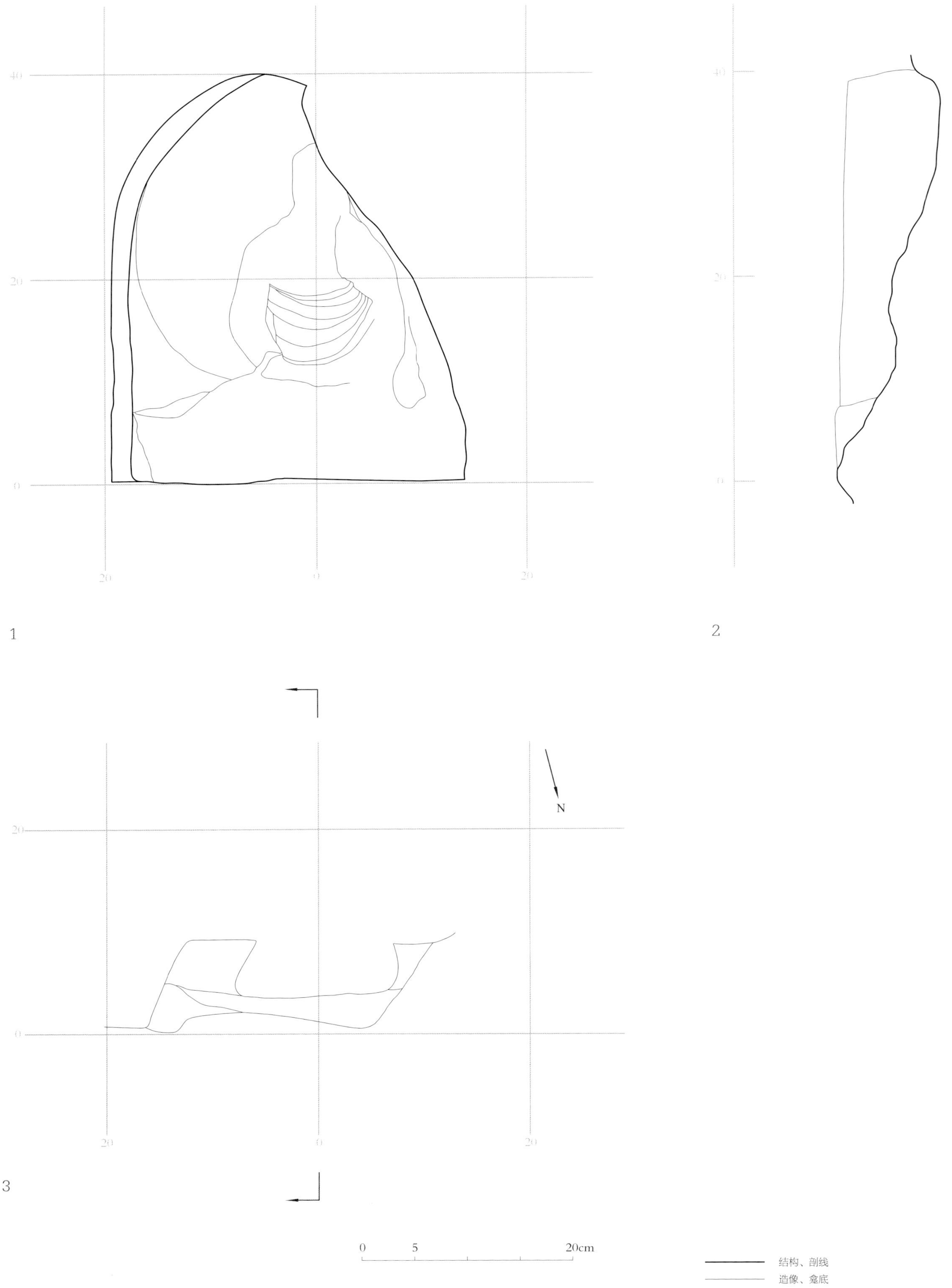

图 107　第 237 号龛平、立、剖面图
1　立面图　2　剖面图　3　平面图

三　造像

龛内正壁现存坐像1身（图107-1；图版Ⅰ：106）。饰圆形素面身光，现仅存右侧部分，半径约15厘米。其上部凿一圆形小孔，深2厘米，直径0.5厘米[1]。头大部分毁，残坐高26厘米。衣饰不清，仅胸部残存"U"字形的连续衣纹。双肩及双臂残，从遗迹轮廓中似可见双手置于腹前，结跏趺坐。双腿及座台残毁过半，座前残留一仰莲瓣。座台残高7厘米，宽27厘米，深5.5厘米。

第三节　第238号

一　位置

位于第237号龛竖直下方。左侧毁，残迹即所在壁面的左侧边缘；右距第245号龛左沿18.4厘米，下端距左下方的第239号龛10厘米。

龛口北向，方向9°。

二　形制

单层方形龛（图108；图版Ⅰ：107）。

龛口　从壁面平直凿进最深约4厘米形成龛口。龛口方形，外缘高47厘米，残宽38厘米。龛左沿毁，上沿、下沿部分毁，右沿完整，宽3.5—4厘米。龛口内缘高39厘米，宽6—13厘米，至后壁最深24厘米。龛口左上角毁，右上角存三角形斜撑，高6厘米，宽6厘米，斜边弧形；低于沿面0.8厘米。

龛底　近似半圆形，深约24厘米，其内侧表面存粗糙的凿痕。

龛壁　壁面竖直。正壁存较浅的凿痕，与右侧壁弧面相交，与龛顶略垂直相接。左侧壁毁，右侧壁与龛顶弧面相交。

龛顶　平顶，呈方形，部分残。

三　造像

龛内正壁现为空壁，估计像已被凿毁[2]（图版Ⅰ：107）。

龛内右壁外侧刻立式菩萨像1身。通高26.5厘米，头长7厘米，肩宽5.5厘米，胸厚2.5厘米（图版Ⅰ：108）。浅浮雕桃形头光，横径6.5厘米，厚1厘米，内素面，外缘饰火焰纹。戴冠，冠上似顶一小化佛，佛像模糊，高约0.8厘米。冠上罩头巾，巾幅下垂及肩。脸方圆，双颊饱满，面部略风化，颈刻三道肉褶线。身着圆领通肩袈裟，下着裙，双膝处饰珠串，在两小腿间贴裙下垂一条饰带。双手置胸腹前斜执一莲朵，左手腕镯。跣足立于单层仰莲台上，左足及莲台左侧部分残。莲台略呈圆形，高1厘米，径11厘米。

---

[1] 本龛后侧于1950年代修建保护长廊时凿出架梁的枋孔，该小孔透过龛壁与枋孔相通，其用途不明。

[2] 在北山佛湾石窟中，类似第238号这样的小龛，进深大多在4.5—10厘米左右，而本龛现存进深大约是其两倍。从右侧壁菩萨像的位置看，其内侧明显空余较多壁面无造像，联系龛底和正壁留存的粗糙凿痕，估计本龛被后期改凿，原有龛正壁造像被凿掉，故使龛正壁往后退延。

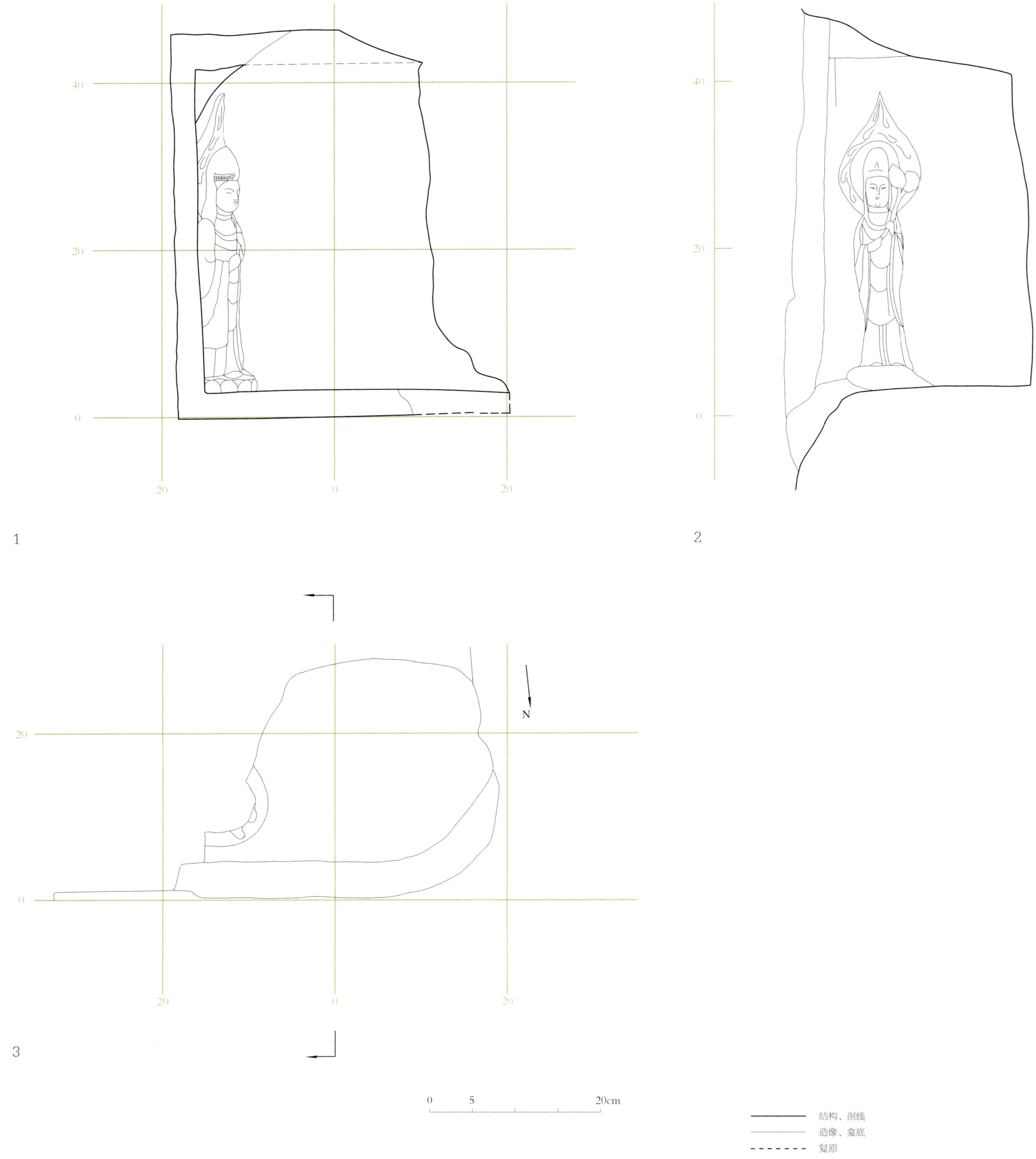

图108 第238号龛平、立、剖面图
1 立面图 2 剖面图 3 平面图

第四节　第239号

一　位置

位于第238号龛下部左侧。左侧崖壁毁，现存残迹即所在壁面的左侧边缘；右距第245号龛左沿13—16厘米，龛壁后侧与第220号龛右上角相邻，相距约14厘米；下距第240号龛6厘米。

龛口北向，方向14°。

二　形制

龛左侧及龛顶已残毁不存（图109、图110；图版Ⅰ：109）。

从壁面平直凿进最深1.5厘米形成龛口。龛口大部残，现存下端及右侧，未刻出龛沿；龛口残高48厘米，宽56厘米，至后壁最深约13.5厘米。龛内右侧凿出宽34厘米，高48厘米的平整斫面。龛底略向前倾斜，深13.5厘米。龛正壁与右侧壁呈弧面相交。

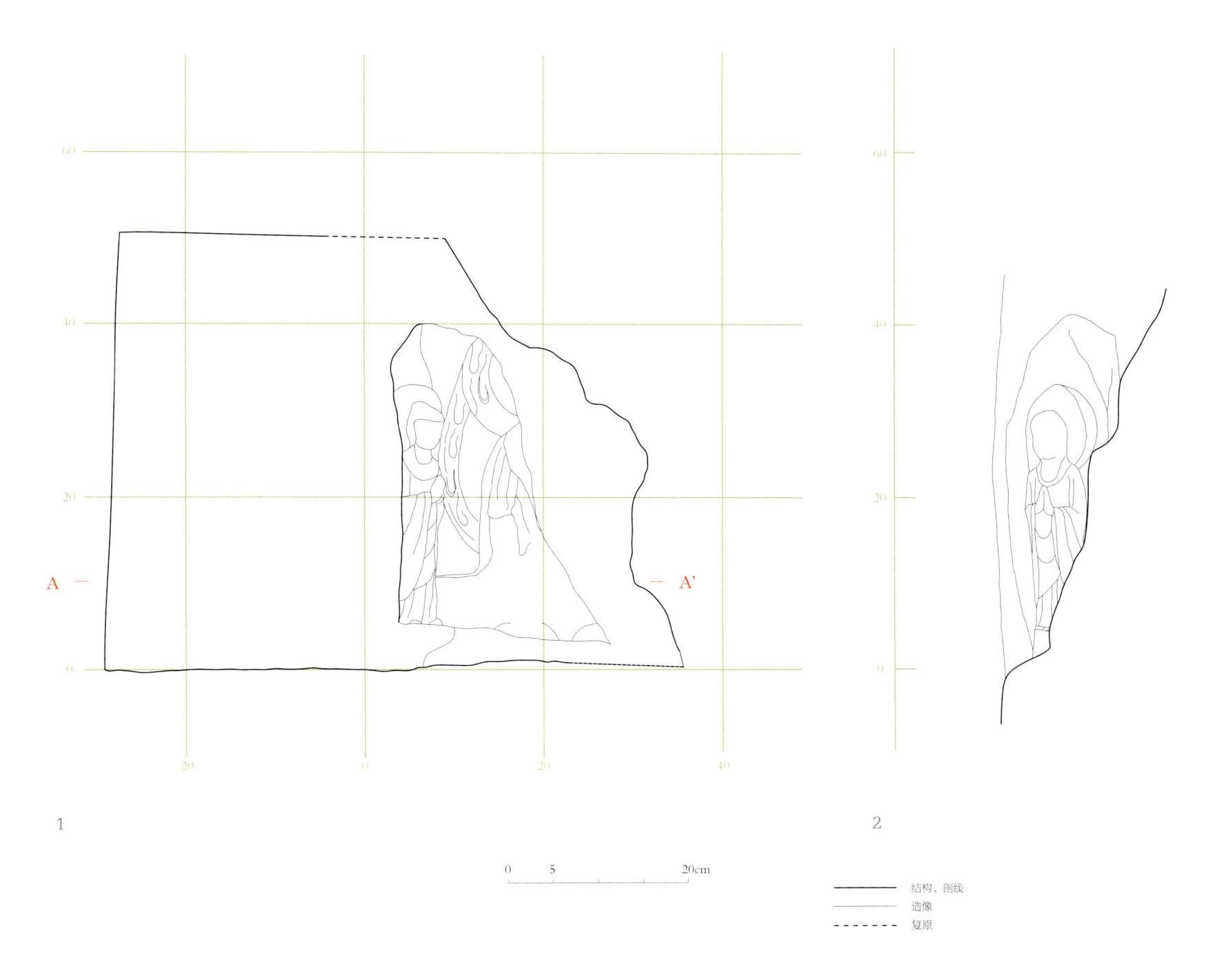

图109　第239号龛立、剖面图
1　立面图　2　剖面图

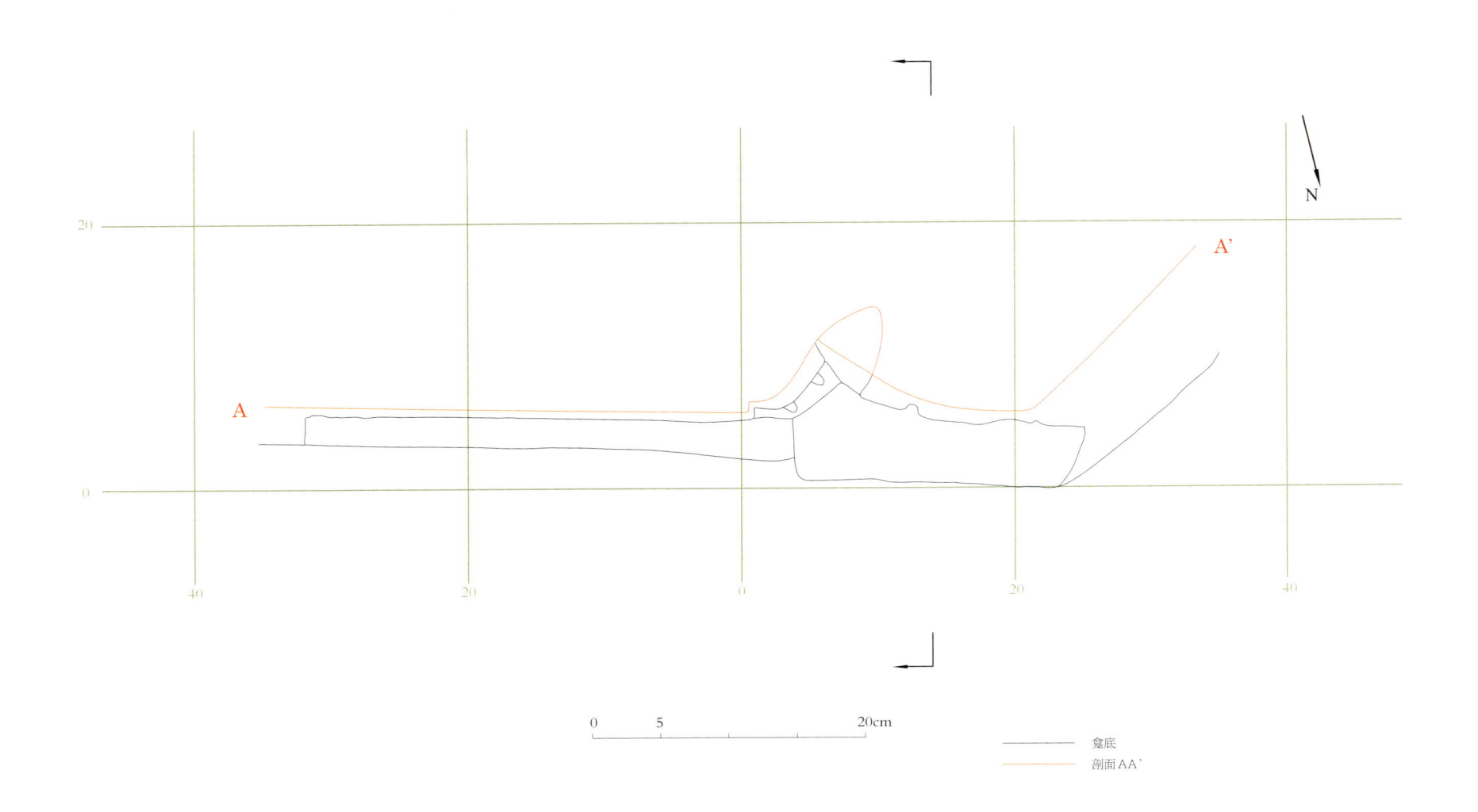

图 110　第 239 号龛平面图

三　造像

现存造像2身。其中，龛正壁刻主尊坐像1身，右侧壁刻立式弟子像1身（图109-1；图版Ⅰ：109）。

主尊像　头毁，残坐高19厘米。浅浮雕头光及身光，仅存右侧部分，内素面，外缘饰火焰纹。身躯大部分残毁，仅可见右臂下垂，似趺坐于莲台上。莲台大部分残毁，残高7厘米，可见莲台底部存少许莲瓣纹。

弟子像　立像高25厘米，头长5.5厘米，肩宽6厘米，胸厚3厘米（图版Ⅰ：110）。浅浮雕圆形素面头光，横径9厘米，厚2厘米。光头，脸椭圆，面蚀，身着圆领通肩袈裟。双手于胸前合十，跣足立于低台上。低台高2.5厘米，宽7厘米。

四　晚期遗迹

在斫面右下角，现存一圆锥状凿孔，孔径约3.2厘米，深4厘米。

第五节 第240号

一 位置

位于第239号龛下方。左距壁面边缘最宽约14厘米，右距第245号龛左沿18厘米；上距第239号龛6厘米，下距第241号龛约5厘米，龛后侧与第220号龛右下角相邻，残迹处相距5—14厘米。

龛口北向，方向7°。

二 形制

单层方形龛（图111、图112；图版Ⅰ：111）。

龛口　从壁面平直凿进最深约2.7厘米形成龛口。龛口方形，左上角和左下部毁，外缘高约90厘米，宽约56厘米。龛上沿左端、左沿上部和下部残毁，其余沿面完整，宽4—4.5厘米。龛口内缘宽64.5厘米，高85厘米，至后壁最深13厘米。龛口右上角刻三角形斜撑，高6厘米，宽5厘米，厚2.2厘米，斜边弧形；低于沿面0.6厘米。龛下侧，凿出一方形浅口，浅口宽22厘米，高31厘米，深2.5—4厘米。

龛底　近似于横长方形，外侧残毁，内侧左右两角屈转呈弧形。

龛壁　左右沿内侧折向龛内的壁面呈颛屈状，左右侧壁与正壁呈弧面相交。现存龛顶与龛正壁及右侧壁均呈弧面相交，使龛顶前端略微上仰。

龛顶　券顶，左端略残。

三 造像

现存像5身（图111；图版Ⅰ：111）。其中，龛内正壁并立主尊菩萨2身，龛右下侧浅口内刻立式供养人像3身。

左菩萨像　残毁甚重，残像立高70厘米。浮雕桃形头光，横径18厘米，厚2.5厘米，内素面，外饰火焰纹，尖端至龛顶。可辨冠带作结下垂，躯体左右侧下垂一段披帛。直立于低台上，台残，残高3.5厘米。

右菩萨像　头大部残，立像残高69.5厘米（图版Ⅰ：112）。浮雕桃形头光，横径18厘米，厚2.5厘米，内圆素面，外缘饰火焰纹，尖端至龛顶。头残，存发髻轮廓，垂发覆肩，冠带作结下垂至腰际；戴耳珰。颈刻三道肉褶线，溜肩，胸平，小腹略微隆起。内着僧祇支，齐胸系带。下着裙，衣纹竖直密集，从裙腰中垂下一条缯带，沿两腿间止于足部。戴璎环形项饰，当胸下垂坠饰，项圈于胸部左右两侧各下垂一条以细粒圆珠相串的璎珞，两条璎珞于腰际隐入衣饰中，并于腹间横串一段璎珞。该段璎珞下垂一坠饰，坠饰下垂挂三条璎珞，当中一条贴于两腿间的缯带下垂至足部，左右侧两条至膝部绕向体侧，并于膝部处下垂小件坠饰。双肩搭披巾，披巾覆肩处宽博，遮至肘部，肘以下窄收为带，并于腹下左右交叉，再向上敷搭于双手前臂，向臂内折叠后下垂于身体两侧。双手饰镯，左手上置胸前，右手下置腰部，握持一莲朵，莲茎残。双足亦残，立于低台上。低台剥蚀较重，残高5厘米，宽20厘米。

供养人像　3身。均身微左侧，作恭立状（图版Ⅰ：113）。从左至右编为第1—3像。

第1像　齐颈以上断毁，仅见头部轮廓痕迹。立像残高24厘米，肩宽7厘米，胸厚3厘米。身着垂领式袈裟，袈裟一端绕过右腋下，披搭于左肩及左臂上，袈裟下部露出里层的服装下摆。胸腹间的衣纹斜向左肩部，呈辐辏状。双手合十于胸前，足着鞋。

第2像　颈部以上断毁，可见头部轮廓痕迹。残立像高23厘米，肩宽5.5厘米，胸厚2.5厘米。衣饰与前第1像略同。颈部刻两道肉褶线。双手胸前合十，足残。

第3像　立像高19厘米，头长4厘米，肩宽4.5厘米，胸厚2.5厘米。光头，面部剥蚀，似一沙弥像。衣饰略同第1像。右手置胸前，手肘上敷搭衣带。左手挟腰处执一长柄团扇，扇过头顶。足残。

四 铭文

惠志造观音龛镌记，唐乾宁三年（896年）。位于龛右沿外侧上方，刻石面高55厘米，宽18厘米。文右起，竖刻4行47字，楷

图111 第240号龛立面图

144 大足石刻全集 第三卷（上册）

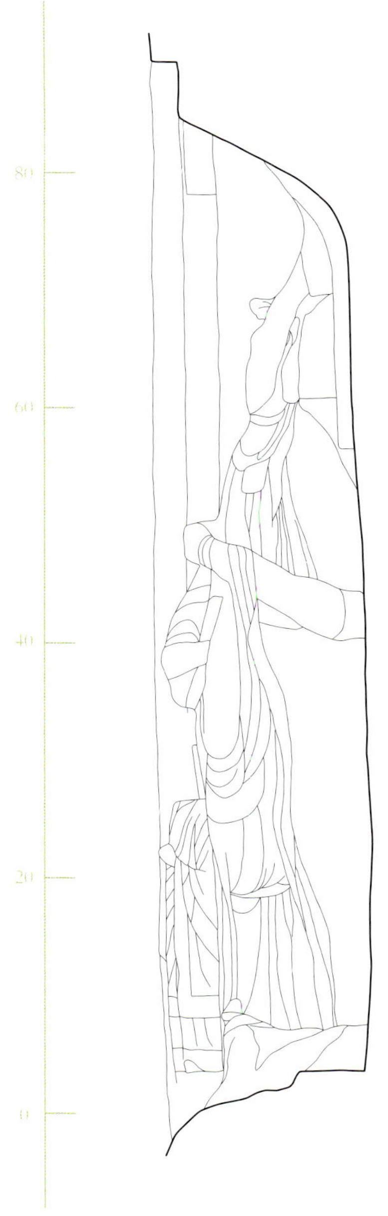

图 112　第 240 号龛平、剖面图
1　剖面图　2　平面图

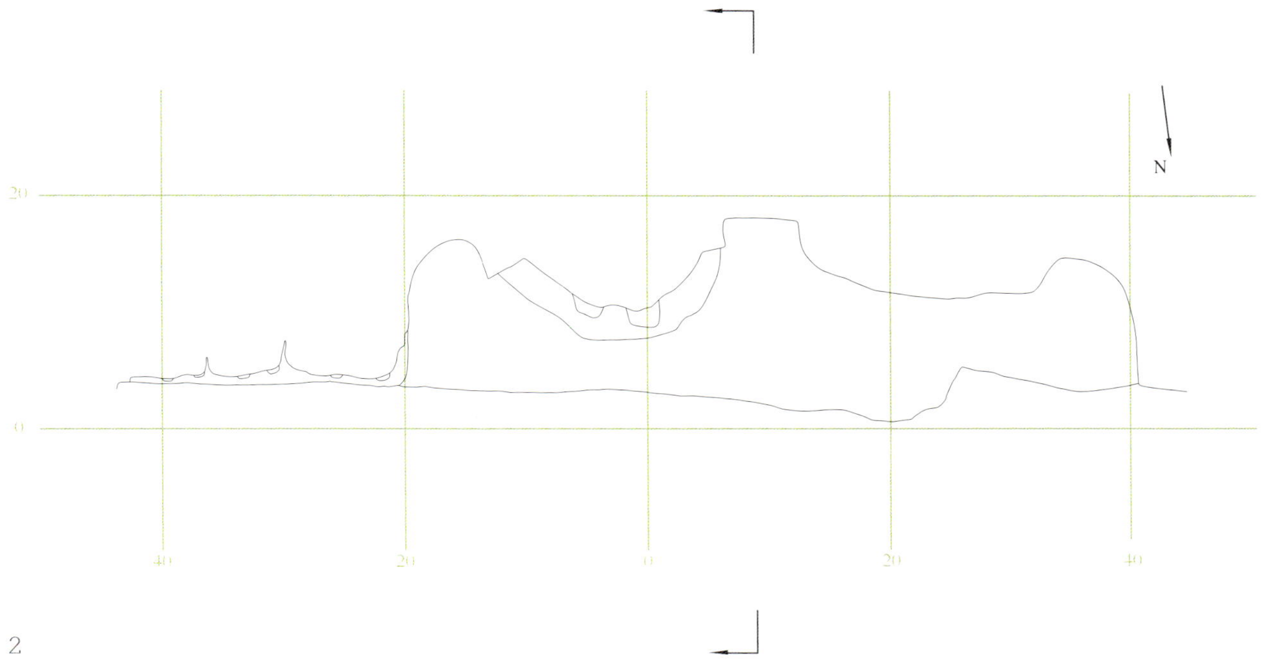

体，字径3厘米（图版Ⅱ：2）。

01　敬造欢喜王菩萨一身
02　比丘尼惠志造奉报十方施主乾宁三年五
03　月十六日设斋表庆讫永为供养
04　小师敬修△小师法进

第六节　第241号

一　位置

位于第240号龛下方右侧。左距第242号龛5.5厘米，右距第245号龛左沿仅0.8厘米；上距第240号龛5厘米，下距第243号龛8厘米。

龛口北向，方向7°。

二　形制

单层方形龛（图113、图114；图版Ⅰ：114）。

龛口　从壁面平直凿进最深约6厘米形成龛口。龛口方形，上端残，外缘残高47厘米，宽约58.2厘米。龛上沿残，其余沿面完整，宽2.5—3厘米。龛口内缘高约41.6厘米，宽52.2厘米，深14厘米；左右上角施三角形斜撑，高5厘米，宽5厘米，斜边弧形；低于沿面0.5厘米。

龛底　略呈横长方形。

龛壁　壁面竖直，正壁与左右侧壁和龛顶皆垂直相交，左右侧壁与龛顶弧面相接。

龛顶　似平顶，前侧残毁。

三　造像

刻像5身（图113-1；图版Ⅰ：114）。其中，正壁刻主尊像2身，右侧壁刻立像1身，龛左沿下部刻立像2身。

左主尊像　立像高37厘米，头长9厘米，肩宽9厘米，胸厚5.5厘米（图版Ⅰ：115）。脸方圆，双颊饱满，眉眼细长，棱鼻小口，鼻略残，嘴角微后收。颈刻三道肉褶线。头罩巾，巾幅下垂及肩。项后头光残，残痕中可见部分轮廓。着通肩式袈裟，胸腹间线刻疏朗的衣纹，斜向左肩部；下着裙。从袈裟下摆的衣层内垂下三条璎珞，左右两条过双膝绕向体侧，当中一条贴于两腿间的饰带上垂至足间。左手上臂及右手肘部残毁。左手屈举于胸前，右手下置腹部，握持一带叶的莲朵。跣足立于双层仰莲台上，足稍残。莲台圆形，左侧部分残，高5厘米，径16厘米。

右主尊像　坐像高22厘米，头长9厘米，肩宽9厘米，胸厚5.5厘米。像身后饰圆形素面头光和背光。背光横径23厘米，头光横径11厘米。脸方圆，双颊饱满，面部较模糊，可见眉眼上挑，直鼻小口，鼻翼残。颈刻三道肉褶线。头戴披帽，披幅下垂及肩。似着通肩式袈裟，颈右侧的袈裟已剥蚀。左手置腹前托一大宝珠，宝珠残。右手屈举至右肩持锡杖，锡杖长34.5厘米，杖首位于头部右侧，作桃状环形，上套六环；杖柄略残，下端拄于座前。右腿下垂，踏于座前带茎双莲的右侧莲朵上，两莲朵由座正前侧的凸起物上屈茎分向两侧；左腿盘屈，舒坐于束腰须弥座上。座高15厘米，宽20厘米，深7.5厘米，由上、下方台及束腰部分组成。上部方台高3.5厘米，宽19.5厘米；束腰部分高6.5厘米，宽14厘米；下部方台高5厘米，宽20厘米。座下部方台左侧台面匍匐一兽，兽身上部残毁，身长5.5厘米。

右侧壁立像残毁甚重，残立高16.5厘米。从轮廓痕迹看，似着宽袖长服，双手合十于胸前，恭立于低台上，台高2厘米，宽5厘

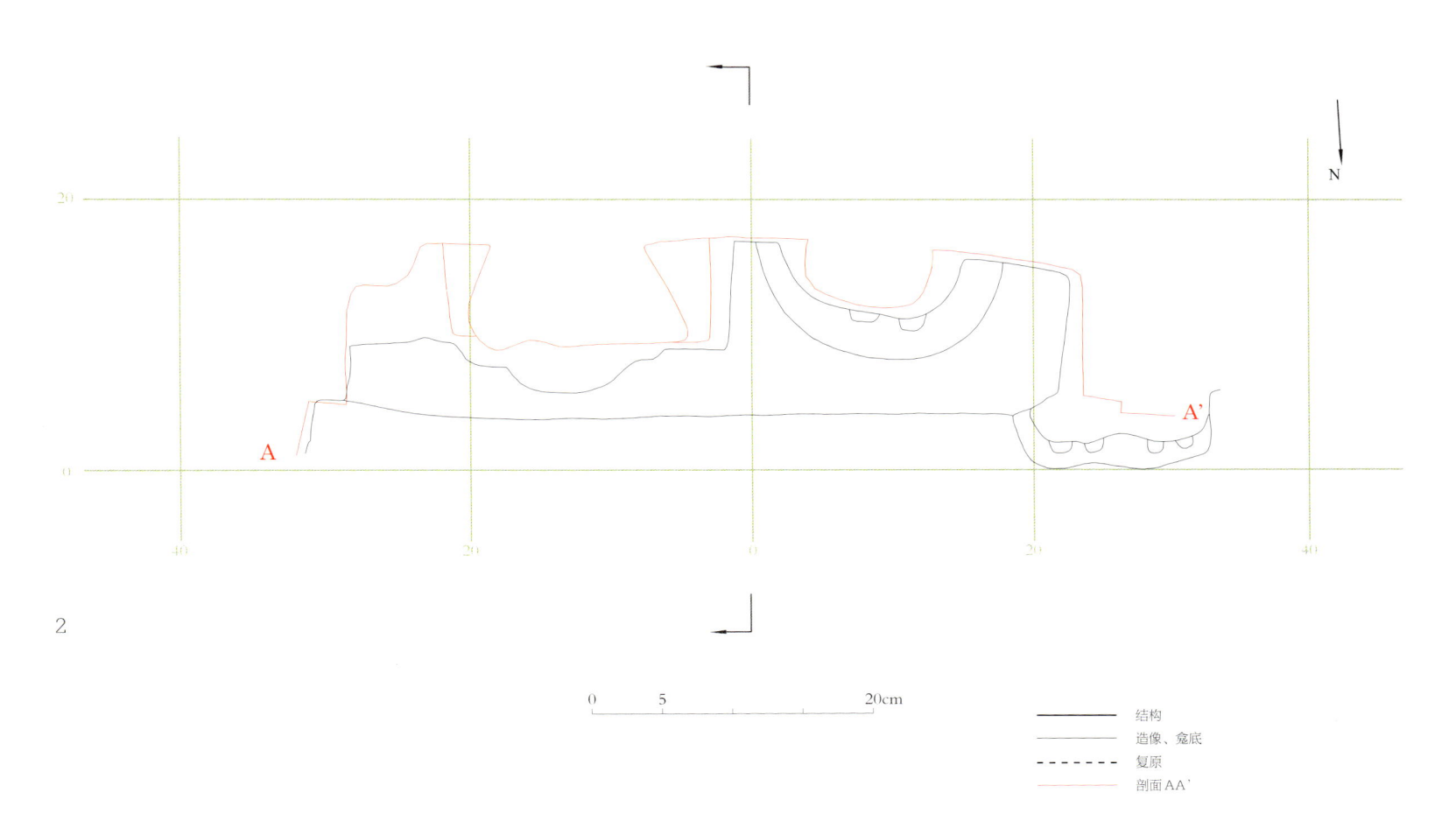

图113 第241号龛平、立面图
1 立面图 2 平面图

图 114　第 241 号龛剖面图

米。该立像外侧浅浮雕一长幡，下置幡座，高7.5厘米，宽3厘米。幡座内插立幡杆，杆长35厘米，杆顶端系幡，幡绕于幡杆上呈飘舞状。

左沿下部立像　近龛口内侧像头毁，残立高15.5厘米，肩宽5厘米，胸厚2厘米。身微侧向龛内。着宽袖服，下部露出里层服装的下摆。双手合十于胸前，手略残。双足模糊。外侧像头残毁，存轮廓痕迹，残高13.5厘米，肩宽5厘米，胸厚2厘米；服饰与内侧像略同，双手合十于胸前，足部残蚀模糊。二像均立于圆形低台上，低台高3厘米，宽7厘米，两低台未錾凿分开，并连为一体。

第七节　第242号

一　位置

位于第240号龛下部左侧。左距壁面边缘最宽12厘米，右与第241号龛紧邻；上距第240号龛5厘米，下距第243号龛6厘米。龛口北向，方向11°。

二　形制

单层方形龛（图115、图116；图版Ⅰ：116）。

龛口　从壁面平直凿进最深约1.5厘米形成龛口。龛口方形，上端和左上侧残毁，外缘高50厘米，宽约39厘米。上沿毁，存龛下沿、右沿和左沿下部，沿面宽约3.5厘米。龛口内缘高44.5厘米，宽32厘米，深10厘米。龛口左上角残，右上角施三角形斜撑，高5厘米，宽5厘米，斜边弧形；低于沿面0.4厘米。

龛底　平面呈梯形，左低右高，略微倾斜，内侧宽27厘米，外侧宽31.8厘米。

龛壁　左侧壁中上部残，右侧壁保存完好。左、右侧壁与正壁的交界面在底端成垂直相交，向上渐变为弧面相交。龛顶与左右侧壁沿三角形斜撑的弧形斜边呈弧面相交。

龛顶　平顶，方形。

三　造像

刻像2身。其中，正壁刻主尊立像1身，龛外左下侧平整面刻立式供养人像1身（图115；图版Ⅰ：116）。

主尊像　立高37厘米，头长8.5厘米，肩宽10厘米，胸厚5厘米。浅浮雕圆形素面头光，横径14厘米。方圆脸，面蚀。头面部及胸腹前现黏结有少许白色的灰浆。颈刻两道肉褶线。肩部浑圆，体态敦实。戴披帽，披幅下垂及肩；带头现于头后左侧。上着垂领式袈裟，下着裙。袈裟一端绕过右腋下披搭于左肩及左手肘上，右领一侧垂至腹部，内折后扎入身前袈裟中。袈裟下部刻出内外两层，衣纹疏朗，斜向左腋处。左手置胸前托一物，手物皆残。右手挟腰处执锡杖，锡杖长36.5厘米，杖首位于头右侧，作桃状环形，套环残蚀模糊；杖柄下端挂于莲台上。跣足，立于双层仰莲台上。台高4.5厘米，径18厘米。

图115　第242号龛立面图

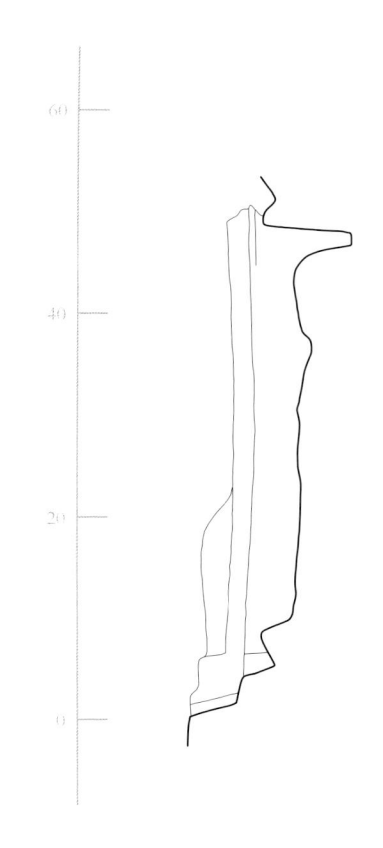

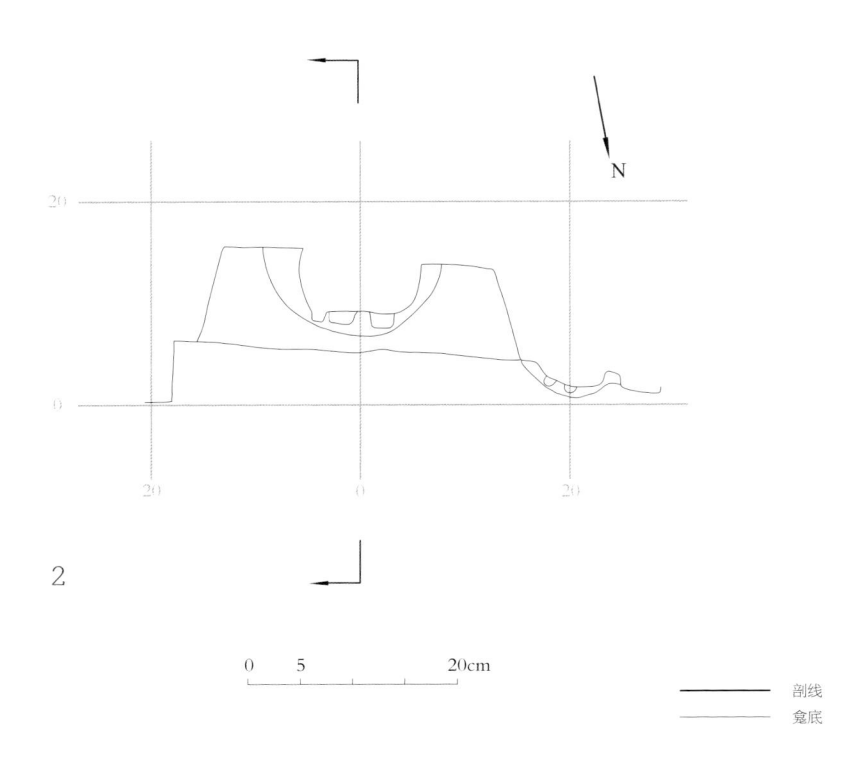

图116　第242号龛平、剖面图
1　剖面图　2　平面图

供养人像　为女像，头残损，长5.5厘米，立身高22厘米，肩宽4.8厘米，胸厚2厘米。右侧耳鬓可见梳有较薄的蝉鬓，其后侧似为束发的花结。上身着对襟宽袖长服，齐胸系长裙。双手置于胸前，手上覆巾并托一半圆状物。裙下摆露出小圆头鞋。身微右侧，作恭立状。

第八节　第243号

一　位置

位于第241、242号龛下方。左距崖壁边缘36—40厘米，右距第245号龛左沿约6厘米；上距第242号龛6厘米，下距第244号龛

4.5厘米。

龛口北向，方向6°。

二　形制

单层方形龛（图117、图118；图版Ⅰ：117）。

龛口　从壁面平直凿进最深约9.5厘米形成龛口。龛口方形，下端少许残损。外缘高94厘米，宽72厘米。龛沿完整，宽7.5—8.5厘米；左右沿内侧凿出宽3.5厘米的平整面。龛口内缘高75厘米，宽54厘米，至后壁最深16厘米。龛口左右上角施三角形斜撑，高10厘米，宽9厘米，厚2厘米，斜边弧形；低于沿面1.5厘米。

龛底　底面略呈横长方形，宽约54厘米，深15厘米。

龛壁　壁面竖直，正壁与左右侧壁弧面相交，与龛顶略垂直相接；左右侧壁与龛顶弧面相交。

龛顶　呈方形，平顶；前端少许残。

三　造像

刻像5身（图117；图版Ⅰ：117）。其中，正壁刻主尊菩萨坐像1身，左右侧壁各刻侍者立像1身，龛顶刻飞天2身。

主尊菩萨像　坐高36厘米，头长15厘米，胸厚5.5厘米。浅浮雕圆形素面背光，横径42厘米。头面残蚀，五官不清。可辨头戴花冠，头后两侧冠带作结。胸剥蚀不清，下着裙，裙下摆线刻较密集的竖直衣纹。从裙腰中垂下的一条饰带，沿两腿间止于足部。腹部残存少许坠饰，坠饰以下可见三条璎珞，当中一条贴于两腿间的饰带上垂至足部，左右侧两条贴腿过膝部绕向体侧，膝部处下垂坠饰。双肩搭披巾，沿胸侧下垂至两小腿间，左右交叉后向上敷搭于置于胸前的两手臂上，再沿体侧垂于座前。身前和身两侧共刻出38只手臂，腕戴双环镯，除少数手臂残损外，其余大部分保存完好。体正前侧和头顶上方共刻出8只手臂：两手臂向上举过头顶，双手捧一物，物残（疑为佛像，外侧边缘残存有背光痕迹）；两手臂合十于胸前，指残；两手臂于腹前结定印，正面可见拇指与食指相捻；两手臂各抚左右膝上，皆屈中指与无名指，其余指平伸，左手持玉环，右手持念珠。身左右侧各刻出15只手臂。左侧除6只手臂或所持器物残毁无法辨识外，其余9只分别为：持钵手，钵高2.4厘米，径3.6厘米；持弓手，弓长18.5厘米；持螺手，螺宽2.5厘米；持方形物手，物高4厘米，宽2.2厘米；托宝塔手，塔方形两级，高5厘米；持旁牌手，牌高6厘米，宽6厘米；结与愿印手；持葡萄手，依稀可辨出葡萄颗粒；持宝瓶手，瓶高5厘米，腹径3厘米。右侧亦有6只手臂或所持器物残毁无法辨识，其余9只分别为：持宝剑手，剑残长15厘米；持铃铎手，铃口径2.5厘米；持箭手，箭镞残，箭杆长13.2厘米；持矛手，矛长20厘米；持拂子手，柄长9.5厘米；持经箧手，经箧少许残；结与愿印手；持宝篮手，篮高4厘米，宽4厘米；持净瓶手，瓶高5厘米，腹径2.5厘米。菩萨双腿下垂，倚坐于须弥座上。跣足，踏于座前双莲朵上。莲朵下刻出莲茎、荷叶和云纹。座通高20.5厘米，宽28厘米，深10厘米。下部为两阶叠涩，上阶高2.5厘米，宽24厘米；下阶高7厘米，宽28厘米。束腰高3厘米，宽20厘米。上部亦为两阶叠涩，上阶高6厘米，宽28厘米；下阶高2.5厘米，宽24厘米。

左侍者像　立像高26厘米，头长6.5厘米，肩宽6厘米，胸厚2厘米（图119；图版Ⅰ：118）。脸形方圆，面蚀，下颌刻胡须。头顶束髻。上身斜披络腋，下着短裙，裙摆底部作尖角形。两手腕镯，左手上置胸前持方形扁状物，物部分残。右手下置腹前持一杖，长26厘米，下端拄于双足间，上端斜依右肩上。踝部戴镯，跣足立于云头上，身后刻出呈飘曳状的溜尖形云尾，延至侧壁上部。

右侍者像　立像高26.5厘米，头残长6厘米，肩宽6厘米，胸厚2.5厘米（图版Ⅰ：119）。头大部残毁，两侧可见梳有蝉鬓，头顶束圆髻。上身着右衽宽袖衫，齐胸系长裙。左手置胸前，右手挟腰处，握持一带叶的莲朵。足着鞋，站立于云头上，云纹与左侧像同。

飞天像　2身，侧身向龛外飘飞（图版Ⅰ：120）。左侧飞天身长约22厘米，双臂及胸腹部残毁剥落，头左侧壁面上刻一供物，应为飞天所托。右侧飞天保存较完好，身长16厘米，左臂垂于体侧，手心内置一宝珠，右臂残毁，头右侧壁面上所刻供物当为右臂所托。头分别朝向龛左右壁，脸形椭圆，面侧向龛外，面部均残蚀模糊。头颈和腿部上扬，身姿呈"U"形，于主尊上方作凌空飞舞状。两飞天着装相同，梳双环髻，裸上身，戴圆环形项饰，下着长裙，紧裹双腿，裙摆拖曳于身后侧。披巾于头后环绕，披双腋下并

图 117　第 243 号龛立面图

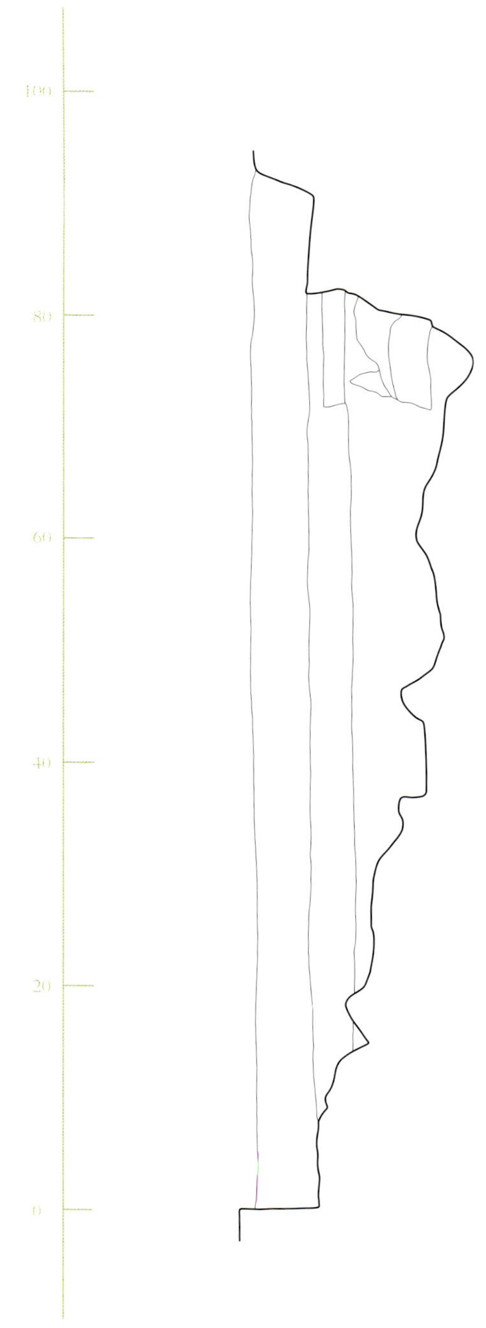

图 118　第 243 号龛平、剖面图
1　剖面图　2　平面图

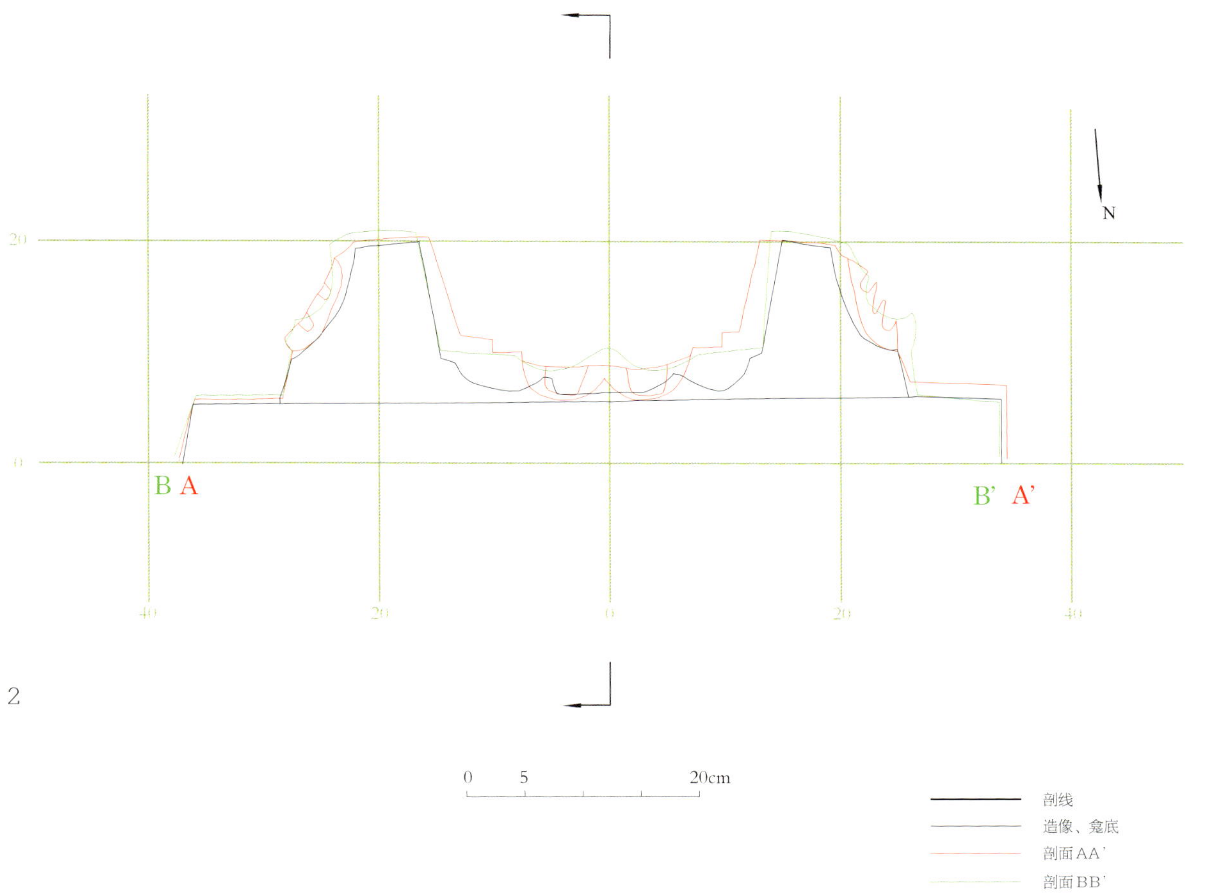

图119　第243号龛左侍者像效果图

沿身体两侧向后飘曳。两飞天披巾和裙摆尾端相互交绕于龛顶中部。

四　铭文

骞知进造千手观音龛镌记，唐天复元年（901年）。位于龛外左侧平整面。刻石面高80厘米，宽19厘米。文右起，竖刻5行，存72字，楷体，字径2厘米（图版Ⅱ∶3）。

01　敬〔镌〕造大悲千手眼菩萨壹龛□□□□□

02　〔右弟子军事押衙骞知进先为〕□□□〔骞〕□中之际夫妇惊忧同

03　□□□□△△贤圣□□□□□□安□与骨肉团圆今不负前

04　心□□□上件△△菩萨〔悉己酉年〕以天〔复〕元年五月十五日就院修

05　□□□□□鸿□永为供养[1]

---

[1] 《大足石刻铭文录》据《金石苑》校补录为："敬〔镌〕造大悲千手观音菩萨壹龛□□□□□"〔右弟子军事押衙骞知进先为〕□□□〔骞〕□中之际夫妇惊忧同"发愿上造△△贤圣愿齐加护□□安泰与骨肉团圆今不负前"心遂镌造上件△△菩萨〔悉己酉年〕以天〔复〕元年五月十五日就院修"□□赞用开鸿泽永为供养"。见重庆大足石刻艺术博物馆编：《大足石刻铭文录》，重庆出版社1999年版，第15页。

五　晚期遗迹

在龛口左侧的平整斫面外侧，齐斫面边缘凿有一条竖直的凹槽，长93厘米，宽6厘米，深3厘米。槽内凿痕粗糙。上端打破第242号龛开口左下角；下端略左折后又向下凿一段较窄的小槽，高19厘米，宽3厘米，深3厘米。凹槽上方距第242号龛开口下侧16厘米处，凿一圆孔，孔径15厘米，深10厘米。凹槽及凿孔的年代不明，估计应为后期修建窟前保护性建筑物时所凿。

第九节　第244号

一　位置

位于第243号龛下方。左距壁面边缘48厘米，右距第245号龛下沿1.5—3厘米；上距第243号龛4.5厘米，龛前地坪现用石板铺砌，龛底低于地坪约2厘米。

龛口北向，方向5°。

二　形制

单层方形龛（图120、图121；图版Ⅰ：121）。

龛口　从壁面直接凿建龛口。龛口方形，上端右侧残损，龛口高48厘米，宽57厘米，至后壁最深15厘米。龛口左下侧向外凿出一方形浅口，高25厘米，宽38厘米，深3厘米。

龛底　底面呈横长方形，宽55厘米，深15厘米。

龛壁　正壁、左右侧壁和龛顶、龛底的交界面均作垂直相交。

龛顶　呈方形，平顶，前端残。

三　造像

刻像9身（图120-1；图版Ⅰ：121、图版Ⅰ：122）。其中，正壁并刻主尊立像2身，龛外左下侧刻供养人立像7身。

左主尊像　立像高39.5厘米，头长9.5厘米，肩宽12厘米，胸厚5厘米。浮雕圆形素面头光，横径16厘米，厚1.2厘米。脸方圆，双颊饱满，面部残损模糊，颈刻三道肉褶线，肩部浑厚。头戴披帽，披幅下垂及肩。内着交领衫，外披袈裟，可见右领下垂，一端绕过右胁披搭于左肩及左手肘上，袈裟下部露出里层服装的下摆。左手置胸前持宝珠。右手夹腰际执锡杖，锡杖斜靠右肩上，长41厘米。杖首作桃状环形，上套六环，杖柄下端拄于双足间；跣足，立于单层仰莲台上。台高3.5厘米，径17厘米，边缘剥落残蚀。

右主尊像　立像高41厘米，头长10.8厘米，肩宽11.2厘米，胸厚5.5厘米。浮雕圆形头光，横径12厘米，内素面，外缘饰火焰纹。戴冠，冠带作结后下垂及肩。脸椭圆，双颊丰盈，眉眼细长，直鼻，鼻翼残，嘴角微后收，双耳垂长。溜肩。戴圆环形项饰，下着裙。肩搭披巾，披巾覆肩处宽博，遮至肘部，形同坎肩。肘以下窄收为带，于腹部左右交叉向上敷搭双手前臂，反折后下垂于身体两侧。左手置腹前托钵，手及钵部分残。右手置胸前持柳枝，柳枝垂于钵上。跣足，立于单层仰莲台上，台高4厘米，横径17.5厘米，边缘稍残蚀。

供养人像　1排共7身。均身微右侧，端直站立，朝向龛内（图版Ⅰ：123）。身躯皆残蚀模糊，衣饰难辨。从双手轮廓看，似双手置胸前合十。各像身高不等，高18—23厘米。

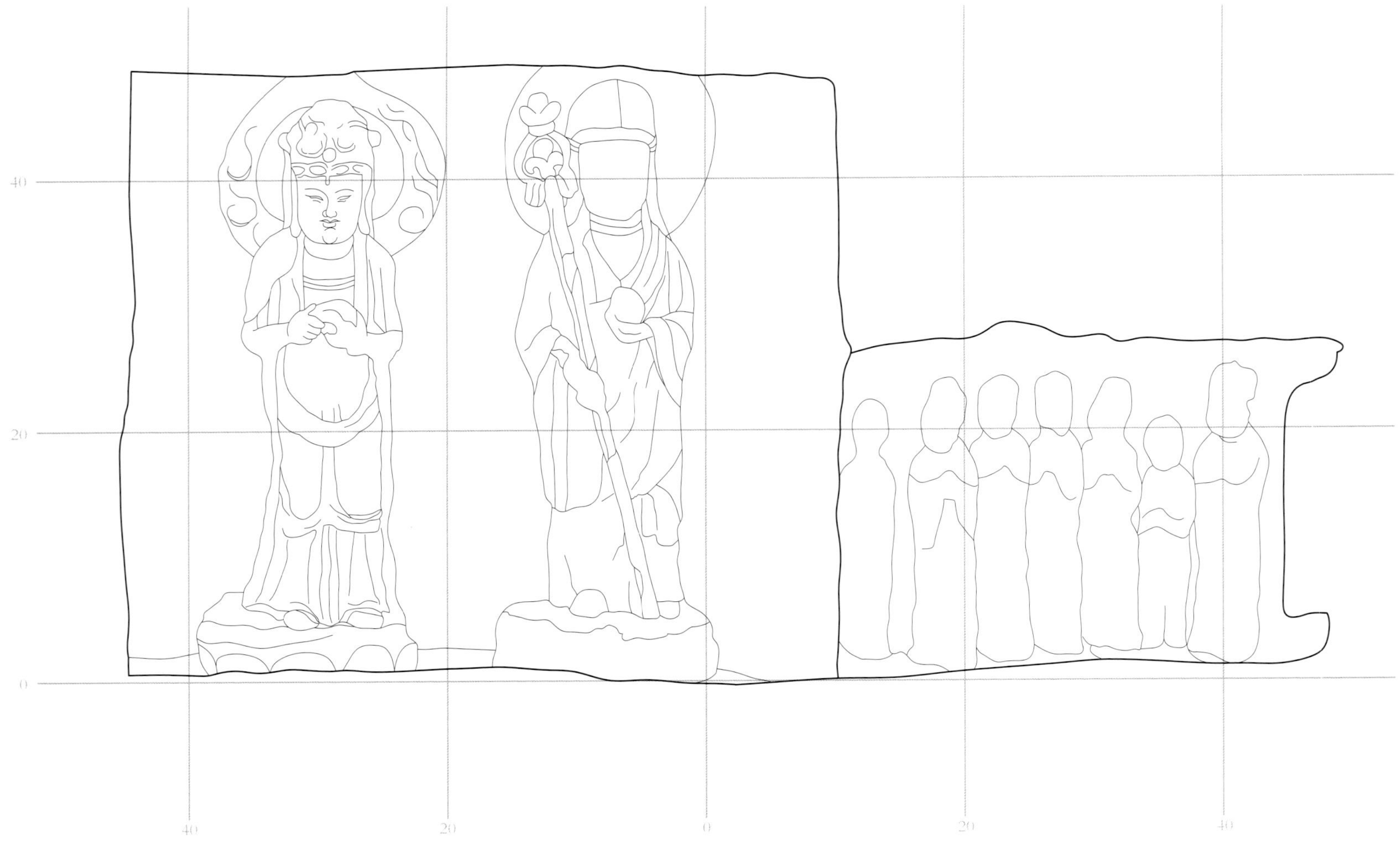

图 120　第 244 号龛平、立面图
1　立面图　2　平面图

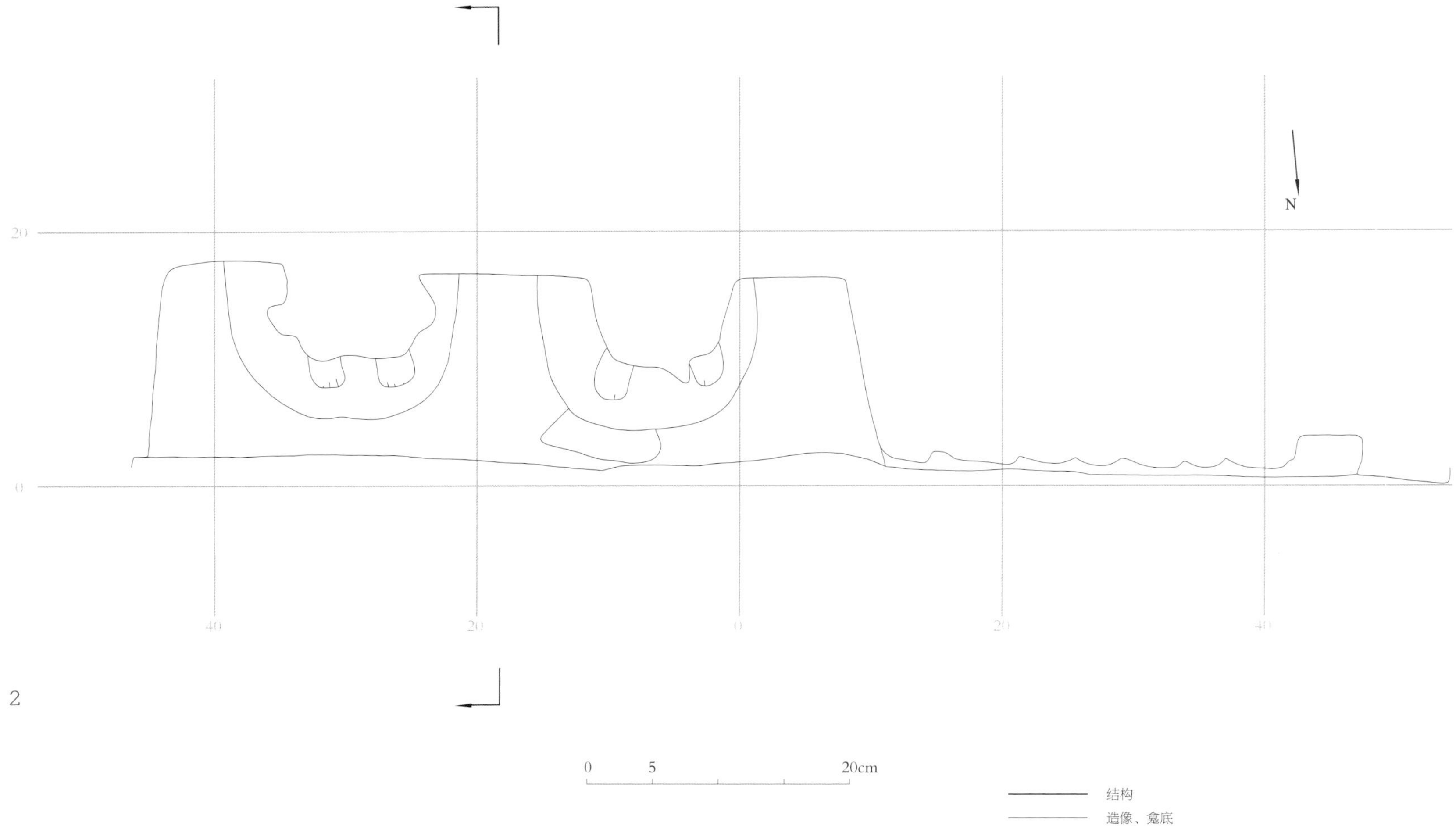

图121　第244号龛剖面图

四　铭文

佚名造观音地藏龛残记，后蜀广政八年（945年）。位于龛口左外上侧平整面，刻石面高25厘米，宽20厘米。文右起，竖刻6行，存22字，楷体，字径2厘米（图版Ⅱ：4）。

01　□□造地藏□□
02　一龛（漶）
03　（漶）子之□氏
04　求造□□□广政
05　八年四月十七日
06　表赞讫

第十节 第245号

一 位置

位于本章岩体居中位置。左为第237—244号龛所在岩体竖直断面，右为第246—249号龛所在岩体竖直断面。上方为外挑岩体，龛底距地坪40厘米。

龛口西北向，方向286°。

二 形制

单层方形龛（图122、图123、图124、图146；图版Ⅰ：124、图版Ⅰ：167）。

龛口　在崖壁表面平直凿进最深约120厘米形成龛口。龛口方形，外缘高471厘米，宽374厘米。龛上沿宽39—44厘米，下沿较左右沿面向外凸出约8厘米，沿面宽37—44厘米；左沿宽50—52厘米，右沿宽49—50厘米。龛口内缘高386厘米，宽262厘米，至后壁最深约105厘米。左右沿内侧凿建宽16厘米的平整面。左右上角刻三角形斜撑，低于沿面17厘米，斜边均作弧形。左上角斜撑高26厘米，宽24厘米，厚2厘米；右上角斜撑高25厘米，宽23厘米，厚2.5厘米。

龛底　底面（包括下沿向外凸出于左右沿的横断面）略呈凸形，外宽内窄，外侧宽361厘米，内侧宽242厘米，进深39—46厘米不等。

龛壁　整个龛壁的横截面近似弧拱形，没有形成正壁与左右侧壁之间的明显分界。由于当中的壁面下部向外凸出，往上逐渐收进，至壁面中部以上形成截面呈"∩"形的弧形壁面，而两侧壁面向内伸进较平直，使龛内壁面大致可以分别出正壁及左右侧壁在结构上的界面关系。为便于记述，可大致按壁面形成的转折关系将其区分为正壁、左壁、右壁三个部分。正壁壁面按局部收进的尺寸大小和相互关系，将其区分为正壁下部、中下部、中部及上部四个部分。自龛底向上约64厘米处为正壁下部，该壁面左右两端折向侧壁并略向外凸出，壁面宽约242厘米。自正壁下部顶端向上约90厘米处为正壁中下部。较正壁下部收进13—38厘米，壁面宽243—250厘米，其底部有高约10厘米的粗糙凿痕。自正壁中下部顶端向上约148厘米处为正壁中部，较中下部顶端收进约52厘米，壁面宽224—250厘米。正壁中部以上为正壁上部，较中部顶端收进约14厘米，宽241—250厘米。

由于正壁壁面从下至上向龛内收进，使左右侧壁面从下至上由窄变宽。左壁壁面底端宽约32厘米，上部宽约108厘米。右壁壁面底端宽约28厘米，上部宽约104厘米。

龛顶　平顶，略呈半圆形。外侧边缘宽263厘米，深117厘米。

三 造像

本龛造像内容庞杂，场景繁复，人物众多。整龛图像由若干部分组成，但各部分之间大多没有明确的界线作区分。为便于记述，现按造像的总体布局和局部之间的内容差异，并对应龛制结构的划分，将全部造像划分为龛沿、龛顶、龛正壁上部及左右壁上部、龛正壁中部、龛正壁中下部、龛左右壁中下部、龛正壁下部等七个部分（图125、图126）。

龛正壁中下部以上包括正壁中部、正壁上部及左右壁上部、龛顶等五个部分，可以明显看出是以建筑的整体布局来构成一个相对独立的大单元，并以勾栏的形式和龛内其他部分加以界隔。其中，龛正壁中部为全龛的中心部位，表现主尊、胁侍菩萨及天众簇拥的场面；龛正壁中下部主要表现两层平台、莲池等建筑布局，其两侧雕刻纵向的勾栏和左右侧壁相隔；正壁上部及左右壁上部用整幅贯通的壁面表现一组总体布局的大型建筑群，并在侧壁雕刻横向的勾栏和侧壁中下部间隔；龛顶主要表现天宫器乐等图像。

这个大单元以外的其他两部分为龛左右壁中下部和龛正壁下部：左右壁中下部被正壁中下部和左右壁上部折回的勾栏隔开，内中雕刻52身菩萨像（左右各26身）；正壁下部则为竖直的平整壁面，用横向排列的方框表现一组图像。龛沿的造像和龛内壁分隔明显，除上沿刻出从龛顶升出的两条毫光外，左右沿均刻出上下排列有序的方框，主要表现一女像所处不同场景的图像。此外，位于本龛外右侧壁中下部，即第248号龛和第249号龛之间的四排供养人像有造像记表明其与本龛直接相关，故亦将其纳入第245号龛造像内容，作为第八部分介绍。

（一）正壁中部

正壁中部的造像可分为三部分：一是在中部显著位置高浮雕主尊一佛二菩萨三身坐像；二是在佛像左右侧各刻一座经幢，经幢上刻飞天和攀附的童子像；三是三主尊下方的天众像（图126、图127；图版Ⅰ：125）。

1. 一佛二菩萨像

佛像　坐高53厘米，头长16.5厘米，肩宽25厘米，胸厚12厘米（图128-2；图版Ⅰ：126）。佛像身后饰圆形大背光，背光素面，横径71.5厘米。大背光内沿佛像身体两侧浅浮雕6个圆形小光轮，直径11厘米。头顶少许残，肉髻不存，螺髻密集，刻作圆粒状。脸形方圆，眼微睁，鼻直，抿嘴角后收，双耳垂长。颈部刻三道肉褶线。双肩宽厚适中，着通肩式袈裟，袈裟一端绕过右肩和胸部披搭于左肩及左肘上，袈裟下摆敷搭于莲台上。肩部及肘部的袈裟衣纹较密集，竖直向下；腹部衣纹呈辐辏状斜向左肩部；两腿间的衣纹舒展呈弧形。左手仰掌置于胸前，手掌残毁过半，右手覆掌置左掌上，手掌亦大部残毁。结跏趺坐于莲台上，莲台高18厘米，径54厘米。莲台下置束腰八角形座，高36厘米。座下部可见作三阶叠涩，高23厘米；束腰高7厘米；上部高6厘米。八角形座前侧置一小方台，高24厘米，宽26厘米，厚8厘米。台上覆盖布帛，并刻出弧状的布纹。台上刻一兽足香炉，香炉呈镬鼎形，高9厘米。佛像背光后侧刻两株菩提树，枝叶繁密，树梢直至龛上部中心主殿下层勾栏底部。两株树冠上各浮雕迦陵频伽一身，乘于祥云上。左侧迦陵频伽头部残毁。两迦陵频伽梳高髻，戴项饰，披巾环绕头顶上方，双手张臂执钹，腋下展出双翅，下身作鸟尾，向后飘起作凌空飞翔状。

佛像头顶上方饰一八角形华盖，高26厘米，宽36厘米（图版Ⅰ：127）。华盖底部垂一圆鼓状物，高9厘米，距佛像头顶约14厘米。华盖垂四层帷幔，下层为圆形，上三层为八角形。中间两层帷幔上连缀璎珞垂饰。最上一层正面饰二龙戏珠，侧面饰龙纹。在华盖上端的翘角上刻鸟首衔其角，正面两翘角上的鸟首残损。华盖顶部略微隆起，刻一金翅鸟展翅伏于其上，金翅鸟尾部向上仰起，其后侧为正壁上部所刻中心主殿前出的抱厦。

从华盖底端的左右两侧各刻一道向上飘升的毫光。两道毫光至华盖上端处又各分作两道，除右边内侧的一道毫光完整无损外，其余三道均残毁一截，然后过龛顶延伸至龛上沿。左右两边内侧一道毫光向上作屈伸状；外侧的毫光则各环绕五匝，并大致呈左右对称，每匝光环内均刻一跏坐的化佛像。第一匝光环内佛像略残蚀，坐高约3厘米，左侧佛像可见双手置于腹前。第二匝光环内佛像跏坐于莲台上，坐高6.5厘米，着通肩式袈裟，双手于腹前结印。第三匝光环内佛像跏坐于莲台上，坐高7厘米，着通肩式袈裟，双手置于胸前，手上覆巾。第四匝光环内佛像跏坐于莲台上，头少许残，坐高7.5厘米，着通肩式袈裟，双手于腹前结印。第五匝光环内佛像跏坐于莲台上，像表层风化模糊，残坐高约9厘米。四道毫光从起端2厘米到尽端13厘米逐渐由窄变宽，表面刻饰两道线纹。

左菩萨像　坐高50厘米，头长18厘米，肩宽20厘米，胸厚11厘米（图128-3；图版Ⅰ：128）。头梳高髻，少许残。两鬓各梳一绺发辫，贴耳挽向头后。头后侧的发辫垂及两肩上。戴高花冠，冠前饰一小佛像，面部残蚀模糊，高约2厘米，身后饰椭圆形背光。头后两侧冠带作蝴蝶结后下垂及肩，其上贴饰一条璎珞。头略向右侧，脸形椭圆，眉眼细长，鼻及口唇少许残损，下颌刻一道肉褶线，双耳垂长，耳垂饰圆形耳珰，颈部刻三道肉褶线。溜肩，胸腹平直，内着僧祇支，于胸腹间系带；下着裙，从裙腰中沿两腿垂有一段缯带，缯带打结后垂于莲台上。戴圆环形项饰，项圈当中下垂坠饰，两侧各垂一条细粒圆珠相串的璎珞，并于腹部串接一段横向的璎珞，两条璎珞垂至膝部处绕向体后。双肩搭披巾，披巾宽博处遮至肘部，肘部以下收为窄带，披巾在两腿间交叉后敷搭于双手小臂，反折后垂于莲台一侧。右手置腹前，腕戴双环镯，手托一钵，高4厘米，口径9.5厘米。左手举至左胸前，齐腕处残断，手臂上侧为所持器物，现残存一截莲梗状物。双腿侧向右，跪坐于莲台上。莲台高18厘米，径50厘米。莲台下置束腰圆座，高34厘米。下部作四阶叠涩，高22.2厘米；束腰作圆棱形，高7.5厘米；上部作圆轮状，高4.3厘米。身后浮雕桃形背光，背光最宽处48厘米。背光由头光和身光两部分组成。身光装饰由里及外分为三层：内层圆形素面；第二层于两条纹间雕饰菱形纹和柿蒂纹；第三层饰火焰纹。头光呈圆形，径约21厘米。头光由里及外亦分为三层：第一层为圆形素面；第二层饰宝珠和半圆纹；第三层饰火焰纹。

菩萨像头顶上方饰一八角形华盖，高15厘米，宽33厘米（图版Ⅰ：129）。华盖底部向下凸起一圆状物，厚1.5厘米，距菩萨像头顶约22厘米。华盖垂有四层帷幔：下层为圆形，上三层皆为八角形。上三层帷幔刻菱格形纹饰，每层连缀璎珞坠饰。华盖上端的翘角上刻鸟首衔其角，正面两翘角上的鸟首已残损。华盖顶部向上隆起，刻一只金翅鸟展翅伏于其上。金翅鸟尾部向上扬起，其后侧为正壁上部中心主殿左侧楼阁底层的勾栏。菩萨像身后刻有两株菩提树，树冠宽大，枝叶繁密。两树树冠上各浮雕迦陵频伽一身，乘于祥云上。左侧祥云云尾延迤至侧壁上方配殿的基座下，右侧祥云云尾延迤至正壁上部左侧经幢的下部。左侧迦陵频伽头梳高髻，下

160　大足石刻全集　第三卷（上册）

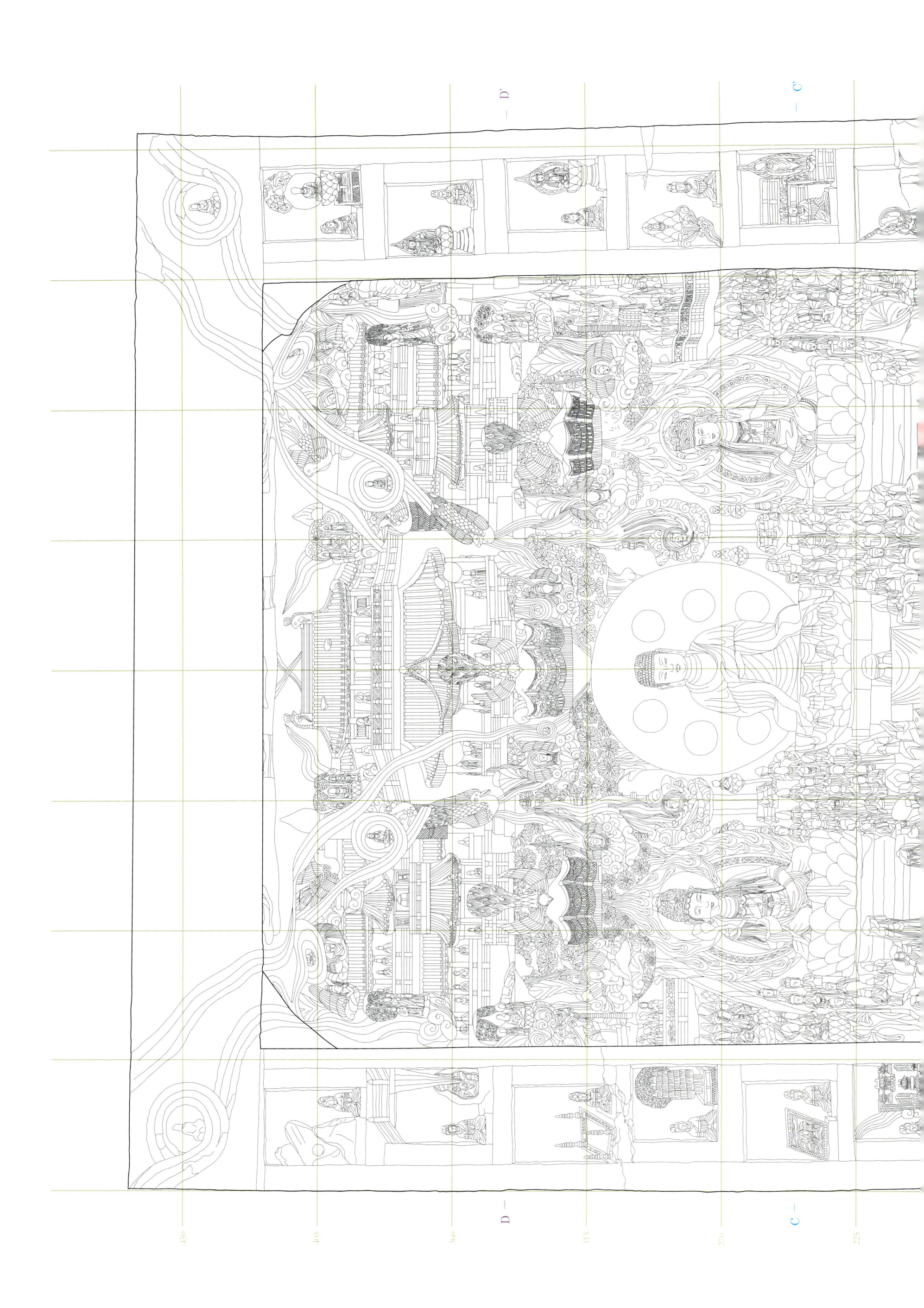

图122 第245号龛立面图

162　大足石刻全集　第三卷（上册）

图 123　第 245 号龛剖面图

图124 第245号龛平面图

身作鸟尾，向后扬起。双手于胸前捧一供物，腋下展开双翅。披巾环绕头上方，并沿鸟身向后飞扬，呈凌空飞翔状。右侧迦陵频伽身姿、衣饰与左侧像相似，但面部残蚀，两臂张开持一钹。

右菩萨像　坐高51厘米，头长22厘米，肩宽20厘米，胸厚13厘米（图128-1；图版Ⅰ：130、图版Ⅰ：131）。双腿侧向左，跪坐于莲台上。其余身姿、服饰、宝座、背光装饰、华盖、身后菩提树等均与左菩萨像大致相同。所不同处为：菩萨所戴高花冠的前侧饰一宝瓶。左手置于两腿间，掌心置一椭圆形薄叶状物；右手小臂置于腹前，手已残毁，小臂上方为所持莲朵，莲梗下截残。伏于菩萨头顶华盖上的金翅鸟，其尾部贴于正壁中心主殿右侧楼图底层的勾栏上。菩萨身后菩提树上所刻迦陵频伽，左侧迦陵频伽所乘祥云云尾延逦至正壁中心主殿的右侧经幢下，右侧迦陵频伽所乘祥云云尾延逦至右侧壁上部的配殿下。

2. 经幢及造像

两座经幢分置佛像身后左右侧，均高耸细长，形制、大小相当（图版Ⅰ：132、图版Ⅰ：133）。经幢由幢座、莲台、幢身和幢上部组成。幢上部的结构较繁复。经幢上刻有攀附的童子像和飞绕于幢前的飞天像。两座经幢的结构和造像列入表3。

表3　第245号龛正壁中部左右经幢结构及造像简表

幢名 结构及造像	左侧经幢	右侧经幢
幢高	97厘米。	94厘米。
幢座	八角形须弥座，高约12厘米。下部为三阶叠涩，中间束腰部分已残损剥落，上部为单层八角形。	八角形束腰须弥座上，座通高11厘米。座下部为三阶方台叠涩，中部束腰部分为一圆轮，上部为八边形叠涩一层。
莲台	须弥座上置仰覆莲台，高4厘米。	方台上置一仰覆莲台，高4.6厘米。
幢身	高（可见部分）19厘米，莲台以上八角形幢身每面宽约3厘米，幢身上部为云朵遮覆。	莲台承幢身，幢身呈八面形，每面宽2.5厘米。幢身上部为云朵遮覆。
幢上部	可见部分高47厘米。祥云再上为两级方形相轮，其下一级边缘饰两道线刻纹，其上一级边缘饰连珠纹。两级相轮之上为仰莲台，莲台之上又为两级方形相轮，其下一级残蚀模糊，其上一级外侧边缘饰两道线纹。再上又为一级方形相轮。方形相轮四角置一小塔，小塔形制已模糊。小塔之上一级为屋盖，屋盖上置月轮，月轮之上为两级相轮，相轮之上为幢顶，幢顶饰宝珠。	云朵上为一级八边形相轮，其上为五级方形相轮。其中由下及上第一级相轮表层存两道线刻纹，第二级相轮表层中部饰连珠纹，第三、四级相轮部分残，第五级相轮亦存两道线纹。第五级相轮之上为两级方形相轮，其中下级相轮边缘左右存小塔。小塔表层部分残蚀。再上为屋盖，屋盖上层为月轮，月轮上置金刚杵，金刚杵上为一级方形相轮，再上为幢尖，幢尖饰宝珠，尖端稍残。
附属造像	经幢下正前方和左右两侧共刻有小像3身。小像坐于须弥座上部外侧边缘，头均已残蚀，身体表层剥蚀。其中左侧小像拄条状物置于身前。幢身上部外侧刻有一蝌蚪形云朵，云尾止于幢尖，云头位于幢上部。云朵内刻飞天1身。飞天头梳高髻，面部残蚀模糊。戴项饰。上身赤裸，下身着长裤，头上环绕披帛，披帛绕过两腋向身后飘飞。双臂左右张开上扬，左手置于身体后侧，右手托一供物。右腿屈膝置于腹下，左腿屈伸于身后，整个身躯呈"U"形，作朝佛飞翔状。 经幢八角形幢身左右各刻出一带梗莲花，并与主尊佛像、左侧菩萨像背光相近。莲花表层均刻两层莲瓣，莲花呈圆形，高3厘米，直径6厘米，莲梗长约8厘米，右侧莲梗根部刻出部分莲叶。莲花上各坐一童子，体量相当，坐高8.5厘米，头长2.8厘米，肩宽3.2厘米，胸厚2厘米。童子皆光头，脸形较圆，面目可辨，身着衣饰不清。可见左右肩头下垂披帛，双手于胸前合十，盘腿而坐，跣足。	上部为八边形叠涩一层，其正面及左、右侧边缘各刻像1身。像头及躯体皆部分残蚀。其中左像于腹前拄剑。幢身上部外侧刻有蝌蚪形云朵，云尾止于幢尖，云头浮于幢上部。云朵内刻飞天1身。飞天头梳高髻，面部少许残毁。戴项饰。上身赤裸，下着长裤。披帛绕于头后呈环形，再经双腋向体后飘飞。双手于体侧屈肘外展，左手仰掌托供物，右手心似执一物，物残。左腿屈膝现于胸前，右腿于身后略微上翘，整个身躯略呈"U"形，作飞翔状。 经幢八角形幢身左右刻出一带梗莲花，并与主尊佛像、右侧菩萨像背光相近。左侧莲花表层刻出两层莲瓣，右侧莲花表层未见刻出莲瓣。莲花呈圆形，高3厘米，直径6.5厘米。左侧莲梗长10厘米，右侧莲梗长7厘米。莲花上各刻出一童子像。左侧童子残坐高7厘米，头残长2.6厘米，肩宽3厘米，胸厚1.5厘米。童子头顶残，面部风化模糊，身着衣饰不清，肩披披帛，双手于胸前合十，盘腿而坐。右侧童子高6.3厘米，头残长2.1厘米，肩宽3厘米，胸厚1.3厘米。童子躯体正面朝向西南，头及面部残，身着衣饰不清，肩披披帛，双手于胸前合十，盘腿而坐，跣足。

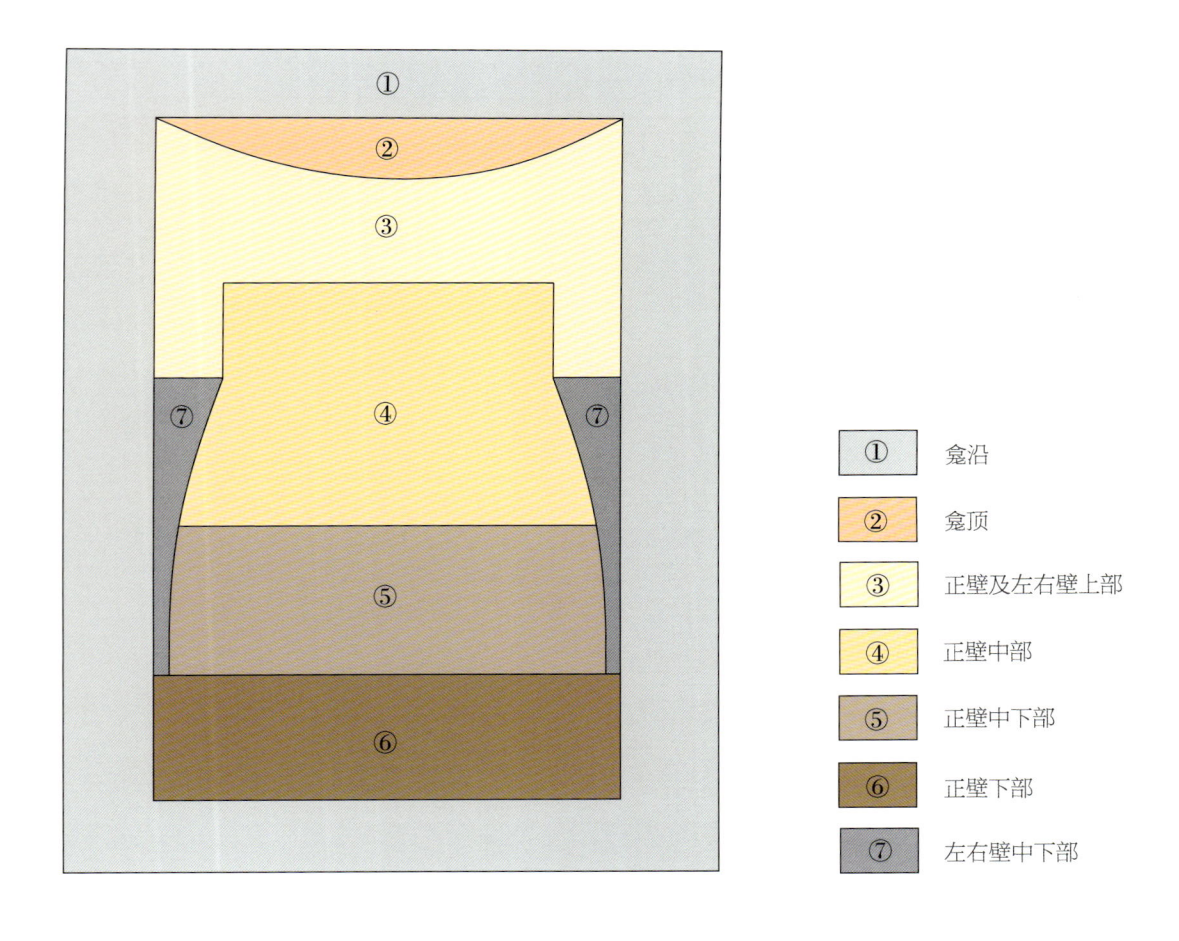

图 125　第 245 号龛造像布局结构示意图

3. 一佛二菩萨像下侧天众像

天众像按所在位置从左至右大致可分为四部分：第一部分位于左侧菩萨像与龛左壁斜向勾栏之间；第二部分位于佛像和左侧菩萨像之间；第三部分位于佛像和右侧菩萨像之间；第四部分位于右侧菩萨像与龛右壁斜向勾栏之间。

第一部分　刻天众像12身，由上至下编为第1—12号，其中第1—6像大致成纵向排列，第7—12像大致成横向排列。其造像特征详见表4（图129；图版Ⅰ：134）。

表4　第245号龛正壁一佛二菩萨像下侧第一部分天众像特征简表

编号	位置	造像特征
1	左侧菩萨背光左侧	高12厘米。身躯略残蚀，可见头戴冠，冠带于头两侧系结后下垂。脸形椭圆，身着披肩。披帛绕颈过左右肩，沿左右胸下垂于腹前相绕，再向上敷搭于双手前臂，反折相叠后垂于体侧。双手于胸前合十，腕镯。
2	第1像前排	高20厘米，余大体同第1像。
3	第2像前排	高21厘米，余大体同第1像。
4	第3像前排右侧	残高14厘米，残蚀甚重，从轮廓看，大体同第1像。
5	第4像右侧靠前	残立高18厘米，身大部剥落，从轮廓看，身微向左，余大体同第1像。
6	第5像右侧靠前	高22厘米，头残身漶，细部不清，左右侧存下垂的冠带，身微向左侧。从轮廓看，余大体同第1像。
7	第6像前排左侧	已毁不存，仅可辨其躯体下部遗迹及祥云。
8	第6像前排右侧	同第7像。
9	第7像左侧	残立高14厘米，颈以上毁，头后部存少许头光遗迹。身右侧，双手置于胸前，手部分残。余大体同第1像。
10	第9像前排右侧	立高9厘米，半身，躯体下部隐入勾栏内。头毁，头后存少许头光遗迹。着交领宽袖服，身微右侧，双手于胸前合十，手微残。
11	第10像前排右侧	仅存躯体下部轮廓。
12	平台勾栏与斜向勾栏相接处	立高18厘米，半身，下身隐于平台勾栏内。头大部残，存部分头光遗迹。双手于胸前合十。余大体同第1像。

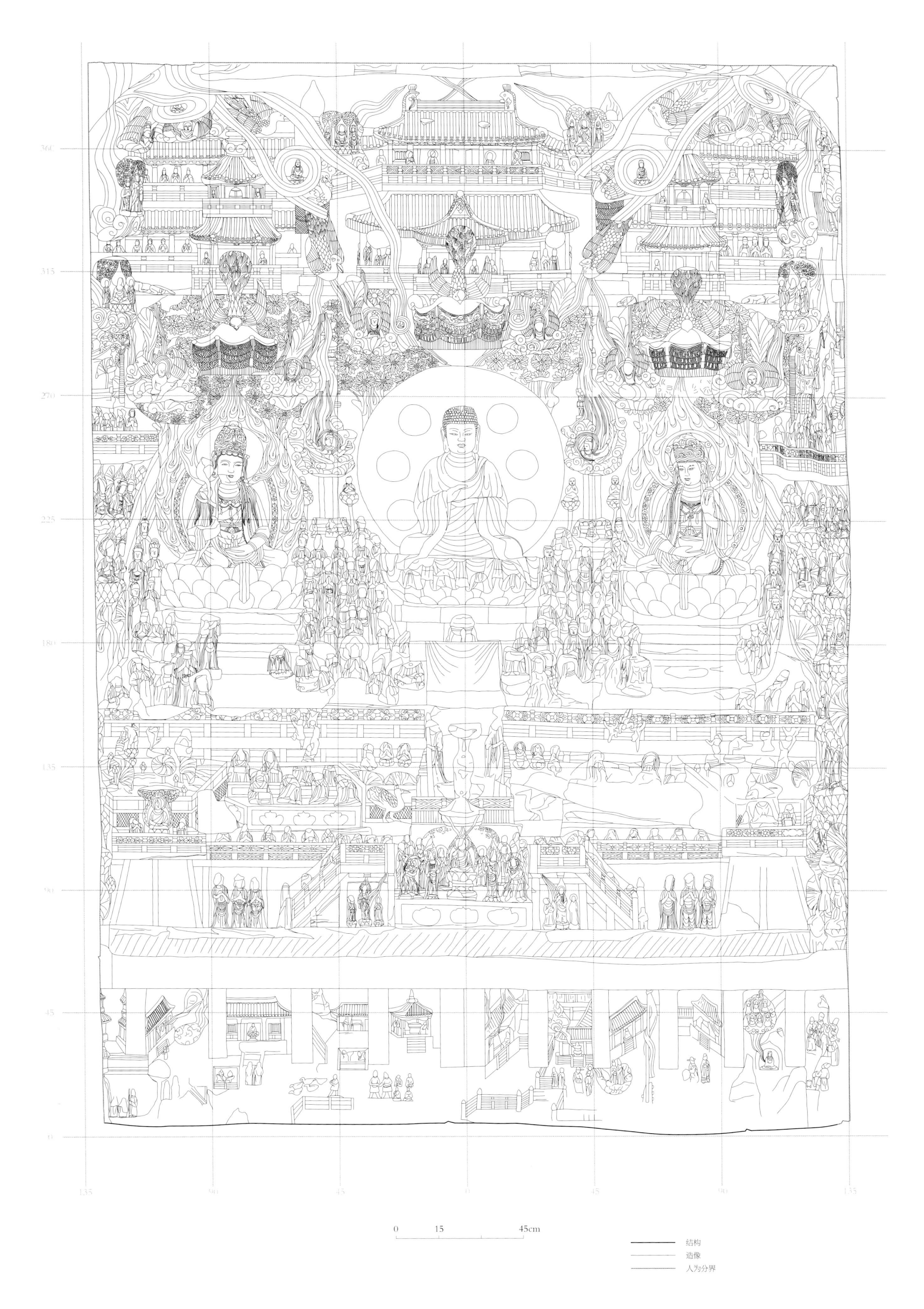

图 126　第 245 号龛正壁立面图

图 127　第 245 号龛正壁中部造像立面图

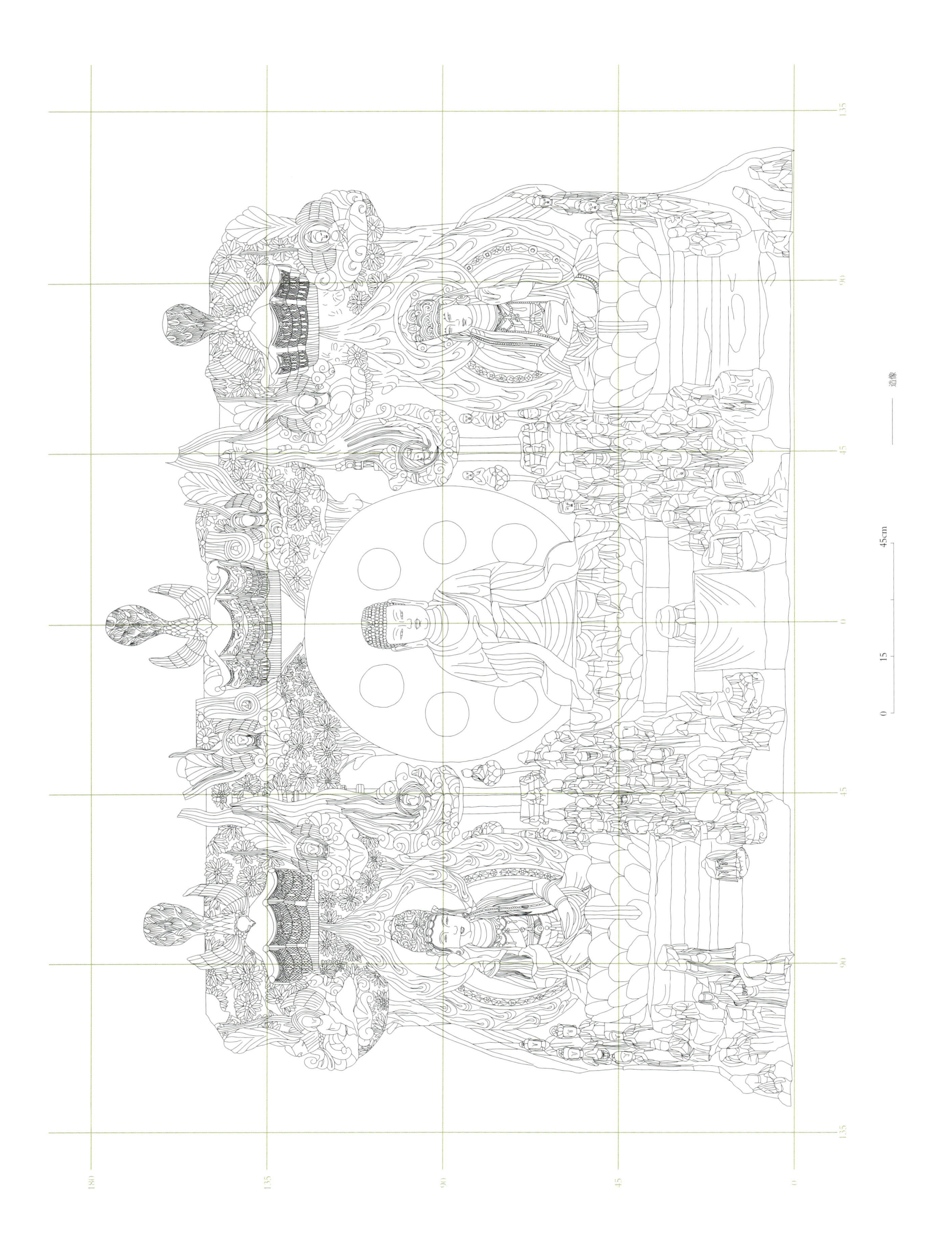

图 128　第 245 号龛主尊一佛二菩萨像等值线图
1　右菩萨像　2　佛像　3　左菩萨像

第二部分　刻像31身，按从上至下，由左至右顺序，编为第1—31号。其中第1—15像位于龛正壁，呈前后4排布置。第1排刻像2身，第2排刻像5身，第3、4排各刻像4身；第16—31像位于佛与菩萨像座前，前后两排略呈环形布列，后排刻像11身，前排刻像5身。除第16、17、26、27、28、29、30、31像躯体未被身前造像遮挡外，其余像均仅现部分身躯，为身前像所遮挡（图130；图版Ⅰ：135）。其造像特征列入表5。

表5　第245号龛正壁一佛二菩萨像下侧第二部分天众像特征简表

编号	位置		造像特征
1	正壁第1排	经幢左侧	高16厘米，可见上身，下身被前像遮挡。头梳高髻，髻上戴冠，脸形较圆，身漶衣饰不清，双手置于胸前。
2		经幢右侧	残高13厘米，头大部残，头后左侧存冠带，上着披肩，下着长裙。双手前臂敷搭下垂的披帛，双手置于胸前捧持一圆形物，手及物部分残，手腕镯。

续表5

编号	位置		造像特征
3	正壁第2排	左侧，第1像前	残高12厘米，头面残，残痕中可见头梳髻，髻上戴冠，上着披肩，双手于胸前合十。
4		第3像右侧稍下	高19厘米，头面残，双手于胸前捧持莲苞，衣饰与第2像同。
5		第4像右侧	高17厘米，头面残，上着披肩，下着长裙，披帛垂于腹前略呈"U"形，再向上敷搭前臂后下垂，双手于胸前合十，腕镯。
6		第5像右侧	高18.5厘米，头顶部分毁，面存少许，身微右侧，双手于胸前合十，衣饰与第2像同。
7		第6像右侧靠后	残高16厘米，头顶残，脸形较圆，面仰，戴项饰，双手合十。余与第2像同。
8	正壁第3排	左侧，第4像前排左侧	高19厘米，头顶残，脸形较圆，身微右侧，双手合十，余与第2像同。
9		第8像右侧	高19厘米，头梳高髻，面残毁，双手于胸前捧持莲苞，余与第2像同。
10		第9像右侧	高18.5厘米，头面皆残，从轮廓痕迹看，头微左侧，似梳髻，头后两侧存下垂的短带，戴项饰，双手合十，余与第2像同。
11		第10像右侧	残高15厘米，身微左侧，头梳髻，脸形较圆，双手合十，余与第2像同。
12	正壁第4排	左侧，第8像前排	高18厘米，头梳髻，戴冠，面部风化残蚀，双手合十，余与第2像同。
13		第12像右侧	高23厘米，身微左侧，头顶残，头后两侧存系结下垂的短带，圆脸，右肩稍残，双手于胸前捧持莲苞，余与第2像同。
14		第13像右侧	高21厘米，身微右侧，头顶残，存冠带遗迹，面部风化残蚀，双手当胸合十，余与第2像同。
15		第14像右侧靠前位置	高21.5厘米，身微右侧，头部分残毁，双手置于胸前，前臂毁，余与第2像同。
16	佛及菩萨座前后排	左侧菩萨像座前右侧最前端	残高10厘米，身向西（龛口），腰部以上毁，下身现存部分可辨其长裙及体侧下垂的两段披帛。双足及足下祥云亦残。
17		第16像右侧靠后	残高12厘米，身向龛右，胸部以上毁，其下风化，从残痕中，可见垂于腹前、两腿外侧的披帛，以及下着的长裙。
18		第17像右侧靠后	残高13.5厘米，身正面向龛右，头大部残，可见下颌及头左侧下垂的冠带；双手于胸前合十，手部分残，余同第2像。
19		第18像右侧	残高16厘米，身向龛右，头大部残，余同第2像。
20		第19像右侧	残高14厘米，身向龛右，头大部残，双手于胸前合十，手稍残，余同第2像。
21		第20像右侧	高20厘米，身向龛口，头大部残，存发髻部分遗迹，身微前斜，双手于胸前合十，手略残，余同第2像。
22		第21像右侧	高20厘米，身向龛口，头梳高髻，戴冠，冠带于头后左右系结后下垂及肩。脸形长圆，面目较清晰。双手于胸前合十，左手腕镯，余同第2像。
23		第22像右侧	高23.5厘米，身向龛左，头大部残，右肩稍残，双手置于胸前，手残，余同第2像。
24		第23像右侧	残高12厘米，身向龛左，头大部残，面部存少许，双手于胸前合十，余同第2像。
25		第24像右侧	残高13厘米，身微向龛左，头大部残，存部分下颌，头右侧存下垂的冠带，颈部刻出三道肉褶线，双手于胸前合十，腕镯，余第2像。
26		第25像右侧	残高9厘米，身微向龛左，膝以上毁，下身现存部分可辨其长裙及体侧下垂的两段披帛。跣足立于莲台之上，莲台高10厘米，宽11厘米，莲台及下部祥云残毁脱落。
27	佛及菩萨座前前排	第18像前	风化残毁甚重，仅存大致轮廓，似坐像，项后存圆形素面头光遗迹，直径9厘米。
28		第27像右侧	同第27像。
29		第28像右侧	同第27像。
30		第29像右侧	残高16厘米，身向龛左，头顶残，脸椭圆，头后两侧下垂短带。躯体表层松散脱落。项后饰圆形素面头光，直径8厘米，上部残。
31		第30像右侧	高20厘米，身略向龛左，头部表层残蚀脱落，头后左右侧存系结下垂的冠带。左侧躯体表层残毁脱落，双手残。从残痕看，似着宽袖服，右手举于胸前，跪坐。项后饰圆形素面头光，直径9厘米。

第三部分　刻像30身，编为第1—30号。其中，第1—15像位于佛与菩萨像之间的正壁上，呈前后4排布置，第1排刻像2身，第2排刻像5身，第3排刻像4身，第4排刻像4身；第16—30像位于佛与菩萨像座前及座之间，大致呈环形布置，可分为前后2排，后排刻像9身，即第16—24像，前排刻像6身，即第25—30像。除第16、26、27、28、29、30像未被身前造像遮挡外，其余像均仅现部分身躯，为身前造像所遮挡（图131；图版Ⅰ∶136）。其造像特征列入表6。

表6　第245号龛正壁一佛二菩萨像下侧第三部分天众像特征简表

编号	位置		造像特征
1	正壁第1排	经幢左侧	高14.7厘米，身微左侧，头面皆残，脸微仰，头后右侧存系结的冠带，上身着披肩，双手置于胸前，手残。
2		经幢右侧	高20厘米，身微左侧，头顶梳髻，头后左侧存系结的冠带，脸形方圆，面目依稀可辨。躯体表层风化剥落，身着衣饰不清。
3	正壁第2排	第1像前排靠左	高15厘米，身微左侧，头梳髻，面风化，头略仰，双耳垂长，双手置于胸前似持一物，手及物部分残。
4		第3像右侧	高18.5厘米，头顶剥落，头仅存发髻遗迹，面部风化，呈泥质状。戴项饰，肩披披肩，下着长裙。双手置于胸前合十，手腕镯。可见两手前臂敷搭的披帛垂于腹前呈"U"形，其两端再沿体侧下垂。
5		第4像右侧	高18.5厘米，身微右侧，头面风化脱落，头后左侧存下垂的冠带，双手于胸前捧持莲苞，余同第4像。
6		第5像右侧	高18厘米，头面皆残，存少许下颌，余同第4像。
7		第6像右侧	高17.5厘米，头微左侧，梳高髻，面部保存较好，眉目可辨，余同第4像。
8	正壁第3排	第4像前排靠右	高19厘米，头顶及面部稍残毁，可辨下垂的双耳，余同第4像。
9		第8像右侧	高17厘米，头顶稍残，梳高髻，脸形长圆，眉目可辨，鼻及嘴保存尚好，双耳垂长，双手置于胸前捧持莲苞，余同第4像。
10		第9像右侧	高22.5厘米，头部分残，头后左右存冠带的系结，戴项饰，小腹微鼓，余同第4像。
11		第10像右侧	高23厘米，头梳高髻，戴冠，头后左右存冠带，椭圆脸，双颊饱满，面目可辨，耳垂较长，余同第4像。
12	正壁第4排	第8像前排左侧	高25厘米，面向龛右，头梳髻，表层脱落，脸形长圆，面目可辨，余同第4像。
13		第12像右侧	高25厘米，头梳髻，戴冠，头后右侧存冠带所系的结，椭圆脸，面微仰，面目可辨，余同第4像。
14		第13像右侧	高25厘米，头梳高髻，戴冠，右侧存系结下垂的冠带，额头右侧稍残，脸形较圆，面目可辨，双手于胸前合十，手残，余同第4像。
15		第11像前排	高20厘米，头梳高髻，戴冠，冠带于头后左右系结下垂。右侧面部风化。右侧身躯隐没不现，余同第4像。
16	佛及菩萨座前后排	主尊佛座前右侧最前端	残高4厘米，小腿以上毁，可辨裙摆，似跣足立于莲台之上。莲台下饰祥云，台残毁脱落，台高1.3厘米，直径10厘米。
17		第16像右侧	残高14厘米，颈以上毁，身向龛右，头大部残，双手置于胸前，似合十，手残，余同第4像。
18		第17像右侧	残高18厘米，身微向龛右，头顶剥落，左肩及手臂表层风化，双手置于胸前，手残，余同第4像。
19		第18像右侧	残高16厘米，头梳高髻，戴冠，脸形较圆，面目可辨，余同第4像。
20		第19像右侧	高24厘米，头部分残，存部分发髻及左耳，余同第4像。
21		第20像右侧	高18厘米，头顶稍残，面目可辨，余同第4像。
22		第21像右侧	高17厘米，身微向龛左，头大部残毁，存头后右侧冠带，双手置于胸前，手残，余同第4像。
23		第22像右侧	残高11厘米，身向龛左，腰以上毁，下身可辨其长裙及体侧下垂的两段披帛。跣足。
24		右侧菩萨座左侧最前端	残高8.5厘米，身向龛口，余同第23像。

续表6

编号	位置		造像特征
25		第16像右侧靠后	残高18厘米，仅存轮廓。头后存圆形头光，部分残，直径8厘米。
26	佛及菩萨座前前排	第25像右侧	残高15厘米，身微向龛右，头残，脸形椭圆，头两侧存少许冠，头后存部分头光，余同第4像。
27		第26像右侧	残高17厘米，面向西（龛口），头梳高髻，戴冠，冠带于头后左右系结后下垂，椭圆脸，面稍残，余同第4像。
28		第27像右侧	残高10厘米，身微向龛左，头毁，存少许头光遗迹。身着宽袖服，双手置于胸前合十，手残，余同第4像。
29		第28像右侧	残高18厘米，身向南龛左，头大部残，头后右侧存下垂的冠带及少许头光，下部残蚀，双手于胸前合十，手残，余同第4像。
30		第29像右侧	残高5厘米，膝以上毁，所存下部可辨其长裙及体侧下垂的两段披帛。跣足立于莲台之上，莲台下饰祥云，均残，莲台高1.5厘米，祥云高5厘米，宽9厘米。

第四部分 刻像17身，编为第1—17号。其中，第1—5像大致位于菩萨像背光右侧与勾栏之间的位置；第6—10像位于菩萨须弥座右侧后排；第11—17像位于须弥座右侧后排像与勾栏之间的位置，略呈环形排列（图132；图版Ⅰ：137）。其造像特征列入表7。

表7 第245号龛正壁一佛二菩萨像下侧第四部分天众像特征简表

编号	位置	造像特征
1	右侧菩萨背光右侧	高17.5厘米，头梳高髻，戴冠，冠带于头后左右系结后下垂及肩。脸形椭圆，面部大致可辨。身着衣饰不清。双手置于胸前，手上覆巾。
2	第1像前排左侧	高13厘米，双手于胸前合十，余同第1像。
3	第1像前排右侧	高19.5厘米，上着披肩，身饰披帛。披帛沿胸下垂于腹前相绕，再向上敷搭于双手前臂后下垂，下着长裙，双手于胸前合十。
4	第2像前排左侧	高19厘米，身微右侧，头梳髻，髻顶略残。脸形椭圆，面目可辨，身着衣饰与第3像同，双手于胸前合十。
5	第3像前排右侧	高17厘米，身微左侧，余同第3像。
6	第5像前排左侧	高18厘米，头面风化残蚀，倚坐，跣足，足少许残。
7	第6像左侧靠前	高19厘米，身微右侧，头面残蚀甚重，头部左侧残留补塑的黄泥。双腿部分残毁。余同第5像。
8	第7像左侧	残高9厘米，身微右侧，头面残，上身似着宽袖服，下着裙，坐于须弥座上。余同第5像。
9	第8像左侧	残高19厘米，膝部以上毁，所存部分可辨其长裙下摆及双腿外侧下垂的披帛。
10	第9像左侧	残高20厘米，身微左侧，胸部以上毁。上着衣饰不清，下着长裙。腹前披帛相绕后再向上敷搭于前臂，反折相叠后沿体侧下垂。体后部存一段下垂的披帛。双手于胸前持物微上举，物残难辨。跣足立于祥云之上，祥云高4厘米，宽约8厘米。
11	第10像前，近平台勾栏外	残高13厘米，半身，头大部残，可辨头后左右侧存系结下垂的冠带。着内衣，披披肩，左肩残。双手似置于胸前，前臂及手残。头后饰圆形素面头光，头光直径8.5厘米，上边缘稍残，与第10像身下的祥云相叠。
12	第11像右侧靠后	残高20厘米，头毁，上披披肩，下着长裙。双手于胸前合十，手残。披帛垂于腹前后再向上敷搭双手前臂，相叠后下垂。余同第3像。
13	第12像右侧靠后位置	残高16厘米，全身残蚀甚重，衣饰不清，细部不明。双手于胸前合十，手部分残。
14	第13像右侧靠后位置	身向龛左，仅刻胸部以上，头面风化残蚀，头后两侧存下垂的冠带。身披披肩，右手前臂敷搭一段披帛。双手置于胸前，手残。头后圆形素面头光尚存，其边缘残毁。
15	第14像右侧	残高22厘米，身微左侧，头残，残痕中可见头梳髻，头后左右侧存系结后下垂的冠带。面部表层残毁脱落。右肩及上臂稍残。项后饰圆形素面头光，直径8厘米，余同第3像。
16	第15像右侧	残毁较重，仅存部分轮廓。
17	平台勾栏与斜向勾栏相接处	残高11厘米，头毁，头后残存少许头光，双手于胸前合十，手残，余同第3像。

4. 两侧勾栏

两侧斜向勾栏下端与第二层平台勾栏转角相接，上端隐入龛中部左右菩萨像背光之后，并与龛左右壁上部莲池下方的平台勾栏相接。左侧斜向勾栏长104厘米，高12厘米，右侧斜向勾栏长约105厘米，高11厘米。左右侧勾栏形制组合相近，为栌杖与盆唇之间置宝瓶及上方对应的散斗，散斗上宽2.8厘米，下宽2.4厘米。斗耳高0.5厘米，散斗口含栌杖，栌杖上下宽1.5厘米，宝瓶置于盆唇之上，盆唇上下宽1厘米，宝瓶间装嵌素面华板。勾栏下部刻出地栿，地栿上下宽1.4厘米，盆唇与地栿之间置间柱，并与上方宝瓶位置对应，柱身方形，高8厘米，宽2.8厘米。间柱间施卧棂三通，卧棂长11厘米，宽1.2厘米。左右侧斜向勾栏下端部分残。

（二）正壁中下部

正壁中下部图像总体上大致划分为三个部分：第一部分是位于下端的第一层平台，第二部分是位于上端的第二层平台，第三部分为两层平台之间的莲池、慢道等造像（图133；图版Ⅰ∶138）。

1. 第一层平台及造像

（1）平台建筑

平台总宽（以平台两端的角台底部边缘计）245厘米，高（从角台底部至角台上勾栏顶部）33.5厘米，其下即为高8厘米的改刻凿面。平台当中为一方形基台，宽48厘米，高10.5厘米，正面饰三壸门。基台顶部后侧起为高约4厘米的低坛。基台左右两旁对置楼台式踏道，由踏道可登临平台顶部。

右侧踏道下方由三根立柱支撑。三柱高从右侧至左侧依次为6.5、17.6、18.3厘米，最右侧柱身残，中柱和左侧柱身宽约2.5厘米。三柱身间穿插横枋、斜枋相连，斜枋宽2厘米，横枋宽1.4厘米。中柱与左侧柱顶置栌斗，斗残蚀。补间置一散斗，部分残，上宽2.6厘米，下宽1.8厘米，高约1.5厘米。栌斗和散斗上承梁枋。踏道临边置勾栏，其下侧和顶部的勾栏形制略有区别。

下侧勾栏由望柱、栌杖、盆唇、哑铃形间柱、方形间柱、卧棂等组成，其尺寸列入表8。

表8　第245号龛正壁中下部第一层平台下侧勾栏构件尺寸简表

部件名		高（长）		宽（厚）		备注
望柱		10厘米		2厘米		柱首残
栌杖		通长24厘米		0.9厘米		
盆唇		通长23.5厘米		0.8厘米		
方形间柱		2.8厘米		2.3厘米		施于盆唇与地皮之间
卧棂		4厘米		0.8厘米		施于盆唇与地皮之间
哑铃形间柱	上侧散斗	上宽1.6厘米	下宽0.8厘米	耳平0.4厘米	欹0.4厘米	施于栌杖与盆唇之间，由直斗和上下对置的两散斗组成
	直斗	1厘米		1厘米		
	下侧散斗	形小已模糊				

顶部勾栏由望柱、櫼柱、栌杖、盆唇、哑铃形间柱、华板、方形间柱、卧棂、地栿等组成，其尺寸列入表9。

表9　第245号龛正壁中下部第一层平台顶部勾栏构件尺寸简表

部件名		高（长）	宽（厚）	备注
望柱	右侧	残高7厘米	2厘米	柱身方形，柱首残
	左侧	残高10.8厘米	2.3厘米	
櫼柱		8.2厘米	0.6厘米	
栌杖		通长14厘米	厚0.9厘米	贴于望柱内侧
盆唇		通长14厘米	厚0.9厘米	

续表9

部件名		高（长）		宽（厚）		备注
柿蒂纹华板		长6厘米		宽3.5厘米		
方形间柱		2.8厘米		2厘米		施于寻杖与盆唇之间
卧棂		长6厘米		0.7厘米		施于盆唇与地栿之间
地栿		长16厘米		厚1厘米		
哑铃形间柱	上侧散斗	上宽1.5厘米	下宽1厘米	耳平0.6厘米	欹0.4厘米	施于寻杖与盆唇之间
	下侧散斗	上宽1.5厘米	下宽1厘米	耳平0.5厘米	欹0.5厘米	
	直斗	1厘米		1厘米		

　　左侧踏道与右侧踏道相仿，其下侧和顶部的勾栏形制也与右侧相似，唯下侧勾栏的望柱柱首保存完整，作宝珠形。

　　平台墙身部分高（自底部至上部平座下端）21.4厘米，墙身右侧壁面可见刻出倚柱两根，高21.4厘米，柱身宽2厘米。倚柱上承平座，厚2.6厘米，挑出1.2厘米。平座置勾栏，左右侧各长约44厘米，高7厘米。勾栏由寻杖、盆唇、哑铃形间柱、华板、方形间柱等组成，其尺寸列入表10。

表10　第245号龛正壁中下部第一层平台平座勾栏构件尺寸简表

部件名		高（长）		宽（厚）		备注
寻杖		左、右侧各长44厘米		厚1.5厘米		
盆唇		左侧长41厘米，右侧长43厘米		厚0.8厘米		贴于望柱内侧
柿蒂纹华板		长约8厘米		宽2.3厘米		施于寻杖与盆唇之间
方形间柱		2.5厘米		2厘米		施于盆唇与平座之间
对角菱形华板		长约9厘米		宽2.7厘米		施于盆唇与平座之间
哑铃形间柱	上侧散斗	上宽1.8厘米	下宽1.1厘米	耳平0.5厘米	欹0.6厘米	施于寻杖与盆唇之间
	下侧散斗	上宽1.8厘米	下宽1厘米	耳平0.5厘米	欹0.4厘米	
	直斗	1厘米		1厘米		

　　平台左右两端设马面角台，角台上宽24厘米，下宽32厘米，高24厘米，向外凸出墙身约5厘米（图版Ⅰ：139、图版Ⅰ：140）。角台正面当中刻出立柱一根，两侧边缘各刻出斜柱一根，三柱高27厘米，柱身宽2厘米。柱顶上置平座，厚2.3厘米，挑出2.2厘米。平座临边置勾栏，高7厘米。勾栏转角与平台墙身上的勾栏相接，并高出墙身上的勾栏约3厘米。勾栏由寻杖、盆唇、哑铃形间柱、华板、方形间柱、卧棂等组成，其尺寸列入表11。

表11　第245号龛正壁中下部左右端马面角台勾栏构件尺寸简表

部件名	高（长）	宽（厚）	备注
寻杖	左右两段各长约30厘米	厚1.5厘米	左右两段均略残
盆唇	左右两段各长约30厘米	厚1厘米	
柿蒂纹华板	长8厘米	宽2.4厘米	施于寻杖与盆唇之间
方形间柱	3.3厘米	2.2厘米	施于盆唇与平座之间

续表11

部件名		高（长）		宽（厚）		备注
卧棂		长8厘米		厚0.9厘米		施于栌斗与平座之间
哑铃形间柱	上侧散斗	上宽2厘米	下宽1.2厘米	耳平0.5厘米	欹0.5厘米	施于栌斗与盆唇之间
	下侧散斗	与上侧散斗尺寸相近				
	直斗	高1厘米		1.2厘米		

（2）造像

第一层平台造像较多，按所处的位置可大致分为四部分：第一部分以平台中部方形基台的说法图为中心，其左右两侧各分立两组造像；第二部分是楼台式踏道内的造像；第三部分是平台墙垣勾栏内造像；第四部分是角台勾栏内造像。

Ⅰ．方形基台及其两侧造像

基台造像　刻像17身。前侧7身，为一佛二菩萨二弟子二力士像；后侧左右低坛上各立弟子像5身（图134、图135；图版Ⅰ：141、图版Ⅰ：142）。其造像特征详见表12。

表12　第245号龛正壁中下部第一层平台中部方形基台造像特征简表

造像	位置	造像特征
主尊佛像	基台前侧	残坐高12厘米，头面残蚀。内着僧祇支，外着袒右式袈裟，袈裟一角绕过左肩、后背再敷搭于右肩上。左手抚左膝，手残；右手举胸前，手残。结跏趺坐于仰莲台上，台高4.2厘米，径10.7厘米。台下置束腰圆座，高10厘米。项后饰桃形背光，边缘饰火焰纹。背光后侧雕饰菩提树冠。佛像头顶分出两道毫光，上连八角形华盖。华盖高约10厘米，顶部似盔形，上刻一展翅飞翔的金翅鸟，鸟首及双翼残。
左侧菩萨像		残立高17.8厘米，头残，头后侧存冠带所系蝴蝶结。项后饰桃形头光。戴项圈，坠饰璎珞，下着长裙。披帛覆肩，下垂两腿间交叉后向上敷搭于双手前臂。腕镯，双手置胸前持一条状物，长6厘米。跣足立于覆莲台上，台高1.3厘米，径5厘米。
右侧菩萨像		残立高17.4厘米，头残，衣饰装束与左侧菩萨像同。双手置胸前持一莲蕾，左臂残。
左胁侍弟子		立高15厘米，光头，面部残饰。项后饰圆形头光，径4厘米。身着交领袈裟，下着裙。双手合十于胸前。
右胁侍弟子		残立高15厘米，头残，衣饰、手势与左胁侍弟子像同。
左侧力士像		立高15厘米，头梳髻，面部残蚀。裸上身，肌腱凸显，戴项圈，下着短裙，裙摆两角向上扬起，两腿间裙角下垂作三角形。披帛绕于头后呈环状，沿胸部下垂于体侧。左手上举过头顶，右手握拳置胸前。顶髋扭胯，跣足立于山石状低台上。
右侧力士像		立高14厘米，面部残蚀，衣饰装束与左侧力士像同。左肩残，右手上举过头顶，左手握拳置胸前。
左外侧弟子	基台后侧低坛上	共五尊，前排三尊，后排二尊。光头、面部残蚀。前排弟子立身高15—17厘米不等，后排弟子露头胸部。均身着交领袈裟，双手合十于胸前。
右外侧弟子		共五尊，位置排列、体量、衣饰、手势与左外侧弟子同。

基台两侧造像　以基台为中心，其左右两侧对称布列四组造像，内侧两组位于踏道下方，每组均为一菩萨二胁侍立像。外侧两组位于踏道与角台之间的墙体中部下方，每组均为三尊菩萨立像（图版Ⅰ：138）。其造像特征列入表13。

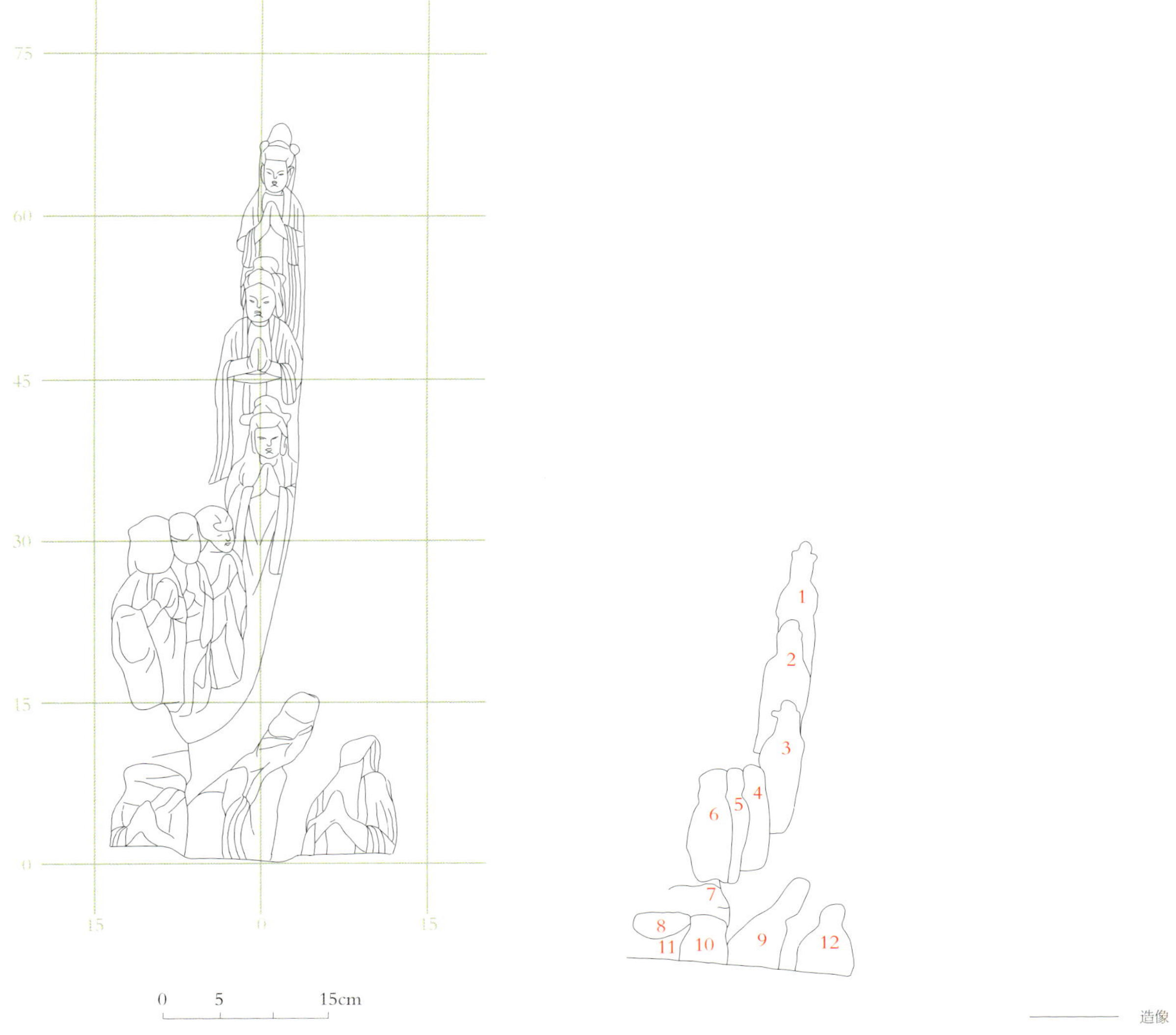

图129　第245号龛正壁中部左侧主尊菩萨像与左侧勾栏之间天众像立面及编号图

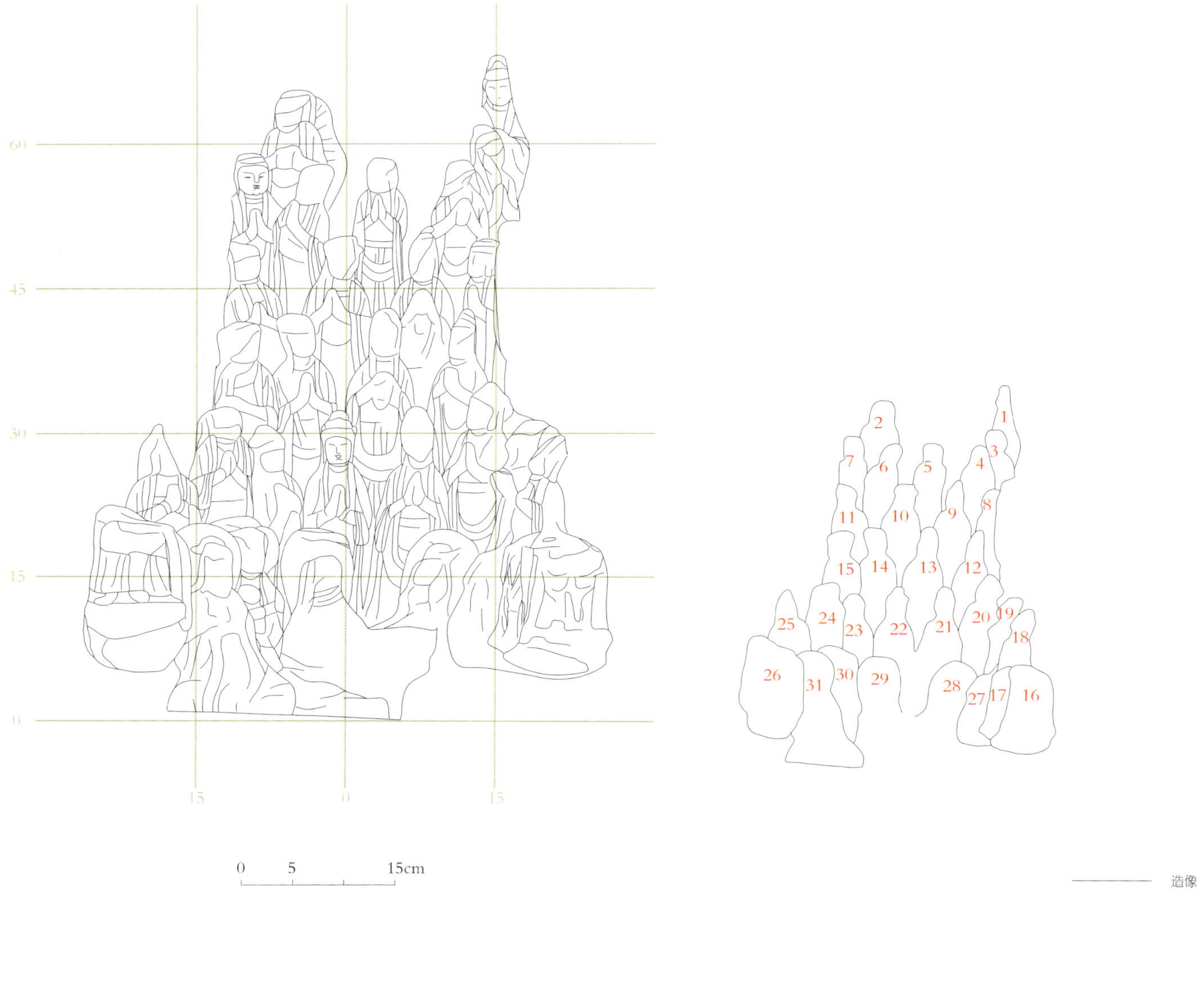

图130　第245号龛正壁中部主尊佛像与左菩萨像之间天众像立面及编号图

图 131　第 245 号龛正壁中部主尊佛像与右菩萨像之间天众像立面及编号图

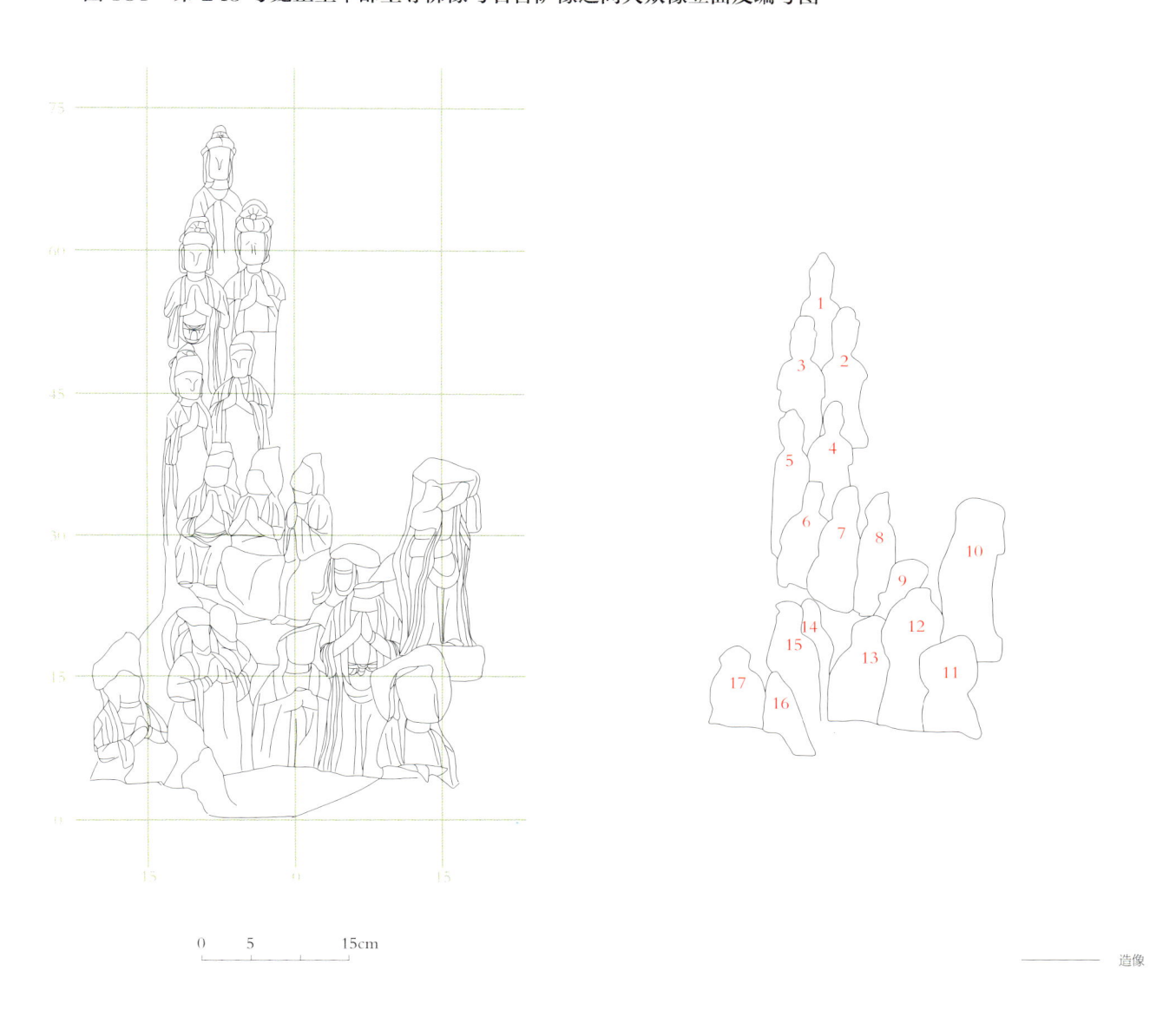

图 132　第 245 号龛正壁中部右侧主尊菩萨像与右侧勾栏之间天众像立面及编号图

第三章　第 237—249 号　177

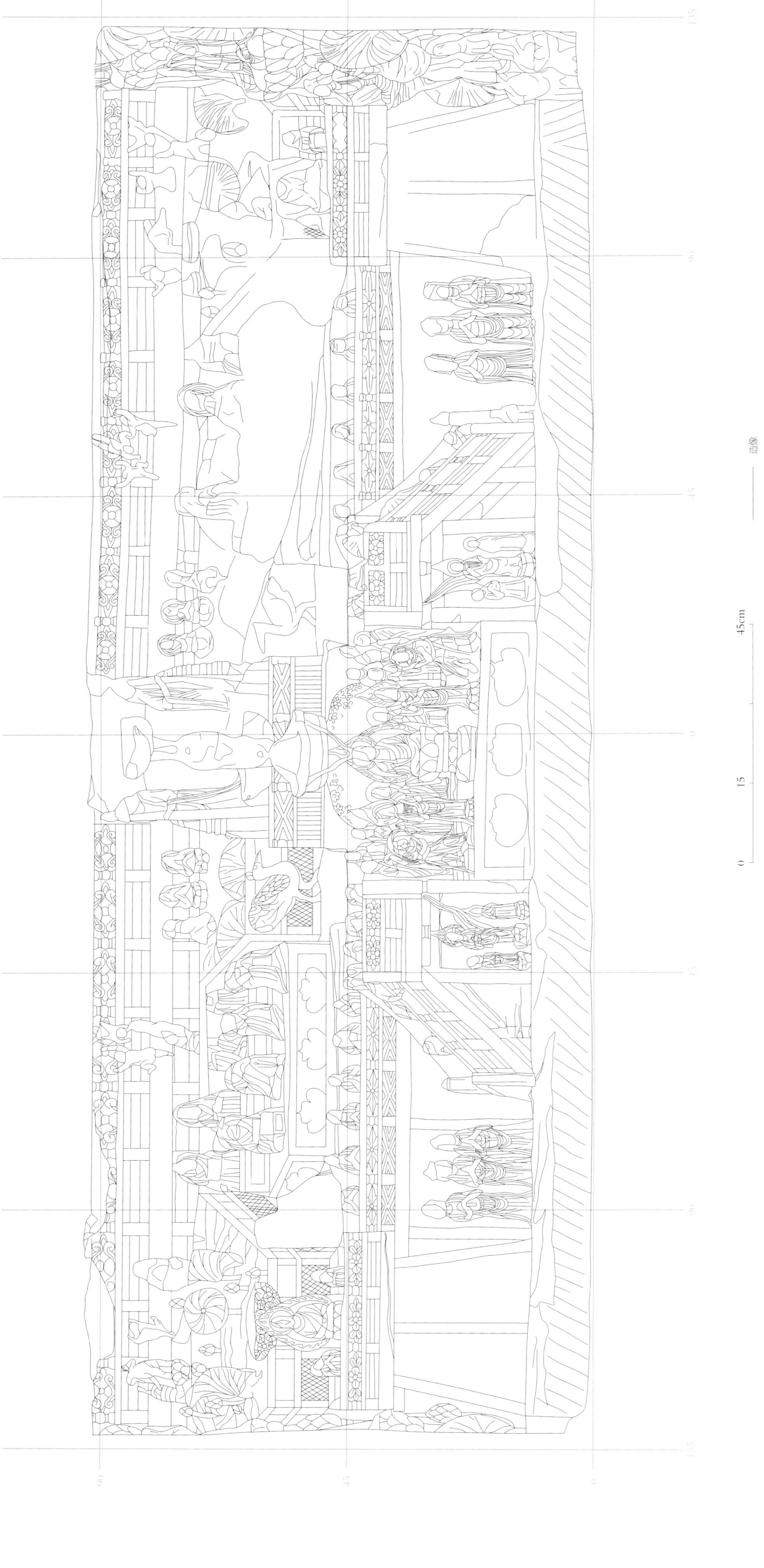

图 133　第 245 号龛正壁中下部造像立面图

表13　第245号龛正壁中下部第一层平台中部方形基台左右侧造像特征简表

造像及位置		造像特征
左侧踏道下方 一菩萨二胁侍 （图版Ⅰ：143）	主尊菩萨	立像高12厘米，头残长2.3厘米，肩宽2.7厘米，胸厚1厘米。面部残蚀，头后浮雕桃形头光，径3.8厘米。胸前存少许璎珞，躯体下部表层风化残蚀。披帛覆肩，下垂于两腿间交叉后向上敷搭双手前臂上。左手置腹前，右手举胸侧，捻持一物。足残，踏莲台上，台高3厘米，径4.5厘米，莲台为祥云所托。
	左胁侍	立像高9.6厘米，头残长2.5厘米，肩宽2.5厘米，胸厚1厘米。通体表层风化残蚀。项后浮雕圆形头光，径2.5厘米。双腿外侧存下垂的披帛。下踏莲台，高1.5厘米，径3.8厘米。
	右胁侍	立像高8.9厘米，头残长2厘米，肩宽2.5厘米，胸厚1.5厘米。双手拱于胸前。头光、衣饰、莲台等特征与左胁侍同。
右侧踏道下方 一菩萨二胁侍 （图版Ⅰ：144）	主尊菩萨	立像高12.3厘米，头残长2.5厘米，肩宽2.8厘米，胸厚1.5厘米。面部残蚀，头后存冠带所系蝴蝶结，项后饰桃形头光，径3厘米。衣饰与左侧菩萨同。挺腹扭腰，身姿作"S"形。双手置胸前托一盘，盘内盛物。足残，下踏莲台，高3厘米，径5厘米，莲台为祥云所托。
	左胁侍	立像高8.8厘米，头残长1.5厘米，肩宽2厘米，胸厚1厘米。其余特征与上述胁侍像略同。
	右胁侍	立像高8.5厘米，头残长1.5厘米，肩宽2厘米，胸厚1厘米。双手置于胸前似持一物。其余特征与上述胁侍像略同。
左侧踏道与 角台间三菩萨 （图版Ⅰ：145）	左起第1身	头部分残，立像通高19.9厘米，头长4.3厘米，肩宽4.3厘米，胸厚2厘米。双手合十于胸前。衣饰与左起第3身菩萨同。
	左起第2身	头部分残，立像通高19.9厘米，头长5厘米，肩宽4.5厘米，胸厚2厘米。双手置胸前持物。衣饰与左起第3身菩萨同。
	左起第3身	头大部残，头后存冠带所系蝴蝶结。立像通高19.3厘米，头长5厘米，肩宽4厘米，胸厚1.5厘米。披帛覆肩，下垂于两腿间交叉后向上敷搭双手前臂，下着裙。双手合十于胸前，腕镯。
右侧踏道与 角台间三菩萨 （图版Ⅰ：146）	左起第1身	头部分残，立像通高19厘米，头残长3.5厘米，肩宽4厘米，胸厚3厘米。身微左侧，双手合十于胸前。衣饰与左侧菩萨略同。
	左起第2身	头部分残，立像通高19.5厘米，头长4厘米，肩宽4.5厘米，胸厚3.3厘米。衣饰、身姿手势与左起第1身菩萨同。
	左起第3身	头部分残，立像通高19.8厘米，头长5厘米，肩宽4.3厘米，胸厚3厘米。双手置胸前似持一物。衣饰与左起第1身菩萨同。

Ⅱ．踏道内造像

共刻17身小立像（图133；图版Ⅰ：138）。其中，左侧踏道9身，右侧踏道8身。像多数残毁，下半身隐于勾栏内。为便于记述，按从下至上顺序，将左侧9身编为第1—9号；右侧8身编为第10—17号。其造像特征列入表14。

表14　第245号龛正壁中下部第一层平台踏道内造像特征简表

编号	位置		造像特征
1	左侧	踏道最下端	高7.9厘米，头及躯体风化残蚀。右手似置胸前，交足而立。
2		第1像之上	高5.5厘米，可见胸以上部位，头残，双手扶望柱柱首。
3		第2像之上	高6厘米，圆脸，侧首脸贴桿杖，左手扶栏。
4		第3像之上	高5.6厘米，头及躯体残蚀，双手似合十于胸前。
5		第4像之上	高3.6厘米，头及躯体残蚀，左手扶桿杖，似躬身作攀爬状。
6		第5像之上，立于勾栏内侧	高8厘米，头残，双手置胸前持物。
7		第6像右前侧	高3.5厘米，仅存上半身轮廓遗迹。
8		第7像右侧	高2.5厘米，仅存上半身轮廓遗迹，双手扶勾栏上。
9		第8像右侧	高2.5厘米，齐肩以上残毁，双手置胸前持物。

续表14

编号	位置		造像特征
10	右侧	踏道最下端	高6.5厘米，仅存躯体轮廓遗迹。
11		第10像上方	高6厘米，头毁，躯体残蚀。右手持物，左手抚勾栏上。
12		第11像上方	高8.5厘米，头及身躯右半部残毁，右手扶勾栏上。
13		第12像上方	高4厘米，头残，右臂搭勾栏上，手持物形似荷苞。
14		第13像上方，立于勾栏内侧	残高3.2厘米，齐肩以上残毁，躯体下部残蚀。
15		第14像左前侧	残高3.1厘米，齐肩以上残毁，双手置胸前持物。
16		第15像左侧	残高3.1厘米，齐肩以上残毁，双手扶勾栏上。
17		第16像左侧	残高2.5厘米，齐肩以上残毁，双手置胸前持物。

Ⅲ．平台墙垣勾栏内造像

刻像12身（图133；图版Ⅰ：138）。平台墙垣右侧排列6身，按从右至左依次编为1—6号；墙垣左侧排列6身，按从右至左依次编为7—12号。各像装束似菩萨像，凭栏而立，下半身被勾栏遮挡。其造像特征列入表15。

表15　第245号龛正壁中下部第一层平台墙垣左右勾栏内造像特征简表

编号	位置	造像特征
1	右侧	高3厘米，头毁，披帛覆肩，双手合十于胸前。
2		高6.5厘米，头残，披帛覆肩，双手合十于胸前。
3		高6厘米，披帛覆肩，双手合十于胸前。
4		高6.5厘米，披帛覆肩，双手合十于胸前。
5		残高5.5厘米，头毁，披帛覆肩，双手置胸前持物。
6		残高5厘米，头毁，衣饰、手势同第1像，侧身向平台中部，左肩未刻。
7	左侧	高4厘米，头及上身风化残蚀。
8		高4厘米，披帛覆肩，双手合十于胸前。
9		高4.5厘米，衣饰、手势同第1像。
10		高5厘米，披帛覆肩，双手合十于胸前。
11		高5厘米，披帛覆肩，双手合十于胸前。
12		高4厘米，披帛覆肩，双手合十于胸前。

Ⅳ．角台勾栏内造像

平台两端的角台勾栏内，各刻一组造像，均为一佛二菩萨三身像（图版Ⅰ：147、图版Ⅰ：148）。

右端角台勾栏内造像　佛像头残，坐高11厘米，头残长3.7厘米，肩宽5.2厘米，胸厚2.2厘米。身着通肩袈裟，双手腹前结印（正面可见左右手食指屈指向上，拇指与食指相捻，似为定印），结跏趺坐于仰莲台上，台高2.2厘米，径8.8厘米。身后饰桃形背光，径10.6厘米。背光分为头光和身光，头光圆形，径4.4厘米，身光椭圆形，径7.8厘米，边缘均饰火焰纹。背光后侧刻菩提树树冠，形似背屏。左侧菩萨像躯体下部隐于勾栏内，胸部以上残，残高3.6厘米，双手置胸前，手残。右侧菩萨像躯体下部亦隐于勾栏内，头残，像残高4.4厘米，双手置胸前托物，手及物残。双手前臂现存一段下垂的披帛。

图 134　第 245 号龛正壁中下部方形基台造像立面图

图 135　第 245 号龛正壁中下部方形基台造像效果图

左端角台勾栏内造像　佛像头残毁，残坐高7厘米，肩宽4.2厘米，胸厚1.8厘米。身着圆领通肩袈裟，双手置腹前持物。身后饰背光，径10.5厘米，上部残存菩提树树冠遗迹。结跏趺坐于仰莲台上，台高4.7厘米，径10.7厘米。佛左侧菩萨像齐肩以上残，身躯下部隐于栏内，残高10厘米。披帛覆肩，下着裙，垂于腹前的披帛呈"U"形，披帛敷搭双手前臂相叠后沿体侧下垂。双手置于胸前，手残。右侧菩萨像仅存躯体右侧轮廓遗迹，残高5.8厘米。现可见躯体左侧下垂的一段披帛。

2. 第二层平台

第二层平台宽249厘米，高20.5厘米（自平台墙身底部至上方勾栏顶部），壁面作波浪形起伏，其前侧为莲池。平台墙身刻倚柱，柱身宽2厘米，柱顶卷杀，上置栌斗。柱间施一横枋，厚1.5厘米。栌斗上承平座，上下高4.5厘米，向外挑出1.2厘米。平座上置勾栏，通长249厘米，高11.5厘米。勾栏左右两端与龛正壁中部和侧壁交接处的斜向勾栏折回相接，中部与其前侧的慢道连通。其结构形式为㭼杖与盆唇之间置哑铃形间柱（中为瘿项，上下作散斗），间柱间嵌柿蒂纹华板。盆唇至地坪间置方形间柱，间柱间施卧棂三通（图133；图版Ⅰ：138）。各构件尺寸详见表16。

表16　第245号龛正壁中下部第二层平台勾栏构件尺寸简表

部件名		高（长）	宽（厚）		
㭼杖		每段长13厘米	厚1.6厘米		
盆唇		每段长13厘米	厚1.3厘米		
柿蒂纹华板		3.8厘米	12厘米		
卧棂		长11.5厘米	厚1.1厘米		
方形间柱		5厘米	2.3厘米		
哑铃形间柱	上端散斗	上宽2厘米	下宽1.3厘米	耳平0.7厘米	欹0.6厘米
	下端散斗	与上端散斗略同			
	瘿项	2厘米	2厘米		

3. 第一、二层平台之间的建筑及造像

（1）建筑

在两平台之间刻出莲池、慢道、小经幢、乐台等建筑（图133；图版Ⅰ：138）。各建筑现状如下：

Ⅰ. 莲池

莲池平面呈不规则的凹凸曲面，左右两端齐抵左右侧壁，总长255厘米。沿莲池外围设置勾栏，慢道左侧的勾栏已多半残损，慢道右侧的勾栏保存较完整，高13.5厘米。勾栏的结构形式为㭼杖与盆唇之间置蜀柱，盆唇与地栿间置间柱，间柱间嵌菱格纹华板。其构件尺寸列入表17。

表17　第245号龛正壁中部第一、二层平台间莲池勾栏构件尺寸简表

部件名	高（长）	宽（厚）
㭼杖	每段长10厘米	厚1.5厘米
盆唇	每段长10厘米	厚1厘米
蜀柱	2.5厘米	2厘米
地栿	每段长10厘米	厚0.5—1.5厘米
间柱	4.5厘米	2厘米
菱格纹华板	5厘米	7.5厘米

Ⅱ．慢道

在两层平台中部雕凿一慢道相连，形似弧形拱桥，斜坡作姜察，坡面宽22.5厘米。慢道临边置勾栏，其桿杖呈弧形，厚1.5厘米，桿杖下装嵌素面华板。勾栏下端现存两根望柱，左侧望柱残损过半，右侧望柱保存较完整，柱身断面呈圆形，径约2厘米，高7.7厘米，柱顶卷杀，柱首作宝珠形。两望柱外侧又各置一望柱，左外侧的望柱大半残损，残高4厘米，径2厘米；右外侧望柱柱首残失，残高7.8厘米，径1.8厘米。右侧两望柱之间装嵌桿杖和素面华板。

慢道前侧正、左、右三面设置勾栏，高10厘米。勾栏的结构形式为：桿杖和盆唇之间置哑铃形间柱（中为瘿项，上下作散斗），间柱间嵌对角菱形纹华板。盆唇和地栿间置方形间柱，间柱间嵌直棍。其勾栏构件尺寸列入表18。

表18　第245号龛正壁中部第一、二层平台间慢道勾栏构件尺寸简表

部件名		高（长）		宽（厚）	
桿杖		每段长11厘米		厚1.4厘米	
盆唇		每段长11厘米		厚0.9厘米	
对角菱形纹华板		2.8厘米		4.5厘米	
直棍		4.4厘米		0.7厘米	
地栿		每段长11厘米		厚0.7厘米	
方形间柱		4.2厘米		2厘米	
哑铃形间柱	上侧散斗	上宽2厘米	下宽1.4厘米	耳平0.4厘米	欹0.5厘米
	下侧散斗	与上侧散斗略同			
	瘿项	1.8厘米		1.8厘米	

Ⅲ．小经幢

在慢道勾栏左右外侧各置一小经幢，左侧幢高约22厘米，右侧幢高约21厘米。两幢形制相同，下部为束腰须弥座，高5厘米。幢身作素面方形（左侧幢身已大半残蚀），高3厘米，面阔2厘米。幢身以上作五级相轮，幢顶残损模糊，形似宝珠。

Ⅳ．乐台

莲池前方于慢道左右两侧各刻一乐台。左侧的乐台几近残毁不存，现存台右下角壸门装饰遗迹。右侧乐台较完整，正面宽40厘米，高8.5厘米，装饰三壸门。台顶后侧起一低台，高4.8厘米。

（2）造像

Ⅰ．莲池内造像

池内刻作水波泛漾状，水面上雕荷叶、莲蕾和盛开的荷花。莲池内共刻22身化生童子像，从右至左通编为第1—22像，其中慢道右侧11身，左侧11身（图版Ⅰ：149、图版Ⅰ：150）。其造像特征列入表19。

Ⅱ．慢道及其近侧造像

慢道内刻一金翅鸟和两身立像。金翅鸟立于慢道当中，鸟身上部残毁，残高11厘米。两立像位于慢道勾栏两侧，背向而立。两像头均残毁，残高约18厘米。戴项圈，下着裙，披帛覆肩，下垂至两腿间交叉后，向上敷搭于手臂上。双手扶勾栏桿杖，左手持念珠，念珠贴勾栏华板上。

慢道下端两侧各刻一只金翅鸟，两金翅鸟相向而立。右侧金翅鸟高13厘米，长喙，头顶立冠羽，双翅上展，尾上翘。左侧金翅鸟高11厘米，其余特征与右侧金翅鸟略同。

Ⅲ．乐台造像

右侧乐台上刻8身伎乐像，台顶前侧4身，从右至左依次编为等1—4像；后侧低坛上4身，从右至左依次编为第5—8像。左侧乐台上伎乐像大半残毁，现存后侧低坛上伎乐像3身，从右至左依次编为第9—11像（图版Ⅰ：151、图版Ⅰ：152）。其造像特征列入表20。

表19　第245号龛正壁中部第一、二层平台间莲池内造像特征简表

编号	位置		造像特征
1	慢道右侧	莲池右端	高9.5厘米，头残，面上仰，上着吊带背心，下着犊鼻裈。左手上攀第二层平台勾栏卧棂，右手执第2像左臂，抬右腿，作攀爬状。
2		第1像左侧	高10厘米，头残，衣着同第1像，立于水池莲花上。左手执第1像右臂，作拉扯状；右手扶勾栏间柱。
3		第2像左侧	高8.8厘米，头及躯体左上下部残，双手攀勾栏卧棂，抬右腿，作攀爬状。
4		第3像左侧	残高6.8厘米，现仅存半身，头毁，似倒悬向下，两手撑池内莲台上。
5		第4像左侧	残高11厘米，头残，上着吊带背心，下身残蚀。双手攀勾栏华板，足登平台，作攀爬状。
6		第5像下侧	高5.5厘米，头部及躯体残蚀模糊，身着吊带背心。盘腿坐于池内，双手置身前似托第7像。
7		第6像上方 第8像下侧	现仅存躯体外侧轮廓遗迹。
8		第7像上方	高5厘米，可见半身，从勾栏上端勾身向下，右手扶卧棂，左手似牵扯第7像。
9		第8像左侧	高7厘米，头及躯体漶蚀，头后环绕披帛，坐水池莲台上。
10		第9像左侧	高7厘米，头残，头后环绕披帛，双手合十于胸前，盘腿坐莲台上。
11		第10像左侧	高7厘米，与第10像略同。
12	慢道左侧	慢道左下侧	高6.5厘米，头残，头后环绕披帛，双手合十于胸前，盘腿坐莲台上。
13		第12像左侧	高6.5厘米，与第12像略同。
14		第13像左侧	高6.5厘米，头及躯体残蚀，头后环绕披帛，坐莲台上。
15		第14像左侧	高7厘米，头残，衣着不清。双手攀勾栏盆唇，足登卧棂，作攀爬状。
16		第15像左侧	高7.5厘米，头残，身体倒悬勾栏上，双足挂桿杖，右手握卧棂，左手执第17像左臂。
17		第16像左侧	高10厘米，头残，衣着不清。右手攀勾栏盆唇，左手握第16像左臂，足登平台，作攀爬状。
18		第17像左侧	高6.5厘米，头及躯体下部残，衣饰不清。左手扶平台，右手攀勾栏卧棂，作攀爬状。身躯下方有一莲台。
19		第18像左侧	残高7厘米，身躯大半残毁，姿势难辨。下方存一莲台。
20		第19像左侧	残高7厘米，头及身体下部残，着吊带背心，双手攀勾栏卧棂，作攀爬状。
21		第20像左侧	残高7厘米，头毁，衣着不清。双手上举，双足立于池内。
22		第21像左侧	残高7.8厘米，头残，肩以上残毁，身体倒挂勾栏上。左手向下拉第21像右手，作牵扯状。

（三）正壁及左右侧壁上部

龛正壁上部及左右侧壁上部约占龛内壁面的四分之一，主要图像为一组高浮雕的仿木构建筑群（图136）。建筑群以龛正壁上部中央的主殿为中心，其左右两侧分别对称布局两座经幢、两座楼阁式塔、两座配殿、两座斜殿。其中，主殿、经幢、楼阁式塔位于龛正壁上部，配殿、斜殿位于龛左右侧壁上部（图137、图138、图139；图版Ⅰ：153、图版Ⅰ：154、图版Ⅰ：155）。在各建筑物之间，又以阁道、飞廊相连，形成以主殿为中心，左右各建筑物相互连接，平面呈"凹"形的布局形式。

正壁主殿、经幢、楼阁式塔的下方，为龛中部所刻的图像顶部遮挡；侧壁的配殿、斜殿下方，刻莲池、勾栏、慢道等建筑。

在上述建筑物上及其近侧，刻佛、菩萨、天人、迦陵频伽、飞天、金翅鸟等众多造像。为便于记述，将这些造像按其所在的位置关系，分属于与之最近的建筑物予以介绍。

表20　第245号龛正壁中部第一、二层平台间左右乐台造像特征简表

编号	位置	造像特征
1	右侧方台前侧	坐高11厘米，头残，上着交领宽袖襦衫，下系长裙，束裙腰，披帛环绕于头后，盘腿而坐。身前置一方几，几上平放一鼓，右手执槌，作敲击状。
2		残高9.5厘米，齐肩以上残毁，上着交领宽袖襦衫、半臂，下系长裙。盘右腿，左腿屈膝上拱。双手置胸前持一圆状器物。
3		高11厘米，头残，衣着与前像同，头后环绕披帛。盘腿而坐，双手置颌下持一器物，作吹奏状。
4		高10.5厘米，头残，衣着与前像同。盘腿而坐，双手置胸前持一器物，物残。
5	右侧方台后侧	高13.5厘米，头残，衣着与前像同。双手残，立于低坛后侧。
6		高13.6厘米，头残，衣着与前像同。双手置于胸前持物，物残。
7		残高8厘米，齐胸以上残毁，着宽袖服，下着长裙。盘右腿，左腿屈膝上拱，双手残。
8		残高8厘米，齐胸以上残毁，可见宽袖袖摆。
9	左侧方台	残高10.6厘米，头残，躯体漶蚀模糊。可见宽袖袖摆及环绕头后的披帛，双手似置胸前持物。
10		残高10.5厘米，头残，躯体漶蚀。可见宽袖袖摆及环绕头后的披帛，双手置颌下持管状乐器，作吹奏状。
11		残高10.3厘米，像已大部残毁，现存少许右臂袖摆和头右侧披帛遗迹。

各建筑物之间的相互距离（以两建筑物之间的最短距离计）为：中心主殿与左侧经幢相距3厘米，与右侧经幢相距3.5厘米；左侧经幢与左侧楼阁式塔相距1厘米，右侧经幢与右侧楼阁式塔相距3.5厘米；左侧楼阁式塔与左配殿相距27.5厘米，右侧楼阁式塔与右配殿相距35厘米；左侧配殿与左侧斜殿相距0.5厘米，右侧配殿与右侧斜殿相距1.3厘米。

1. 主殿及造像

（1）主殿

为两层歇山顶、前侧出抱厦的大殿，平面呈"凸"形，高76.5厘米（图140；图版Ⅰ：156）。主殿下部不见刻有台基，但在抱厦前侧勾栏底部刻出卷云相托。屋身前、左、右三面围以勾栏，形成"凸"形折回的围廊。其结构现状如下：

Ⅰ. 抱厦

主殿第一层屋身齐两次间外侧柱前出抱厦，单层歇山顶，山面朝前，高39.5厘米，面阔26.5厘米，进深13厘米。正面两角柱略显侧脚，柱身方形，宽1.5厘米。角柱内侧施槏柱，柱身宽1厘米。柱间施通长阑额，上下宽2厘米，从中间向两端上仰，显示角柱有明显生起。阑额之下山面三分，中间阑额下为一横长门，其下为宽10厘米的门洞。

抱厦角柱施构造简单的铺作。角柱上施栌斗，栌斗总高1.5厘米，耳平（可见部分）高0.8厘米，斗歌内凹，高0.7厘米。角栌斗前伸实拍华拱，华拱斗上承拱长替木托檐枋，同时外伸45°方向角华拱，与正侧面华拱共承替木以承正侧面之檐枋。山面补间铺作两朵，现可见其栌斗并部分替木，组织形式与角铺作正面同。在角铺作与补间铺作间，各施蜀柱二，近角柱者高，其次稍低，分别为1.5、1.4厘米。其上承枋被前撩檐枋遮挡。

抱厦左面于角柱间刻阑额，上下宽1.5厘米。阑额上的补间作两枚散斗。散斗仅刻出耳平部分，未见刻出斗歌，高约1.2厘米。斗口含向外伸出的实拍华拱，拱前端残损，向外挑出约1厘米。拱上置替木，通体相连，未作分段处理，上下宽0.6厘米，厚1.4厘米。替木上承撩檐槫，上下宽0.9厘米。抱厦右面于角柱间刻阑额。阑额上未刻出补间，在其上方1厘米处直接刻出通体的替木，上下宽0.6厘米，厚约1.9厘米。替木上为撩檐槫，上下宽0.9厘米。

屋顶正脊自主殿平座下向前伸出，长约17厘米，上下宽约3.5厘米。正脊端头略有残损，不见刻鸱尾。端头正面似为一兽头，张口含一圆形宝珠。正脊下方两侧的垂脊长约6.5厘米，垂脊外侧刻有上下排列的6个瓦当，径约0.8厘米，当为歇山顶垂脊外侧之排山沟滴。排山内侧刻出博风板，宽0.9厘米。博风板夹角之间装饰悬鱼。博脊长6厘米，上下宽0.8厘米。戗脊长约11厘米，上下宽约1厘米，均于侧面刻出线脚，表现叠瓦形式。戗脊端头刻有横折线，当为表现筒瓦相叠。山面刻出瓦垄、瓦沟共20垄，瓦垄径1厘米，瓦沟宽约0.6厘米，作重唇瓪瓦。瓦当圆形，内饰一小圆环。檐口从中间向两端弧线上仰，其下装饰帷幔，上下宽2厘米。正脊两侧屋面素平，未刻出瓦垄、瓦沟，但在檐口刻出圆形瓦当和重唇瓪瓦，其下亦饰帷幔。

Ⅱ．主殿第一层

面阔七间，宽（以二角柱中线计）67厘米，进深（自角柱中线至屋身后侧与龛壁相连处）为9.5厘米。中心间和两次间为屋身前侧的抱厦所掩，只见左右两侧的梢间和尽间。右侧梢间和尽间可见尽间的角柱和梢间左侧的立柱，此两柱间的立柱为其前侧所刻的立像遮挡；左侧梢间和尽间刻三柱。五柱柱身高从右至左依次为11、7、6.5、8.5、12厘米，显示柱子有生起。两角柱方形，宽2厘米，其余立柱宽约1.6厘米。

左右两梢间的柱间刻阑额，上下宽1.2厘米。阑额之上为撩檐槫，上下宽1.2厘米，厚0.5厘米，之间未刻铺作，并与抱厦两侧檐下的撩檐槫和替木作直角相接。左右两侧尽间上方檐口处，现存有略向外凸出的椭圆形残痕。右侧残痕长约10厘米，宽7.5厘米；左侧残痕长约7.5厘米，宽约6厘米。龛正壁中部主尊头上方所刻的两道毫光恰经过此两处残痕，因此这两处残痕是镂空处理的毫光带在主殿屋身的附着点。

屋身左面的檐下结构为角柱上方直接承一撩檐槫，上下宽1厘米，厚1.5厘米。屋身右面的檐下结构残蚀模糊，不见撩檐槫。

屋顶正面刻出瓦垄、瓦沟共33垄。筒瓦径1.3厘米，瓪瓦宽1厘米。重唇瓪瓦，瓦当圆面内饰一小圆环，径约0.5厘米。檐口向两端上仰，出檐2.5厘米，其下饰帷幔。屋顶两侧面素平，未刻出瓦垄、瓦沟和瓦当，檐口较平直，装饰帷幔。

Ⅲ．主殿第二层

第一层屋脊上方置平座，正面长55厘米，上下宽2厘米，向外挑出3.5厘米。其下不施斗拱，上置勾栏。勾栏高6.5厘米，共10段，每段长5.5厘米。结构形式为：寻杖与盆唇之间置哑铃形间柱，间柱间嵌对角菱形纹华板，盆唇与地栿之间置间柱，两间柱之间施卧棂三通。各构件尺寸列入表21。

表21　第245号龛正壁上部主殿第二层屋身勾栏构件尺寸简表

部件名		高（长）		宽（厚）	
寻杖		每段长5.5厘米		1.2厘米	
盆唇		每段长5.5厘米		0.9厘米	
对角菱形纹华板		3厘米		5厘米	
卧棂		每段长3.5厘米		厚0.5厘米	
地栿		每段长5.5厘米		厚0.6厘米	
间柱		2厘米		2厘米	
哑铃形间柱	上端散斗	上宽1.3厘米	下宽0.9厘米	耳平0.4厘米	歛0.5厘米
	下端散斗	上宽0.7厘米	下宽1.5厘米	耳平0.4厘米	歛0.5厘米
	瘦项	1厘米		1.5厘米	

第二层屋身面阔六柱五间，宽50厘米。明间和次间宽均12厘米，梢间宽7厘米。柱身宽2厘米，柱子生起，各柱高由右至左依次为7.2、6.8、6.2、6.3、6.6、7.1厘米，柱顶卷杀。柱间施阑额，上下宽约1厘米。明间两柱内侧置槫柱，宽1.5厘米，槫柱内侧置立颊，宽1厘米。立颊内设两扇板门，向内半开，门宽2.5厘米。次间外侧立柱的内侧也置槫柱、立颊，但未刻出门窗。梢间置一破子棂窗，宽4厘米，高4.8厘米，四边置子桯。柱头铺作组织较简：柱顶置栌斗，斗口含向外伸出的实拍华拱，拱头上置替木；栌斗上宽2厘米，下宽1.3厘米，耳平高0.7厘米，斗歛内颤，高0.5厘米；向外挑出1.4厘米。替木长4厘米，宽0.5厘米。转角铺作为：柱顶置栌斗，形式大小与柱头铺作栌斗略同。栌斗正面与侧面出实拍华拱，正面华拱作三角形，向外伸出仅0.8厘米；侧面拱头底部已剥落近半，向外挑出约4厘米。栌斗斜角出角梁，端头作三角形，向外挑出约4.5厘米。华拱头与角梁上承替木，再上为撩檐槫。但右侧角柱上方的转角铺作于栌

斗斜角仅出角梁，栌斗正面与侧面未见刻出拱头。各铺作以上为撩檐槫，左右两端略上翘，上下宽约1.2厘米，厚2厘米。撩檐槫上承檐椽，端头已残损，宽约1.2厘米，厚约0.4厘米，向外挑出1.5厘米。各椽平行，不作翼角辐射。檐椽上承屋檐，檐口呈弧线起伏，至左右檐角略有上翘。

补间施人字叉手铺作。中心间和两次间的补间铺作于阑额之上，撩檐槫之下作一蜀柱，高1.6厘米，宽0.7厘米。蜀柱两侧各置一朵人字拱，拱舒脚上翘，上置散斗以承素枋。两尽间的补间于阑额之上撩檐槫之下置一朵人字拱，上置一散斗，拱形与中心间和次间者相同。

屋身左侧壁依稀可见于角柱间施一横枋，因壁面残蚀，上下宽度不明。横枋之上可见角柱栌斗上向外伸出的实拍华拱。拱头上承替木，上下宽0.9厘米，厚0.7厘米。替木之上未见刻出檐椽。上为屋檐，檐口较为平直。屋身右侧壁素平，不见刻有横梁，仅在檐下刻出撩檐槫。撩檐槫至侧壁进深4.5厘米，上为屋檐，檐口较为平直。

檐口以上为屋顶，屋顶正脊长39.7厘米，上下厚约2.8厘米。其正面刻出七道水平线脚，以表现叠瓦屋脊。正脊两端饰鸱尾，鸱尾与正脊接口处刻有一道纵向的折线，折线上端于正脊顶部各刻一圆帽状瓦钉。鸱尾高约5厘米，外侧边缘装饰背鳍，上部刻作鸟头形，细部刻出鸟喙和眼纹。尾尖内指。鸱身部分刻一蝌蚪形云朵，云朵内饰一宝珠。鸱尾顶部刻出拒雀叉子与龛顶相连，叉子高约2.8厘米。垂脊较短，高2.8厘米，宽0.6厘米，隐刻出排山沟滴。戗脊宽1.2厘米，戗脊脊面上刻出一条凹线。戗脊左端头少许残蚀，可见刻出两条横线；戗脊右端头可见刻出三条横线，表现筒瓦相叠三装饰。檐角略微上翘。屋面刻出瓦垄、瓦沟，表现筒瓦、瓯瓦形式，筒瓦宽1.3厘米，瓯瓦宽0.8厘米，屋面共刻出30垄，瓦当为圆形，装饰柿蒂纹，滴水为重唇滴水。左右侧面屋顶残蚀剥落，未见雕刻，檐边素平。

Ⅳ．主殿外侧勾栏

主殿底层屋身下部包括抱厦外侧设置勾栏，平面呈凸形，宽出屋身约1.8—2.8厘米，使之形成回廊。勾栏前宽32.5厘米，后宽约74.5厘米，高约9厘米。其结构为：寻杖与盆唇之间置宝瓶及对应的散斗。散斗仅刻出斗欹部分。斗欹斜杀，高0.4厘米。散斗上承寻杖，上下宽1.1厘米。宝瓶置于盆唇之上，盆唇上下宽0.9厘米。宝瓶之间装嵌素面华板。勾栏下部刻出地栿，上下宽1.8厘米。其间与宝瓶对应的位置间柱，柱身方形，高2.5厘米，宽1.7厘米。间柱间施卧棂三通，卧棂长9.1厘米，宽0.8厘米。各构件尺寸详见表22。

表22　第245号龛正壁上部主殿底层屋身外侧勾栏构件尺寸简表

部件名		高（长）	宽（厚）
寻杖		每段长10.5厘米	厚1.1厘米
盆唇		每段长10.5厘米	厚0.9厘米
地栿		每段长10.5厘米	厚1.8厘米
卧棂		长9.1厘米	厚0.8厘米
间柱		2.5厘米	1.7厘米
哑铃形间柱	上端散斗	0.4厘米	1.4厘米
	下端散斗	0.2厘米	1.2厘米
	瘦项	1厘米	1.4厘米

（2）造像

在中心主殿建筑上，共附属刻18身小像。背贴屋身，仅现上身，下身隐入勾栏内。其中，抱厦屋身与勾栏之间的回廊内刻像6身（左右侧屋身各1身，正面4身），从左至右编为第1—6像；主殿第一层屋身与勾栏之间回廊内刻像8身（左右侧屋身各1身，正面屋身6身），从左至右编为第7—14像；主殿第二层屋身与勾栏之间回廊内刻像4身，从左至右编为第15—18像。其造像特征列入表23。

图 136　第 245 号龛正壁上部及左右侧壁上部建筑展开图

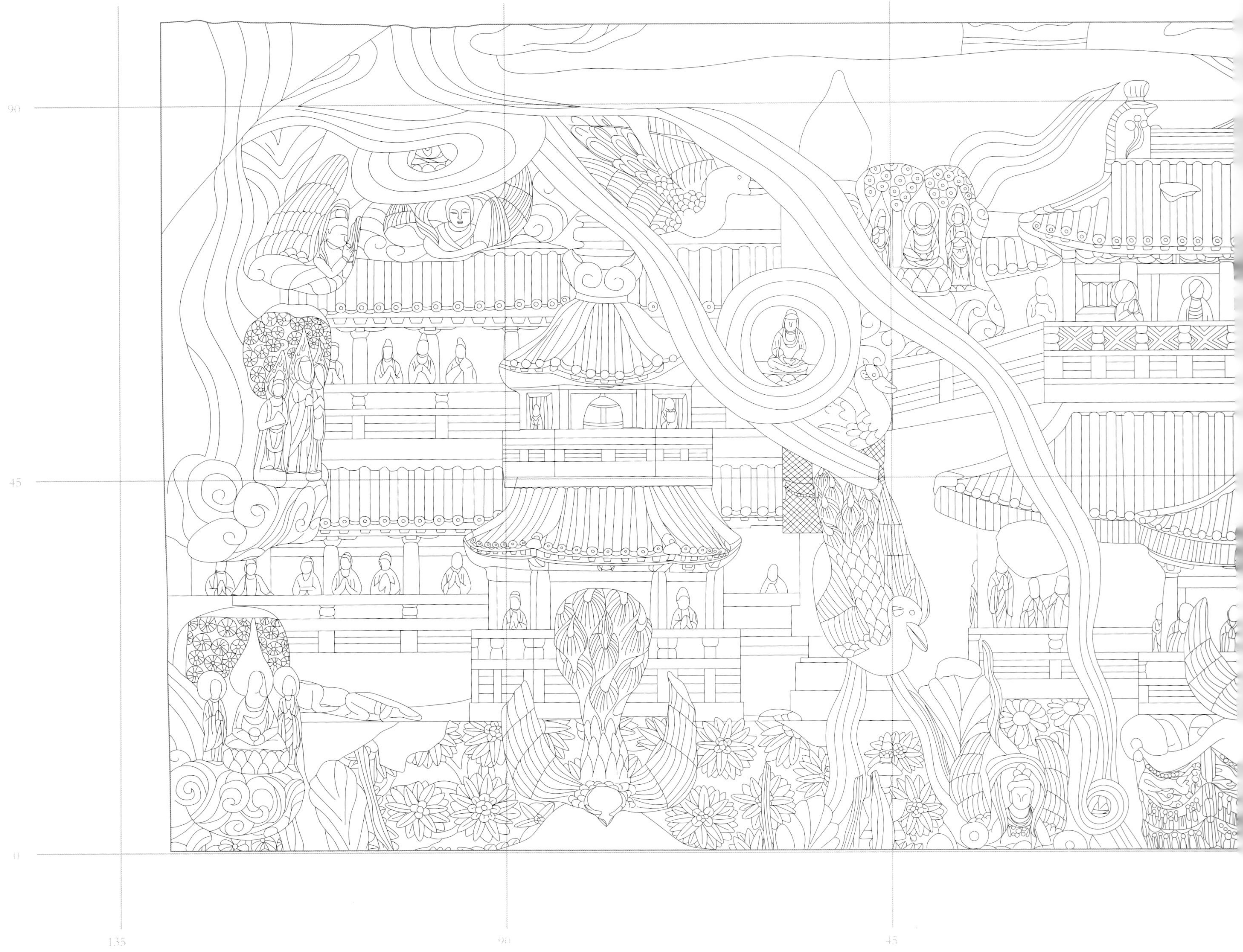
90
45
0
135
90
45

图 137　第 245 号龛正壁上部造像立面图

图 138　第 245 号龛左侧壁上部造像立面图

192　大足石刻全集　第三卷（上册）

图 139　第 245 号龛右侧壁上部造像立面图

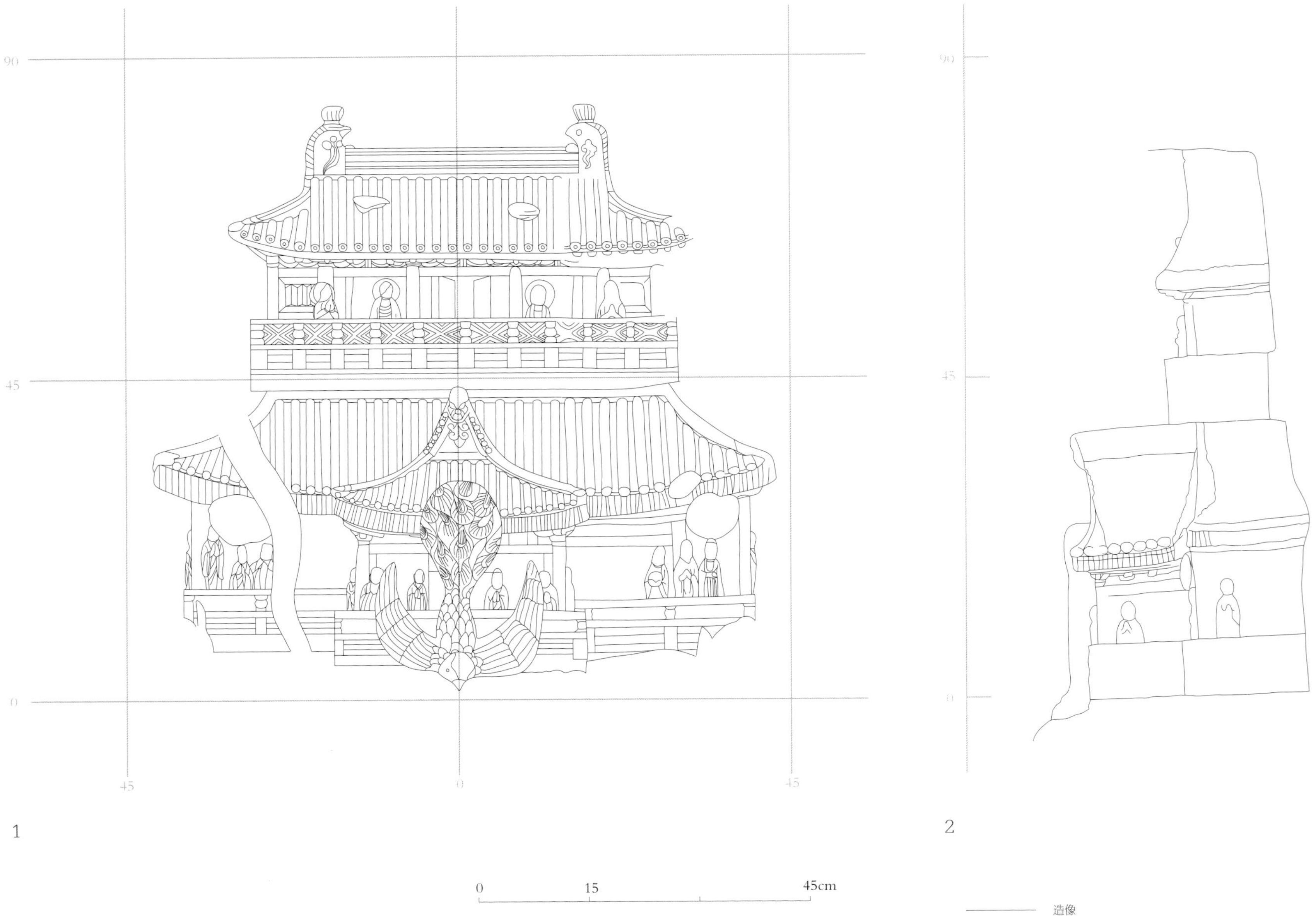

1

2

图140　第245号龛正壁上部主殿立面、侧视图
1　立面图　　2　侧视图

表23　第245号龛正壁上部主殿造像特征简表

编号	位置		造像特征
1	抱厦回廊内造像	左侧屋身	高5.8厘米，面左，风化模糊，面目不清，衣饰难辨，双手于胸前合十。
2		身左邻角柱	高5.5厘米，身微左侧，身右部分被金翅鸟左翼遮掩。头顶残，脸较圆，眼及鼻依稀可辨，着宽袖服，双手于胸前合十。
3		明间左侧	高6厘米，头梳髻，面目风化模糊，余同第2像。
4		明间右侧	高6厘米，头顶风化，余同第2像。
5		背部与角柱、樽柱相连	高6厘米，身微右侧，身左部分被金翅鸟右翼遮掩。头顶及面部残失，余同第2像。
6		右侧屋身，与角柱相距1.4厘米	高6厘米，面右，头顶风化，余同第2像。

续表23

编号	位置		造像特征
7	主殿第一层回廊内造像	左侧屋身	高8厘米，面朝左，头及面模糊，头以下仅存大致轮廓。
8		左侧尽间中央	高7.5厘米，头梳髻，面残，着宽袖服，左手下垂，右手置于胸前持一物（残）。
9		第8像右侧	残高7厘米，残蚀甚重，似着宽袖服，双手于胸前合十。
10		第9像右侧	高6.5厘米，头及面残，着宽袖服，双手于胸前捧持一方形物。
11		右侧梢间位置，距抱厦右侧屋身7.5厘米	高7.5厘米，头顶残，面目依稀可辨，身着长服，双手于胸前笼于袖内。
12		第11像右侧	残高6.5厘米，身残，余同第9像。
13		第12像右侧，与角柱邻近	残高8厘米，头残，面目不清，余同第9像。
14		右侧屋身	高8.2厘米，面朝右，头及面部模糊，头以下仅存大致轮廓，双手似于胸前合十。
15	主殿第二层回廊内造像	左侧尽间前，背贴尽间柱及直棂窗间	残高5.5厘米，头残，身着披肩，双手于胸前合十。头后饰圆形头光，径3厘米，厚0.7厘米。
16		左侧次间稍右	残高5厘米，头残，身着对襟服，双手扶于勾栏梐杖之上。头后饰圆形头光，径4厘米，厚0.8厘米。
17		右侧次间中央	残高5.3厘米，头残，胸饰璎珞，身着对襟服，双手扶于勾栏梐杖之上。头后饰圆形头光，径3.6厘米，厚0.5厘米。
18		右侧尽间	残高5.2厘米，身微左侧，头残身漶，衣饰不清，双手于胸前合十，腕镯。头后饰圆形头光，径3厘米，厚1厘米。

2. 经幢及造像

（1）经幢

右侧经幢距主殿7厘米，左侧经幢距主殿6厘米。两经幢形制相同，结构简略，由须弥座、幢身、宝盖、幢顶等组成（图141；图版Ⅰ：157、图版Ⅰ：158）。其构件特征列入表24。

表24　第245号龛正壁上部左右侧经幢构件特征简表

结构 \ 幢别	右侧经幢	左侧经幢
通高	69厘米。	67厘米。
须弥座	高14.2厘米。	高15.5厘米。
幢身	方形，高8.5厘米，宽9厘米。	方形，高9厘米，宽6.5厘米。
宝盖	现可见四层，宽13厘米。表层阴线刻菱形方格纹，其上悬坠璎珞。	可见四层，宽12.5厘米。表层装饰同右侧。
幢顶	作放焰宝珠。	同右侧。

（2）造像

两经幢的造像大致类似，呈对称布局：幢近侧各跪伏一像，幢身及宝盖前侧各刻一金翅鸟，幢顶各刻一佛二菩萨像。其造像特征列入表25。

表25　第245号龛正壁上部左右侧经幢造像特征简表

造像	右侧经幢		左侧经幢	
	位置	特征	位置	特征
跪像	幢座右侧	头向幢,匍匐于地,躯体残蚀。	幢座左侧	与右侧像同,方向相对。
金翅鸟	幢身前侧	身长28厘米,头向下,喙稍残,头顶刻冠羽,双翅微展,长尾。	幢身前侧	与右侧略同,方向相对。
	宝盖前侧	身长16厘米、鸟身向主殿,长喙,头顶有冠羽,微展翅,尾部被毫光遮挡。	宝盖前侧	与右侧略同,方向相对。
一佛二菩萨	幢顶前侧	三像驾祥云上,身后刻两株菩提树。佛像坐高8厘米,头长2.5厘米,肩宽2厘米,胸厚1厘米。头残,项后饰桃形头光,着通肩袈裟,双手置于胸前,结跏趺坐于仰莲台上。左侧菩萨像高10.5厘米,头长2.5厘米,肩宽2厘米,胸厚1厘米。头梳髻,圆脸,项后饰桃形头光。披帛覆肩,沿胸前下垂至腹前交叉后敷搭于前臂上。下着长裙。双手置胸前捧一盘,内盛一圆状物。立于莲台上。右侧菩萨像膝以下隐入祥云内,可见部分高8.5厘米,头长2.5厘米,肩宽2.5厘米,胸厚1厘米。左手下垂,右手置胸前持一物。	幢顶前侧	三像体量、衣着等与右侧像略同。唯左侧菩萨右手下垂,左手置胸前似持一物。右侧菩萨左手下垂,右手置胸前似持一物。

3. 楼阁式塔及造像

（1）楼阁式塔

右侧楼阁式塔距右侧经幢3.5厘米,左侧楼阁式塔距左侧经幢1厘米。两塔形制相同,均为双层八角形楼阁塔,刻出五面,由塔基、塔身、塔刹组成（图142；图版Ⅰ：159、图版Ⅰ：160）。其结构特征列入表26。

表26　第245号龛正壁上部左右侧楼阁式塔构件特征简表

塔别 结构	右侧楼阁塔	左侧楼阁塔
塔高	67厘米。	80厘米。
塔基	作八边形,高2.5厘米,边宽17厘米。	作八边形,高2.6厘米,边宽16厘米。
塔身第一层	正面阔13厘米,角柱柱身方形,宽1.1厘米,柱顶卷杀。柱间施阑额。柱头铺作组织简略：栌斗斗口斜出实拍华拱,拱头承替木,上承撩檐枋。补间铺作与柱头铺作形式相同。撩檐枋之上为檐椽、飞檐椽,飞檐椽上列瓦垄、瓦沟,瓦下端雕素面圆瓦当和重唇滴水。围塔身下侧置勾栏,其结构形式为：寻杖与盆唇间置斗子蜀柱,盆唇与地栿间置间柱,间柱间嵌卧棂。	正面阔12.2厘米,阑额与角柱内置槏柱、立颊,立颊内刻板门,门半掩。其余柱头、补间铺作、屋顶及下部的勾栏形式均与右侧同。
塔身第二层	正面阔8.8厘米,当中开门洞,内刻一钟。紧邻正面的两侧面刻直棂窗,四周有子桯。角柱间施阑额,柱内侧置槏柱。柱头铺作、补间铺作形式与第一层同。檐顶作盝顶,亦刻出瓦垄、瓦沟、圆形瓦当和重唇滴水。围塔身下侧置平座勾栏,勾栏的结构形式与塔身第一层同。	正面阔12.5厘米,当中门洞内刻一钟。柱头、补间铺作,檐顶以及平座勾栏形式等与右侧同。
塔刹	下部为山花蕉叶,上作三级相轮,顶端为放焰宝珠。	结构与右侧同。

（2）造像

两塔的造像亦呈左右对称：塔基外侧各2身跪伏像，塔身第一层各2身立像，塔身第二层各2身立像，塔刹处各1只金翅鸟。其造像特征列入表27。

表27　第245号龛正壁上部左右侧楼阁式塔造像特征简表

造像	右侧经幢		左侧经幢	
	位置	特征	位置	特征
跪伏像	塔基右外侧	两像头向塔，一前一后跪伏于地。着齐胸露背短衫，身体下部着装不辨。	塔基左外侧	略同右侧。
塔身第一层立像	正面两侧壁外	两像凭栏而立，露半身，已漶蚀。头顶似梳高髻，双手合十于胸前。	正面两侧壁外	两像残蚀模糊，仅可辨右侧像双手合十于胸前。
塔身第二层立像	正面两侧壁外	两像背窗凭栏而立，露半身，漶蚀。右侧像似梳高髻，双手合十于胸前。左侧像双手置胸前持一物。	正面两侧壁外	两像身躯残蚀模糊。右侧像双手置胸前，残；左侧像头梳髻，双手合十于胸前。
金翅鸟	塔刹前侧	长33.4厘米，鸟首向主殿，顶有冠羽，喙残，长尾，微展翅，作飞舞状。	塔刹前侧	略同右侧。

4. 配殿及造像

（1）配殿

两配殿均为双层歇山顶，位于左、右侧壁内侧。右侧配殿距右侧经幢63厘米，左侧配殿距左侧经幢51厘米。配殿下部刻出台基（图143；图版Ⅰ：161、图版Ⅰ：162）。其结构特征列入表28。

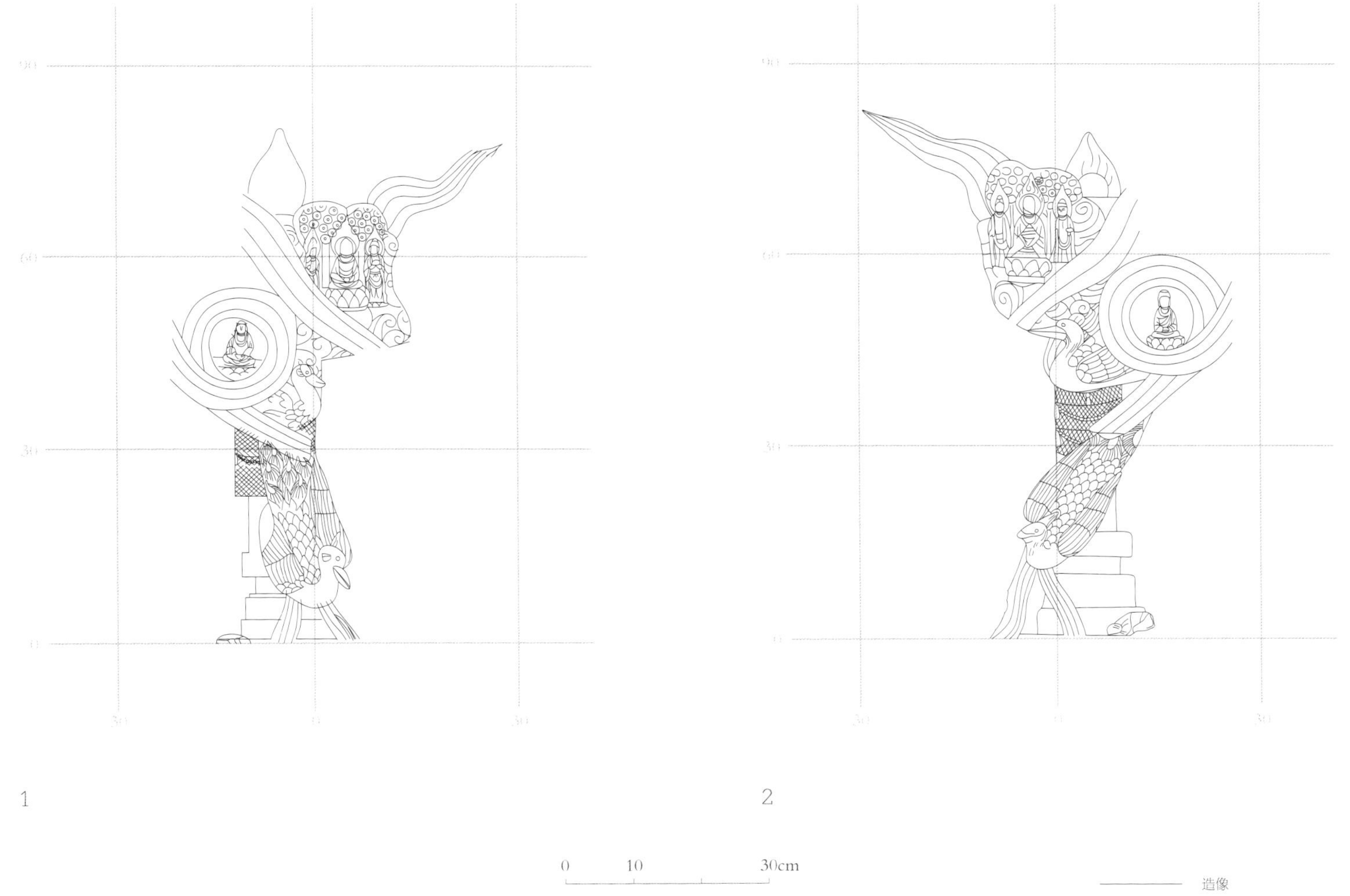

1　　　　　　　　　　　　　2

0　　10　　30cm

造像

图141　第245号龛正壁上部左、右经幢立面图

1　右经幢　2　左经幢

表28　第245号龛侧壁上部左右配殿结构特征简表

结构 \ 殿别	右侧配殿	左侧配殿
殿　高	66.5厘米。	70.5厘米。
台　基	高11.2厘米，台基下部呈方形，上部斜收呈覆斗形。正面饰联珠纹、四瓣纹。	高12厘米，余与右侧同。
第一层	六柱五间，总面阔38厘米，明间、次间、梢间分别面阔10、7.5、6.5厘米。明间刻两板门，门半开，门与柱之间置槫柱、立颊。次间、梢间面素平无雕饰。柱子生起，柱头卷杀，柱间施通长阑额。柱头铺作组织形式为：栌斗正面出实拍华栱，角缝斜出角华栱，上承替木，其上承撩檐枋。补间形式为：栌斗正面出实拍华栱，上承替木，再上承撩檐枋。撩檐枋之上刻檐椽，檐椽上刻瓦垄、瓦沟，下端为圆形瓦当和重唇滴水。屋身下方临台基边缘雕勾栏，高7厘米。其结构形式为：桯杖与盆唇间刻哑铃形间柱、柿蒂纹华板，盆唇与地栿间置间柱、卧棂。	六柱五间，总面阔41厘米，明间、次间、梢间分别面阔11、9、6厘米。余与右侧略同。
第二层	较第一层收窄，屋身左半侧为祥云遮挡，可见右侧明间、次间和梢间，分别面阔7、6.5、5.3厘米。梢间刻直棂窗，四周有子桯。柱头、补间铺作组织形式与第一层略同。檐椽上亦刻出瓦垄、瓦沟，下端雕圆瓦当和重唇滴水。正脊端头饰鸱尾，尾端内卷，鸱尾上刻出瓦钉。屋身下侧置平座勾栏，高6.2厘米，结构形式与第一层勾栏同。	亦较第一层收窄，明间为祥云遮挡。次间、梢间分别面阔8、6厘米，未刻门窗。余与右侧略同。

（2）造像

两配殿的造像大致呈对称布局：在屋殿前侧上、中、下方各刻一朵祥云，上方祥云内刻迦陵频伽，中间祥云内刻一佛二菩萨，下方祥云内刻一佛二弟子。右侧配殿内刻像12身，其中底层和第二层各6身。左侧配殿内刻像14身，其中底层8身，第二层6身（图138、图139；图版Ⅰ：161、图版Ⅰ：162）。其造像特征详见表29。

表29　第245号龛侧壁上部左右配殿造像特征简表

造像	右侧配殿 位置	右侧配殿 特征	左侧配殿 位置	左侧配殿 特征
殿内第一层小像	屋身正面及侧面回廊内	共6身。正面回廊立5身，右侧面回廊立1身，均为半身像，下部被勾栏遮掩。身躯溃蚀模糊，衣着不辨。左侧梢间前一像双手置胸前托物，左侧次间、右侧次间及右侧次间与右侧梢间之间的三像均双手合十于胸前，右侧梢间前一像双手胸前托物，右侧回廊内一像双手合十于胸前。	屋身正面及侧面回廊内	共8身。正面回廊立6身，左侧面回廊立2身，均半身，残蚀模糊。右梢间前一像双手合十于胸前。右次间前二像，内侧像双手合十，外侧像双手胸前托物。左次间前内、外侧及左梢间前共三像，均头梳髻，手臂敷搭披帛。左侧回廊内二像双手胸前托物。
殿内第二层小像	屋身正面及侧面回廊内	共6身。正面回廊立5身，右侧面回廊立1身，亦均半身像，溃蚀模糊。左次间前一像身躯大半被祥云遮挡，仅见右下宽袖袖摆。明间前一像头向右侧，双手合十于胸前。右次间前二像，内侧像双手置胸前捧一方形器物，外侧像双手合十于胸前。右梢间窗前及右侧回廊内二像双手置胸前，残。	屋身正面及侧面回廊内	共6身。正面回廊及右侧面回廊内立像尊数、完整程度与右侧略同。右梢间及右次间前二像仅见头部，头以下被祥云遮挡。明间前一像右半侧为祥云遮挡，双手合十于胸前。左次间前二像，内侧像双手胸前托一扁状物，外侧像较矮小，双手置下颌前似持一物。左侧回廊内一像双手合十于胸前。
祥云内一佛二弟子	台基前侧	佛像头残，坐高10.5厘米。着圆领通肩袈裟，身后饰桃形背光，项后有圆形头光。双手置腹前托钵，结跏趺坐于仰莲台上。两弟子像体量相当，高约11厘米。光头，着垂领式袈裟。均双手置胸前，手残。立于莲台上。三像身后刻菩提树，形若背屏。	台基前侧	佛像头残，坐高11.5厘米。着垂领式袈裟，身后饰桃形背光，项后有圆形头光。左手抚膝，右手置胸前残，结跏趺坐于仰莲台上。两弟子像均高13厘米，双手合十于胸前，余与右侧弟子像略同。

续表29

造像	右侧配殿		左侧配殿	
	位置	特征	位置	特征
祥云内一佛二菩萨	屋身前侧	佛像头残，残高14.5厘米。项后饰桃形头光，着圆领通肩袈裟。双手合十于胸前，立于仰莲台上。两菩萨像体量相当，高约12厘米，左侧菩萨头残。项后均饰桃形头光，披帛覆肩，沿胸前下垂至两腿间交叉后向上敷搭于前臂上。双手置胸前持物，足踏莲台上。三像身后刻菩提树，形若背屏。	屋身前侧	佛像高16.5厘米，项后饰桃形头光，着垂领式袈裟。左手下垂施与愿印，右手置胸前施无畏印，立于莲台上。两菩萨像体量相当，高约13厘米，头均残。其余衣着、姿势、持物等与右侧菩萨略同。
祥云内迦陵频伽	屋顶前侧	人面鸟身，头梳高髻，披帛环绕于头后，下身作长尾。展双翅凌于祥云上。双手执笙，作吹奏状。	屋顶前侧	双手执箫，作吹奏状。余与右侧像略同。

5. 斜殿及造像

（1）斜殿

两斜殿均为双层庑殿顶，位于左、右侧壁外侧。右侧斜殿与右侧配殿最窄相距1厘米，左侧斜殿与左侧配殿最窄相距0.5厘米。两殿在雕刻上作特殊处理，屋身齐正，屋檐倾斜，视觉上形如斜殿。殿身下刻出台基上部少许（图144、图145；图版Ⅰ：163、图版Ⅰ：164）。其结构特征列入表30。

表30　第245号龛侧壁上部左右斜殿结构特征简表

殿别 结构	右侧斜殿	左侧斜殿
高	62厘米。	71厘米。
第一层	四柱三间，总面阔27厘米，明间阔12厘米，次间阔7.5厘米。明间装两扇板门，门半开，板门与柱间置榑柱、立颊，板门上方阑额之下置门额。左右次间素平无装饰。柱间施通长阑额，柱头卷杀。柱头铺作表层残损模糊，其结构大致为：栌斗正面出实拍华栱，上承替木，再上承撩檐枋。补间铺作一朵置明间阑额上，结构形制同柱头铺作。撩檐枋上承檐椽，檐椽上屋面刻出瓦垄、瓦沟，下端雕饰圆形瓦当和重唇滴水。围屋身下部置勾栏，高8.4厘米。其结构形式为：桯杖与盆唇叠砌，盆唇与地栿间嵌素平华板。勾栏于明间前阙开，并与前侧的慢道相连。	四柱三间，总面阔30厘米，明间阔13.6厘米，次间阔8.2厘米。其余包括铺作、屋面、下部勾栏等结构与右侧殿略同。
第二层	四柱三间，总面阔22厘米，明间阔13厘米，次间阔4.5厘米，均素平无装饰。柱间施通长阑额，柱头卷杀。柱头与补间铺作结构形式略同第一层。撩檐枋之上亦刻出檐椽，其上刻瓦垄、瓦沟，下端雕饰圆形瓦当及重唇滴水。正脊端头饰有鸱尾，尾端被屋顶所刻祥云遮掩。围屋身底部置平座、勾栏，勾栏高6厘米，其结构形式为：桯杖与盆唇间置哑铃形间柱，盆唇与平座间施卧棂三通。	四柱三间，总面阔19.5厘米，明间阔11厘米，次间阔4厘米，4.5厘米。其余铺作、屋面的结构与右侧殿略同，唯平座勾栏桯杖与盆唇间的哑铃形间柱间刻有柿蒂纹华板。

（2）造像

两斜殿底层和第二层勾栏内共刻有26身天众像，右殿、左殿各13身，均为底层6身，第二层7身。在两殿屋顶上方，各刻有一蝌蚪形云朵和一只金翅鸟，右殿云朵内刻骑象的普贤菩萨及侍者，左殿云朵内刻骑狮的文殊菩萨及侍者（图138、图139；图版Ⅰ：163、图版Ⅰ：164）。其造像特征列入表31。

1　　　　　　　　　　　　　　　　　　　　　2

3　　　4

图 142　第 245 号龛正壁上部左、右楼阁式塔立面、侧视图
1　右楼阁塔立面图　2　右楼阁塔侧视图　3　左楼阁塔侧视图　4　左楼阁塔立面图

图 143 第 245 号龛左、右侧壁上部配殿立面、侧视图
1 右配殿侧视图　2 右配殿立面图　3 左配殿立面图　4 左配殿侧视图

表31　第245号龛侧壁上部左右斜殿造像特征简表

造像	右侧斜殿 位置	右侧斜殿 特征	左侧斜殿 位置	左侧斜殿 特征
第一层天众像	屋身正面及侧面回廊内	正面回廊内立像5身，右侧面回廊内立像1身，均作半身，下部被勾栏遮挡。躯体多半漶蚀模糊，衣着难辨。明间内一像，头倚板门，右手扶门槛，骑跨于门槛上。左梢间前二像：东侧像双手合十于胸前；西侧像双手置胸前托物。右梢间前二像：东侧像头及左手残，右手抚勾栏望柱柱首；西侧像头残，双手合十于胸前。右侧面回廊内一像双手置胸前托物。	屋身正面及侧面回廊内	正面回廊内立像5身，左侧面回廊内立像1身，亦均为半身，下部被勾栏遮挡。躯体多漶蚀，衣着难辨。明间内一像，倚门而立，左臂可见搭有披帛。左梢间前二像：东侧像右手托物，左手扶勾栏望柱柱首；西侧像头残半，双手置胸前残。右梢间前二像：东侧像头残半，双臂下垂；西侧像头残半，右手扶栏，左手抚望柱柱首。左侧面回廊内一像双手合十于胸前。
第二层天众像	屋身正面及侧面回廊内	正面回廊内立像5身，左、右侧面回廊内各立像1身，均为半身，下部被勾栏遮挡。躯体亦多半漶蚀，衣着难辨。明间前侧三像：当中一像，双手置胸前托物；其东侧像双手置胸前，残；其西侧像双手似合十于胸前。左梢间前一像双手合十于胸前。右梢间前一像头毁，双手合十于胸前。左侧面回廊内一像身体已残蚀大半。右侧面回廊内一像双手合十于胸前。	屋身正面及侧面回廊内	正面回廊内立像5身，左、右侧面回廊内各立像1身，均半身，下部被勾栏遮挡。躯体漶蚀，衣着难辨。明间前二像：东侧像双手置胸前托物，西侧像双手合十于胸前。左梢间前一像双手置胸前残。右梢间前二像：东侧像双手置胸前托一方形物，西侧像双手合十于胸前。左侧面回廊内一像双手置胸前残。右侧面回廊内双手置胸前托一方形物。
菩萨及侍者像	屋顶前侧	普贤像结跏趺坐于大象背驮的仰莲台上，坐高13厘米。头戴宝冠，冠带于项后系结后下垂及肩。脸椭圆，双耳垂长。披帛覆肩，沿胸部下垂至腹前交叉后向上敷搭于前臂上，双手合十于胸前。身后饰椭圆形背光，内线刻头光及身光，边缘饰火焰纹。大象高10厘米，身长18厘米，颈下系铃铛，背部置鞯，鞯下垂障泥，系以腹带。象身后侧立一象奴，高11厘米。上身着窄袖服，下着长裤，膝间缚带。双手执缰绳，躯体略向后仰，作牵拽状。象前立一侍者像，高8.5厘米。披帛绕于头后呈环形，并沿双肩垂于体侧，下着长裙。双手合十于胸前。	屋顶前侧	文殊像结跏趺坐于狮子背驮的仰莲台上，坐高11.5厘米。其余衣饰、手姿、身后背光式样与普贤像略同。狮身长14.5厘米，高15厘米，张口，颈下系铃铛，系有攀胸及腹带。其下置鞯，鞯下垂障泥。狮身后侧立一狮奴，高14厘米。上身着圆领窄袖短服，腰系带，下着长裤。双手执缰绳，身微后仰，作拉拽状。狮前立一侍者像，高8厘米。衣饰、姿态与右侧侍者像略同。
金翅鸟	屋顶上方	头部喙残，双翅微展，尾部上扬，作飞翔状。	屋顶上方	形态与右侧略同。

6. 各殿阁之间的阁道、飞廊及造像

（1）阁道及飞廊

主殿与左右侧经幢、楼阁式塔至配殿之间均以双层阁道相连，配殿与斜殿之间以飞廊相连（图136、图137、图138、图139；图版Ⅰ：153）。其特征列入表32。

图 144　第 245 号龛右侧壁上部外侧斜殿立面、侧视图
1　侧视图　2　立面图

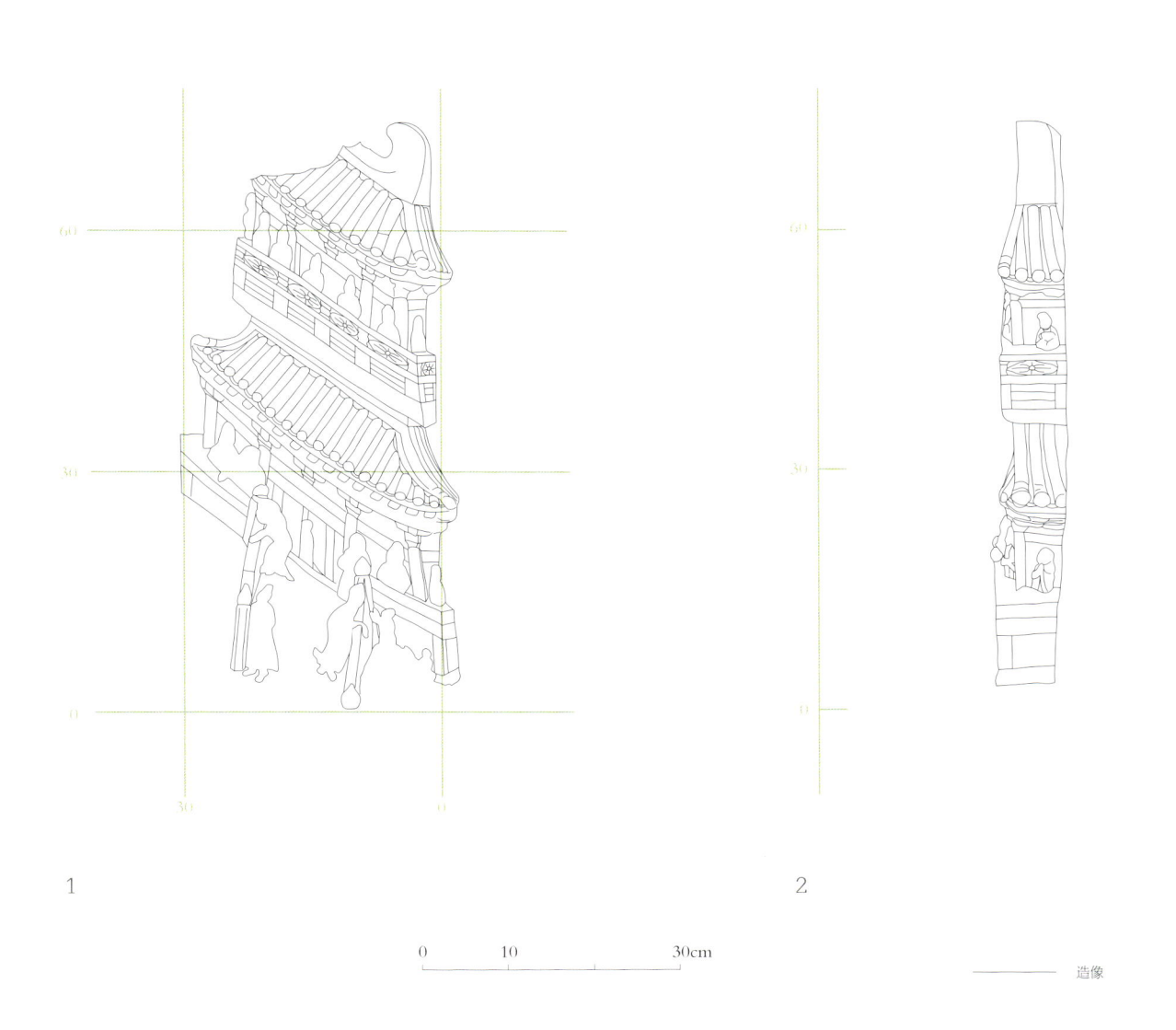

图 145　第 245 号龛左侧壁上部外侧斜殿立面、侧视图
1　立面图　2　侧视图

表32　第245号龛上部各殿阁间阁道、飞廊特征简表

建筑 \ 位置	右　侧	左　侧
阁道	两层通高（可见部分）约53厘米。底层台基上置勾栏，高8.4厘米，勾栏的结构形式为：寻杖与盆唇间置哑铃形间柱，盆唇与台基间置方形间柱，柱间施卧棂三通。勾栏后侧刻出廊柱，柱身宽1.6厘米，柱头卷杀，柱间施阑额。柱头铺作结构简略：栌斗前出实拍华拱，拱头承替木，上承撩檐枋。撩檐枋上屋面刻出瓦垄、瓦沟，下端装饰圆瓦当和重唇滴水。第二层底部平座上亦置勾栏，结构形式与底层同。檐下廊柱、铺作及屋面形状均与底层略同。	高度和结构形式与右侧大同，唯底层勾栏下端台基上置有地栿。
飞廊	高10厘米，形如弧桥，两端连接配殿和斜殿第二层平座勾栏。临边勾栏结构形式为：端头置望柱，柱首作宝珠形。寻杖与盆唇间置哑铃形间柱，盆唇与飞廊底部间置方形间柱，柱间施卧棂三通。	与右侧略同。

（2）造像

右侧阁道和飞廊上共刻有17身天众像，另在楼阁式塔与配殿之间的阁道屋顶上方刻有1身迦陵频伽乘于祥云上。阁道底层天众像7身，按从内侧至外侧的顺序依次编为第1—7像；阁道第二层天众像9身，从内至外依次编为第8—16像；飞廊上刻1身，编为第17像；屋顶上方的迦陵频伽编为第18像。左侧阁道和飞廊上共刻有15身天众像，也在楼阁式塔与配殿之间的阁道屋顶上方刻有1身迦陵频伽乘于祥云上。阁道底层天众像7身，按从内侧至外侧的顺序依次编为第19—25像；阁道第二层天众像7身，从内至外依次编为第26—32像；飞廊上刻1身，编为第33像；屋顶上方的迦陵频伽编为第3像。众像凭栏而立，均为半身，下部被勾栏遮挡，高3.8—7厘米不等。躯体泐蚀模糊，衣着难辨（图136、图137、图138、图139；图版Ⅰ：153）。其造像特征列入表33。

表33　第245号龛上部各殿阁间阁道、飞廊造像特征简表

右侧阁道、飞廊			左侧阁道、飞廊		
编号	位置 || 特征	编号	位置 || 特征

编号	位置		特征	编号	位置		特征
1	阁道底层	经幢与楼阁塔之间	双手置胸前似托一物。	19	阁道底层	经幢与楼阁塔之间	梳高髻，双手合十于胸前。
2		楼阁塔与配殿之间	双手合十于胸前。	20		楼阁塔与配殿之间	梳高髻，着圆领通肩袈裟，双手扶勾栏上。
3			肩部似敷搭披帛，手势同第2像。	21			梳高髻，双臂敷搭披帛，双手置腹前托一方形物。
4			双手合十于胸前。	22			衣着同上像，双手合十于胸前。
5			双手置胸前托一扁状物。	23			同上。
6			肩部似敷搭披帛，左手扶勾栏上，右手抚其右侧像左臂。	24			头微侧，梳高髻，双手于胸前托一圆状物。
7			双手合十于胸前。	25			梳高髻，双手置胸前托一方形物。
8	阁道第二层	主殿与经幢之间	双手置胸前托一方形物。	26	阁道第二层	主殿与经幢之间	双手置胸前，手残。
9			躯体右侧被经幢上方的祥云遮掩，可见左手置于胸前。	27			双手似合十于胸前。

续表33

	右侧阁道、飞廊			左侧阁道、飞廊		
编号	位置	特征	编号	位置	特征	
10	经幢与楼阁塔之间	躯体表层已泐蚀模糊，身体右侧紧靠在楼阁式塔第二层屋檐边。	28		梳高髻，身体大半被楼阁式塔第二层屋檐遮挡。	
11	阁道第二层	左手置胸前托一物，右手似抚于器物上。	29	阁道第二层	梳高髻，双手置胸前捧一方形物。	
12		双手拱于胸前。	30	楼阁塔与配殿之间	梳高髻，肩部似敷搭披帛，双手合十于胸前。	
13	楼阁塔与配殿之间	双手合十于胸前。	31		衣着同上像，双手扶勾栏上。	
14		同上。	32		梳高髻，双手置胸前捧一圆状物。	
15		双手置胸前托一物。				
16		双手合十于胸前。				
17	飞廊	双手置胸前似托一物。	33	飞廊	身躯大半被斜殿上方的祥云遮挡，仅见部分轮廓。	
18	屋顶	迦陵频伽人面鸟身，脸椭圆，眉眼细长，抿嘴，梳高髻，头后环绕披帛。双手置胸前捧拍板。展双翅，拖曳长尾，乘祥云上作凌空飞翔状。	34	屋顶	迦陵频伽面部泐蚀，梳高髻，头后环绕披帛。双手横执笛，作吹奏状。余同第18像。	

7. 配殿、斜殿前侧的建筑及造像

（1）建筑

左右两壁配殿、斜殿的前侧，均刻有一莲池，莲池前端为平台。在莲池上方横架一慢道，后端与斜殿下层阙开的勾栏相接，前与平台相通（图138、图139；图版Ⅰ：165、图版Ⅰ：166）。其建筑特征列入表34。

表34　第245号龛左右侧壁上部配殿、斜殿前侧建筑特征简表

位置 建筑	右侧	左侧
莲池	莲池长约106厘米，宽约36厘米，池边置勾栏，并与慢道上的勾栏相连。勾栏分作两种：一是位于慢道前端两侧的勾栏，高11厘米，其形式为端头置望柱，柱身八边形，柱首作宝珠形，柱内侧再置槏柱；寻杖与盆唇间置哑铃形间柱，柱间嵌素面华板，盆唇与地栿间施卧棂三通。另一种是位于莲池左侧前端的勾栏，高10.5厘米，其形式为望柱作方形，柱间直接施卧棂三通。	莲池大小、形状与右侧莲池大致相同。池边的勾栏亦分作慢道前端两侧的勾栏和莲池右半侧前端的勾栏两种，其结构形式与右侧对应位置的勾栏略同。
平台	平面呈不规则的长方形，长110厘米，最宽处26厘米。临边置勾栏，高8厘米，其结构形式为：寻杖与盆唇间置哑铃形间柱，柱上下刻半圆形装饰，柱间嵌柿蒂纹华板；盆唇与台面之间方形间柱，柱间施卧棂三通。	形状、大小与右侧平台相近，临边的勾栏形式亦与右侧略同。
慢道	长约25厘米，宽14厘米，实是横跨莲池的拱桥。临边置勾栏，形式为：端头置望柱，柱身八边形，柱首作宝珠形；弧形寻杖下通施素面华板。	长、宽与右侧慢道相近，临边的勾栏形式亦与右侧略同。

（2）造像

右侧配殿、斜殿前侧的莲池内刻有10身天众像，有8身乘于龙舟、凤舟上，1身坐莲台上，1身坐莲苞内。莲池前的平台上刻1只瑞禽和24身天众像。横跨莲池的慢道上刻3身天众像（图139；图版Ⅰ：165）。左侧配殿、斜殿前侧的莲池内刻有12身天众像，有10

身乘于龙舟、凤舟上，1身站莲台上，1身坐莲台上。莲池前的平台上刻1只瑞禽和21身天众像。横跨莲池的慢道上刻3身天众像（图138；图版Ⅰ：166）。其造像特征列入表35。

表35　第245号龛左右侧壁上部配殿、斜殿前侧造像特征简表

右侧		左侧	
位置	特征	位置	特征
莲池内	池内刻水波涟漪状，水面上为繁密的荷叶、莲花。在位于慢道左侧的莲池内，刻一龙舟和一凤舟，舟长均约26厘米，船尾尖细上翘，舱内刻出隔厢。每舟上刻有4像，均漶蚀较模糊。龙舟上最前一像坐于船首，手执桨于身前作指引状；其后一像坐船上，手握桨作划动状；再后一像手执桨，叉立于船上；船尾一像似坐船舷上，右手扶舷，左手执桨。凤舟内四像前两像的姿势与龙舟上前两像相同；第3像叉立船上，左手置腹前，右手上举，作舞动状；第4像右手上举，左手执桨，坐船舷上。在位于慢道右侧的莲池内，刻两身化生像，其中一像头残，残高4.5厘米，双手合十于胸前，结跏趺坐于莲台上。另一像包在莲苞内，露出头脸，双手置身前合十。	莲池内	池内亦刻水波纹和繁密的荷叶、莲花。慢道右侧的莲池内刻两艘凤舟，外侧一艘长31厘米，内侧一艘长26厘米，船首均刻作凤头，船尾上翘，作鱼尾状，舱内刻出隔厢。每舟上刻5像，漶蚀较模糊。外侧凤舟上最前一像坐于船首，手执桨于身前作指引状；其后一像坐船上，手握桨作划动状；第3像手执桨，叉立于船上；第4像坐船上，双手执箫作吹奏状；船尾一像左手屈肘上举，右手执桨，叉立船上。内侧凤舟上前三像姿势与外侧凤舟上前三像相同；第4像坐舱内，手置胸前似持一物，船尾一像双手执桨，立船上。位于慢道左侧的莲池内，刻两身化生像，一像立莲台上，高5.5厘米，仰首，双臂向上攀慢道内端望柱。另一像坐高3.5厘米，双手置腹前，结跏趺坐于莲台上。
慢道上	慢道左侧站立2像，均凭栏而立。位于前端望柱一侧的像腿下部残毁，残高10厘米，面部残蚀，肩部覆披帛，双臂下垂交于腹前。位于后侧的像头残蚀，高12.5厘米，双肩覆披帛，下垂后敷搭于双前手臂上。下着裙，腰部系裙腰。双手攀扶勾栏上。慢道右侧凭栏站立一像，身体侧向正前，头残毁过半，残高14.5厘米，可见前臂敷搭披帛，下着裙。左手扶于栏上，跣足。	慢道上	慢道右侧站立两像，位于前端望柱一侧的像头残毁，残高11厘米，肩覆披帛，沿身前下垂后敷搭于双臂上，下着裙，跣足。左手置腹前持一物，下垂于两腿间。位于后侧的像躬身伏于勾栏上，头枕勾栏，左手扶栏。手臂敷搭披帛，下着裙，跣足。慢道左侧凭栏站立一像，头面残蚀，残高12厘米，披帛自肩部垂下后敷搭于前臂上，下着裙。右手扶栏上，执一物，形似麈尾，跣足。
平台上	平台内侧近莲池边，刻一株棕榈树，树干上刻出环轮，树顶刻若干枝圆扇状棕叶。平台外侧近慢道处刻一只瑞禽，腹胸以上残毁，尾较长，四爪。平台前侧分列24身天众像，按从内侧排向外侧的顺序依次编为第1—24像。除第23像刻作全身外，其余像均作半身，身体下部被勾栏遮挡，像高5—13厘米不等。除第1、23像可见斜梳高髻，其余像头均残损。衣饰除第17像着宽袖衫外，其余均上身敷搭披帛，下着裙。手姿除第1像双手置胸前持一物（残），第8像双手置胸前被覆巾所掩，第11像双手置身前托一物，第18、21像双手置身前残，第23像右手下垂，左手置腹前持一物（似莲蕾）外，其余像均双手合十于胸前。	平台上	平台内侧近莲池边，刻一株棕榈树，形如右侧平台上的棕榈树。平台外侧近慢道处刻一只瑞禽，头残，尾较长，展双翅作飞舞状。平台前侧分立21身天众像，按从内侧排向外侧的顺序依次编为第1—21像。除第13、15、16像刻作全身外，其余像均作半身，身体下部被勾栏遮挡，像高6.5—15厘米不等。众像头部均残或面部漶蚀。衣饰除第2、7、9、12、16、19像着圆领衫外，其余像均上身敷搭披帛，下着裙。手姿除第2、4、7、11、15像双手置胸前托物，第20像右手下垂，左手置胸前托一圆状物外，其余像均双手合十于胸前。

（四）龛顶

龛顶刻莲花、飞天、乐器、毫光等图像，均为浅浮雕，厚1—6厘米不等（图146；图版Ⅰ：167）。莲花位于龛顶中部，外沿环绕四身飞天。莲花左右侧各刻有一略呈环状的祥云，祥云内各有一组乐器。莲花前侧刻三只瑞禽，其中后侧二只，左右侧祥云一角各刻一只瑞禽。此外，从龛正壁主尊像头顶两侧升出的两道毫光延伸至龛顶部左右侧，并向外延伸至龛上沿。

1. 莲花及飞天

莲花圆形，外径36厘米，厚3—5厘米（图版Ⅰ：168）。花蕊作圆形，径27厘米，外缘刻两层覆莲瓣。四身飞天环绕莲花，头尾相接。飞天身长均约25厘米，形貌、衣饰大体相同。头梳高髻，脸椭圆，面部简略刻出眼、鼻、唇。袒露上身，戴项饰，下着长裙，裙摆向后飘曳。披帛绕于头后呈环形，右手上扬，左手垂于体侧，各执披帛一端。右腿屈膝贴至腹前，左腿自然平伸，作环旋飞舞状。

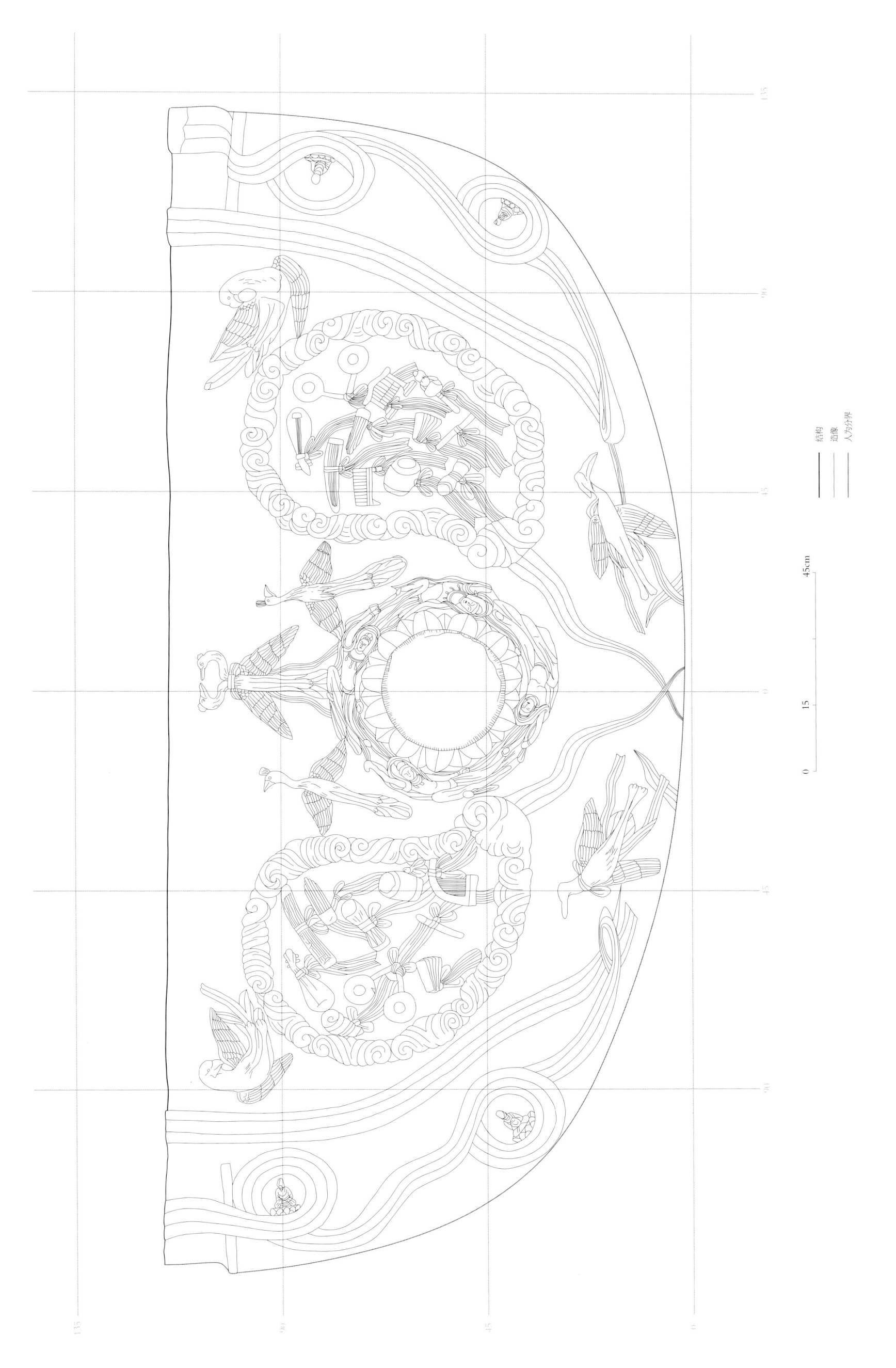

图 146 第 245 号龛窟顶仰视图

2. 乐器

莲花左右两侧的祥云均刻作蝌蚪形状，云头中空似袋，内各有一组乐器（图版Ⅰ：169、图版Ⅰ：170）。左侧祥云内刻乐器11件，分别为：琵琶、钹（1对）、笙、排箫、腰鼓、拍板、琴、箫（笛）、圆鼓、鞉鼓、方响。右侧祥云内刻乐器10件，分别为：琵琶、法螺、钹（1对）、拍板、笙、琴、箫（笛）、腰鼓、圆鼓、箜篌。其特征列入表36。

表36　第245号龛龛顶乐器特征简表

左侧祥云内		右侧祥云内	
乐器	特征	乐器	特征
琵琶	长16厘米，四弦、屈项、四轸，箱体呈梨形。项部系结饰。	琵琶	与左侧祥云内琵琶略同。
钹	面径6.5厘米，钹帽径3厘米，两钹系有同心结饰。	钹	与左侧祥云内钹略同。
笙	高10.5厘米，上部刻若干笙管，下部笙斗呈圆钵形。斗部系结饰。	笙	与左侧祥云内笙略同。
排箫	少许残，通宽8.5厘米，高7厘米。整齐排列11支箫管，管身为长方条镶框箍束。	法螺	长9.5厘米，螺身系结饰。
腰鼓	两端较大，腰部细小。长7厘米，面径3厘米，腰径2厘米。	腰鼓	与左侧祥云内腰鼓略同。
拍板	六联板，板长7厘米，上宽2.3厘米，下宽6.7厘米。上端系结饰。	拍板	与左侧祥云内拍板略同。
琴	长17厘米，头宽3.3厘米，尾宽1.7厘米。琴身略弯曲成弧形，琴面刻较密集的琴弦。琴身系结饰。	琴	长12厘米，头宽3.4厘米，尾宽2厘米。余与左侧祥云内琴略同。
箫（笛）	长11.5厘米，径0.5厘米。管身系结饰。	箫（笛）	与左侧祥云内箫（笛）略同。
圆鼓	高6厘米，面径4厘米。	圆鼓	与左侧祥云内圆鼓略同。
鞉鼓	长14厘米，一柄二鼓，两鼓间饰一圆形装饰物，执柄系有结饰。	箜篌	高11厘米，宽7厘米。弓背和下端横木间刻较密集的丝弦。
方响	架身由立柱、弧拱形横木和架墩组成，高8厘米，宽10厘米。悬挂15块方形响片，分作上下两排。		

3. 瑞禽

莲花前侧的三只瑞禽并排朝向龛前。当中一只双头（即共命鸟），身长29厘米（图147；图版Ⅰ：171）。两头对视，顶刻冠羽，长喙、细颈长尾，颈系结饰。双爪后贴于腹部，展翼作飞翔状。左、右两侧的瑞禽均长约33厘米，单首，其余形状与双头共命鸟相似，平展双翼，侧首作相顾状。莲花后侧的两只瑞禽形似鹤，头刻冠羽，喙大而尖，长颈短尾，双足细长，颈系飘带，展翅作飞翔状。

左右侧环状祥云前端的两只瑞禽，短喙、粗颈，尾分作三叉，双爪后收，略展双翅，回首作梳羽状。

（五）左右侧壁中下部

左右侧两壁中下部共刻菩萨像52身，每壁（上宽下窄）各26身，浅浮雕，均横作7排，由上至下第1排7身，第2排5身，第3排4身，第4、5排各3身，第6、7排各2身（图148、图149；图版Ⅰ：172、图版Ⅰ：173）。将两壁菩萨像按从上至下、每排从内至外的顺序分别编号，右壁依次编为右第1—26像，左壁编为左第27—52像。菩萨皆坐于带茎莲台上，莲台四周刻有莲蕾、荷叶。各菩萨像体量大致相当，坐高约16厘米，头长约6厘米，肩宽约6厘米，胸厚约2厘米。除头残损外，各菩萨均梳高髻，戴小冠，头后冠带系结饰，项后饰桃形火焰纹头光。内着僧祇支，戴项饰，手镯，但衣装、坐姿、手势等有异。其特征列述于表37。

图147　第245号龛龛顶共命鸟示意图

表37　第245号龛左右侧壁中下部菩萨像特征简表

右壁		左壁	
编号	特　　征	编号	特　　征
1	眼细长，直鼻小嘴。肩覆披帛，垂于腹前交绕后敷搭于双臂上。双手合十于胸前，结跏趺坐。	1	头残，肩覆披帛，垂于腹前交绕后敷搭于双臂上。双手合十于胸前，结跏趺坐。
2	面残，披帛着式同上像。左手托腮，右手置腹前托一物（似莲蕾），游戏坐式。	2	头残，斜披络腋，左手抚左膝，右手抚右膝，结跏趺坐。
3	头残，披帛着式同上像。双手置胸前残，结跏趺坐。	3	头残，肩覆披帛，垂于腹前交绕后敷搭于双臂上。双手置胸前托一物，结跏趺坐。
4	头上部残，着圆领通肩式袈裟。双手笼于腹前，结跏趺坐。	4	头残，着圆领通肩式袈裟。双手置腹前残，结跏趺坐。
5	头上部残，肩覆披帛，垂于腹前交绕后敷搭于双臂上。双手合十于胸前，结跏趺坐。	5	头残，肩覆披帛，垂于腹前交绕后敷搭于双臂上。双手置胸前托一物（残），结跏趺坐。
6	头残，斜披络腋。左臂残，右手抚右膝上，游戏坐式。	6	头残，披帛着式同前像。双手置腹前托一钵，结跏趺坐。
7	头残，披帛着式同第5像。双手置胸前残，结跏趺坐。	7	头残，披帛着式同前像。双手合十于胸前，结跏趺坐。
8	头残，披帛着式同上像。双手置腹前托一物（残），结跏趺坐。	8	头残，披帛着式同前像。双手置胸前残，结跏趺坐。
9	头残，披帛着式同上像。双手合十于胸前，结跏趺坐。	9	头残，披帛着式同前像。右手平置于腹前，左手置胸前托一圆状物，结跏趺坐。
10	头残，披帛着式同上像。双手置腹前托一物（残），结跏趺坐。	10	头残，披帛着式同前像。双手置胸前残，结跏趺坐。
11	头残，披帛着式同上像。双手置腹前托一钵，结跏趺坐。	11	头残，披帛着式同前像。左手抚左膝，右手置腹前残，结跏趺坐。

续表37

	右壁		左壁
编号	特　征	编号	特　征
12	头残，披帛着式同上像。双手合十于胸前，结跏趺坐。	12	头残，披帛着式同前像。右手抚右膝，左手置腹前托一钵，结跏趺坐。
13	头残，披帛着式同上像。双手置腹前结定印，结跏趺坐。	13	面残，披帛着式同前像。双手置腹前结定印，腿残。
14	头残，斜披络腋。双手下垂撑于莲台上，结跏趺坐。	14	头残，披帛着式同前像。双手合十于胸前，腿残。
15	头残，肩覆披帛，垂于腹前交绕后敷搭于双臂上。双手置胸前托一物（残），结跏趺坐。	15	头及右臂残毁，斜披络腋。左手置胸前托一物（残），结跏趺坐。
16	面残，披帛着式同前像。双手置胸前托一物（残），结跏趺坐。	16	头残，着圆领通肩式袈裟，双手笼于胸前，结跏趺坐。
17	面残，披帛着式同前像。双手置胸前托一物（残），结跏趺坐。	17	头残，肩覆披帛，垂于腹前交绕后敷搭于双臂上。双手合十于胸前，结跏趺坐。
18	头残，披帛着式同前像。双手置腹前残，腿残。	18	头残，披帛着式同前像。左手抚膝，右手于腹前托一钵，结跏趺坐。
19	头残，披帛着式同前像。双手合十于胸前，结跏趺坐。	19	头残，披帛着式同前像。双手于胸前执带茎的莲蕾，结跏趺坐。
20	头残，披帛着式同前像。右手抚右膝，左手置腹前托一物（残），结跏趺坐。	20	头残，披帛着式同前像。双手置腹前结定印，结跏趺坐。
21	头残，披帛着式同前像。右手置腹前托一物，左手从残迹看似托腮，游戏坐式。	21	头及右臂残，披帛着式同前像。左手置胸前残，结跏趺坐。
22	头残，披帛着式同前像。双手置腹前托一物（残），结跏趺坐。	22	头残，披帛着式同前像。双手置腹前托一物（残），结跏趺坐。
23	略同第2像。	23	头上部残，斜披络腋，左手撑于莲台上，右手托腮，手肘支右膝上，游戏坐式。
24	头残，披帛着式同前像。双手置胸前残，结跏趺坐。	24	头上部残，肩覆披帛，垂于腹前交绕后敷搭于双臂上。双手合十于胸前，腿残。
25	面残，披帛着式同前像。双手置腹前残，结跏趺坐。	25	身体残蚀，饰披帛。双手置腹前残，腿残。
26	面残，披帛着式同前像。双手置胸前残，结跏趺坐。	26	身体残蚀，肘部残存披帛遗迹。双手残，结跏趺坐。

（六）正壁下部

正壁下部壁面以榜题条为界栏，刻11格半截状方框（图150；图版Ⅰ：174）。榜题条长约28厘米，宽6.5厘米，当中的两方榜题条并列未隔开。各方框宽15—24厘米不等，左右两端的方框位于壁面与龛左右沿内侧平整面的转角处，其余方框均朝向正面。由于构图原因，方框下侧壁面未刻出间隔的界栏，其间的人物或建筑等图像较为分散，但这些图像按其和上部方框的对应位置关系，可列入相应方框的造像范围内。故正壁下部造像可依照各方框的界隔范围，按从左至右依次编为第1—11号。其造像内容列入表38。

表38　第245号龛正壁下部造像内容简表

编号	造像内容
1	框内刻像7身（图版Ⅰ：175）。当中一像侧身骑于马上，马前腿残。该像头似戴冠，面部残蚀，着宽袖服。双手置于腹前。马首前侧侍立一像，面向骑马者。戴幞头，上着窄袖衫，下着长裤，足着鞋。手置胸前似作牵马状。马后侧侍立二像，一像头上部残，着圆领窄袖衫，双手执华盖撑于骑马者头上方。另一像头戴软脚幞头，着圆领窄袖衫，弓身合拳作揖状。马下侧方刻三像，中间一像跪于地，头残蚀，双手合拳作揖。其后侧一像头戴无脚幞头，脸上仰，着窄袖缺胯长衫，腰系带，下着长裤，足着短靴。叉腿屈膝，左手擒住跪像后颈。跪像前侧一像躯体已大部残毁，仅存小腿下部和衣服下摆，足着鞋。

续表38

编号	造像内容
2	框内下方刻一圆拱小龛，龛楣作尖拱形，龛口宽7厘米，高8.5厘米，深3.5厘米，龛后侧影作山峦石壁（图版Ⅰ：176）。龛内刻一结跏趺坐像，头顶残，头两侧存有下垂的披幅，着圆领服，双手置于腹前似结定印。从坐像身侧升出一朵祥云至龛顶上方，祥云内刻7身坐像，均坐高约3厘米，身漶蚀模糊，项后饰圆形头光。双手置于腹前，结跏趺坐于低台上。 龛外右下侧刻一四方形物，表层大部残蚀剥落。
3	框内后侧刻一亭阁与一段廊庑相接（图版Ⅰ：177）。亭阁阁身刻作倾斜状，置于方形台基上，台基前侧设台阶。亭阁正面透空，柱间饰帷幔，下端置地栿。庑殿顶，屋面刻出瓦垄、瓦沟，屋脊端头鸱尾残。阁内当中置一方台，台上所刻物像已难于辨识。廊庑亦置于台基上，庑顶刻出瓦垄、瓦沟。 亭阁前侧刻3身立像。左侧似一比丘像，面部残蚀，高11厘米，身着袈裟，双手置于胸前似持一圆状物。中间一像高约10厘米，侧身向比丘像。头戴硬脚幞头，着圆领宽袖服。双手置胸前作恭礼状。右侧一像身躯残毁，仅存少许轮廓遗迹。
4	框内刻一倾斜状小殿，置于方形台基上，台基前侧设台阶（图版Ⅰ：178）。殿阔三间，庑殿顶，屋面刻瓦垄、瓦沟，檐下结构残蚀。明间内刻一像，身残蚀模糊，似结跏趺坐。小殿左侧刻一小段廊庑，与第3号方框内的廊庑对接。小殿前侧立一幡杆，杆上挂长幡绕于杆上。 小殿右下侧刻一朵祥云，云内刻二立像，均高约9厘米。两像面部漶蚀模糊，可见头顶梳高髻，手肘敷搭披帛，下身似着裙。双手置胸前合十。
5、6	第5、6号方框内所刻的建筑相互连通，故将两方框所刻图像合并记述（图版Ⅰ：179、图版Ⅰ：180）。 第5号框内下侧刻一庑殿顶小殿，置于方形台基上，台基前设台阶。小殿阔三间，屋面刻瓦垄、瓦沟。明间前侧置一灯塔状物，从塔侧升出一云朵至屋顶上方，云朵内刻一像，已残蚀模糊。第6号方框内刻一亭阁，置于台基上，台基前设台阶。亭阁正面透空，柱间垂饰帷帐，屋顶为庑殿顶，屋面刻瓦垄、瓦沟。亭内置一方案，案侧刻一像，已残蚀不清。从亭内升起两缕云烟飘至屋顶上方。在小殿和亭阁的后侧用廊庑相连，廊庑置台基上。在殿、阁前方和中间的空旷处刻有折回的勾栏，结构形式为：望柱柱首作宝珠形，栟杖与盆唇间置蜀柱，盆唇与地栿间置间柱，间柱间施卧棂三通。 第5号框小殿前侧刻5身立像，当中一像高10厘米，头戴硬脚幞头，身着圆领窄袖衫，双手置胸前持笏板。其右侧站立二像，头残蚀，均残高约7.5厘米。一像似着交领宽袖服，双手置胸前持一物（残）。另一像着宽袖服，双手似拱于胸前。当中像左侧亦站立二像，一像侧身而立，高9厘米，头戴幞头，身着窄袖缺胯服，手置胸前持物（残蚀）。另一像似女像，头两侧有垂髻，面部残蚀，衣着难辨。
7	方框内刻一六角攒尖亭，高17.5厘米，置于方形台基上，台基前设台阶（图版Ⅰ：181）。亭子各面透空，柱间垂饰帷帐。亭内置一方桌，桌两侧对坐二人，皆残蚀模糊。亭内一角站立一像，亦残蚀模糊，残高约5厘米，双手置于胸前，手残。 方框右下侧刻像6身，右侧2身立像，左侧4身跪坐像。二立像均高约10厘米，面部残蚀，身着圆领窄袖衫，下着裤，双腿叉立。其中一像双手置于腹前；另一像左手置于胸前，右手抚前像手臂。左侧4身或蹲、或跪、或坐，身漶蚀模糊。
8	框内刻一小殿，庑殿顶，阔三间，每间透空，明间垂饰帷帐（图版Ⅰ：182）。屋面刻瓦垄、瓦沟，檐下结构残蚀。明间和右梢间内置一方桌，梢间方桌上升起一云朵至空中，云朵内刻一像，残蚀模糊。小殿前侧刻一方形莲池，池内刻荷叶、荷花等物。小殿右侧和莲池前侧各刻有一段卧棂勾栏，勾栏间刻一立像和五只凫鸭，立像高8厘米，面残，身着窄袖齐膝上衣，下着裤，双手屈伸于胸前，躬身作驱赶鸭群状。
9	框内刻一庑殿顶小殿，置台基上，台基前设台阶（图版Ⅰ：183）。小殿庑殿顶，阔三间，明间立柱内侧置楝柱、立颊，两梢间置直棂窗，屋面刻出瓦垄、瓦沟，檐下结构残蚀。明间内刻一坐像，坐高约3.2厘米，双手置于腹前，结跏趺坐于束腰莲座上，像身后饰椭圆形身光。 小殿台前侧刻2身立像，躯体剥蚀模糊，残高约9厘米。二立像右侧刻一方形水池，水池四围设卧棂勾栏，池内刻荷叶、莲花。
10	框内右侧刻一小殿，置于台基上，台基前设台阶（图版Ⅰ：184）。殿身刻作倾斜状，阔三间，明间立柱内侧置楝柱，两梢间无装饰。屋面刻瓦垄、瓦沟，檐下垂饰帷幔。明间内刻二坐像，残蚀不辨细部。从明间内升出一云朵至空中，云朵内刻像漶蚀模糊；从方框右上角降下一云朵至小殿前，云朵内刻二像，残蚀模糊。小殿台阶前刻一立像，躯体残蚀模糊，可见左手屈肘上举。 小殿左前侧刻一菱形水池，大部残蚀剥落，仅存轮廓。小殿右前侧刻一株树，树冠剥落。树下似刻二立像，仅存躯体轮廓遗迹。
11	方框下侧刻城门、城楼（图版Ⅰ：185）。城门作圆拱形。城楼单层庑殿顶，阔三间，屋面刻瓦垄、瓦沟，城垣上置平座勾栏，似刻有阁道相连。城门下刻一立像，躯体残蚀，高约8.5厘米，双手似合拳于胸前，作恭立状。城门左侧现可见4身立像，靠近城门的两身立像自腹部以上均已剥落残毁，现仅见身着服装的下摆。两残像左邻一像高9.5厘米，面残，身着服装漶蚀，侧身向城门，双手置胸前捧持一长柄斧钺状兵器。最左侧一像残存衣饰下摆，在身躯遗迹上方残存一斧钺状物。 方框上侧刻两座双层庑殿顶小殿，正面一座置台基上，台基前设台阶。底层阔三间，立柱间施阑额，明间立柱内侧置楝柱、立颊。第二层置座，亦阔三间，较底层收窄。腰檐、顶檐刻瓦垄、瓦沟。底层明间内刻一坐像，残蚀模糊，高约3厘米。右梢间前侧刻一立像，高3.7厘米，亦残蚀，双手笼于胸前，作恭礼状。左侧面小殿刻出半边屋身，其结构形状与正面小殿略同。

（七）龛沿

上沿两端刻有两道毫光，系龛内主尊像头顶毫光延伸至龛沿。下沿素面。左、右沿各刻10个方框，纵向排列（图151、图152、图153；图版Ⅰ：124）。各方框高约33厘米，宽约33厘米，框内一侧刻像，另一侧留出长方条榜题，榜题上未见刻有文字。现将右沿方框按从上至下编为右第1—10号，左沿方框按从上至下编为第11—20号。其造像内容列入表39。

表39　第245号龛左右龛沿方框造像内容简表

位置	编号	造 像 内 容
右沿	1	框内左下角刻一女像，脸方圆，坐高14厘米（图版Ⅰ：186）。头梳丛髻，着翻领内衣，外着交领宽袖衫，袖子中部刻一圈表现"半臂"的褶边，齐胸系带束长裙。双手笼于腹前，跌坐于低台上，台高1.9厘米。女像右侧刻起伏的山峦，山腰间刻一日轮。
	2	框内右下角跌坐一女像，特征同第1方框女像（图版Ⅰ：187）。女像左侧刻一平面呈葫芦形的莲池，池内刻荷叶、莲蕾以及从池中喷出的放射状水柱。莲池后侧刻勾栏，其形式为：望柱间施寻杖、盆唇、地栿。
	3	框内左下角刻一女像跌坐于低台上，特征同第1方框女像（图版Ⅰ：188）。女像右侧刻一方形台基，台基四角各立一经幢，形制、大小相同，通高约11厘米。幢下部为须弥座，座上为方形幢身，幢身之上为相轮（除右上角经幢为六重相轮外，其余三幢为五重相轮），幢顶置宝珠。
	4	框内右下角跌坐一女像，特征同第1方框女像（图版Ⅰ：189）。女像左侧刻勾栏相围成方形，高4.7厘米，边宽11.7厘米，形式为：寻杖与盆唇之间置蜀柱，盆唇与地栿之间置间柱，柱间装嵌网格纹华板。勾栏内刻三株宝树，树冠笼为一簇，树枝上垂挂四条幅状物。
	5	框内左下角刻一女像跌坐于低台上，特征第1方框女像（图版Ⅰ：190）。女像右侧刻一方形水池，池边沿饰莲瓣纹、联珠纹，池内刻带梗莲叶、莲蕾及水波纹。
	6	框内右下角刻一女像跌坐于低台上，特征同第1方框女像（图版Ⅰ：191）。女像左侧刻一朵祥云，云内刻一座四合院布局的院落，四周以廊庑相连。前侧为一两层庑殿顶楼阁，置台基上，阔三间，明间门半掩，第二层置平座，屋顶饰有鸱尾。后侧并列三座庑殿顶小殿，当中者较高大，阔三间，明间门半掩，三殿均置于台基上。中轴线两侧各置一悬山顶配殿，山墙朝外。
	7	框内左下角刻一女像跌坐于低台上，特征同第1方框女像（图版Ⅰ：192）。女像右侧刻一须弥座，高8厘米，座上、下部各起三阶叠涩，中间束腰呈工方形。须弥座左侧、右侧现存三座经幢。后侧两座经幢残存轮廓遗迹，残高8.6厘米，细部不可辨。右侧经幢上部残，残高18.5厘米。经幢下部为须弥座，其上为仰覆莲台，上承方形幢身，幢身之上可辨三级相轮，再上已残泐。
	8	框内右下角刻一女像跌坐于低台上，特征同第1方框女像（图版Ⅰ：193）。女像左侧刻一莲池，线刻水波泛漾状。临边置勾栏，其形式为：端头望柱出头，高5厘米；寻杖下置间柱，柱间施卧棂。池中升一仰莲台，高8厘米，径10.6厘米。莲上跌坐一佛像，坐高10.1厘米，头长3.7厘米，肩宽4.4厘米，胸厚1厘米。面部残泐，头顶出两道毫光，分左右向上环绕一匝后延至方框上角。身着圆领通肩式袈裟，双手置腹前结印。身后饰圆形素面背光，径11.5厘米。背光之后刻一簇树冠。 佛像身后左右侧各置一塔。左侧为密檐式塔，平面呈方形，通高14.8厘米。塔基为须弥座，高宽各约1.2厘米。塔身共13层，第一层各面开圆拱形门。塔刹下置刹座，上为两重相轮，相轮之上置火焰形宝珠。右侧塔大部残毁，现可见塔基与部分塔身。从其残迹看，应与左侧塔形制相同。
	9	方框右下侧刻一朵祥云，云端托一仰莲台，高5厘米，径11.5厘米（图版Ⅰ：194）。台上跌坐一佛像，头部残毁过半，残坐高10.5厘米，头长3.7厘米，肩宽4.5厘米，胸厚1厘米。面部残蚀，颈刻三道肉褶线。内着僧祇支，外着袒右式袈裟，袈裟衣摆绕腹部搭左臂上，再沿后背敷搭于右肩上。左手抚左膝，右手置于胸前，手残。像身后饰圆形素面背光，径17.5厘米。 女像位于方框左下侧，跪坐于低台上，头部残毁近半，残高12.8厘米，胸宽1.5厘米，略侧身朝向右侧的佛像。上身似着圆领宽袖衫，齐胸系带束长裙。披帛绕过腹部向后飘举。双手屈臂举过头顶，长袖飞扬，似作悲泣呼号状，其身前刻一掉落的珠串。

续表39

位置	编号	造 像 内 容
右沿	10	方框后侧刻出高台，高9.5厘米（图版Ⅰ：195）。台右端为向外凸出的马面角台，角台墙体上线刻出三根倚柱；高台左侧墙体亦刻出四根倚柱。高台前侧置有一斜向的梯道，沿梯道从地面可登临台顶。高台临边置勾栏，表层残泐，无望柱，寻杖之下施卧棂。马面角台顶部刻一单层歇山顶楼阁，通高7.3厘米，面阔9.5厘米。现可见一檐柱、一角柱，角柱侧脚造。柱间施阑额，其上至檐下部分的结构已残蚀。再上为屋檐，檐端较为平直，檐角略有起翘。屋顶正脊刻有两条水平线脚，表现叠瓦屋脊，脊端不见饰有鸱尾。屋面刻出瓦垄、瓦沟。楼阁左侧有阁道相连，通高7厘米，檐下依稀可见刻有立柱。屋顶饰屋脊，屋面刻出瓦垄、瓦沟。 高台建筑左前侧刻一斜殿，单层歇山顶，通高10.7厘米。斜殿置于方形台基之上，台高1.6厘米，宽12.4厘米。斜殿面阔10.4厘米，四柱三开间。柱间及柱顶上部多已残蚀模糊，但可见檐下刻有檐槫。檐端较平直，檐角略上翘。屋脊不存鸱尾。屋面刻出瓦垄、瓦沟。 斜殿与高台建筑前侧，残存一造像轮廓遗迹，似头向方框右侧，跪伏于地，作祈拜状，身长7.7厘米。
左沿	1	女像位于框内右下角，坐高12.5厘米，头长5厘米，肩宽4.7厘米，胸厚1.5厘米（图版Ⅰ：196）。头梳丛髻。内着翻领内衣，领口较低；外着交领宽袖衫，袖子中部刻有一圈表现半臂的带褶边缘，齐胸系带束长裙，裙覆膝足。脸椭圆，微左侧，细部风化模糊。双手置腹前笼于袖内。结跏趺坐于低矮的方台上，方台高1.7厘米，宽10.9厘米。 女像左侧，刻一方形水池，池四周以勾栏相围。勾栏高9.4厘米，宽11.8厘米。勾栏正面两端及中部可见方形立柱，立柱间的华板饰以菱形网格图案。池内刻出从水中升出的莲茎莲台，莲茎长2.8厘米。莲台刻出三层仰莲瓣，高6厘米，台面径12.2厘米。莲台上刻一结跏趺坐佛像，坐高10.2厘米，头长3.3厘米，肩宽4.6厘米，胸厚0.5厘米。头作水波纹发髻，面部风化模糊，双耳垂长。身着通肩袈裟，双手置于腹前结定印。佛像身后饰圆形素面背光，横径12.4厘米。背光后侧，浮雕菩提树冠，冠幅宽14.4厘米。树冠前侧于像头顶上方刻一倒置的莲花，莲花表层较模糊。莲花两侧亦各刻一张倒置的屈茎荷叶，莲茎长3厘米，荷叶作闭合状。
	2	女像位于左侧，坐高14.3厘米，头长5.4厘米，肩宽5.5厘米，胸厚1.5厘米（图版Ⅰ：197）。结跏趺坐于一矮方台上，方台置于低台上，宽10.2厘米，高1.2厘米。面部眼、鼻、口依稀可辨，发式、衣饰、手势、坐姿等皆与左第1方框右下角女像同。 菩萨像位于右侧，坐高13厘米，头长4.5厘米，肩宽4厘米，胸厚1厘米。梳高髻，戴冠，缯带于头部两侧系结后下垂至肩。戴项圈，下垂坠饰。披帛覆双肩及前臂后束作长带，沿左右胸前下垂于腹前交叉，向上敷搭于两前臂，内折后沿双腿外侧下垂至莲台。自披帛下斜出两条璎珞，交接于腹部的圆形璧；璧下端垂两条璎珞，沿两腿内侧绕过膝下。左手部分残泐，屈肘置于胸前托一钵；右手置于右胸前执杨柳枝。结跏趺坐于须弥座莲台上，台通高10.8厘米。其中莲台高4厘米，台面径10.5厘米。须弥座呈圆形，高6.8厘米。下部为三阶圆轮相叠，圆轮自下而上高分别为1.8、1.3、1.3厘米，径分别为9.8、7.8、6.8厘米；中部束腰部分作圆棱，高1.2厘米，径宽5.6厘米；上部亦作一阶圆轮，高1.2厘米，径6.6厘米。像身后饰椭圆形身光和头光，身光横径最宽9.1厘米，头光素面，边缘均饰火焰纹。
左沿	3	女像位于框内右下角，坐高14.1厘米，头长5.6厘米，肩宽4.9厘米，胸厚1.5厘米（图版Ⅰ：198）。眼微闭，鼻少许残，小口。发式、衣饰、手势、坐姿等皆与左第1方框右下角女像同，所坐方台高1厘米，宽11.2厘米。 女像左侧，刻一菩萨像，坐高13.3厘米，头长4.6厘米，肩宽4.8厘米，胸厚1厘米。高髻，戴冠，冠带于头两侧系结后下垂至肩。脸椭圆，略风蚀。披帛覆双肩及前臂后束作长带，沿左右胸前下垂至腹前交叉，再向上敷搭于前臂，内折后沿两腿外侧下垂至莲台。戴项饰，胸右侧下垂一条璎珞。腰间系带束长裙。左手置于左胸前持一方印，印系带；右手腕镯，置于右小腿上握持方印绶带。结跏趺坐于须弥座莲台上，台通高9.8厘米。其中莲台高4厘米，台面径10.8厘米。须弥座高5.8厘米。座下部为三阶圆轮相叠，由下至上，圆轮高分别为1.1、0.8、0.57厘米，径分别为8、7.3、6.8厘米；中部束腰部分作圆棱，高1.8厘米，径6.2厘米；上部为一圆轮，高1.6厘米，径7厘米。座置于框底方形低台上，台2.5厘米，宽11.5厘米，深2.3厘米。像身后饰身光和头光：身光椭圆形，高18.2厘米，横径最宽11厘米；头光圆形素面，径5厘米。外缘均饰火焰纹。
	4	女像位于框内左下角，坐高16.5厘米，头长6.8厘米，肩宽6厘米，胸厚1厘米（图版Ⅰ：199）。其面形、发式、衣饰、手势、坐姿等皆与左第1方框右下角女像同，所坐方台高1.8厘米，宽11.5厘米。 在方框右下角，刻出一朵向上升出的祥云，高9.7厘米，云头宽14.5厘米。云头上托一朵莲蕾，高13.3厘米，宽10.5厘米。莲蕾内容一女像，于莲瓣间可见其头颈部。像头长4厘米，面部略有风化，面形与框内左下角女像同。梳丛髻，着交领衫，可见齐胸束带。
	5	女像位于框内右下角，坐高17厘米，头长6.2厘米，肩宽6.2厘米，胸厚1厘米（图版Ⅰ：200）。其面形、发式、衣饰、手势、坐姿皆与左第1方框右下角女像同，所坐方台高2.7厘米，宽12.8厘米，深2.5厘米。佛像位于框内左侧，头大部残毁，身残高18.7厘米，肩宽4.8厘米，胸厚1厘米。颈部刻三道肉颈线，身着通肩袈裟，双手下垂置于体侧，掌心向外，手指部残，跣足立于仰莲台上。台呈圆形，高2.6厘米，径5.5厘米。像身后刻饰头光和身光，头光圆形素面，径4厘米；身光作舟形，横径最宽8.3厘米。边缘均饰火焰纹。 在女像身后刻有一组勾栏，分三段略呈"Z"形，通长约30厘米。勾栏形式为：寻杖宽1厘米，盆唇宽1厘米，地栿宽0.7厘米。寻杖与盆唇之间置方形蜀柱，高2厘米，宽0.7厘米，蜀柱间装饰方形素面华板。盆唇与地栿之间方形间柱，与上部蜀柱对应，高2.3厘米，宽0.6厘米。间柱间施卧棂三通。在"Z"形勾栏后侧又线刻有一组勾栏，长15.8厘米，式样与前述勾栏同。两组勾栏之间刻一莲池，池内刻莲蕾、莲叶。

续表39

位置	编号	造 像 内 容
左沿	6	女像位于框内左下角，头残，仅存轮廓，左肩亦少许残，残坐高15.5厘米，肩宽5.3厘米，胸厚1厘米（图版Ⅰ：201）。身着衣饰、手势、坐姿等均与左第1方框右下角女像同。所坐方台高0.6厘米，宽9.3厘米。 力士像位于框内右侧，头残毁，仅存轮廓，残高22厘米，肩宽6厘米，胸厚1厘米。戴项圈，下垂坠饰，躯体健硕，裸上身，胸肌发达。腰束带，下着短裙，裙角外展。披帛于头后环绕，沿双肩下垂于腰部系扎后再沿体侧下垂至低台上。左手下垂执披帛，右手腕镯，向上举过头顶持独股金刚杵，杵下端残毁。脚腕饰镯，顶髋扭胯，叉腿跣足分踏于两低台上，台高2.1厘米，宽7厘米，深3.2厘米。
	7	一女像位于框内右下角，头部分残，残坐高17.2厘米，头残长6厘米，肩宽6厘米，胸厚1厘米（图版Ⅰ：202）。面形、发式、衣饰、手势、坐姿等皆与左第1方框右下角女像同。所坐方台残，高1.7厘米，残宽11.8厘米。女像左侧刻一方形水池，四周以勾栏相围。池中刻一向上升出的莲茎莲台，通高8.2厘米，径10.5厘米。莲台上结跏趺坐一女像，头颈残损仅存轮廓，残坐高13.2厘米，肩宽5厘米，胸厚1厘米。衣饰、手势与右下角女像同。身后有椭圆形身光，高15.5厘米，横径最宽12.5厘米，内饰呈辐射状的波形纹。
	8	左下角刻一女像，头部分残，残坐高16.2厘米，头残长6.8厘米，肩宽5.5厘米，胸厚1厘米（图版Ⅰ：203）。面形、发式、衣饰、手势、坐姿等皆与左第1方框右下角女像同。所坐方台残，高1.7厘米，残宽9.5厘米。该像右侧及身后刻有莲池，临边以勾栏相围。勾栏起自方框右下角，折回后延伸至方框左上角，通长68厘米，式样与第5方框内勾栏同。莲池内刻有密匝的荷叶及莲蕾。在莲池下方中部刻一像，头残，残通高7厘米，肩宽2.5厘米，胸厚0.5厘米。像身残蚀模糊，衣饰不辨。双手于胸前合十，左腿屈蹲，右腿单跪于一荷叶上。
	9	框内右侧刻有一座两层楼阁，阁身刻作斜抽状，外观左高右低，通高21.5厘米（图版Ⅰ：204）。楼阁置于台基之上，台基高4.4厘米，宽10.3厘米。台前侧设六级石阶，长5.5厘米，宽3厘米，略残毁。楼阁底层三开间，左侧两根檐柱保存较好，高5.7厘米，余均残。明间内残存一造像的轮廓遗迹。底层屋顶为庑殿顶，檐角微上翘，屋面刻出瓦垄、瓦沟，檐口下装饰宽约1厘米的帷幔。其上为平座及第二层屋身。平座勾栏2.7厘米，宽7.8厘米。屋身线作较模糊，可见为三开间，宽6.5厘米，进深2厘米。屋顶为歇山顶，檐口较平直，檐口下亦装饰有帷幔。 楼阁左侧，刻出横向的回廊。廊置于台基之上，台高4.1厘米，宽13.8厘米。廊檐下可见四根廊柱，高6.5厘米，其中右侧二根廊柱上部已残。回廊屋脊与楼阁底层屋脊基本齐平，廊高2.3厘米。 楼阁和回廊前侧刻一株树，树高32.5厘米，冠幅宽13.5厘米。树下右侧刻一坐像，像身细部已风化剥蚀，残坐高约8厘米。像双手伏一案几上，案几高2.7厘米，宽6.8厘米。
	10	在框内邻榜题条右侧刻一两层楼阁，高24.9厘米，阁身刻作斜抽状，外观左低右高（图版Ⅰ：205）。阁置于台基上，台高3.5厘米，宽9.4厘米。台前设四级石阶，长3.2厘米，宽4.2厘米。底层屋身面阔三间，宽7.7厘米，进深0.6厘米。明间外侧的台基上刻一立像，风化模糊，残身高4.7厘米，头残长1.6厘米。衣饰不明，躬身面左，双手置于胸前似合十。屋顶为庑殿顶，檐角略上翘。其上为平座和第二层屋身。平座勾栏2.4厘米。第二层屋身面阔三间，宽5.4厘米，进深0.4厘米。明间敞开，内刻一像，高3.6厘米，漫漶较重，残痕中可见双手置于胸前似合十。两次间装破子棂窗。 楼阁右侧刻出回廊，通高8.9厘米。廊置于台基上，台高2.9厘米，宽15厘米。其上立4柱，高5厘米。 楼阁和回廊的前侧残存一像、一案几的轮廓痕迹。在回廊顶上浮雕一朵祥云，云尾飘至左第9方框左下角。云头内刻像2身，因残蚀较模糊。左侧像残坐高5.1厘米，头残长2.4厘米。似宽袖服。左手举于身前似持一物，手及物残；右手置于右胸前，亦残。盘左腿，右腿屈拱坐于祥云内。右侧像坐高6.4厘米，头长2.3厘米，肩宽1.9厘米。身着宽袖大衣。左手置腹前托钵，右手置胸前持锡杖，锡杖残长8.4厘米。左舒相坐于祥云内。

（八）龛外右侧壁供养人像

在龛外右侧壁竖直断面第248号龛下部，减地浮雕4排横向的供养人像（图154；图版Ⅰ：206）。从上至下：第1排供养人像距地坪高161厘米，第2排供养人像距地坪高126厘米，第3排供养人像距地坪高90厘米，第4排供养人像距地坪高56厘米，每排供养人像之间相距约9厘米。第1、2、3排之间的岩石壁面部分残。

第1排凿供养人像14身。从左至右第1像，高13.5厘米，头长5厘米，肩宽5.5厘米，胸厚2.5厘米。光头，面部分残，身着交领长服，双手于胸前持长柄香炉，着鞋，面东而立。第2—14像，体量相当，高15厘米；皆侧身略向第245号龛。头部皆有程度不同的残毁，头顶戴翘翅幞头，着圆领窄袖缺胯袍，腰间系带，下着长裙，双手于胸前合十，指有残损，着鞋而立。其中第10、13像下垂须。

第2排凿供养人像14身。像体量相当，高15厘米。头戴翘翅幞头，面向第245号龛，且有程度不同的残损；着圆领窄袖缺胯袍，腰间系带，下着长裙，双手于胸前合十，指有残损。足着靴。其中，从左至右第3—8像头部和躯体皆有程度不同的残毁，第14像面左而立，双手于胸前叉手。

第3排凿供养人像12身。像皆侧身略向第245号龛，体量相当，高约16厘米。头梳髻，头后左右现出冠带作结纹样。头、面有程度不同的残损，内着抹胸，外着对襟宽袖衫，下着长裙，长裙曳地，双手置于胸前持物。物残难辨。

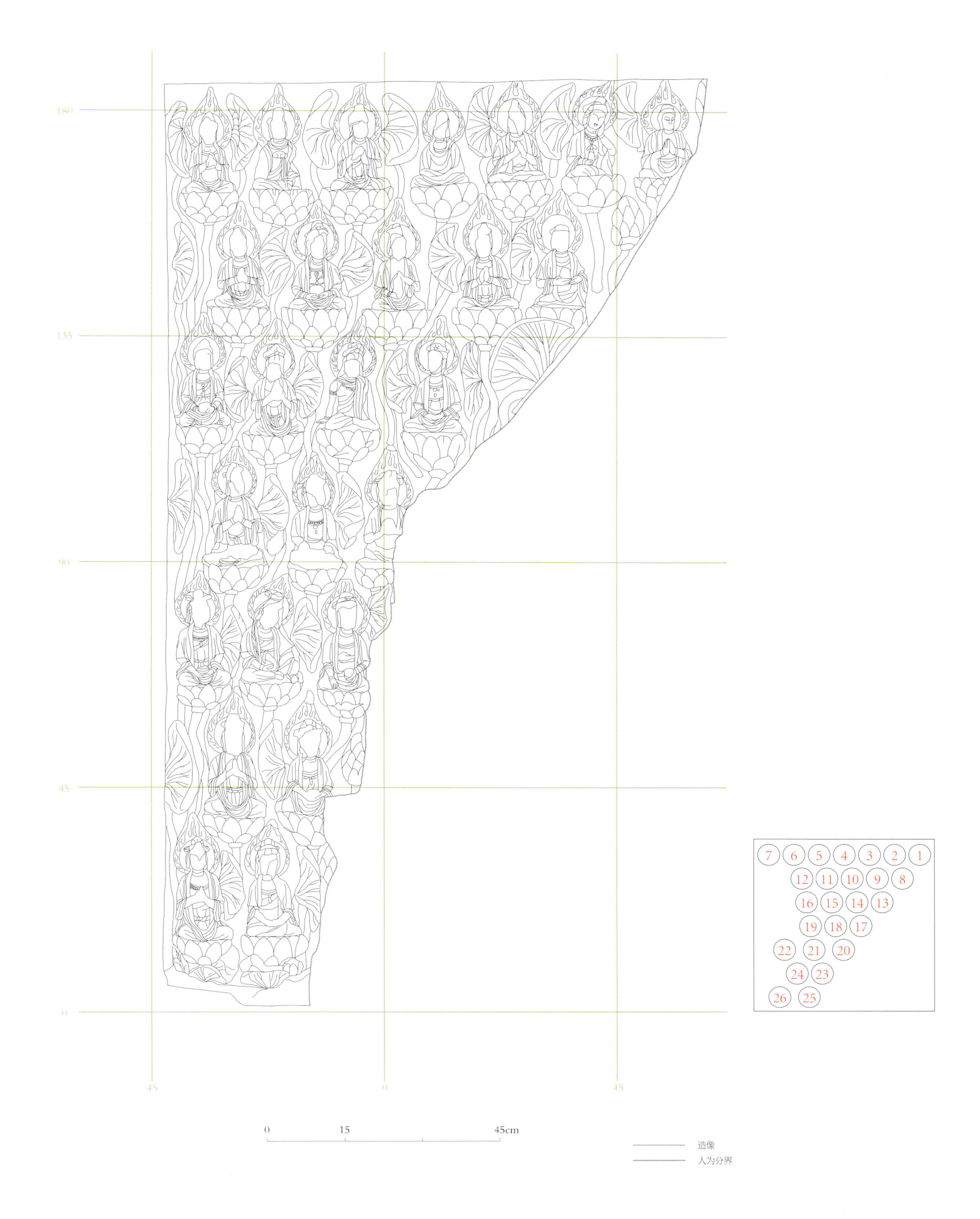

图 148　第 245 号龛右侧壁中下部造像立面图

图 149　第 245 号龛左侧壁中下部造像立面图

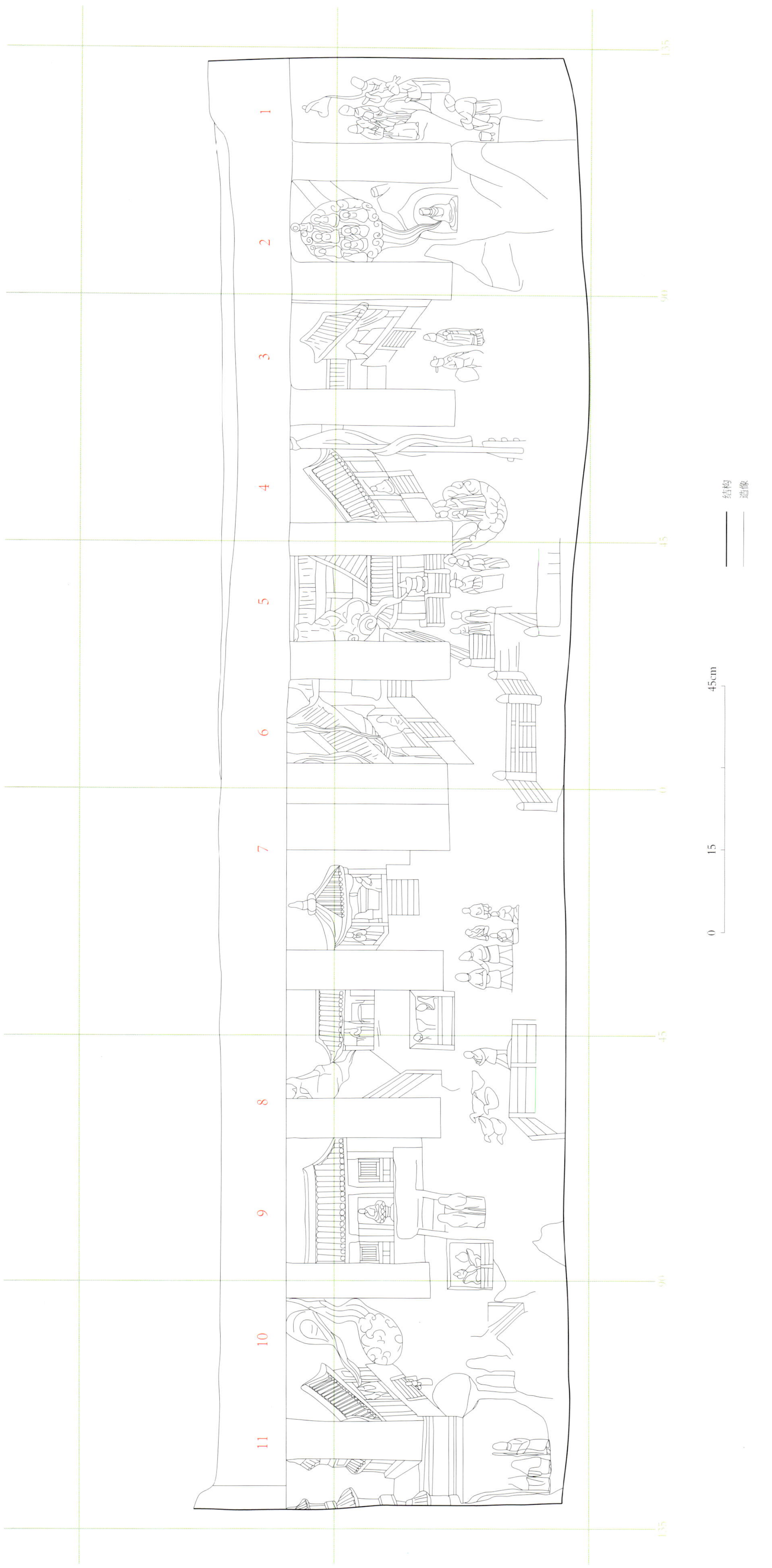

图 150　第 245 号龛正壁下部造像立面图

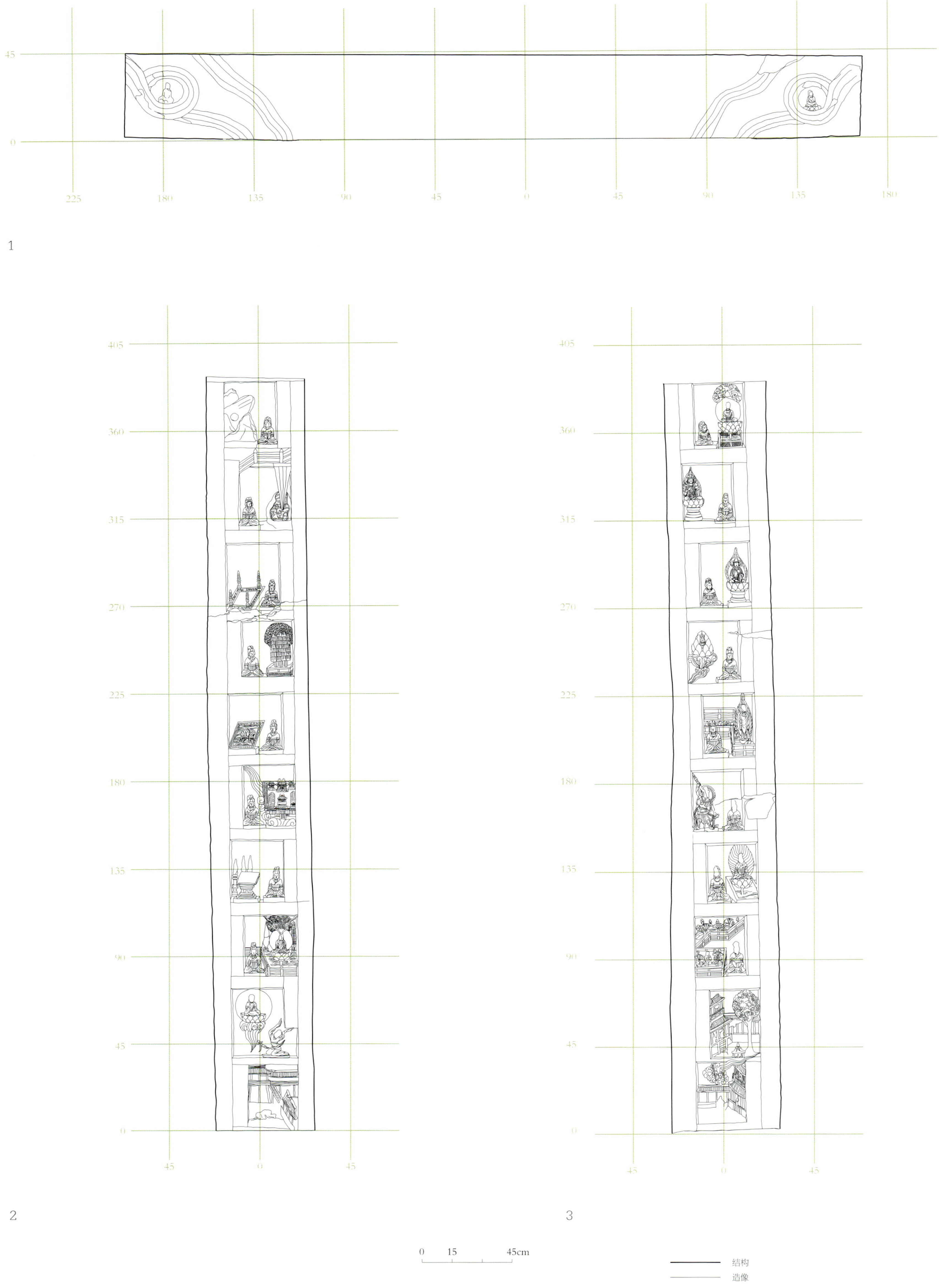

图151 第245号龛沿面造像立面图
1 上沿 2 右沿 3 左沿

218　大足石刻全集　第三卷（上册）

图 152　第 245 号龛右沿造像立面图
1　右第 1—5 号方框　2　右第 6—10 号方框

图153 第245号龛左沿造像立面图
1 左第1—5号方框 2 左第6—10号方框

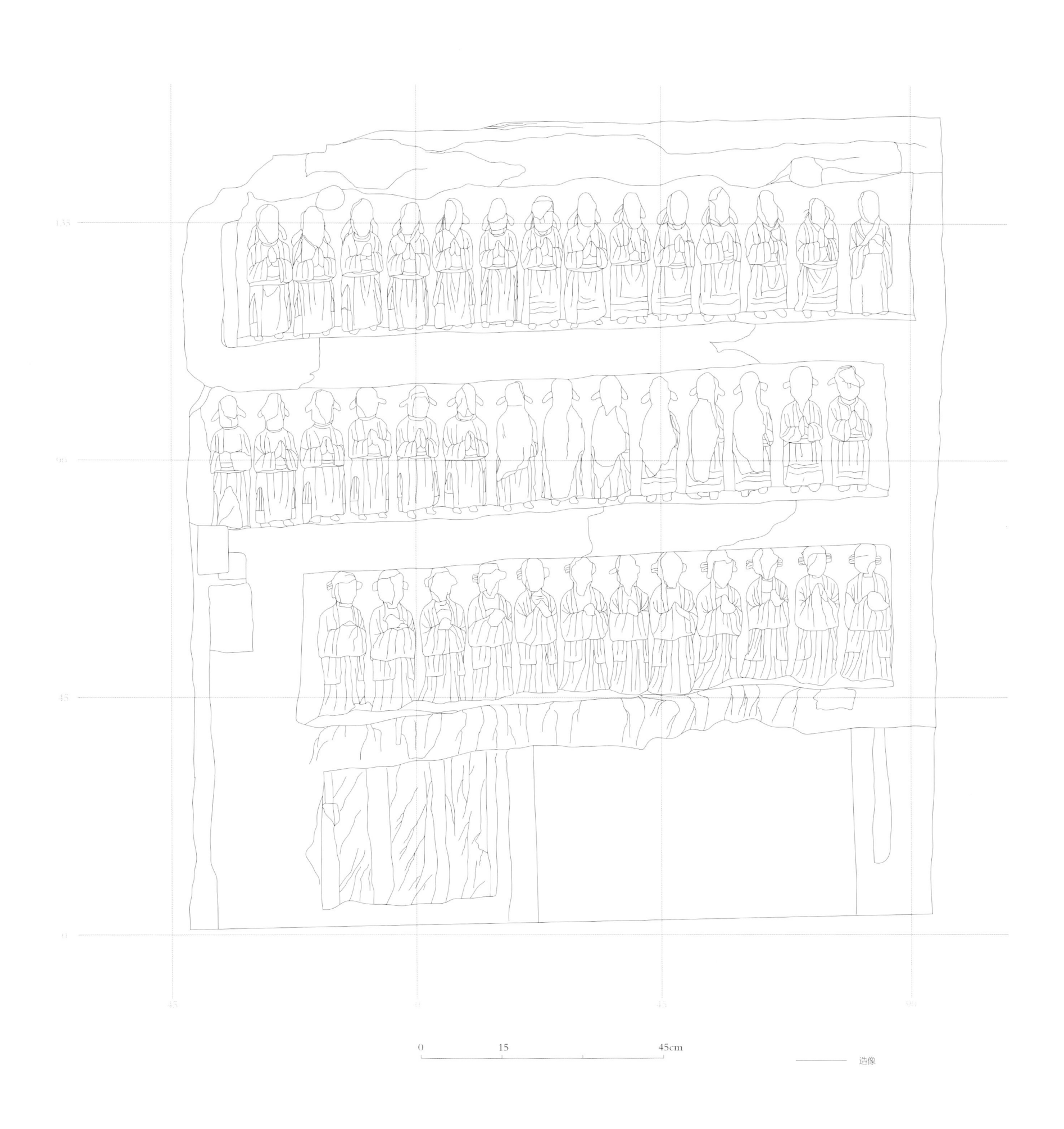

图 154　第 245 号龛龛外右侧中部供养人像立面图

第4排供养人像仅凿粗坯，且岩面大部为进深开凿的第249号龛所打破，现仅存第249号龛左侧一方形凹槽及第249号龛右侧的方形凹槽和三方形柱条。凹槽高26厘米，宽2厘米，深4厘米；柱条高26厘米，宽6.5厘米，厚4厘米。

四　铭文

刘净意造观经变相镌记，唐乾宁三年（896年）前[1]。位于第二排与第三排供养人像之间的岩石壁面左侧，刻石面高8厘米，宽25厘米；文左起，竖刻10行，存18字，字径2厘米（图版Ⅱ：5）。

01　造西方

02　龛〔化〕首

03　刘净意

04　陈静喜

05　弟子李氏

　　（6至8行漶）

09　□□文氏

10　（漶）

五　晚期遗迹

（一）修建遗迹

在龛檐上方岩体内侧，人工凿有一条排水沟，横向延至左右崖面，沟宽23厘米，深20厘米。水沟以上至保护长廊后檐，岩体可分为上下两级。

下级岩体顶部距龛檐顶部130厘米，其下部断面有明显的人工凿痕（图104）。其下部左右两端，各向内开凿一槽孔。右槽孔立面略呈凸形，下宽18厘米，上宽12厘米，高32厘米，深23厘米。槽孔左边水平距第245号龛龛口右外沿右界约60厘米，槽孔下端垂直距245号龛龛檐约50厘米。左槽孔立面略呈方形，高27厘米，宽18厘米，深15厘米。槽孔右边水平距第245号龛龛口左外沿左界20厘米，槽孔下端垂直距第245号龛龛檐约55厘米。中部右端部位有一不规则深孔，深25厘米，系自然岩体剥落所致，右端水平距下部右槽孔左端80厘米，下端垂直距第245号龛龛檐约52厘米。上部现存六个凿孔，以横向枋孔与竖向柱孔相交成"L"形，枋孔深约25厘米，宽13厘米；柱孔深约32厘米，宽13厘米。从右至左，第1个凿孔至第2个凿孔相距77厘米，第2个凿孔至第3个凿孔相距81厘米，第3个凿孔至第4个凿孔相距77厘米，第4个凿孔至第5个凿孔相距80厘米，第5个凿孔至第6个凿孔相距74厘米。下级岩体顶部后侧，人工开凿一条排水沟，横向延至左右崖面，沟宽约20厘米，深约8厘米。

上级岩体从下部至长廊后檐高约160厘米，其下部立面有少量人工凿痕。

在第245号龛上沿左右外侧两端各插入一根横梁，此横梁前挑置于本龛前方的砖柱上，为佛湾长廊此段主梁。在紧靠右横梁左上方，由崖面向内开一圆形凿孔，孔径30厘米，深27厘米，水平距本龛上沿外界8厘米；右侧有一竖长方形凿孔，高36厘米，宽17厘米，深16厘米。两孔相距约13厘米，其上端与本龛龛檐大体在同一水平上。在左横梁左上侧，由崖面向内开一竖长方形凿孔，高25厘米，宽15厘米，深16厘米，其右边距横梁水平距离8厘米，距本龛上沿外界水平距离46厘米，其下边距横梁垂直距离25厘米，凿孔下口与龛檐大致在同一水平上。在该凿孔的顶部，由上向下开凿一较小的方形凿孔，与该凿孔贯通，长、宽约9厘米，深11厘米。

左沿内侧平整面底部外侧部分剥蚀。该平整面上部距龛上沿下缘25厘米处，凿一竖长方形枋孔，高7.5厘米，宽2厘米，深2.5厘米。平整面中部距龛上沿下缘191厘米处，亦凿有一竖长方形枋孔，高7厘米，宽2厘米，深3厘米。

右沿内侧平整面上部距龛上沿下缘24厘米处，凿一竖长方形枋孔，高5.5厘米，宽2厘米，深2.5厘米。平整面中部距龛上沿下缘180.5厘米处，亦凿一竖长方形枋孔，高5.5厘米，宽2厘米，深3厘米。

1　镌记无纪年。因位于唐乾宁三年造第240号龛内侧壁，从其打破关系看，应不晚于唐乾宁三年（公元896年）。

（二）妆绘遗迹

龛内主尊佛像胸部贴金。龛内造像及建筑保存有灰白色、红色、黑色、蓝色、绿色、黄色六种涂层。

（三）铭文

僧元亮偈赞题刻，明建文元年（1399年）[1]。位于龛正壁下部方框上方空余的较窄壁面。刻石面宽273厘米，高12厘米。铭文漫漶较重，存42字。从左至右录文如下（图版Ⅱ：6）。

□□□□
□县僧会
□亮拜□
□乐
□方
□镜
开△
〔重〕重
〔殿〕阁
□□□佛
□□□□
□□□□
□□合家
□□□□
□是□□
□七月初
□□□□
□□□□
□□□□
□□□□
□□□□
宝楼
台△
化生
九品
人无
数△
尽是
他方
念佛
来△
□文己卯
□月□书

---

1 本则铭文录文与《大足石刻铭文录》略异。陈灼考证认为本则铭文系僧元亮于建文元年（1399年）题。见陈灼：《大足石刻辨疑六题》，重庆大足石刻艺术博物馆编：《2005年重庆大足石刻国际学术研讨会论文集》，文物出版社2007年版，第505—518页。

第十一节　第246号

一　位置

位于第245号龛右侧竖直壁面最上部。左与第245号龛右沿水平相距约7厘米，右侧毁，残痕即为壁面右侧边缘；上距第245号龛龛檐23厘米，龛底与第247号龛上口竖直相距6厘米。

龛口南向，方向200°。

二　形制

从崖壁直接凿建龛口（图155；图版Ⅰ：207）。龛口略呈方形，右侧毁，沿面经人工打磨，与崖壁分界不明。龛口高约40厘米，残宽28厘米，至后壁最深9厘米。龛底略呈方形，右侧残毁。正壁及左侧壁与龛顶皆略呈弧面相交。龛顶为券顶，右侧毁。

三　造像

正壁刻坐像2身（图155-2；图版Ⅰ：207）。

左坐像　残高21厘米。头、肩、双腿严重残毁，可辨双手置腹前，结跏趺坐于束腰三层仰莲台上。莲座亦大部残蚀，通高14厘米；上部为仰莲台，高7厘米，直径19厘米；束腰部分为圆轮，高3厘米，直径12厘米；下部为圆轮，高4厘米，直径18厘米。

右坐像　残毁甚重，可辨左臂肘部和前臂以及座台左侧边缘。座台残，似为须弥座。

在两坐像座台间刻兽一只，蜷伏，身长5.3厘米，高1.6厘米。

四　晚期遗迹

龛外上方约18厘米处凿一个圆孔，直径约7.5厘米，深约3厘米。

第十二节　第247号

一　位置

位于第246号龛竖直下方。左距第245号龛右沿约4厘米，龛右侧毁，残痕为壁面右侧边缘；上距第246号龛6厘米，下距第248号龛10厘米。

龛口南向，方向195°。

二　形制

单层方形龛（图156；图版Ⅰ：208）。

从壁面平直凿进最深约15厘米形成龛口。龛口方形，右上角及右侧残毁，外缘高96.5厘米，宽52厘米。龛上沿存宽8厘米，下沿宽5厘米；左沿保存完整，宽7.5厘米，右沿毁。龛口内缘高83厘米，宽45厘米，至后壁最深23厘米。龛正壁竖直，与左侧壁弧面相交，与龛顶垂直相接，左侧壁与龛顶弧面相接。龛左上角存三角形斜撑，高8厘米，宽8厘米，斜边弧形；低于龛沿0.8厘米。龛顶为平顶，右侧残毁。

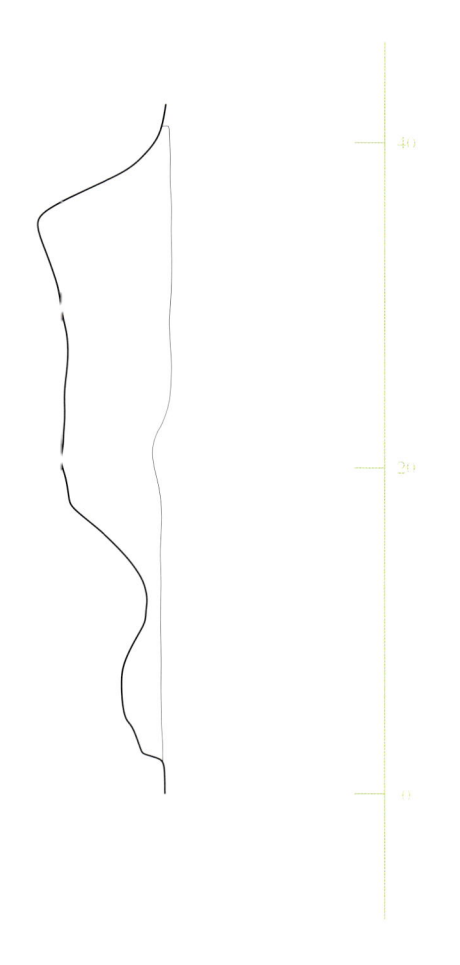

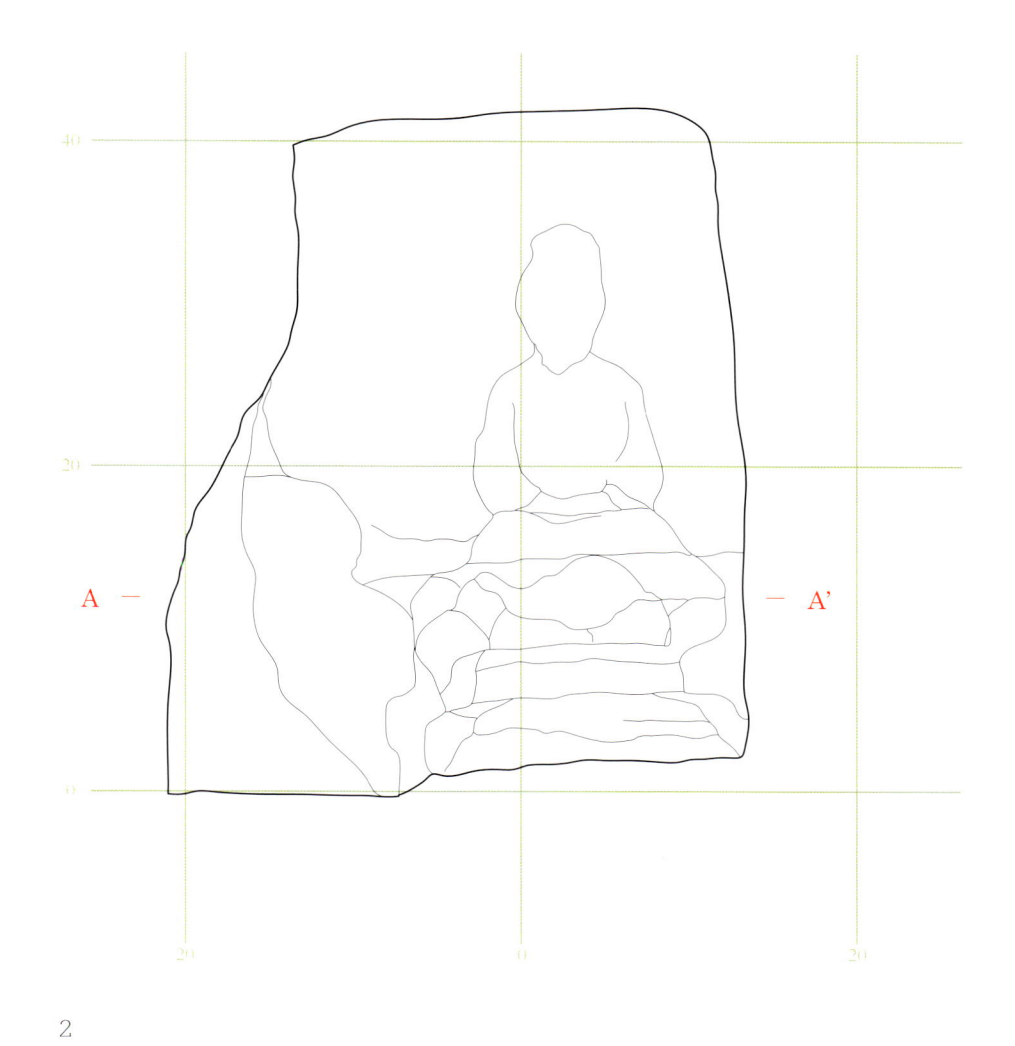

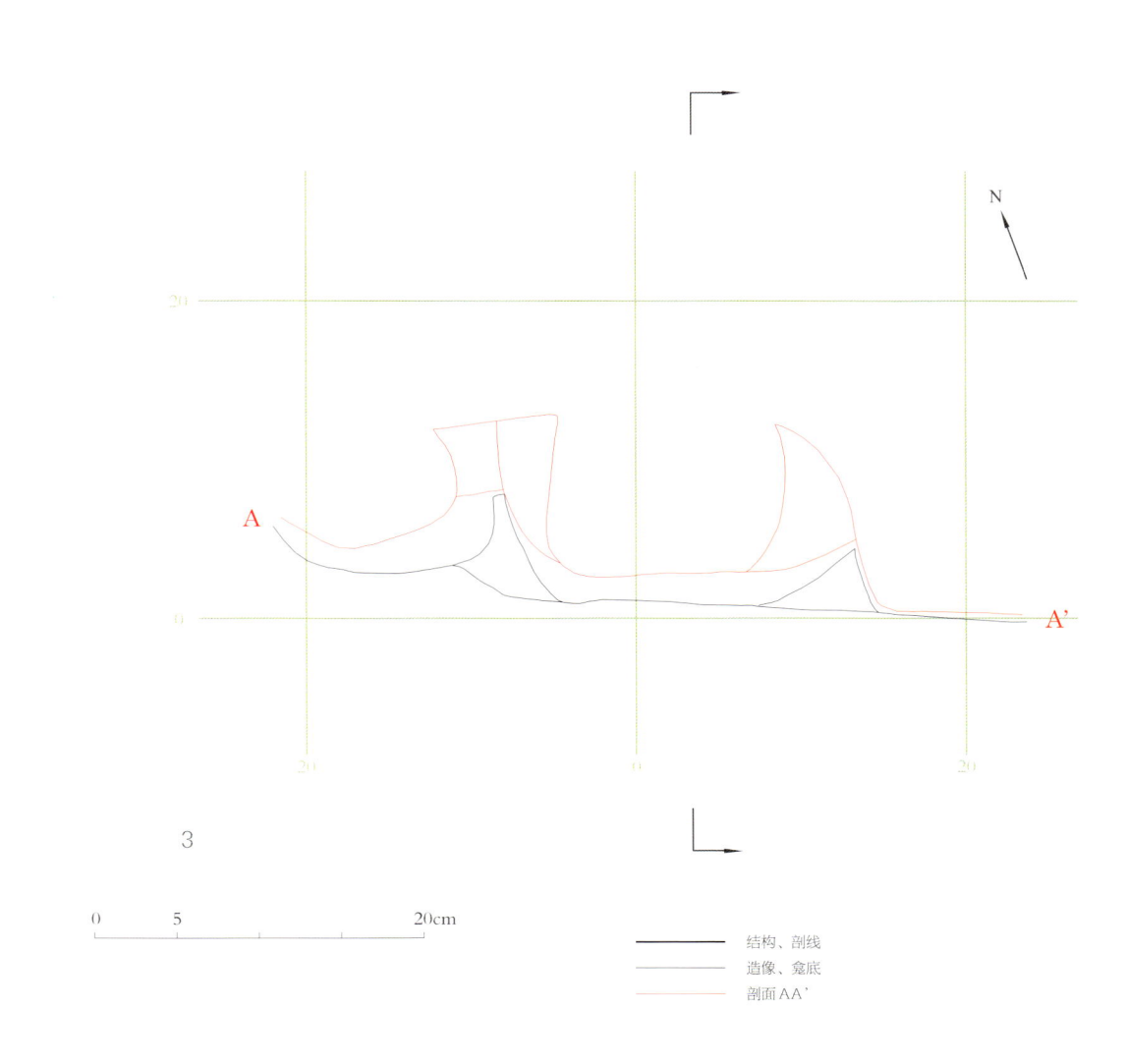

图 155　第 246 号龛平、立、剖面图
1　剖面图　2　立面图　3　平面图

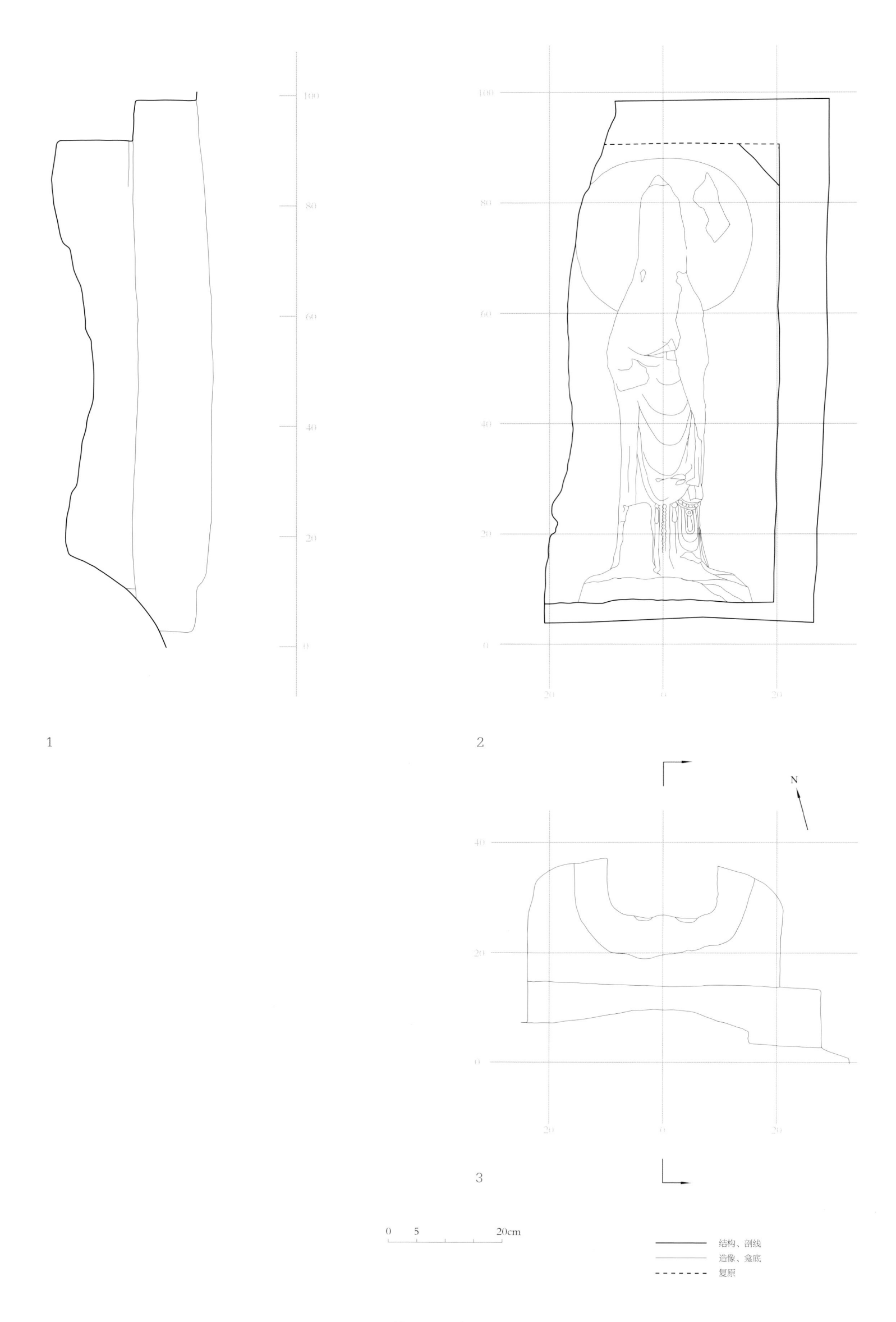

图 156 第 247 号龛平、立、剖面图
1 剖面图 2 立面图 3 平面图

三　造像

龛正壁刻立像1身（图152-2；图版Ⅰ：208）。头、胸、双臂皆残，残高77厘米。饰圆形素面头光，直径33.5厘米。上着袈裟，下着裙。袈裟衣纹于腹前呈连续的"U"形，较为疏朗；裙摆下方露出三段璎珞，中间一段沿双腿间下垂；左段过左膝绕向腿侧，并下垂坠饰；右段大部分残，仅可见下垂的坠饰。双手毁，右手前臂似置于腹前。足残，立于低台之上。低台残毁，残高2厘米，最宽30厘米。头光左侧上部存有一向外凸出的不规则遗迹，疑为莲苞残痕。

四　晚期铭文

张文信画妆观音龛镌记，北宋咸平六年（1003年）。位于龛左沿上部。刻石面高46厘米，宽14厘米；文左起，竖刻4行，存34字，字径2厘米（图版Ⅱ：7）。

01　□佛子张文信□□发为男天保
02　就院画妆救苦观音菩萨
03　□□以咸平六年十月廿八日修
04　□表庆讫

第十三节　第248号

一　位置

位于第247号龛竖直下方。左距第245号龛右沿约13厘米，右距壁面边缘14—28厘米；上距第247号龛约10厘米，下距第249号龛115厘米。

龛口南向，方向196°。

二　形制

单层方形龛（图157、图158；图版Ⅰ：209）。

从壁面平直凿进最深约3厘米形成龛口。龛口呈方形，上部残，外缘残高91厘米，宽72厘米。龛左沿上部宽5厘米，下部凿出高32.5、宽15厘米的平整面；右沿上部残，中部存宽5厘米，下部凿出高31、宽21厘米的平整面。上沿毁，下沿未凿。龛口内缘高87厘米，宽72厘米，至后壁最深15厘米。左右沿内侧，凿出宽3厘米的平整面。龛左上角存三角形斜撑，高8厘米，宽5.5厘米，斜边弧形；低于沿面2厘米；右上角毁。龛底略呈凸形，略宽出左右沿外侧凿2.5—7厘米，中点距龛正壁深20厘米。龛壁竖直，与龛顶弧面相接。龛顶为券顶，部分残。

三　造像

刻像6身（图157、图159；图版Ⅰ：209、图版Ⅰ：210）。其中，正壁刻主尊立像2身，左右龛沿外侧下方平整面各刻立式供养人像2身。

左主尊像　立像高69厘米，头残长12厘米，肩宽18厘米，胸厚9厘米。浮雕桃形头光，内素面，外饰火焰纹，尖至龛顶残毁处；横径17厘米，厚1.5厘米。头顶少许残，存水波纹发残痕。脸方正，面残模糊，垂耳，颈刻三道肉褶线。身着内衣，胸部系带，外披双

图 157　第 248 号龛立面图

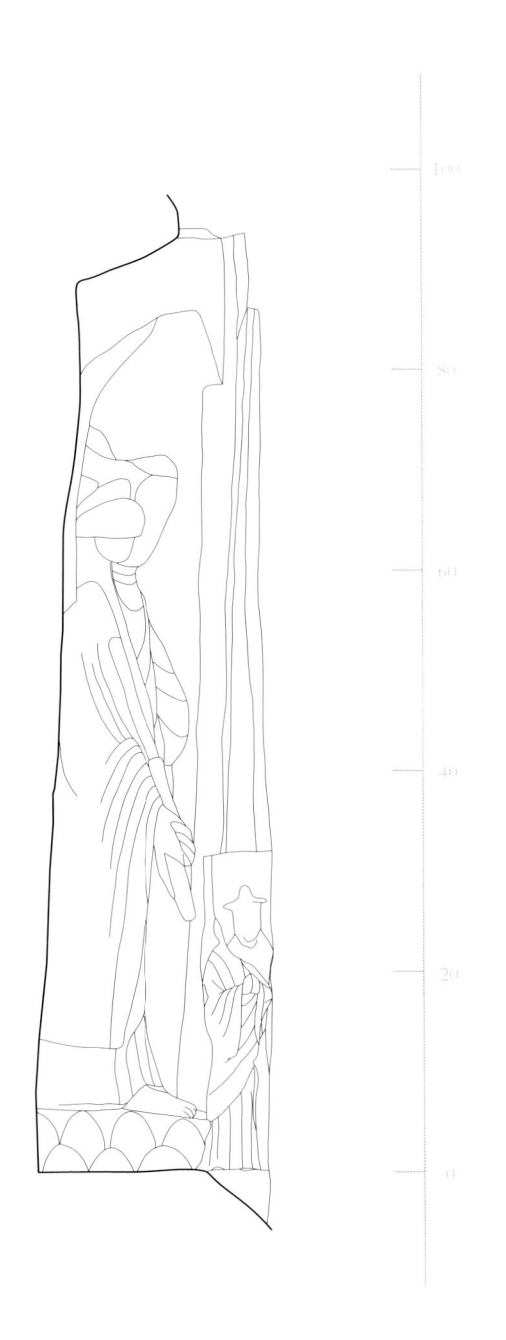

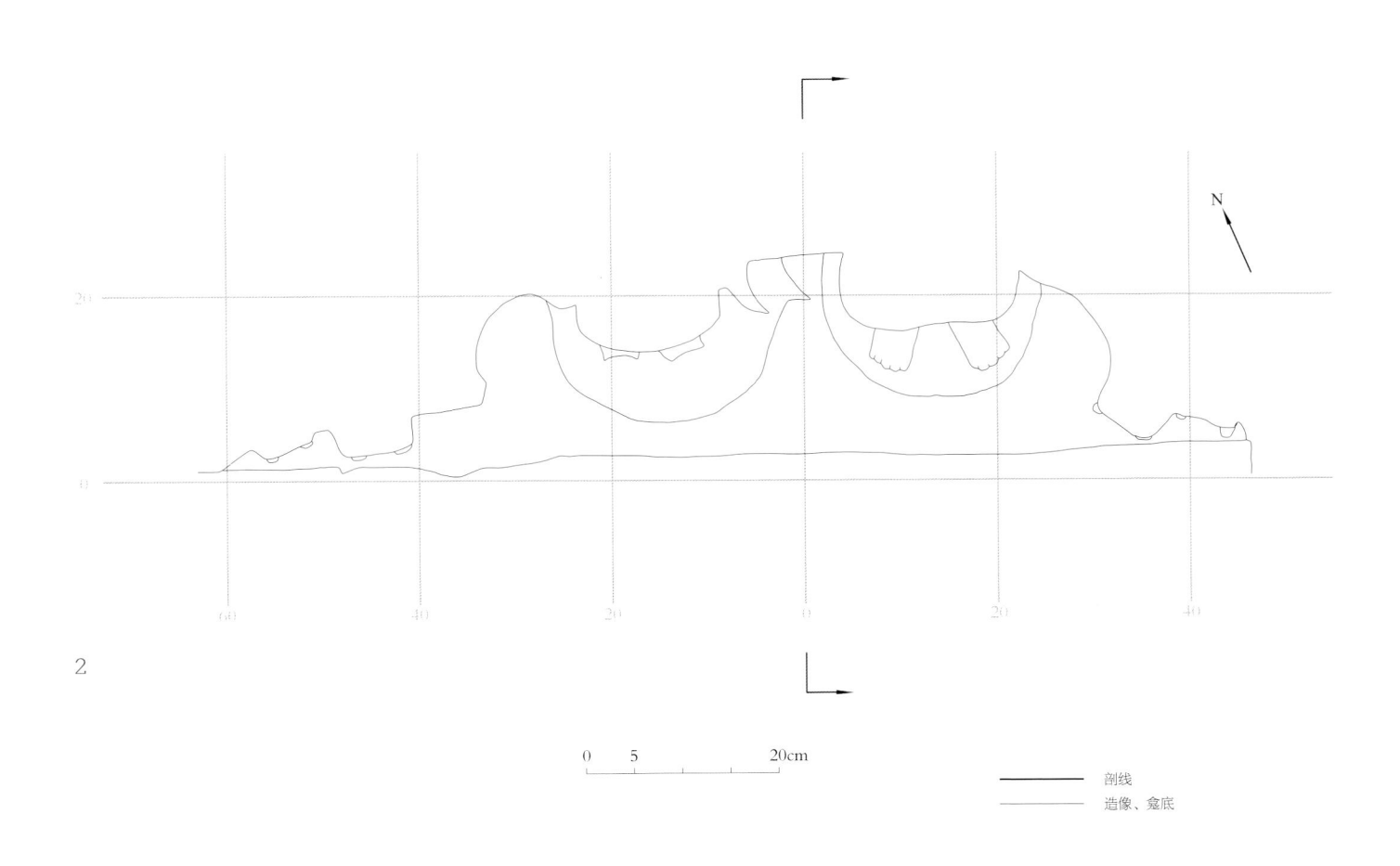

图158 第248号龛平、剖面图
1 剖面图 2 平面图

图159　第248号龛效果图

领下垂式袈裟，下着长裙。袈裟一角向上撩起，敷搭于左肩之上。袈裟右领于胸部内抄后下垂。左肩及胸以下袈裟衣纹呈斜向式由密集渐次疏朗，右小臂衣纹呈贴泥条式。左手屈肘上举至左肩，前臂中部以下断毁；右手垂于体侧，掌心向外握持锡杖。头右侧可见杖首，其下至右胸部分杖柄断毁，小腿以下部分亦断毁，现存杖长46厘米。跣足立于双层仰莲台上，台呈圆形，高5.5厘米，直径21厘米。

　　右主尊像　立像高70厘米，头轮廓长17厘米，肩宽14厘米，胸厚9厘米。浮雕桃形头光，右侧剥落，直径18厘米，厚2厘米，内素面，外饰火焰纹，尖至龛顶残毁处。头残，存头顶尖状部分和左右侧作结后下垂的冠带、垂发。坠耳饰，颈刻三道肉褶线。上身着披肩，束以腰带，于腰带中央下垂一缯带，沿两腿间止于莲台面。下着长裙，刻有较密集的竖直衣纹线。披帛绕颈过左右肩，沿左右胸下垂，于两大腿间交叉相绕，再向上敷搭于双手前臂，反折相叠后过小臂内侧沿体侧拖曳至龛底。颈下戴项圈，当胸下垂珠串坠饰，两侧过左右胸部各下垂一段璎珞，交汇于腹前一圆璧上，再向下方过膝部绕向体侧。从圆璧下方及两膝部璎珞处下垂坠饰。双手屈肘横置于胸前，前臂中部以下残毁不存。双足残，立于莲台上。莲台残毁不全，残存台面略呈圆形，高约5.5厘米，直径约21厘米。

　　龛左沿下部供养人像　刻立像2身，均身微右侧，面向龛内正壁（图版Ⅰ：211）。左侧像高27厘米，头长5厘米，肩宽6厘米，胸厚3厘米。头大部残毁，左右侧存略微上翘的幞头双翅，身着圆领窄袖袍，腰系带，下着长裤，双手胸前合十，指残，着靴而立。右侧像头毁，仅存轮廓。残身高23厘米，肩宽6.5厘米，胸厚4厘米。上着袈裟，下着长裙，双手胸前合十，着鞋而立。

　　龛右沿下部供养人像　刻立像2身，均身微左侧，面向龛内正壁（图版Ⅰ：212）。左侧像头毁不存，残存立像高23厘米，肩宽7厘米。胸残，腹以下存袈裟下摆。下着长裙，左手残，姿势不明。右手似屈肘，前臂残。着鞋而立。右侧像高21.5厘米，头残长4厘米，肩宽5厘米，胸厚3厘米。头残毁，仅存轮廓残痕。上着袈裟，下着长裙，双手胸前合十，着鞋而立。

第十四节　第249号

一　位置

位于第248号龛下方。左距第245号龛右沿13.2厘米，右距崖壁边缘65厘米；上距第248号龛115厘米，下距地坪13厘米。龛口南向，方向190°。

二　形制

单层方形龛（图160、图161；图版Ⅰ：213）。

龛口　从壁面平直凿进最深约16厘米形成龛口。龛口方形，外缘高67厘米，宽61厘米。龛沿完整，左沿宽6.5厘米，右沿宽7.5厘米，上沿宽6厘米，下沿宽5厘米。龛口内缘高56厘米，宽47厘米，至后壁最深约18厘米。龛口左右上角凿三角形斜撑结构，高7.5厘米，宽8厘米，斜边弧形；低于沿面0.5厘米。

龛底　呈"凸"字形。

龛壁　正壁竖直，与左右侧壁垂直相交。壁面与龛顶弧面相接。

龛顶　平顶，呈方形。

图160　第249号龛立面图

图 161　第 249 号龛平、剖面图
1　剖面图　2　平面图

三　造像

刻像9身（图160；图版Ⅰ：213）。其中，正壁刻主尊坐像2身，右主尊座前右侧刻跪像1身，右沿下部刻立像1身；龛外左侧竖直壁面刻立像2身，右侧竖直壁面刻立像3身。

左主尊像　坐像高28.5厘米，头长3.5厘米，肩宽11.5厘米，胸厚5.5厘米。浅浮雕桃形头光，直径14.5厘米。内素面，外饰火焰纹，尖至龛顶。高髻，戴冠，冠饰植物茎纹，冠带于头后两侧作结后下垂及肩。脸较圆，眼微眸，鼻梁及鼻翼残，双唇微闭。颈刻三道肉褶线，胸部有一条横向的自然裂隙。内着圆领内衣，上着披肩，下着长裙，遮覆双腿及莲台正面。身饰披帛，绕颈沿胸下垂于膝间相绕，再向上敷搭两手前臂后下垂于两大腿外侧。饰圆形耳饰，下垂珠串，止于两胸前。颈下饰项圈，下垂坠饰；另于两小腿间可见一段下垂的璎珞，其余饰物不明。腕镯，左手屈肘横置于腹前托钵，右手屈肘横置于钵上部，腕以下已残。钵上部残，残高2.5

厘米，直径4.4厘米。大腿及膝部残，善跏趺坐于双层仰莲座上，跣足。座通高23厘米，分为上、中、下三部分。下部为二阶圆台叠涩，下阶高4厘米，直径23.5厘米；上阶高5.5厘米，直径22厘米；在下阶台面上，刻两朵双层仰莲，各高约5厘米，直径8厘米。莲朵之下的下阶圆台正面饰有云纹。云纹部分残，残存高4厘米，宽13.5厘米。中部束腰部分亦为一圆轮，高4.5厘米，直径17厘米。上部为莲台，台呈圆形，高7.5厘米，直径18.5厘米。

右主尊像　坐高25厘米，头残长10厘米，肩宽13厘米，胸厚4.5厘米。浅浮雕圆形素面头光，直径18.5厘米。头额部以上剥落，可见头两侧披帽下垂及肩。脸椭圆，眼微睁，鼻尖部分残，抿嘴，嘴角微收，两颊较丰满，颈部刻三道肉褶线，胸部有一条横向裂隙。内着圆领衣，外着交领服，再外披袈裟，下着长裙。袈裟左领右斜下，右领下垂。袈裟一角向上撩起，敷搭于左肩之上，衣纹较疏朗。左手横置腹前持物，物残；右手肘部以下残，从其姿势看，似屈肘上举置于右胸前持六环锡杖。锡杖长39厘米，呈右斜向挂于座前右莲花上；中上杖柄残断，残断部分长16厘米；杖首位于像头部右侧。像左舒相坐于须弥座上。其中，左大腿剥落，小腿自然下垂，跣足踏于座前左莲花足踏上，足残；右腿膝部亦剥落，从轮廓看，似左向横置座台面上。座通高22厘米，分为上、中、下三部分。下部为二阶方台叠涩，正面部分被座前仰莲及座右角像遮覆，致其宽度不明。从可见部分看，下阶高2.5厘米，上阶高6.8厘米。中部束腰部分方台高4.5厘米，宽14.8厘米。上部亦为两阶方台叠涩，下阶高1.5厘米，宽16.5厘米，深11.5厘米；上阶高5厘米，宽19厘米，深12厘米。须弥座底前从左至右分别刻一兽、祥云及一跪像。兽位于座底左部，现风化残蚀甚重，从残痕轮廓看，残长约7.5厘米，高4.5厘米，似头右尾左，两前足前伸，头伏于两前足之上，后腿弯曲匍匐于地。跪像位于座底右端，头毁不存，残存高10厘米，身向左，躯体稍风化，似着宽袖服，双手置于胸前捧物，手及物皆残；左腿前屈，右腿跪地，作胡跪状。兽与跪像之间饰刻云纹，高4.5厘米，宽6.5厘米。在兽和云纹之上，刻两朵双层仰莲，右莲残，左莲高5厘米，直径6厘米。

右沿下部像　1身。立像高13.5厘米，头残长4.5厘米，肩宽4厘米，胸厚2厘米；身躯向左，略蚀，衣饰不明，下着长裙，双手置于胸前似合十，着鞋而立。

龛外左壁像　2身。均侧身向右，面微向龛内正壁像（图版Ⅰ：214）。左立像高20厘米，头长5厘米，肩宽4厘米，胸厚1.5厘米。头梳髻，脸较圆，面部风化模糊，颈部残蚀。上着衫，下着长裙，双手屈肘举于胸前笼袖内，双足残。右立像头大部残毁，残高18.5厘米，肩宽4厘米，胸厚1.5厘米。余与左侧像同。

龛外右壁像　3身。侧身向左；从左至右依次编为第1—3像（图版Ⅰ：215）。

第1像　立像，头残毁，残身高19厘米，头残长6厘米，肩宽4厘米，胸厚1.5厘米，躯体风化模糊，衣饰不明。从轮廓看，双手置于胸前，手残，着鞋而立。

第2像　像头、面均残，残身立高19厘米，头残长4.5厘米，肩宽5厘米，胸厚2厘米。残痕中可见头梳髻，上身着缺胯袍，腰系带，下系长裙，着鞋而立。

第3像　像头、面均残，残立高20.5厘米，头残长5厘米，肩宽4.5厘米，胸厚2厘米。残痕中可见头后左右侧存略微上翘的幞头双翅，上身着缺胯衫，下着长裙，双手置于胸前，手残，双足风化模糊。

四　铭文

佚名造观音地藏龛题刻，唐乾宁三年至后蜀广政八年（896—945年）。位于龛外左侧竖直凿面。刻石面高36厘米，宽4厘米；竖刻1行12字，楷书，字径3厘米（图版Ⅱ：8）。

敬造救苦兼圣地藏菩萨一龛

五　晚期铭文

李氏九娘子妆绚观音地藏龛镌记，北宋至道年间（995—997年）。位于龛外右侧竖直壁面。刻石面高49厘米，宽16厘米；文左起，竖刻4行，存48字，楷书，字径1厘米（图版Ⅱ：9）。

01　女弟子李氏九娘子奉为亡夫主王廷

02　略三周年妆此△地藏观音二卄卄用

03　伸追广生界至道□年四月二十一日斋供

04　表赞讫[1]

第十五节　本章小结

一　形制特点

本章13个龛像中，第239、246号龛损毁严重，形制不明。据其特点，将形制保存较好，特征较为明显的第237、238、240—245、247、248、249号11龛分为两类。

第一类　单层方形龛。如第238、240—245、247、248、249号10龛。龛口方形，有龛沿，龛底主要以方形为主，龛壁竖直。龛口左右上角凿三角形斜撑结构，略低于沿面。第244号龛未凿龛沿，左右上角垂直相接。

第245、248号龛沿内侧凿有竖直的平整面，平整面内侧与龛壁相接；其余龛制未凿平整面。

第二类　单层圆拱龛。仅第237号龛。龛制残损左侧部分，从其遗存的圆弧形右侧部分判断，龛口呈圆拱形，有沿面，龛底呈方形，龛壁竖直。

二　年代分析

在本章13个龛像中，第245号龛是其规模最大的龛像，占据显著壁面。在第245号龛从崖壁向内凿进后，于其左右两侧形成两个竖直断面，本章其余龛像就布置在这两个断面上。由此可以确定，第245号龛是本章龛像中最早营建的。

在第245号龛龛外左侧断面上，开凿的是第237—244号8龛。其中3龛刻有明确纪年造像记：第240号龛纪年为唐乾宁三年（896年），第243号龛为唐天复元年（901年），第244号龛为广政八年（945年）。就其布局而言，第237、238、239号龛位于壁面中上部，位置较窄，现存状况已说明本段壁面并不利于龛像的雕刻，因此，由上至下布局龛像的可能性不大。而自第240号龛以下位置较宽，且较规整，由此推测，最初的造像应始于第240号龛。在前述3个纪年龛中，第240号龛纪年最早，稍晚为第243号龛。值得注意的是，位于第240、243号龛之间的第241、242号龛虽同样处于开龛的有利位置，但这两个龛不大，且第241号龛直抵第245号龛左沿，第242号龛直抵壁面外侧边缘，上下与第240、243号龛的距离也稍显紧促。总体上这两个龛在布局上不够舒展、合理，似在第240、243号龛完成后再开龛造像的。第244号龛位于壁面最下端，开凿位置不适，且龛底低于现地坪，龛右直抵第245号龛下沿左端，龛制也较上述龛像简单，这似乎表明，这个龛是在壁面其他位置已被利用的情况下才勉强选择在这里的，似为最晚开凿的龛像。通过梳理，我们可作如下推测：在第245号龛向内凿进后形成的左侧断面上，最早的龛像是第240号龛，继而向下开凿了第243号龛，其后又在剩余壁面上开凿了其余各龛，而第244号龛应为最晚的龛像。

在第245号龛龛外右侧断面上，开凿的是第246—249号等4龛。值得注意的是，第248号龛下部与第249号龛上部之间，横向刻有四排供养人像。依据刻于第二排与第三排之间凿面上的造像记，这些供养人像系与第245号龛同时雕造。由此推测，这四排供养人像是本壁面最早的造像[2]，其后向下部开凿第249号龛，向上部则开凿了第248、247、246号龛。此4个龛中，虽无明确的开龛年代，但第247号龛有咸平六年（1003年）、第249号龛有至道年间（995—997年）的妆绚纪年，且如上述，第245号龛左侧断面上的第244号龛为其最晚龛像，其纪年为广政八年（945年），故据此推测，第246—249号龛的下限年代亦在广政八年（945年），上限年代即为第245号龛的开凿年代。

1　本则铭文第2行"卄 卄"为"菩萨"2字的"合文"简写，系由菩萨2字的草字头组合而成。《大足石刻铭文录》把"卄 卄"识为"尊"，重庆大足石刻艺术博物馆编：《大足石刻铭文录》，重庆出版社1999年版，第72页。

2　与此壁面中部位置相对应的左壁面中部所刻第240号龛开凿于唐乾宁三年（896年）。这表明，当年在开凿第245号龛后，即在右壁面中部雕刻供养人像，其后再在左壁面首先开凿了第240号龛。

据观察，第240号龛在开凿时明显打破第245号龛，由此可以确定，第245号龛的下限应在唐乾宁三年（896年）。又据北山《韦君靖碑》，并视北山石窟造像，就目前所知，无一早过唐景福元年（892年）[1]，故可将第245号龛的上限确定在唐景福元年（892年）。据此，我们认为，第245号龛开凿的年代大致在唐景福元年至唐乾宁三年（892—896年）之间，是大足北山石窟中较早的龛窟之一。

综上分析，我们认为本章13个龛像的开凿年代在唐景福元年至后蜀广政八年（892—945年）之间。

三　题材内容

本章13个龛像中，第237—239号，以及第246、247号5龛造像残毁甚重，题材不明；第240—245、248—249号等8龛造像保存较好，特征较为明显，题材可辨。

第237号　龛内主尊已残，从胸部所存连续"U"形衣纹及结跏坐莲台、足踏莲蹋及有身光的特点判断，应为"佛像龛"。

第238号　龛内正壁、左壁造像皆毁，仅右壁近龛口处存立像1身，从其衣式特征分析，似菩萨像。因主尊像不存，故将此龛定为"残像龛"。

第239号　龛内正壁及右壁各存一像。正壁像残毁甚重，从现存坐姿、身光、头光及头光后的菩提树树冠遗迹分析，似佛像；右壁像为光头、双手合十，应为菩萨或弟子像；从衣饰判断，龛外右侧所刻三像为供养人。据主尊认为此龛为"佛像龛"。

第240号　龛正壁左主尊毁，身份不明。右主尊仅头残，余保存尚好，因其特征与观音像并无大异，故常被定名为观音龛[2]；但本龛存"敬造欢喜王菩萨一身"造像记，故此定名欠妥，按造像记应定名为"欢喜王菩萨龛"。同时按造像记内容，龛右沿下部三尊造像即为造像记中所言比丘尼惠志、敬修、法进三供养人像。

第241号　龛正壁左主尊为立像，梳髻，罩巾，上着袈裟，下着裙，双手持莲梗，应为观音像；右主尊为坐像，戴披帽，左手持珠，右手持锡杖，座前匍匐一兽，应为地藏像。右侧壁立像旁竖刻一幡，应为地藏侍者像；左沿面下部立二像，皆上着宽袖服，下系长裙，双手合十，着鞋而立，符合供养人像特征。据主尊像特征，认为此龛为"观音地藏龛"。

第242号　龛内主尊为立像，戴披帽，着袈裟，左手胸前持物（似珠），右手持锡杖，应为"地藏"。左沿下部凿面上的一身立像，则具供养人特征。

第243号　龛内主尊像虽残泐甚重，然形体具存，结跏趺坐，具38臂，皆持物，据造像记知为右弟子军事押衙塞知进所刻"千手观音龛"。其左侧壁身着胡服，长髯瘦身，手持棍状物者，当为婆薮仙；右侧壁上着交领宽袖衫，下着长裙，手持莲梗者，似为吉祥天。

第244号　龛内正壁左主尊戴披帽，着袈裟，左手持珠，右手持六环锡杖，应为地藏像；右主尊戴花冠，着披巾长裙，左手持钵，右手持柳枝，应为观音像。龛外左下方横向排列的七身立像，从其身姿判断，应为供养人像。另据龛内所存铭文，可知此龛为"观音地藏龛"。

第245号　龛中部坐像螺髻，着通肩袈裟，双手结印，结跏趺坐；左像梳髻戴冠，冠正面刻化佛，胸饰璎珞，着披巾、长裙，手持钵；右像戴冠，冠正面刻净瓶。据其组合及造像特征，三像应为"阿弥陀佛、观音、大势至菩萨"三尊。龛上部刻主殿、配殿、斜殿等建筑，以廊道、虹桥相连；其间雕刻毫光、飞天、迦陵频伽、孔雀等，应表现的是天宫楼阁盛况。龛下部刻伎乐图、说法图、天众像等，左右侧壁对称刻52身菩萨坐像。龛顶刻飞天、共命鸟和诸多乐器。龛左右沿中上部对称刻16个方框，皆表现一相同的妇人形象，应为"十六观"图像。龛正壁及左右沿下部亦以方框的形式，表现诸多场景，应为"未生怨"图像。按上述诸多图像特征，此龛应为"观无量寿佛经变相龛"。

第246号　龛内存坐像2身，残毁甚重，定名为"残像龛"。

第247号　龛内主尊虽残毁甚重，但残迹中仍可辨出诸多菩萨造像特征，且妆绚记明确记有"就院画妆救苦观音菩萨"，故此龛应为"观音菩萨龛"。

---

[1] 黎方银：《大足石刻雕塑全集·北山石窟卷》专论，重庆出版社1999年版。
[2] 陈习删《大足石刻志略》，1985年《大足石刻内容总录》，黎方银《大足石刻雕塑全集·北山石窟卷》等均将其定名为"观音像"。

第248号　龛内左主尊刻桃形火焰纹头光，头顶虽残，但可见水波纹发残迹。脸方正，内着僧祇支，外披双领下垂式袈裟，下着长裙；左手屈肘上举似持物，右手握持锡杖，跣足立于仰莲台上，疑为药师佛像。右主尊面残，从其冠带作结、璎珞蔽体、着披巾长裙等特征判定，应为观音像。龛外左右四身立像，从其身姿、服饰特征推定，应为供养人像。据此特征，疑此龛为"药师、观音菩萨龛"[1]。

第249号　龛内左主尊梳高髻，戴卷草冠，胸饰璎珞，上着披巾，下着长裙，双手捧钵，善跏趺坐，应为菩萨像。右主尊戴披帽，左手腹前持物，右手握持六环锡杖，左舒相坐于须弥座上，座前刻一兽及一跪像，应为地藏像。结合龛外左侧存刻"敬造救苦兼圣地藏菩萨一龛"的造像记，此龛应为"观音地藏龛"。

四　晚期遗迹

（一）构筑遗迹

第245号龛左右沿内侧对称开凿两个方形小孔，估计此龛在历史上曾修建过类似龛门的建筑设施。

第245号龛左右存有圆形梁孔和方形枋孔，对称布置；其上方岩体横向凿有一排六个方孔，估计此壁面在历史上曾搭架过保护性的建筑设施。

此外，在第245号龛左右开凿断面的外侧，存有纵向的一列枋孔，对称布置，估计在此二断面间历史上亦曾有过建筑设施。

（二）妆绘遗迹

第237—244号和第246—249号等12个编号龛像，未见明显的妆绘涂层。

第245号龛规模较大，进深较深，涂层较为丰富，保存亦完整，颜色明艳。涂层颜料有红色、灰白色、黑色、蓝色、绿色、黄色六种。龛顶、龛壁、龛沿施绘红色涂层。主尊像、飞天、天众、五十二菩萨以及其余造像、飞鸟等以灰白色涂层作底，外层选择红色、黑色、蓝色、绿色、黄色等颜料施绘于不同的部位。天宫楼阁等建筑屋身一般施以红色涂层，屋顶、立柱则选择灰白色涂层。菩提树、毫光等选用灰白色涂层，龛顶云纹混用红色、灰白色两种涂层；云内乐器则以灰白色作底，外层有选择地施绘其他涂层。

此外，第245号龛主尊佛像胸部存金箔，表明历史上曾作过贴金处理。

1　1985年《大足石刻内容总录》定名为"残像龛"。四川省社会科学院、大足县文物保管所编：《大足石刻内容总录》，四川省社会科学院出版社1985年版，第101—102页。

第四章 第250—284号

第一节 本章各编号位置及相互关系

本章介绍的第250—284号等35个编号，位于北山佛湾北区北段中部偏北崖壁。其中，第250—280号崖壁为西向壁面，从第280号转折向西，形成一段南向壁面，第281—284号即位于此段壁面上（图162、图163；图版Ⅰ：216、图版Ⅰ：217）。

第250号龛立于本章崖壁最左端上方，其左侧边缘即是开凿第245号龛形成的右侧断面边缘；右侧比邻第251号龛。其下依次设置第252、253号龛。第253号龛与地坪相接。

第254号龛位于第253号龛右上方，其下为第255号龛。第256号龛位于第254号龛右侧，其下设置第257号龛，再下并列设置第258、259号龛。

第260号龛位于第259号龛右侧，其右上方为第261号龛，右侧为第262号龛。第266号龛则位于第262号龛龛内右侧的竖直壁面。

第263—280号龛布置较为规整，自上而下，大致作三排设置（图版Ⅰ：218）。

第一排　壁面左上方，纵向布置第263、264号龛，其右侧依次设置第269、270、275、276、277号龛。第277号龛右与壁面边缘相近。

第二排　壁面左端纵向设置第265、267号龛，其右依次设置第271、273、279号龛。第279号龛齐抵壁面转折处。

第三排　从左至右依次设置第268、272、274、278、280号龛。

第281号龛立于向西外凸的岩体南向壁面中部显著位置，右侧纵向设置第282、283、284号龛，并接近壁面转折的边缘（图版Ⅰ：7）。

第二节 本章各编号所在岩体裂隙分布

本章龛像所在岩体分布有两条明显的裂隙。

第一条　始于第223号龛正壁中部，水平向右发育，止于第281号龛下方中部，全长约333厘米，最宽约20厘米；裂隙发育不均衡，最窄为细缝。

第二条　位于第245号龛龛外右侧，始于崖壁上部，纵向发育，止于第253号龛龛外右侧，与地坪相接；全长约690厘米，最宽15厘米。

第三节 第250号

一 位置

位于北山佛湾石窟北区北段北侧岩体右端上方。左邻壁面转折边缘，右距第251号龛14厘米；上邻佛湾保护长廊横梁，下距第252号龛14厘米。

龛口略西向，方向293°。

二 形制

从崖壁表面直接凿建龛口（图164；图版Ⅰ：219）。龛口左侧、上部残，残高68厘米，宽33厘米，至后壁深15厘米。龛底左端

图 162　第 250—284 号在本卷龛窟中的位置图

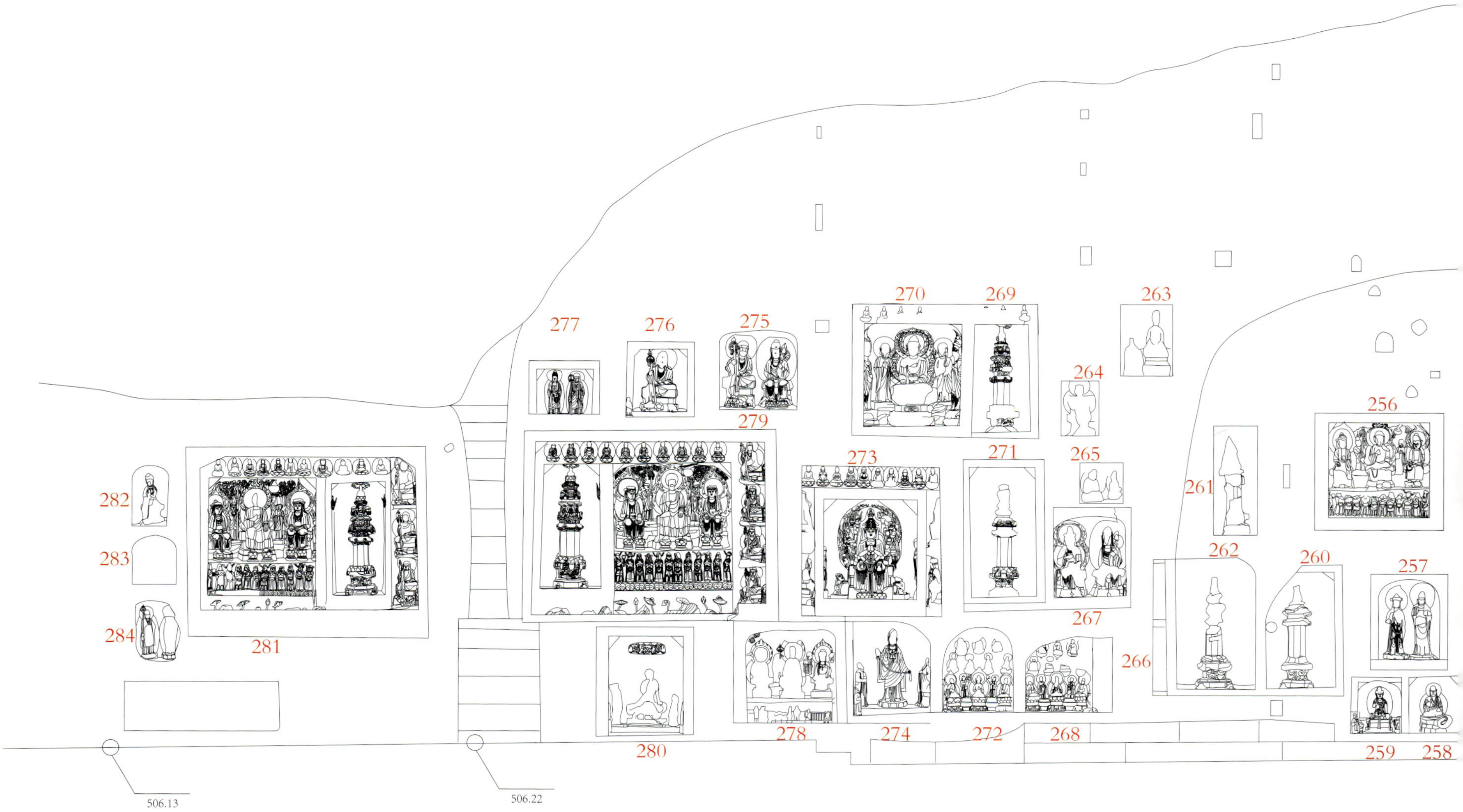

图 163　第 250—284 号位置关系图

第四章 第250—284号

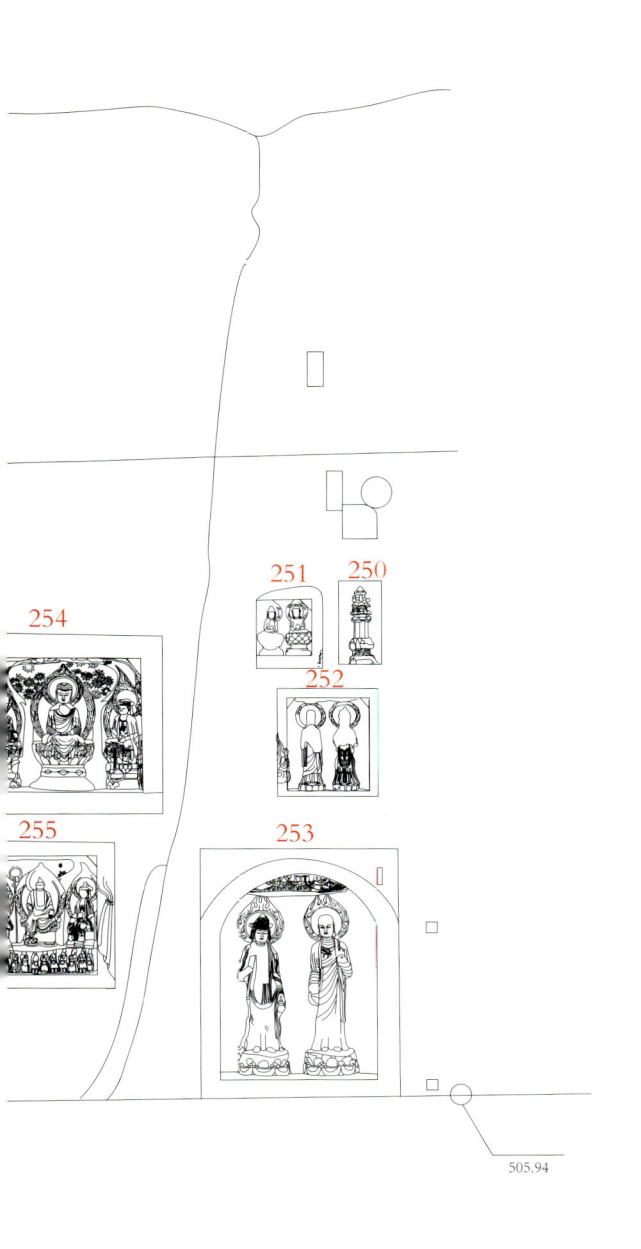

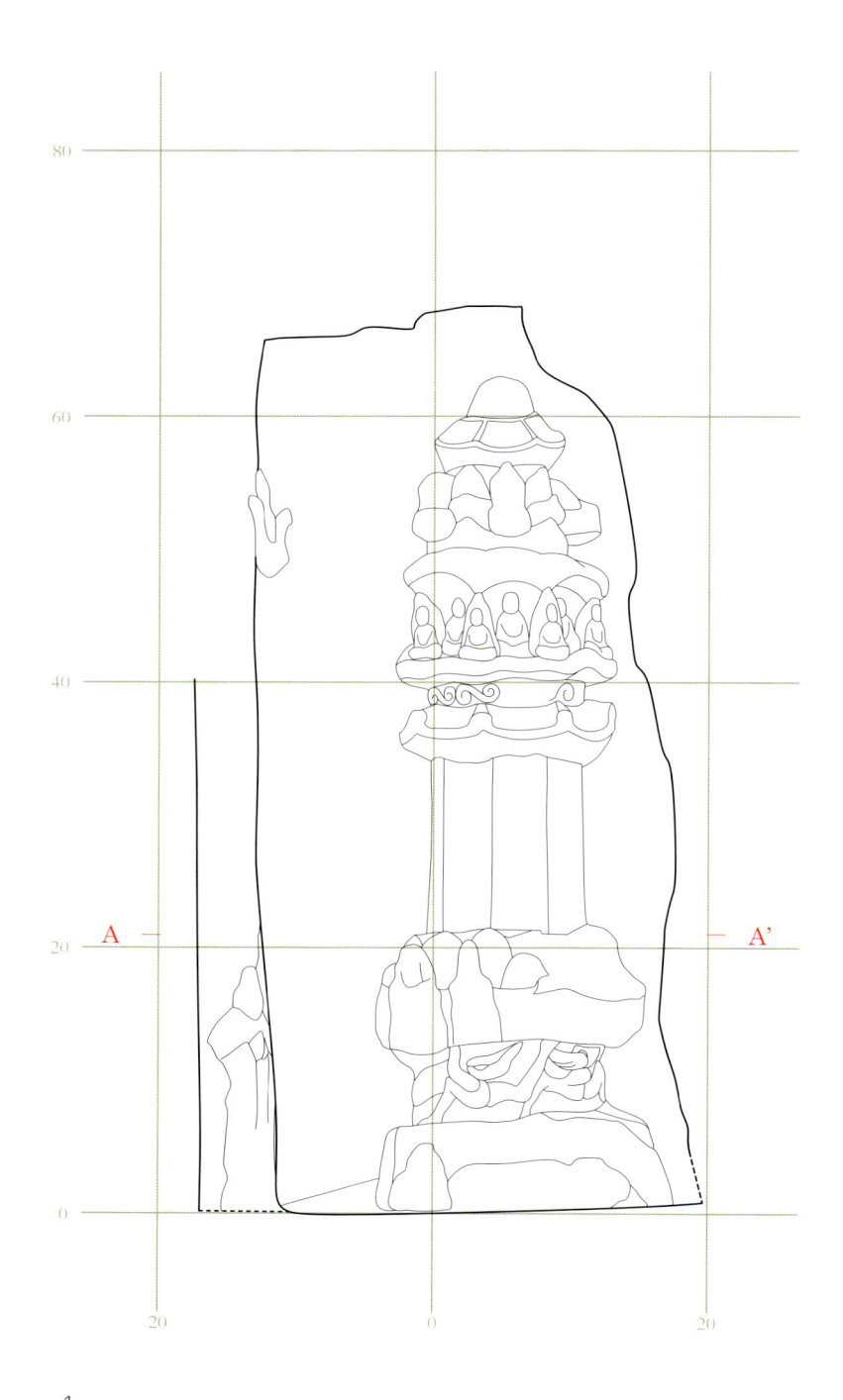

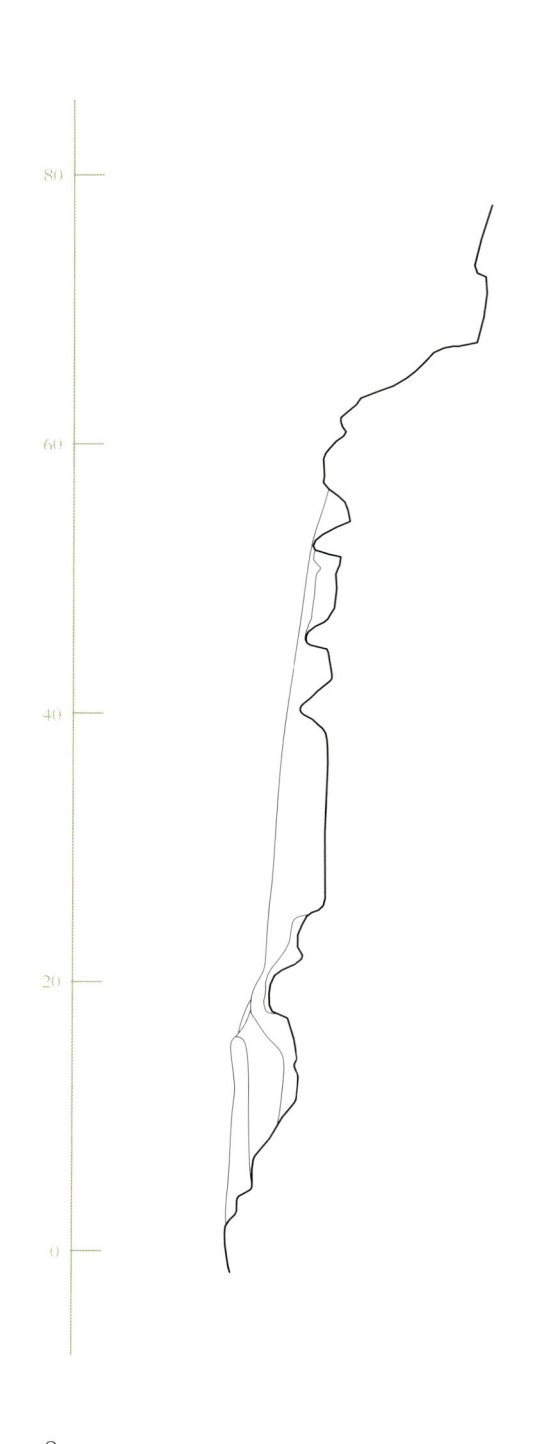

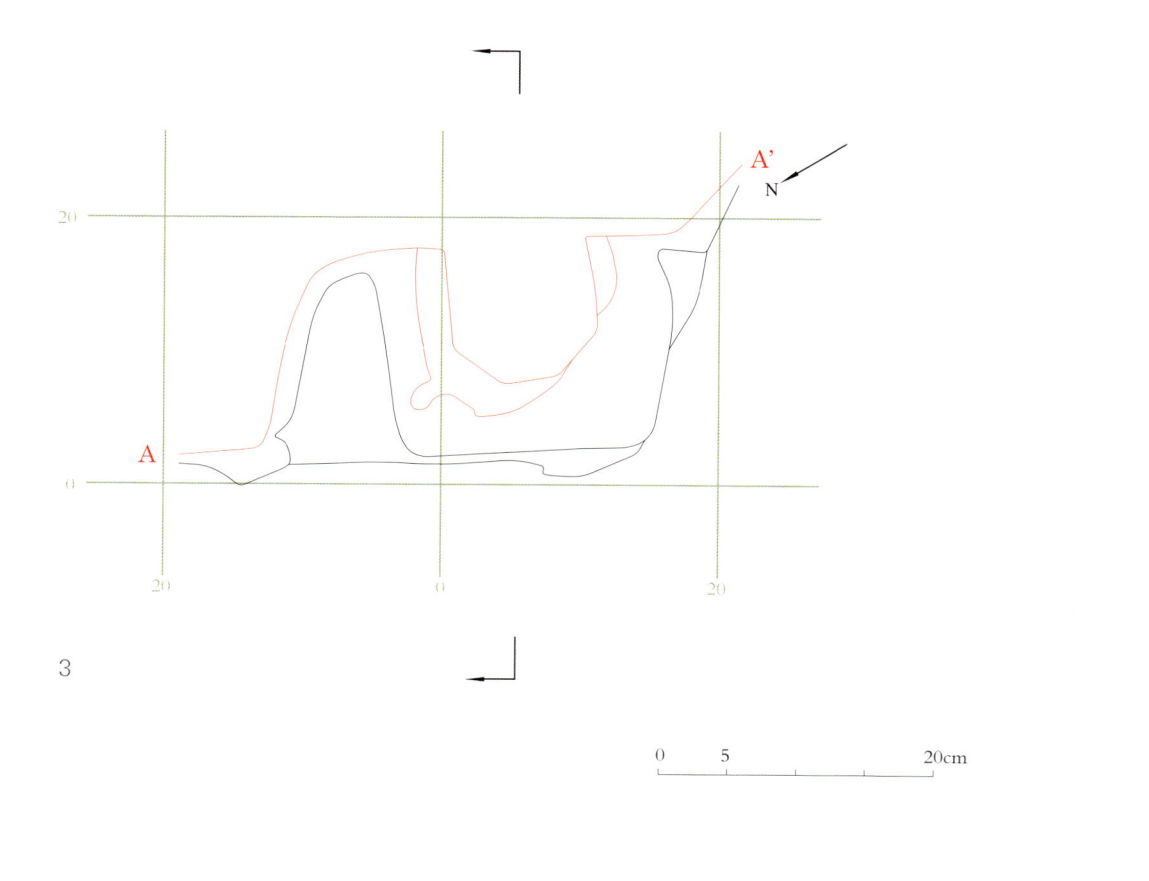

图 164　第 250 号龛平、立、剖面图
1　立面图　2　剖面图　3　平面图

240　大足石刻全集　第三卷（上册）

毁，现存龛底略呈方形。龛正壁左侧及左侧壁毁，残毁边缘即为崖壁的转折处；正壁与右侧壁弧面相接。龛顶大部毁。

三　造像

正壁刻经幢1座（图164-1；图版Ⅰ：219）。可分为幢座、幢身、幢顶三部分，部分残，通高65厘米。

幢座，为须弥座，高17厘米，宽22厘米，深14厘米。座下枋为两阶方台叠涩，正面右转角处存半身力士像1身，残毁较重，残高5厘米；可辨斜伸双臂，作抬举状。左转角处力士像已毁。束腰处刻盘龙两条，残蚀。上枋部分残，正面右端存坐像2身，残高3.5厘米，风蚀甚重。座上为单层仰莲台，承接幢身；台部分残，高3.5厘米。

幢身，四级，通高44.5厘米。第一级幢身平面作八边形，通高13厘米，显露五面，面宽约4厘米，各面素平；其上为第一重幢檐，刻飞天2身，残蚀，作相向飘飞状。第二级幢身略呈圆柱形，饰卷云纹一列；其上为第二重幢檐，翼角略翘，檐口呈弧线。第三级幢身呈八边形，转角处各刻坐像1身，可辨6身，残高约3.5厘米，有桃形背光；各像间内侧另刻一体量较小的坐像，共5身，皆风蚀甚重；其上为第三重幢檐，翼角下垂，面作圆拱形。第四级幢身呈八边形，正三面刻三座单层楼阁，风蚀略重；楼阁通高5厘米，面阔2.5厘米，进深2厘米，细节难辨；楼阁间刻虹桥相连；其上为第四重幢檐，呈八角形，翼角略翘，面刻瓦垄，略蚀。

幢顶，大部毁。

此外，龛右侧壁上部刻立像1身；风蚀甚重，残高6厘米；可辨双手胸前合十，直立云纹内，云尾斜向后飘。龛口右侧下部刻立像1身，残损略重，残高19厘米；可辨双手置胸前，余细节不明。

四　晚期遗迹

龛内保存灰白色、红色两种涂层。

第四节　第251号

一　位置

位于第250号龛右侧。左距第250号龛14厘米，右距第254号龛72厘米；上为崖壁，下距第252号龛13厘米。

龛口略西向，方向300°。

二　形制

从崖壁表面平直凿进最深约5厘米形成龛口（图165；图版Ⅰ：220）。龛口方形，部分残。左沿完整，宽4厘米；右沿毁；上沿右侧残，存宽5厘米；下沿右端残，存宽8厘米。龛口内缘高46厘米，宽44厘米，至后壁最深13厘米。龛左上角存三角形斜撑，高5.5厘米，宽4.5厘米，斜边弧形；低于沿面0.5厘米。龛底略呈方形，右端部分残。龛正壁竖直，与左右侧壁弧面相接；右侧壁部分毁。壁面与龛顶弧面相交。龛顶平顶，略呈方形，外端少许残。

三　造像

刻像3身（图165；图版Ⅰ：220）。其中，正壁刻主尊菩萨坐像2身，龛外左下角刻立像1身。

左主尊像　坐高22厘米，头长10厘米，肩宽9.5厘米，胸厚3.5厘米。有桃形火焰纹头光，略蚀，横径15厘米。梳髻，戴冠，冠带作结下垂及肩。面蚀，身似着披巾。左手腹前托圆状物，物残；右手抚膝。结跏趺坐于束腰仰莲座上。座通高18厘米，上部为三重仰

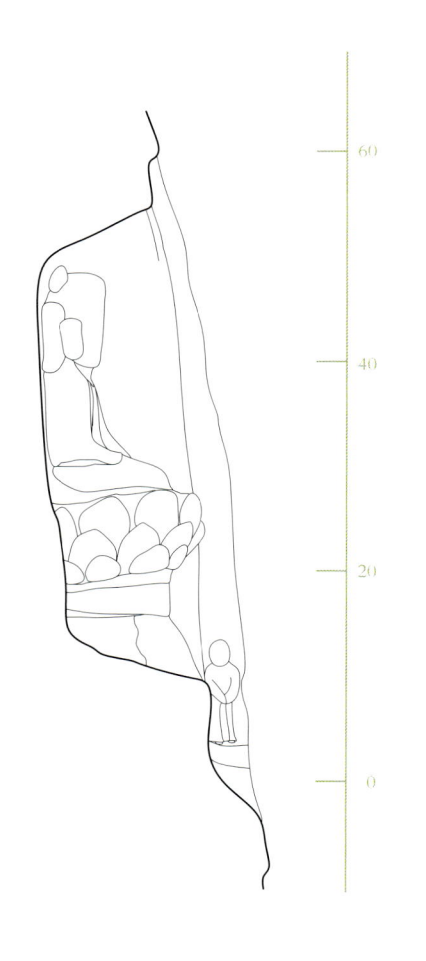

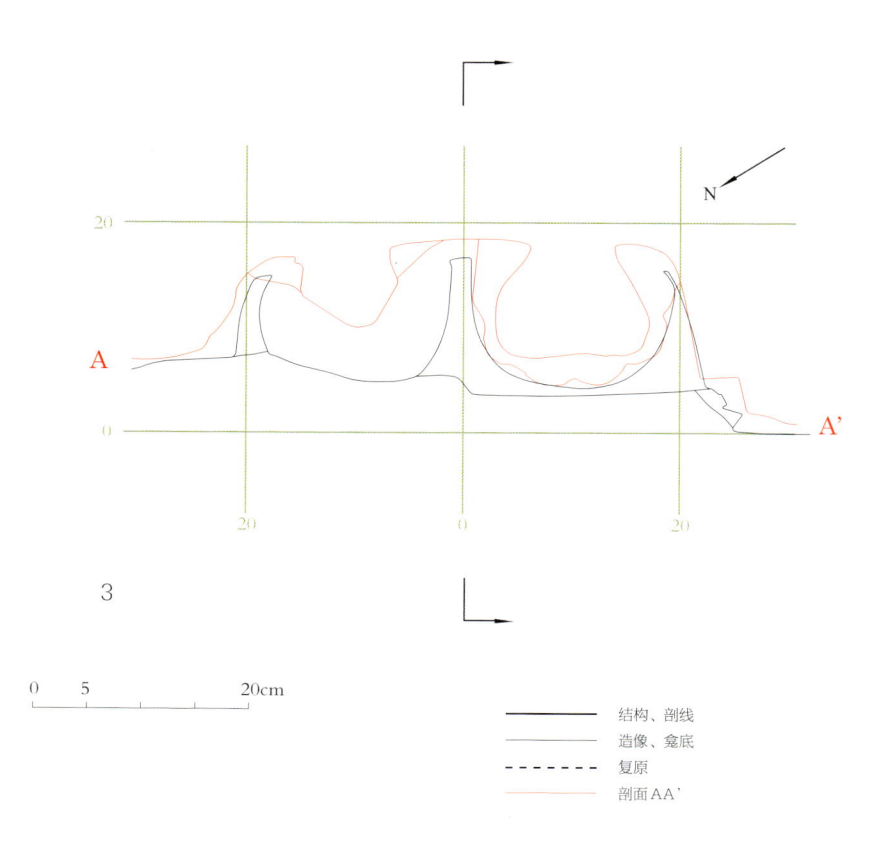

图 165　第 251 号龛平、立、剖面图
1　剖面图　2　立面图　3　平面图

莲台，直径18厘米；中部为圆台，直径10厘米；下部大部残。

右主尊像　坐高22厘米。浅浮雕桃形火焰纹头光，右侧残，左侧显露最宽6厘米。梳髻，戴冠，冠带作结下垂及肩。面残，左肩毁，衣饰不明。左臂毁，右手腹前托圆状物，物部分残。双腿毁，似坐于束腰座上。座大部残，残高18厘米。

龛外立像　位于龛外左下角，略蚀，高10厘米；可辨双手胸前似合十，着鞋立于低台上。台高2.5厘米。

四　晚期遗迹

龛外右上角13厘米处凿一圆形梁孔，直径42厘米，深34厘米。

龛内保存灰白色涂层。

第五节　第252号

一　位置

位于第251号龛下方。左距壁面转折边缘最远约45厘米，右距第254号龛76厘米；上距第251号龛13厘米，下距第253号龛35厘米。龛口略西向，方向296°。

二　形制

单层方形龛（图166、图167；图版Ⅰ：221）。

龛口　从崖壁表面平直凿进最深约58厘米形成龛口。龛口方形，外缘高85厘米，宽79.5厘米。龛沿较完整，左沿宽8.5厘米，右沿宽8厘米；上沿略蚀，宽7厘米；下沿宽4厘米。龛口内缘高74厘米，宽63厘米，至后壁最深17厘米。龛左右沿内侧凿出宽4.5厘米的平整面。龛口左右上角凿三角形斜撑，高9厘米，宽6厘米，斜边平直；低于沿面3厘米。

龛底　略呈方形。

龛壁　正壁竖直，与左右侧壁弧面相接。壁面与龛顶弧面相交。

龛顶　券顶，部分剥蚀。

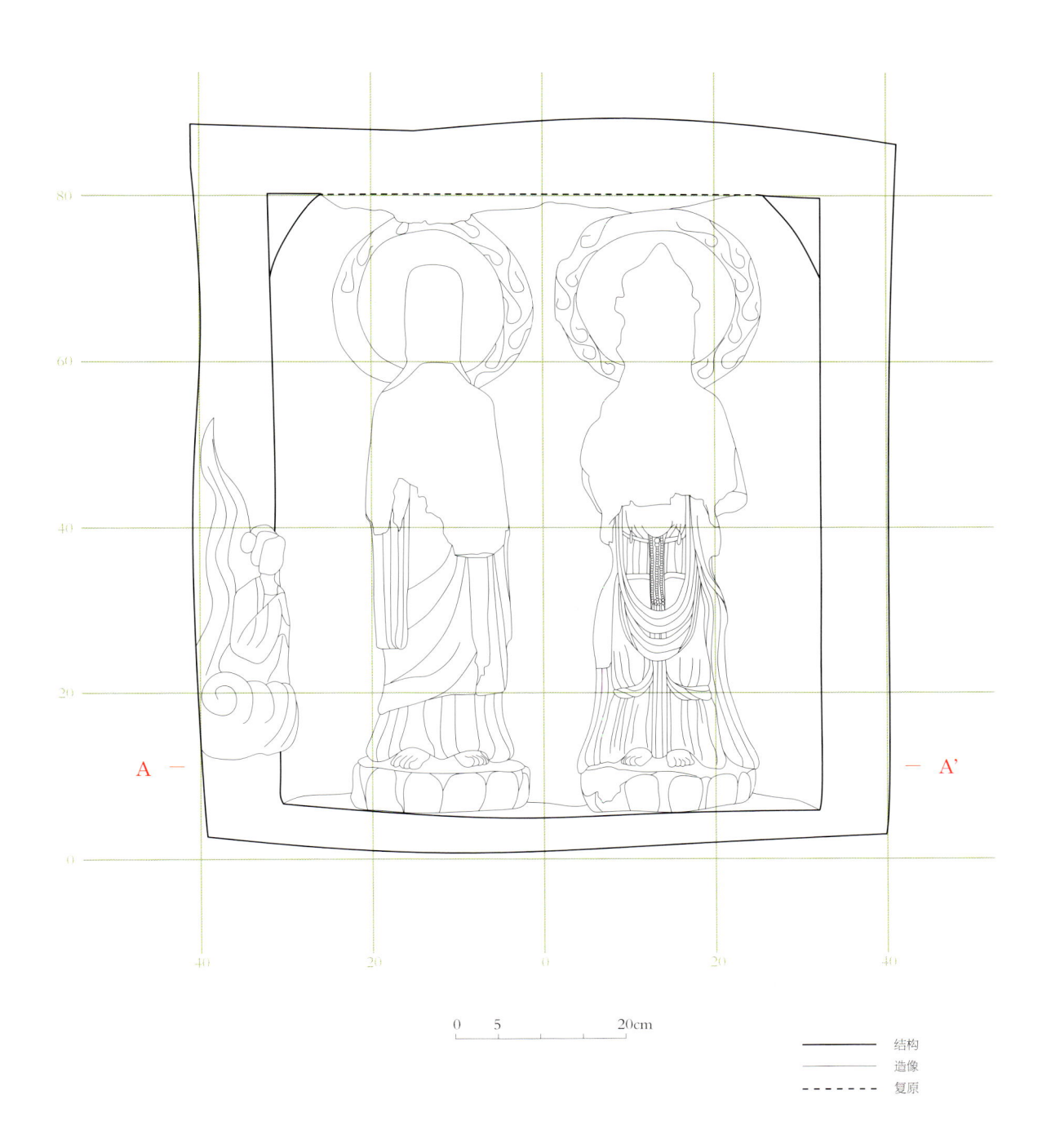

图 166　第 252 号龛立面图

图 167　第 252 号龛平、剖面图
1　剖面图　2　平面图

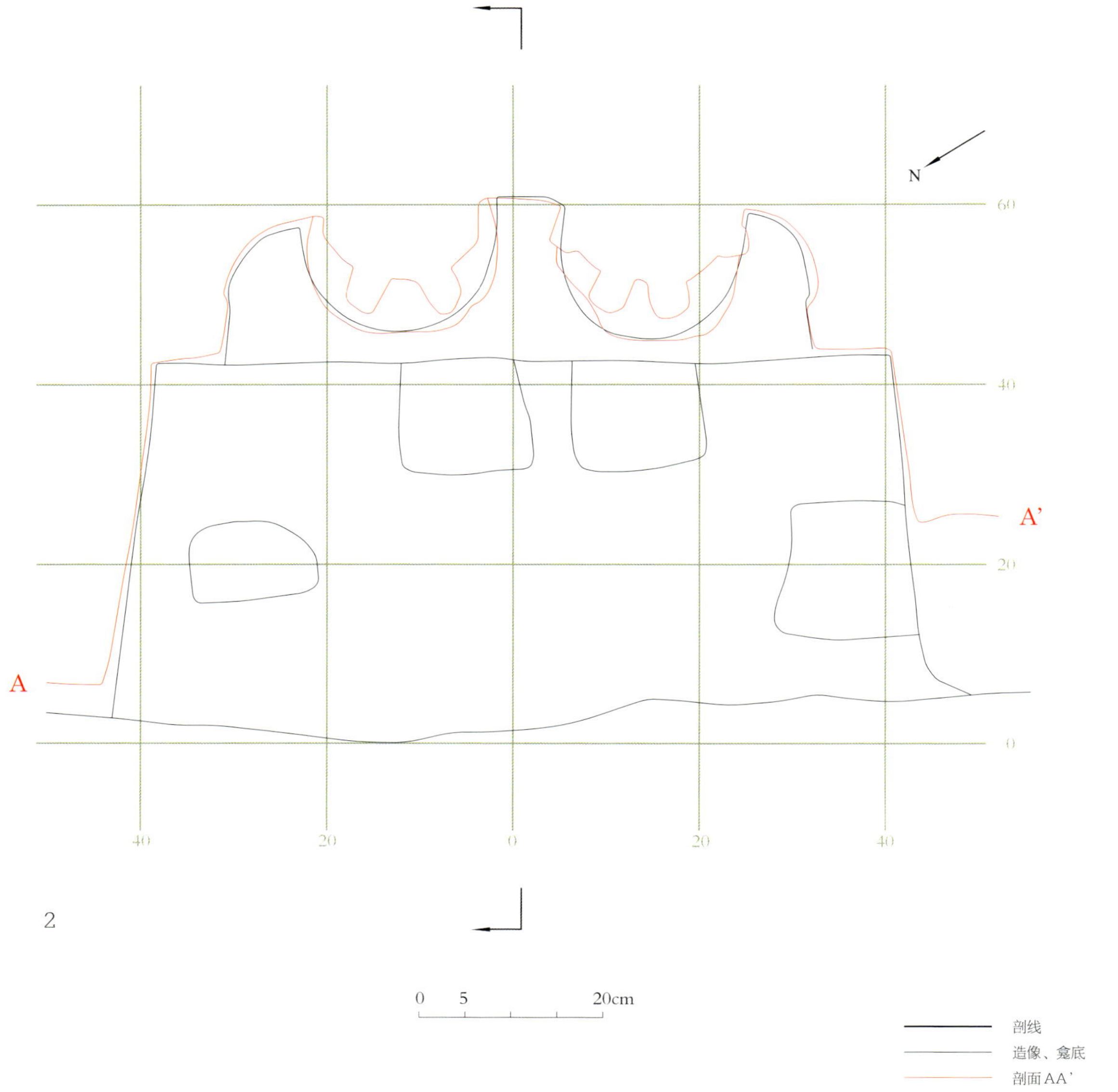

三　造像

刻像3身（图166；图版Ⅰ：221）。其中，正壁刻主尊立像2身，右沿下部刻供养人像1身。

左主尊像　立像高63厘米。浮雕圆形素面头光，直径17厘米；边缘饰火焰纹，尖端毁。头残，可辨冠带作结及肩。面残身蚀，上身衣饰不明，下着长裙；飘带于腿间呈"U"形下垂两道，再于体侧下垂至莲台。大腿间存下垂的珠串三道，中间一道垂至足间，左右一道绕膝隐于身后。双手残，似置胸前；跣足立于单层仰莲台上。台高5.5厘米，直径19厘米。

右主尊像　头毁身残，残立高61厘米。浮雕桃形头光，内圆素面，边缘刻火焰纹，横径23厘米。可辨上着袈裟，下着裙；双手毁，跣足立于单层仰莲台上。台高6厘米，直径20厘米。

供养人像　坐高20厘米（图版Ⅰ：222）。梳髻，面残；着对襟长服，双手笼袖内举至胸前；左腿屈膝上竖，盘右腿坐于云头。云头高9厘米，云尾竖直上飘。

四　铭文

佚名造菩萨龛残记，前后蜀（907—965年）。位于龛外右侧下端平整面。刻石面高16厘米，宽14厘米。文右起，竖刻3行，存12字，楷体，字径4厘米（图版Ⅱ：10）。

01　弟子陈氏不（漶）

02　功德以〔至〕（漶）

03　（漶）日修斋（漶）[1]

五　晚期遗迹

龛外左侧中下部近壁面转折处凿一圆形梁孔和一方形枋孔，皆大部残。

龛前中部凿有并列的方形坑洞，大小相近，边宽13厘米，深3厘米。

龛外前侧左端凿一方形的坑洞，边宽13厘米，深3厘米。

龛外前侧右端凿一不规则的坑洞，左右长13厘米，上下宽9厘米，深3厘米。

龛内保存灰白色涂层。

第六节　第253号

一　位置

位于第252号龛下方。左距壁面转折边缘20.5厘米，右距第255号龛68厘米；上距第252号龛35厘米，下与地坪相接。

龛口西向，方向284°。

二　形制

单层圆拱龛（图168、图169、图173、图174；图版Ⅰ：223、图版Ⅰ：226、图版Ⅰ：233）。

龛口　从崖壁表面平直凿进最深约39厘米形成开凿界面。界面呈方形，高195厘米，宽150厘米。内凿圆拱形龛口；龛沿保存完

1　《大足石刻铭文录》将本则铭文录为"（漶）日修斋（漶）｜功德以（漶）｜弟子陈氏不（漶）｜"。重庆大足石刻艺术博物馆编：《大足石刻铭文录》，重庆出版社1999年版，第22页。

图 168　第 253 号龛平、立面图
1　立面图　2　平面图

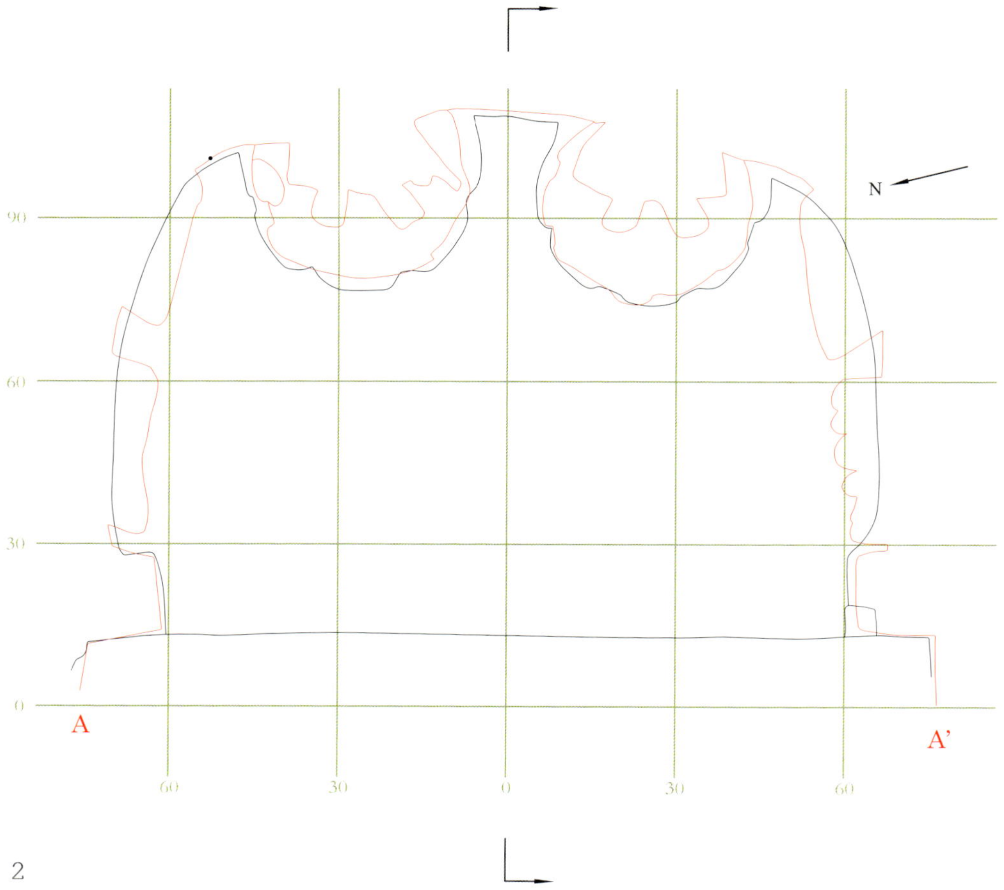

图169　第253号龛剖面图

整，宽14厘米；龛口最高158厘米、宽123厘米，至后壁最深96厘米。

龛底　略呈半圆形。

龛壁　正壁竖直，与左右侧壁圆转相接；壁面与龛顶弧面相接。

龛顶　平顶，略呈半圆形。

三　造像

分为正壁、左侧壁、右侧壁造像三部分（图168-1、图173、图174；图版Ⅰ：223）。

（一）正壁

中刻主尊立像2身，其头顶上方刻华盖及飞天像2身（图170、图171、图172；图版Ⅰ：224、图版Ⅰ：225）。

左主尊像　立像高106厘米，头长18厘米，肩宽25厘米，胸厚12厘米。浮雕桃形头光，内圆素平，边缘饰火焰纹，横径32厘米。

图170　第253号龛正壁主尊造像等值线图　　　　　　　图171　第253号龛正壁主尊造像效果图

光头，面长圆，下颌微凸，耳垂肥大，戴圆形耳饰，颈刻三道肉褶线。胸饰项圈，下垂坠饰，隐于僧祇支内。内着僧祇支，外披双领下垂式袈裟，袈裟一角系于左肩，下着裙，剥蚀。左手屈举胸前，右手垂于体侧，腕以下毁。双足残，立于圆形双层仰莲台上。莲高11厘米，直径37厘米；下部低台高6厘米，直径33厘米，前端刻如意头带纹一列。

右主尊像　立像高106厘米，头长22厘米，肩宽25厘米，胸厚12厘米。浮雕桃形头光，内圆素平，边缘刻火焰纹，横径33厘米。梳髻，鬓发绕耳，垂发披肩，戴卷草冠，正面刻坐式化佛1身，高约3厘米，有桃形背光；冠带作结下垂齐耳。菩萨面长圆，耳垂略残，戴圆形耳饰，颈刻三道肉褶线。双肩略残，胸剥蚀；上着披巾，部分残断，下着裙；披巾两端于腹前相绕，折叠后敷搭前臂，再垂于莲台。腕镯，左手持净瓶，右手屈举胸前，腕以下毁。跣足，足蚀，立于圆形双层仰莲台上。莲台及低台与左主尊像同。

华盖及飞天像　二主尊头顶上方刻圆形华盖，外挑壁面33厘米（图172；图版Ⅰ：225）。华盖帷幔两重，高17厘米，最宽85厘米，装饰珠串，垂坠流苏。正面刻飞天像2身，身长27厘米，头残，戴项圈，上身袒，下着长裤；披帛环状绕于头后，经双腋飘于身后；双手外展托物，手及物部分残，作相向飞翔状。

（二）左侧壁

刻六朵蝌蚪形云纹。从上至下作三排布置，每排两朵。云纹大小相近，云头略呈圆形，直径31厘米，厚9厘米；云尾斜向上飘。每朵云纹内减地造像一组（图173；图版Ⅰ：226）。自上而下，从内至外将其编为第一至六组。

第一组　云朵内并立三像（图版Ⅰ：227）。左像，高14厘米。梳髻，巾带作结下垂，面蚀；着圆领宽袖长服，胸束带，身前刻蔽膝，下垂足间；双手胸前持笏，着鞋站立。中像，高15厘米。头梳髻，巾带作结下垂，面蚀，下颌刻胡须；余同左像。右像，高15厘米。头戴冠冕，冠带作结下垂，脸长圆，面蚀，下颌刻须；余与左像同。三像头顶上方皆刻八角形华盖，高4厘米，宽5.5厘米，外凸2.5厘米，帷幔一重。云纹左侧刻方形榜题条，高13厘米，宽2.5厘米；内存"示广王"3字（图版Ⅱ：11）。

第二组　云朵内刻立像4身。前侧中刻1身主尊像，其左右及左后侧刻侍者像3身（图版Ⅰ：228）。主尊像，高17.5厘米；头部分残，似戴冠；身着交领宽袖长服，胸系带，下着裙，身前刻蔽膝；双手胸前持笏，着鞋站立。左侍者像，头毁，残高12厘米；着圆领窄袖长服，腰束带；左手胸前持圆筒状物，右手屈于胸前持物，物残；着鞋站立。右侍者像，高12厘米；梳髻，面蚀；着交领宽袖长服，胸系带，下垂蔽膝；双手胸下握持方形物，着鞋站立。左后侧侍者像，高16.5厘米；头似戴冠，面蚀；着交领宽袖服，胸束带；

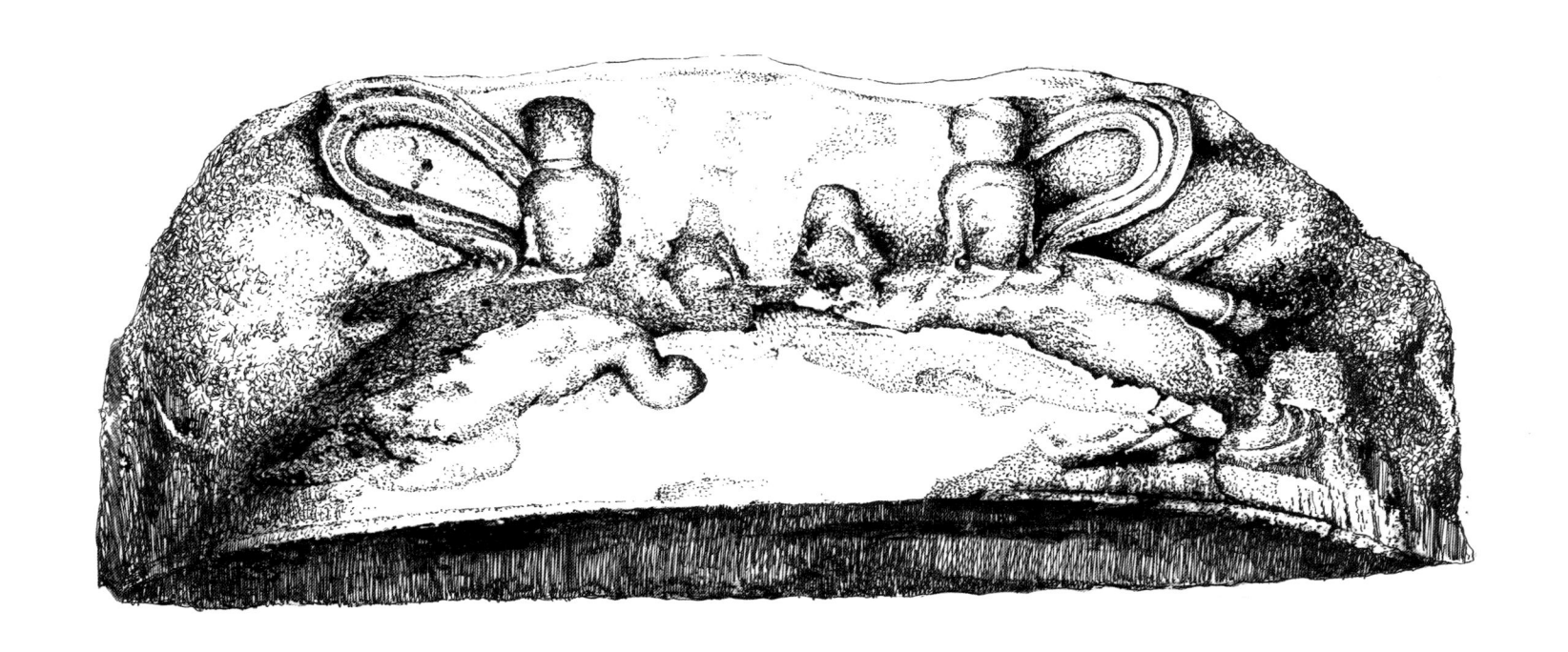

图 172　第 253 号龛华盖效果图

臂间扎带，双手持长柄伞盖，柄残断，伞盖呈八角形，置于主尊头顶上方；伞盖高5厘米，宽8.5厘米，外凸3厘米。云头左上方刻榜题条，高9.5厘米，宽2.5厘米；内刻"五官王"3字（图版Ⅱ：12）。

第三组　云朵内刻立像4身。前侧中刻一主尊，其左右及左后侧刻侍者像3身（图版Ⅰ：229）。主尊像，高21厘米。头盔，顿项披垂覆肩，下颌系带，面蚀；肩饰披膊，身着甲，腿裙垂于双足，斜边开衩；腰系革带，抱肚，腹前刻鹘尾。双手分别握于腰间斜挂的弓袋和箭筒上，着鞋站立。左侍者像，高14厘米，头大部残；头左右刻起翘的幞脚，着圆领窄袖长服，双手持展开的簿册；躬身，着鞋站立。右侍者像，高12.5厘米。头梳髻，面部分残；着交领宽袖长服，胸系带；双手握持方形物，着鞋站立。左后侧侍者像，高17厘米。头梳髻，面蚀；着交领宽袖长服，胸束带；足鞋。双手持长柄伞盖，伞盖置于主尊头顶上方，伞盖高6厘米，宽9厘米，外凸2厘米；柄部分残断。云纹左上方刻方形榜题条，高11.5厘米，宽2.5厘米，内刻"转轮王"3字（图版Ⅱ：13）。

第四组　云朵内刻立像4身。前侧中刻一主尊，左右及左后侧刻侍者像3身（图版Ⅰ：230）。主尊像，高18厘米。头大部残毁，下颌刻胡须；着交领宽袖长服，腰束带，身前刻蔽膝；双手胸前持笏，着鞋站立。左侍者像，头毁，残高12厘米，上着宽袖服，下着裙；双手不现，身前刻圆鼓状物，着鞋站立。右侍者像，高12.5厘米。头部分残，着交领宽袖长服，胸系带，下着长裙；双手捧持圆状物，着鞋站立。左后侧侍者像，高17.5厘米。头部分残，面略蚀，着交领宽袖服，胸束带，着鞋站立；双手握持长柄伞盖，伞盖置于主尊头顶上方，伞盖高5.5厘米，宽9厘米，外凸3.5厘米；柄部分残断。云纹左侧上方刻方形榜题条，高11厘米，宽2厘米，内刻"太山大王"4字（图版Ⅱ：14）。

第五组　云朵内刻立像4身。前侧刻一主尊，其左右及左后侧刻侍者像3身（图版Ⅰ：231）。主尊像，残损其重，残高19厘米；可辨双手置胸前，着鞋站立。左侍者像，风蚀略重，高11厘米，可辨轮廓。右侍者像，残蚀略重，残高13厘米，仅辨轮廓。左后侧侍者像，残蚀，残高18厘米；可辨双手持长柄伞盖，置于主尊头顶上方；伞盖高5.5厘米，宽8.5厘米，外凸3厘米。

第六组　云朵内刻立像4身。前侧刻一主尊，左右及左后侧刻侍者像3身（图版Ⅰ：232）。主尊像，高16厘米。头残，面蚀，着交领宽袖长服，胸系带，身前刻蔽膝；双手胸前持物，手及物残；着鞋站立。左侍者像，残蚀略重，残高15厘米；细节不明。右侍者像，高12厘米。头残，着交领宽袖长服；双手持物，手及物残，着鞋站立。左后侧侍者像，高17厘米，头梳髻，面蚀；似着宽袖长服，足残；双手持长柄伞盖，伞盖置于主尊头顶上方，伞盖略残，高5.5厘米，宽9厘米，外凸2.5厘米。云纹左侧上方刻方形榜题条，高12.5厘米，宽2.5厘米，内刻"□□王"（图版Ⅱ：15）。

（三）右侧壁

刻六朵蝌蚪形云纹。大小、布局与左侧壁略同，略呈对称布置。云朵内亦减地造像六组（图174；图版Ⅰ：233）。自上而下，从内向外将其编为第一至六组。

第一组　云朵内刻像1身（图版Ⅰ：234）。像坐高12厘米，头戴软脚幞头，幞脚迎风上扬，面蚀，下颌刻胡须；衣饰不清，腰系带，骑于马背上。左手持幡，部分残；右手残。马身长18厘米，部分残；扬蹄作奔跑状。

第二组　云朵内刻立像4身。前侧刻一主尊，其左右及右后侧刻侍者像3身（图版Ⅰ：235）。主尊像，高18厘米。头大部残；着交领宽袖服，腰系带，身前刻蔽膝；双手胸前持笏，手及笏部分残，着鞋站立。左侍者像，头残，残高11厘米；着宽袖长服，身前刻蔽膝；双手持物，物残；着鞋而立。右侍者像，高12厘米，头大部残，身剥蚀，可辨下着裙，足鞋。右后侧侍者像，头及上身残，残高13厘米；可辨下着裙，双手持棍状物，大部残；着鞋站立。

第三组　云朵内刻立像4身，前侧刻一主尊，其左右及右后侧刻侍者像3身（图版Ⅰ：236）。主尊像，高21厘米，头部分残蚀，着宽袖长服，身前刻蔽膝；双手持笏，部分残；足鞋。左侍者像，高12厘米。头部分残，着宽袖长服，双手持笏，部分残；足鞋。右侍者像，头残，残高12厘米，着宽袖长服，胸系带，下着裙，双手抱持圆筒状物；足鞋。右后侧侍者像，高17.5厘米。头大部残，上着宽袖服，下着裙，足鞋；双手持长柄伞盖，置于主尊头顶上方。伞盖略残，高5厘米，宽9厘米，外凸3厘米，柄大部残。

第四组　云朵内刻立像4身，前侧刻一主尊，左右及右后侧刻侍者像3身（图版Ⅰ：237）。主尊像，高18厘米。头梳髻，面蚀，上着宽袖长服，下着裙，身前刻蔽膝；双手胸前持笏，足鞋。左侍者像，头部分残，残高12厘米，上着交领宽袖服，胸系带，下着裙；双手持物，手及物残；足鞋。右侍者像，高14厘米。面蚀，身似着宽袖服。双手持物，大部残；躬身站立。右后侧侍者像，风蚀甚重，残高16.5厘米；可辨袖摆及长裙，足鞋。双手持长柄伞盖，置于主尊头顶上方。伞盖高4.5厘米，宽8.5厘米，外凸2厘米，部分残；柄大部残断。

第五组　云朵内刻立像4身。前侧刻一主尊，左右及右后侧刻侍者像3身（图版Ⅰ：238）。主尊像，高18厘米，风蚀甚重，可辨着宽袖长服，身前刻蔽膝，下着裙；双手胸前持物，手及物残；足鞋。左侍者像，风蚀甚重，残高13.5厘米。右侍者像，风蚀甚重，残高14.5厘米；仅辨袖摆。右后侧侍者像，风蚀较重，残高17.5厘米；可辨身似着宽袖服，双手持长柄伞盖，置于主尊头顶上方；伞盖高5厘米，宽9.5厘米，外凸2.5厘米，柄残断。

第六组　云朵内刻立像4身。前侧刻一主尊，左右及右后侧刻侍者像3身（图版Ⅰ：239）。主尊像，高20厘米，面蚀，着宽袖长服，腹前刻蔽膝；双手胸前持笏，部分残，足鞋。左侍者像，高13厘米。头部分残，着宽袖长服，胸系带，下着裙；双手持物，部分残；足鞋。右侍者像，头残身蚀，残高14厘米；可辨双手似合十，身微屈，足鞋。右后侧侍者像，风蚀较重，残高17.5厘米；可辨袖摆及长裙，足鞋，双手持长柄伞盖，置于主尊头顶上方，大部残。

四　晚期遗迹

（一）铭文

共2则。

第1则

陈绍珣妆绘观音地藏龛镌记，北宋咸平四年（1001年）。位于龛外左侧竖直壁面中部。刻石面高65厘米，宽41厘米，文右起，竖刻6行，存67字，字径3厘米[1]（图版Ⅱ：16）。

01　□□[2]弟子都知兵马使前知昌元

02　永川大足县事陈绍珣与室家黄

03　氏为淳化五年草乱之时愿获眷

04　属平善常值△圣明妆绘此龛功

05　德云咸平四年二月八日修水陆斋表

06　庆谨记

1　铭文第3、4行间另刻有"木兰"2字，第4、5行间另刻有"门"字；字体风格相近，推测为后世添刻。
2　此处漶字应为"清信"2字，见张澍《大足金石录》手稿本，现藏于西安碑林博物馆。

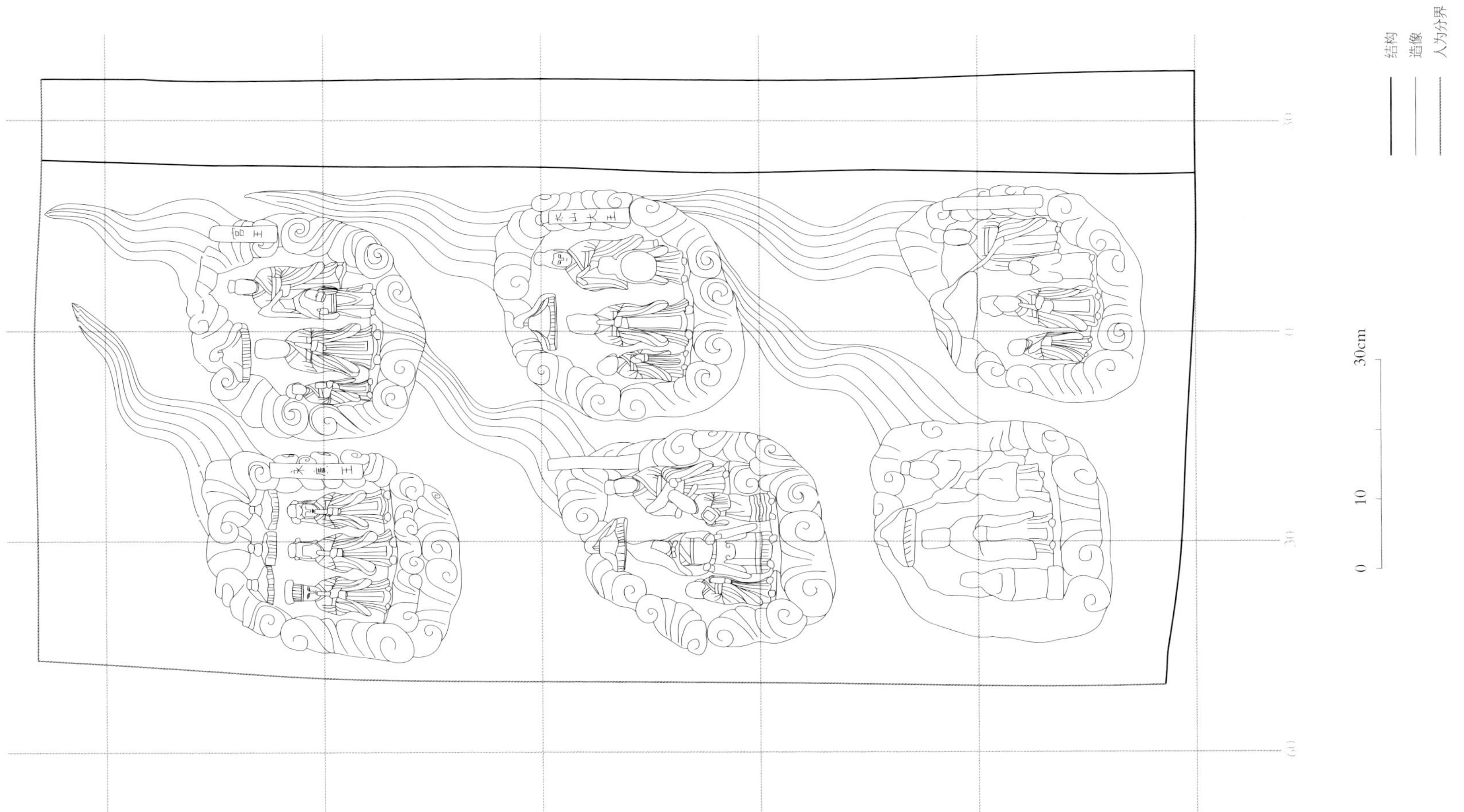

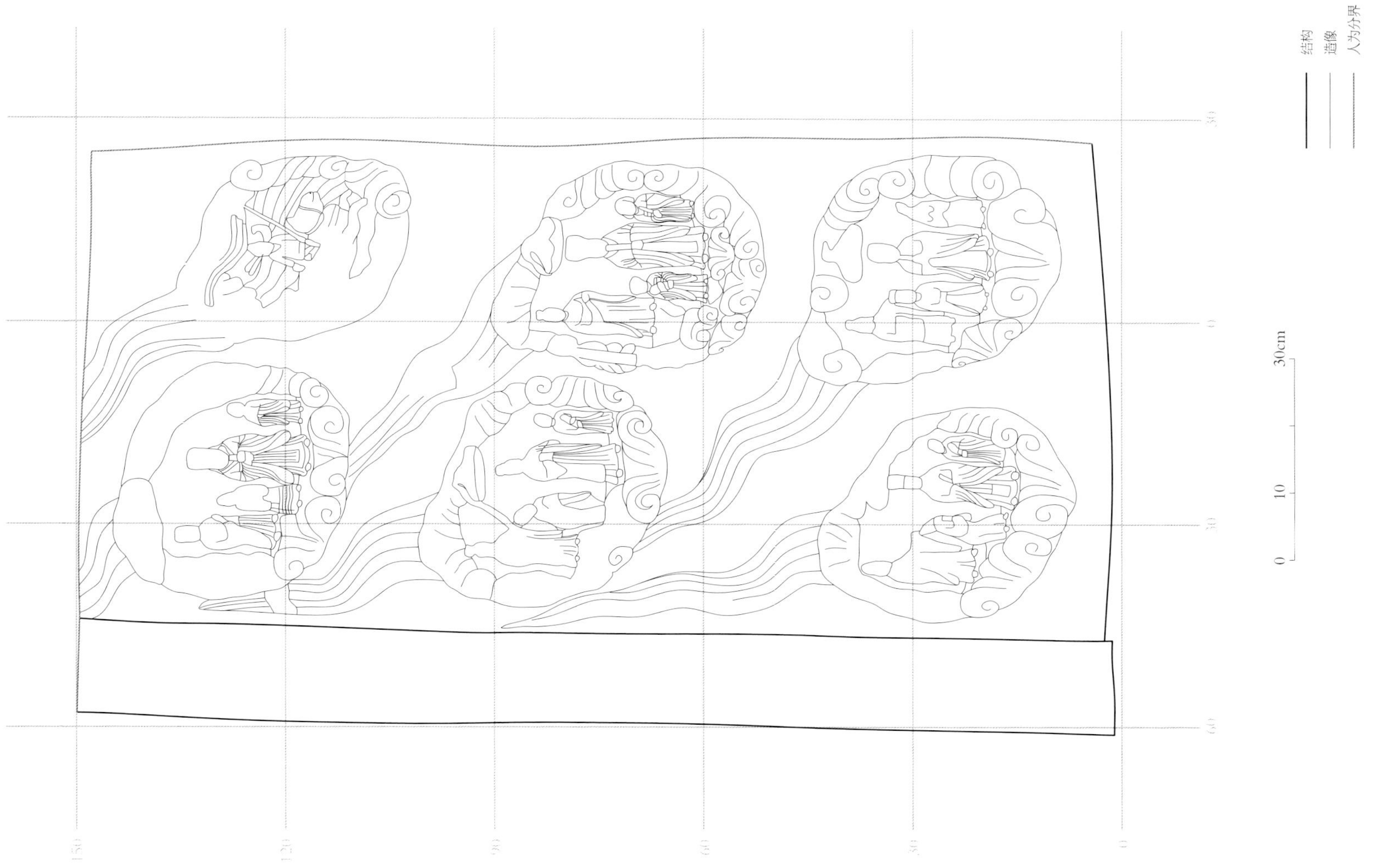

图 174　第 253 号龛右侧壁立面图

图 173　第 253 号龛左侧壁立面图

第2则

佚名残记，宋。位于龛外左侧竖直壁面中部铭文下方。刻石面高20厘米，宽12厘米。文右起，竖刻2行，存11字，楷体，字径2厘米（图版Ⅱ：17）。

01　自心造罪自心知
02　心□不从□外□

（二）构筑

龛口左上角存方形枋孔，高6厘米，宽2.5厘米，深4厘米；龛口左下角刻方形枋孔，高16厘米，宽4厘米，深5厘米；大致与前述枋孔相对。

（三）妆绘

龛内保存红色、蓝色、绿色、灰白色四种涂层。

第七节　第254号

一　位置

位于第253号龛右上方。左距第252号龛76厘米，右距第256号龛18厘米；上为崖壁，下距第255号龛24厘米。龛口西向，方向278°。

二　形制

单层方形龛（图175、图176、图178、图179；图版Ⅰ：240、图版Ⅰ：244、图版Ⅰ：245、图版Ⅰ：250）。

龛口　从崖壁表面平直凿进最深约73厘米形成龛口。龛口方形，外缘高140厘米，宽156.5厘米。龛沿完整，左沿宽18厘米，右沿宽18.5厘米，上沿宽19厘米；下沿宽14厘米，外凸左右沿4厘米，部分残。龛口内缘高107厘米，宽120厘米，至后壁最深73厘米。龛口左右沿内侧凿6厘米的平整面。龛口左右上角凿三角形斜撑，高15厘米，宽11厘米，厚3厘米，斜边弧形；低于沿面2.5厘米。

龛底　略呈半圆形，前端残。

龛壁　弧壁，与龛顶弧面相接。

龛顶　平顶，呈半圆形。

三　造像

刻像21身（图175-1；图版Ⅰ：240）。分为正壁、左右侧壁、龛顶、龛沿造像等四部分。

（一）正壁

刻像3身。其中，中刻坐佛像1身，左右各刻胁侍菩萨坐像1身。

佛像　坐高47厘米，头长15厘米，肩宽22厘米，胸厚13厘米（图177；图版Ⅰ：241）。浅浮雕桃形头光及椭圆形身光，皆内圆素平，边缘刻火焰纹；头光横径22厘米，身光最宽35厘米。头刻水波纹发，面方圆，略蚀，耳垂肥大，颈、胸剥蚀。上着通肩袈裟，

1

2

图 175　第 254 号龛平、立面图
1　立面图　2　平面图

图 176　第 254 号龛剖面图

下着裙；袈裟和裙摆覆于座前；双手腹前结印，结跏趺坐于束腰仰莲座上。座高36厘米，上部为三重仰莲台，直径41厘米；中部束腰为圆棱，线刻菱形纹，直径33厘米；下部覆倒钵形圆台，大部残。

佛像身后左右各刻菩提树一株，树干粗大，枝叶繁茂，树冠簇拥于龛顶，外凸壁面约3厘米。

左胁侍菩萨像　坐高37厘米，头长12厘米，肩宽17厘米，胸厚7厘米（图版Ⅰ：242）。浮雕桃形头光及椭圆形身光，皆内圆素平，边缘刻火焰纹；头光横径20厘米，身光最宽32厘米。头戴卷草冠，鬈发绕耳，冠带作结下垂及肩。面丰圆，部分剥蚀，戴圆形耳饰。胸饰璎珞，残。双肩残，存补塑的黄泥。上着披巾，下着裙；披巾两端腹前相叠后下垂座前，其右侧端头残断。腰带长垂座前。左手（补塑）腹前持珠状物，右手前臂残断。垂左腿，跣足踏仰莲，盘右腿，左舒相坐于束腰仰莲座上。座通高33厘米，上部为三重仰莲台，直径32厘米；中部束腰为圆棱台，直径约27厘米；下部为三阶圆台叠涩，上阶宽34厘米，中阶宽37厘米，下阶宽40厘米。座前刻并蒂仰莲两朵，各高7厘米，直径8.5厘米；左莲上托菩萨足，右莲莲蕊向外。

右胁侍菩萨像　坐高38厘米，头长12厘米，肩宽19厘米，胸厚10厘米（图版Ⅰ：243）。浮雕桃形头光及椭圆形身光，皆内圆素平，边缘刻火焰纹；头光横径19厘米，身光最宽31厘米。头顶毁，后世补塑为卷草冠；脸形丰圆，略蚀，戴圆形耳饰，颈刻三道肉褶线；胸前饰圆环项圈，下垂坠饰；上着通肩袈裟，下着长裙。双手补塑，左手置腿上，右手抚膝。盘左腿，垂右腿，跣足踏仰莲，右舒相坐于束腰仰莲座上。座略残，通高32厘米，式样与左菩萨像座台同；座前刻并蒂仰莲两朵，左莲残，右莲高7厘米，直径9厘米，托菩萨足。

（二）左右侧壁

各纵向刻蝌蚪形云纹2朵，呈对称布置（图178；图版Ⅰ：244、图版Ⅰ：245）。所对应的云朵大小相近，上方云朵云头上下高

图 177　第 254 号龛正壁居中佛像等值线图

38厘米，左右宽30厘米，厚11厘米；下方云朵云头上下高49厘米，左右宽34厘米，厚10厘米；云尾上飘。

1. 上方云朵

皆刻立像3身，呈"品"字形布置（图版Ⅰ：246、图版Ⅰ：247）。从上至下，由外向内编为左第1—3像、右第1—3像。其造像特征列入表40。

表40　第254号龛左右侧壁上方云朵内造像特征简表

左侧壁云朵	造像特征	右侧壁云朵	造像特征
1	显露高14厘米。头戴硬脚幞头，面残。身着圆领宽袖长服。双手笼袖内夹持笏板。像右侧刻方形榜题条，高10.5厘米，宽2厘米；内竖刻"延平判官"（图版Ⅱ：18）。	1	显露高15厘米。风蚀较重，可辨双手拱于胸前。左侧刻方形榜题条，高10厘米，宽2.5厘米；字漶。
2	高16厘米，足鞋，其余特征与左第1像同。左侧刻方形榜题条，高125厘米，宽2厘米；内竖刻"□□判官"（图版Ⅱ：19）。	2	高18厘米。部分风蚀，特征与左第1像略同。右侧刻方形榜题条，高11厘米，宽2.5厘米；内竖刻"赵判官"（图版Ⅱ：21）。
3	高17厘米，足鞋，特征同左第1像。右侧刻方形榜题条，高10.5厘米，宽3厘米；内竖刻"崔判官"（图版Ⅱ：20）。	3	高17厘米。头面风蚀，其余特征同左第1像。左侧刻方形榜题条，高11厘米，宽2.5厘米；字漶。

2. 下方云朵

皆刻胡跪像5身。呈上二下三布置（图版Ⅰ：248、图版Ⅰ：249）。从上至下，由外向内编为左第1—5像和右第1—5像。其特征列入表41。

图 178　第 254 号龛左、右侧壁立面图
1　右侧壁　2　左侧壁

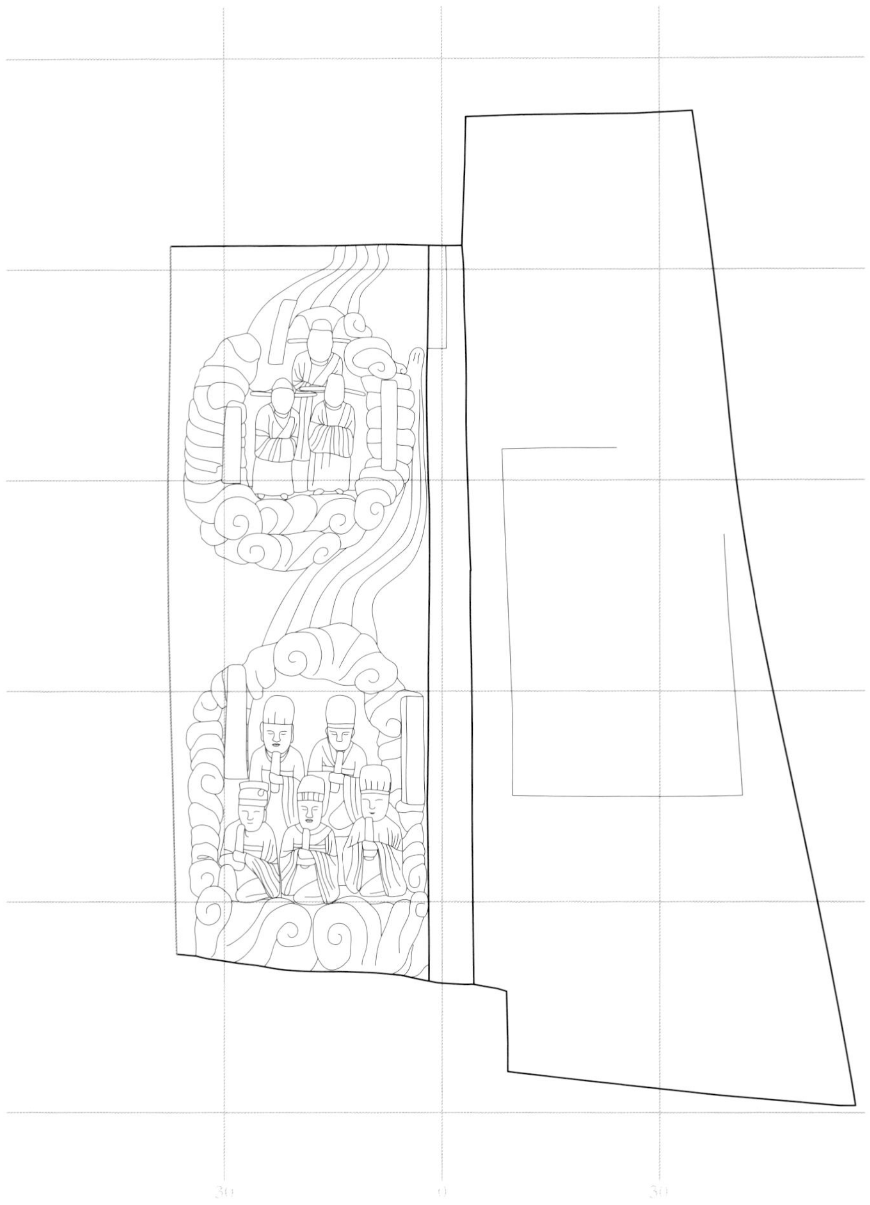

表41　第254号龛左右侧壁下方云朵内造像特征简表

左侧壁云朵	造像特征	右侧壁云朵	造像特征
1	显露高18.5厘米，头戴冠，冠带作结下垂。脸方圆，身着交领宽袖服，胸系带。双手持笏，胡跪。像左侧刻方形榜题条，高16厘米，宽3厘米；内竖刻"杨文兴"[1]。	1	大部毁，残高约15.5厘米。像右侧刻方形榜题条，高13厘米，宽3厘米；内素平。
2	显露高18.5厘米，特征同第1像。像右侧刻方形榜题条，高16厘米，宽3厘米；内素平。	2	显露高17厘米，头、面风蚀，可辨身着宽袖服，双手拱于胸前。像左侧刻方形榜题条，部分残，残高8厘米，宽2.5厘米；内素平。
3	显露高19厘米，同第1像。	3	显露高18厘米，同第1像。
4	显露高19厘米，同第1像。	4	显露高17厘米，头、面风蚀，余特征同第1像。
5	显露高17厘米，头戴冕旒，余与第1像同。	5	风蚀甚重，残高约16.5厘米。

---

[1] 据现场观察，此三字所处位置及字体风格与本龛其他字迹相差甚远；估计为后世所刻。

（三）龛顶

刻乐器6件，部分残。辨识为：方响、拍板、筝、笙、琵琶、箜篌，皆系作结的飘带（图179；图版Ⅰ：250）。从左至右编为第1—6件。其规格列入表42。

表42　第254号龛龛顶乐器规格简表

编号	名称	规格
1	方响	高9厘米，最宽10厘米。
2	拍板	高10厘米，上宽2厘米、下宽6厘米。
3	筝	大部残。
4	笙	高12厘米，最宽3.5厘米。
5	琵琶	高15厘米，箱体最宽6厘米。
6	箜篌	残，仅存轮廓。

图179　第254号龛龛顶仰视及乐器编号图

（四）龛沿

龛右沿中部刻供养人像2身（图版Ⅰ：251），身下刻云纹，风蚀较重。

左像　残毁甚重，残高18厘米，仅辨轮廓。

右像　残高10厘米，似梳髻，着宽袖服，双手胸前似托钵，下身部分残。

此外，右沿中部内侧刻方形榜题条，内素平，高27厘米，宽4厘米，外凸壁面约1厘米。

四　晚期遗迹

龛内造像残毁处局部以泥补塑。

龛外左侧竖直壁面中部凿有方框，高49厘米，宽30厘米；内有点状和斜向凿痕，用途不明。

龛内保存红色、灰白色、蓝色三种涂层。

第八节　第255号

一　位置

位于第254号龛下方。左距第253号龛68厘米，右距第257号龛22厘米；上距第254号龛24厘米，下距地坪72厘米。

龛口略西向，方向287°。

二　形制

单层方形龛（图180、图181、图182；图版Ⅰ：252、图版Ⅰ：256、图版Ⅰ：257）。

龛口　从崖壁表面平直凿进最深约40厘米形成龛口。龛口方形，下部被后世凿毁；外缘高度不明，宽109厘米。龛左右沿完整，皆宽11厘米；上沿剥蚀，残宽10厘米；下沿被后世凿毁。左右沿刻帐幔，估计上沿也应有此装饰。龛口内缘高98厘米，宽87厘米，至后壁最深55厘米。龛左右沿内侧刻出宽5厘米的平整面。龛左右上角凿三角形斜撑，略残。

龛底　略呈横长方形，前端略残；内侧建低坛一级，坛高21—23厘米，坛面略呈半圆形，略蚀，与龛壁相接，最深约33厘米。坛面左右另建一弧形低台，高18厘米，深5厘米。

龛壁　弧壁，与龛顶券面相接。

龛顶　平顶，呈半圆形；略剥蚀。

三　造像

刻像28身（图180-1；图版Ⅰ：252）。分为正壁、左右侧壁、龛底低坛正面、龛外造像等四部分。

（一）正壁

正壁中刻一主尊坐佛，其两侧各刻一菩萨坐像。

佛像　头顶毁，面残，残坐高35厘米，肩宽15厘米，胸厚8厘米（图版Ⅰ：253）。浮雕桃形头光和椭圆形身光，内素平，边缘刻火焰纹，焰尖残；头光横径25厘米，身光最宽37厘米。双肩及胸残，后世以泥补塑；现身着双领下垂式袈裟，下着裙；左手（补塑）抚膝，右手前臂毁。盘左腿，垂右腿，跣足踏莲台，右舒相坐于须弥座上。座高20厘米，宽30厘米，深20厘米；上方线刻方框，下方残。座前刻两朵仰莲足踏，左莲毁，右莲完整，高8厘米，直径约10厘米。

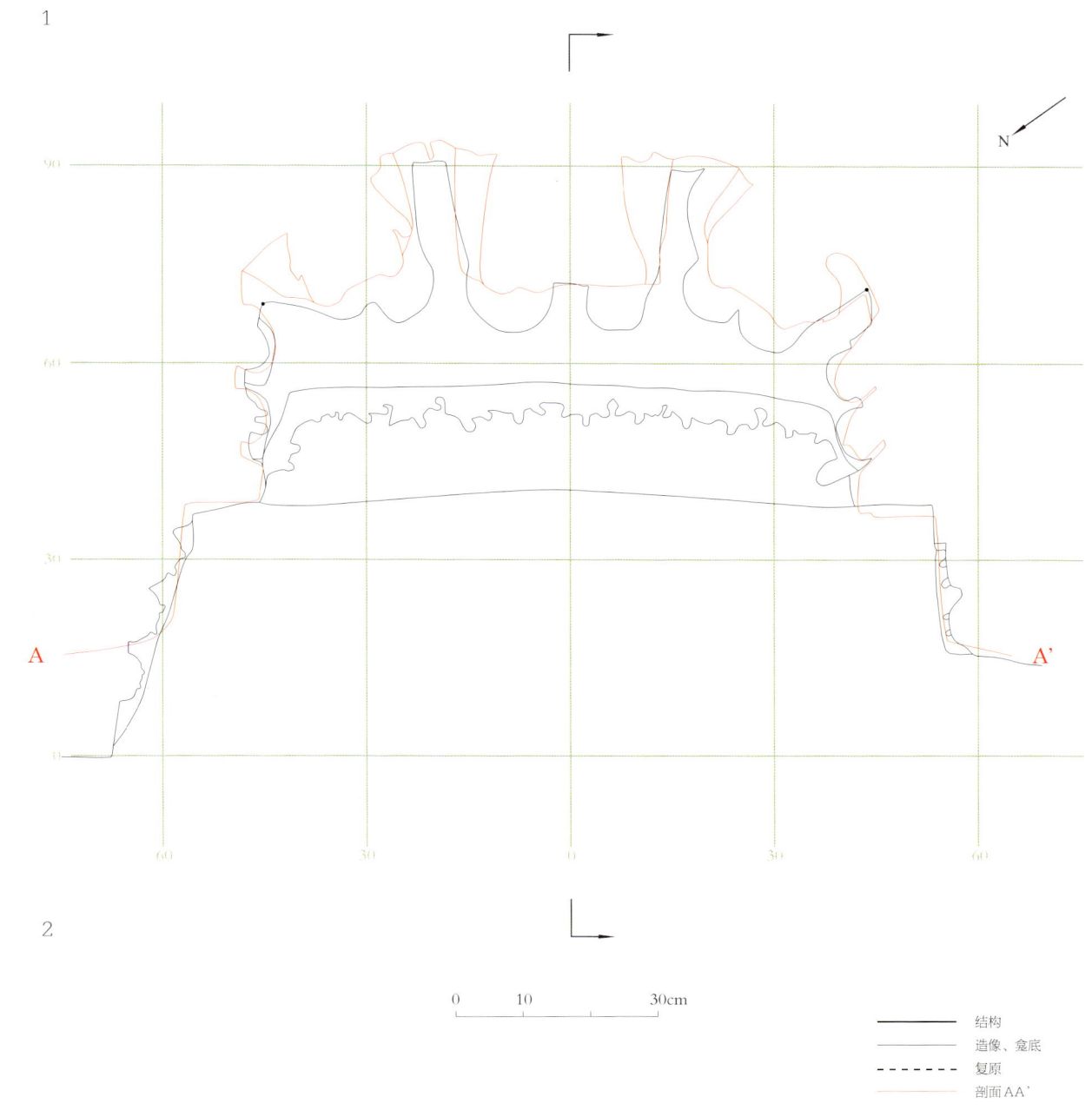

图 180　第 255 号龛平、立面图
1　立面图　2　平面图

图 181　第 255 号龛剖面图

佛像背光右侧刻竖立的锡杖，通高60厘米，杖首残蚀，略呈桃形。

佛像身后左右各刻菩提树一株，树冠繁茂，簇拥龛顶，部分剥蚀。

左菩萨像　坐高35厘米，头长14厘米，肩宽13厘米，胸厚6厘米（图版Ⅰ：254）。浮雕桃形头光和椭圆形身光，内素平，边缘刻火焰纹；头光直径18厘米，身光最宽27厘米。戴冠，大部残，冠带作结下垂及肩。面残，颈下及右肩有后世泥塑的痕迹。胸饰璎珞，上部项圈残，下垂三道珠串，中间一道垂至足间，左右一道绕膝隐于身后，于膝下垂坠饰。上着披巾，两端交垂腹前，再敷搭前臂后垂于体侧；下着裙，腰带下垂足间。腕镯，左手腹前托圆状物（部分残），物下刻云纹；右手抚膝，部分残；倚坐于束腰座上。足残，下刻足踏亦大部毁。座部分残，通高18厘米。

右菩萨像　坐高35厘米，头长14厘米，肩宽14厘米，胸厚7厘米（图版Ⅰ：255）。左手抚膝，右手腹前托圆状物，物部分残；余特征及保存状况与左菩萨像略同。

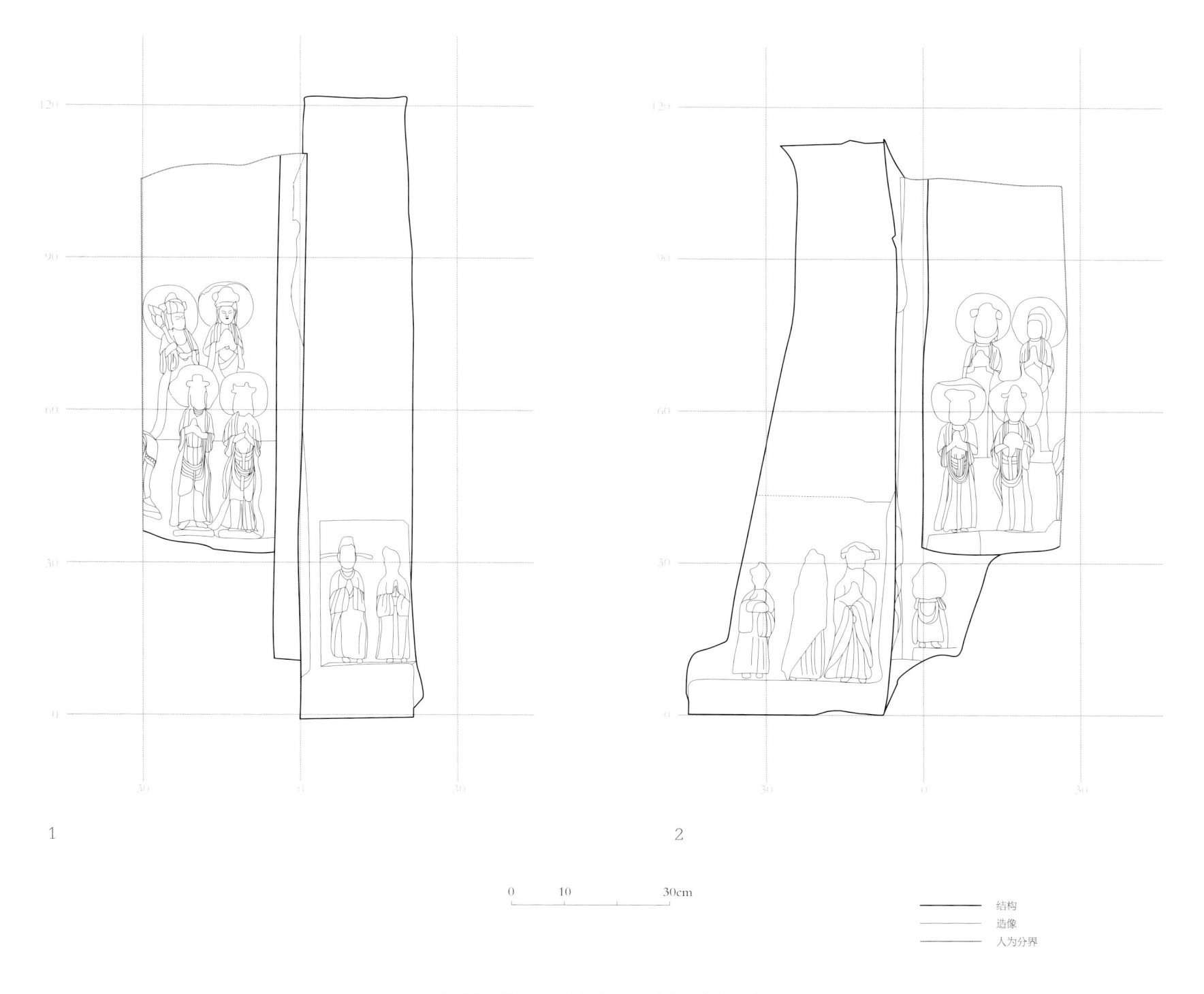

图 182　第 255 号龛左、右侧壁及龛外浅龛立面图
1　左侧壁　2　右侧壁

（二）左右侧壁

左右侧壁对称各刻立式菩萨像4身。作上二下二两排布置。其中，前排立于低坛坛面，后排立于低台（图182；图版Ⅰ：256、图版Ⅰ：257）。各菩萨像高约29厘米，浮雕圆形素面头光，直径9厘米，厚2—4厘米。皆梳髻、戴冠，冠带作结下垂及肩。面部分残，身修长，上着披巾，两端下垂腹前，折叠敷搭前臂后沿身下垂，下着长裙，腰带下垂足间。跣足直立。由上而下，从外至内，编为左第1—4像、右第1—4像。各像手势及持物等造像特征列入表43。

表43　第255号龛左右侧壁造像特征简表

左侧壁	手势及持物	右侧壁	手势及持物
1	双手胸前捧物，物残难辨。	1	双手胸前托盏，内置物，物残。
2	双手持带茎莲，置于右肩。	2	双手当胸合十。
3	双手当胸合十，立于单层覆莲上。莲高2厘米，直径8厘米。	3	双手胸前合十，立于低台上。
4	双手置胸前，后世以泥补塑，姿势不明。立于低台上。	4	双手置胸前，手残；立于低台上。

（三）龛底低坛正面

刻立式神将12身。呈"一"字形布列，高19—21厘米，立于云台上（图180-1；图版Ⅰ：258）。台高2.5厘米，深9.5厘米，与龛口等宽，部分残。从左至右将其编为第1—12像。

第1像　头残，衣饰不明，腰束带；飘带下垂腹前，两端沿体侧下垂至云台；双手胸前合十。

第2像　头顶残，似戴盔，顿项披覆双肩；内袍外甲，袖口至肘，腿裙止于双膝；腰束带，飘带下垂腹前，两端抄入腰带内，再垂于体侧；双手胸前合十，足靴。

第3像　头残，顿项翻卷，腿裙长垂至足，双手胸前持圆状物；余同第2像。

第4像　略同第2像。

第5像　头大部毁，左肩残；余同第2像。

第6像　头大部残，腿裙下垂足背；余同第2像。

第7像　头、肩残，双手置胸前，手残；余同第2像。

第8像　头大部残，腿裙下垂足背；余同第2像。

第9像　略同第2像。

第10像　头大部残，左手屈胸前似持物，右手握腰带，腿裙长垂足背；余同第2像。

第11像　略同第2像。

第12像　头毁身残，双手毁，腿裙下垂足背；余同第2像。

（四）龛外

龛外左右侧竖直壁面下部各开凿一个方形浅龛（图182）。左龛高28厘米，宽18厘米，深4厘米，内刻立式男供养人像2身；右龛高33厘米，宽30厘米，深3—4厘米，内刻立式女供养人像3身（图版Ⅰ：259、图版Ⅰ：260）。各龛从左至右，依次将其编为左第1、2像、右第1—3像。其造像特征列入表44。

表44　第255号龛龛外左右浅龛供养人像特征简表

位置	编号	造像特征
左龛	1	立像高20厘米。头毁，身着圆领窄袖长服，腰束带。双手似合十，足鞋。
左龛	2	立像高25.5厘米。头戴翘脚噗头，脸形长圆，五官略蚀；余同第1像。
右龛	1	立像高28厘米。头梳髻，面残。身着窄袖长服，下着裙。双手残，置胸前，足鞋。
右龛	2	立像高27厘米。大部毁。
右龛	3	立像高23厘米。头似梳髻，双手胸前捧物，物难辨；余同第1像。

四　铭文

2则。

第1则

佚名造药师净土变相残记，前后蜀（907—965年）。位于龛外左侧竖直壁面中部。刻石面高38厘米，宽14厘米。文右起，竖刻，存22字，径3厘米（图版Ⅱ：22）。

（漶）一龛（漶）

（漶）意为（漶）

（漶）上件圣容□门

（漶）

（漶）月十八日就（漶）

男杨古章

男杨正章[1]

第2则

解氏造像残记，前后蜀（907—965年）。位于龛外右侧竖直壁面中部。刻石面高52厘米，宽22厘米。文左起，竖刻6行，存20字，径3厘米（图版Ⅱ：23）。

01　（漶）女弟子解氏

02　（漶）人（漶）

03　（漶）月七日设斋表赞

04　（漶）患耳愿早除□

05　（漶）龛

06　（漶）娘（漶）

五　晚期遗迹

龛外下部岩体后世凿毁（图版Ⅰ：252），现为内凹的弧形凿面，存斜向凿痕；凿面上与龛口相接，下与地坪相连，弧长约175厘米。

龛内保存红色、灰白色两种涂层。

第九节　第256号

一　位置

位于第255号龛右上方。左距第254号龛18厘米，右距第261号龛56厘米；上为崖壁，下方布置第257、260号龛，分别竖直相距24、14厘米。

龛口略西向，方向290°。

二　形制

单层方形龛（图183、图184、图185、图186；图版Ⅰ：261、图版Ⅰ：265、图版Ⅰ：266、图版Ⅰ：268）。

龛口　从崖壁表面平直凿进最深约48厘米形成龛口。龛口方形，外缘高120.5厘米，宽127厘米。龛沿较完整，左沿宽12厘米，右沿宽13厘米，上沿宽12.5厘米，部分残；下沿宽10厘米，大部残。龛口内缘高98厘米，宽102厘米，至后壁最深47厘米。左右沿内侧凿出宽4.5厘米的平整面。龛口左右上角凿三角形斜撑，左斜撑高11厘米，宽11厘米，斜边略平直；低于沿面1厘米；右斜撑结构部分残。

龛底　呈方形，前端略残；内侧建低坛1级，坛高29厘米，坛面略呈半圆形，略蚀，并与龛壁相接，最深约29厘米。坛面于正壁另建一低台，高12厘米，深5厘米。

1　《大足石刻铭文录》将此铭文下部"男杨正章男杨古章"单独视为一则铭文。重庆大足石刻艺术博物馆编：《大足石刻铭文录》，重庆出版社1999年版，第22页。

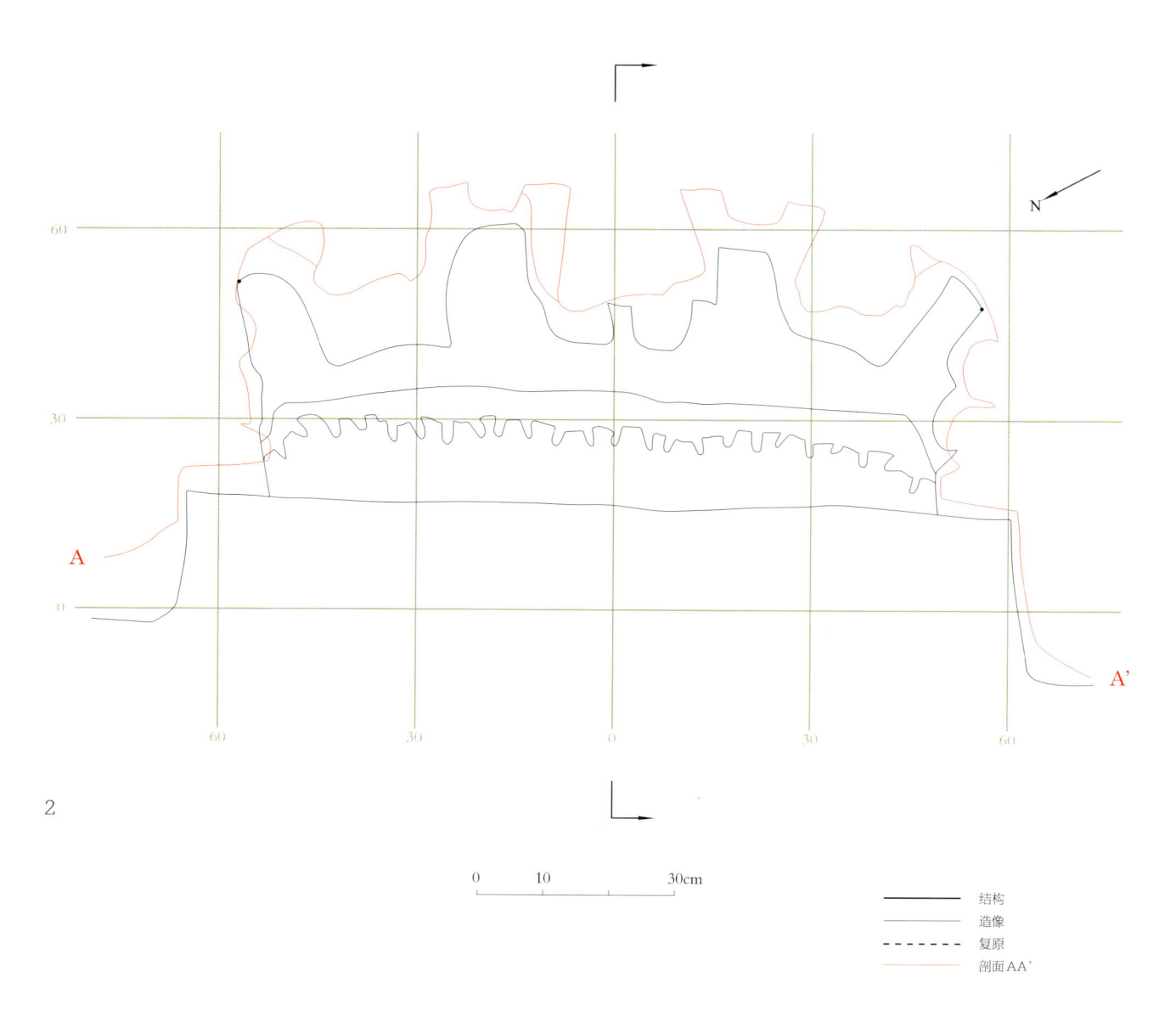

图 183　第 256 号龛平、立面图
1　立面图　2　平面图

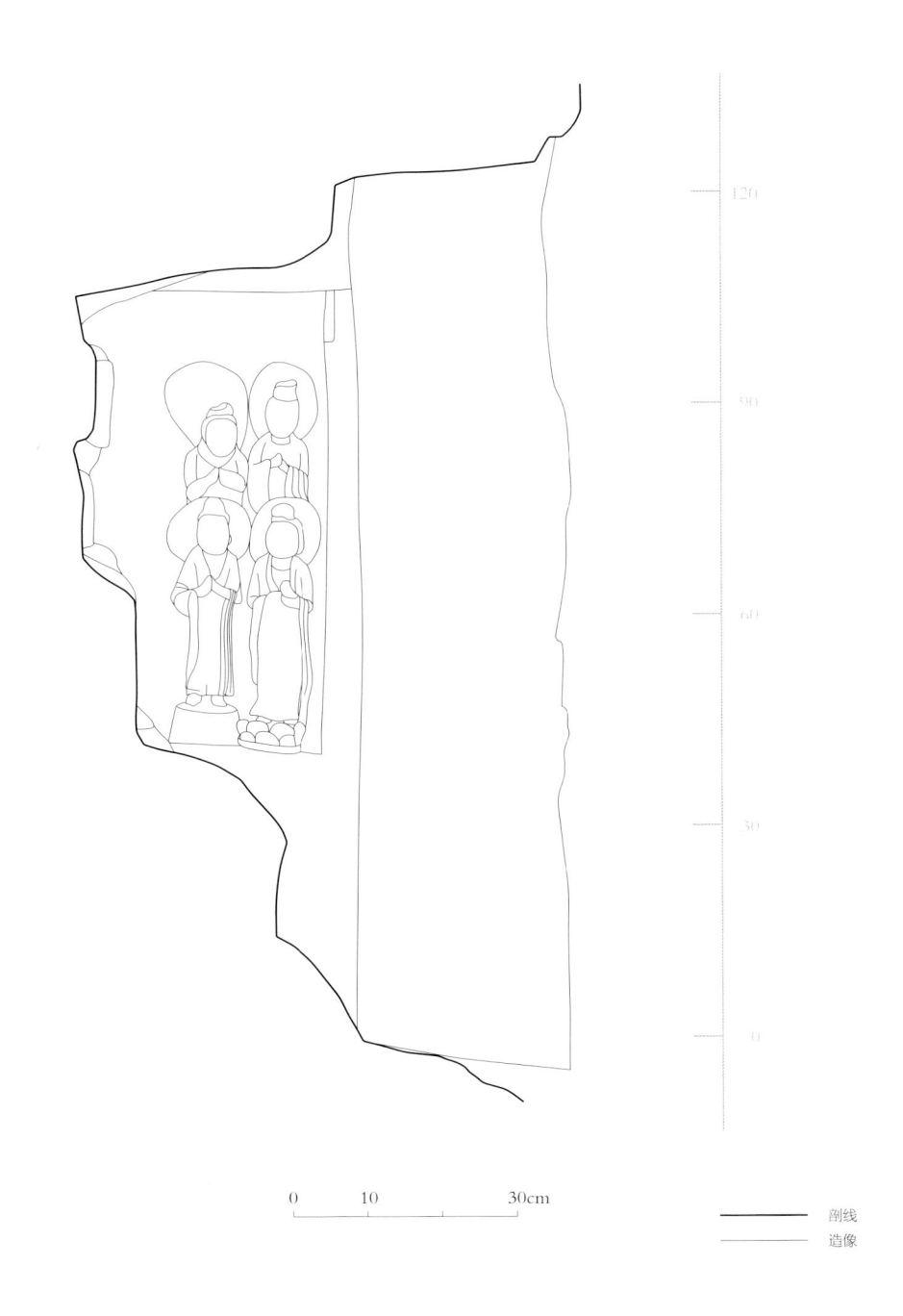

图184　第256号龛剖面图

龛壁　弧壁。与龛顶略垂直相接。
龛顶　平顶，呈半圆形；剥蚀甚重。

三　造像

刻像29身。分为正壁、左右侧壁、龛底低坛正面、龛顶、龛外造像等五部分（图183-1；图版Ⅰ：261）。

（一）正壁

刻像5身。中刻坐佛1身，其左右侧各刻菩萨坐像1身；三像间各刻弟子立像1身。

主尊佛像　坐高36厘米（图版Ⅰ：262）。浅浮雕桃形头光和椭圆形身光，内圆素平，边缘刻火焰纹；头光横径25厘米，身光宽度不明。螺发，略蚀，面残。双肩残，衣饰难辨。左手前臂残，似置腹前；右手残泐，屈置胸前。倚坐于须弥座上。座通高22厘米，部分残。足残，踏座前莲台上，台残蚀甚重。

佛像背光左右浮雕菩提树，树冠繁茂。左侧树冠内浮雕一圆钵，部分蚀，通高8厘米，直径6厘米。

左菩萨像　坐高33厘米，头长16厘米，肩宽16厘米，胸厚6厘米（图版Ⅰ：263）。浮雕桃形头光和身光，内圆素平，边缘刻火焰纹；头光横径25厘米，身光右侧被弟子像遮挡，宽度不明。梳髻，戴卷草冠，冠带作结下垂及肩。面残，后世以泥补塑完整。戴耳饰，胸饰璎珞，上着披巾，披巾两端敷搭前臂下垂体侧，下着裙，裙摆部分残，后世以泥补塑完整；右膝处存一条弧形珠串。左手以泥补塑，于腹前托圆物，右手抚膝，倚坐于束腰莲座上，座通高23厘米，部分残。足残，踏莲台上，台大部残。

右菩萨像　坐高34厘米（图版Ⅰ：264）。浅浮雕桃形头光和椭圆形身光，内圆素平，边缘刻火焰纹；头光横径28厘米，身光左侧被弟子像遮挡，宽度不明。梳髻，戴冠，冠带作结下垂及肩；面蚀身残，身躯以泥补塑，着双领下垂式袈裟，左手腹前托圆物，右手抚膝。座台通高约22厘米，大部残，补塑的黄泥剥落，座前存少许莲台遗迹。

左弟子像　为男像，高37厘米。光头，面蚀，后世以泥补塑，现眉目可辨。上身似着袈裟，下着裙，双手胸前合十，足残，立于低台上。

右弟子像　为女像，立高38厘米。梳髻，面、身残，后世以泥补塑。双手抱持锡杖，置于左肩；锡杖全长44厘米，杖首呈桃形。足残，立于低台上。

（二）左右侧壁

左右侧壁对称各刻立式菩萨像4身，作上二下二两排布置。残毁较重，高约31厘米。浮雕圆形素面头光，直径约9厘米（图185；图版Ⅰ：265、图版Ⅰ：266）。从外至内，由上至下依次编为左第1—4像、右第1—4像。其特征列入表45。

图185　第256号龛左、右侧壁立面图
1　左侧壁　2　右侧壁

表45　第256号龛左右侧壁造像特征简表

左侧壁	特征	右侧壁	特征
1	头梳髻，冠带作结下垂及肩。面蚀，身着衣饰不明，双手胸前捧物。	1	残损甚重，仅辨轮廓。
2	大部残，后世以泥补塑；双手胸前似合十，余细节不明。	2	残损甚重，可辨头梳髻，双手置胸前。
3	上着披巾，下着裙，披巾两端敷搭前臂下垂体侧。双手胸前托物，物残难辨。跣足立于双层仰莲台上，台高4.5厘米，直径10厘米。余特征与第1像略同。	3	残损甚重，仅辨轮廓。
4	双手似合十，余与第3像同。双足及低台后世补塑。	4	残损甚重，仅辨轮廓。

（三）龛底低坛正面

刻神将12身，呈"一"字形布列。高约27厘米，立于厚2厘米的云纹上（图版Ⅰ：267）。从左至右编为第1—12像。

第1像　头戴盔，顿项翻卷。面方，略蚀。身内着袍，袖摆扎带，外着甲，腿裙下垂双膝，胸际、腰间系带。飘带垂于腹前，两端折入腰带后下垂体侧。双手腹前拄长柄斧，足靴。

第2像　头毁，腿裙下垂足背，双手似合十；余特征与第1像同。

第3像　头残，头后刻飘动的头巾，双手似合十；余同第1像。

第4像　头、身大部残，装束略同第1像。

第5、7、9、10像　头、肩皆毁，双手残；装束与第1像同。

第6、8、11像　头、肩毁，双手残，装束与第2像略同。

第12像　头、肩残，双手毁，左肩处刻圆钵状物，难辨；装束与第1像同。

（四）龛顶

龛顶中后侧刻覆莲，罩于佛像头顶（图186；图版Ⅰ：268）。莲蕊素平，直径14厘米，外缘莲瓣宽约6厘米。龛顶前侧左右刻乐器，残损甚重，仅可辨左侧乐器1件，部分残，残高6厘米，宽4厘米；系长飘带。

龛顶左右端各刻飞天像1身，身呈"C"形，向龛外相对飘飞。飞天像残蚀略重，可辨双手持物，屈肘外展；身饰飘带，环状绕于头后，并飘于体侧；其余细节难辨。

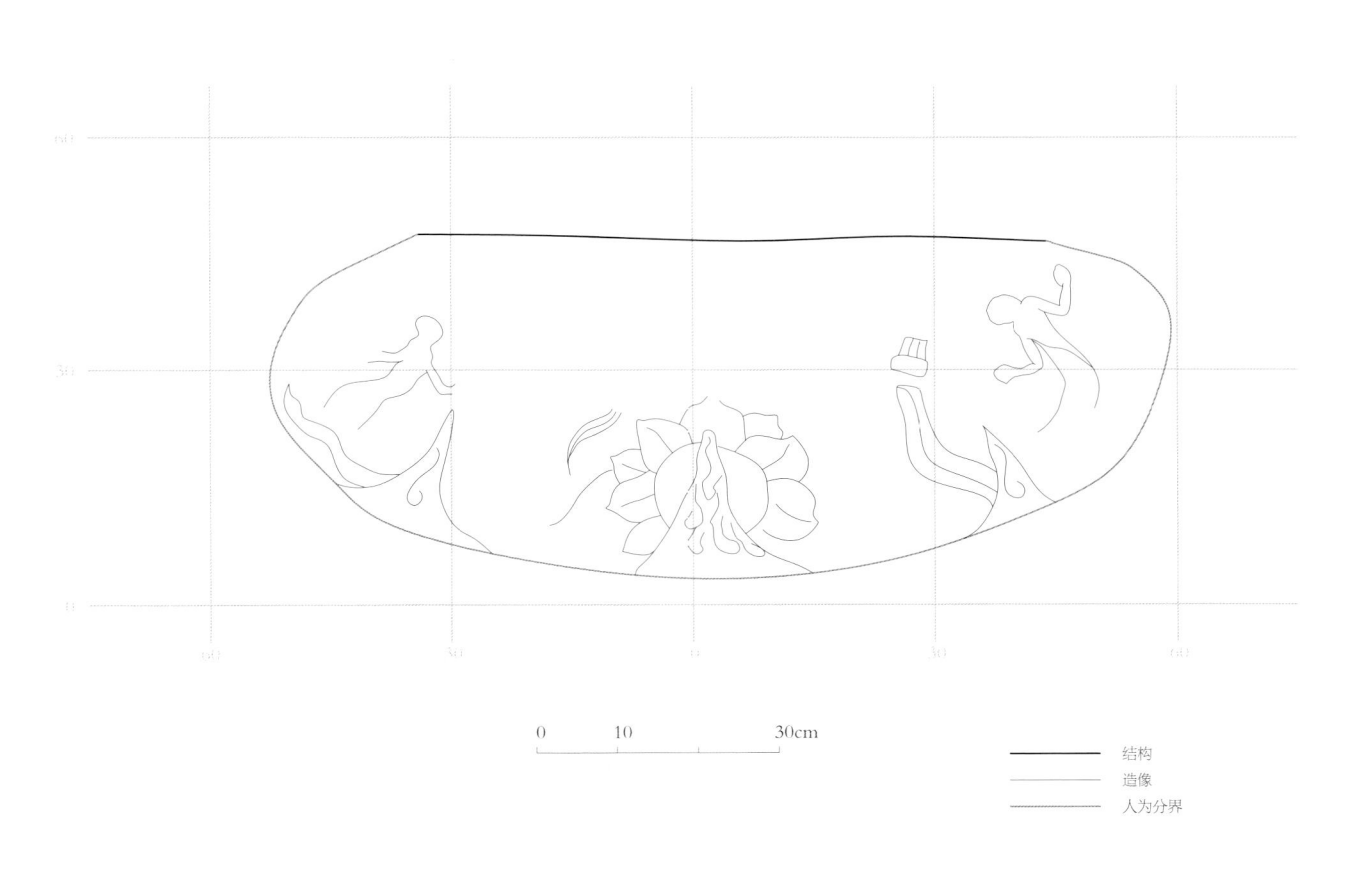

图186　第256号龛龛顶仰视图

（五）龛外

龛右沿外侧竖直壁面中下部开上、下二方形浅龛，残毁甚重；龛内各存造像1身，仅辨轮廓（图版Ⅰ：269）。

四　晚期遗迹

龛内保存灰白色、绿色、红色、蓝色、黑色五种涂层。

第十节　第257号

一　位置

位于第256号龛下方。左距第255号龛22厘米，右距第260号龛13厘米；上距第256号龛24厘米，下方紧邻第258、259号龛。龛口西向，方向280°。

二　形制

单层方形龛（图187、图188；图版Ⅰ：270）。

龛口　从崖壁表面平直凿进最深约31厘米形成龛口。龛口方形，外缘高97厘米，宽76厘米。左右沿略残，皆宽7.5厘米；上沿中部残脱，存宽9厘米；下沿宽8厘米，外凸左右沿5厘米。龛口内缘高80厘米，宽61厘米，至后壁最深20厘米。龛口左右上角凿三角形斜撑，残蚀略重。

龛底　略呈方形，前缘残损。

龛壁　正壁竖直，与左右侧壁垂直相接；壁面与龛顶弧面相接。

龛顶　券顶，大部残。

三　造像

刻像2身（图187；图版Ⅰ：270）。

左像　头大部残，立像残高94厘米，肩宽14厘米，胸厚10厘米。浮雕圆形素面头光，略蚀，直径24厘米。上着袈裟，下着裙；双手胸前捧物，手物皆残；跣足立于覆莲台上。台高5厘米，直径28厘米；部分残。

右像　立像高61厘米，头长14厘米，肩宽14厘米，胸厚8厘米。浮雕桃形头光，内圆素平，边缘刻火焰纹，焰尖略蚀；横径21厘米。头顶残，冠带作结，面蚀；上身残，似着披巾，下着裙；披巾下垂腹前两道，两端下垂体侧，部分残断。双手残，跣足，部分残，立于单重仰莲台上。台高5厘米，直径26厘米；部分残。

四　晚期遗迹

龛前凿一方形凹槽，长18厘米，宽5厘米，深7厘米。

龛内保存灰白色、红色两种涂层。

图 187　第 257 号龛立面图

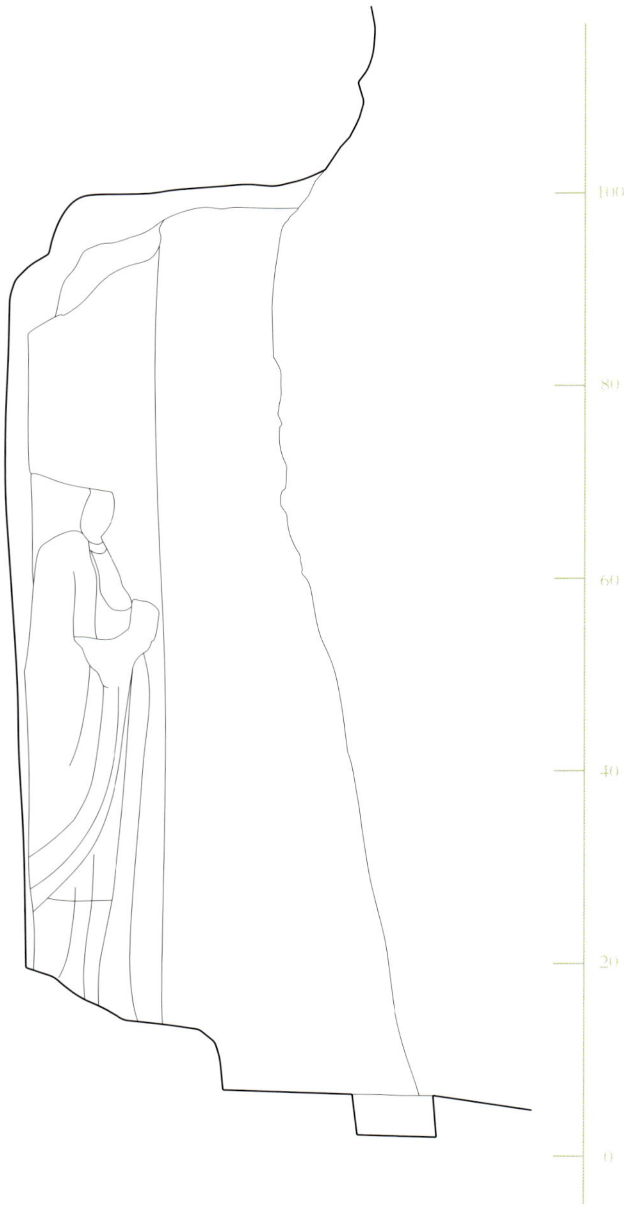

图 188　第 257 号龛平、剖面图
1　剖面图　2　平面图

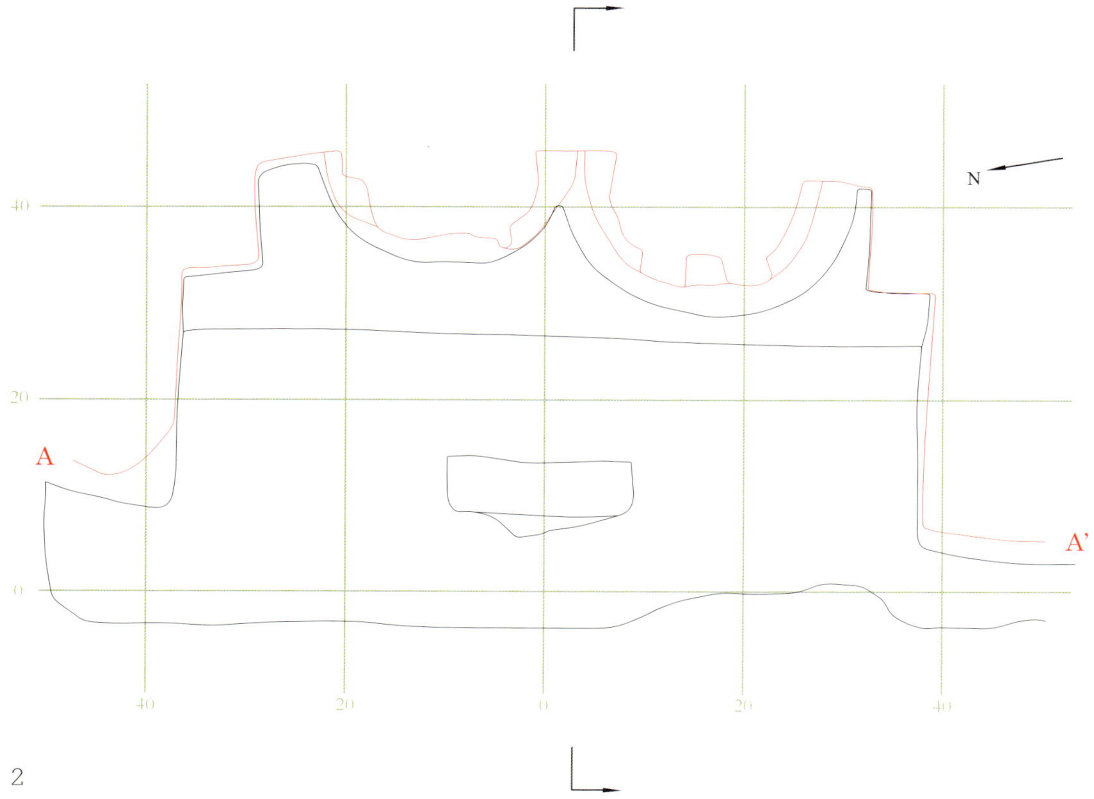

第十一节　第258号

一　位置

位于第257号龛左下方。左与第255号龛下方圆弧凿壁相接，右紧邻第259号龛；右上方与第257号龛相邻，下距地坪21厘米。

龛口西向，方向287°。

二　形制

单层方形龛（图189；图版Ⅰ：271）。

龛口　从崖壁直接凿建龛口。龛口方形，左沿宽5厘米，边缘与第255号龛下方圆形弧壁相接；右沿与第259号龛共沿，宽7厘米；上沿中部残，存宽6厘米；下沿部分残，存宽4厘米，较左右沿外凸3.5厘米。龛口内缘高14.5厘米，宽45厘米，至后壁最深16厘米。龛口左右上角凿三角形斜撑，高9厘米，宽8厘米，斜边弧形；低于沿面1厘米。

龛底　略呈半圆形。

龛壁　呈弧壁，与龛顶弧面相接。

龛顶　券顶，部分残。

三　造像

刻像1身（图189-2；图版Ⅰ：271）。坐高28厘米，头长9厘米，肩宽13厘米，胸厚7厘米。浅浮雕圆形素面头光和身光，直径分别为14、24厘米；头光叠于身光上部。光头，前额毁，面方圆，部分残，可辨眼圆鼓，口紧闭，戴耳饰；内着双层交领服，外披袒右式袈裟，下着裙。左手置腿上，似持物，物残，右手举胸前持物，手及物亦残；结跏趺坐于山石座上。座高15厘米，宽21厘米，深14厘米。

座左侧刻一条卷曲的蛇。蛇头略残，闭口屈颈，蛇身大部隐于座后，尾部刻于座右侧。

四　晚期遗迹

龛下5厘米至地坪间的岩体已毁，后世以条石填砌修补。

龛内保存灰白色、红色两种涂层。

第十二节　第259号

一　位置

位于第258号龛右侧，并与之紧邻，右为崖壁；上方左侧紧邻第257号龛，下距地坪23厘米。

龛口略西向，方向290°。

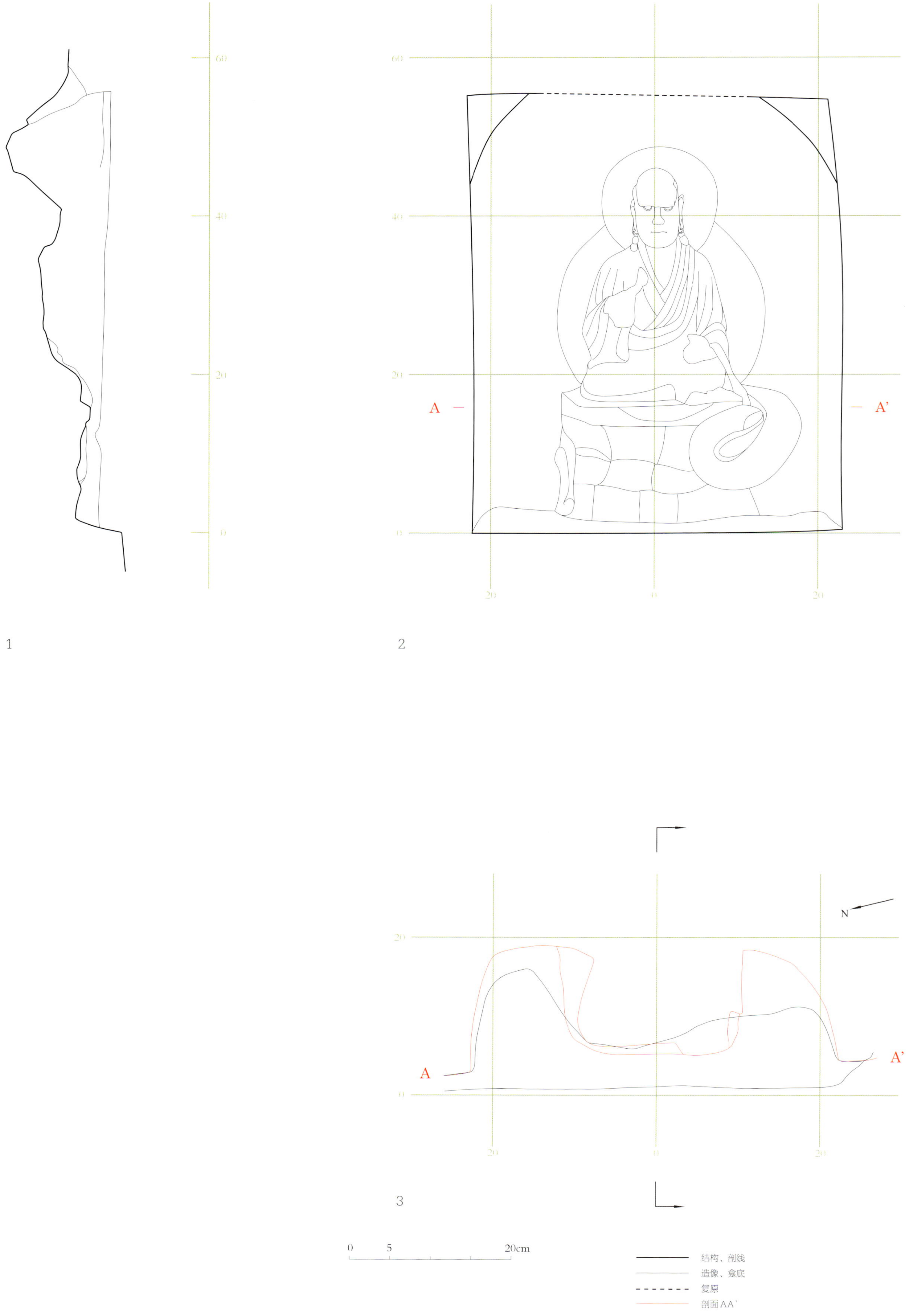

图 189　第 258 号龛平、立、剖面图
1　剖面图　2　立面图　3　平面图

二 形制

单层方形龛（图190、图191；图版Ⅰ：272）。

龛口　从崖壁表面直接凿建龛口。龛口方形，左沿即为第257号龛右沿，宽7厘米；右沿宽7厘米，下部向内凿进，形成造像面；上沿宽6厘米，下沿宽3.5厘米，部分毁。龛口内缘高53厘米，宽45厘米，至后壁最深21厘米。龛口左右上角凿三角形斜撑，高8厘米，宽8厘米，斜边弧形；低于沿面1厘米。

龛底　不规整，略呈方形。座台左右侧岩石未被凿刻，岩石顶面低于座台台面2厘米。

龛壁　正壁竖直，与左右侧壁略垂直相接。壁面与龛顶弧面相接。

龛顶　券顶，前端残。

三 造像

刻像4身（图190-1；图版Ⅰ：272）。其中，中刻主尊菩萨坐像1身，座左侧刻立式供养人像1身，右侧刻立式供养人像2身。

主尊菩萨像　坐高35厘米，头长11.5厘米，肩宽13厘米，胸厚6厘米（图192）。线刻圆形背光，直径32厘米。梳髻，垂发披肩，戴卷草冠，冠带作结沿胸下垂，中段毁，端头垂于座前左右。戴饰物项圈，下垂坠饰；上身斜披络腋，下着长、短两层裙；长裙腰带

图190　第259号龛立、剖面图
1　立面图　2　剖面图

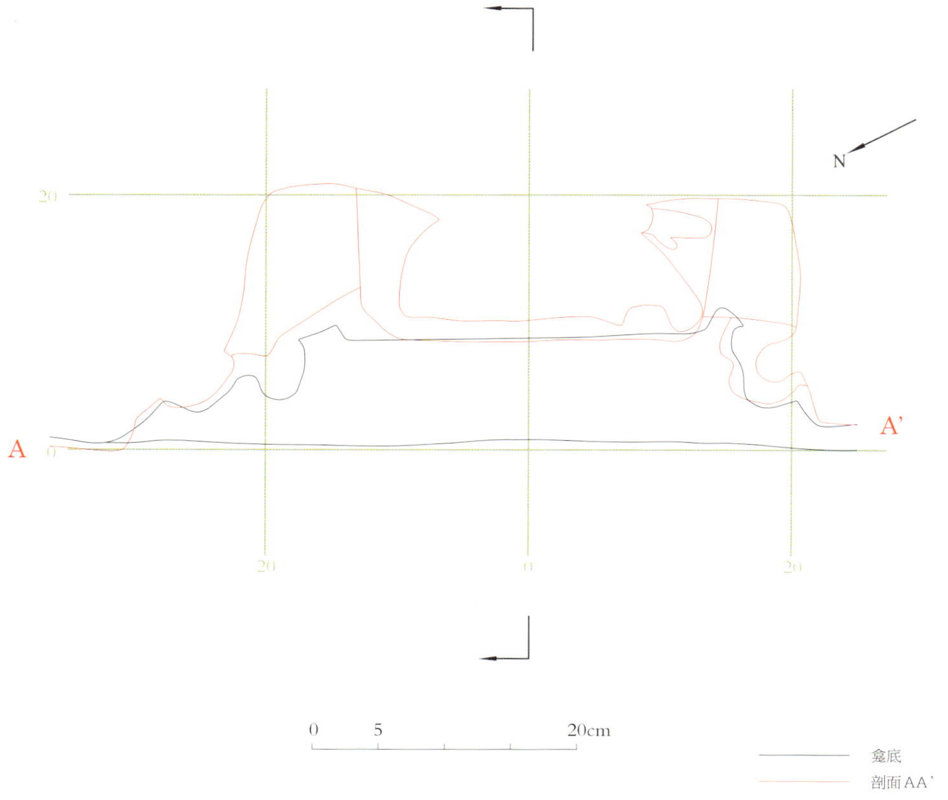

图191　第259号龛平面图 　　　　　　　　　　　　　　　　图192　第259号龛主尊菩萨像等值线图

垂搭座前。臂饰，腕镯，左手直伸撑台，右臂残断；结跏趺坐于束腰须弥座上。座高14厘米，宽26厘米，深12厘米。

左供养人像　立像高20厘米（图版Ⅰ：273）。头、面大部残，着窄袖长服，双手胸前捧物，手及物残；足蚀，向右面主尊侧身站立。

右供养人像　2身，皆向左侧身面主尊站立（图版Ⅰ：274）。前侧立像高13厘米，头大部残，上身衣饰不明，下着裙；双手胸前似捧物，足残，面主尊。后侧立像，位于左沿下部内进的凿面，高21厘米，梳髻，面残；内着抹胸，外着对襟窄袖衫，下着长裙。双手置胸前，敷搭帛带，下垂至膝；足残蚀。

四　晚期遗迹

龛下与地坪间岩体毁，后世以条石填塞修补。

龛内保存灰白色、红色涂层。

第十三节　第260、262、266号[1]

一　位置

位于第259号龛右上方。第260号龛左距第257号龛13厘米，第262号龛右为崖壁，后世开凿建有排水浅沟；左上为第256号龛，竖直相距14厘米，下距地坪72厘米。

龛口西向，方向285°。

---

[1] 1985年《大足石刻内容总录》将第260、262、266号龛分作三龛造像编号介绍，但本次调查发现该三龛像刻于同一开凿界面内，第260、262号龛有同一龛沿及龛前平台，第262号龛龛外右侧壁的两个方形浅龛即第266号龛，实为双重龛。故本次调查将三龛视为一个整体介绍，但记述中仍保留原编号。

二　形制

从崖壁表面平直凿进最深约38厘米形成一个开凿界面（图193、图194；图版Ⅰ：275）。界面呈方形，高133厘米，宽168厘米。界内设置并列的两龛，左龛即第260号龛、右龛即第262号龛。两龛龛口内缘与界面边缘之间打磨平整形成龛沿；龛前建同一平台。第262号龛龛外右侧竖直壁面纵向开凿的上下比邻的两个方形浅龛，即为第266号龛。

第260号龛　龛口左沿宽6厘米，右沿宽10厘米，中上部残脱，与第262号龛左沿共沿；上沿宽8厘米，右端毁；下沿宽7厘米，部分残（图193、图194、图195）。龛口内缘高117厘米，宽69厘米，至后壁最深26厘米。龛口左上角凿三角形斜撑，高12厘米，宽11厘米，斜边平直；低于沿面0.5厘米。龛底略呈方形，右侧前端后世凿有凹槽。龛正壁竖直，与左右侧壁略垂直相交；壁面与龛顶弧面相接。龛顶平顶，略呈方形；部分剥蚀。

第262号龛　龛口左沿与第260号龛右沿共沿，宽10厘米，中上部残脱；右沿宽8厘米，略残；上沿毁；下沿宽6厘米（图193、图194、图196）。龛口内缘残高122厘米，宽76厘米，至后壁深28厘米。龛口左右上角毁。龛底略呈方形。龛正壁竖直，与左右侧壁垂直相接；壁面与龛顶垂直相交。龛顶大部毁。

第266号龛　由两个浅龛组成，龛形残毁甚重，皆高47厘米，宽26厘米，深11厘米（图200）。

三　造像

（一）第260号龛

正壁刻经幢1座，左、右壁上部各刻立像3身（图版Ⅰ：276）。

经幢　上部残毁，残高105厘米。可辨幢座、幢身。

幢座为束腰座，通高25厘米。下部为两阶八边形方台叠涩，显露五面。正面左右各刻半身力士像1身，残高5厘米，斜伸双臂，作

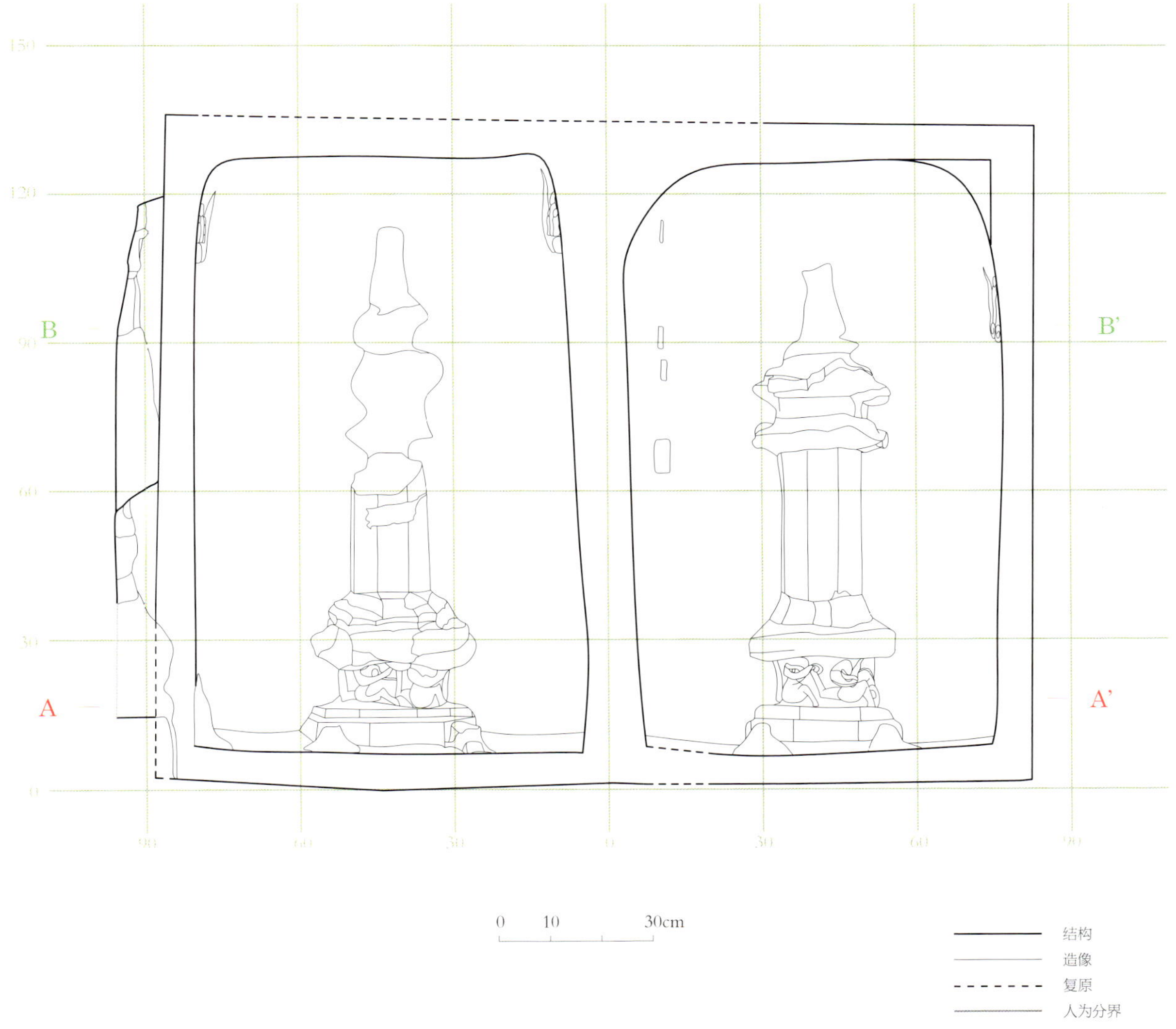

图193　第260、262号龛立面图

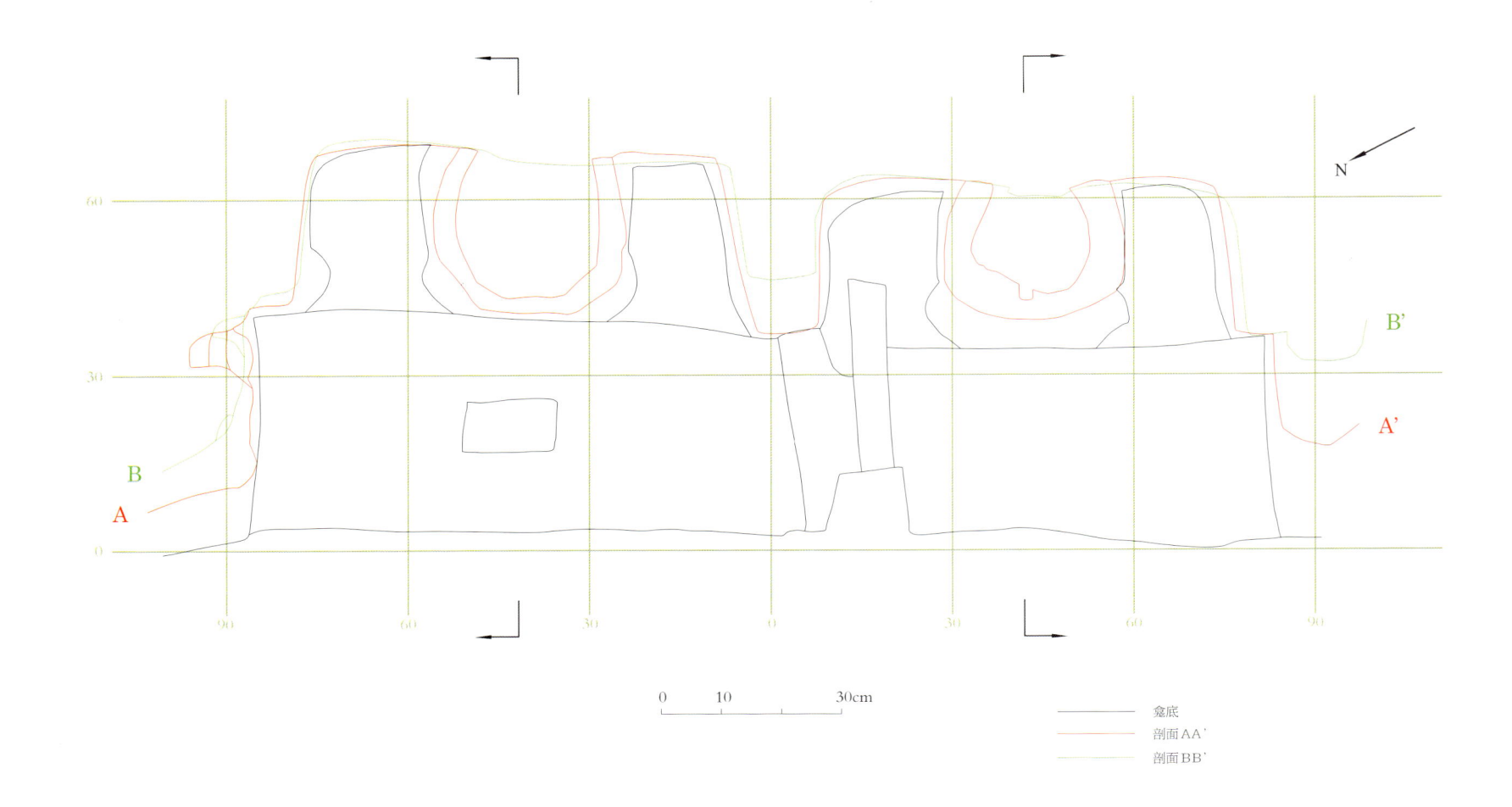

图 194　第 260、262 号龛平面图

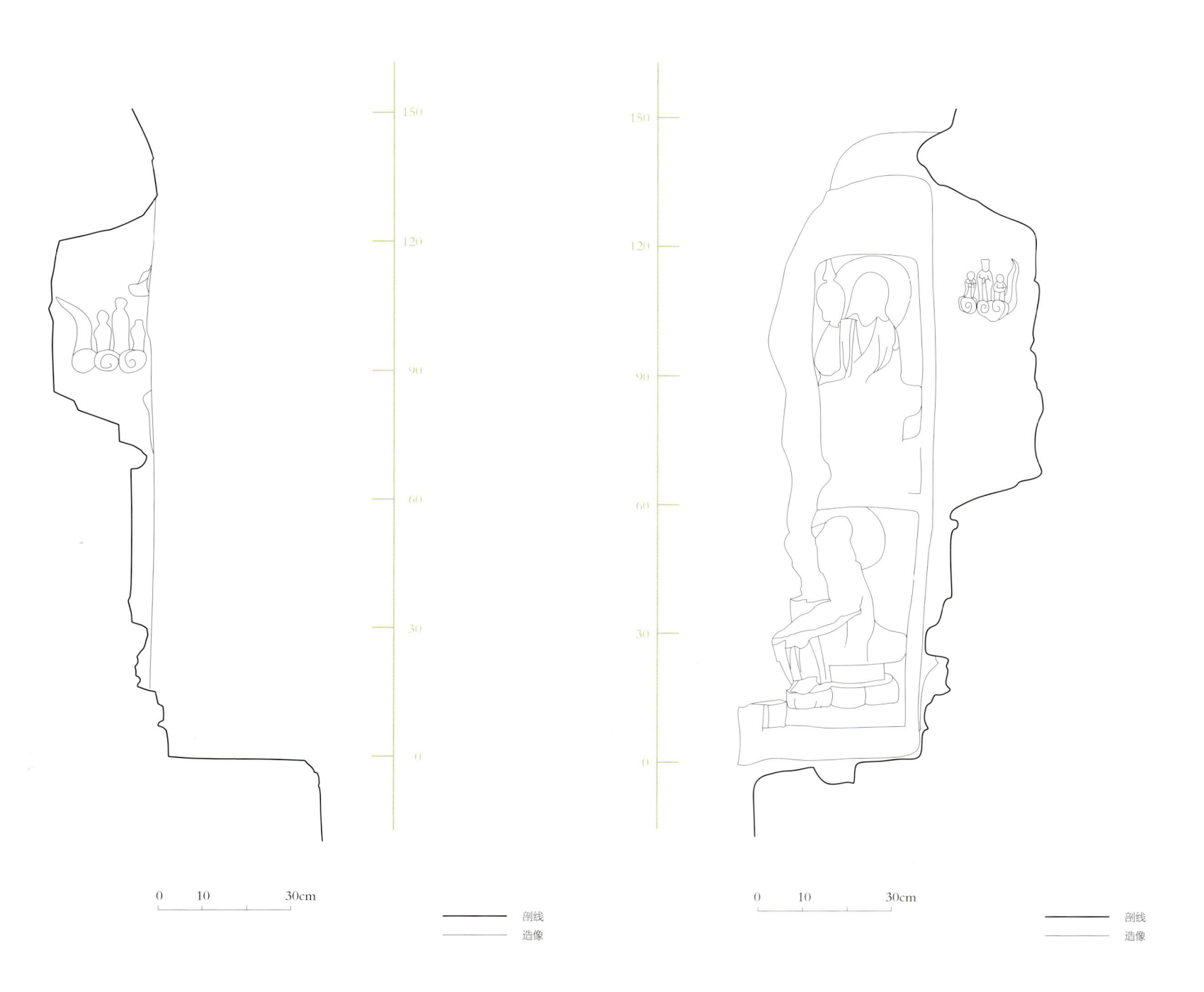

图 195　第 260 号龛剖面图　　　　　　　　　　　图 196　第 262 号龛剖面图

抬举状；束腰处刻盘龙两条，龙首刻于正面，吻前凸略明显；上部为单层方台，部分残。

幢身，通高36厘米，下部剥蚀。第一级幢身，平面作八边形，显露七面，各面打磨平整，面宽6.5厘米；六面连续镌刻《佛顶尊胜陀罗尼经》。再上幢身已毁，仅存两重幢檐。第一重檐下刻相对飘飞的飞天2身，残蚀略重；第二重檐大部毁。

左壁立像　3身，残蚀较重，仅辨轮廓（图197；图版Ⅰ：277）。其中，中为主像，高13厘米；左右为侍者像，高8厘米。三像皆立于"L"形云纹内，云纹风蚀略重，云头高5厘米，宽14厘米，厚1厘米。

右壁立像　毁，仅存少许外凸的云纹。

（二）第262号龛

正壁刻经幢1座，左右壁上部各刻立像3身，下部外端各刻像1身（图版Ⅰ：278）。

1. 正壁经幢

部分毁，存幢座、幢身，残高58厘米。

幢座为束腰座，通高25厘米；形制及特征与第260号龛经幢同。束腰座上承仰莲台，大部残，高约7厘米；莲台上承幢身。

幢身大部毁，仅第一级保存部分，残高28厘米。幢身平面作八边形，显露七面，各面素平，面宽6—7厘米；再上毁。

2. 左壁

上部立像　3身，残蚀较重，立于"L"形云纹内（图198；图版Ⅰ：279）。其中，中主像残高8.5厘米，左侍者像毁。云纹部分残。右侍者像残高6厘米。

下部立像　1身，残蚀较重，仅辨轮廓，残高约15厘米（图198）。

3. 右壁

上部立像　3身，略蚀（图199；图版Ⅰ：280）。其中，居中主像高10厘米，左右侍者像高6厘米；三像皆双手合十，立于"L"形云纹内。云头高4厘米，宽12厘米，厚1厘米，云尾斜向上飘。

下部立像　1身，残损甚重，残高约15厘米（图199）。

（三）第266号龛

上下两浅龛内各刻坐像1身（图200；图版Ⅰ：281）。

上龛像　坐高28厘米。浅浮雕圆形素面头光，直径18厘米。头大部残，存披帽披幅；内着交领衫，外似披袈裟；双手毁，坐姿不明。头部右侧存锡杖杖首，呈桃形，大部残。座台为须弥座，高18厘米；大部残。

下龛像　残毁甚重，残高25厘米。存头光残迹，可辨下垂的右腿、跣足踏莲台。座台为须弥座，高27厘米；座前刻两朵仰莲，刻工粗糙。座右下方另存立像1身，存躯体下部，残高6厘米；细节难辨。

四　铭文

佛顶尊胜陀罗尼经，后蜀广政十八年（955年）。经文刻于第260号龛内经幢的第一级幢身。自左面始，顺时针续刻六面。刻石面高30厘米，通宽39厘米，文左起，竖刻19行，存218字，楷体，字径1厘米（图版Ⅱ：24）。

01　佛顶尊胜陀罗尼
02　郁谟薄伽跋帝啼隶□□□啰底毗失瑟（湛）
03　伽跋帝怛任他□毗输驮耶娑摩三□多□婆婆□
04　揭底伽诃郁婆婆嚩秫地阿鼻〔洗〕者苏揭多伐折□□
05　密喋多毗□扇阿诃啰阿诃啰阿瑜□（湛）
06　输陀耶伽伽郁毗秫〔提乌〕瑟尼沙毗逝耶秫（湛）

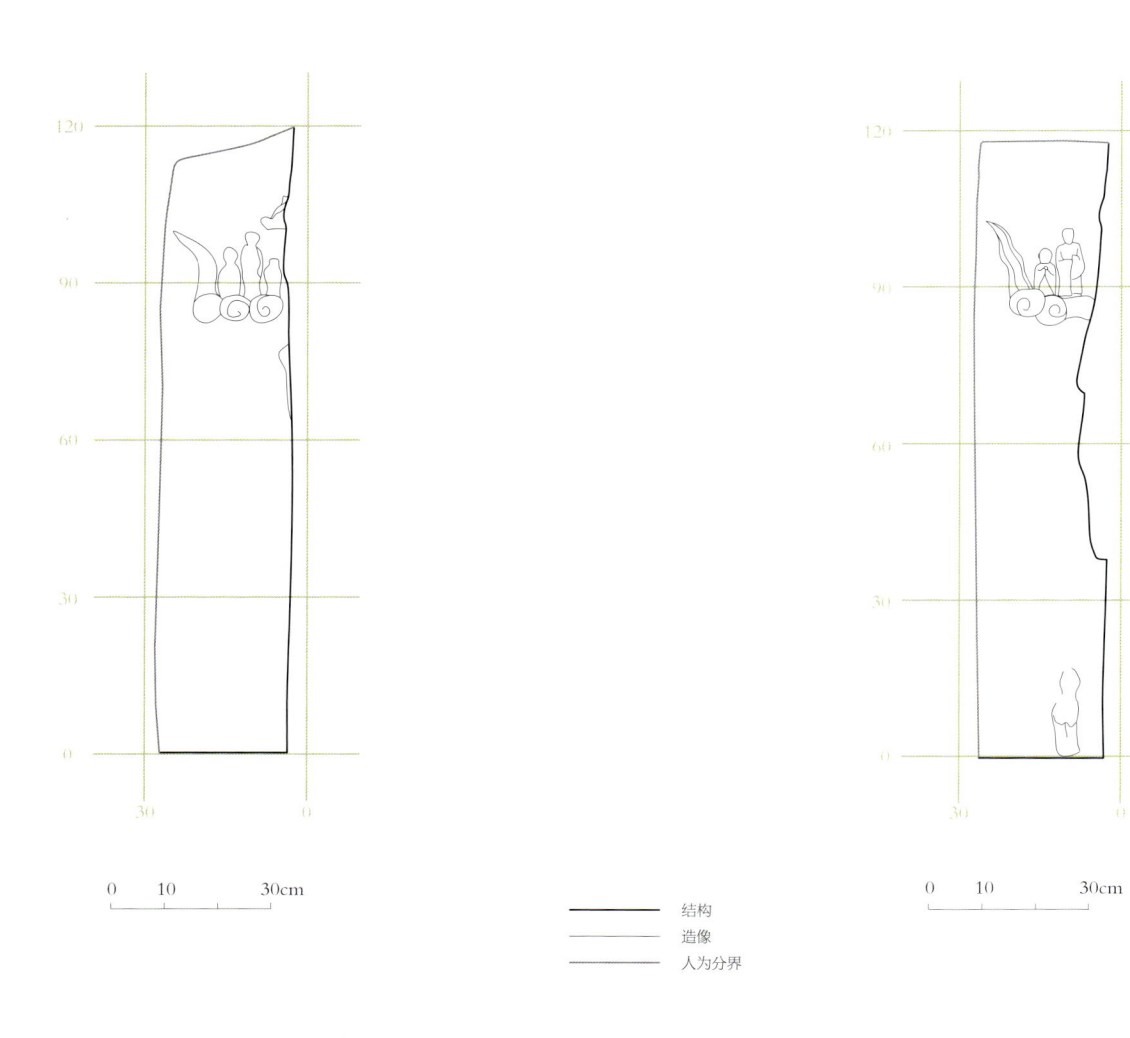

图 197　第 260 号龛左壁立面图

图 198　第 262 号龛左壁立面图

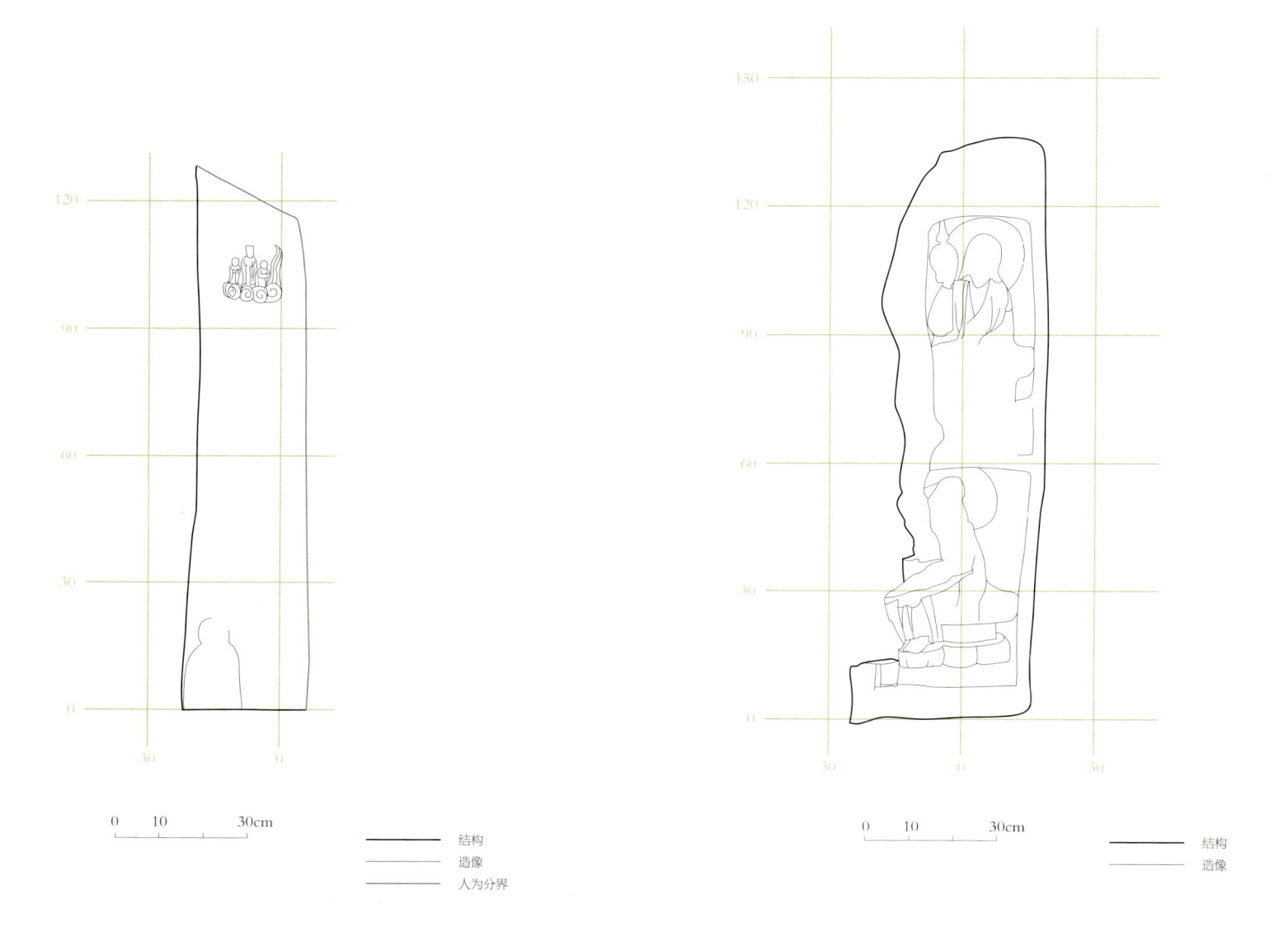

图 199　第 262 号龛右壁立面图

图 200　第 266 号龛立面图

07　啰□弭珊珠地帝萨婆怛他揭多地（漶）

08　慕任□跋折啰迦耶僧贺多郁秫（漶）

09　提钵啰底你伐怛耶阿（漶）

10　你怛暗多部多俱伱钵耶秫帝（漶）

11　社耶毗社耶□末〔啰〕（漶）

12　跋折啰揭啤□折蓝婆伐都摩（漶）

13　亡母王氏造此真言以愿永升净（漶）

14　萨埵□迦耶毗秫提萨（漶）

15　多三摩湿婆婆遏地瑟帝折（漶）

16　耶三满多钵□秫提萨婆怛〔他〕（漶）

17　帝萨诃慕帝□婆婆诃

18　以广政十八年岁次乙卯□月□日（漶）

19　赞讫永为供养[1]

五　晚期遗迹

第260号龛正壁中部右侧凿一枋孔，高6.5厘米，宽3厘米，深4厘米。枋孔上方凿有一列孔隙，延至龛外上部。孔隙七个，大小相近，高5厘米，宽1厘米，深3厘米；布置不规整。

第260号龛龛底右端凿有纵向的凹槽，延至崖壁外端，凿刻未完整。此凹槽右侧另凿出一条纵向的凹槽。该二凹槽开凿面通宽16厘米，全长约70厘米，最深12厘米。

第262号龛龛前平台凿有方形凹槽，长14厘米，宽8厘米，深6厘米。

三龛像外右侧31厘米处凿有纵向的排水沟，凿痕粗大。排水沟顶端岩体残，下端与后世补砌的条石相接，全长206厘米，宽30厘米，深20厘米。

三龛像外下部至地坪间部分岩体毁，现以条石修补。

龛内保存灰白色、红色两种涂层。

第十四节　第261号

一　位置

位于第260号龛右上方。左距第256号龛56厘米，右为崖壁；上亦为崖壁，下距第262号龛12厘米。

龛口西向，方向283°。

二　形制

龛残毁甚重，仅辨下沿，残宽8厘米，外距崖壁约8厘米（图201；图版Ⅰ：282）。龛口残高110厘米，宽61厘米，至后壁深29厘米。龛底右端毁，残存龛底略呈方形。龛正壁竖直，上端残；左侧壁上部毁；右侧壁改凿为纵向的排水沟，破坏壁面、造像及龛底。龛顶毁。

1　本则铭文录文与《大足石刻铭文录》略异。重庆大足石刻艺术博物馆编：《大足石刻铭文录》，重庆出版社1999年版，第23页。

三　造像

刻经幢1座。大部毁，仅辨轮廓，残高75厘米（图版Ⅰ：282）。

四　晚期遗迹

龛右壁有后世开凿的排水沟通过，凿痕粗糙。

龛外左侧中部25厘米处凿有一枋孔，高23厘米，宽7厘米，深7厘米。

图201　第261号龛平、立、剖面图
1　剖面图　2　立面图　3　平面图

280　大足石刻全集　第三卷（上册）

龛前凿一较小凹槽，长12厘米，宽2厘米，深2厘米。

龛内保存灰白色涂层。

第十五节　第263号

一　位置

位于第261号龛右上方。四周皆为崖壁，右下方为第264号龛，水平相距30厘米。

龛口西向，方向268°。

二　形制

龛残毁甚重。从崖壁表面直接凿建龛口（图202、图203；图版Ⅰ：283）。龛口极不规整，残高约80厘米，宽62厘米，至后壁最深18厘米。龛底形状不规整，左端与残缺的石台相接，分界不明。龛壁左侧大部毁，现存壁面为弧壁。龛顶毁。

三　造像

龛内存像3身（图版Ⅰ：283）。其中，中刻主尊坐像1身，头毁，残坐高41厘米；身残甚重，双手似置腹前，结跏趺坐于须弥座上。座通高30厘米，宽22厘米，深14厘米，部分残。主尊右侧并刻立像2身，仅辨轮廓，残高约36厘米。

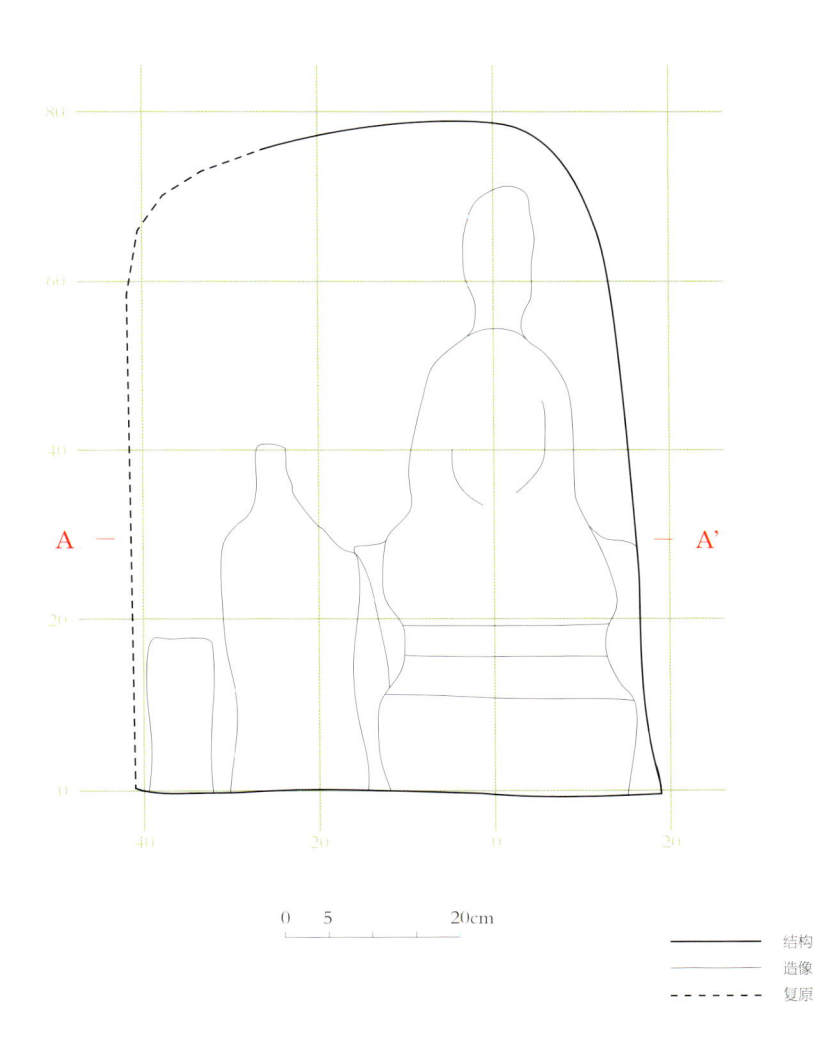

图202　第263号龛立面图

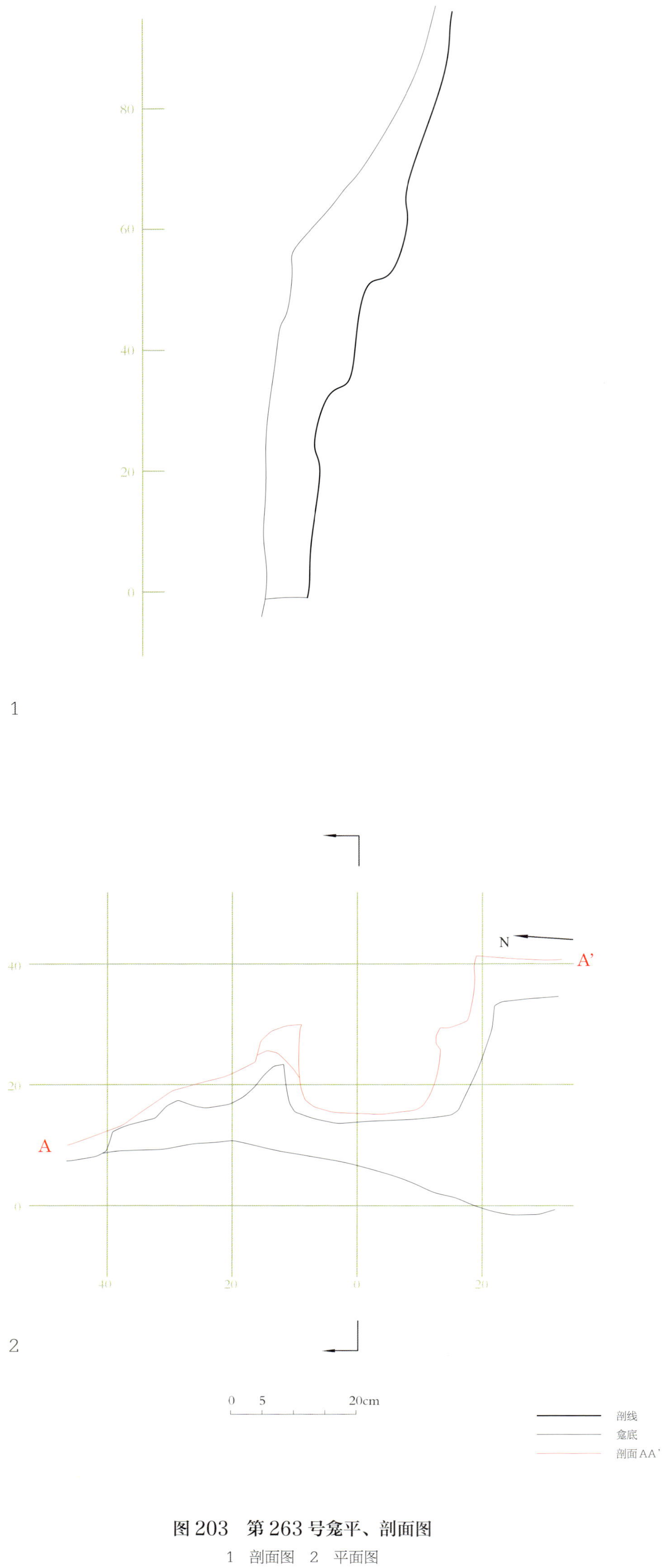

图203 第263号龛平、剖面图
1 剖面图 2 平面图

第十六节　第264号

一　位置

位于第263号龛右下方。左为崖壁，右距第269号龛23厘米；上为崖壁，下与第265号龛竖直相距40厘米。龛口西向，方向270°。

二　形制

龛残毁甚重，仅存左沿下端，残宽7厘米（图204、图205；图版Ⅰ：284）。龛口残高55厘米，宽38厘米，至后壁最深11厘米。龛底略呈方形，前端残损。龛正壁竖直，与左右侧壁券面相接，壁面与龛顶弧面相交。龛顶为券顶，部分残。

三　造像

刻像1身，残毁甚重，依稀可辨轮廓，高约28厘米。存圆形素面头光和身光，大部剥蚀。似坐于须弥座上，座大部毁，残高约21厘米（图版Ⅰ：284）。

四　晚期遗迹

龛口上方6厘米处，凿一枋孔，高13厘米，宽14厘米，最深7厘米。

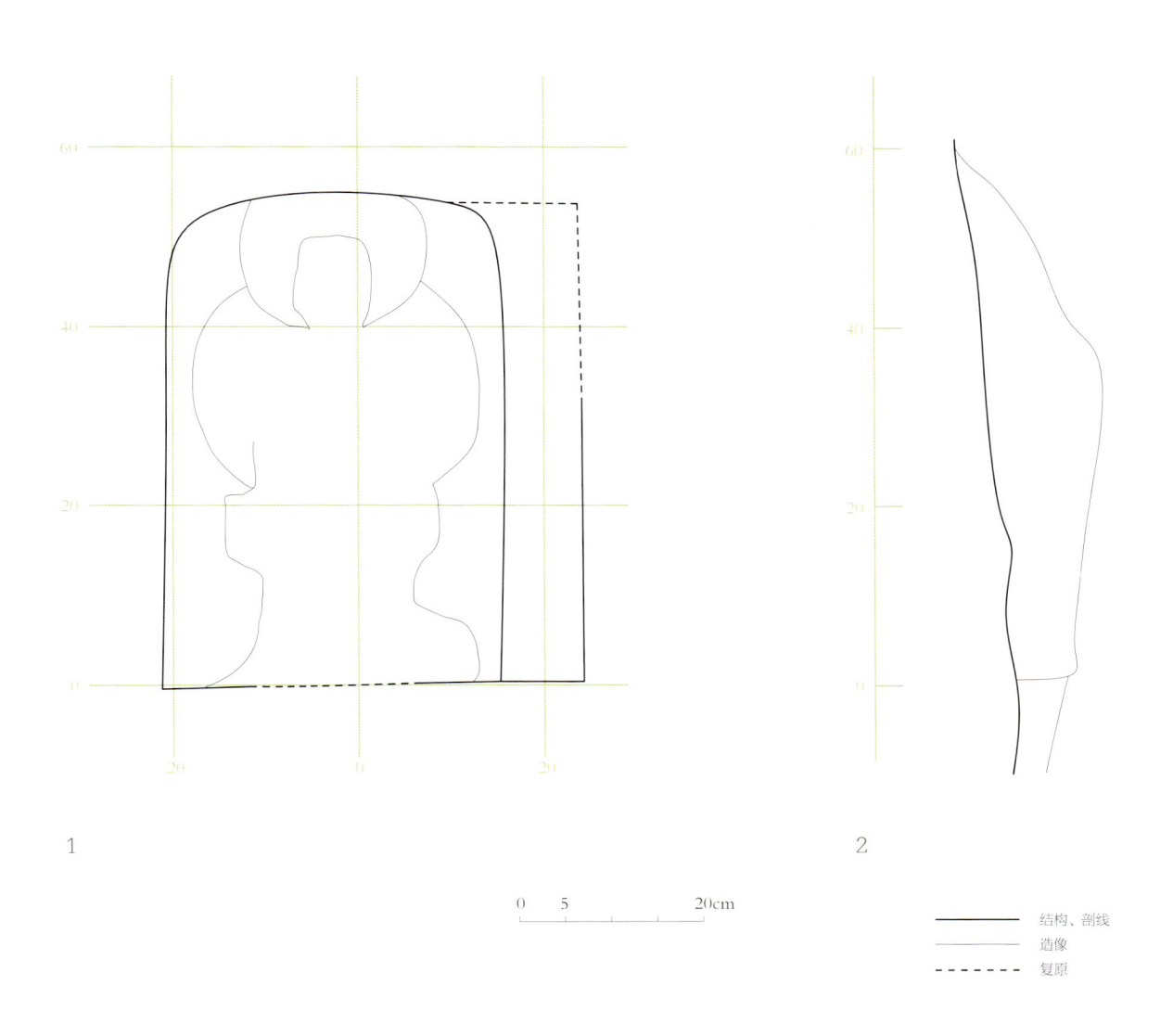

图204　第264号龛立、剖面图
1　立面图　2　剖面图

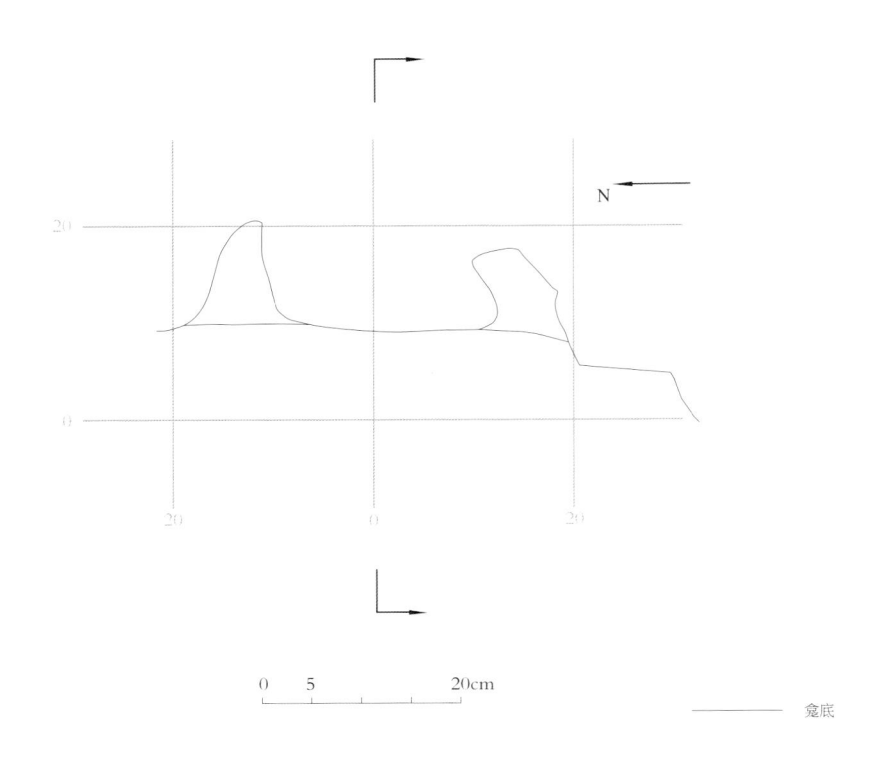

图205　第264号龛平面图

第十七节　第265号

一　位置

位于第264号龛下方。左为崖壁，右距第271号龛18厘米；上距第264号龛约40厘米，下距第267号龛7厘米。龛口西向，方向283°。

二　形制

龛残毁甚重。龛口残高55厘米，宽57厘米，至后壁最深3厘米。龛底毁，存弧形龛壁，龛顶毁（图206；图版Ⅰ：285）。

三　造像

刻像2身。皆残蚀甚重，残高约31厘米。仅辨少许线刻的圆形头光和身光（图版Ⅰ：285）。

第十八节　第267号

一　位置

位于第265号龛下方。左距第260号龛66厘米，右紧邻第271号龛；上距第265号龛7厘米，下距第268号龛13厘米。龛口西向，方向287°。

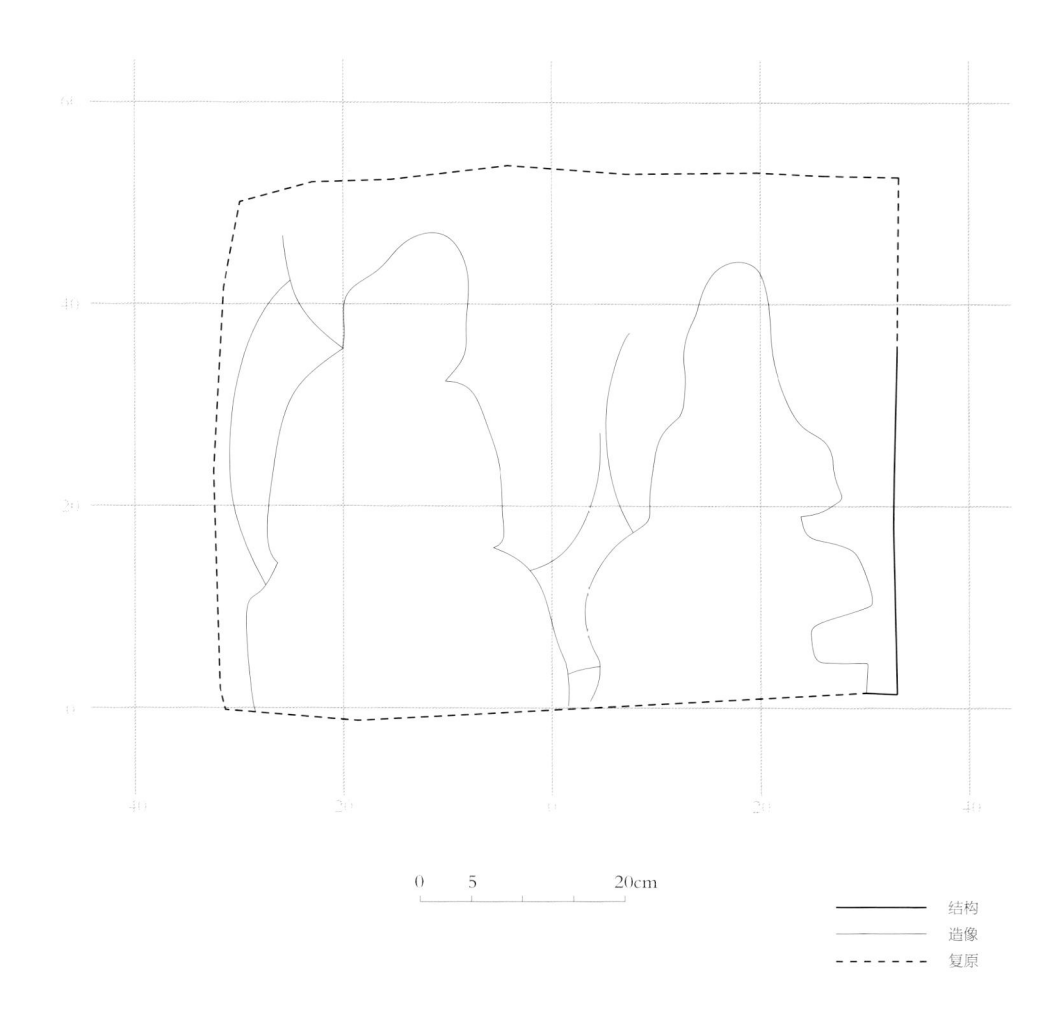

图 206　第 265 号龛立面图

二　形制

单层方形龛（图207、图208；图版Ⅰ：286）。

龛口　于崖壁表面平直凿进最深约35厘米形成龛口。龛口方形，左沿宽7.5厘米，中部残；右沿毁，与第271号龛左沿共沿；上沿大部毁，下沿宽10.5厘米，大部残。龛口内缘高85厘米，宽74厘米，至后壁最深31厘米。

龛底　呈方形，前端残。

龛壁　正壁竖直，与左右壁弧面相接；右壁外端毁。壁面与龛顶弧面相交。

龛顶　券顶，大部毁。

三　造像

刻像13身（图207；图版Ⅰ：286）。分为正壁、左右侧壁、龛外造像三部分。

1. 正壁

刻主尊菩萨坐像2身。

左菩萨像　坐高47厘米，头长21厘米，肩宽16厘米，胸厚12厘米。浅浮雕椭圆形背光，最宽38厘米。戴冠，罩巾，面残，戴珠串耳饰。胸下刻两条珠串组成的弧形项圈。上着双领下垂式袈裟，下着裙；左小腿处刻有下垂的六条细珠串。腕镯，左手胸前持莲茎，莲茎并蒂处细分出带茎莲蕾和莲叶；右臂毁，似置腹前。双腿残，倚坐于束腰山石座上，座通高28厘米；足残，踏座前仰莲台上，台高约8厘米，大部残。

右菩萨像　坐高46厘米，肩宽18厘米，胸厚11厘米。浮雕桃形头光和身光，内圆素平，边缘刻火焰纹，横径分别为33.5、36.5厘米。头大部残，存作结下垂及肩的冠带。双肩及左胸部分残，可辨右胸饰璎珞。上着披巾，其两端敷搭前臂后下垂座侧；下着裙。左手残毁，似置腹间；右手亦残，置胸前。左腿毁，右膝以下饰璎珞，双足大部残，踏座前仰莲台，倚坐于束腰莲座上。座通高27厘米，座前莲台大部残，高约9厘米。

2. 左右侧壁

左右侧壁外端各刻立式供养人像1身。左供养人像为女像，残高21.5厘米。头残，存少许发髻，上着对襟窄袖长服，下着裙，双手笼袖内，直身站立（图208-1）。右供养人像大部毁，仅存少许遗迹。

3. 龛外

龛外左侧竖直壁面减地凿刻供养人立像9身，共三排，作上一中四下四布置（图209；图版Ⅰ：287）。从上至下，由内至外编为第1—9像。其特征列入表46。

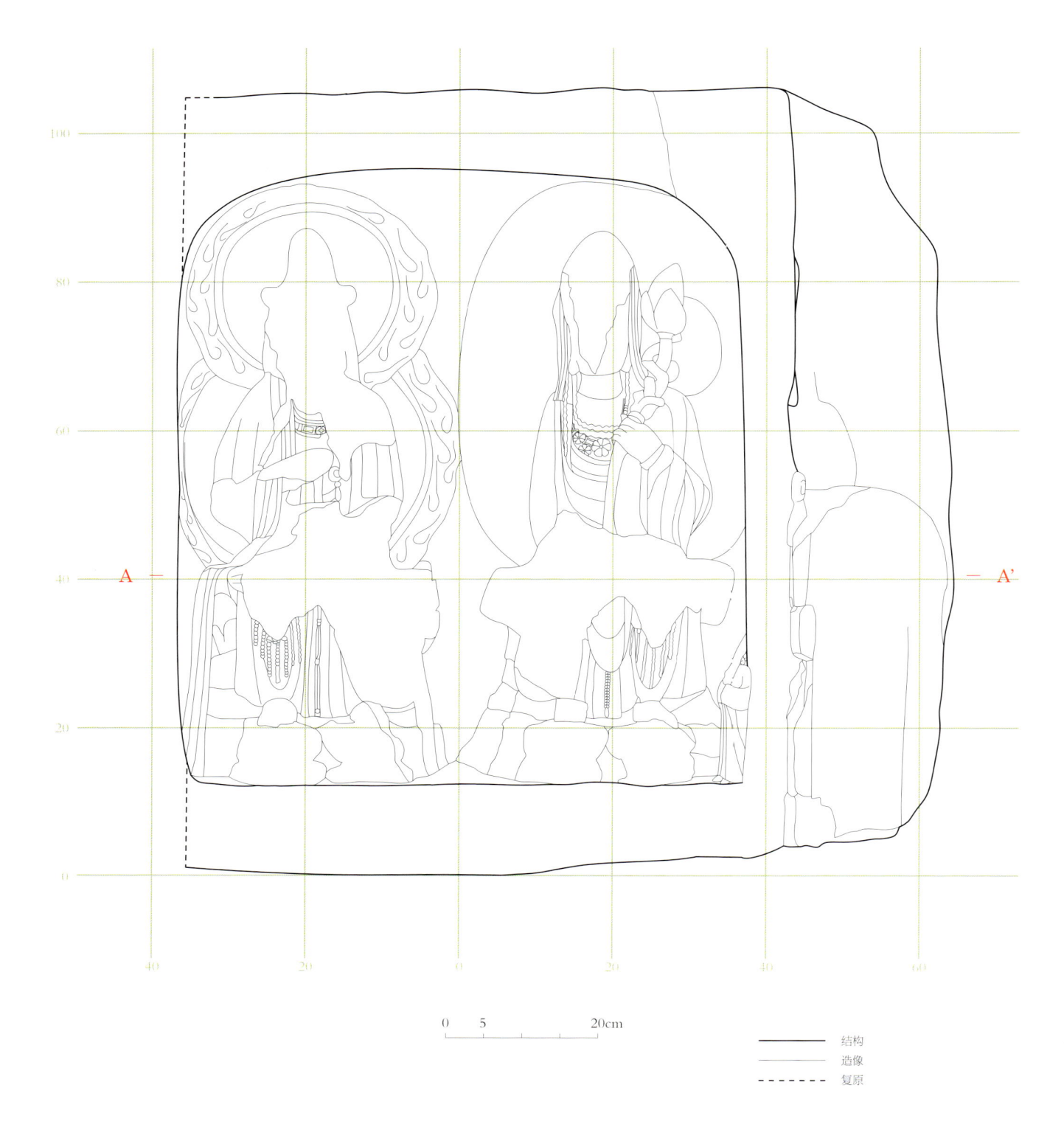

图207　第267号龛立面图

图 208　第 267 号龛平、剖面图
1　剖面图　2　平面图

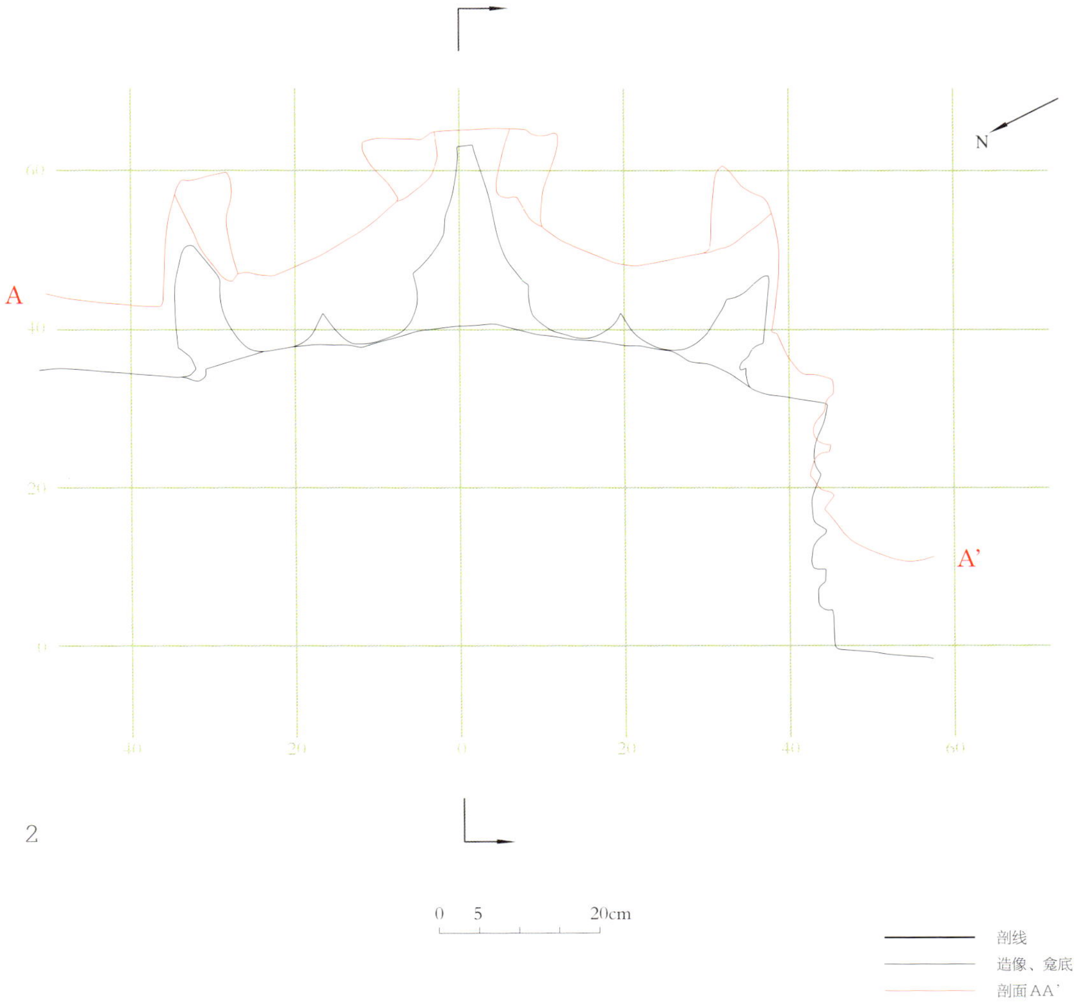

第四章　第 250—284 号

表46　第267号龛龛外左侧壁供养人造像特征简表

位置	编号	特征
上排	1	残蚀甚重，可辨轮廓。
中排	2	高19厘米。头梳髻，面蚀，上身右侧残，似着对襟窄袖长服，下着裙。双手置胸前，着鞋站立。
	3	高19厘米。左肩残，特征与第2像略同。
	4	身躯上部毁，残高13厘米，可辨足鞋。
	5	大部残，残高9厘米。
下排	6	高19厘米。头戴翘脚幞头，面蚀，身大部残，衣饰不明。双手合十。足残。
	7	因裂痕经过致造像大部毁，残高16厘米。
	8	残高17厘米，余与第6像同。
	9	残高15厘米，余与第6像同。

四　晚期遗迹

龛外左侧竖直壁面存有一道纵向的裂隙，全长约110厘米，宽2—3厘米；现以水泥黏结修补。

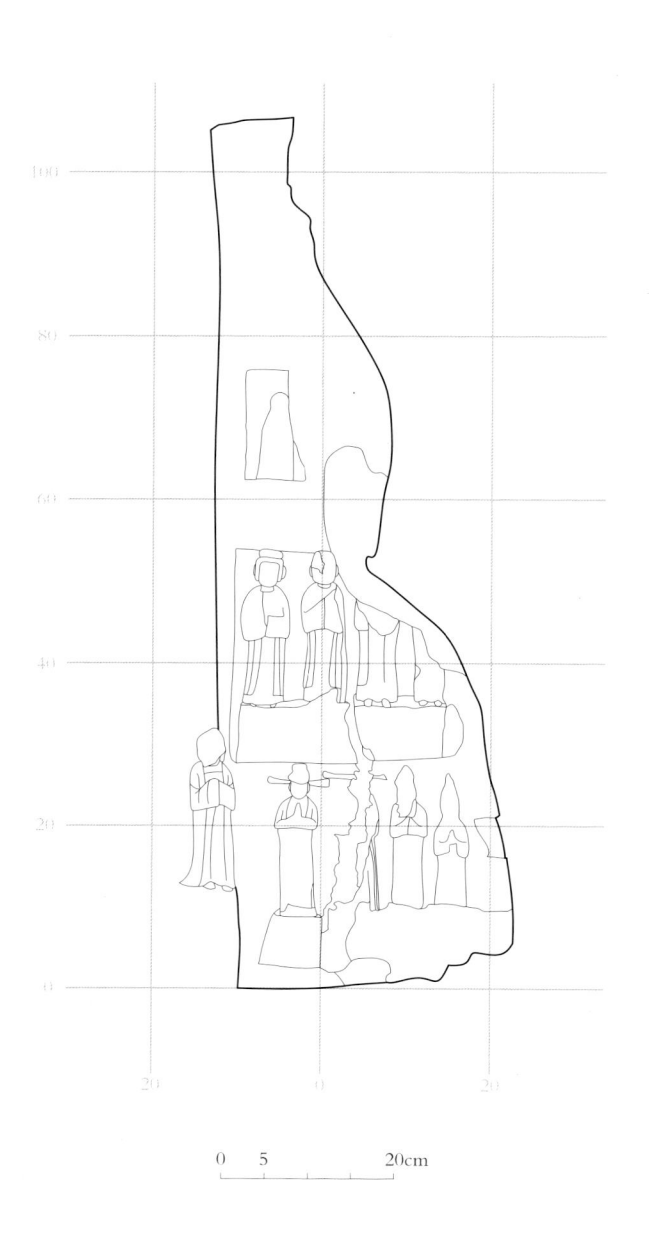

图209　第267号龛龛外左侧壁造像立面图

第十九节　第268、272号[1]

一　位置

位于第267号龛下方。第268号龛左距第266号龛86厘米，第272号龛右紧邻第274号龛；上距第267号龛13厘米，下距地坪54厘米。龛口略西向，方向284°。

二　形制

双层方形龛（图210；图版Ⅰ：288）。

外层龛　从崖壁表面平直凿进约2厘米形成外层龛口。龛口大部残毁，似呈横长方形。龛左沿中上部毁，下部宽12厘米；右沿及上沿毁，下沿宽约12—15厘米，左侧部分毁，残毁处以条石补砌。自龛沿向内凿进约12—20厘米后并列设置两内龛，左内龛为第268号龛，右内龛为第272号龛。

左内龛（即第268号龛）。龛口左沿宽11.5厘米，中上部部分残；右沿与第272号龛共沿，中上部毁，下部宽11厘米；上沿毁；未刻下沿。龛口残高80厘米，宽68厘米，至后壁深30厘米。龛底呈方形，内建山石低坛一级，高12厘米，深5厘米。龛正壁竖直，与左右壁弧面相交；右壁上部毁。龛顶毁（图211；图版Ⅰ：289）。

右内龛（即第272号龛）。龛口左沿即为第268号龛右沿；右沿中上部毁，下部宽10厘米；上沿毁；未刻下沿。龛口残高80厘米，宽68厘米，至后壁深30厘米。龛底呈方形。内建山石低坛一级，高14厘米，深4.5厘米。龛正壁竖直，与左右壁弧面相交；左右侧壁上部皆毁。龛顶大部毁（图212；图版Ⅰ：290）。

三　造像

外层龛残毁甚重，造像情况不明。第268号龛龛底外左侧和右侧及第272号龛底外右侧前端，各存一兽，残蚀，可辨相对匍匐的姿态（图210；图版Ⅰ：288）。

（一）第268号龛

刻像14身（图210-1；图版Ⅰ：289）。其中，正壁下部刻主尊坐像3身，中主尊左右各刻立式弟子像1身，左主尊左下刻立式侍者像1身；正壁上部刻两排7身坐像；左侧壁上部刻飞天1身。

1. 主尊像

中主尊像　坐高21厘米。浮雕圆形素面头光和椭圆形身光，头光直径14厘米，身光最宽20.5厘米；边缘皆刻火焰纹。头大部残毁，胸蚀。上着双领下垂式袈裟，下着裙。双手残，似于胸前持物，结跏趺坐于束腰仰莲座上。座通高16.5厘米，上部为两重仰莲台，最大直径17厘米；中部束腰部分为圆棱，最大直径12厘米；下部圆台饰羊角形云纹，最大直径18厘米。

左主尊像　坐高19.5厘米。浮雕圆形素面头光和椭圆形身光，部分残；边缘皆饰火焰纹。头大部残，双手腹前结印。余略同中主尊像。

右主尊像　坐高17厘米。浮雕圆形素面头光和椭圆形身光，头光直径13厘米，身光最宽17.5厘米；皆刻火焰纹。头大部残，左手抚膝，右手胸前持物，物残难辨。余略同中主尊像。

2. 中主尊左右弟子像

左弟子像　立像高22厘米。浅浮雕圆形素面头光，直径8.5厘米。光头，部分残；内着交领窄袖服，外披袈裟，下着裙。双手胸前持物，物残难辨；着鞋立于山石低坛上。

右弟子像　立像高23.5厘米，与左弟子像略同。

---

[1] 1985年《大足石刻内容总录》将第268、272号龛分作两龛造像编号介绍，但本次调查发现该两龛像刻于同一开凿界面内，且有同一龛沿及龛前平台，实为双重龛。故将两龛视为一个整体介绍，但记述中仍保留原编号。

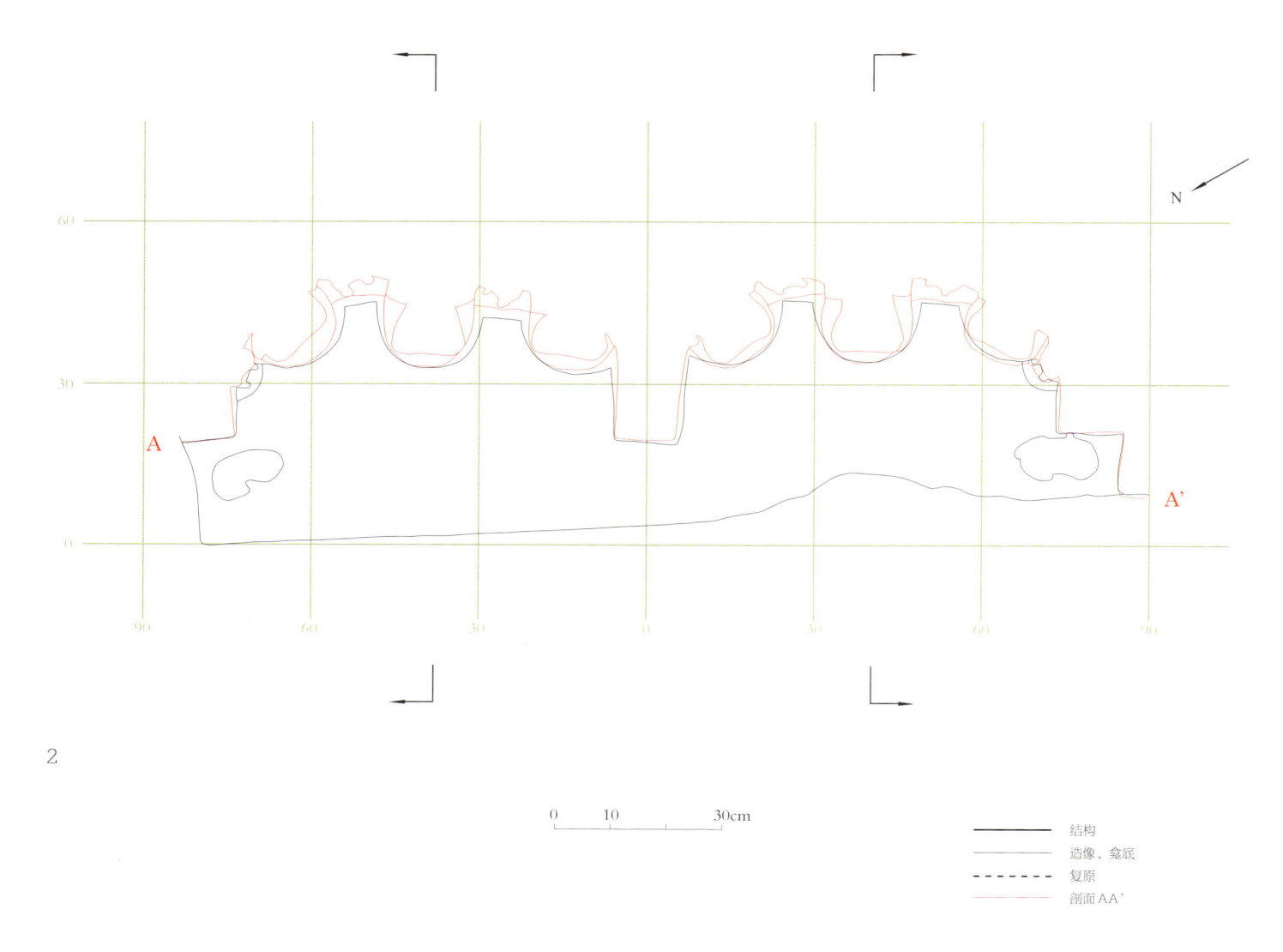

图 210 第 268、272 号龛平、立面图
1 立面图 2 平面图

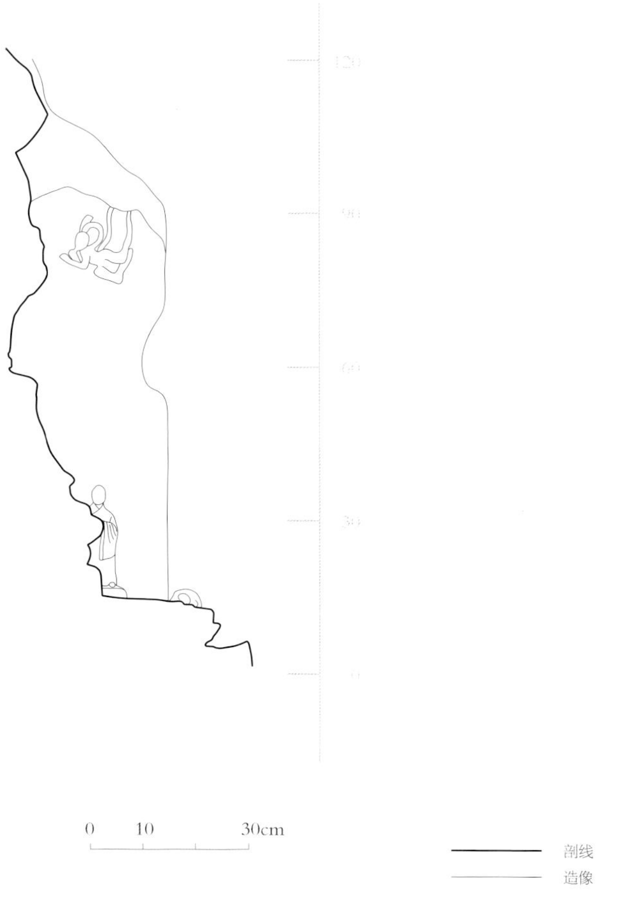

图211　第268号龛剖面图 　　　　　　　　　　　　　　　图212　第272号龛剖面图

3. 左主尊侍者像

头大部残，残高21厘米；内着交领窄袖服，外披袈裟，下着裙；左手抚左主尊莲台，右手不现；着鞋立于圆形低台上。台高1.5厘米，直径8厘米。

4. 龛上部坐像

7身。残蚀甚重，作上三下四两排布置，均结跏趺坐于带茎仰莲台上（大部残）。从上至下，从左至右通编为第1—7像。

第1像　坐高15厘米。有椭圆形背光，部分残，最宽13厘米。头残身蚀，可辨双手置胸前。

第2像　头毁，残高12厘米。有椭圆形背光，部分残，最宽13厘米。可辨左手置腹前，右手置胸前。

第3像　坐高15厘米，仅辨圆形素面头光和椭圆形背光。

第4、5、6像　毁。

第7像　坐高12厘米，仅存圆形素面头光和椭圆形背光，头光直径8厘米；背光部分残。

5. 飞天像

风蚀甚重，身呈"C"形，长18厘米，向龛内飘飞；可辨双手屈肘前伸，似托物；右腿屈膝上抬，左腿后翘。身饰飘带，飘带环状绕于头后，经双肩飘于体后（图211）。

（二）第272号龛

刻像13身（图210-1；图版Ⅰ：290）。布局与第268号龛略同。其中，正壁下部刻主尊坐像3身，中主尊左右各刻立式侍女像1身，右主尊右下方刻立式侍者像1身；正壁上部刻两排7身坐像。

1. 主尊像

中主尊像　坐高22厘米。浮雕圆形素面头光和椭圆形身光，头光直径15.5厘米，身光最宽22厘米；边缘皆刻火焰纹。头部残毁，可辨梳髻戴冠，冠带作结下垂及肩。身剥蚀，衣饰不明；双手置胸前，似持物；结跏趺坐于束腰仰莲座上。座通高15厘米，上部为两重仰莲台，直径16厘米；中部束腰为圆棱，直径12厘米；下部圆台饰羊角形云纹，直径17厘米。

左主尊像　头毁，残高19厘米。浮雕圆形素面头光和椭圆形身光，边缘刻火焰纹，头光横径13厘米，身光最宽18厘米；着双领下垂式袈裟，双手腹前结印，余与中主尊略同。

右主尊像　坐高18.5厘米。浮雕圆形素面头光和椭圆形身光，边缘刻火焰纹，头光横径13厘米，身光最宽19厘米。头部分残，左手抚膝，右手胸前持物，物残难辨；余与中主尊略同。

2. 中主尊左右侍女像

左侍女像　立像高22.5厘米。有圆形素面头光，直径8厘米。头梳髻，面蚀。内着抹胸，外着披帛，下着裙；腰带下垂足间。披帛下垂腹前，再敷搭前臂长垂体侧。双手胸前托盘，略残；着鞋立于山石低坛上。

右侍女像　立像高22.5厘米，双手胸前持瓶，内刻带茎莲；余与左侍女像略同。

3. 右主尊侍者像

与第268号龛左主尊侍者像对应。大部残，残高20厘米；上披袈裟，下着裙。双手胸前似持物，着鞋立于圆形低台上。台高2厘米，直径8厘米。

4. 龛上部坐像

7身，残毁甚重，存轮廓遗迹，作上三下四两排布置；仅辨头光和身光遗迹。

四　晚期遗迹

两龛外下方岩体部分残，现以条石填塞补砌。

两龛像均保存灰白色涂层。

第二十节　第269、270号[1]

一　位置

位于第264号龛右侧。第269号龛左距第264号龛23厘米，第270号龛右距第275号龛34厘米；上为崖壁，下部左右为第271、273号龛，分别竖直相距36、41厘米。

龛口西向，方向279°。

二　形制

在崖壁表面平直凿进最深约35厘米形成一个开凿界面，呈横长方形，高132厘米，宽189厘米。界内并列两龛，左龛为第269号龛，右龛为第270号龛，皆有独立龛制（图213；图版Ⅰ：291）。两龛龛口与界面边缘之间打磨平整形成龛沿，两龛之间共沿。

第269号龛　龛口左沿宽10厘米，大部残；右沿即第270号龛左沿，大部毁；上沿宽18厘米；下沿宽8厘米，大部残。龛口高113厘米，宽60厘米，至后壁深25厘米。龛口左右上角凿三角形斜撑，大部残（图214）。龛底呈方形，前端稍残。龛正壁竖直，与左右侧壁垂直相接。壁面与龛顶弧面相交。龛顶为券顶。

第270号龛　龛口左沿即第269号龛右沿，大部残；右沿宽11厘米，上沿宽19厘米，下沿宽10.5厘米，大部残。龛口高108厘米，宽94厘米，至后壁深37厘米。龛右沿内侧凿宽5.5厘米的平整面。龛口左右上角凿三角形斜撑，部分残（图215）。龛底呈半圆形，前端部分残。龛壁弧壁。壁面与龛顶略垂直相交。龛顶平顶，呈半圆形，略剥蚀。

---

[1] 1985年《大足石刻内容总录》将第269、270号龛分作两龛造像编号介绍，但本次调查发现该两龛像刻于同一开凿界面内，且有同一龛沿及龛前平台，应为双重龛；故将两龛视为一个整体介绍，但记述中仍保留原编号。

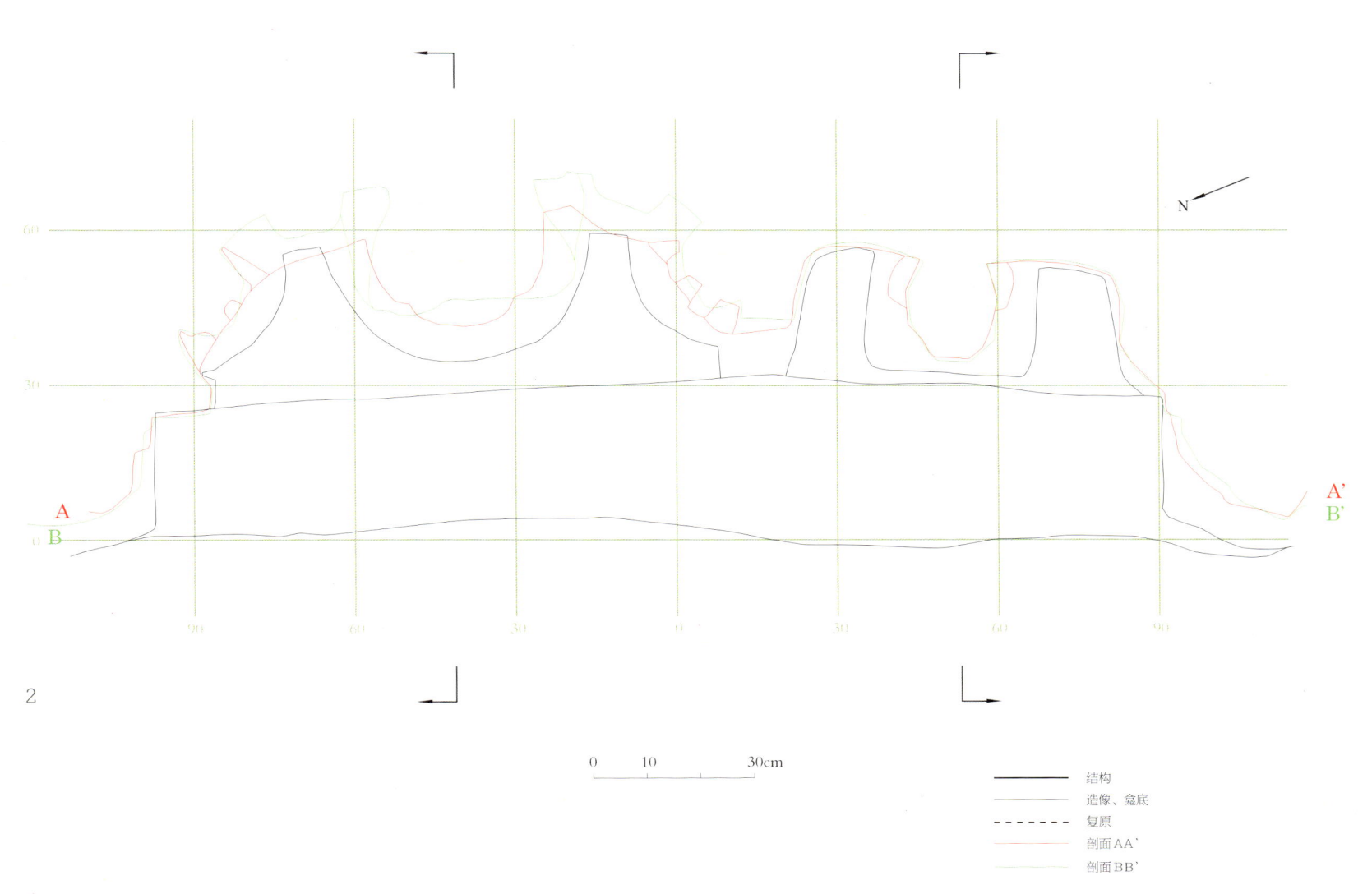

图 213　第 269、270 号龛平、立面图
1　立面图　2　平面图

三　造像

分为第269号与270号龛、两龛上沿、第269号龛龛外左侧壁和第270号龛龛外右侧壁造像四部分。

（一）第269号龛

正壁刻经幢1座，左壁上部存立像2身。

经幢　分幢座、幢身、幢顶三部分，通高101厘米（图213-1；图版Ⅰ：292）。

幢座，为束腰须弥座，高22厘米；座上、下部分皆残毁略重，中部束腰处刻两条盘龙，部分残。座上承双层仰莲台，高7厘米，大部残，存少许仰莲瓣。

幢身，共四级，通高65厘米。第一级幢身，平面呈八边形，高23厘米；显露七面，面宽约6厘米，正向三面镌刻"佛顶尊胜陀罗尼经"，余四面素平。其上为第一重幢檐，檐角起翘，饰如意头绳幔；檐下刻向龛外飘飞的二飞天像。二飞天像上身衣饰不明，下着裙；身饰飘带，双手外展托物，作敬献状。第二级幢身，呈圆柱形，高5厘米，直径15厘米，饰卷草纹。第二重幢檐大部毁，饰云纹；各檐口下凹处皆刻结跏趺坐像1身，现存2身，高约6.5厘米；有椭圆形背光。第三级幢身，呈八边形，高10厘米；显露七面，面宽约6.5厘米；外侧五面各刻坐佛1身，佛像高7厘米，有椭圆形背光，双手置腹前，结跏趺坐于仰莲上。第三重幢檐，檐角下垂，面呈圆拱形。第四级幢身，呈八边形，高11厘米，刻作攒尖顶楼阁式样，屋身刻出立柱、栌斗、板门等结构。幢身外侧五面另刻小型楼阁三座，其间以两座虹桥相连。三座楼阁皆单重，通高7厘米，规制相同，屋身下部皆环刻勾栏；虹桥边缘刻勾栏一列，桥拱下部刻外凸的螭首。屋顶即为第四重幢檐，为八角攒尖顶，翼角微翘，屋面刻出瓦垄、瓦沟。

幢顶，通高约16厘米，由下至上，依次刻仰莲、宝珠和幢尖，皆部分残；幢尖与龛顶覆莲相接，覆莲部分残。

左壁立像　2身。立于左壁上部"L"形云纹内（图216；图版Ⅰ：293）。云头残，云尾上飘。左像，头毁，残高11厘米；身部分残，可辨双手合十。右像，残毁甚重，残高6厘米，可辨双手置胸前。

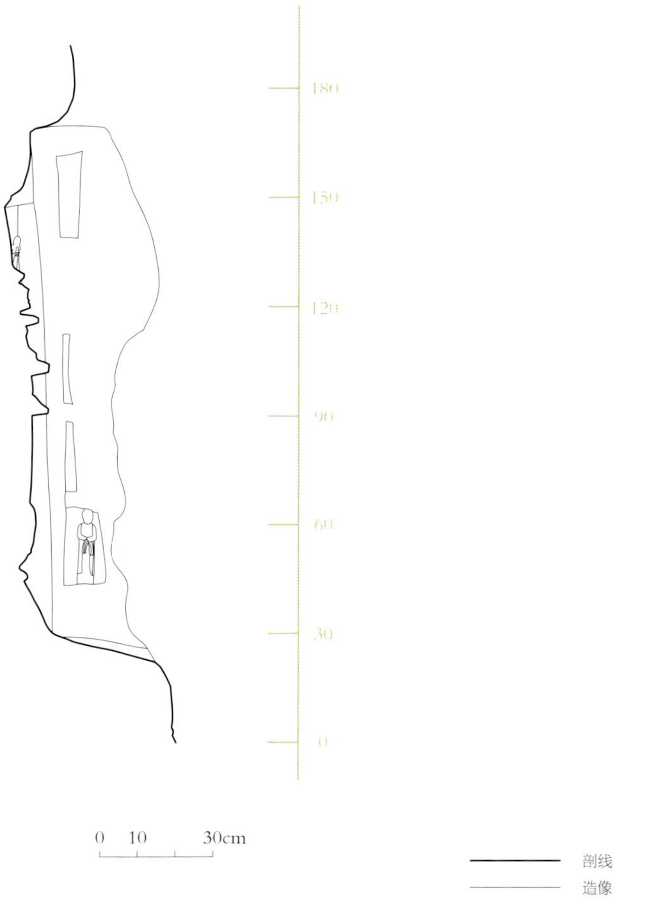

图214　第269号龛剖面图 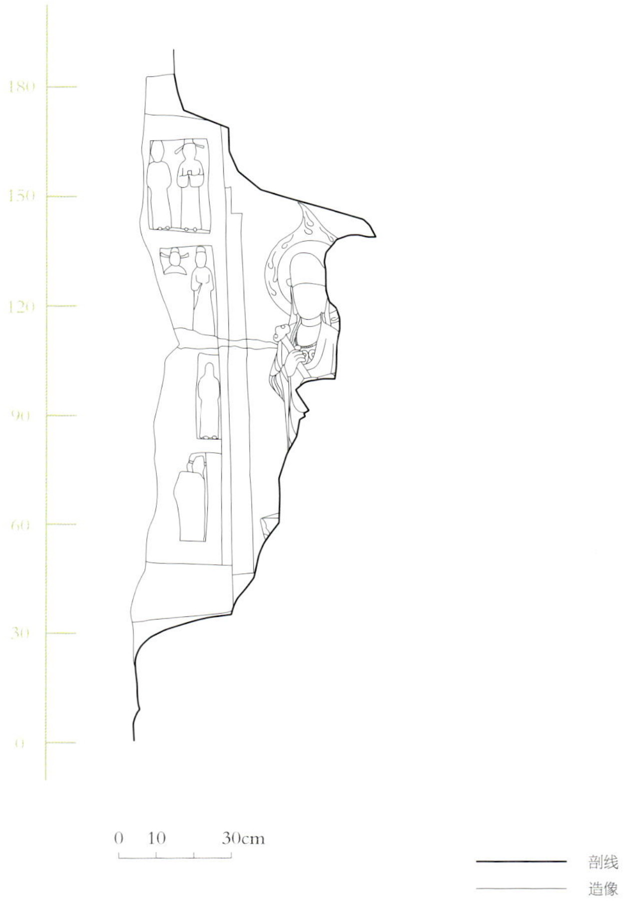　　　　　　　　　　图215　第270号龛剖面图

（二）第270号龛

造像刻于弧形龛壁和龛顶（图213-1；图版Ⅰ：294）。

1. 龛壁

刻像5身。中刻主尊佛像1身，其左右侧各侍立弟子像1身，龛壁左右前端各立菩萨像1身。

佛像　坐高52厘米，头长20厘米，肩宽23厘米，胸厚12厘米。浅浮雕桃形素面头光和椭圆形身光，头光横径40厘米，身光被左右弟子部分遮挡，宽度不明。头光装饰由内至外分为两层，内层为如意头云纹，外层为火焰纹。身光装饰亦作两层，内层为羊角形云纹，外层为火焰纹。刻水波纹螺发，面残，双耳肥大，肩及胸剥蚀。上披双领下垂式袈裟，下身衣饰不明。左手腹前托钵，钵盖提柄作尖喙鹰首；右手抚膝。双腿部分残，结跏趺坐于束腰仰莲座上。座通高42厘米，上部为三重仰莲台，大部残；束腰处为三联圆轮，最宽32厘米；各面中刻如意形壸门；下部为两阶圆台叠涩，大部残。

左侧弟子像　立高60厘米。浅浮雕圆形素面头光，直径20厘米。光头，面残；上着袈裟，下着裙；双手残，着鞋立于山石低台上。台高23厘米，深11厘米。

右侧弟子像　立高60厘米。浅浮雕圆形素面头光，直径21厘米。光头，双耳肥大，内着交领窄袖服，外披袈裟，下着裙，双手胸前合十；余与左侧弟子像同。

左壁菩萨像　立高72厘米（图217；图版Ⅰ：295）。浅浮雕桃形头光，内素面，边缘刻火焰纹，左侧毁。梳髻戴冠，冠带作结下垂及肩，面残，胸略蚀，上着袈裟，下着裙；小腿间下垂一条珠串至足间；双膝处各存两道圆弧珠串，下坠团花饰物及珠串。腕镯，左手胸前握带茎莲花，部分残；右手前臂毁。跣足，右足大部残，立于莲台上。台高17厘米，部分残。

右壁菩萨像　立高72厘米（图218；图版Ⅰ：296）。双手胸前持如意。余与左壁菩萨像略同。

2. 龛顶

中刻覆莲华盖，大部残，存少许莲瓣（图版Ⅰ：297）。华盖左右边缘各刻飞天像1身，存部分身躯，绕华盖向龛外飘飞。龛顶左右侧皆刻乐器，大部残蚀，存系结的飘带。其中，左侧乐器难辨，右侧乐器可辨箜篌和筝。箜篌高12厘米，宽7厘米；筝残长10厘米，宽3厘米。

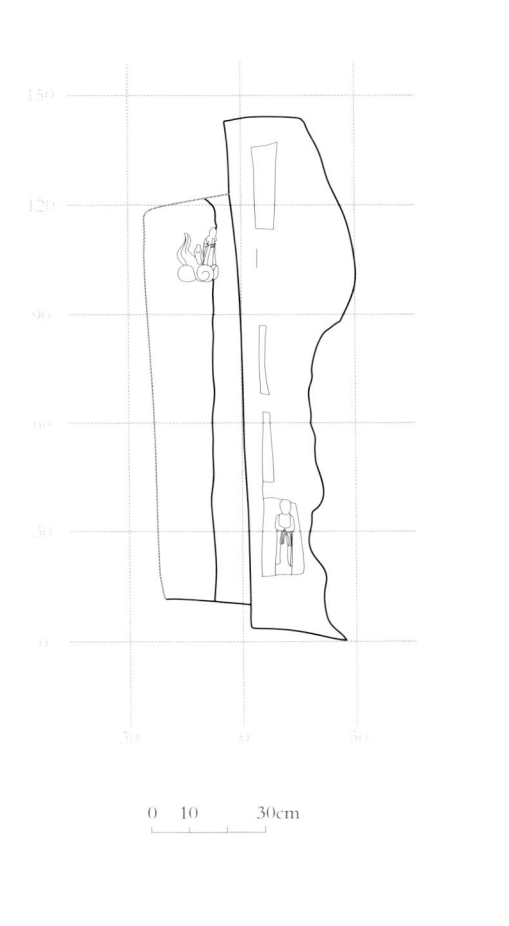

图216　第269号龛左壁及龛外左侧壁浅龛立面图

（三）两龛上沿

第269、270号龛上沿在同一水平面上，且分界不明。其上刻坐佛10身，呈"一"字形布列。佛像坐高约12厘米，现仅辨轮廓。

（四）龛外左右侧壁

1. 第269号龛龛外左侧壁

从上至下开5个方形浅龛（图216；图版Ⅰ：298）。其中，上方4个浅龛皆毁，造像不存；最下浅龛高21厘米，最宽14厘米，深2厘米；内刻供养人立像1身，高20厘米，梳髻，面蚀；上着对襟窄袖衫，下着长裙；双手笼袖内，交于腹前；双足不现。

2. 第270号龛龛外右侧壁

从上至下开4个方形浅龛，规模相近，皆部分残（图218；图版Ⅰ：299）。浅龛高25厘米，最宽15厘米，深3厘米。龛内各刻立式供养人像2身。从上至下，从左至右编为第1—8像。

第1像　高25厘米。戴幞头，幞脚蚀，面蚀，身着圆领窄袖长服；双手胸前合十，着鞋站立。

第2像　高25厘米。头大部残，存少许幞脚遗迹；身大部残。

第3像　高26厘米。戴翘脚幞头，面蚀，身着圆领窄袖服，双手残；躯体下部残损。

第4像　戴翘脚幞头，面残，自胸部以下毁。

第5像　残损甚重，残高21厘米，可辨头后幞脚及双足。

第6像　毁。

第7像　残损较重，残高24厘米，仅存少许幞脚遗迹。

第8像　毁。

四　铭文

佛顶尊胜陀罗尼经，前后蜀（907—965年）。经文刻于第269号龛内经幢的第一级幢身正向三面，从左至右连续刻写。刻石面高22厘米，通宽28厘米。文左起，竖刻13行，存67字，楷体，字径2厘米（图版Ⅱ：25）。

01　郁谟薄伽跋帝（漶）

02　毗失瑟吒耶□驮耶跋伽（漶）

03　唵毗输陀耶娑摩三（漶）

04　啰拏揭迦贺那娑婆嚩秋（漶）

05　者苏□多伐折郁阿嚓

06　扇阿诃啰□诃（漶）

07　驮耶输□□伽伽（漶）

08　林提娑□娑（漶）

09　地帝（漶）

10　（漶）

11　（漶）

12　多郁秋（漶）

13　啰底你伐怛耶阿（漶）

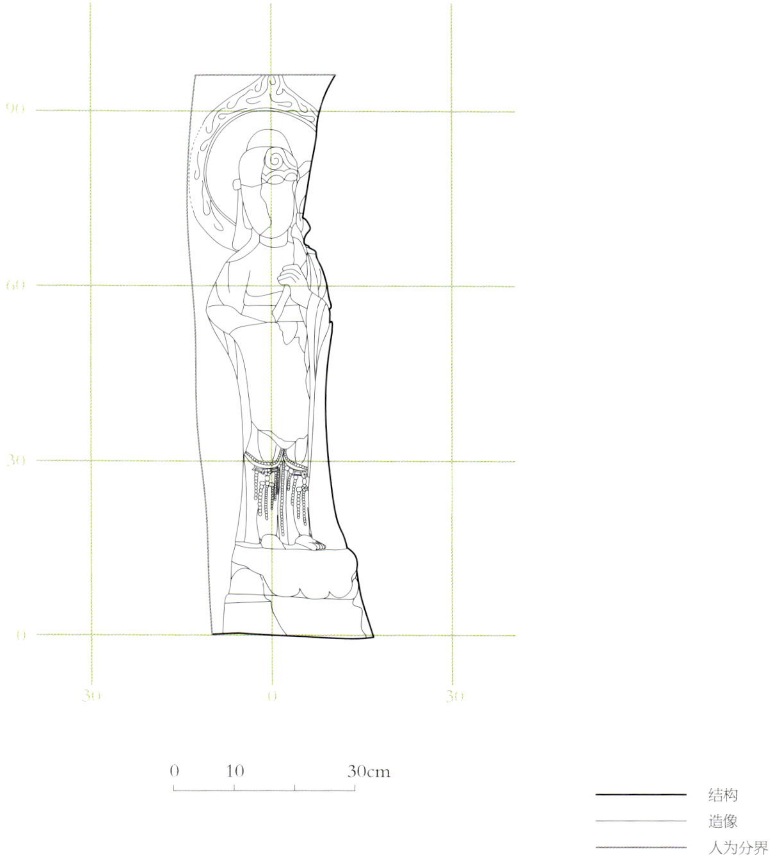

图 217　第 270 号龛左壁立面图

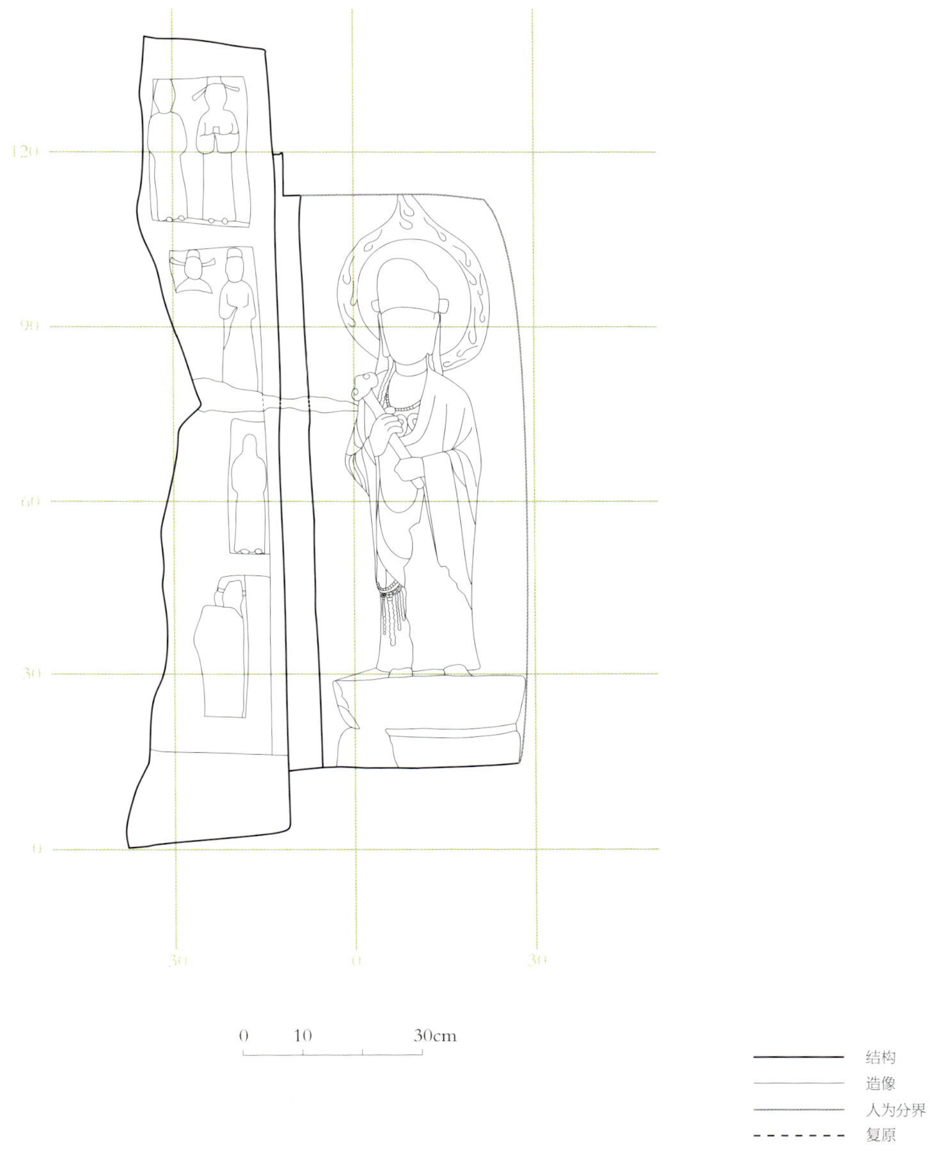

图 218　第 270 号龛右壁及龛外右侧壁浅龛立面图

五 晚期遗迹

第269号龛经幢自幢顶至幢座存有一道斜向的裂隙，使幢体分离，长约90厘米。裂隙现以水泥修补。

第269号龛顶覆莲前端剥离，现已修补。

第270号龛佛像、左弟子、左右菩萨躯体局部以水泥黏结或补塑。

龛内均保存灰白色涂层。

第二十一节　第271号

一　位置

位于第269号龛下方。左紧邻第267号龛，右距第273号龛20厘米；上距第269号龛41厘米，下距第268号龛10厘米。龛口西向，方向289°。

二　形制

单层方形龛（图219、图220；图版Ⅰ：300）。

龛口　从崖壁表面平直凿进最深约20厘米形成龛口。龛口方形，外缘高144厘米，宽79.5厘米。左沿宽7.5厘米，中下部毁，残毁面即是第267号龛残毁的右沿；右沿完整，宽7厘米；上沿部分残，存宽7厘米；下沿略剥蚀，宽9厘米，与第267号龛下沿相连。龛口内缘高128厘米，宽65厘米，至后壁最深30厘米。龛口左右上角凿三角形斜撑，高13厘米，宽14厘米，斜边弧形；低于沿面0.5厘米。

龛底　呈方形，前端略残。

龛壁　正壁竖直，与左右侧壁垂直相接。壁面与龛顶弧面相交。

龛顶　券顶，略剥蚀。

三　造像

龛正壁刻经幢1座，左右侧壁上部对称各刻立像3身（图219；图版Ⅰ：300）。

经幢　分为幢座、幢身、幢顶，通高114厘米。

幢座，为束腰八面方台，高23厘米。下部方台大部残，束腰处刻蟠龙两条，龙首刻于正面，龙身卷曲。幢上部正面刻坐像4身，足踏山石。从左至右，第1像高4厘米，头肩毁，衣饰不明，身左右下垂飘带，双手挂棍状物，倚坐，足鞋。第2像高4.5厘米，左手残，右手抚膝，盘右腿，垂左腿，足鞋，右舒相坐，余与第1像同。第3像高5厘米，左手抚膝，右手置胸前，余与第1像同。第4像，大部毁。幢座上承双层仰莲台，高7厘米，直径25厘米。

第一级幢身，呈八边形，通高31厘米，面宽7厘米。刻出七面，从左至右，自第二面至第五面刻"佛顶尊胜陀罗尼经"。第一重幢檐大部毁；檐下左右各刻飞天1身，仰面绕幢身飘飞。飞天身长16.5厘米，梳髻，上着紧袖短衫，下着裙，身饰飘带，环状绕于头后，经腋下飘于身后。

第二级幢身，高2.5厘米，部分残，饰云纹。第二重幢檐，呈八边形，刻出七面，皆饰倒置菩提树叶；各面转角处均刻结跏趺坐像1身，共6身。各像残损略重，有背光遗迹，可辨双手置于腹前或胸前，结跏趺坐于倒置的菩提树叶中。各像间皆有云纹。

再上幢身及幢顶毁，存遗迹。

左壁立像　3身，直立于"L"形云纹内；云头大部残，云尾竖直上飘（图版Ⅰ：301）。其中，中像大部残，残高11厘米；可辨戴冠，双手置胸前。左侧像毁。右侧像高7厘米，梳髻，面蚀，上着交领宽袖服，下着裙，双手置胸前。

右壁立像　3身，直立于"L"形云纹内。云纹部分残，云头高5厘米，宽11厘米，厚1厘米，云尾竖直上飘（图版Ⅰ：302）。其中，中像高11厘米，头似戴冠，面蚀，上着交领宽袖服，下着裙，双手胸前持笏，双足不现。左侧像残蚀较重，残高7厘米，可辨上着宽袖服，下着裙，双手似合十。右侧像高7.5厘米，与左像略同。

四　铭文

佛顶尊胜陀罗尼经，前后蜀（907—965年）。经文刻于第一级幢身左起第二面至第五面，刻石面高30厘米，通宽29厘米；文左起，竖刻16行，存198字，楷体，字径1厘米（图版Ⅱ：26）。

01　佛顶尊胜陀罗尼
02　郍谟薄伽跋帝啼隶路□钵啰底毗失瑟〔咤耶〕勃陀
03　耶薄伽跋帝怛侄他唵毗输馱耶娑摩三漫多嚩婆□

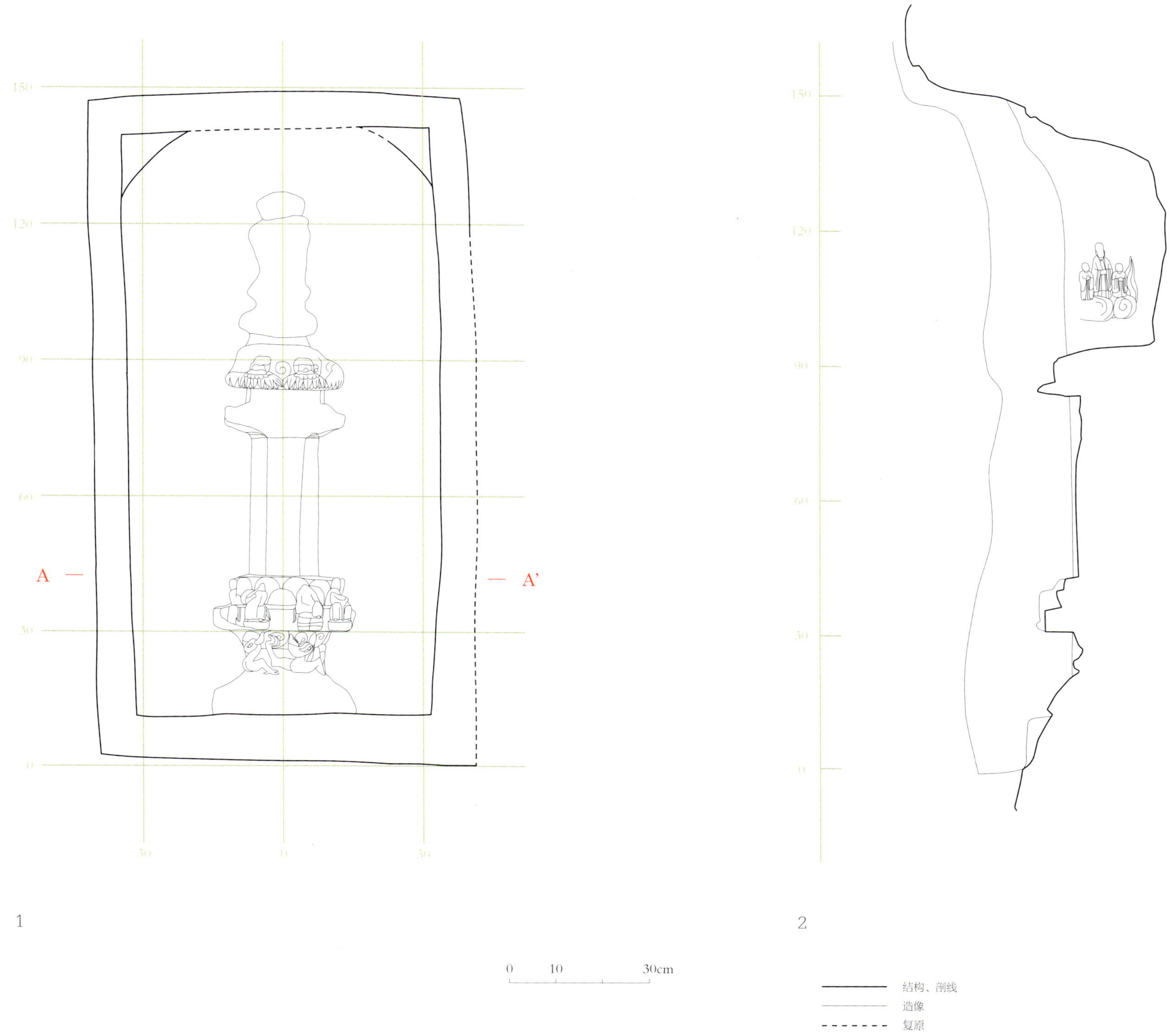

图219　第271号龛立、剖面图
1　立面图　2　剖面图

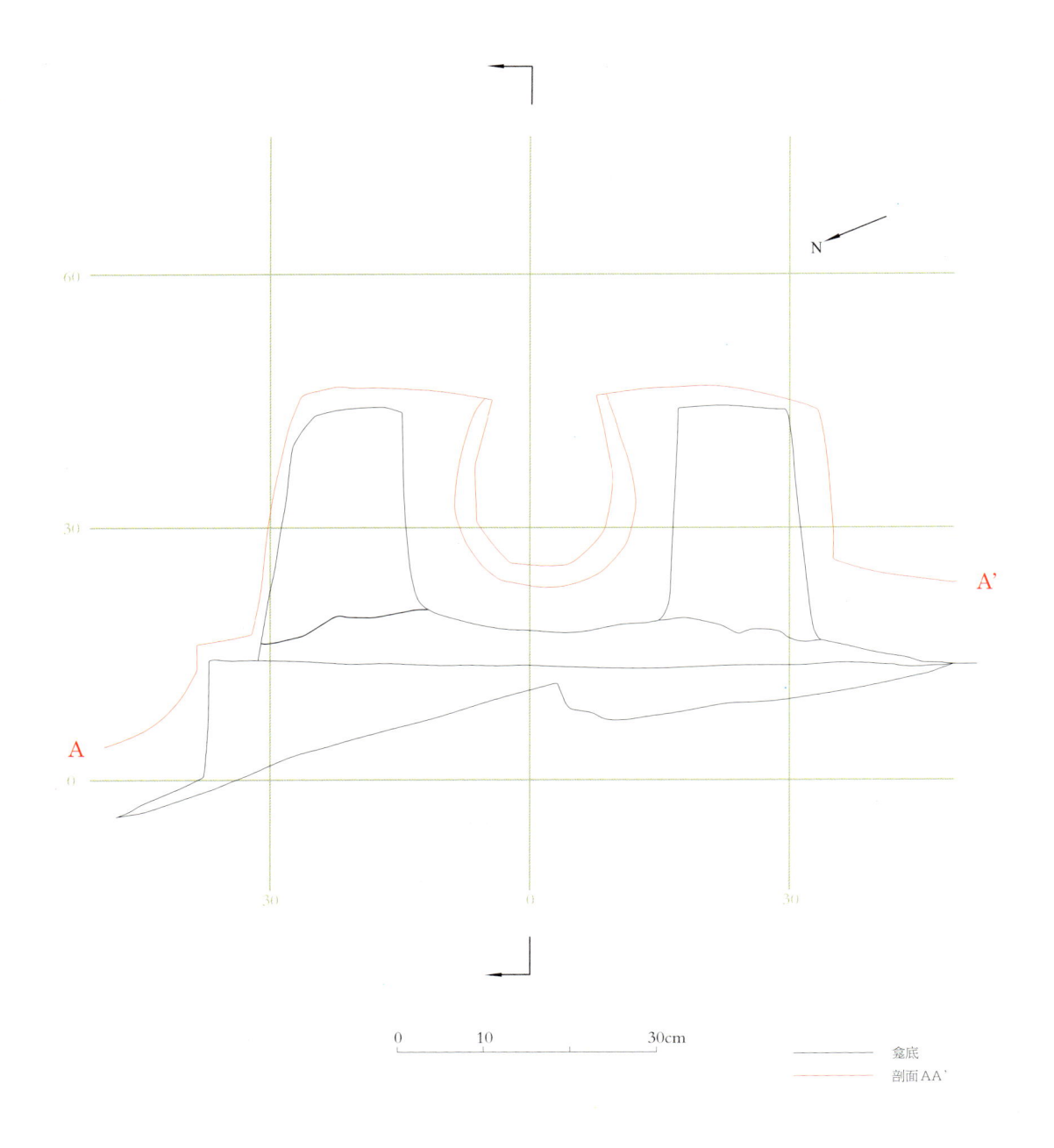

图 220　第 271 号龛平面图

04　娑拔啰挐揭底伽诃郁娑婆嚩秫地阿鼻〔诜〕者□

05　揭多伐折郁□□□多□□扇阿诃□阿瑜散陀罗尼

06　输驮耶伽伽□毗□□乌瑟尼沙□逝耶秫提婆□□

07　啰喝□弹□□地帝萨婆□他□多地瑟□□□

08　（漶）跋折啰□□□□多郁秫（漶）

09　（漶）钵啰底你伐〔恒阿瑜秫提萨末〕（漶）

10　（漶）你恒□多部多俱（漶）

11　（漶）秫提社耶（漶）

12　地瑟耻多秫提（漶）

13　弟子张□恩萨婆□□□□耶毗秫提萨婆揭底钵

14　利提萨婆恒他揭多三□□□娑遏地瑟耻□勃陀□陀

15　蒱佗耶蒱佗三漫多□□□□萨婆恒佗揭多瑟□□

16　遏地瑟耻帝摩诃谟罗□□婆婆诃[2]

五　晚期遗迹

经幢第二级屋檐底部有裂隙一道，现黏合修补。

龛内保存灰白色、红色涂层。

第二十二节　第273号

一　位置

位于第271号龛右侧。左距第271号龛20厘米，右距第279号龛20.5厘米；上距第269号龛36厘米，下部左右为第274、278号龛，分别竖直相距5、11厘米。

龛口西向，方向285°。

二　形制

双层方形龛（图221、图222、图225；图版Ⅰ：303、图版Ⅰ：307）。

龛口　从崖壁表面平直凿进最深约35厘米形成开凿界面。界面呈方形，高150厘米，宽130厘米。内凿龛口两层。

第一层龛口方形。龛沿完整，左沿宽9厘米，右沿宽10.5厘米，上沿宽21厘米，无下沿。龛口高129厘米，宽110.5厘米。第一层龛口凿进5厘米后形成第二层龛口。

第二层龛口方形。龛沿完整，左沿宽10厘米，右沿宽9.5厘米，上沿宽12厘米，下沿宽17厘米。龛口高100.5厘米，宽91厘米，至后壁最深34.5厘米。龛左右沿内侧凿出宽4厘米的平整面。龛左右上角凿出三角形斜撑，高15厘米，宽15厘米，厚2.5—3厘米，斜边平直；低于沿面1—2厘米。

龛底　略呈方形。

龛壁　正壁竖直，与左右侧壁弧面相交。壁面与龛顶略垂直相接。

龛顶　平顶，略呈半圆形。

三　造像

据其布置，分为正壁、左右侧壁、龛顶、第一层龛口上沿、龛外左右侧壁造像等五部分（图221-1；图版Ⅰ：303）。

（一）正壁

中刻主尊菩萨坐像1身，座左右分刻饿鬼、穷人像1身。

主尊菩萨像　坐高49厘米，头长21厘米，肩宽23厘米（图223；图版Ⅰ：304）。浮雕椭圆形背光，最宽58厘米，厚4.5厘米；边缘刻火焰纹，焰尖延至龛顶外侧。背光上部线刻一段圆弧线，以示为头光。梳髻，戴卷草冠，冠正面刻立式化佛，高4.5厘米，冠带作结下垂及肩，脸形丰圆，双耳肥大，戴珠串耳饰，下垂至胸。菩萨胸饰璎珞，上部为两条圆弧珠串，下垂饰物链及横向弧形的珠串；自腹前横向珠串下部垂六条三组珠串，中间一组下垂至足间，左右一组绕膝隐于后侧；绕膝珠串下垂圆形饰物及短珠串。上着披巾，下着裙。披巾两端腹前交绕再敷搭前臂后垂于座左右，腰带长垂足间。跣足分踏双重仰莲台，倚坐于须弥座上。座通高35厘米，宽43厘米，深20厘米；仰莲台高6厘米，直径14厘米。

自菩萨双肩簇状刻42只手臂，左右各21只，皆腕镯。其中，两手于头顶捧持化佛，化佛坐高5.5厘米，有圆形背光，着通肩袈裟，双手腹前结印，结跏趺坐于双重仰莲台上；两手于胸前合十，指部多残；两手于腹前结印；两手置于双膝，左手持念珠，右手持

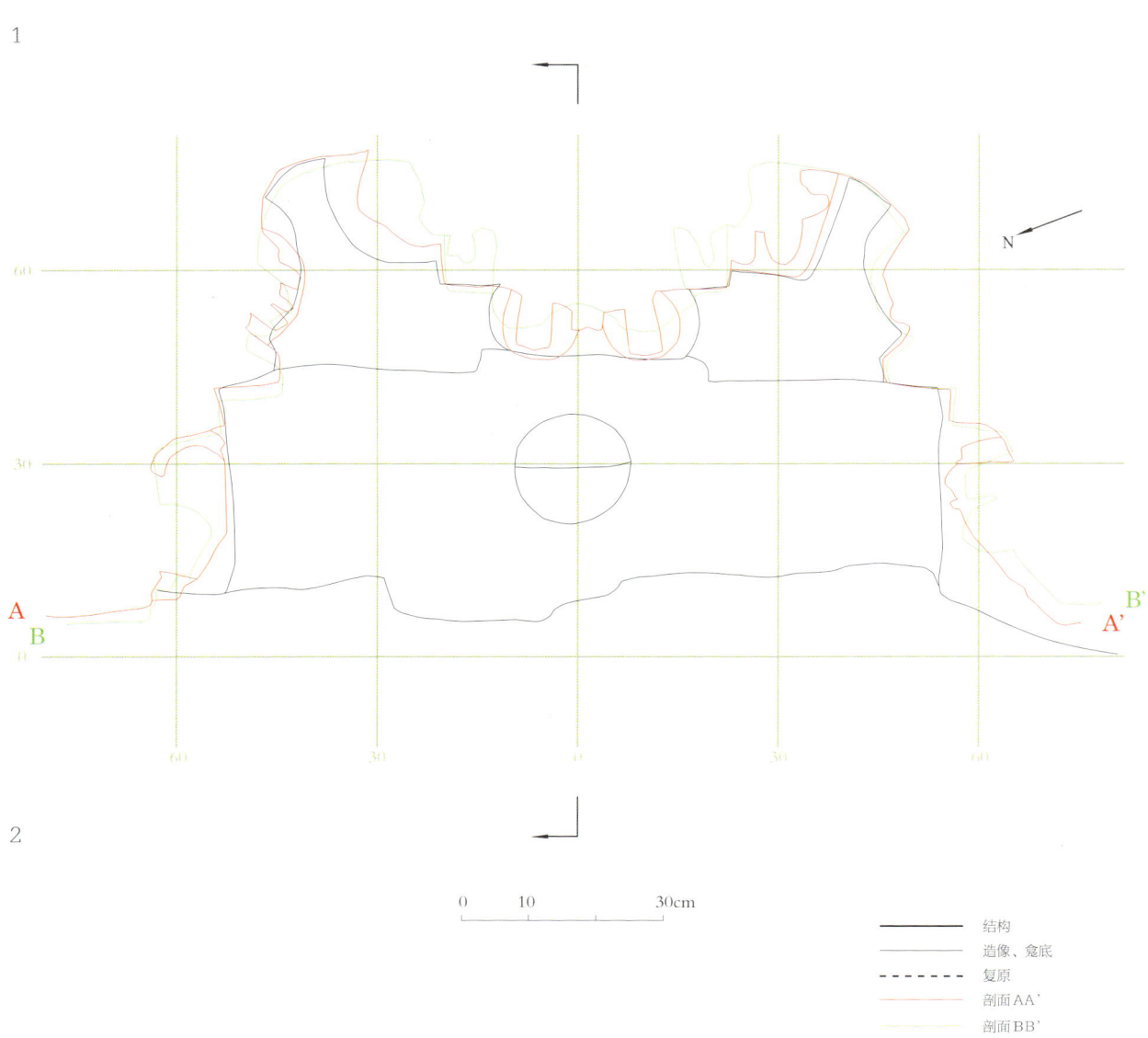

图 221　第 273 号龛平、立面图
1　立面图　2　平面图

图 222　第 273 号龛剖面图

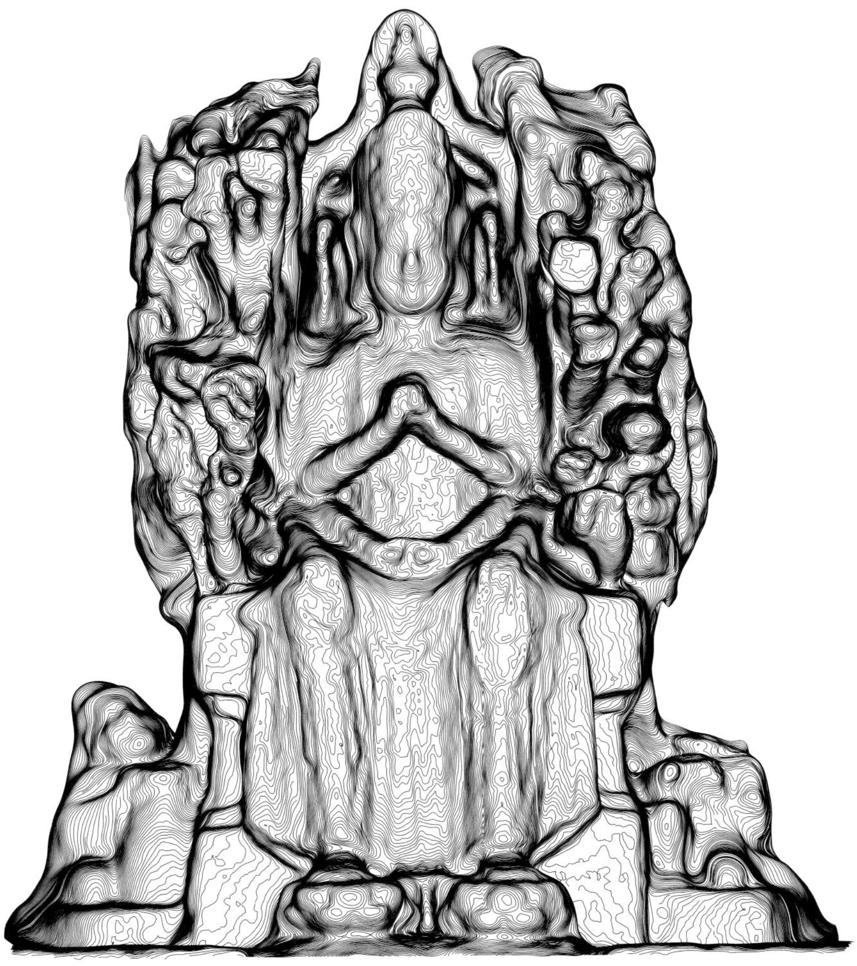

图 223　第 273 号龛主尊菩萨像等值线图

桃形玉环。身左侧17只手臂，13只持物，4只毁；自上而下持物手臂可辨：五色云手，云长9厘米，最宽6厘米；如意手，如意长14厘米；化佛手，化佛残高2.5厘米；白拂手，拂长21厘米；持莲手，莲通高12.5厘米；骷髅手，骷髅高3.5厘米，宽4.5厘米；宝镜手，镜残宽5厘米，高6厘米；宝钵手，钵残高3厘米，宽4厘米；宝弓手，弓通长21.5厘米；宝钵手，钵高5厘米，直径6.5厘米；净瓶手，瓶高10厘米；宝篮手，篮高6.5厘米，宽4.5厘米；甘露手，掌心向外，五指直伸。身右侧17只手臂，14只皆持物，3只毁；自上而下持物手臂可辨：羂索手；金刚杵手，杵通高11厘米；持棍手，棍全长约12厘米，缠绕细带；宝戟手，戟通高19厘米；持月手，月残高3.5厘米，宽4厘米；化宫殿手，宫殿高5.5厘米，面阔3厘米；持莲手，莲通高11厘米；宝箭手，箭通长17厘米；宝经手，经卷长8厘米，高2.5厘米，宽4厘米；持莲手，莲高10厘米；锡杖手，锡杖通高20厘米，杖首呈桃形；净瓶手，瓶高13.5厘米；旁牌手，牌通高12厘米，宽9厘米；钱币手，币横径2厘米。

主尊座台左侧刻饿鬼1身，头毁，残高18厘米。袒上身，下着犊鼻裤，双手皆部分残，身前捧坛，跪坐于低台上，作承接状。台高6厘米。

主尊座台右侧刻穷人1身，高22厘米。头戴软脚幞头，方脸；着圆领窄袖服，双手身前牵扯布袋，作仰面祈乞状，跪于圆形低台上。台高4厘米。

（二）左右侧壁

左右侧壁各刻立像1身。

左立像　高53厘米（图224-1；图版Ⅰ：305）。梳髻，面残，戴耳饰；上着宽袖长服，下着裙，肩饰云肩，臂间刻半臂，身前垂帛带。双手托盏，盏上置物，物残。足残，立于低台上；台高11厘米，大部残。

右立像　高45厘米（图224-2；图版Ⅰ：306）。头顶略残，高鼻深目，长髯瘦身，斜袒右肩，下着短裙。臂钏，腕镯，左手胸前持弯头长杖，杖长51厘米；右手于腹间持数珠。足环，跣足立于圆台上，台高8.5厘米。

（三）龛顶

中刻覆莲华盖，莲蕊直径20厘米，边缘刻出每朵宽约7厘米的莲瓣1列；部分残。华盖左右刻飞天像2身，像残，可辨绕华盖向龛外飘飞（图225；图版Ⅰ：307）。

（四）第一层龛口上沿

刻坐佛10身，呈"一"字形布列（图221-1；图版Ⅰ：308）。佛像坐高15.5厘米，浅浮雕椭圆形背光，最宽15厘米。螺发，长圆脸，着双领下垂式袈裟；双手或笼于袈裟内，或拱于胸前，或置于腹前；结跏趺坐于双重仰莲台上。台高5厘米。其中，从左至右第1、4、5像残损略重，余像保存略好。

（五）龛外左右侧壁

左右侧壁竖直壁面上各开上下两个方形浅龛，规制相近，部分受损。龛口高57厘米，宽20—35厘米，深9.5—11.5厘米（图226；图版Ⅰ：309、图版Ⅰ：310）。从左至右，由上而下编为左第1、2龛及右第1、2龛。

左第1龛　内刻坐像1身，头毁身残，残高27厘米；存右侧身光。左臂毁，右手部分残，存锡杖遗迹，杖首位于右肩上部。左腿毁，垂右腿，踏仰莲；足及仰莲大部残，坐于须弥座上。座高23.5厘米，大部残。座右下方刻一蹲兽，高6.5厘米，部分残。

左第2龛　内刻坐式菩萨像1身，坐高26厘米，存右侧头光。头戴披帽，圆脸，面蚀。上披袈裟，下着裙。左手腹前托珠，大部残；右手持六环锡杖，长45厘米；杖首呈桃形，位于右肩。左腿毁，垂右腿，跣足踏莲台，右舒相坐于须弥座上。座通高21厘米，部分残。座前刻并蒂仰莲，左莲毁，右莲托足。座右下刻一蹲兽，高7厘米，部分残。

右第1龛　内刻菩萨坐像1身和弟子立像1身。菩萨像坐高28厘米。浅浮雕圆形素面头光和身光，头光直径23厘米，厚5厘米；身光直径28厘米。头顶残，存披帽，面部分残；内着交领服，外披双领下垂式袈裟。左手托物，右手残断，持锡杖，大部残。下身残毁较重，盘左腿，右腿毁，似右舒相坐于须弥座上。座高20厘米，部分残。座前刻仰莲，仅存遗迹。菩萨座左下弟子像头面均残，残高20

图 224　第 273 号龛左、右侧壁立面图
1　左侧壁　2　右侧壁

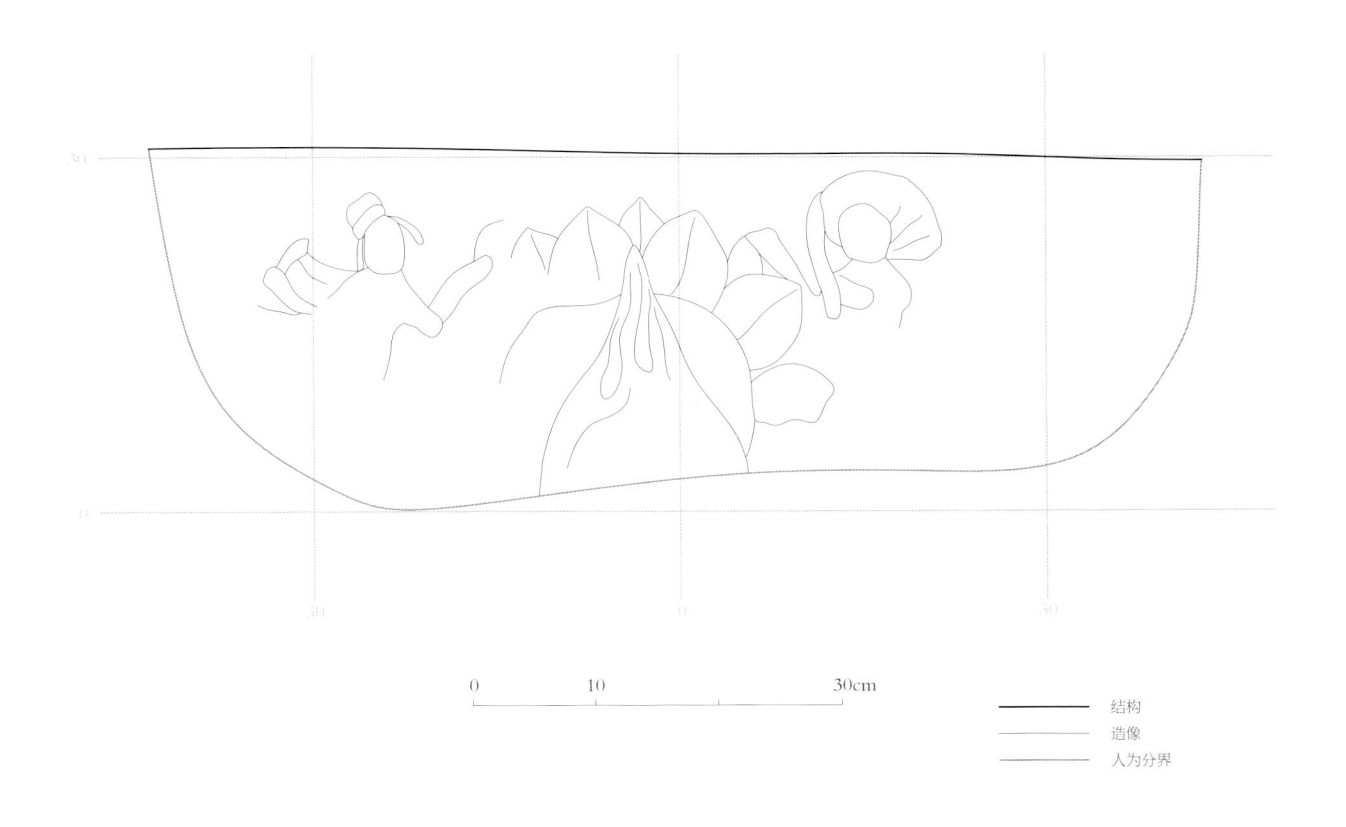

图 225　第 273 号龛龛顶仰视图

图 226　第 273 号龛龛外左、右侧壁立面图
1　左侧壁　2　右侧壁

厘米；内着宽袖服，外披袈裟，下着裙；双手胸前合十，足鞋，侧身立于龛底左侧。

右第2龛　内刻菩萨坐像1身和弟子立像1身。菩萨像坐高26厘米。头戴披帽，面长圆，略蚀；衣饰及持物与第3龛菩萨像同。盘左腿，右腿部分残，跣足垂踏莲台，右舒相坐于须弥座上。座高22厘米，略残损。座前刻并蒂仰莲，左莲毁，右莲高5厘米，直径8厘米。菩萨座左下弟子像高22厘米，光头，圆脸，余与右第1龛弟子像略同。

四　晚期遗迹

龛外前侧凿一圆孔，直径17厘米，最深7厘米。

龛外右上角凿一枋孔，部分残，残高14厘米，宽6厘米，深3—6厘米。

龛内保存红色、灰白色两种涂层。

第二十三节　第274号

一　位置

左邻第272号龛，右邻第278号龛；上距第273号龛5厘米，下距地坪38厘米。

龛口西向，方向279°。

二　形制

单层方形龛（图227、图228、图229；图版Ⅰ：311、图版Ⅰ：312、图版Ⅰ：313）。

龛口　从崖壁表面平直凿进最深约20厘米形成龛口。龛口方形，上部及左右侧上部毁，外缘高度不明，宽98.5厘米。左沿即为第272号龛的右沿，宽10厘米，中上部毁；右沿宽10.5厘米，中上部残毁；上沿毁；下沿宽11厘米。龛口高95厘米，宽78厘米，至后壁深37厘米。

龛底　呈半圆形，环壁建低坛一级，高7厘米，最深24厘米，坛面呈半圆形。

龛壁　弧壁，壁面左上部毁，右上部部分毁。壁面与龛顶弧面相交。

龛顶　券顶，部分毁。

三　造像

刻像4身（图227-1；图版Ⅰ：311）。其中，壁面中刻主尊菩萨立像1身，左右侧壁各刻立式供养人像1身，像皆立于低坛上；龛底右端刻立式供养人像1身。

菩萨像　立像高79厘米，头长19厘米，肩宽17厘米，胸厚12厘米。梳髻、戴冠，冠带作结下垂及胸；头、面部分残，耳饰珠串，戴项圈，垂坠饰；中部为两段弧形细条，下段细条垂有葫芦形坠饰；再下细条部分隐于袈裟内。内着僧祇支，外披双领下垂式袈裟，下着裙；腰带垂于足间。右手屈肘上举持印，手及印部分残；印带左斜下过腹至体左侧，左手于体侧持印带，跣足立于单层仰莲台上。莲台高5厘米，直径28.5厘米。

供养人　3身。其中，坛面左右端各1身，龛底右端1身（图229；图版Ⅰ：312、图版Ⅰ：313）。从左至右，从内至外，编为第1—3像。

第1像　为女像，头毁，残高55厘米；内着交领窄袖服，外着交领宽袖服，下着裙；胸际系带，作结长垂足间。双手胸前持物，部分残，着鞋立于低坛上。

第2像　为男像，高52厘米。头大部毁，存硬脚幞头遗迹；上着翻领衫宽袖服，下着裙；身饰披帛，自双肩下垂敷搭前臂后垂于体侧。双手胸前持笏，手及笏部分残，足鞋，部分残，立于低坛上。

第3像　高30厘米。头、面部分残，身略蚀，下着裙；双手腹前覆巾帛，着鞋立于龛底。

四　晚期遗迹

龛下与地坪间岩体部分毁，后世以条石填塞补砌。

龛前平台左右端各凿有一不规则的槽口，大小不一。

龛内保存灰白色涂层。

图 227　第 274 号龛平、立面图
1　立面图　2　平面图

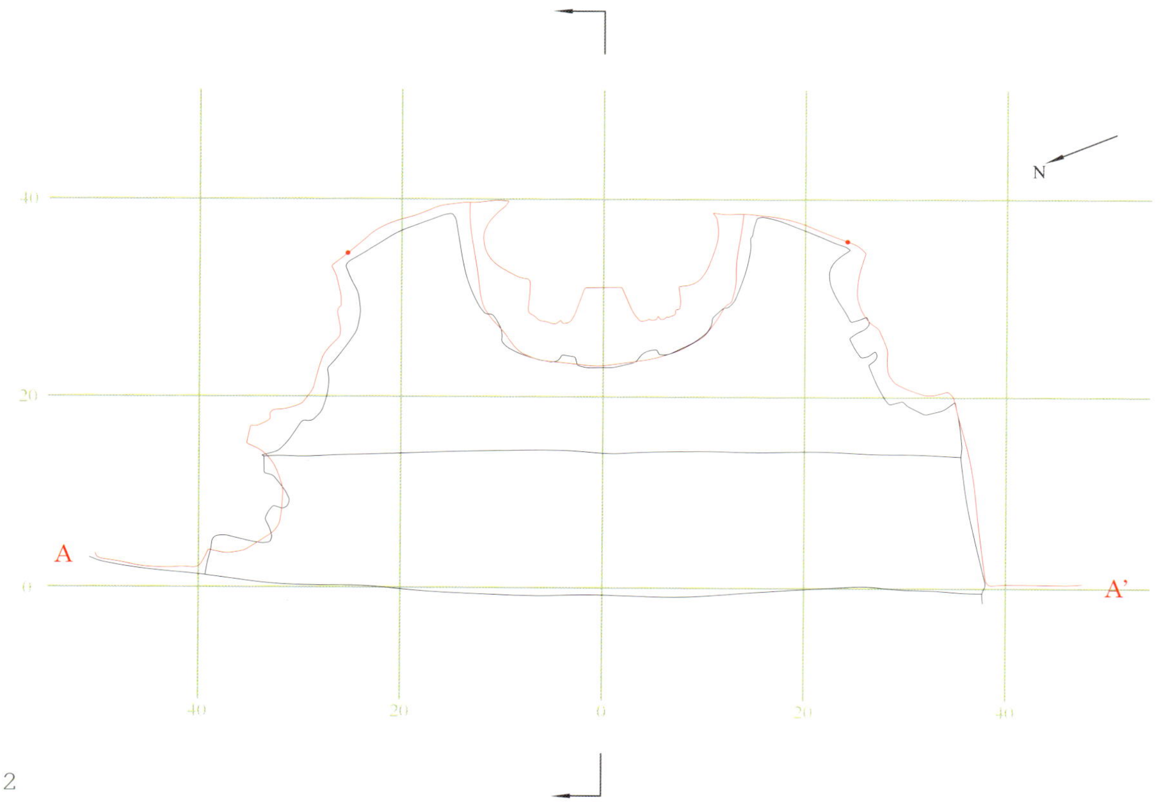

图 228　第 274 号龛剖面图

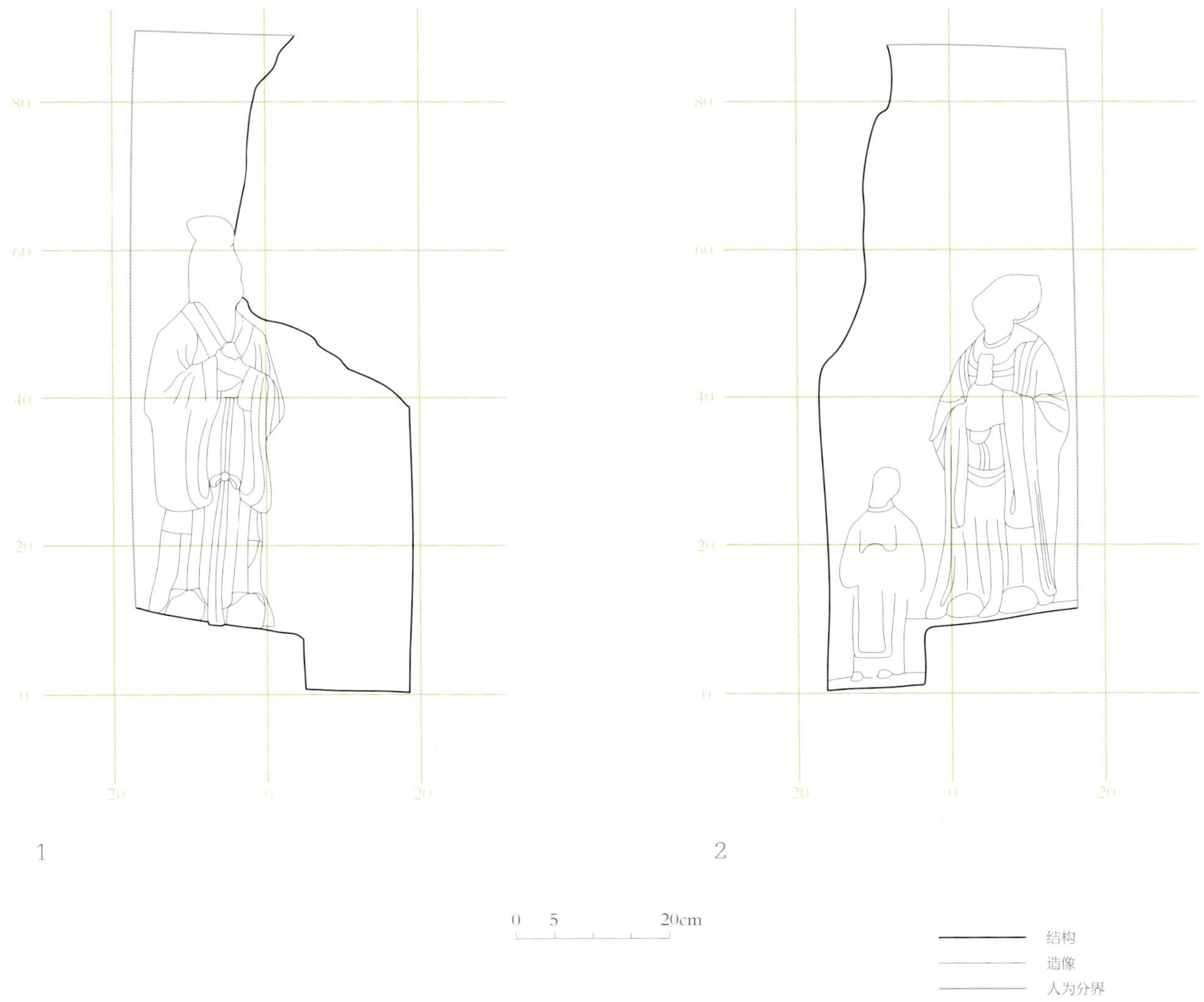

1　　　　　　　　　　　　2

图 229　第 274 号龛左、右壁立面图
1　左壁　2　右壁

第四章　第 250—284 号　309

第二十四节　第275号

一　位置

位于第270号龛右侧。左距第270号龛34厘米，右距第276号龛15厘米；上为崖壁，下距第279号龛20厘米。龛口西向，方向279°。

二　形制

单层方形龛（图230、图231；图版Ⅰ：314）。

龛口　从崖壁表面平直凿进最深约19厘米形成龛口。龛口方形，外缘高99厘米，宽98厘米。左沿上端残，存宽7厘米；右沿中上部毁，存宽9厘米；上沿大部毁，存宽7厘米；下沿右侧残脱，存宽8厘米。龛口高81厘米，宽82厘米，至后壁最深29厘米。龛口左右上角保存斜撑结构遗迹。

龛底　略呈方形，前端残脱。

龛壁　正壁竖直，与左右侧壁弧面相接。壁面与龛顶弧面相交。

龛顶　平顶，略呈半圆形，部分剥落。

三　造像

刻像5身（图230；图版Ⅰ：314）。分为正壁、右沿下部、龛外右侧浅龛造像三部分。

（一）正壁

刻主尊菩萨坐像2身。

左菩萨像　坐高43厘米，头长20厘米，肩宽18厘米，胸厚10厘米。浅浮雕椭圆形素面背光，最宽42厘米。头、面残，戴珠串耳饰，下垂至胸。胸饰璎珞，显露部分圆弧珠串。上着双领下垂式袈裟，袈裟一角覆过头顶，垂于右肩；下着裙。小腿间下垂一条珠串至足间，膝下裙摆装饰两条圆弧珠串，珠串之下垂挂圆形饰物和短珠串，密布小腿。腕镯，左手置胸前，右手置腹前，共持莲梗；莲梗并蒂处细分出带茎莲叶、莲苞，跣足分踏仰莲台，倚坐于束腰须弥座上。座高28厘米，最宽34厘米，深14厘米；座前仰莲台高8厘米，直径10厘米。

右菩萨像　坐高41厘米，头长15.5厘米，肩宽21厘米，胸厚8厘米。浮雕圆形素面头光，直径31厘米，略残。头戴披帽，披幅覆肩；自耳畔斜出一带，绕于头后；脸形长圆，部分残，戴宽扁项饰，显露少许。内着双层交领服，外披双领下垂式袈裟，下着裙。左手腹前托珠，珠径5厘米；右手于右肩处握持六环锡杖，杖全长59厘米；杖首作桃形。盘左腿，垂右腿（部分残），跣足踏仰莲台，右舒相坐于须弥座上。座通高27.5厘米，宽33厘米，深15厘米，右部略残。

座前刻两朵仰莲和一兽。左莲莲蕊向外；右莲莲蕊向上，高6厘米，直径10厘米，承托菩萨右足。兽大部残，高约8厘米，可辨竖直的两前腿。仰莲及兽皆置云纹上。

（二）右沿下部

沿面下部刻立像1身，大部毁，仅辨轮廓。

（三）龛外右侧浅龛

龛右沿外侧竖直壁面开上、下2个浅龛，残损甚重；内各刻立像1身，皆毁。

图 230　第 275 号龛立面图

四　晚期遗迹

左菩萨头顶及面部各凿一锥形小孔，大小相近；孔径2.5厘米，深2厘米。

龛内保存灰白色涂层。

图 231　第 275 号龛平、剖面图
1　剖面图　2　平面图

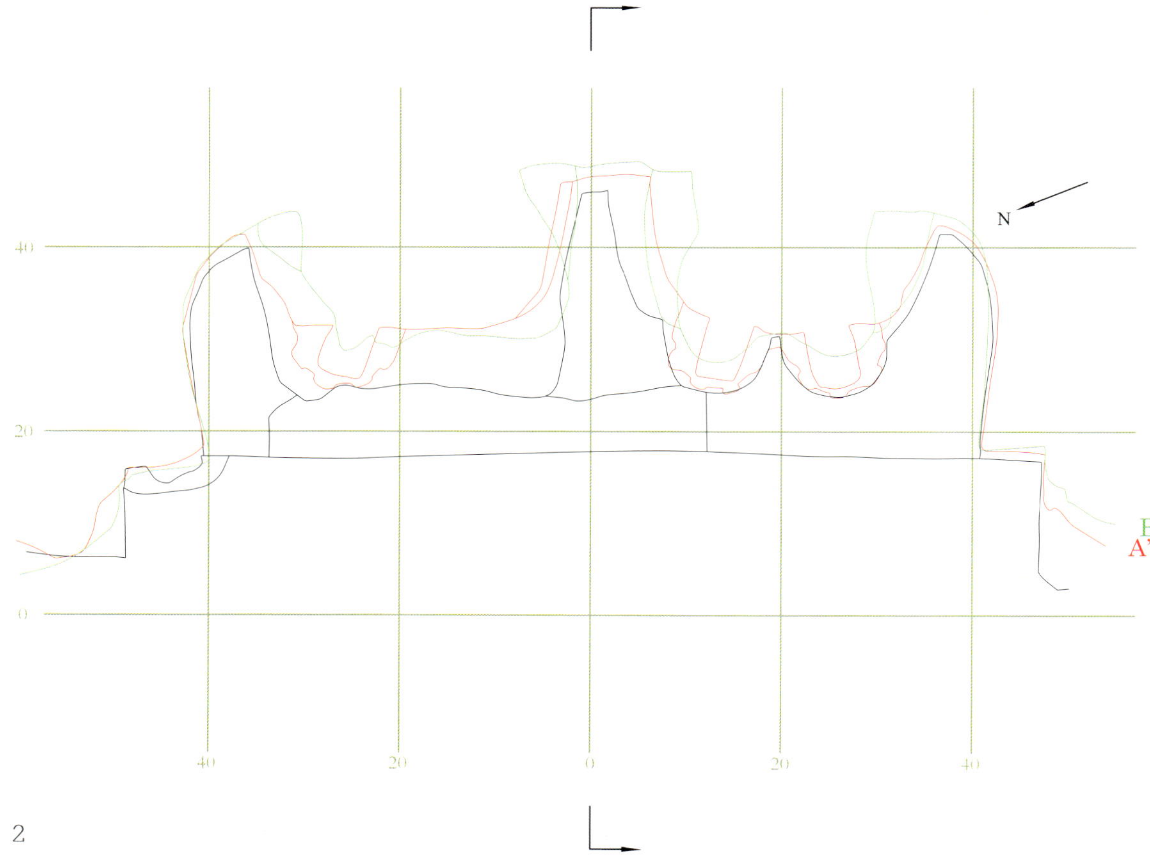

第二十五节 第276号

一 位置

位于第275号龛右侧。左距第275号龛15厘米,右距第277号龛12厘米;上为崖壁,下距第279号龛17厘米。龛口西向,方向285°。

二 形制

单层方形龛(图232、图233;图版Ⅰ:315)。

龛口 从崖壁表面平直凿进最深约13厘米形成龛口。龛口方形,外缘高84.5厘米,宽74厘米。左右沿较完整,皆宽8厘米;上沿大部毁,存宽7.5厘米;下沿部分残,存宽6厘米。龛口内缘高71厘米,宽58厘米,至后壁最深19厘米。龛口左右上角刻三角形斜撑,部分残;斜边弧形。

龛底 呈方形。

龛壁 正壁竖直,与左右侧壁略垂直相接。壁面与龛顶弧面相交。

龛顶 券顶,前端残。

三 造像

刻像4身(图232;图版Ⅰ:315)。分为正壁、右沿下部、右沿外侧浅龛造像等三部分。

(一)正壁

刻主尊菩萨坐像1身(图234)。坐高40厘米,肩宽23厘米,胸厚10厘米。残存圆形素面头光,直径33厘米。头大部毁,似戴披帽,披幅覆肩。戴项圈,上部为两条圆弧珠串,珠串下坠方形和圆形饰物,之下再坠如意头饰物,最下为圆珠及坠饰。上着双领下垂式袈裟,下着裙;袈裟和裙摆覆于座台。腕镯,左手腹前托珠,珠径4厘米;右手于右肩处持六环锡杖,杖全长61厘米,杖首呈桃形,杖柄中段刻包裹的丝织物。盘左腿,垂右腿,跣足,部分残,踏仰莲台,右舒相坐于须弥座上。座高25厘米,宽26厘米,深14厘米,右上角残。

座左前刻一兽,大部残蚀,可辨前足。座右前刻并蒂仰莲,左莲莲蕊向外,直径10厘米;右莲莲蕊向上,大部残,承托菩萨右足,部分残。

(二)右沿下部

右沿下部刻立像1身,残蚀甚重,残高20厘米;可辨足鞋,立于低台上,台高2厘米。

(三)右沿外侧浅龛

龛右沿外侧竖直壁面开上下两个浅龛,龛制毁,内各刻供养人立像1身(图235)。上方供养人像,高21厘米,头戴翘脚幞头,面蚀,上着圆领窄袖服,下着裙;双手胸前合十,足蚀(图版Ⅰ:316)。下方供养人像,大部毁,可辨头戴幞头。

四　晚期遗迹

菩萨像头部残毁处纵向凿有两个圆形小孔，大小相近；孔径1厘米，深3厘米。龛内保存灰白色涂层。

图 232　第 276 号龛立面图

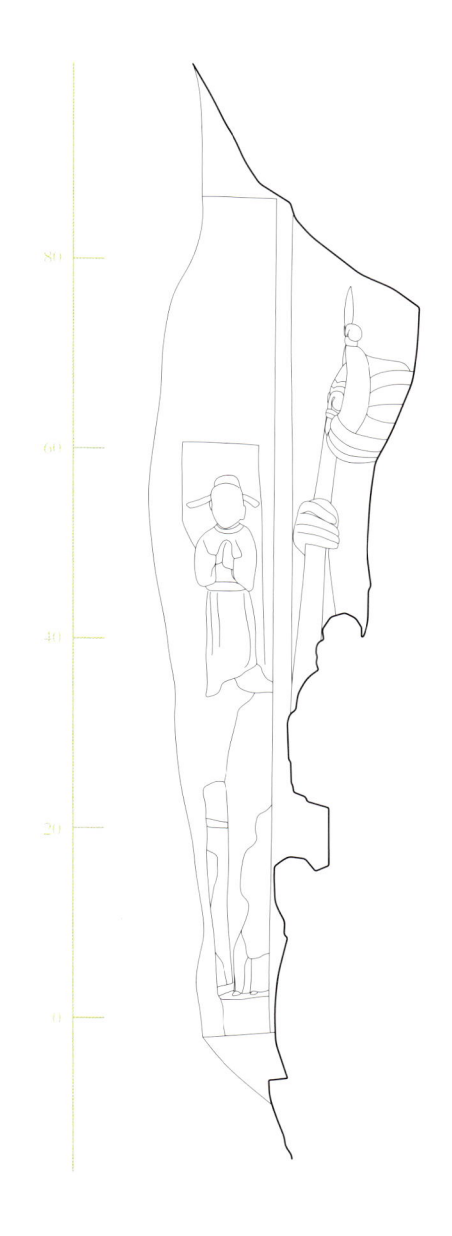

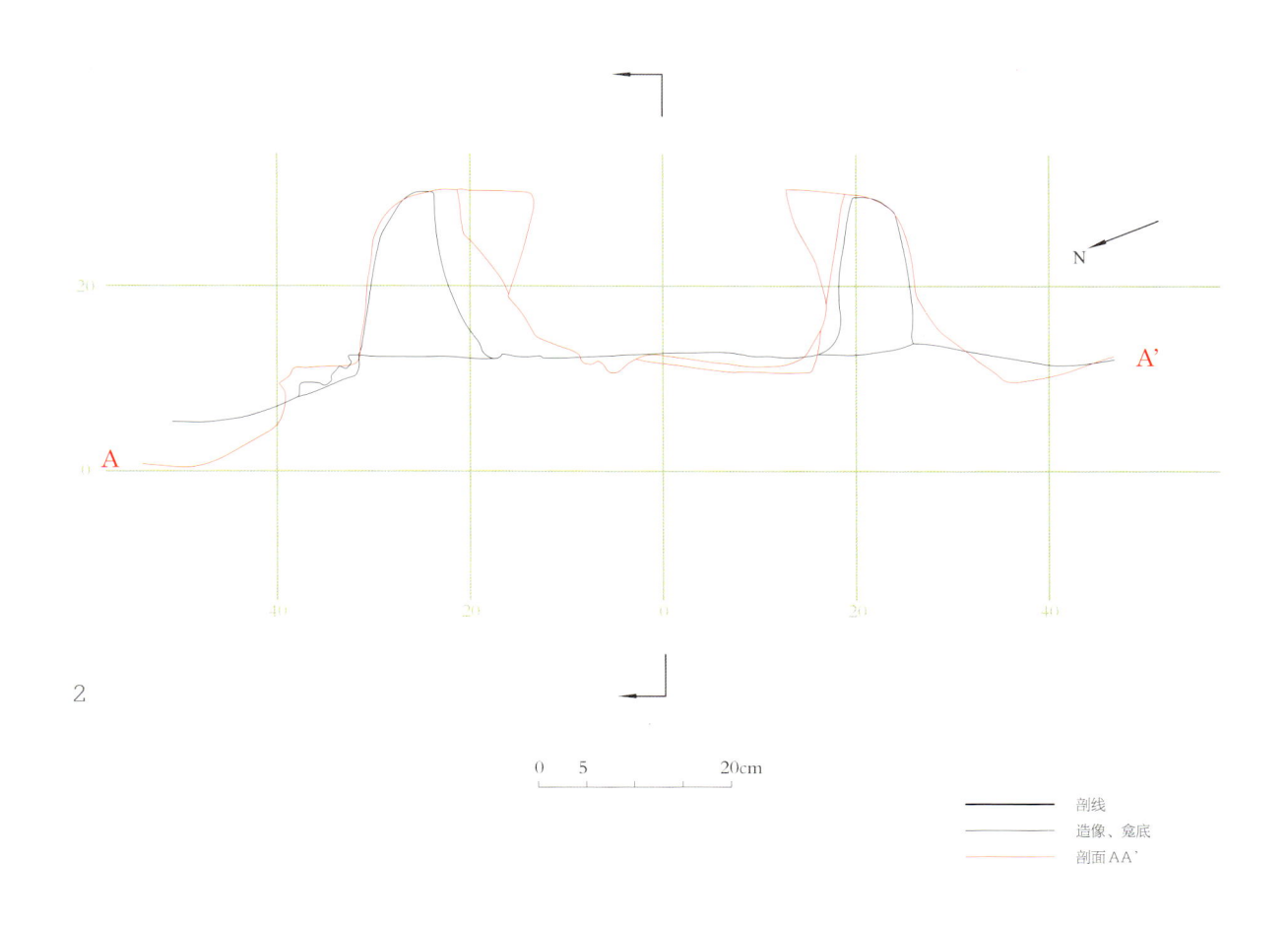

图 233　第 276 号龛平、剖面图
1　剖面图　2　平面图

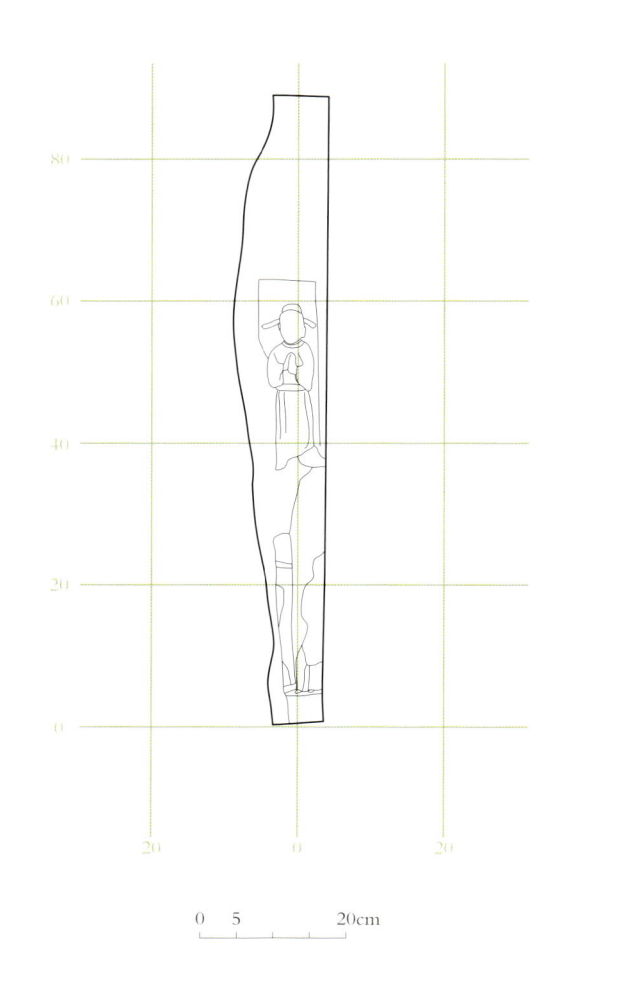

图 234　第 276 号龛主尊像效果图　　　　　　　　　图 235　第 276 号龛龛外右侧浅龛立面图

第二十六节　第277号

一　位置

位于第276号龛右侧。左距第276号龛12厘米，右距壁面转折边缘7厘米；上为崖壁，下距第279号龛17厘米。龛口西向，方向286°。

二　形制

单层方形龛（图236、图237；图版Ⅰ：317）。

　　龛口　从崖壁表面平直凿进最深约3厘米形成龛口。龛口方形，外缘高约63.5厘米，宽67厘米。龛左沿中下部残，存宽6厘米；右沿较完整，宽7厘米；上沿中部残，存宽7厘米；未刻下沿。龛口内缘高54.5厘米，宽54厘米，至后壁最深21厘米。龛口左右上角刻三角形斜撑，高8厘米，宽11厘米，斜边弧形；低于沿面0.5厘米。

　　龛底　呈弦月形，右端略残。

　　龛壁　弧壁，壁面与龛顶弧面相交。

　　龛顶　券顶，前端略残。

三　造像

刻主尊立像2身（图236、图238；图版Ⅰ：317）。

左主尊像　立像高45厘米，头长9厘米，肩宽13厘米，胸厚5厘米。浮雕圆形素面头光，直径14厘米；像全身置舟形身光中，身光最宽22厘米。头戴披帽，披幅覆肩。圆脸，颈刻三道肉褶线。胸前刻圆弧珠串一条，珠串中部下垂一道饰物链。内着僧祇支，外披双领下垂式袈裟，下着裙。左手胸下托珠，珠径4厘米；右手垂于大腿处，持六环锡杖；锡杖竖立身右侧，全长45厘米，杖首呈桃形，杖柄中段刻包裹的丝织物；跣足立于山石低台上，台高5厘米，打磨不规整。

右主尊像　立像高47厘米，头长11厘米，肩宽12厘米，胸厚6厘米。浮雕圆形素面头光，直径15厘米；像全身置舟形身光中，身光最宽20厘米。戴卷草冠，脸形丰圆。胸饰璎珞，内着僧祇支，外披双领下垂式袈裟，下着裙。袈裟一角自左肩向上敷搭头顶。左手腹前握右手腕，右手持念珠。跣足，足部分残，立于山石低台上。台部分残，高6厘米，打磨不规整。

四　晚期遗迹

龛内保存灰白色涂层。

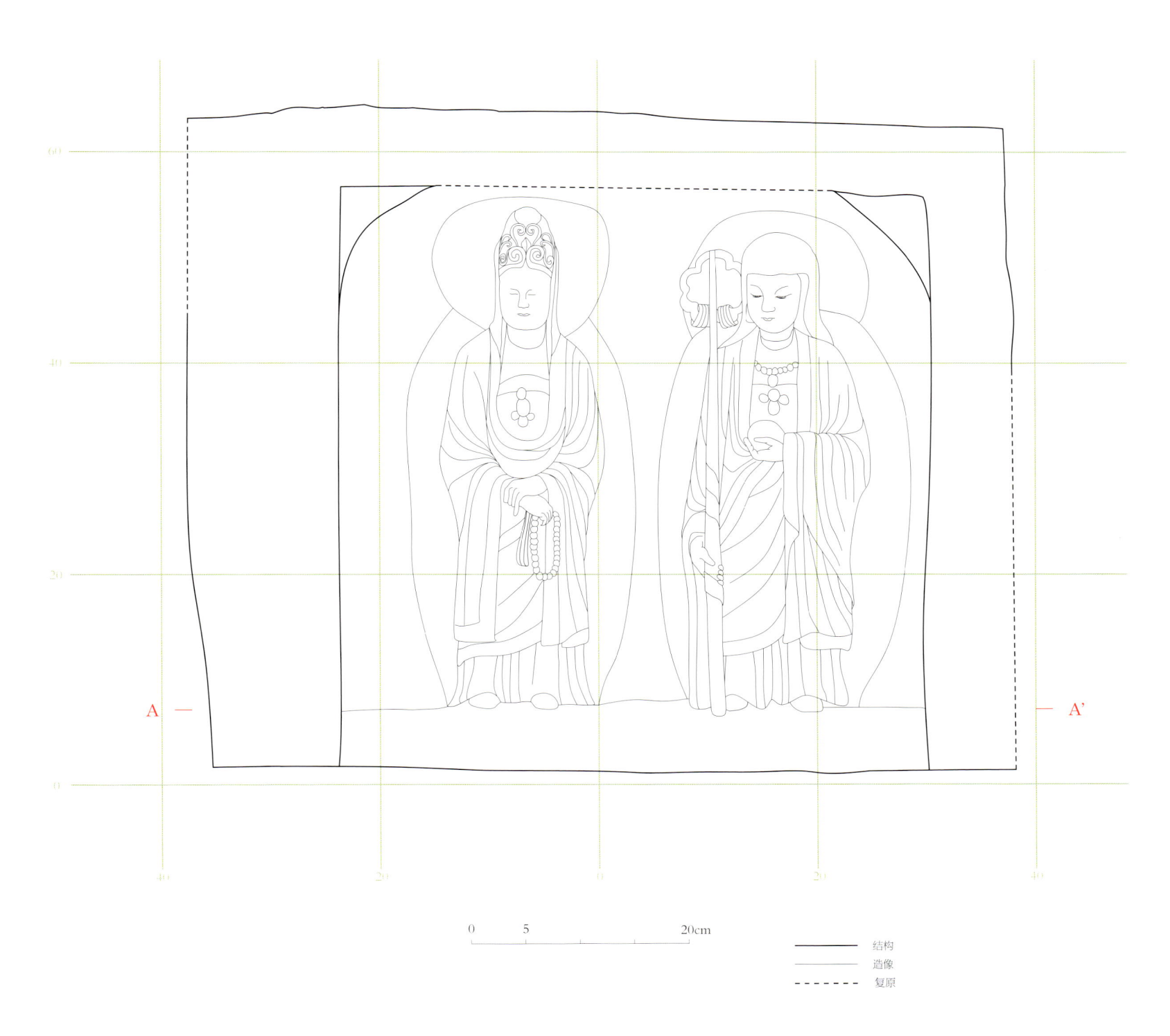

图 236　第 277 号龛立面图

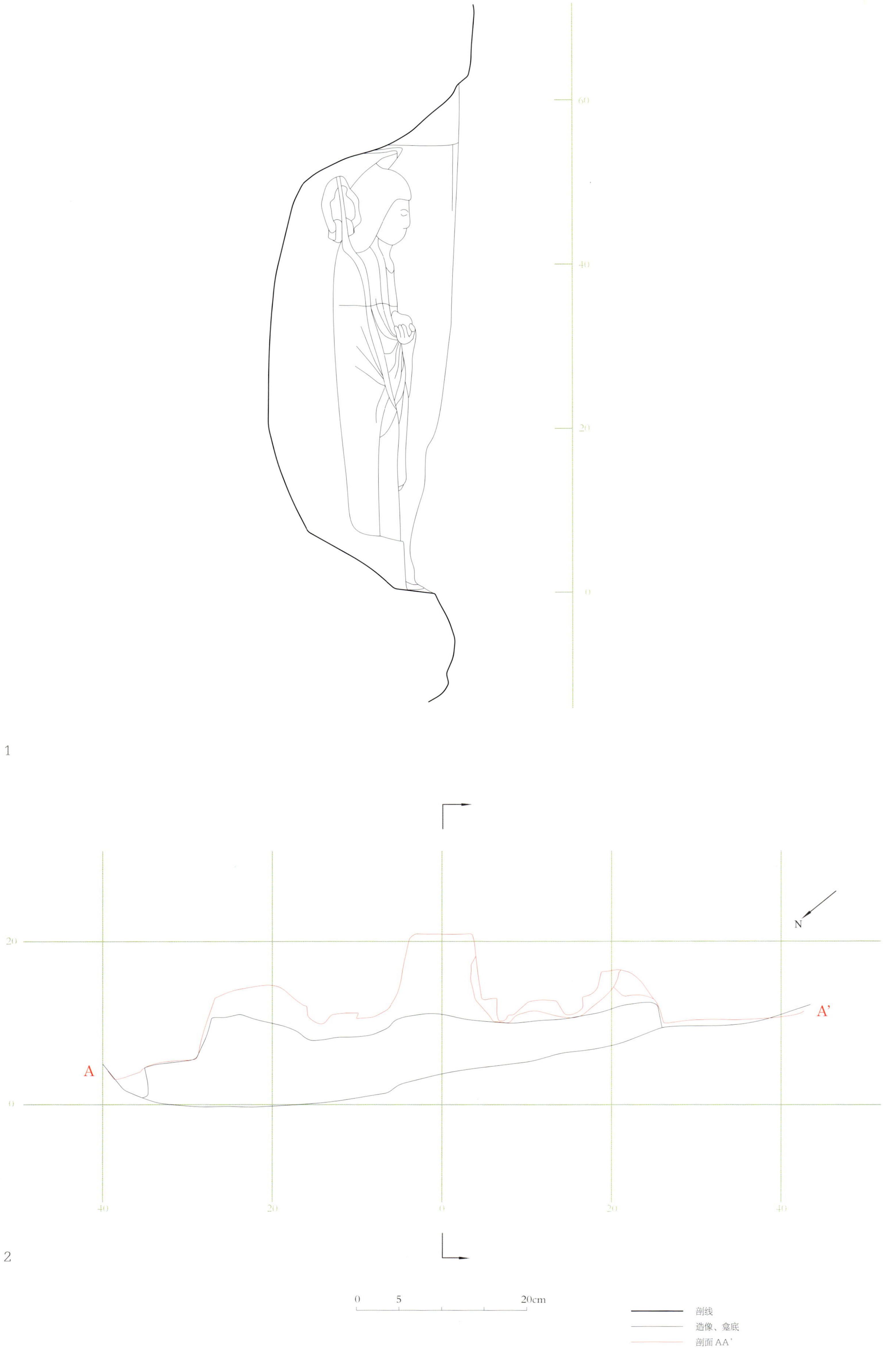

图 237　第 277 号龛平、剖面图
1　剖面图　2　平面图

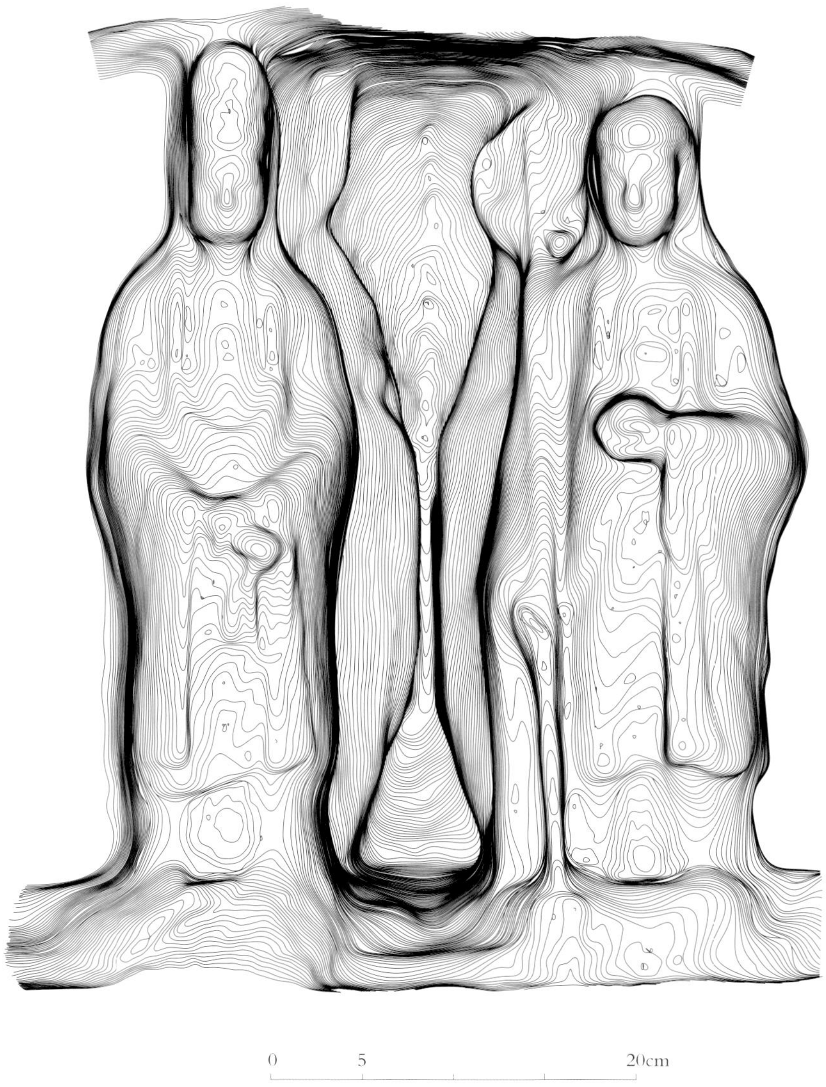

图 238　第 277 号龛二主尊像等值线图

第二十七节　第278号

一　位　置

左与第274号龛紧邻，右距第280号龛45厘米；上方左右布置第273、279号龛，分别竖直相距11、3厘米；下与龛前平台齐平。龛口西向，方向287°。

二　形　制

单层方形龛（图239、图240、图241；图版Ⅰ：318、图版Ⅰ：319、图版Ⅰ：320）。

龛口　从崖壁表面平直凿进最深约34厘米形成龛口。龛口方形，外缘高106厘米，宽101厘米。左沿宽12厘米，上部残；右沿宽13厘米，下部略残；上沿宽11厘米，大部残；下沿未刻。龛口内缘高95厘米，宽86厘米，至后壁深39厘米。龛左右沿内侧凿出宽4厘米的平整面。龛口左右上角凿三角形斜撑，左斜撑大部残；右斜撑略残，高12厘米，宽5厘米，厚3.5厘米，低于沿面0.5厘米。

龛底　略呈方形，内高外低，略倾斜。龛底建一级低坛，高13厘米，深2厘米。

龛壁　正壁竖直，与左右侧壁弧面相交。壁面与龛顶弧面相交。

龛顶　券顶，前端部分残脱。

三　造　像

分为正壁、左右侧壁、龛顶、龛底低坛正面造像四部分（图239；图版Ⅰ：318）。

（一）正壁

中刻主尊坐像3身，三像间刻立式弟子像2身。

中主尊像　残毁甚重，存圆形素面头光，边缘饰火焰纹，横径24厘米。座为须弥座，大部残，残高20厘米。

左主尊像　坐高30厘米。存桃形素面头光及身光，头光内圆素平，边缘刻火焰纹，横径22厘米；身光右侧被弟子遮挡，宽度不明。梳髻戴冠，头、面蚀，戴耳饰；胸饰璎珞，略蚀，可辨似着袈裟。左手持带茎莲花，莲上刻圆珠，莲茎残断；右手及双腿残，坐于须弥座上。座高19厘米。

右主尊像　毁。残存桃形素面头光和身光；头光边缘饰火焰纹，横径22厘米，身光左侧被弟子遮挡，宽度不明。座大部残。

左弟子像　立像高32厘米。光头，面蚀，上着双层交领服，下身大部剥蚀。双手胸前捧坛，足残，立于山石台上。

右弟子像　残损甚重，可辨少许躯体轮廓及锡杖杖首。

（二）左右侧壁

左右侧壁造像呈对称布置。上部近龛顶处各刻飞天1身，中下部各刻立式菩萨像4身（图241；图版Ⅰ：319、图版Ⅰ：320）。

飞天像　左侧壁飞天像毁。右侧壁飞天像身长17厘米，头大部毁，上身袒露，下着裙，披帛环状绕于头后经腋下飘于身后；左手持莲，右手持物，物残；抬左腿，翘右腿，向龛内飘飞。

菩萨像　均作上二下二两排布置。由上至下，由外至内编为左第1—4像、右第1—4像。其特征列入表47。

图239　第278号龛立面图

320　大足石刻全集　第三卷（上册）

图 240　第 278 号龛平、剖面图
1　剖面图　2　平面图

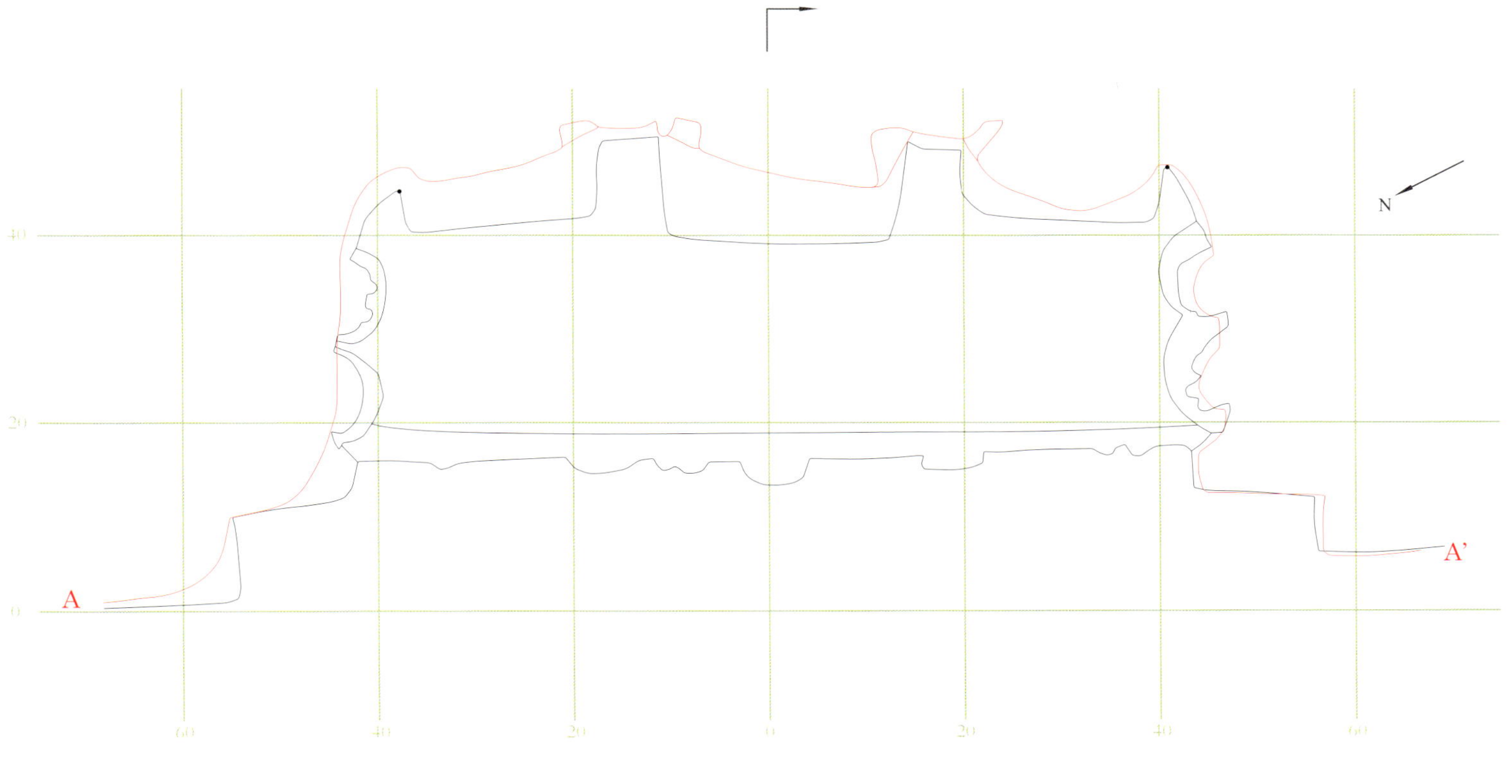

表47　第278号龛左、右侧壁中下部菩萨像特征简表

左侧壁	特征	右侧壁	特征
1	浅浮雕圆形素面头光，直径9厘米。头毁，残高17厘米。左肩残，上着袈裟，下着裙，双手似持物，手及物残。	1	存圆形素面头光，直径9厘米。立像残高20厘米，身大部残，双手胸前似持物。
2	浅浮雕圆形素面头光，直径9厘米。立像残高23.5厘米。头、面大部残。上着披巾，下着裙。披巾两端敷搭前臂后长垂体侧。双手置右胸似持物。	2	毁，仅存少许头光遗迹。
3	浅浮雕圆形素面头光，直径9厘米。立像高24厘米。梳髻戴冠，冠带作结下垂，面蚀。上着披巾，下着裙。双手胸前似持物。跣足立低台上。台高4.5厘米，宽12厘米，深5厘米。	3	仅存少许轮廓，残高11厘米。
4	浅浮雕圆形素面头光，直径9厘米。立像高23.5厘米。梳髻戴冠，冠带作结下垂。身略蚀，可辨下着裙，双手似置胸前。	4	仅存少许轮廓，残高11厘米。

1

2

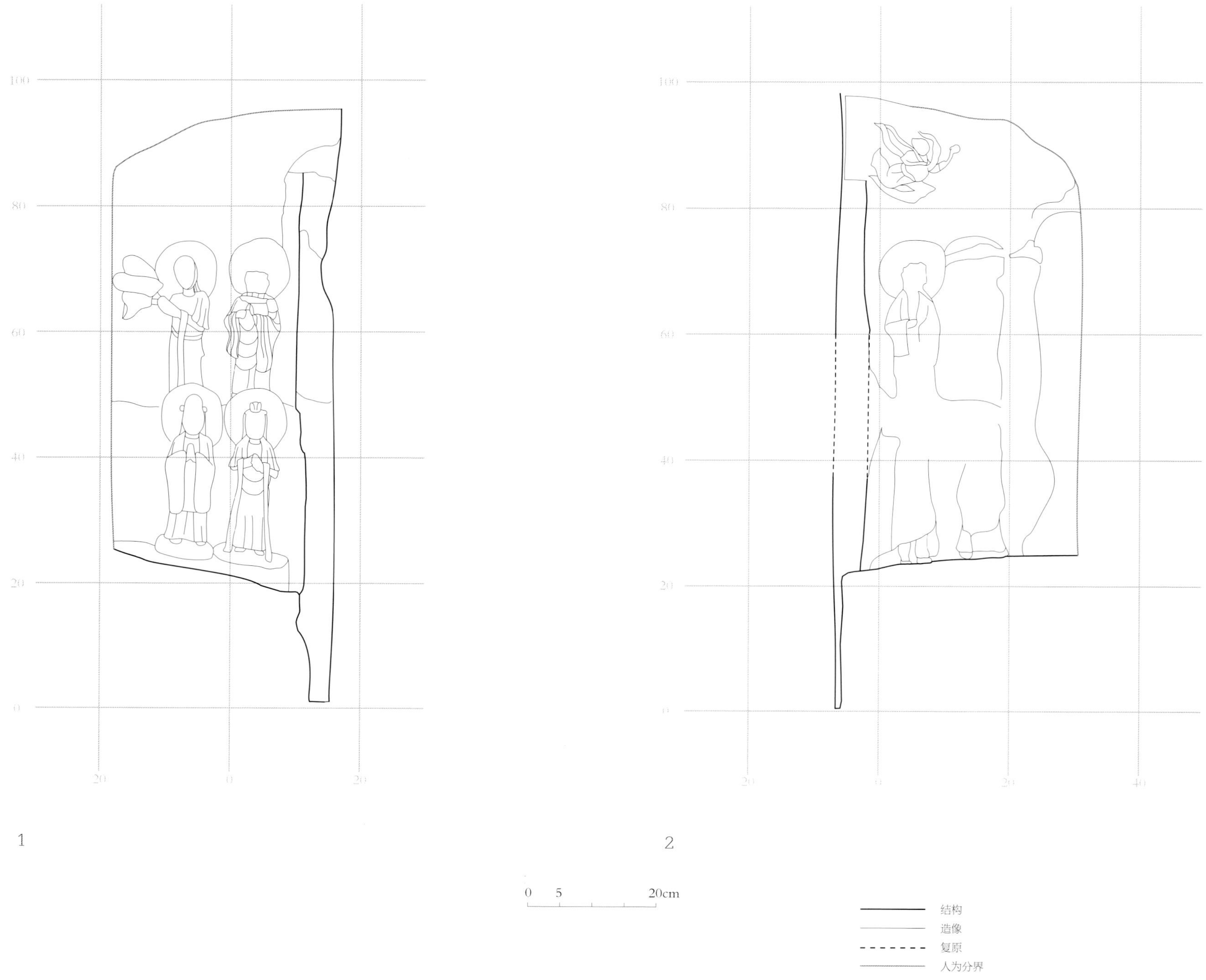

图241　第278号龛左、右侧壁立面图
1　左侧壁　2　右侧壁

（三）龛顶

龛顶造像因岩石剥落、残脱，大部毁；仅辨左右端内侧各存一组飘带，估计原刻有系带的乐器。

（四）龛底低坛正面

刻仿木单层勾栏4段，与龛口等宽；高11厘米。栏间刻像，残损甚重，仅辨遗迹，估计原刻造像10身（图239）。

四 晚期遗迹

龛内保存灰白色涂层。

第二十八节 第279号

一 位置

位于第273号龛右侧。左距第273号龛20.5厘米，右距壁面转折边缘14厘米；上部从左至右布置第275、276、277号龛，下距第280号龛7厘米。

龛口西向，方向284°。

二 形制

双层方形龛（图242、图243；图版Ⅰ：321）。

外层龛　从崖壁表面平直凿进最深约17厘米形成外层龛口。外层龛口方形，高188厘米，宽244厘米，至内层龛口深17.5厘米；左右沿较完整，左沿宽10.5厘米，右沿宽12厘米；上沿部分残，宽约12厘米；无下沿。龛口左右上角凿三角形斜撑，高11厘米，宽9厘米，斜边平直；低于沿面1厘米。外层龛内布置左右二龛，高度相近。

左内龛　龛口方形，高124.5厘米，宽111厘米，至后壁最深44厘米（图242、图243、图244；图版Ⅰ：323、图版Ⅰ：324、图版Ⅰ：326）。左沿与所在壁面齐平，分界不明；右沿与右内龛左沿共沿，宽12.5厘米；上沿与右内龛上沿在同一水平面，分界不明，宽21厘米；下沿宽27厘米，低于左右沿约2厘米。左右沿内侧凿出宽3—4厘米的平整面。龛口左右上角凿三角形斜撑，高11厘米，宽10厘米，厚3厘米，斜边平直，低于龛口1—2厘米。龛正壁竖直，与左右侧壁弧面相接，壁面与龛顶略垂直相接。龛底方形，建低坛一级，高39厘米，坛面略呈半圆形，最深约20厘米。龛顶为平顶，呈半圆形。

右内龛　龛口方形，高120.5厘米，宽57厘米，至后壁深24厘米（图242、图243、图244、图245）。左沿即是左内龛右沿，宽12.5厘米；右沿宽10厘米，上沿宽21.5厘米，下沿宽28厘米。龛口左右上角凿三角形斜撑结构，高11厘米，宽11厘米，斜边平直；低于龛口1—2厘米。龛正壁竖直，与左右侧壁略垂直相交，壁面与龛顶弧面相接。龛底略呈半圆形。龛顶为平顶，呈半圆形。

三 造像

据造像组合与布局，分为左内龛、右内龛、外层龛、龛外造像四部分（图242；图版Ⅰ：321）。

（一）左内龛

刻像25身，分为正壁、左右侧壁、龛底低坛立面、龛顶造像等四部分。

1. 正壁

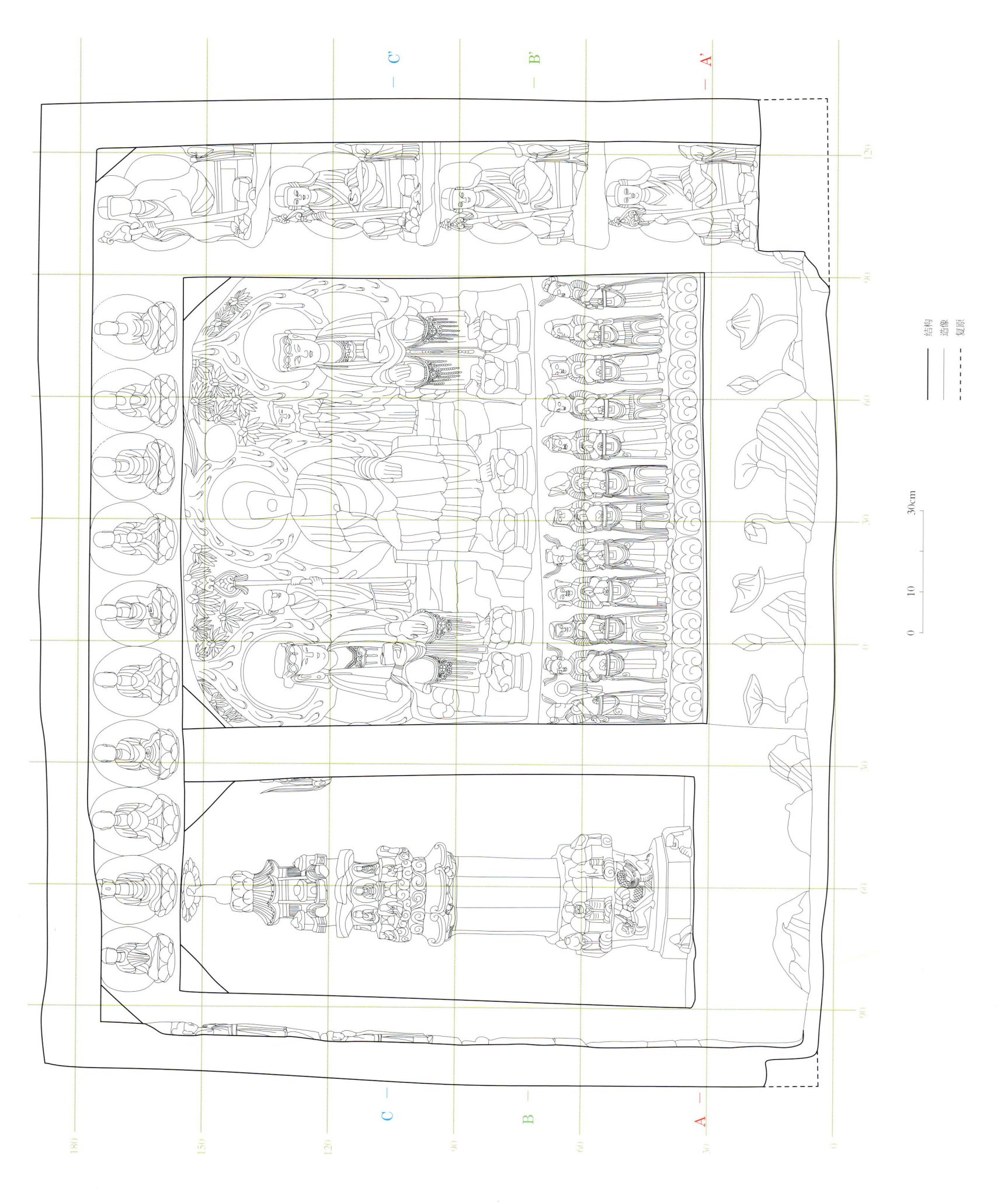

图 242 第 279 号龛立面图

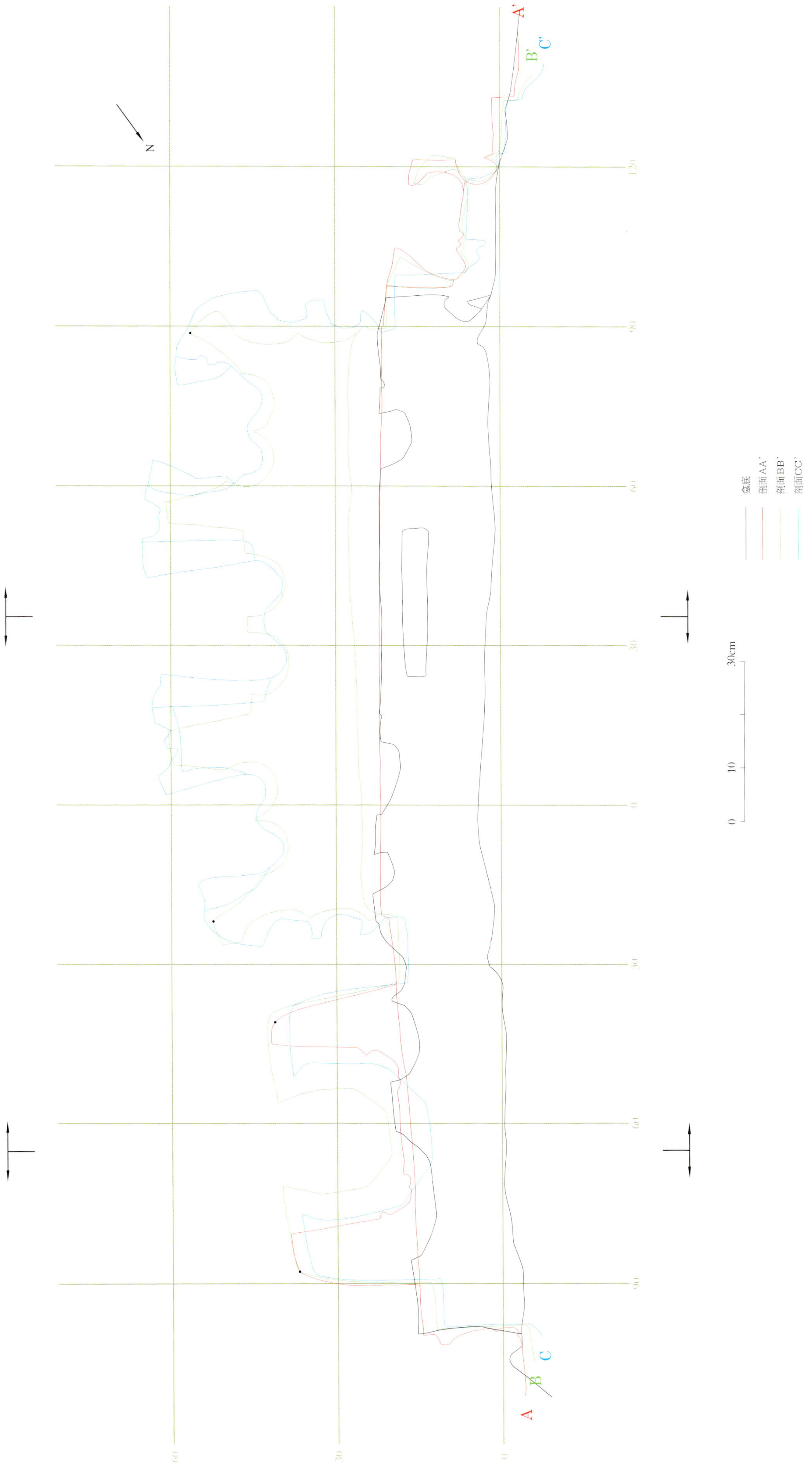

图 243　第 279 号瓮平面图

1　　　　　　　　　　　　　　　　　　　2

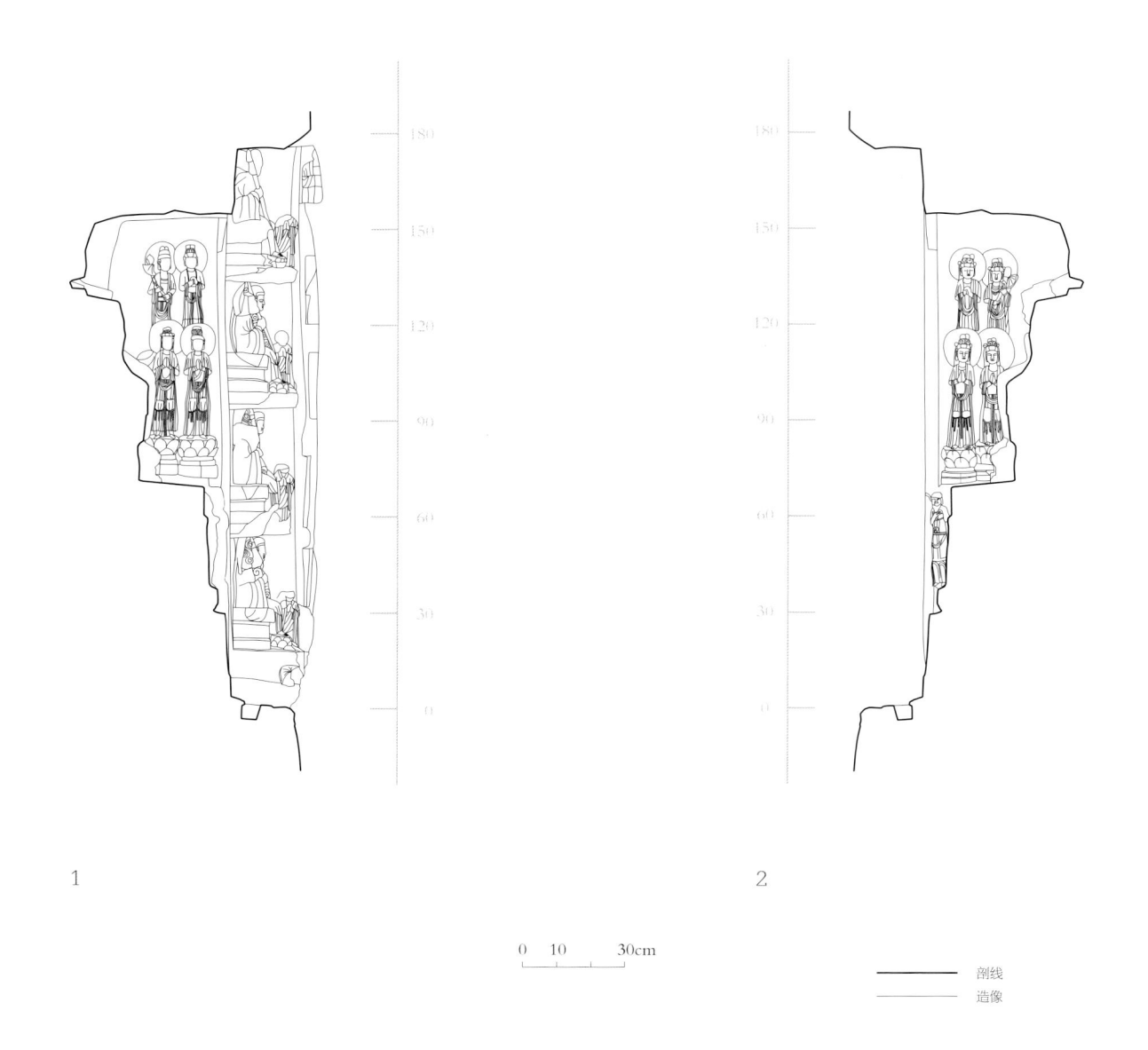

图 244　第 279 号龛左内龛剖面图
1　左剖图　2　右剖图

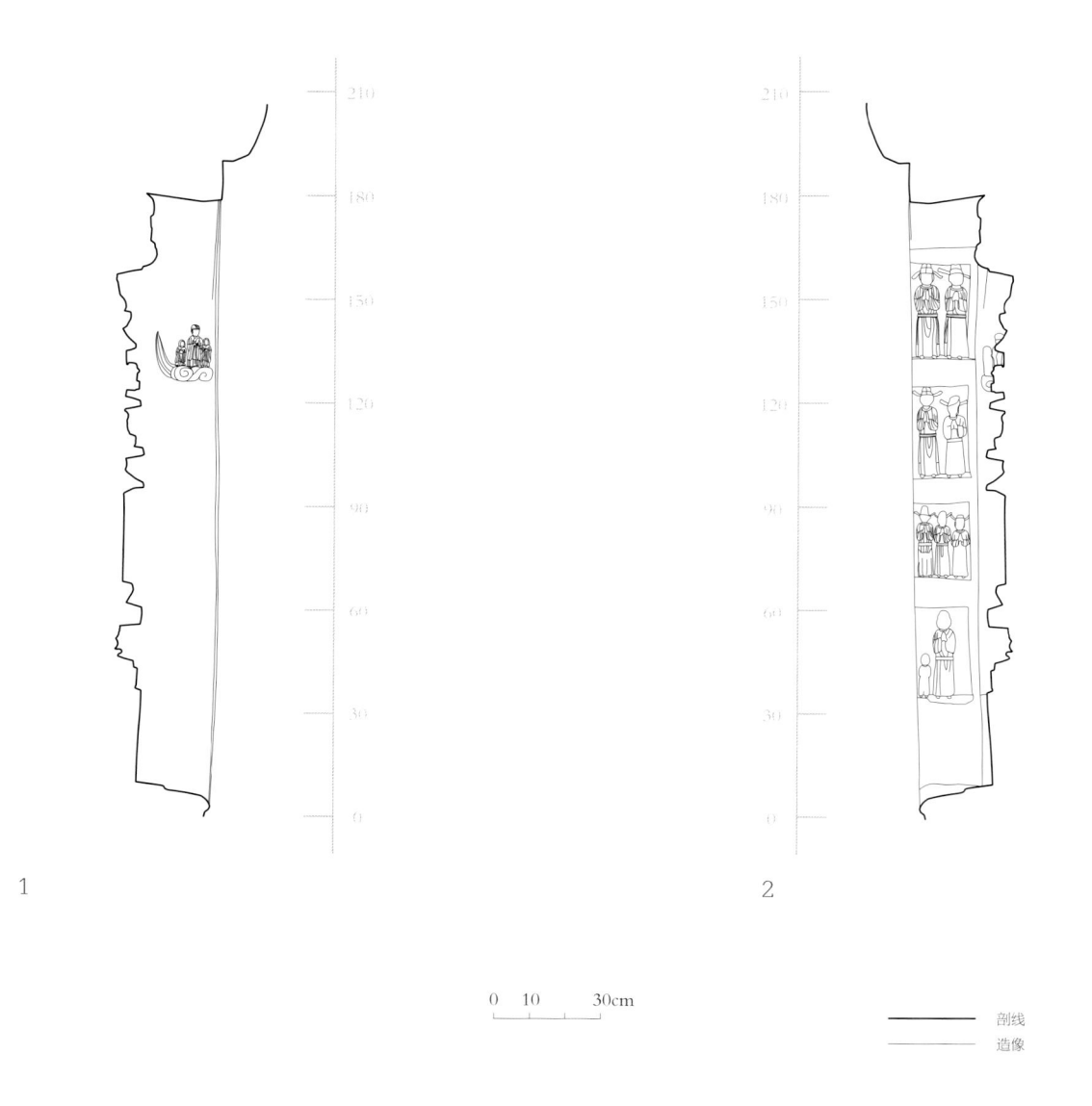

1　　　　　　　　　　　　　　　　　　　2

图 245　第 279 号龛右内龛剖面图
1　左剖图　2　右剖图

326　大足石刻全集　第三卷（上册）

刻一佛二菩萨主尊坐像3身，三像间各刻立式侍女像1身（图版Ⅰ：322）。

佛像　头毁，存残痕，残坐高38厘米，肩宽19厘米，胸厚12厘米。浮雕桃形素面头光，头光刻作内外圆环相叠，内环直径12厘米，外环直径21厘米；边缘刻火焰纹。身光为椭圆形，边缘刻火焰纹，显露最宽35厘米。内着僧祇支，外披双领下垂式袈裟，下着裙。左手抚膝，右手置胸前，自腕残断；跣足，略残，踏仰莲台，倚坐于须弥座上。座高32.5厘米，宽34厘米，深21厘米；座前二仰莲台高9厘米，直径11厘米。

佛像背光左右各刻菩提树一株，树冠占据上方空隙壁面。头光左侧树冠内，浮雕带盖的药钵一只，钵高8厘米，腹径9厘米；部分残。

左菩萨像　坐高34.5厘米，头长13.5厘米，肩宽14厘米，胸厚9厘米。浮雕桃形素面头光和椭圆形身光，头光横径28厘米，身光显露最宽31厘米；边缘皆刻火焰纹。头顶残，梳髻，戴卷草冠，冠带作结垂至肩后。面长圆，戴珠串耳饰，下垂至胸。胸饰璎珞，上部为两条圆弧下垂的珠串，其下垂挂"W"形珠串；其下再下垂三条长珠串，中间一条垂于足间，左右一条绕膝而过；绕膝珠串垂坠饰及短珠串，密布小腿。上着披巾，下着裙；披巾两端腹前相绕，并敷搭前臂下垂于座侧；腰带长垂足间。腕镯，左手腹前托圆轮，轮径5.5厘米，手及物略残，轮下刻云纹；右手抚膝，跣足踏仰莲台，倚坐于束腰仰莲座上。座通高30厘米，上部为三重仰莲台，直径27厘米；中部为束腰圆台，直径18厘米；下部为两阶圆台叠涩，上阶直径22厘米，下阶直径24厘米；莲台通高12厘米，直径9厘米。

右菩萨像　坐高35厘米，头长12.5厘米，肩宽14厘米，胸厚9厘米。浮雕桃形素面头光和椭圆形身光，头光横径29厘米，身光显露最宽32厘米；边缘皆刻火焰纹。左手抚膝；右手腹前托圆轮，轮残毁去半，直径约6厘米；余同左菩萨像。

左侍女像　立像高37厘米。头顶残，梳髻，面长圆，内着交领服，外披袈裟；下着裙。双手胸前合十，跣足，略蚀，立于山石台上。台高25厘米，深4.5厘米。

右侍女像　立像高36厘米，双手于左肩处握持六环锡杖；锡杖竖立于身左侧。通长51厘米，杖首呈桃形，足鞋，余同左侍女像。

2. 左右侧壁

各刻立式菩萨像4身，作上二下二两排对称布置（图246；图版Ⅰ：323、图版Ⅰ：324）。其中，上排两身双足隐于前排二像之后，身下刻出少许云纹；下排两身立于仰莲台上。从上至下，从外至内编为左第1—4像、右第1—4像。其造像特征列入表48。

表48　第279号龛左内龛左右侧壁菩萨像特征简表

左侧壁	造像特征	右侧壁	造像特征
1	显露立高约25.5厘米，有圆形素面头光，直径10厘米；梳高髻，戴小冠，冠带作结下垂及肩；面长圆，上着披巾，下着裙；披巾两端腹前交叠，敷搭前臂后下垂体侧；腕镯，双手胸前作拱。	1	显露立高约24厘米，有圆形素面头光，直径11厘米；余同左侧壁第1像。
2	显露立高约26.5厘米，颈细长，胸饰璎珞，双手握持带茎莲花和莲蕾，余同第1像。	2	显露立高约23厘米，有圆形素面头光，右侧隐于第1像头光后；余同左侧壁第2像。
3	立像高约35厘米，有圆形素面头光，直径10厘米；梳高髻，戴小冠，冠带作结下垂及肩；面长圆，胸饰璎珞，下垂三条长珠串，中间一条垂至足间，左右一条绕膝隐于身后；膝部珠串垂挂三条珠串。上着披巾，下着长裙；披巾两端腹前交叠，敷搭前臂后下垂体侧；腰带长垂足间。腕镯，双手胸前合十，跣足立于仰莲台上。台高12.5厘米，直径12厘米。	3	立像高26厘米，余同左侧壁第3像。
4	同第3像。	4	立像高24厘米，余同左侧壁第3像。

3. 龛底低坛立面

横刻神将像12身，各直立于如意头云纹上（图247；图版Ⅰ：325）。云纹连续，与龛底等宽，高8.5厘米，深4.5厘米。神将像高约30厘米，从左至右编为第1—12像。

第1像　梳髻，戴束发冠，冠带上扬。面方圆，内着袍，袖摆扎结；外罩裲裆甲，胸际系索，腰系圆护、鹘尾、抱肚；腿裙下垂双足。身有飘带，下垂腹前，两端折叠后折入腰带内，再下垂体侧。身左侧，双手拱于胸前，足鞋。

第2像　头顶稍残，戴盔，顿项披垂；面方，身内着袍，袖摆扎结，下摆锐角垂腿间；外着裲裆甲。胸际系索，腰系圆护、鹘尾；腿裙垂于双膝处。身微右侧，双手拱于胸前，足鞋。

第3像　头盔，顶稍残，顿项翻卷；双手置于胸前，自前臂残；身微右侧，余与第1像同。

第4像　头顶略残，戴束发冠；脸形椭圆，余与第2像同。

第5像　戴盔，顶缨，顿项披垂，肩系巾，身微右侧，余与第1像同。

第6像　头大部残，戴盔，顿项翻卷；身正面，余与第2像同。

第7像　头顶略残，面方，下颌刻须；身正面，余与第2像同。

第8像　头面部分残，身正面，余与第1像同。

第9像　头顶略残，身正面，余与第3像略同。

第10像　头顶略残，身正面，余与第2像同。

第11像　身微右侧，余同第1像。

第12像　头面略残，刻连鬓胡须；左手屈肘持镜，镜系饰带；右手捻胡须，身左侧。余同第2像。

4. 龛顶

中刻覆莲，内圆素平，直径18厘米；边缘刻覆莲瓣，宽6厘米。华盖左右刻乐器9件，均系带作结（图248；图版Ⅰ：326）。从左至右编为第1—9件。其规格列入表49。

表49　第279号龛左内龛龛顶乐器规格简表

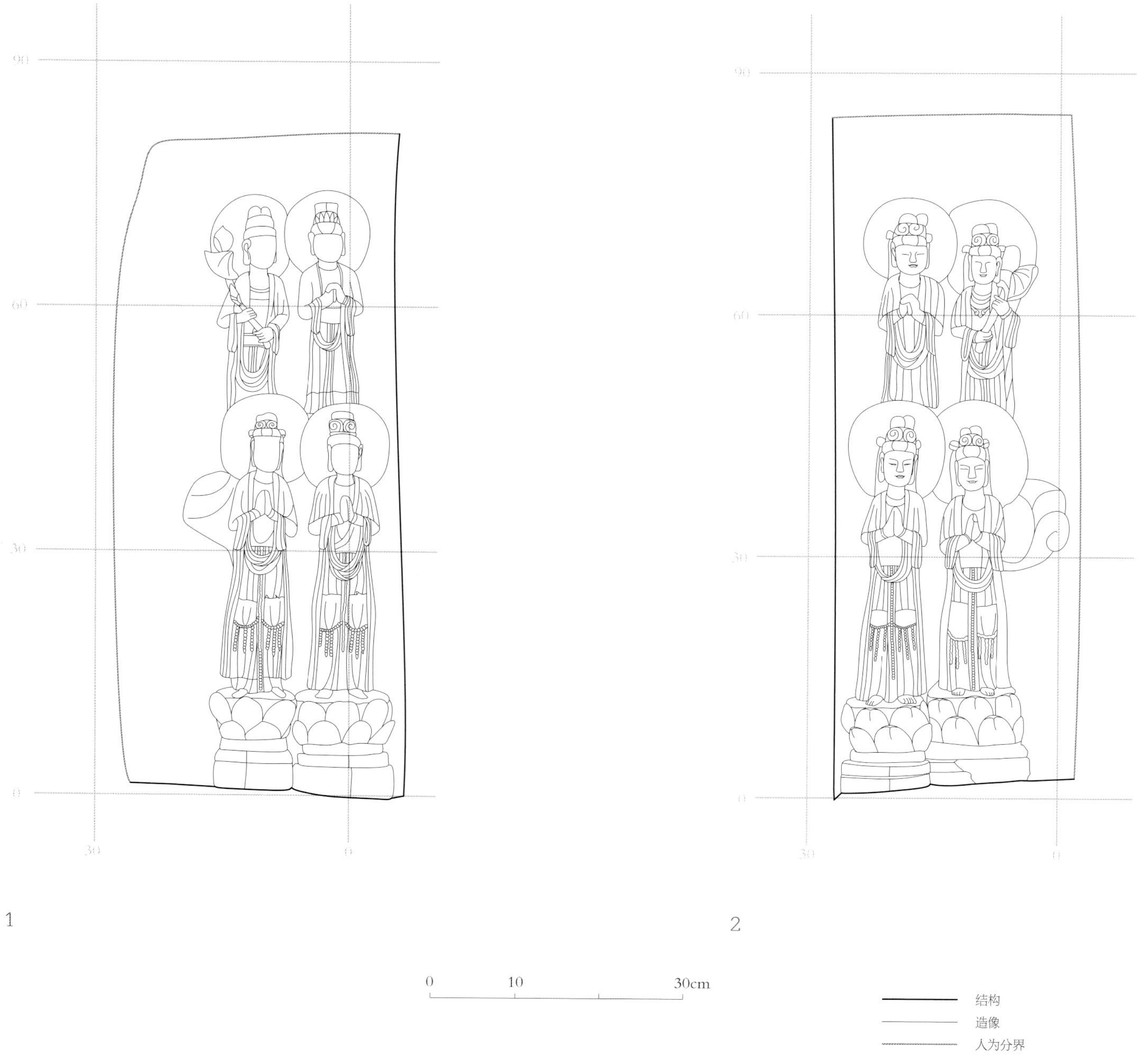

图246　第279号龛左内龛左、右侧壁立面图
1　左侧壁　2　右侧壁

编号	乐器名	规格
1	琴	长12厘米，最宽1厘米。
2	箜篌	高14厘米，最宽7厘米。
3	笙	高12厘米，最宽2.5厘米。
4	六合拍板	高10厘米，上宽1.5厘米、下宽6厘米。
5	鼓	高10厘米，面径7厘米。
6	四弦琵琶	高17厘米，箱体宽7厘米。
7	方响	高8.5厘米，宽8厘米。
8	筝	长14.5厘米，宽3厘米。
9	笛	长13厘米，径1厘米。

龛顶左右端刻飞天2身（图248）。身长约32厘米。梳髻，面蚀；袒上身，下着裙。身饰飘带，环状绕于头后，经腋下飘飞体侧。腕镯，双手外展持物，物蚀难辨；双足不现。面向龛外，作飞翔状。

（二）右内龛

龛正壁刻经幢1座，左右壁上部对称各刻立像3身。

经幢 下起龛底，上与龛顶相接，通高119厘米，分为幢座、幢身、幢顶三部分（图249、图250；图版Ⅰ：327）。

幢座，为束腰须弥座，通高24厘米。下部为两阶八边形方台叠涩，左右侧面各刻半身力士像1身，高6厘米，皆残；戴盔，身着甲，扭头仰面，双手斜伸，作抬举状。中部束腰处刻两条盘龙，龙首刻于正面，吻前凸略长。上部为八边形方台，显露七面，正向三面刻坐像4身，皆残，高约5.5厘米；头盔，身甲，双手腹前挂斧或持剑，其中左起第2像手残。身饰飘带，倚坐，足鞋，足下刻云纹。座上方刻双层仰莲台，高6厘米，略残。

幢身，平面呈八边形，共四级，通高75厘米。

第一级幢身，呈八边形，高27厘米；现七面，正向三面刻"佛顶尊胜陀罗尼经"，其余各面素平。第一重幢檐，檐角起翘，装饰绳幔。檐下刻向龛外飘飞的二飞天像，上身衣饰不明，下着裙；身饰飘带，双手外展托物。

第二级幢身，呈圆柱形，高3厘米；饰卷草纹。第二重幢檐饰云纹，檐上刻6身结跏趺坐像，坐高约6厘米，除左右外侧像外，其余皆有椭圆形背光；身着袈裟，双手或持物、或抚膝、或笼于袖内，结跏趺坐。

第三级幢身，呈八边形，高10.5厘米。外层五面各刻坐佛1身，高6.5厘米。有椭圆形背光。身着袈裟，双手置腹前，结跏趺坐于仰莲台上。第三重幢檐，檐角下垂，略残。

第四级幢身，呈八边形，高13.5厘米。刻楼阁一座，屋身正面刻双扇门，左右两面刻直棂窗；其余各面素平。屋身前侧刻三座单重亭阁，亭阁屋身现出三面，各面开圆拱门洞；屋身下部环刻勾栏一列；亭阁间以虹桥相连。虹桥边缘刻饰勾栏，桥拱下部刻外凸的螭首，部分残。屋顶即为第四重幢檐，呈八边形，翼角起翘，屋面刻出瓦垄、瓦沟。

幢顶，高16厘米，由下至上，依次刻仰莲花、宝珠和幢尖。幢尖略残，与龛顶覆莲相接。覆莲略蚀，直径约16厘米。

左侧壁立像 3身，置于"L"形云纹内（图251；图版Ⅰ：328）。其中，居中像高12厘米，戴冠，侧面，上着交领宽袖服，下着裙；裙腰上束至胸，双手胸前持笏，足鞋。左侍女像高8厘米，梳髻，圆脸；上着交领宽袖服，下着裙；裙腰上束至胸；双手腹前相握，足鞋。右侍女像高7.5厘米，与左侍女像略同。云纹云头高5厘米，宽12厘米，厚2厘米，云尾斜向上飘。

右侧壁立像 3身，风蚀略重，可辨特征与左侧壁造像略同（图252；图版Ⅰ：329）。

此外，在左、右内龛上沿横刻坐佛一排10身（图242；图版Ⅰ：321）。佛像坐高约15厘米，有线刻的圆形背光，直径17.5厘米。水波纹发，面蚀，上着双领下垂式袈裟，下着裙，结跏趺坐于仰莲台上。台高4.5厘米，略蚀。佛像手姿不一。其中，从左至右第1、3、9像双手腹前笼于袈裟内；第2、4、6、8、10像双手胸前隐于袈裟内；第5像左手腹前结印，右手抚膝；第7像双手腹前结印。左、右内龛下沿刻山石、带茎莲叶、莲苞等，略残。

图 247　第 279 号龛左内龛龛底神将像效果图

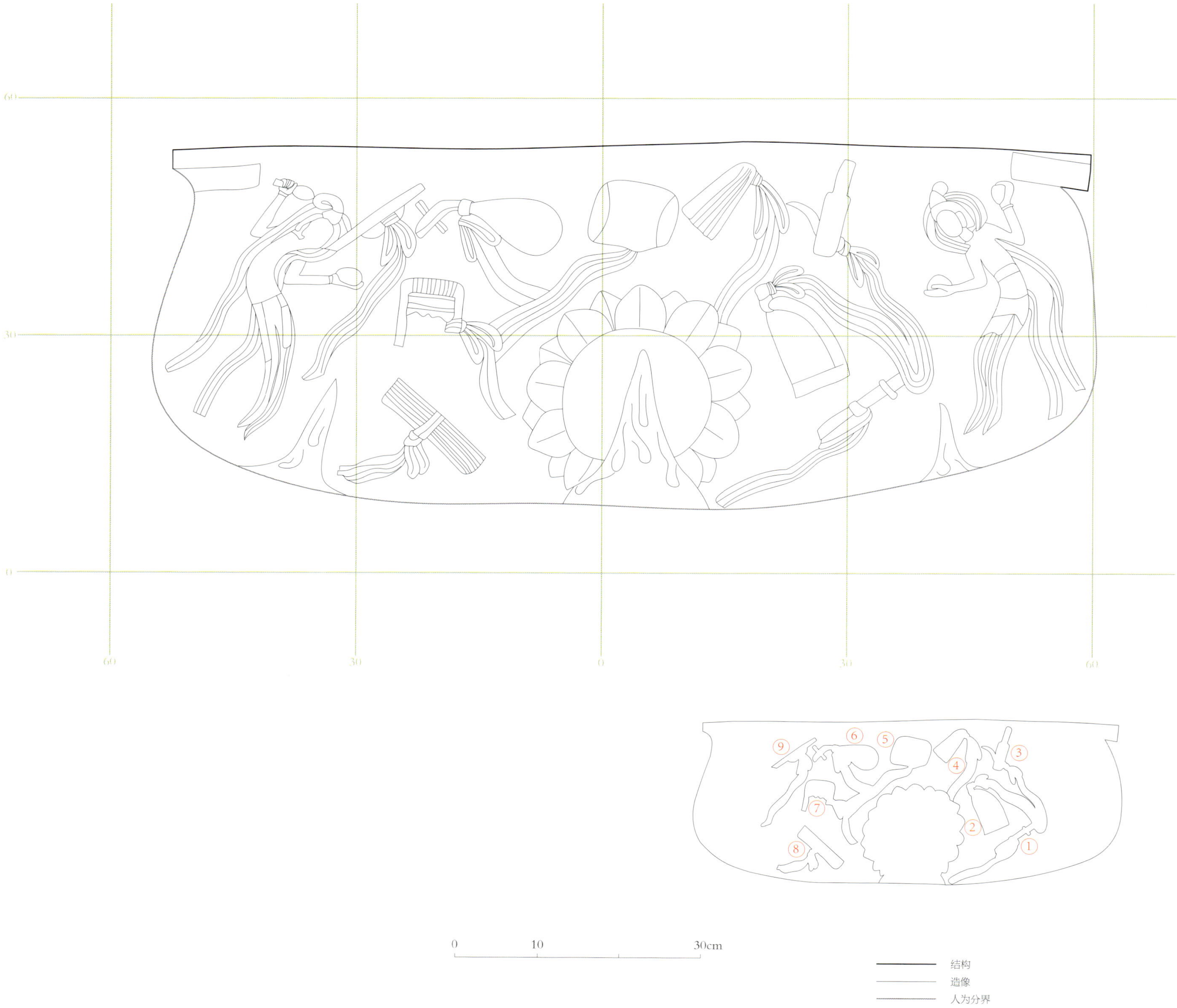

图 248　第 279 号龛左内龛龛顶仰视及乐器编号图

330　大足石刻全集　第三卷（上册）

（三）外层龛

分别刻于外层龛与左内龛之间壁面和外层龛右沿内侧壁。

1. 外层龛与左内龛之间

刻像8身。自上而下分为四组。除保存状况略有差异外，其造像特征、布局基本相同。每组均刻一坐式菩萨，其左侧立一弟子像（图253；图版Ⅰ：330）。造像皆置于方台上，台高3.5—9.5厘米，挑出壁面22厘米；部分残。按从上至下依次编为第一至四组，并以现存最为完整的第二组为例介绍于后。

菩萨像　坐高23厘米。浮雕圆形素面头光和身光，直径分别为15、22厘米。头戴披帽，披幅覆肩。披幅上端斜出一带，绕于头后。圆脸，内着双层交领服，外披袈裟，下着裙。左手腹前托珠，珠略残；右手持六环锡杖，锡杖全长36厘米，杖首略残，作桃形，位于右肩。盘左腿，垂右腿，跣足踏仰莲，右舒相坐于须弥座上。座通高12厘米，座前刻两朵仰莲，左莲蕊向外，右蕊心向上；莲高3厘米，直径6厘米。两莲间刻伏兽一只，兽略风蚀，可辨轮廓。

弟子像　高20.5厘米，头大部残，内着交领窄袖衫，外披袈裟，下着裙。双手胸前合十，足鞋。

2. 外层龛右沿内侧

自上而下开四个方形浅龛，规模相近，高约22—27.5厘米，宽15.5厘米，深2厘米。从上至下编为第1—4龛（图254；图版Ⅰ：331）。

第1龛　内刻立像2身。左像高27厘米，戴翘脚幞头，幞脚略上扬；面蚀，上着圆领窄袖服，腰束带，双手似合十，着鞋站立。右像高27厘米，头戴硬脚幞头，余与左像略同。

第2龛　内刻立像2身。左像高23.5厘米，戴翘脚幞头。面蚀，身剥蚀，衣饰不明。双手合十，着鞋站立。右像高26厘米，与第1龛左像同。

第3龛　内刻立像3身。左像高18厘米，戴翘脚幞头，身蚀略重，可辨双手合十，足鞋。中像高19.5厘米，戴翘脚幞头，仅存少许；身略蚀，可辨身着圆领窄袖长服，腰束带，双手合十，足鞋。右像高20.5厘米，头部分残，存翘脚幞头幞脚；余特征与中像同。

第4龛　内刻立像2身。左像高25厘米，头部分残，身略蚀，余与第1龛左像同。右像高12厘米，风蚀甚重，细节不明。

（四）龛外

龛外左侧竖直壁面（界面左内侧壁面）自上而下开五个方形浅龛（图255；图版Ⅰ：332）。龛残毁，仅存少许遗迹；造像仅存最上方龛内的一身立像。立像头毁，残高20厘米；身左侧大部残，可辨着内衣，外披对襟衫，双手笼袖内，拱于胸前；自小腿以下躯体毁。

四　铭文

2则。

第1则

佛顶尊胜陀罗尼经，后蜀广政十八年（955年）。经文刻于右内龛经幢第一级幢身外侧三面。刻石面高24厘米，通宽24厘米；文左起，竖刻10行，存100字，字径1厘米（图版Ⅱ：27）。

01　佛顶尊胜陀罗尼曰

02　曩谟薄伽跋帝□□□迦钵啰底

03　毗失瑟吒耶勃陀耶〔薄〕伽跋帝〔怛〕侄

04　他唵毗输驮耶三摩三□□□

05　婆婆婆钵啰弩揭帝迦□郁

06　娑婆嗨秫地阿鼻诜者□揭

07　多伐折郁阿蜜嘌多毗晒〔罽〕阿诃

图 249　第 279 号龛右内龛经幢等值线图

图 250　第 279 号龛右内龛经幢效果图

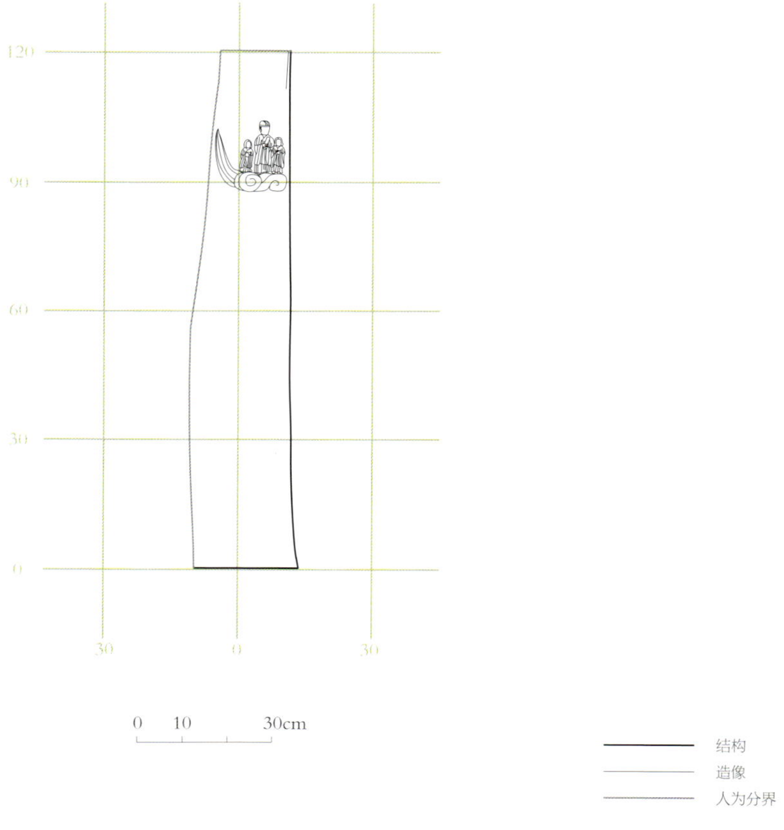

图 251　第 279 号龛右内龛左侧壁立面图

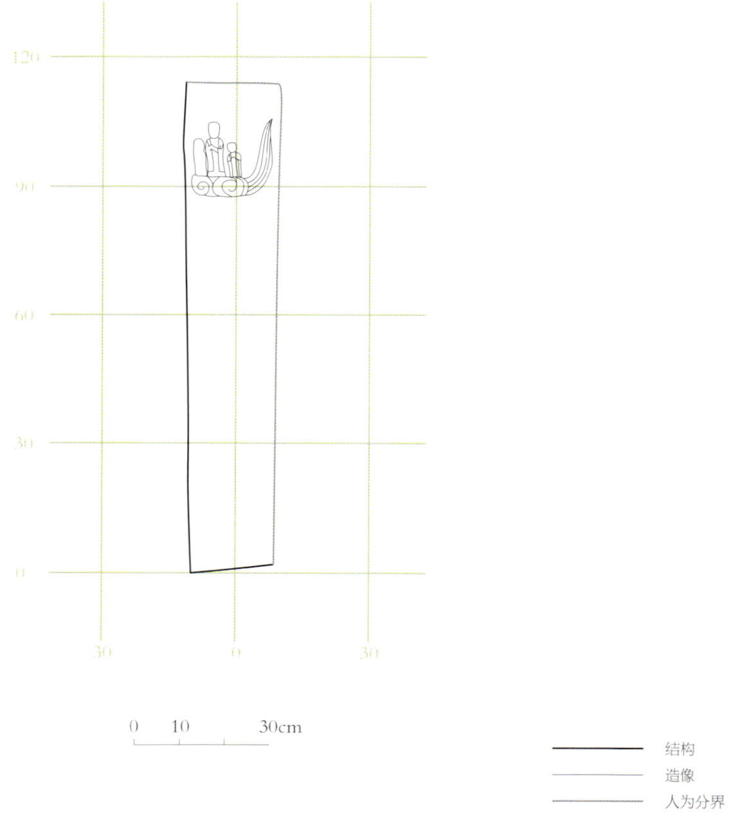

图 252　第 279 号龛右内龛右侧壁立面图

332　大足石刻全集　第三卷（上册）

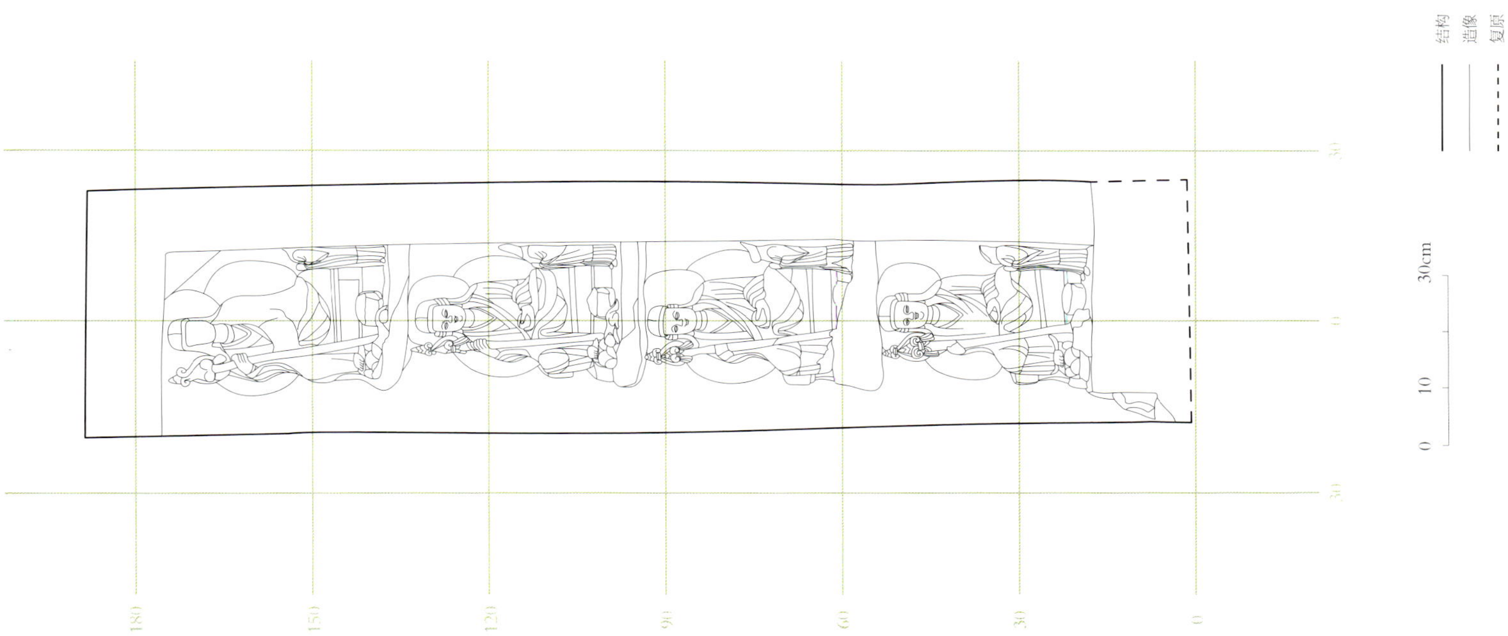

图 253　第 279 号龛外层龛与左内龛之间的造像立面图

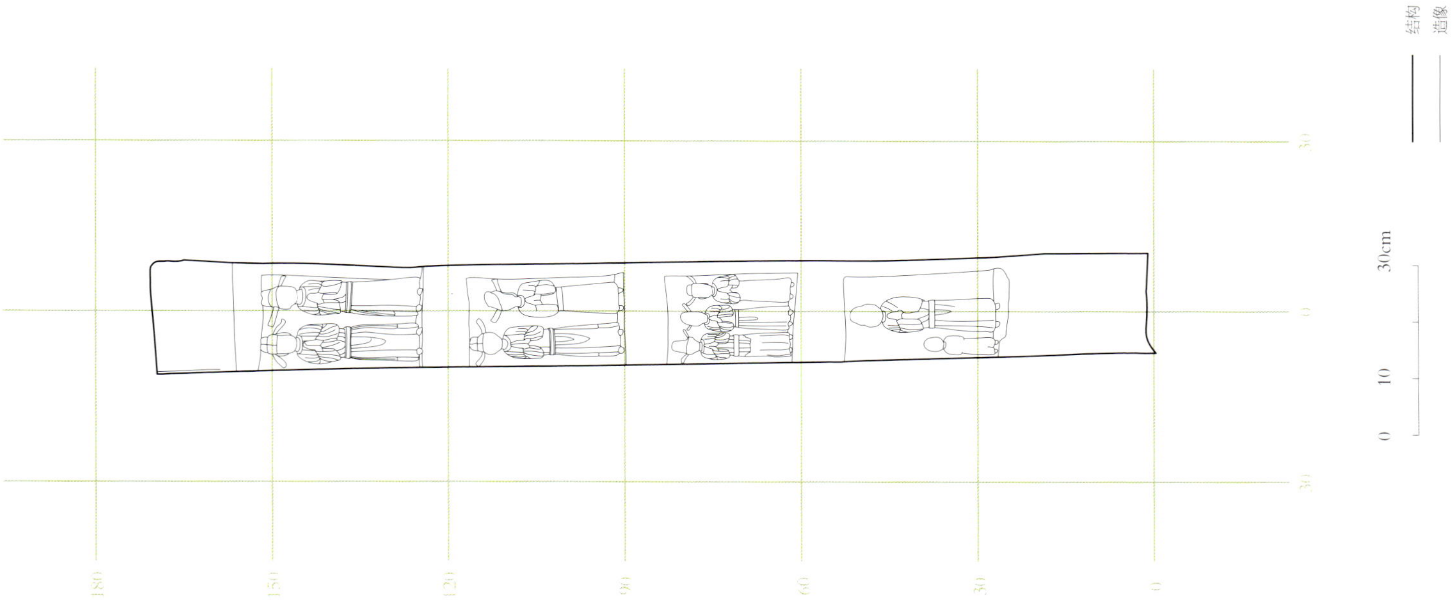

图 254　第 279 号龛外层龛十进内侧浅龛立面图

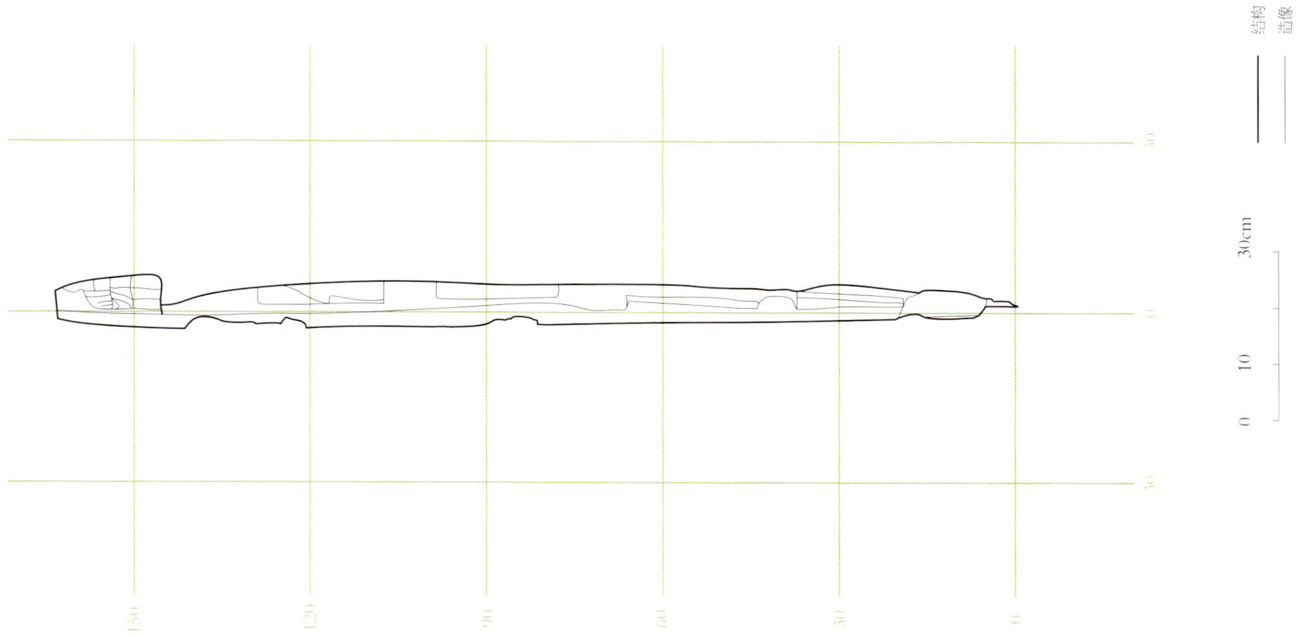

图 255　第 279 号龛外侧左侧竖直壁面浅龛立面图

第四章　第 250—284 号　333

08　罗阿诃啰阿瑜散□□□□驮

09　耶输驮耶哦哦□□□□地乌瑟

10　尼沙毗舍耶秣提□□萨啰[1][3]

第2则[2]

王承秀造药师变龛记，后蜀广政十八年（955年）。位于左、右内龛之间的壁面。刻石面高12.2厘米，宽15厘米，文右起，竖刻4行，存148字，楷体，字径2厘米（图版Ⅱ：28）。

01　弟子通引官行首王承秀室家女弟子救脱部众并十方佛阿弥陀佛尊胜幢[3]地藏菩萨四身共一龛[4]

02　氏发心诵念药师经一卷并舍钱妆此龛劭氏同发心造上件□□今已成就伏冀福寿长远灾障不侵〔眷属〕□□公私清吉以广政十

　　八年二月廿四日修斋表

03　德意希保家门之昌盛保夫妇以康和男福□□□□妇□□子李氏△周氏△女二娘子△四娘子□□□□娘子女婿于承江△子五香二香三香

04　△△△△△△△△△△△通引行首王承〔秀〕[4]

此外，在本则铭文第4行上方另右起竖刻"女肖休灾殃不染以咸平四年四月十八日修挂幅斋表白记"2行24字（图版Ⅱ：28），楷体，字径2厘米。

五　晚期遗迹

（一）铭文

解氏妆銮尊胜幢龛记，北宋咸平二年（999年）。位于右内龛外正下方。刻石面高19厘米，宽19厘米，文左起，竖刻6行33字，楷体，字径2—3厘米（图版Ⅱ：29）。

01　妆銮尊胜幢

02　一所

03　右女弟子董氏为

04　女解氏造以咸平

05　二年三月三十日修

06　斋[5]表赞讫

此外，本则铭文左侧竖刻"女解氏"一行3字，字径3厘米；右侧竖刻一行，字数不明，可辨"维日"二字，字径2厘米。

（二）构筑和妆绘

龛内左龛主尊头部、右手残毁处各存一孔洞，直径分别为4、2厘米，深分别为5、2厘米。

龛底左侧中部凿有凹槽，长27.5厘米，宽4.5厘米，深7厘米。

龛内保存灰白色、红色两种涂层。

1　本则铭文录文与《大足石刻铭文录》略异。重庆大足石刻艺术博物馆编：《大足石刻铭文录》，重庆出版社1999年版，第21页。
2　本则铭文录文与《大足石刻铭文录》略异。同前引。
3　此"幢"字《大足石刻铭文录》录为"憧"。根据文意，此"憧"字应为"幢"的误刻。同前引。
4　《大足石刻铭文录》在"龛"后录有"佛保"二字。现据其位置及字体推断，此二字应为后世增刻。同前引。

第二十九节　第280号

一　位置

位于第279号龛下方。左距第278号龛45厘米，右距壁面转折处的修补条石面50厘米；上距第279号龛7厘米，下距地坪5厘米。龛口西向，方向280°。

二　形制

龛口　从崖壁表面平直凿进最深约13厘米形成龛口（图256；图版Ⅰ：333）。龛口方形，外缘高102.5厘米，宽92.5厘米。左沿宽12厘米，大部残损；右沿宽12.5厘米，大部残；上沿宽11厘米；下沿未刻。龛口内缘高91.5厘米，宽68厘米，至后壁最深43厘米。龛口左右上角凿三角形斜撑，部分残，高11.5厘米，宽13厘米，厚约3厘米；斜边平直；低于沿面0.5厘米。龛外左右侧皆延展凿出平整面，左平整面高100厘米，宽45厘米，右平整面高103厘米，宽31厘米。

龛底　呈半圆形。左右侧壁各建低坛一级，高皆9厘米，深3厘米。

龛壁　弧壁，左右外端略残，与龛顶弧面相接。

龛顶　券顶。

三　造像

刻像9身（图版Ⅰ：333）。其中，中刻主尊坐像1身，左右各刻侍者立像1身；龛底低坛共刻供养人像6身。

主尊像　残毁甚重，残坐高36厘米。浅浮雕圆形素面背光，直径46厘米。可辨头冠遗迹、座前帛带及左手撑台的姿势。座为须弥座，部分残，高20厘米。座下刻方形山石台，宽出座台5.5厘米。

主尊头顶上方刻圆形华盖，高11厘米，直径32厘米。华盖顶部刻覆莲瓣，四周阴刻花卉和卷草。

主尊左右各刻立式侍者像1身，皆残毁甚重，残高38厘米。

供养人像　残毁甚重，可辨身躯轮廓；其中，左侧低坛刻2身，右侧低坛刻4身，残存轮廓高12—22厘米。

四　铭文

佚名残镌记，宋。位于龛外左平整面。刻石面高40厘米，宽42厘米；文左起，竖刻15行，存20字，楷体，字径2厘米（图版Ⅱ：30）。

01　（漶）
02　（漶）
03　（漶）
04　（漶）
05　（漶）
06　（漶）
07　（漶）作天下（漶）
08　（漶）同圣人之（漶）
09　（漶）圣人之（漶）
10　（漶）禹恩天（漶）

11 （漶）此□音（漶）
12 （漶）
13 （漶）壹龛（漶）
14 （漶）延长男（漶）
15 （漶）

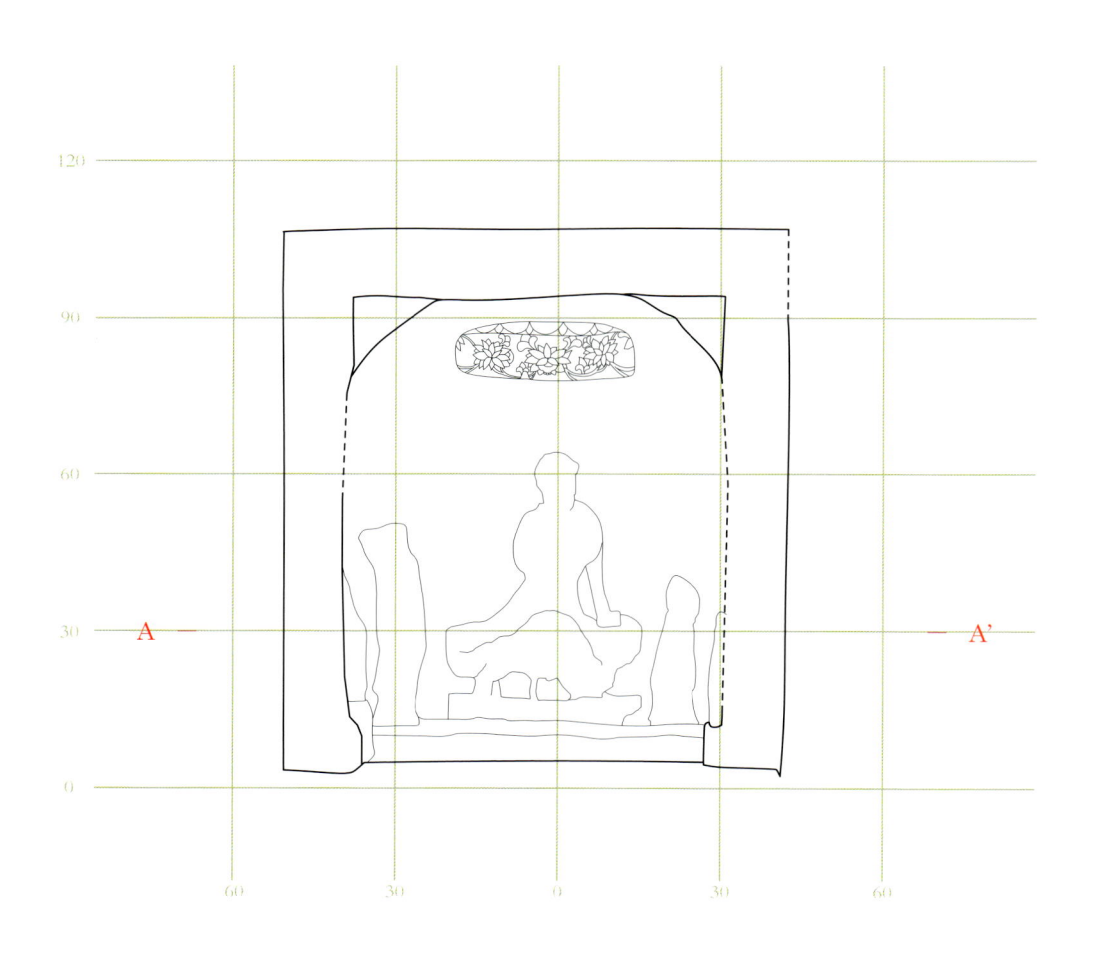

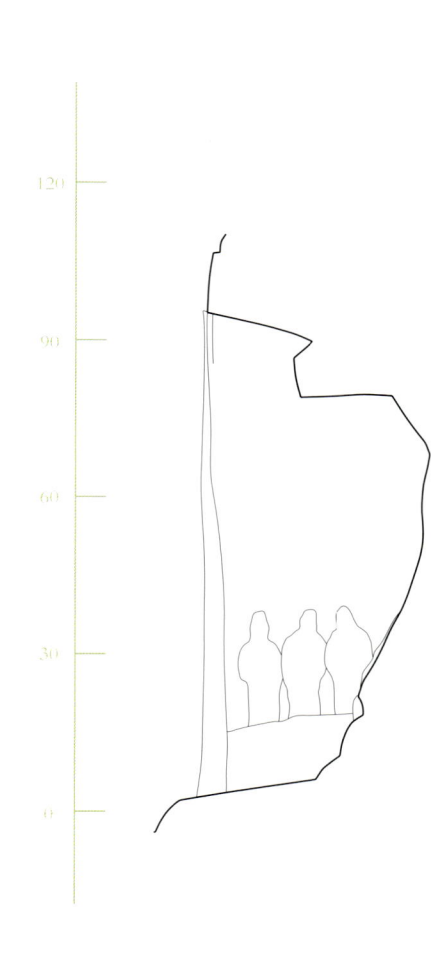

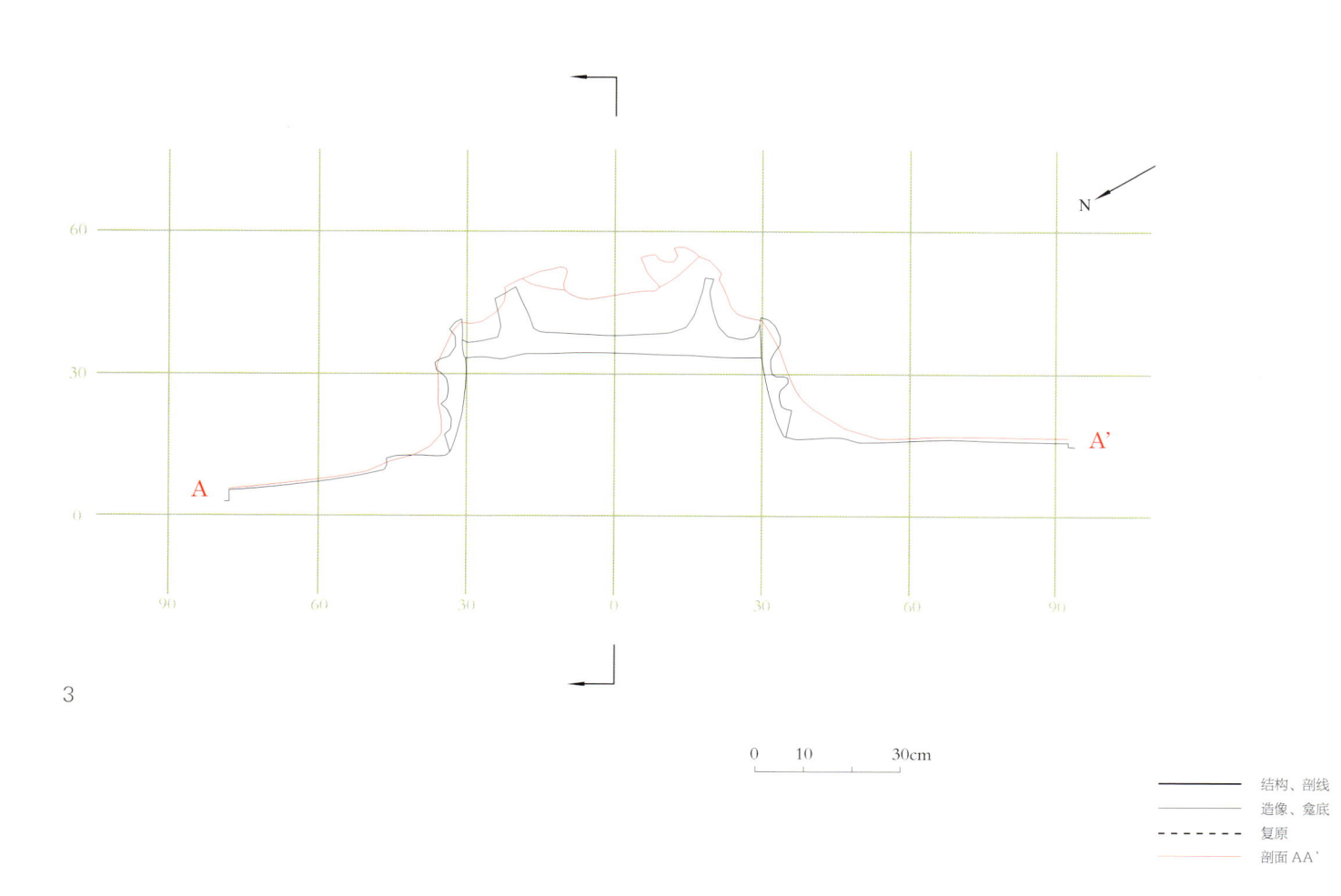

图 256　第 280 号龛平、立、剖面图
1　立面图　2　剖面图　3　平面图

第三十节　第281号

一　位置

位于第279号龛右侧转折向西外凸岩体的南壁中部。左与第279号龛水平相距91厘米，右侧纵向布置第282、283、284号龛，分别相距16、11、9厘米；上距岩顶62厘米，下距地坪110厘米。

龛口南向，方向181°。

二　形制

双层方形龛（图257、图258；图版Ⅰ：334）。

外龛　从崖壁表面平直凿进最深约33厘米形成外层龛口。外层龛口方形，高191厘米，宽235厘米，至内层龛口深21厘米。左沿较完整，宽10厘米；右沿宽13厘米，部分残；上沿宽10厘米，大部毁；下沿宽20.5厘米，略残。龛口左右上角凿三角形斜撑，部分残。外层龛口内凿左右二内龛。

左内龛　龛口方形，高112厘米，宽52厘米，至后壁深约21厘米（图259、图261、图262）。龛口上方及右侧阴刻线纹，作为沿面分界线；左右沿及上沿宽约5.5厘米，下沿宽约14厘米。龛口左右上角凿三角形斜撑，高8厘米，宽7.5厘米，斜边弧形；低于龛口1厘米。龛正壁竖直，与左右侧壁略垂直相交；壁面与龛顶弧面相接。龛底呈梯形，龛顶为券顶。

右内龛　龛口方形，高118厘米，宽105.5厘米，至后壁深40厘米（图260、图263；图版Ⅰ：341、图版Ⅰ：342、图版Ⅰ：344）。左沿宽9厘米，右沿宽10厘米，略残，上沿与龛外上方壁面分界不明，下沿宽15.5厘米。左右沿内侧凿出宽4厘米的平整面。龛口左右上角凿三角形斜撑，高12厘米，宽10厘米，厚2.5厘米，斜边平直；低于龛口1厘米。龛正壁竖直，与左右侧壁弧面相接；壁面与龛顶略垂直相接。龛底呈方形，建低坛一级，高32厘米，坛面略呈半圆形，最深约13厘米。龛顶为平顶，呈半圆形，略蚀（图264）。

三　造像

据造像组合及布局，分为左内龛、右内龛、外层龛、龛外造像等四部分（图257；图版Ⅰ：334）。

（一）左内龛

正壁刻经幢1座，左右侧壁对称各刻立像3身，龛外上沿刻圆龛坐佛3身。

经幢　下起龛底，上与龛顶相接，通高110.5厘米，分幢座、幢身、幢顶三部分（图版Ⅰ：335）。

幢座，为束腰须弥座，高24厘米。下部为两阶八边形方台叠涩，正面左右端各刻半身力士像1身，高6厘米，皆残，侧面向龛外，双手外展，作抬举状。中部束腰处刻两条盘龙，龙首刻于正面，吻前凸略长。上部为八边形方台，部分残，正向三面刻坐像4身，皆残毁略重。从左至右第3像毁，从残迹看，余像皆高约6厘米，头盔，身甲，双手腹前挂斧或持剑。身饰飘带，倚坐，足残。座上方刻双层仰莲台，高5.5厘米，略残。

幢身，平面呈八边形，共四级，通高66厘米。

第一级幢身，呈八边形，高23.5厘米。现出七面，正向三面刻"佛顶尊胜陀罗尼经"，其余各面素平。第一重幢檐，檐角起翘，装饰绳幔；檐下刻向龛外飘飞的飞天2身，上身衣饰不明，下着裙，身饰飘带，双手外展，举持一物。

第二级幢身，呈圆柱形，高3.5厘米，饰卷草纹。第二重幢檐饰云纹，檐上刻出6身结跏趺坐像，坐高约6厘米，有椭圆形背光，身着袈裟，双手或持物、或笼于袖内、或抚膝。

第三级幢身，呈八边形，高10厘米。外层五面各刻坐佛1身，高6厘米，略蚀，衣饰不明，双手置腹前，结跏趺坐于云台上。第三重幢檐，檐角下垂，略残。

第四级幢身，呈八边形，刻攒尖顶楼阁一座。屋身高12.5厘米，正面素平，左侧设双扇板门，右侧设直棂窗，其余各面素平。屋

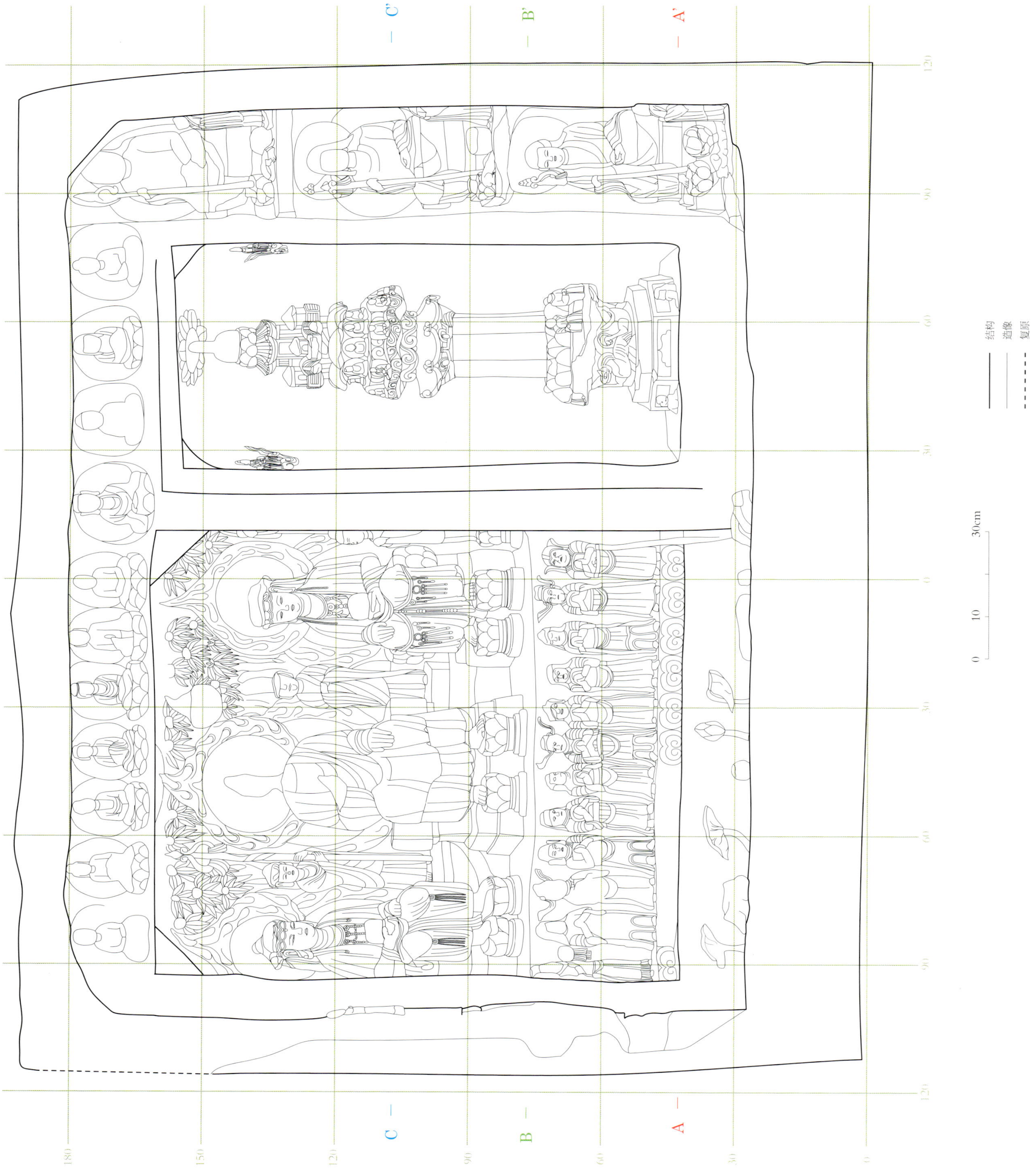

图 257　第 281 号龛立面图

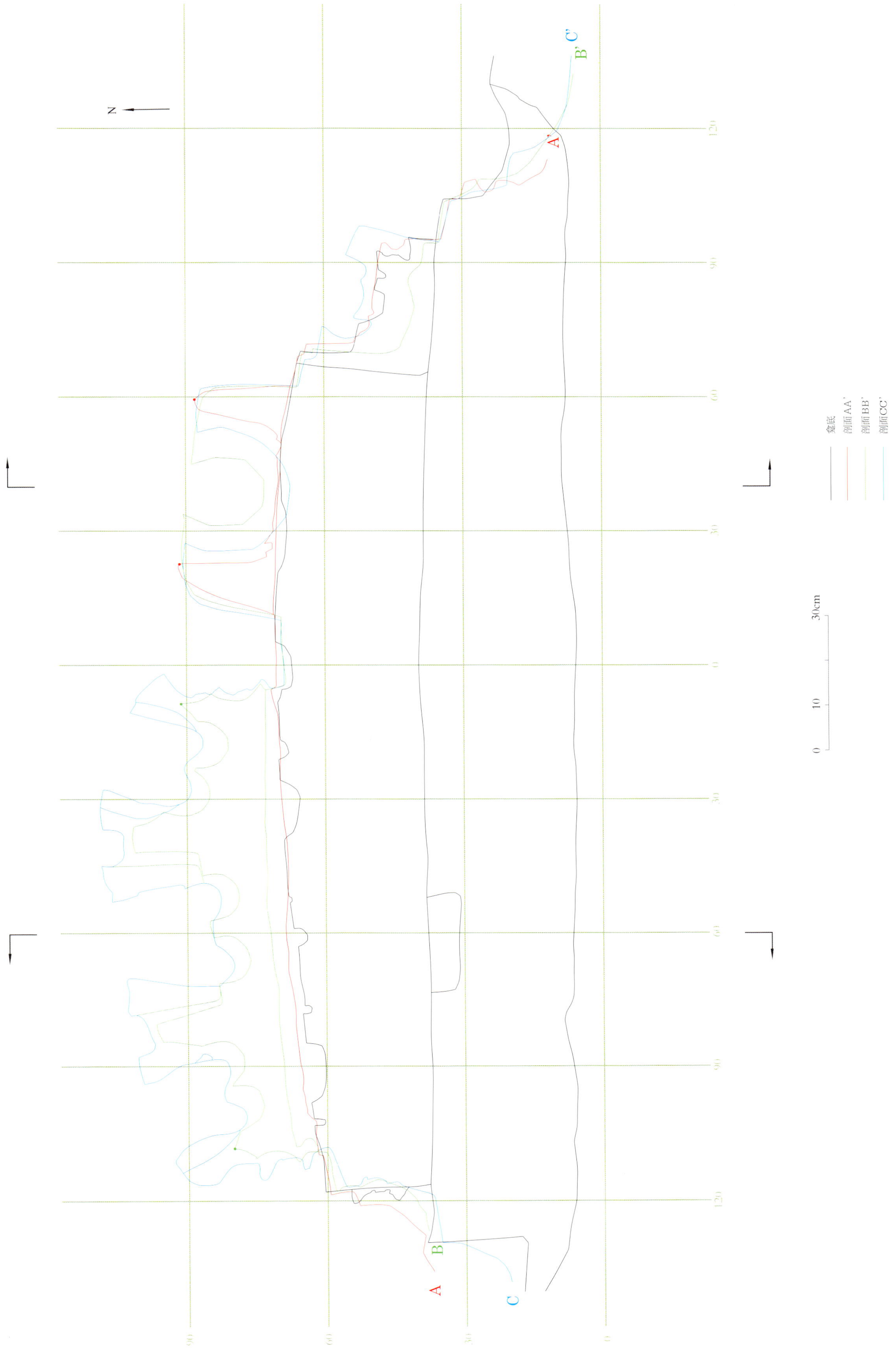

图 258　第 281 号瓮平面图

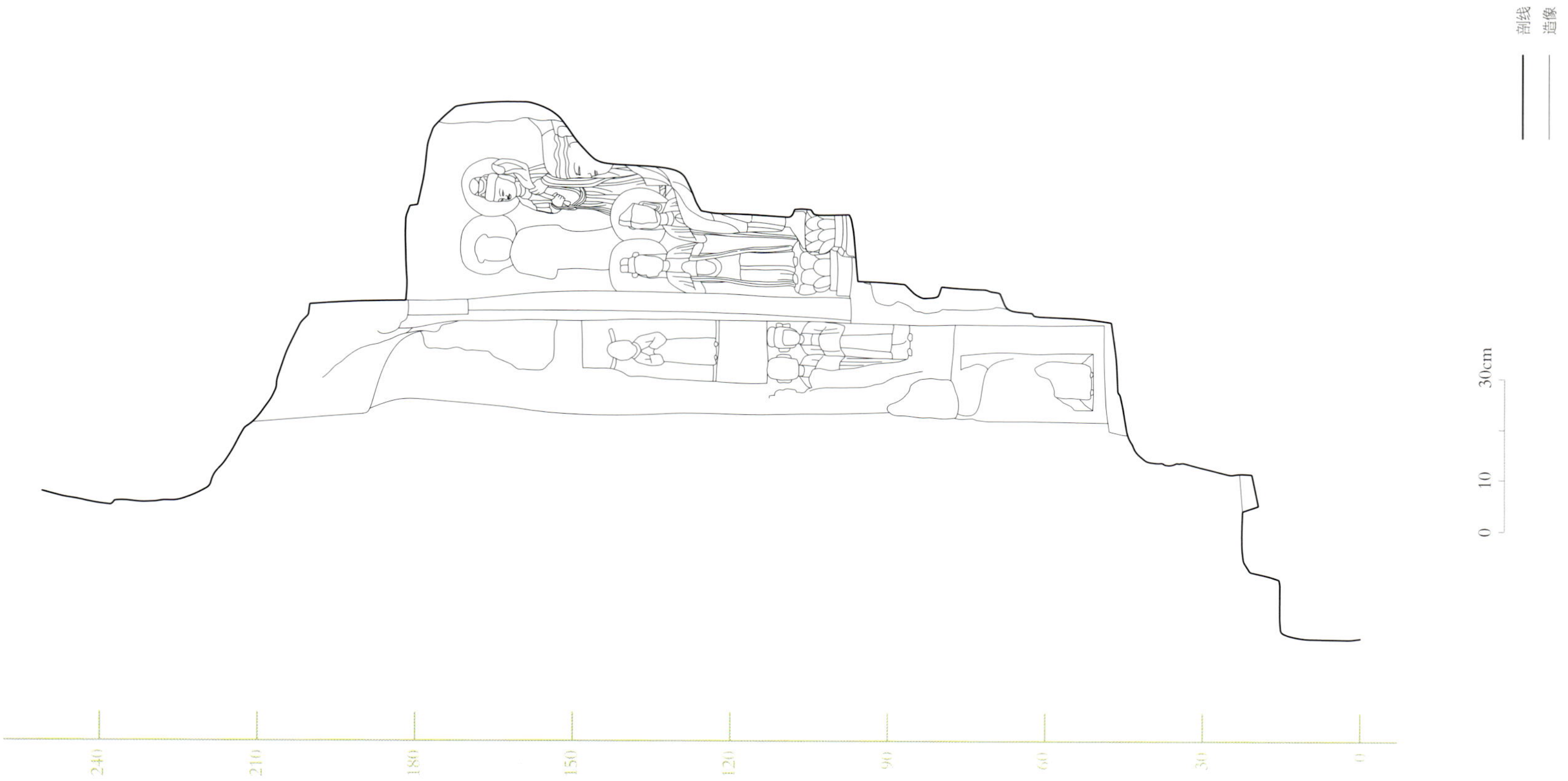

图 260 第 281 号龛右内龛剖面图

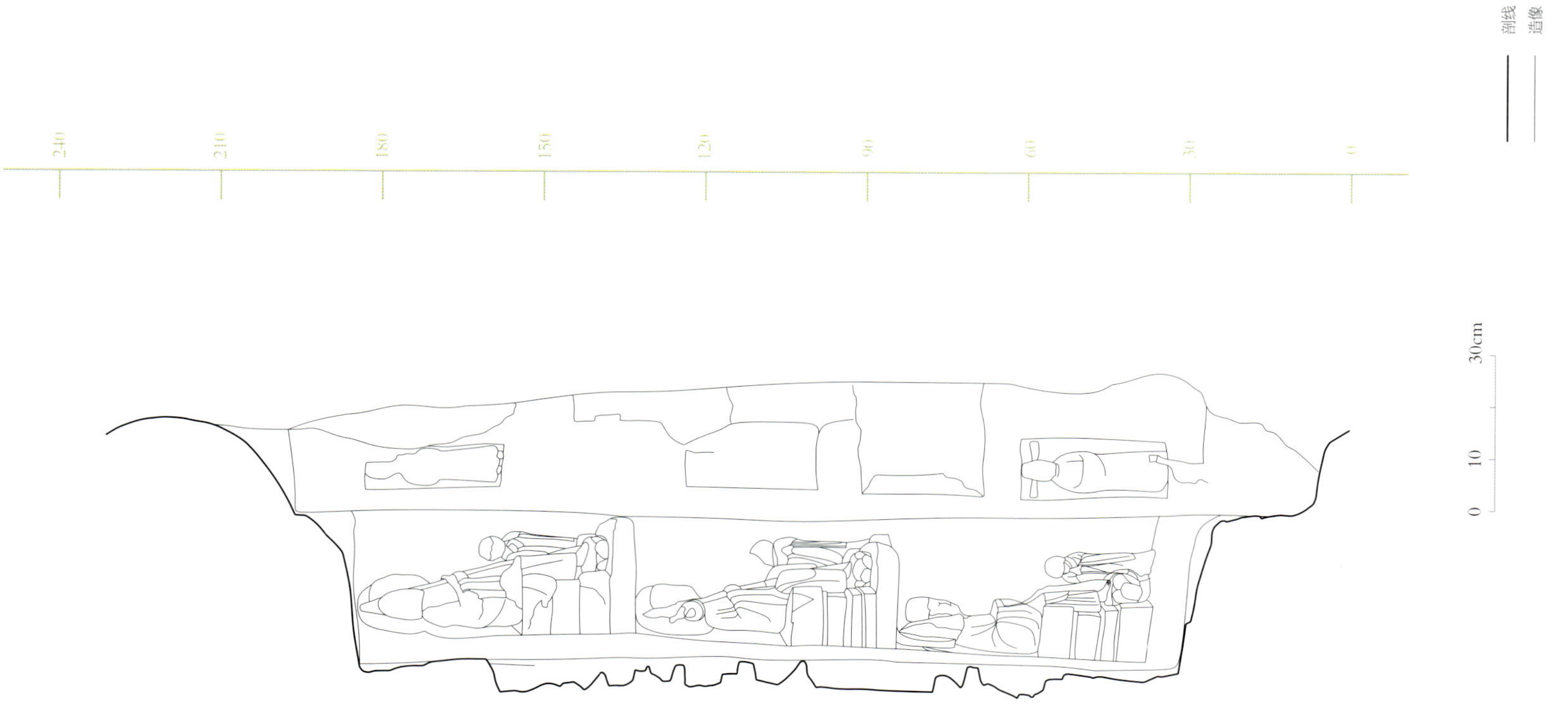

图 259 第 281 号龛左内龛剖面图

340　大足石刻全集　第三卷（上册）

身前侧刻三座单重亭阁，部分残。亭阁屋身现出三面，各面开圆拱门洞，其下部环刻勾栏一列。亭阁间以虹桥相连。虹桥边缘刻有勾栏，桥拱下部皆刻外凸的螭首，部分残。屋顶即为第四重幢檐，呈八边形，翼角起翘，屋面刻出瓦垄、瓦沟。

幢顶，高16.5厘米，由下至上，依次刻仰莲、宝珠和幢尖。幢尖略残，与上方龛顶覆莲相接；覆莲略蚀。

左侧壁立像　3身，置于"L"形云纹内（图261；图版Ⅰ：336）。其中，居中主像高10.5厘米，头部分残，上着宽袖服，下着裙；双手胸前持笏，双足不现。左侍女像高6.5厘米，头残蚀，上着交领宽袖服，下着裙。双手似合十，双足不现。右侍女像高7厘米，与左侍女像同。"L"形云纹云头高4.5厘米，宽12厘米，厚2厘米，云尾斜向上飘。

右侧壁立像　3身，置于"L"形云纹内（图262；图版Ⅰ：337）。其中，居中主像，高10厘米，头部分残，戴冠，面蚀，上着交领宽袖服，下着裙；裙腰上束腋下。双手胸前持笏，侧身向龛外站立。左侍女像高5.5厘米，梳髻，面蚀，上着交领宽袖服，下着裙；双手合十。右侍女像高6厘米，头部分残，余与左侍女像同。"L"形云纹与左壁云纹略同。

上沿坐佛像　刻于龛上沿直径17厘米的圆形浅龛内（图257；图版Ⅰ：334）。佛像坐高约13.5厘米，面、身略蚀，身似披双领下垂式袈裟，下着裙。中佛像双手胸前笼于袈裟内；左、右佛像双手残，皆跏趺坐于单层仰莲台上。台高2厘米。

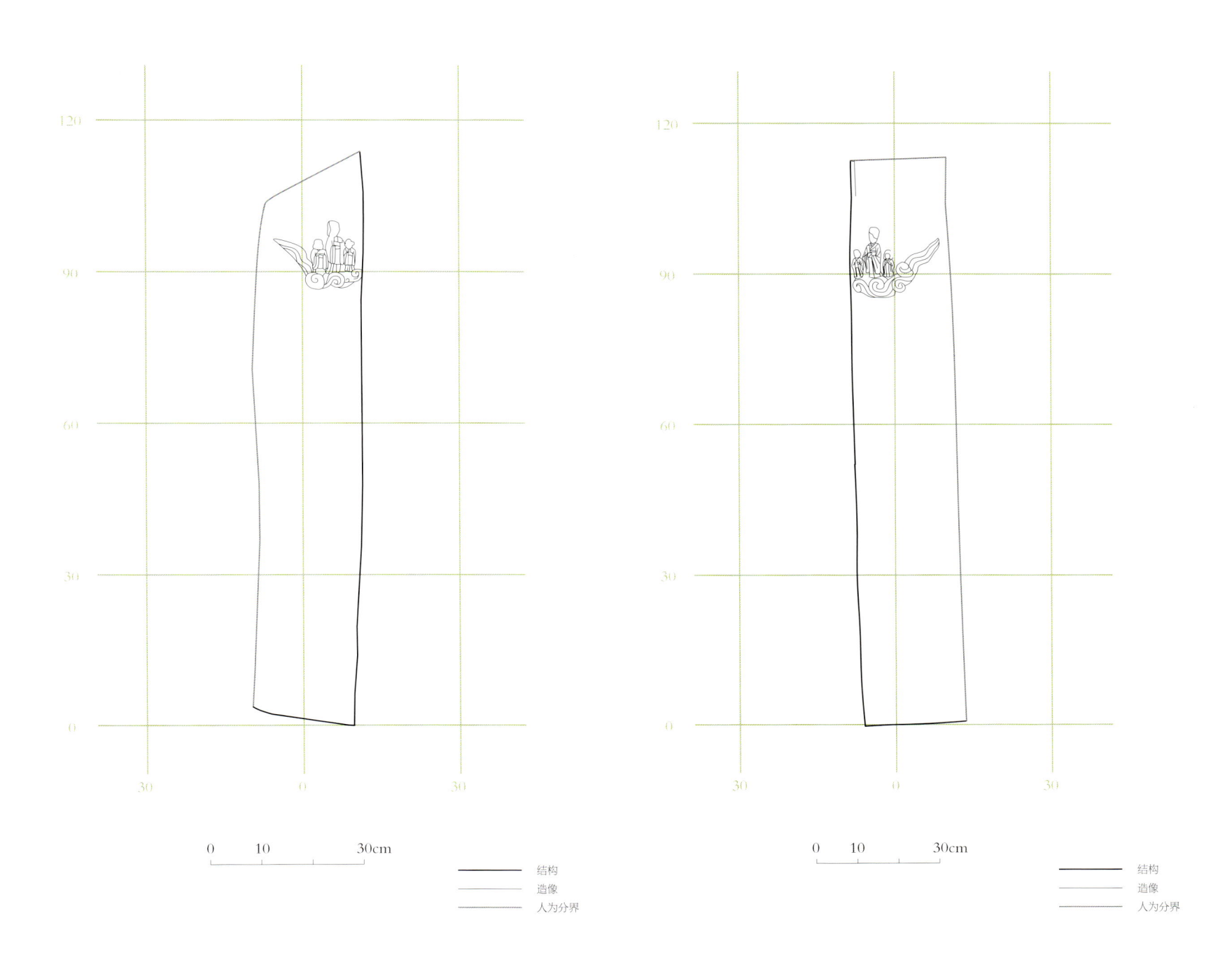

图261　第281号龛左内龛左侧壁立面图　　图262　第281号龛左内龛右侧壁立面图

（二）右内龛

根据造像布置，分为正壁、左右侧壁、龛底低坛立面、龛顶、龛上沿造像等五部分（图257；图版Ⅰ：334）。

1. 正壁

刻一佛二菩萨主尊坐像3身，三像间各刻立式侍者像1身。

佛像 头毁。残坐高37厘米，肩宽19厘米，胸厚12厘米（图版Ⅰ：338）。浮雕桃形素面头光和椭圆形身光，皆内圆素平，边缘刻火焰纹；头光横径31.5厘米，身光显露最宽34厘米。内着僧祇支，外披双领下垂式袈裟，下着裙。左手抚膝，右手置胸前，自腕残断；跣足踏仰莲台，倚坐于须弥座上。座高29厘米，宽31厘米，深19.5厘米；两仰莲台各高约9厘米，直径10厘米。

佛像背光左右各刻菩提树一株，树冠占据上方壁面空隙。头光左侧树冠内，浮雕药钵一只，高10厘米，宽10厘米；部分残。

左菩萨像 坐高34厘米，头长14厘米，肩宽14厘米，胸厚8厘米（图版Ⅰ：339）。有桃形素面头光和椭圆形身光，皆内圆素平，边缘刻火焰纹；头光横径28厘米，身光最宽32厘米。头顶毁，梳髻戴冠，冠带作结下垂肩后。面长圆，戴珠串耳饰，下垂至胸。胸饰璎珞，上部为圆弧下垂的珠串项圈，其下垂三道长珠串，横向间以短珠串相接；中间一道长珠串长垂足间，左右一道长珠串绕膝隐于身后；绕膝珠串下坠圆形饰物和短珠串，布于小腿。上着披巾，下着裙；披巾两端腹前相绕后，敷搭前臂垂于座侧；腰带长垂足间。腕镯，左手腹前托圆轮，轮略残，直径6厘米，其下饰云纹；右手抚膝，倚坐于束腰仰莲座上，跣足踏仰莲台，台高11厘米，直径9厘米。座通高28厘米，上部为两重仰莲台，直径24厘米；中部为圆台，直径19厘米；下部为两阶圆台叠涩，上阶直径22厘米，下阶直径24厘米。

图263 第281号龛右内龛左、右侧壁立面图
1 左侧壁 2 右侧壁

右菩萨像　坐高34.5厘米，头长15.5厘米，肩宽14厘米，胸厚9厘米（图版Ⅰ：340）。浮雕桃形素面头光和椭圆形身光，皆内圆素平，边缘刻火焰纹；头光横径26厘米，身光最宽30厘米。头顶毁，后世以黄泥补塑完整；左手抚膝，右手腹前托圆轮，下饰云纹；余与左菩萨像同。

左侍者像　头项毁，面残，残高37厘米。上着袈裟，下着裙。双手残，似合十。足鞋，立于山石台上。台高20厘米，深9厘米。

右侍者像　立像高38厘米。头梳髻，面略蚀。身着内衣，外披双领下垂式袈裟，下着裙。双手于左肩处握持六环锡杖，锡杖通长58厘米，杖首呈桃形。跣足立于山石台上，台高18厘米，深8厘米。

2. 左右侧壁

各刻立式菩萨像4身，呈上下两排对称布置（图263；图版Ⅰ：341、图版Ⅰ：342）。其中，上排两身双足隐于前排像后，足下饰云纹；下排两身立于仰莲台上。从上至下、从外至内编为左第1—4像、右第1—4像。其特征列入表50。

表50　第281号龛右内龛左右侧壁菩萨像特征简表

左侧壁	造像特征	右侧壁	造像特征
1	显露高约27厘米。浅浮雕圆形素面头光，直径12厘米。梳高髻，戴小冠，冠带作结下垂及肩。面蚀，胸饰璎珞，显露少许。上着披巾，下着裙；披巾两端腹前交叠，敷搭前臂后下垂体侧。腕镯，双手胸前合十。	1	毁，仅辨轮廓，显露残高约25厘米。存少许头光遗迹。
2	显露高约28厘米，双手胸前托盏，内置圆状物，余同第1像。	2	显露高约36厘米。有圆形素面头光，直径11厘米。梳髻，戴小冠，冠带作结下垂及肩。面圆，右肩残；双手胸前持带茎莲。余同左第1像。
3	立像高约34.5厘米。浅浮雕圆形素面头光，直径9厘米。梳高髻，戴小冠，冠带作结下垂及肩。面长圆，胸饰璎珞，略蚀。上着披巾，下着长裙；披巾两端腹前交叠，敷搭前臂后下垂体侧；腰带长垂足间。腕镯，双手胸前合十，跣足立于仰莲台上。台高9.5厘米，直径9.5厘米。	3	立像高33.5厘米，面、身略蚀，余同左第1像。
4	立像高33.5厘米，余同第3像。	4	立像残高34厘米，头大部残，余同左第1像。

3. 龛底低坛立面

横刻神将像12身，高约28厘米，直身立于如意头云纹上（图257；图版Ⅰ：343）。云头高5厘米，深4厘米。从左至右将其编为第1—12像。

第1像　头盔，顿项翻卷，脸圆，仰面，鼓眼；内袍，袖摆扎结，外罩裲裆甲，腰带系圆护，腿裙下垂双足，足靴。

第2像　戴冠，冠带上扬。余与第1像同。

第3像　头盔，稍残，顿项披垂。身内着袍，袖摆扎结，下摆前襟锐角垂于足间，外罩裲裆甲，腰带系圆护，腿裙止于双膝处。身饰飘带，垂于腹前，两端塞入腰带，下垂体侧，双手拱于胸前，略残。足靴。

第4像　头盔，顶略残，顿项披垂。余与第1像同。

第5像　头盔，略残，顿项翻卷。余与第1像略同。

第6像　戴冠，扎巾，冠带上扬。余与第3像同。

第7像　头盔，略残，顿项披垂。余与第1像同。

第8像　头冠，巾带下垂肩后。余与第1像略同。

第9像　头盔，顿项翻卷。余与第3像同。

第10像　头部分残，冠带上扬。身部分残损，略同第1像。

第11像　与第3像同。

第12像　戴冠，冠带作结下垂肩后，面蚀，刻有胡须；左手体侧持圆镜，右手捻胡须。衣饰同第1像。

上述造像所立如意头云纹之下，通刻带茎莲苞、莲叶及山石等，略残。

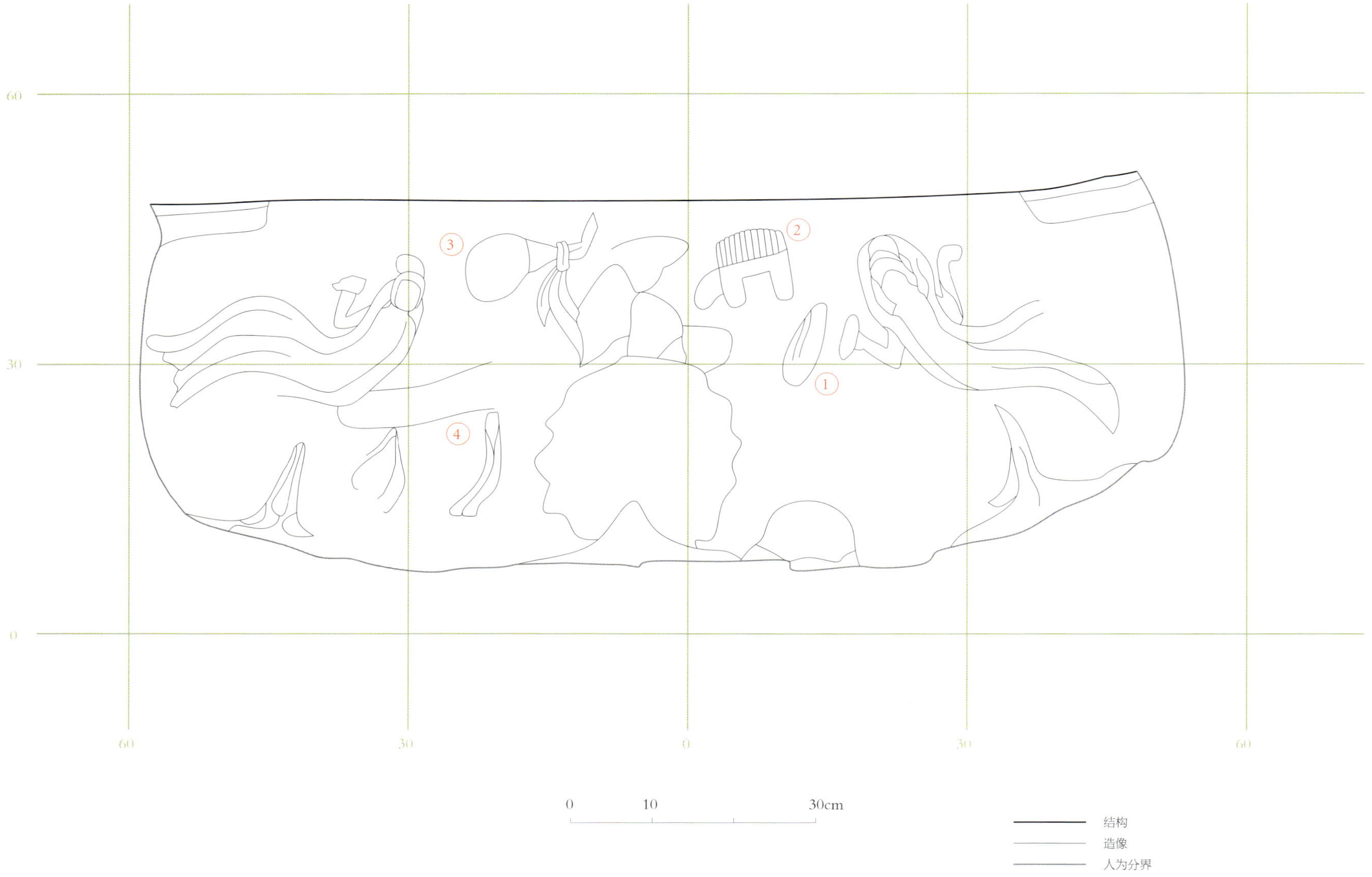

图 264　第 281 号龛右内龛龛顶仰视及乐器编号图

4. 龛顶

中刻覆莲华盖，剥蚀较重，可辨莲瓣。华盖四周刻乐器，部分残。龛顶左右端各刻飞天1身（图264；图版Ⅰ：344）。

乐器可辨4件，略残，系作结的飘带。从左至右编为第1—4件。其规格列入表51。

表51　第281号龛右内龛龛顶乐器规格简表

编号	乐器	规格
1	笙	高9厘米，最宽3厘米。
2	方响	高10厘米，宽7.5厘米。
3	琵琶	大部毁，残高14厘米，最宽3厘米。
4	筝	风蚀甚重，残长12厘米，宽3厘米。

飞天像 2身，挺胸扭腰，作向龛外飞翔状。身长34厘米。头梳髻，面蚀。上身衣饰不明，下着裙；身饰飘带，环状绕于头后，经腋下飘飞体侧；双手外展持物（蚀），双足不现。

5. 龛上沿

横刻坐佛7身，与左内龛外上沿3身坐佛像呈"一"字形排列（图版Ⅰ：334）。

佛像皆坐高14厘米。线刻圆形背光，直径13.5厘米。头残，面蚀，上着双领下垂式袈裟，下着裙，结跏趺坐于仰莲台上。台高3厘米，略蚀。

佛像手势不一，从左至右，第1、3、5、7像双手腹前笼于袈裟内；第2像左手抚膝，右手残；第4、6像双手胸前笼于袈裟内。

此外，在左右内龛之间龛沿上方、三身佛与七身佛两组佛像之间同一水平位置，另刻一坐佛于小圆龛内。此小圆龛略大于左右两侧小圆龛，直径19.5厘米，深4厘米。坐佛高16厘米，水波纹螺发，面蚀，上着双领下垂式袈裟，下着裙。双手腹前结印，结跏趺坐于单层仰莲台上。台高2.5厘米。

（三）外层龛

造像刻于外层龛与左内龛之间的壁面和外层龛右沿内侧。

1. 外层龛与左内龛之间壁面

自上而下刻三组造像。除保存状况略有差异外，其造像特征、布局基本相同。每组均刻一坐式菩萨，其左侧立一弟子像（图265；图版Ⅰ：345、图版Ⅰ：346、图版Ⅰ：347）。造像皆置于方台上，台高3.5—6厘米，挑出壁面22厘米；部分残。按从上至下依次编为第一至三组，并以现存最为完整的第三组为例介绍于后。

菩萨像 坐高25.5厘米。浮雕圆形素面头光和身光，直径分别为17、26.5厘米。头戴披帽，披幅覆肩，披幅上端斜出一带，绕于头后。圆脸，眉目可辨。内着双层交领服，外披袈裟，下着裙。左手腹前托珠，手略残，右手持六环锡杖。锡杖斜置身右侧，全长39.5厘米，杖首略残，作桃形；杖柄部分残断。盘左腿，垂右腿，跣足踏仰莲，右舒相坐于须弥座上。座通高21厘米。座前刻两朵仰莲，左莲莲蕊向外，右莲莲蕊向上；莲高3.5厘米，径约7.5厘米。

在第一组造像座前的莲间刻一兽，略残，可辨蜷身向右伏于方台上。第二组造像座前的莲间亦刻一兽，略残，可辨蜷身向左伏于方台上。第三组造像座前莲朵外侧方台大部毁，推测兽亦毁。

弟子像 立像高21厘米。光头，仰面，面略蚀。内着交领窄袖衫，外披袈裟，下着裙；双手胸前合十，足鞋。

2. 外层龛右沿内侧

自上而下开四个方形浅龛，皆残。龛口残高25—28厘米，宽11—16厘米，深2—3厘米。从上至下编为第1—4龛（图266；图版Ⅰ：348）。

第1龛 造像毁。

第2龛 刻立像2身。左像高21厘米，头部残分，戴翘脚幞头，身着圆领窄袖长服，双手胸前合十，着鞋。右像毁，可辨少许幞脚。

第3龛 刻立像3身。左像高27厘米。头梳髻，面蚀；着内衣，外着对襟窄袖服，下着裙；双手笼于袖内；足鞋。中像高27厘米，头、面大部残，身部分剥蚀；余特征与左像略同，双足不现。右像大部毁，仅存少许遗迹。

第4龛 刻立像1身，大部毁，仅存头部左侧少许及躯体下部遗迹，足鞋。

（四）龛外

龛外左侧竖直壁面（界面左内侧）自上而下设三个方形浅龛（图267；图版Ⅰ：349），上方二龛残损甚重，下方一龛保存略好，高27厘米，宽13.5厘米，深3.5厘米。上龛刻立像1身，残蚀甚重，高约25厘米；可辨双足。中龛造像毁。下龛刻立像1身，残蚀甚重，残高约27厘米；可辨戴翘脚幞头。

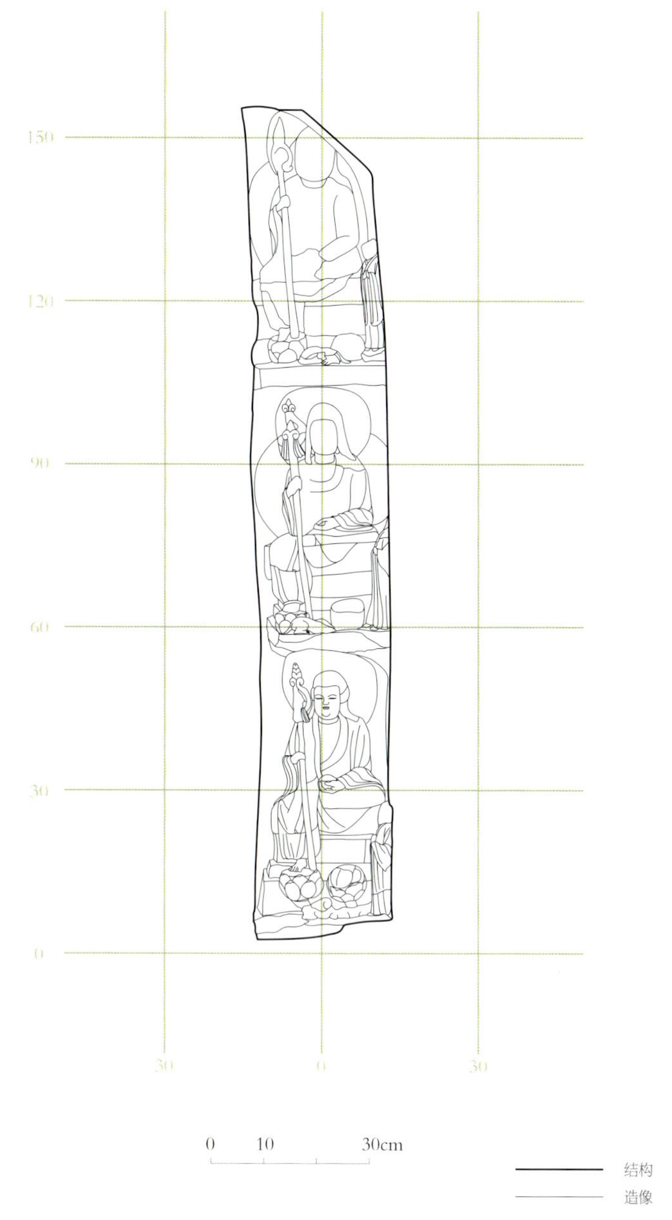

图 265　第 281 号龛外层龛与左内龛之间造像立面图

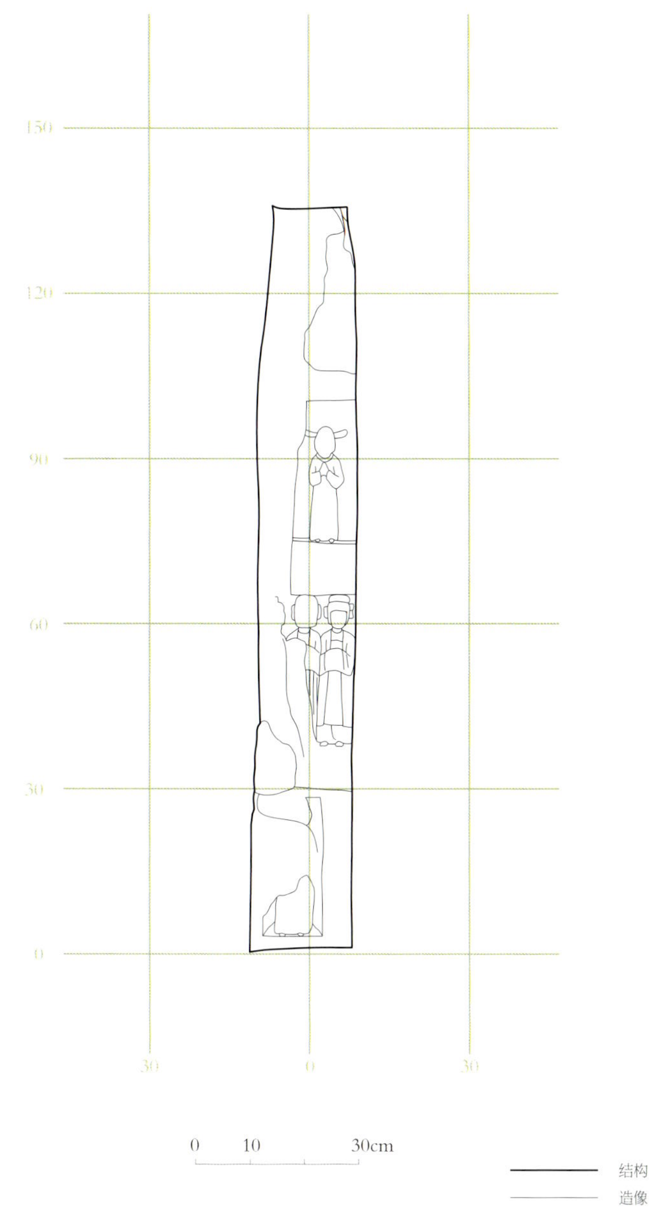

图 266　第 281 号龛外层龛右沿内侧浅龛立面图

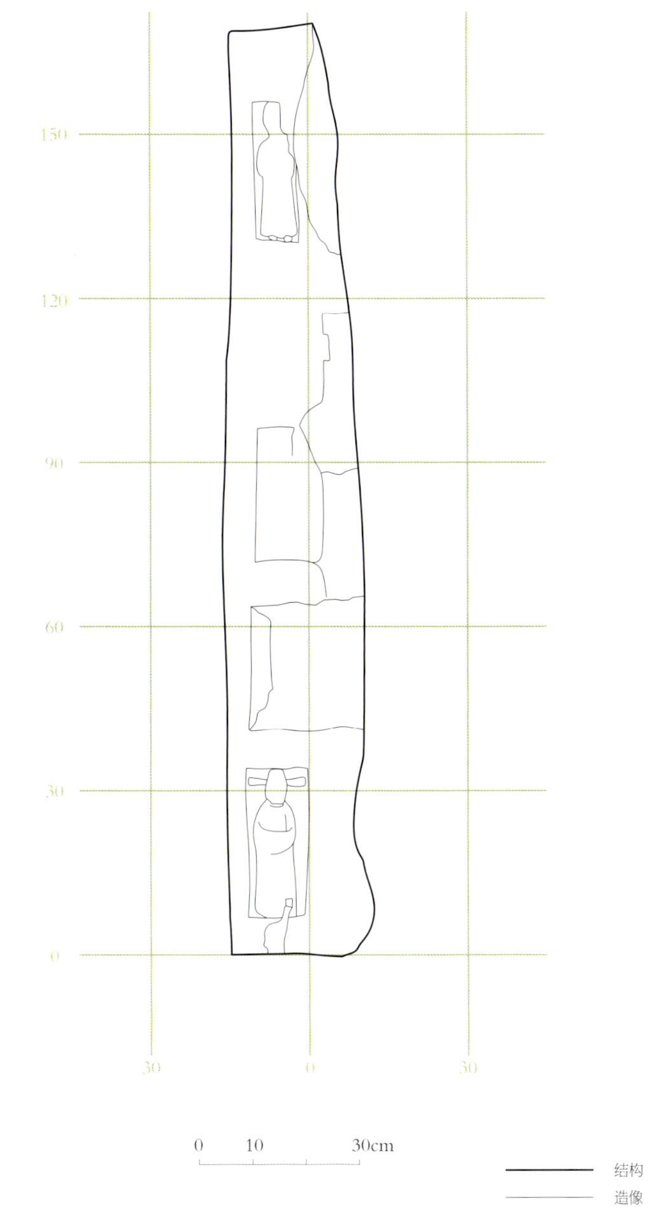

图 267　第 281 号龛外左侧竖直壁前造像立面图

346　大足石刻全集　第三卷（上册）

四 铭文

龛内保存铭文2则。

第1则

佛顶尊胜陀罗尼经，后蜀广政十七年（954年）。经文刻于左内龛经幢第一级幢身外侧三面。刻石面高20厘米，宽18厘米；文右起，竖刻9行，存53字，字径1.5厘米（图版Ⅱ：31）。

01　（漶）
02　（漶）
03　（漶）
04　娑□□□□萨□诃□□娑秫地
05　弟子右厢□□衙知衙务刘恭造
06　阿鼻诜者苏揭多伐（漶）
07　啰秫地阿鼻〔诜〕者苏揭多伐折
08　那阿嚛嘌多毗□属阿诃啰阿
09　罗阿瑜散陀

第2则

刘恭造药师经变龛镌记，后蜀广政十七年（954年）。位于龛正壁右内龛左侧壁面。刻石面高110厘米，宽10厘米；文右起，竖刻3行，145字，楷体，字径2厘米（图版Ⅱ：32）。

01　敬镌造药师琉璃光佛八菩萨十二神王一部众并七佛三世佛阿弥陀佛尊胜幢壹所兼[6]地藏菩萨三身都共壹龛
02　右弟子右厢都押衙知衙务刘恭姨母任氏男女大娘子二娘子男〔仁寿〕仁福仁禄等发心镌造前件功德今并周圆伏愿身田清〔爽〕
03　寿算遐昌眷〔属〕康安高封禄位先灵祖远同沾殊善以广政十七年太岁甲寅二月丙午朔十一日丙辰设斋表赞讫永为瞻敬

五 晚期遗迹

（一）铭文

胡承进妆绘药师经变龛镌记，北宋景德二年（1005年）。位于左内龛右侧壁。刻石面高25厘米，宽9厘米；文右起，竖刻3行28字，楷体，字径3厘米（图版Ⅱ：33）。

01　弟子胡承进为阖家妆此
02　功德以景德二年二月八日
03　表赞讫△△永为供养

（二）构筑和妆绘

龛右内龛右菩萨头顶毁，后世以泥补塑完整。
龛下沿外右侧中部凿有凹槽，长21厘米，宽7厘米，深3厘米。
龛内保存灰白色、红色两种涂层。

第三十一节　第282号

一　位置

位于第281号龛右上方。左距第281号龛16厘米，右距壁面转折边缘52厘米；上距岩顶84厘米，下距第283号龛10厘米。龛口南向，方向187°。

二　形制

从崖壁表面平直凿进最深约3厘米形成龛口（图268；图版Ⅰ：350）。龛口残毁略重，左沿毁，右沿大部残，存宽7厘米；上沿宽5.5厘米，部分损；下沿毁。龛口内缘残高58厘米，宽38厘米，至后壁最深约18厘米。龛底部分残，现存龛底呈弦月形。龛壁为弧壁，左端毁。龛顶为券顶，略残。

三　造像

刻菩萨坐像1身。坐高33厘米（图268；图版Ⅰ：350）。梳髻，垂发披肩，戴冠，面略残。胸饰璎珞，上为圆珠项圈，下垂坠饰；上身斜披络腋，下身衣饰不明；左手残，屈于胸前；右手毁。双腿毁，坐姿不明。座为须弥座，高18.5厘米，大部残。

四　晚期遗迹

龛内保存灰白色涂层。

第三十二节　第283号

一　位置

位于第282号龛下方。左距第281号龛11厘米，右距壁面转折边缘11厘米；上距第282号龛10厘米，下距第284号龛11厘米。龛口南向，方向178°。

二　形制

在崖壁表面直接凿建龛口（图269；图版Ⅰ：351）。龛口残毁甚重，残高44厘米，宽41.5厘米，至后壁最深19厘米。龛底呈半圆形，中部略下陷。龛正壁竖直，中部内凹，与左右侧壁略垂直相接。左侧壁大部毁，右侧壁竖直。壁面与龛顶弧面相接。龛顶券顶，大部毁。

三　造像

无。

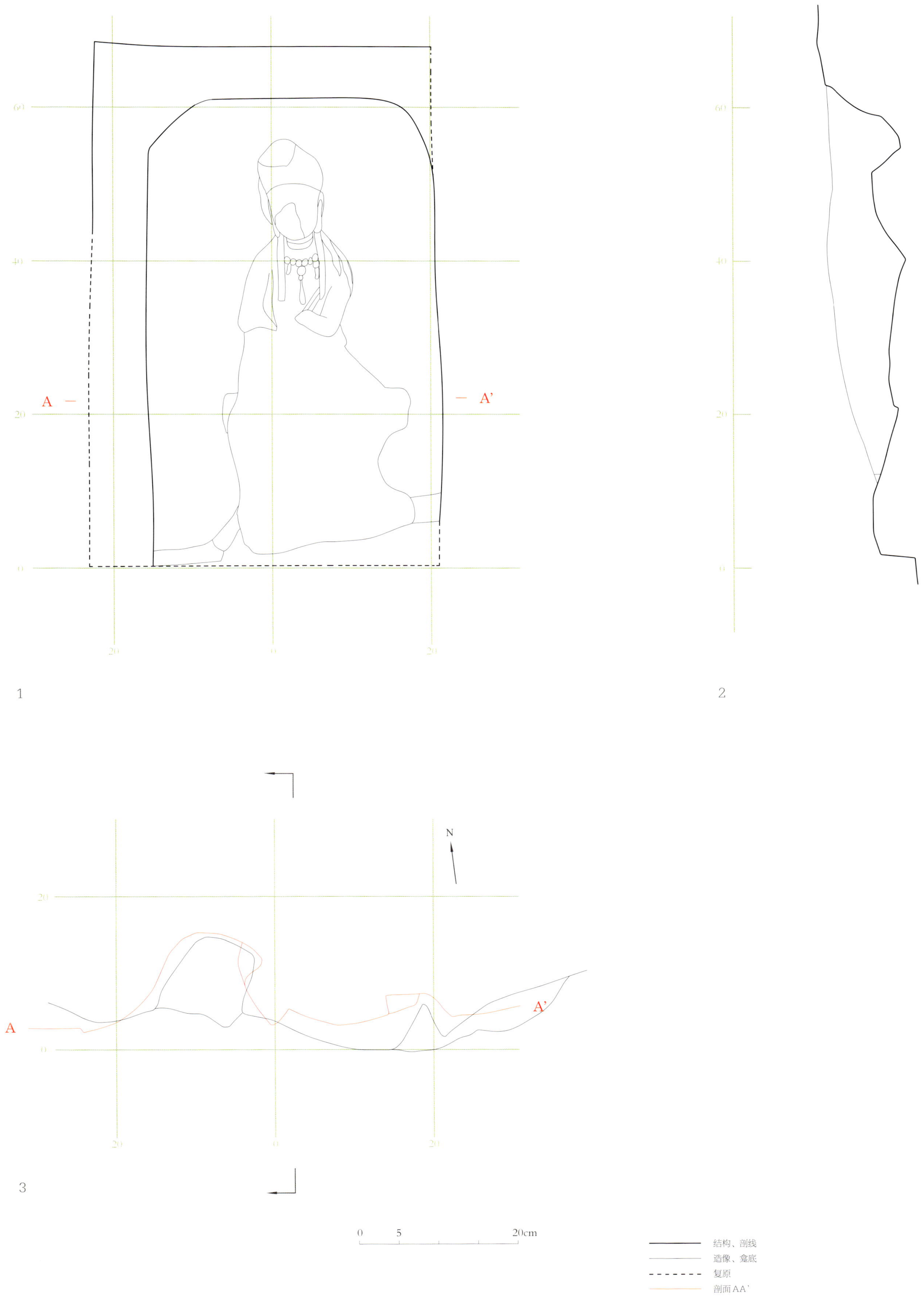

图268 第282号龛平、立、剖面图
1 立面图 2 剖面图 3 平面图

第四章 第250—284号

0 5 20cm

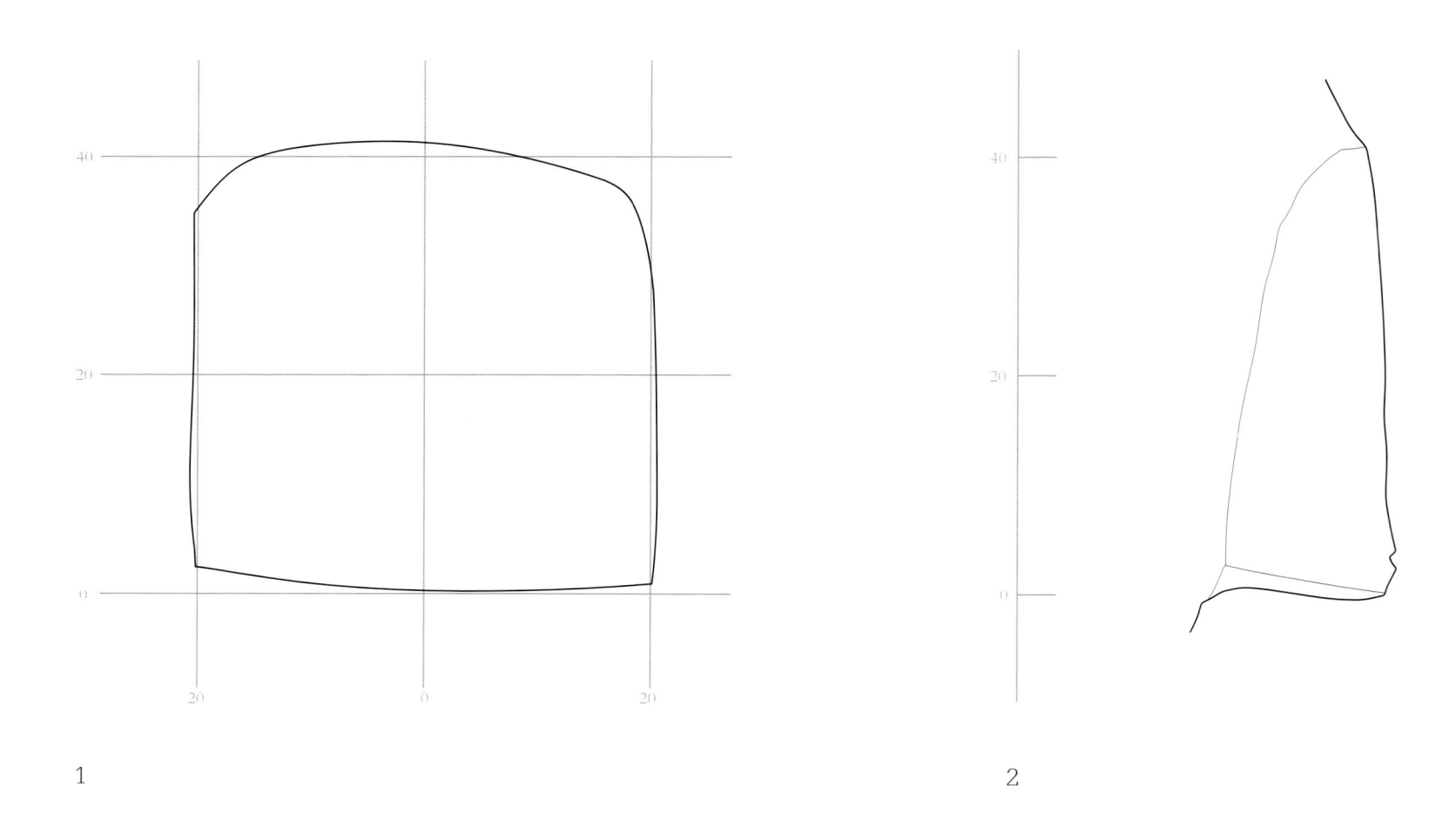

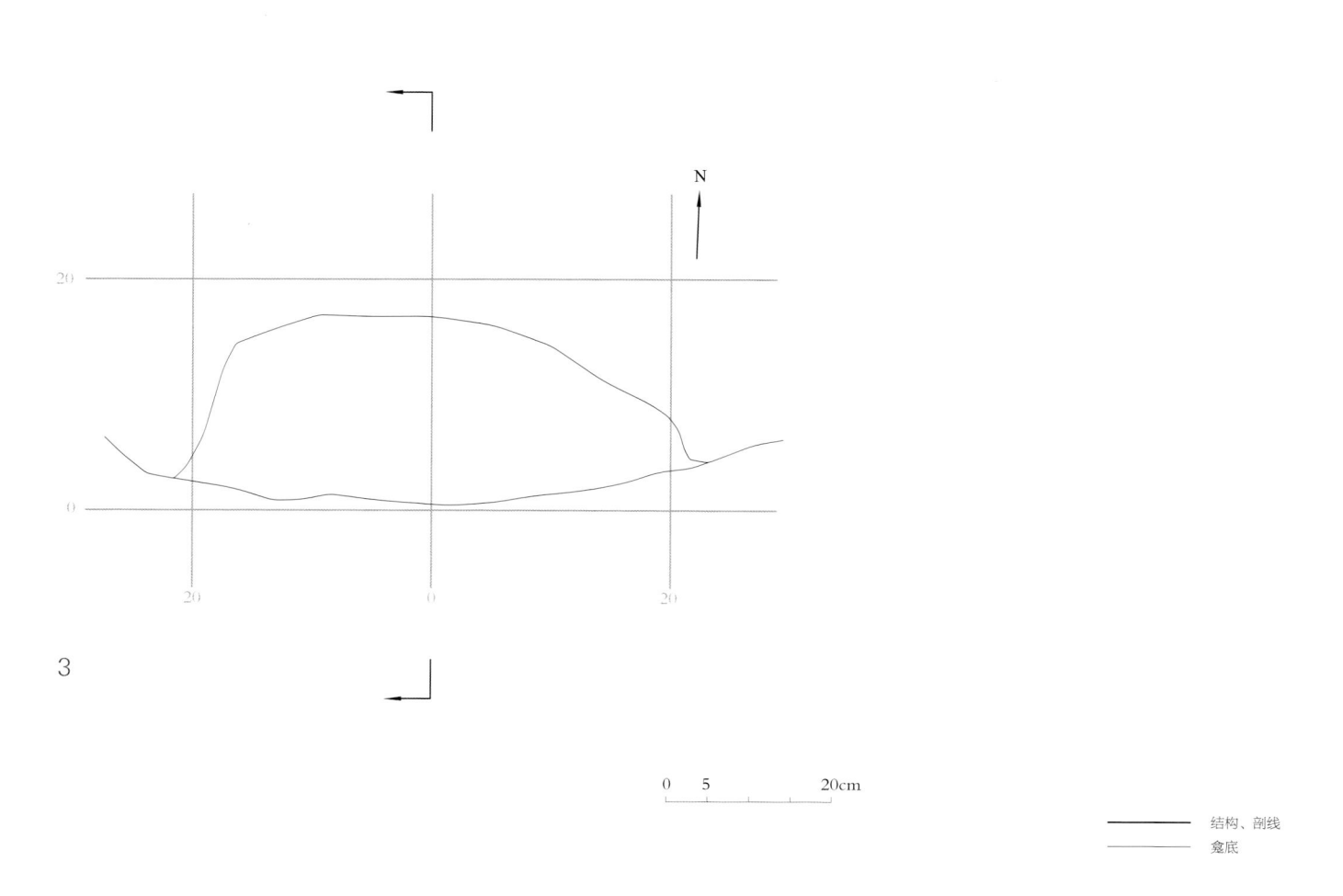

结构、剖线
龛底

图 269 第 283 号龛平、立、剖面图
1 立面图 2 剖面图 3 平面图

350 大足石刻全集 第三卷（上册）

四　晚期遗迹

龛正壁中下部存有较明显的凿痕。

第三十三节　第284号

一　位置

位于第283号龛下方。左距第281号龛9厘米，右距壁面转折边缘12厘米；上距第283号龛11厘米，下距地坪92厘米。龛口略西南向，方向192°。

二　形制

从崖壁表面直接凿建龛口（图270；图版Ⅰ：352）。龛口残毁甚重，残高57.5厘米，宽38厘米，至后壁最深14厘米。龛底部分毁，所存龛底形状不规整。龛壁仅存弧形正壁。龛顶为券顶，大部残。

三　造像

刻像3身（图版Ⅰ：352）。其中，正壁刻主尊立像2身，壁面左下方刻立像1身。

左主尊像　残损甚重，残高43厘米。浅浮雕圆形头光和线刻椭圆形身光，皆部分残；头光残宽13厘米，身光残最宽22厘米。跣足立于单层仰莲台上。台高4.5厘米，直径16厘米。

右主尊像　立像高43厘米。存圆形头光和椭圆形身光，头光直径13厘米；身光右侧毁，残宽21厘米。头大部残，戴项圈，显露少许；内着交领服，外披袈裟，下着裙；左手残，右手直伸握持锡杖；锡杖直立身右侧，长48厘米，杖首呈葫芦形。足残，立于圆台上。台高4.5厘米，大部残。

左立像　大部毁，仅存躯体下部轮廓。残高14厘米。

四　晚期遗迹

龛口下方14厘米处后世凿出一横长方形浅龛，龛口高58厘米，宽134厘米，至后壁最深39厘米；下距地坪20厘米。龛内无像，龛壁存粗大凿痕，估计为后世开凿。

龛内保存灰白色涂层。

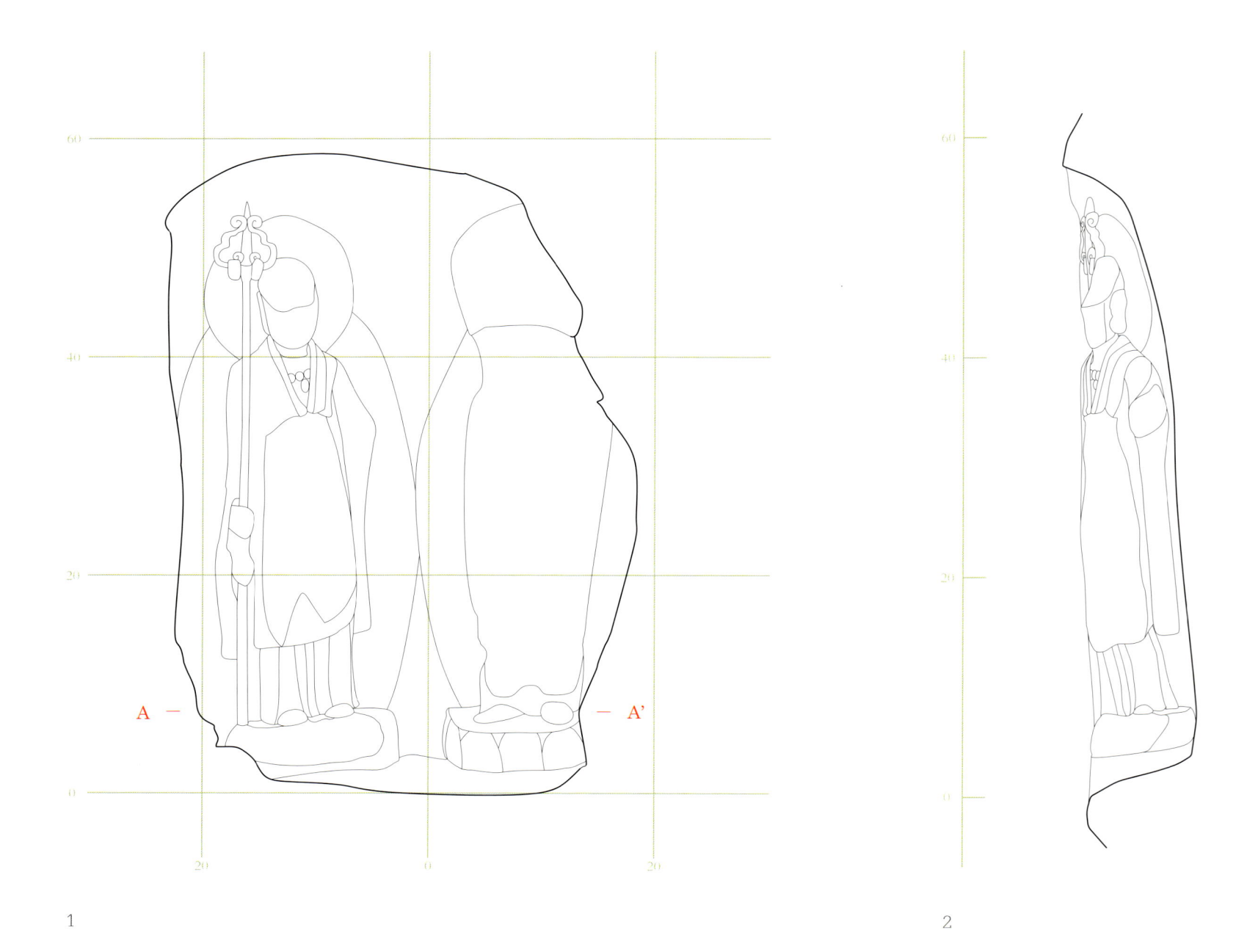

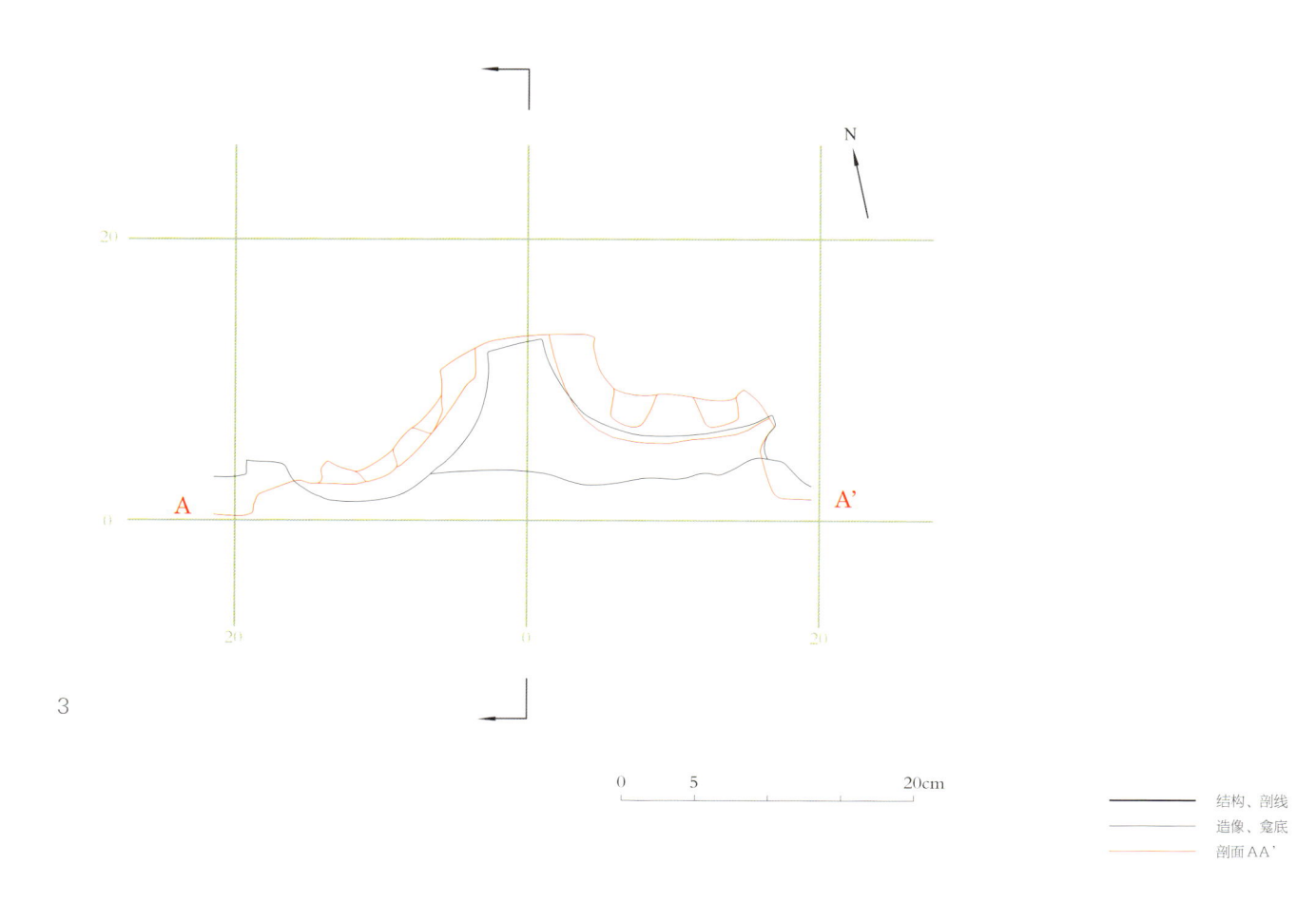

图 270 第 284 号龛平、立、剖面图
1 立面图 2 剖面图 3 平面图

352 大足石刻全集 第三卷（上册）

第三十四节　本章小结

一　形制特点

本章35个编号中，第250、261、263、264、265、267、282、283、284号9个编号龛残毁略重，龛制不明。据其特点，可将保存较好的第251—260、262、268、269、270、272、273—281号等26个编号龛分为三类。

第一类　单层方形龛。有251、252、254—259、271、274—278、280号15龛。龛口呈方形，刻龛沿；龛底以方形和半圆形为主；龛口左右上角凿三角形斜撑结构，低于沿面；龛壁竖直。其中，第255号龛沿面饰帐幔；第252、254、255、256、278号等龛于沿面内侧刻出竖直的平整面；第255、256、278、280号等龛于龛底内侧建低坛，坛上刻像。

第二类　双层方形龛。共10个编号龛，即第273、279、281号等3龛，以及由第260、262、266号，第268、272号，第269、270号构成的3个具有双层龛性质的龛像。其龛口两层，皆方形，刻龛沿；除第273号龛外，其余内层龛均单独成龛，既与外层龛相联系，又保持相对的独立，且内龛龛口左右上角皆刻三角形斜撑结构，龛底呈方形或半圆形，龛壁竖直，与单层方形龛形制基本相同。

第三类　单层圆拱龛。仅第253号龛。龛口呈圆拱形，刻龛沿；龛底呈半圆形，龛壁竖直，壁面相交呈垂直关系。

二　年代分析

本章35个编号龛像，密布于壁面中下部，相互间无明显打破关系。其中，第253、254、255、256、257、260、262、266、267、269、270、271、273、279、281号等15个编号，位于崖壁中下部或其显著位置，规模较大，开龛进深亦较深，应是本章较早开凿的龛像。其余19个编号龛像，布置于壁面上部或下部，临近所处壁面边缘或不利雕刻的位置，且龛制浅小，应是本章第二阶段开凿的龛像。

上述35个龛像中，第281号龛所存造像纪年为后蜀广政十七年（954年）；第260、279号龛所存造像纪年皆为后蜀广政十八年（955年）；第253号龛虽失造像纪年，但有淳化五年（994年）的妆绘纪年和咸平四年（1001年）的水陆斋庆赞纪年。结合前后章所述龛像年代[1]，以及本章龛像特点，推测本章龛像约开凿于前后蜀至北宋时期（906—1126年）。结合其龛制特点、造像特征、位置分布，综合分析认为，第258、259、268（含272）、274、277、278、280、284号等8龛似为宋代造像，其余26个龛像似为前、后蜀造像。

三　题材内容

本章35个编号龛中，第283号龛无造像，第263、264、265号龛残毁，题材难辨。现将各龛造像题材初步辨识如下。

第250号　龛内刻陀罗尼经幢一座，为"经幢龛"。

第251号　龛内二主尊坐像部分残，从其可辨识的桃形火焰纹头光、冠饰、双手于腹前捧物的特征判断，应为"二菩萨龛"；龛外左下角立像为供养人像。

第252号　龛内左主尊部分残，从其戴冠、着裙、跣足立莲台及饰物满身的特征判定，应为菩萨像；右主尊残毁其重，但从其有头光，上着袈裟、下着裙，跣足立莲台的特征判断，亦似菩萨像；右沿中下部坐像从衣饰推测，为供养人像。据此认为，此龛为"二菩萨龛"。

第253号　龛正壁左主尊立像有桃形火焰纹头光，光头，耳饰物，佩项圈，内着僧祇支，外披双领下垂式袈裟，下着裙，立仰莲台上，应为地藏像。右主尊亦有桃形火焰纹头光，梳髻，戴化佛冠，上披巾，下着裙，左手持净瓶，右手屈胸前，立仰莲台上，应为观音像。左右侧壁对称所刻十二组造像，据其榜题，应为"地狱十王及二司"像。据此，将此龛定为"地藏观音与十王龛"。

第254号　龛正壁中主尊坐像刻水波纹发，着通肩袈裟，双手腹前结印，结跏趺坐；左主尊坐像头戴冠，胸饰璎珞，上着披巾，

---
[1] 本册报告第三章所述第237—249号龛最晚造像纪年为第244号龛的后蜀广政八年（945年）；第五章所述第285—290号龛的最早造像纪年为第288号龛的北宋大观元年（1107年）。

下着裙，左手腹前持珠状物，右手前臂残，左舒相坐于莲座上；右主尊坐像上着通肩袈裟，下着长裙，右舒相坐于莲座上。据三像冠饰、衣饰、坐姿及造像组合等，中像似阿弥陀佛，左像似观音，右像似地藏。左右侧壁对称各两组造像，据其榜题及服饰特征，应为"十王及判官像"。龛右沿中部二立像，从衣饰判断，为供养人像。据其主尊，此龛似"阿弥陀佛、观音、地藏龛"[1]。

第255号　龛内正壁中刻右舒相坐主尊像，有火焰纹头光和背光，身右侧竖刻锡杖，疑为药师佛像；其左右倚坐主尊像菩萨特征明显，从其腹前托圆状物判断，似为日光、月光二菩萨。左右侧壁对称所刻八身立像，为八菩萨。龛前所刻十二身戎装像，为十二神将。龛外左右侧竖直壁面方形浅龛内五身像为供养人。据此，此龛应为"药师经变龛"。

第256号　此龛与第255号龛造像的布置大体相同。龛正壁中坐像为药师佛，左右坐像为日光、月光菩萨，三像间二像为其弟子；左右侧壁立像为八菩萨，坛前十二立像为神将，故此龛亦为"药师经变龛"。

第257号　龛内左主尊头残，有圆形素面头光，上着袈裟，下着裙，双手胸前捧物，跣足立于覆莲台上；右主尊刻桃形火焰纹头光，上身披巾，下着裙，跣足立于仰莲台上。从上述特征判断，此龛为"二菩萨龛"。

第258号　龛内主尊光头，戴耳饰；外披袒右式袈裟，左手置腿上似持物，右手举胸前持物，结跏趺坐于山石座上。座左侧刻出卷曲的蛇。按其特征，结合大足大钟寺遗址出土并有铭文确认的"降龙罗汉"圆雕石刻，初步将其定名为"降龙罗汉龛"[2]。

第259号　龛内主尊线刻圆形背光，梳髻戴冠，上披络腋，下着裙，左手撑台，右臂残断，结跏趺坐，符合水月观音造像特征。龛左右三身立像，视其身姿、衣饰特征，应为供养人像。据主尊，此龛为"水月观音龛"[3]。

第260、262、266号　第260、262号龛均刻陀罗尼经幢，为"经幢龛"。第266号两浅龛内各刻坐像1身，皆有圆形素面头光，头残，存披帽披幅，且头部右侧刻锡杖杖首，应为"地藏龛"。

第261号　龛内刻陀罗尼经幢，保存较差，为"经幢龛"。

第263号　龛内刻像3身，仅辨轮廓，为"残像龛"。

第264号　龛内刻像1身，残毁甚重，为"残像龛"。

第265号　龛内刻像2身，残毁甚重，为"残像龛"。

第267号　龛内正壁左坐像戴冠，罩巾，耳饰珠串，戴项圈，上着袈裟，下着裙，左手持带茎莲，右臂似置腹前，倚坐于山石座上；右坐像存冠带，可辨胸饰璎珞，上着披巾，下着裙，倚坐于束腰莲座上。从二像特征判断，应为菩萨像。龛左下及左外侧立像，从其衣饰及身姿特征判断，应为供养人像。据二主尊特征，此龛为"二菩萨龛"。

第268、272号　两龛造像组合与布局基本相同，其正壁三身主尊像皆头毁身残，仅第272号龛主尊像可辨梳髻戴冠，冠带作结下垂及肩，似为菩萨像。从所存造像特征推测，三主尊像间二立像似侍者像；第268号龛上部七身小坐像似七佛，第272号龛上部七身像已毁难辨。据此，将此两龛像定为"残像龛"。

第269、270号　第269号龛内刻陀罗尼经幢，为"经幢龛"。第270号龛结跏趺坐主尊像有水波纹螺发，左手腹前托钵，右手抚膝，为释迦佛像；其左立像应为迦叶，右立像应为阿难；再左右两侧立像为二菩萨。据其组合，将此龛定为"释迦佛龛"。两个编号合为"释迦、经幢龛"。

第271号　龛内刻陀罗尼经幢，为"经幢龛"。

第273号　龛正壁主尊显见为千手观音像；其座左右胡跪者为穷人及饿鬼。龛左右壁梳髻捧盏者为吉祥天，持杖者为婆薮仙。龛上沿所刻十身结跏趺坐像，皆螺发，为十佛。龛外左右侧壁对称四身坐像，皆戴披帽，持六环锡杖，为地藏像。据主尊像，此龛应为"千手观音龛"。

第274号　视龛内主尊立像梳髻戴冠，右手持印，左手握持印带的特征，此龛似为"持印观音龛"。从左右立像的衣饰、持物推测，应为供养人像。

第275号　龛内左主尊坐像菩萨特征明显，双手持带茎莲，应为观音像；右主尊坐像戴披帽，左手托珠，右手握六环锡杖，应为地藏像。据此，此龛应为"观音地藏龛"。

第276号　视龛内主尊存披帽披幅，左手捧珠，右手持六环锡杖，右舒相坐于须弥座上的特征判断，此龛应为"地藏龛"。龛外

---

[1] 1985年《大足石刻内容总录》定名为"西方三圣龛"。关于该龛造像题材的讨论，可参见李小强：《大足北山石刻第254号造像题材探析——兼及大足五代"十王"造像的相关问题》，《敦煌研究》2011年第4期。

[2] 大足大钟寺遗址出土的圆雕造像中，有一件圆雕残像，座左侧刻"镌妆降龙罗汉一尊罗□□王氏"，可知该像为降龙罗汉像。本龛像与其造像特征相近。

[3] 1985年《大足石刻内容总录》定名为"残像龛"，言"龛内为观音"。

左右三身立像，从其遗存的衣饰推测，应为供养人像。

第277号　龛内左主尊立像戴披帽，左手托珠，右手持锡杖，为地藏像；右主尊立像戴卷草冠，内着僧祇支，外披双领下垂式袈裟，下着裙，左手握右手腕，右手持念珠，为观音像。据此，此龛应为"观音地藏龛"。

第278号　龛内造像残毁甚重。正壁三像，主像不明；从左右坐像戴冠、着披巾的特征推测，应为菩萨像；三像间所立像为二弟子，分别捧钵、持锡杖。左右侧壁对称所刻八身立像，具菩萨像特征，为八菩萨。从整体上看，此龛造像与第255、256号龛的造像组合大体相同，仅无十二神将像。据此，疑其为"药师经变龛"[1]。

第279号　据该龛造像记，并结合其造像特征可知，龛内左龛正壁中坐像为药师佛，左右坐像分别为日光、月光菩萨，三像间二立像为其侍者；左右侧壁对称八身立像，为八菩萨；龛前十二身戎装立像，为十二神将；龛上沿十身坐像，为十佛；龛左外壁所刻四身坐像，均为地藏。龛内右龛所刻为经幢。外龛右沿内侧及龛外左侧竖直壁面造像，视其衣饰、身姿特征，均为供养人像。据此，此龛应为"药师经变及经幢龛"。

第280号　龛内造像残毁甚重，据其造像记中存"此观音"题名，并结合其坐姿此龛应为"水月观音龛"。

第281号　龛内造像布局、组合、内容等均与第279号龛大同，亦应为"药师经变及经幢龛"。不同的是，左龛刻经幢，右龛刻药师三尊诸像；且外龛上方坐佛有11身，为阿弥陀与七佛和三世佛的组合。

第282号　龛内主尊梳髻，垂发披肩，戴冠，胸饰璎珞，斜披络腋，应为"菩萨龛"。

第283号　龛内无造像，为"空龛"。

第284号　龛内左主尊残，细节不明；右主尊外披袈裟，下着裙；左手残，右手持锡杖，应为地藏像。

四　晚期遗迹

（一）构筑遗迹

第252号龛前凿有四个方形浅孔，第273号龛前凿有一个圆形孔洞，疑为柱孔；推测在此二龛前历史上曾竖立立柱，以作建筑支撑。

第253号龛左沿凿有两个小型方孔，估计此龛曾建保护设施。

第256号龛上方及右侧壁面开凿有横向和纵向的梁孔、枋孔，推测在此壁面历史上曾修建有保护建筑。

第257、262、279、281号龛前凿有方形凹槽，打刻略粗糙，处于低矮位置，推测是后世信众为方便插放香烛而凿的"香槽"。

第254—256号龛造像花冠、身躯残损部位，现存黄泥，并作适当处理，表明历史上对此三龛造像曾作过补塑。第275、276、279、281号龛主尊像颈部残毁断面，凿有方形或圆形的小孔，推测这些小孔应是后世所凿，以便为插接榫头补接塑像之用。

（二）妆绘遗迹

本章35个编号中，第263、264、265、267、277、280、283号7龛未见妆绘涂层，其余28个龛遗存妆绘涂层。

妆绘涂层以灰白色、红色为主，同时保存少量的蓝色、绿色、黑色。在妆绘涂层龛像中，第253、256号龛涂层最为明显，保存较好。

涂层妆绘大致分两种情形，一是龛制及造像全部施绘灰白色；二是龛壁先以红色涂层作底，外层施绘灰白色及蓝色、绿色等。

此外，第253号龛铭文显示，此龛在北宋咸平四年（1001年）曾有过一次妆绘活动。第279号龛铭文显示，此龛分别于后蜀广政十八年（955年）和北宋咸平二年（999年）有过一次妆绘活动。第281号龛铭文显示，此龛于北宋景德二年（1005年）曾进行过一次妆绘活动。

---

[1] 关于该龛造像构成及其宗教内涵，可参见姚崇新：《药师与地藏——以大足北山佛湾第279、281号龛造像为中心》，大足石刻研究院编：《2009年中国重庆大足石刻国际学术研讨会论文集》，重庆出版社2013年版，第259—279页。

注释：

[1] 本则铭文第5行第6字"闢"；第8行第2字"侄"；第11行第1字、第4字"社"，铭文分别为：

闢　侄 　社

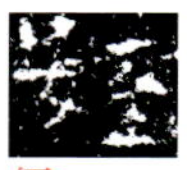

[2] 本则铭文第3行第6字、第14第5字"怛"；第5行第12字"闢"，铭文分别为：

怛　闢

[3] 本则铭文第3行第6字"勃"；第3行第14字"侄"；第9行第5字、第6字"哦"，铭文分别为：

勃 　侄 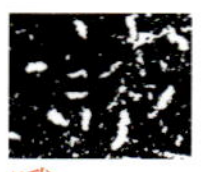　哦

[4] 本则名为第1行第19字"众"；第1行第28字"尊"；第1行第29字"胜"；第2行第8字"经"；第2行第32字"冀"；第3行第44字"婿"，铭文分别为：

众 　尊 　胜 　经

冀 　婿

[5] 此"斋"字，铭文为：

斋

[6] 此"兼"字，铭文为：

兼

第五章　第285—290号

第一节　本章各编号位置及相互关系

本章介绍的第285—290号等6个编号，位于北山佛湾北区石窟北段最北侧岩面，大致从左至右布置。其左端为崖壁转折边缘，右端与佛湾最北端后世修筑的砖墙垂直相接（图271、图272；图版Ⅰ：8）。

第285号龛位于本章壁面左上方，其下纵向布置第286号龛；此二龛右侧，布置第287、288号龛。

第287号龛位于上方，邻近岩顶；第288号龛位于下部，与地坪相近。第288号龛右侧为第289号龛，再右为岩体间纵向的较大裂隙。该裂隙右侧壁面中部为第290号龛，再右即为北山佛湾石窟最北端。

第二节　本章各编号所在岩体裂隙分布

本章各编号所在岩体分布有一条较为明显的裂隙，位于第289号龛和第290号龛之间，使岩体呈左右分离状态；裂隙上自岩顶，下接地坪，全长约410厘米，宽19—25厘米。

第三节　第285号

一　位置

位于北山佛湾石窟北区北段最北侧西向崖壁左端上方。左邻崖壁边缘，右距第287号龛25厘米；上距岩顶约101厘米，下距第286号龛14厘米。

龛口西向，方向267°。

二　形制

单层方形龛（图273；图版Ⅰ：353）。

从崖壁表面平直凿进最深约33厘米形成龛口。龛口方形，残毁甚重。左沿下部毁，上部存宽9.5厘米；右沿宽9厘米，部分残；上沿宽9厘米，略残；下沿毁。龛口内缘残高81厘米，宽54厘米，至后壁最深25厘米；左右上角作弧面处理。龛底大部毁。龛壁为弧壁，左下端毁；壁面与龛顶弧面相接。龛壁右侧右斜向存一道贯穿壁面的裂隙。龛顶为券顶。

三　造像

龛内存像2身（图273；图版Ⅰ：353）。其中，中刻主尊菩萨坐像1身，右下方刻立式女像1身。

菩萨像　坐高41厘米，头长16厘米，肩宽17厘米，胸厚7厘米。浮雕圆形素面头光和椭圆形身光，头光直径27厘米，身光最宽42厘米。梳髻戴冠，冠正面内凹，刻坐式化佛1身，残高约2厘米。冠带作结垂至肘部外侧。面蚀，戴珠串耳饰。戴项圈，垂坠饰。内着

图 271　第 285—290 号在本卷龛窟中的位置图

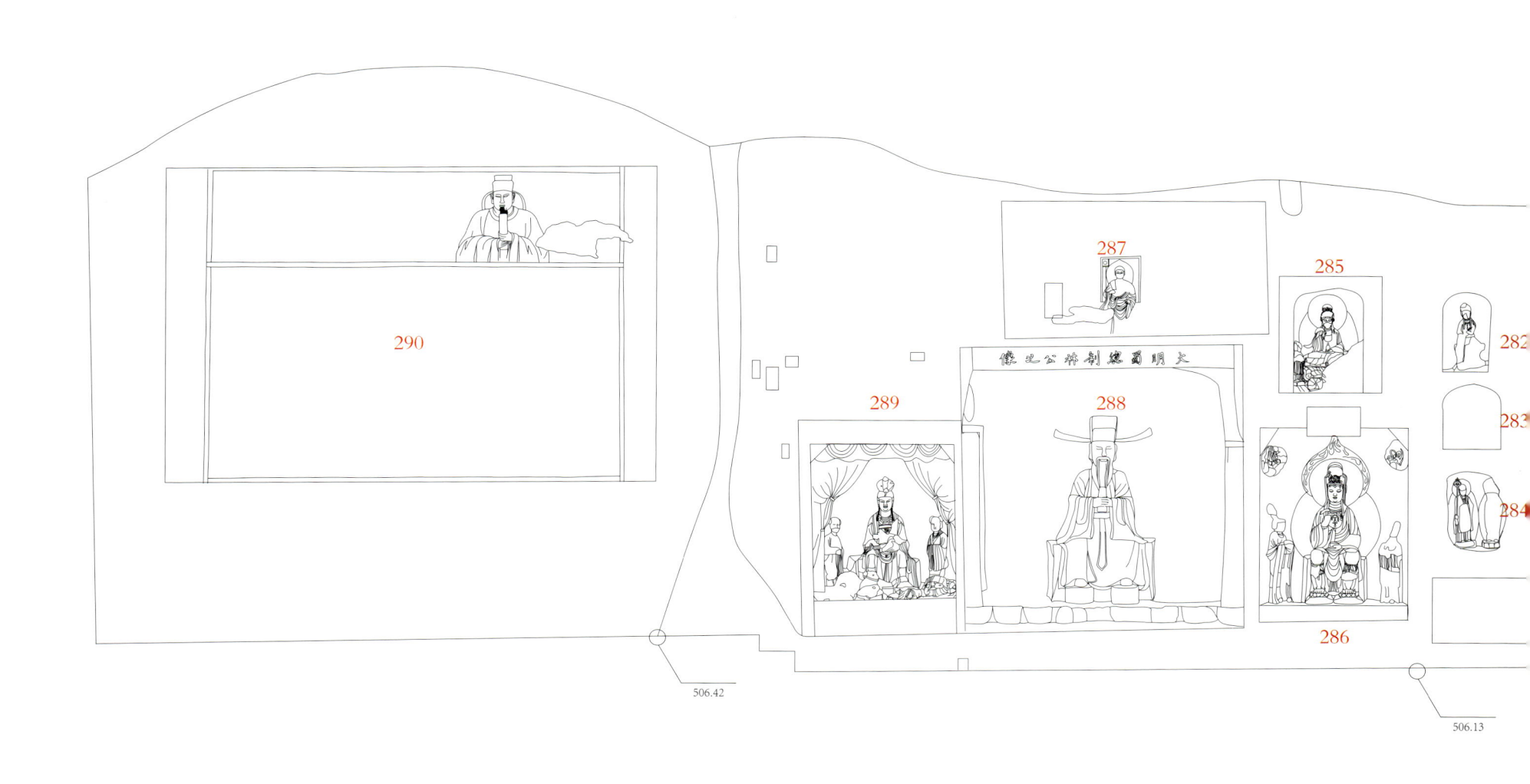

图 272　第 285—290 号位置关系图

第五章 第285—290号　359

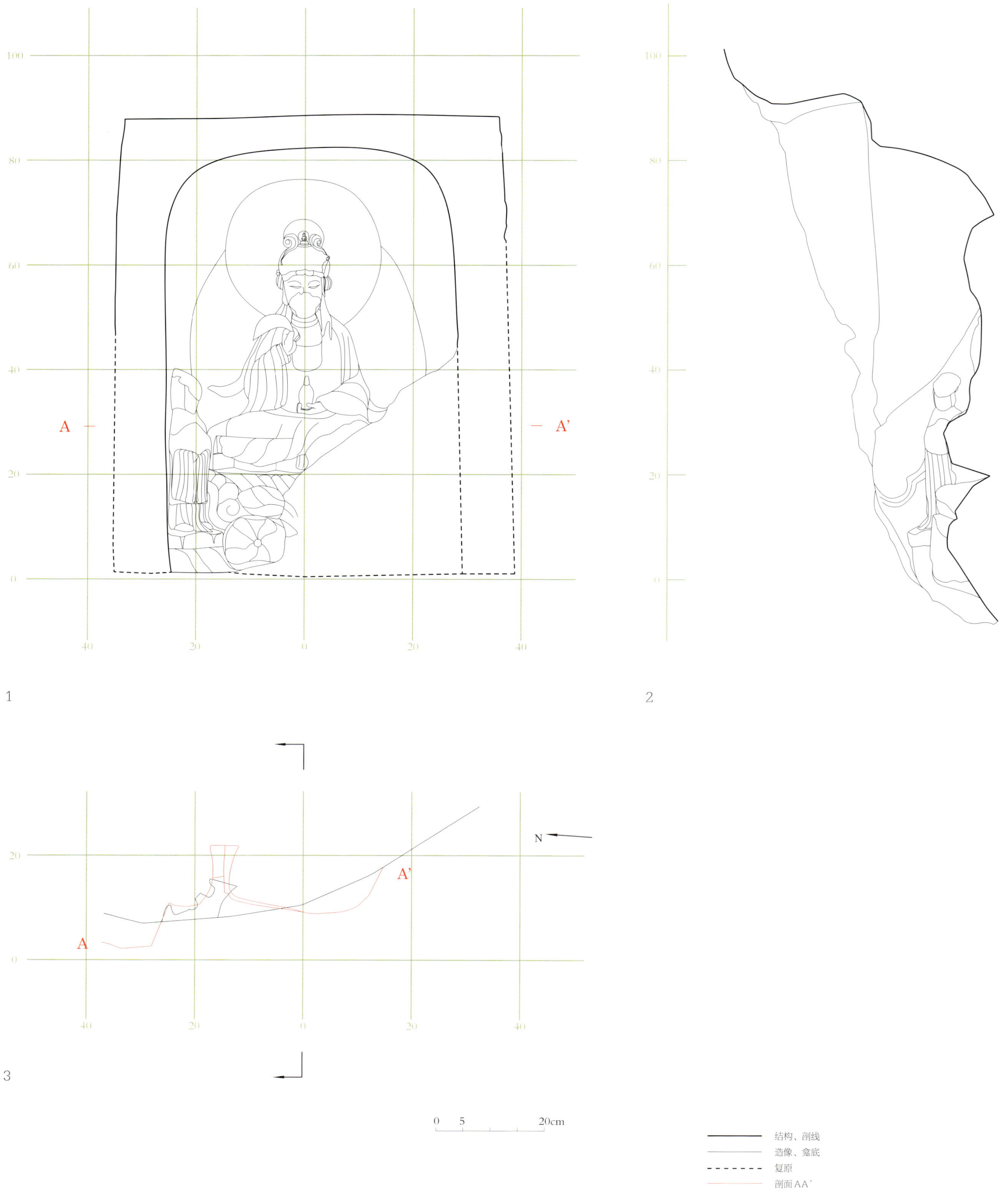

图273 第285号龛平、立、剖面图
1 立面图 2 剖面图 3 平面图

僧祇支，外披双领下垂式袈裟，下着裙。腕镯，左手腹前托净瓶，手及瓶略残；右手胸前持柳枝；结跏趺坐于须弥座上。台左部毁，残高25厘米，宽28厘米；座前残存莲苞和舒展的莲叶。

女像　立像高31厘米。头面残，上着宽袖服，下着裙；身饰披帛，两端下飘体侧；双手胸前持物，物残；足蚀，立于底台上。台高7厘米。

四　晚期遗迹

龛内保存灰白色、红色两种涂层。

第四节　第286号

一　位置

位于第285号龛下方。左距壁面转折边缘7厘米，右紧邻第288号龛；上距第285号龛14厘米，下距地坪18厘米。龛口西向，方向268°。

二　形制

单层方形龛（图274；图版Ⅰ：354）。

龛口　从崖壁表面平直凿进最深约100厘米形成龛口。龛口外缘大部残。左沿宽15厘米，部分残毁；右沿及上下沿完整，右沿宽16厘米，上沿宽15厘米，下沿宽13厘米。龛口内缘高144厘米，宽107厘米，至后壁最深35厘米。龛口左右上角凿三角形斜撑，高16厘米，宽17.5厘米，斜边弧形；低于沿面3厘米。

龛底　呈半圆形，略内进，龛底台面下距龛口11厘米。

龛壁　弧壁。壁面右侧中部现存一孔洞，与相邻的第288号龛相通，孔径约10厘米。壁面与龛顶弧面相交。

龛顶　券顶。

三　造像

刻像5身（图274；图版Ⅰ：354）。其中，中刻主尊菩萨坐像1身，其左右各立侍者像1身，头顶左右上方各刻飞天1身。上沿中部刻一匾额，外凸沿面4厘米。

菩萨像　坐高73厘米，头长26厘米，肩宽26厘米，胸厚14厘米（图275）。浮雕桃形素面头光和身光，头光内圆素平，边缘刻火焰纹，横径48厘米；身光素平，横径63厘米。梳髻，戴卷草冠，冠下垂坠饰。脸形长圆，戴珠串耳饰下垂至胸。颈刻三道肉褶线，戴圆环项圈，下垂坠饰。内着僧祇支，外披双领下垂式袈裟，下着裙，袈裟一角覆过冠顶，垂搭右肩。膝下裙摆饰珠串璎珞，部分残。腕镯，左手腹前托钵，钵残；右手胸前持杨柳枝，均部分残；倚坐于方台上，跣足踏仰莲。台高34厘米，宽42厘米，深22厘米；仰莲显露高2.5厘米，直径13厘米；下刻承托的莲叶。

左侍者像　残毁甚重，残像立高61厘米。可辨着鞋（图版Ⅰ：355）。

右侍者像　头顶残，残像立高65厘米（图版Ⅰ：356）。似梳髻，面蚀，上着交领宽袖长服，下着裙，裙腰上束腋下。身饰披帛，绕后背敷搭前臂后下垂体侧。双手胸前捧钵，钵部分残，着鞋。

左飞天像　风蚀略重，身长15厘米（图版Ⅰ：357）。可辨身姿轮廓，置于圆环状的云纹内，云朵略蚀。头后刻有圆形飘带，双手外展持铙，侧身向龛内飘飞。

图 274　第 286 号龛平、立、剖面图
1　立面图　2　剖面图　3　平面图

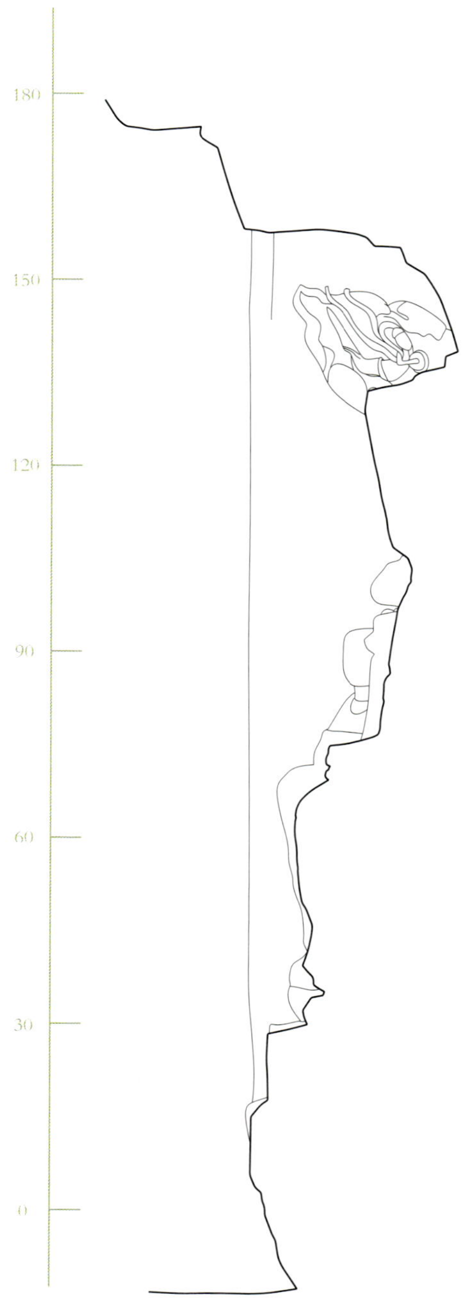

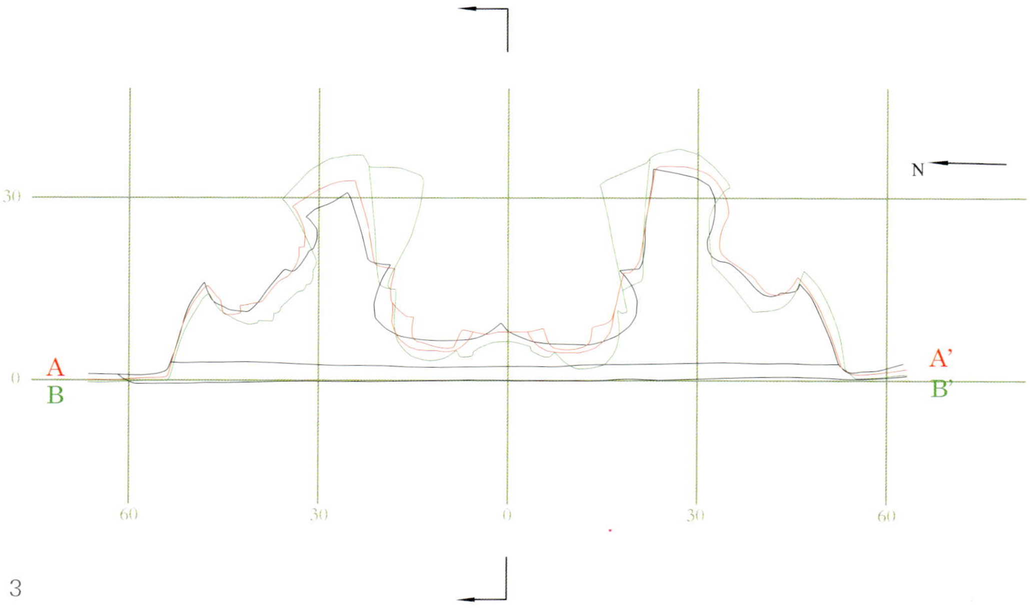

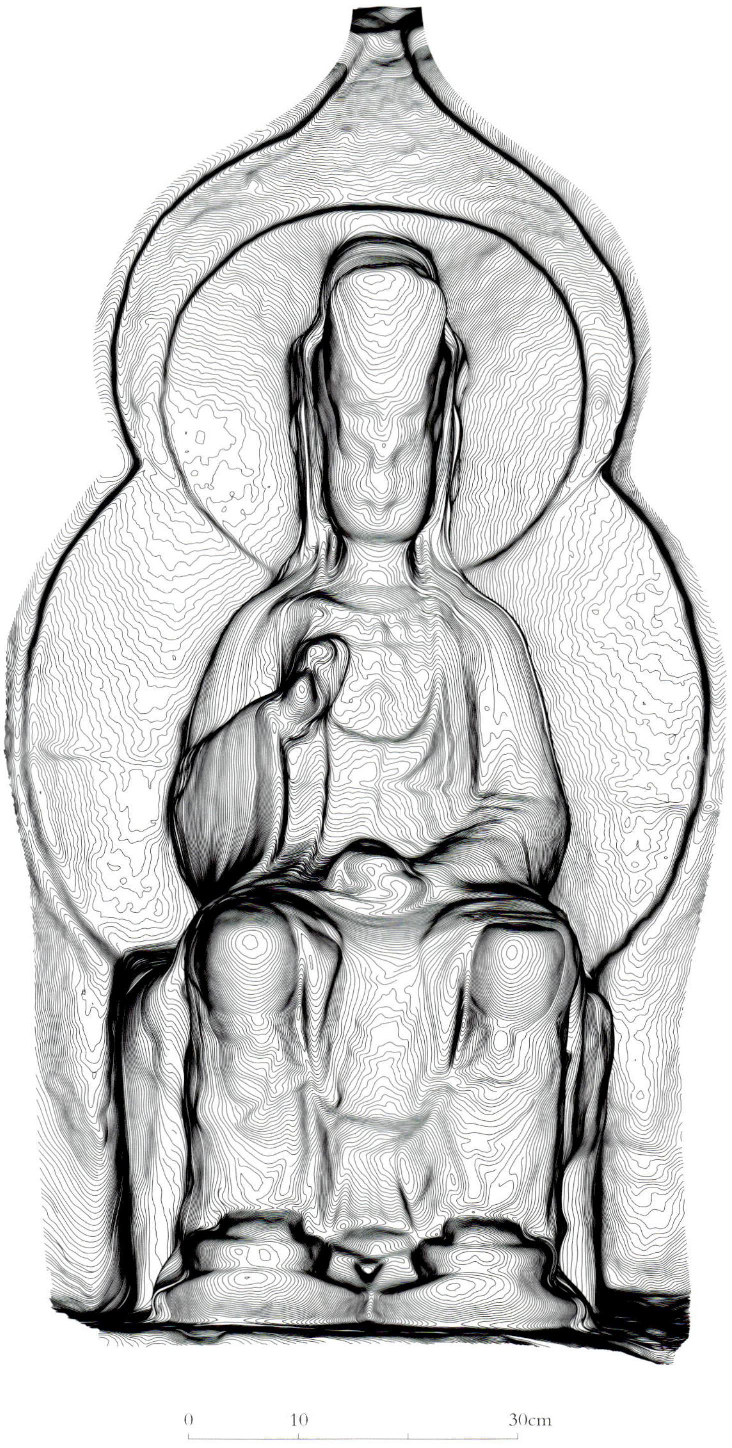

图 275　第 286 号龛主尊菩萨像等值线图

右飞天像　身长15厘米（图版Ⅰ：358）。梳髻，面蚀，袒上身，下着裙，身饰飘带，飘带环状绕于头后，经腋下飘于身后。双手胸前持铙作拍击状。像置身于圆环状的云纹内，弯腰翘腿向龛内飘飞。云朵左右宽30厘米，上下高22厘米，厚3厘米。

四　铭文

佚名造观音龛镌记，北宋大观三年（1109年）。位于上沿匾额内。匾心高15厘米，宽33厘米，四周刻匾框，部分残。匾心竖刻10行，文左起，存38字，楷体，字径2厘米（图版Ⅱ：34）。

01　□□□□□
02　□□同登□□[1]
03　□官之年□□
04　〔病〕疾□时□□
05　遂发心就此□
06　□〔镌〕造观音□
07　龛以大观三〔年〕
08　正月彩绘毕[1]□
09　斋〔修〕庆赞讫□
10　月十八日〔记〕[2]

1　此行《大足石刻铭文录》录为"为□月□□□"。重庆大足石刻艺术博物馆编：《大足石刻铭文录》，重庆出版社1999年版，第24页。
2　此"记"字《大足石刻铭文录》未录。同前引。

五　晚期遗迹

龛内保存灰白色、红色、黑色、蓝色四种涂层。

第五节　第287号

一　位置

位于第286号龛右上方。左距第285号龛25厘米，右为崖壁；上距岩顶27厘米，下紧邻第288号龛，分界不明。龛口略西向，方向286°。

二　形制

从崖壁表面平直凿进最深约18厘米形成竖直壁面（图276；图版Ⅰ：359）。壁面呈方形，下部毁，残高104厘米，宽190厘米；壁面打磨平整，略剥蚀。

三　造像

壁面部分剥落或被后世改凿槽孔，现仅可辨壁面中下部线刻佛像1身，头长9厘米。有圆形头光，直径20厘米；头光边缘饰圆形饰

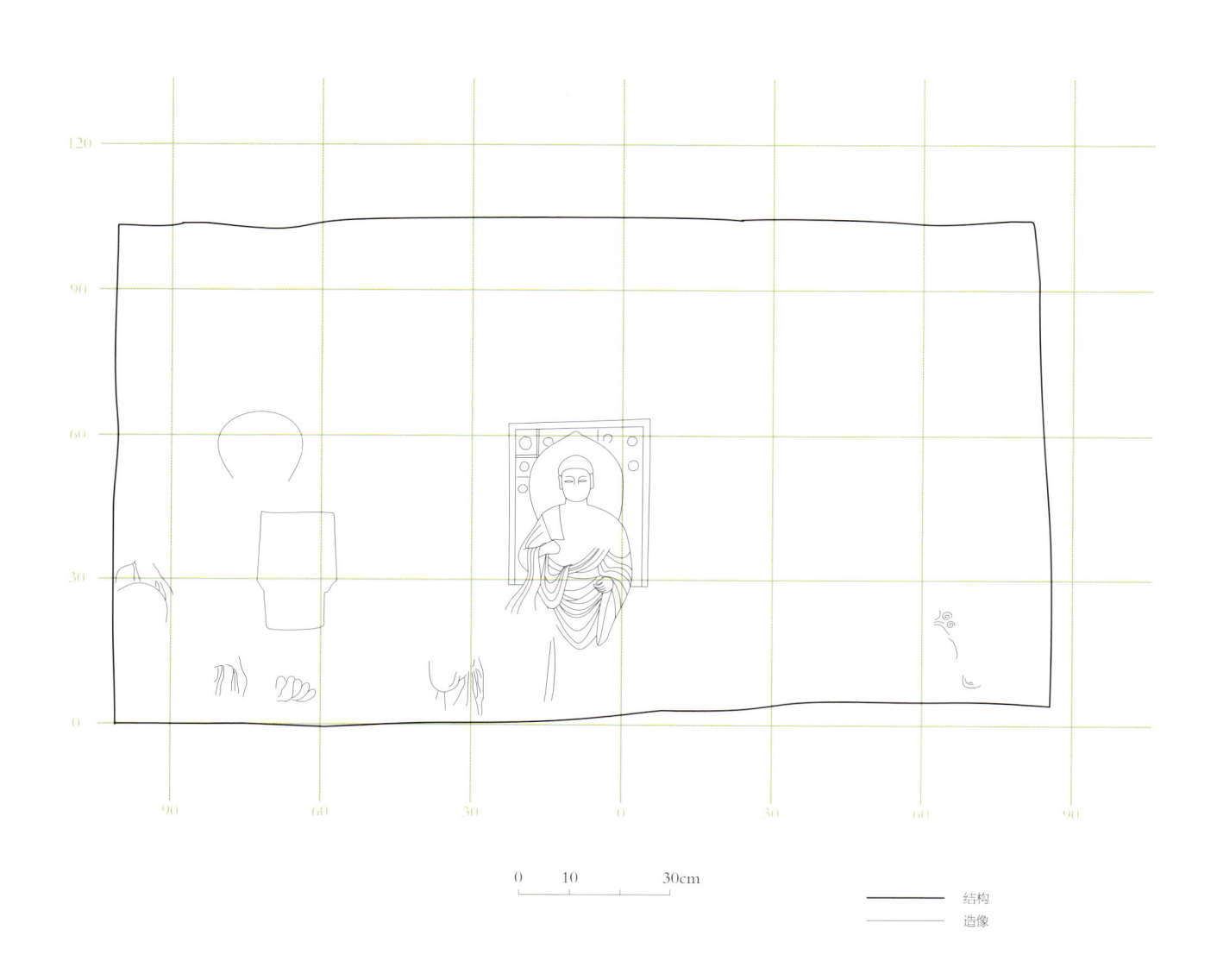

图276　第287号龛立面图

物。低平肉髻，脸形较圆，身着袈裟，左手垂于体侧，右手似胸前结印，下部身躯仅保留少许衣纹。佛像身后线刻方形背屏。背屏的左、右边缘及上方存有圆形饰物，其余细节不明。

壁面左侧下部存少许造像遗迹。

壁面右侧中部存圆环（似头光），直径约20厘米。壁面右下角存一身具有圆形头光的造像躯体遗迹和一圆形头光，头光直径16.5厘米。在此头光左下方，存一造像遗迹和一朵莲花。

四　铭文

佚名残镌记，南宋绍兴八年（1138年）。位于壁面上方中部。刻石面高26厘米，宽40厘米；竖刻14行，楷体，字径2—3厘米，残蚀甚重（图版Ⅱ：35）。

第9行可辨"诃□弥"，第13行可辨"绍兴八年十二月"，其余各行不可辨识。

五　晚期遗迹

龛内壁面右下部凿一枋孔，高25厘米，宽15厘米，深26厘米。

龛右侧上方纵向凿一弧形凹槽，上端与岩顶齐平，下端与本龛界面相接。凹槽高29厘米，宽26厘米，深10厘米；凹槽存竖向的粗大凿痕。

龛外左上方凿一较大的枋孔，高56厘米，宽8—13厘米，深25厘米。

第六节　第288号

一　位置

位于第287号龛下方。左紧邻第286号龛，右与第289号龛紧邻；上与第287号龛相邻，分界不明；下距地坪23厘米。

龛口西向，方向273°。

二　形制

本龛被后世改凿（图277、图278、图283；图版Ⅰ：360、图版Ⅰ：361、图版Ⅰ：362、图版Ⅰ：365、图版Ⅰ：366）。

龛口　原龛口毁。据龛口下部残存的遗迹，可辨开龛进深约9厘米。现存龛口方形，高200厘米，宽207厘米，至后壁最深约155厘米。龛口上方凿有横向的平整面，与龛口等宽，高16厘米。

龛底　原龛底略呈梯形，内侧建低坛一级，高13厘米，深度不明。现低坛为后世开凿，台面呈马蹄形。

龛壁　现正壁面被后世凿进，形成弧壁，存凌乱斜向的凿痕；壁面与左右壁和龛顶皆弧面相接。左右壁与龛顶略垂直相交，其外端上方各设一圆形小龛，下部设方形浅龛，且龛制完整。浅龛内造像被后世改刻。

龛顶　原龛顶估计为平顶，呈半圆形。原龛顶前端及后侧被后世改刻。现龛顶亦为平顶，略呈半圆形。

三　造像

龛内造像可分为原迹造像、改刻造像两部分（图277-1；图版Ⅰ：360）。

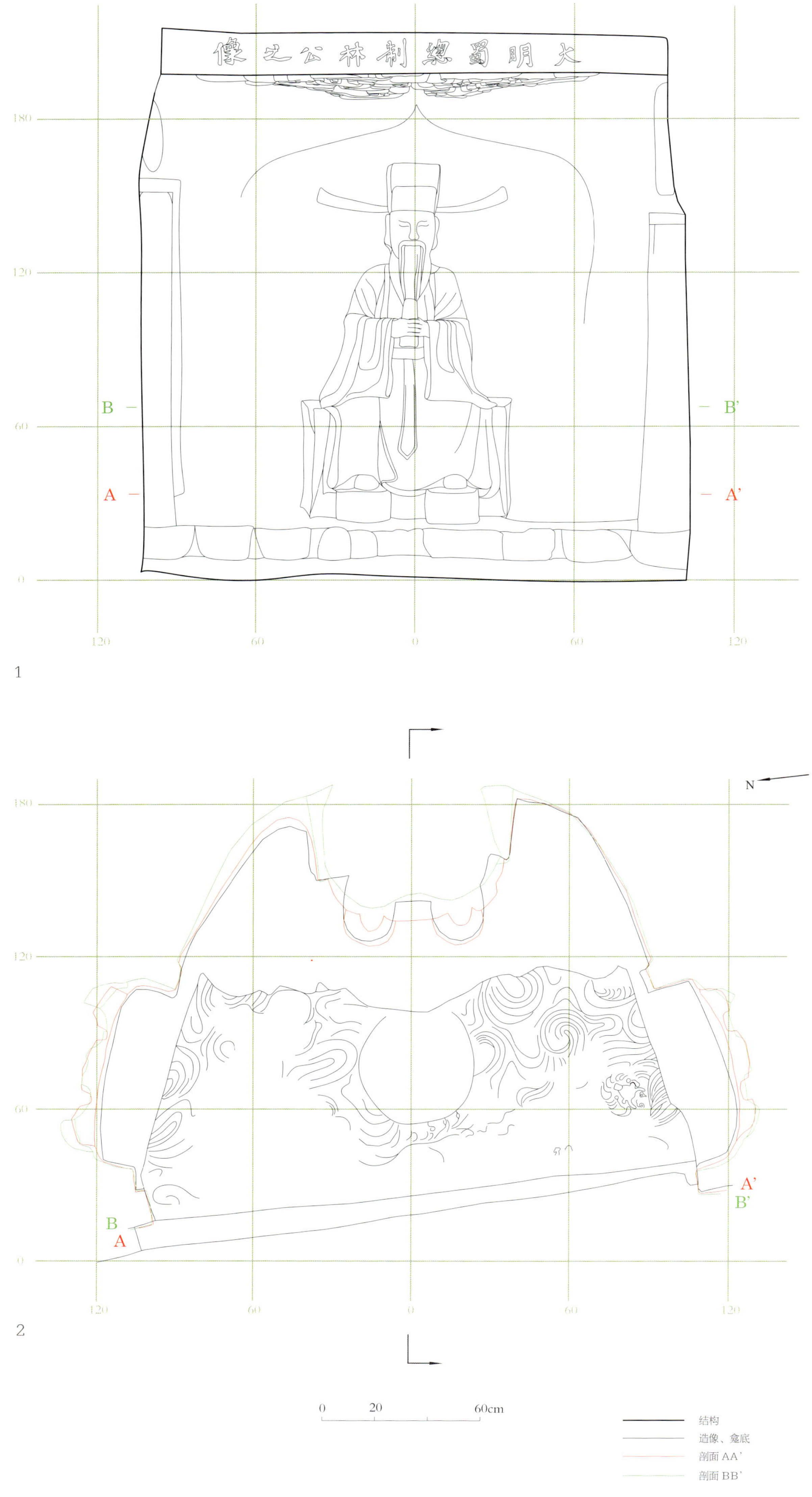

图 277　第 288 号龛平、立面图
1　立面图　2　平面图

图 278　第 288 号龛剖面图

（一）原迹造像

原迹造像分布于左右壁外侧上方及下方、龛顶、龛底（图版Ⅰ：361、图版Ⅰ：362）。

1. 左右壁外侧上方

左右壁外侧上方各开一圆形小龛。龛口直径37厘米，深4.5厘米。内刻坐像1身，呈对称布置（图279、图280、图281、图282；图版Ⅰ：363、图版Ⅰ：364）。

左壁坐像　坐高19厘米。有圆形素面头光，直径11厘米。像头面残，身内着僧祇支，外披双领下垂式袈裟，下着裙。袈裟一角覆过头顶再敷搭右肩。双手腹前笼于袈裟内。结跏趺坐于云台上。台高5.5厘米，宽18.5厘米。像身后另刻有云纹背屏。

龛外下方及左侧线刻云纹，部分毁。龛外右侧上方龛顶存部分云尾。

右壁坐像　坐高18厘米，与左像略同。

龛外下方及右侧保存的云纹与左壁同。龛外左侧上方龛顶亦存部分云纹。

2. 左右壁外侧下方

左右壁外侧下方各开一方形浅龛。

左壁龛　为单层方形龛。龛左沿宽10厘米，右沿宽9厘米，上沿宽8厘米，下沿与龛底相接，宽13厘米，外凸左右沿。龛口呈方形，高123厘米，宽72.5厘米。龛口左右上角凿三角形斜撑，低于沿面2.5厘米；斜撑高10厘米，宽11厘米，斜边弧形。龛内壁面及造像已被后世改刻。龛壁左侧中部存一圆孔，与第286号龛龛壁相通；估计系改刻壁面所致。

右壁龛　为单层方形龛，形制与左龛同。龛左沿宽9厘米，右沿宽8厘米，上沿宽9厘米，下沿与龛底相接，宽13厘米，外凸左

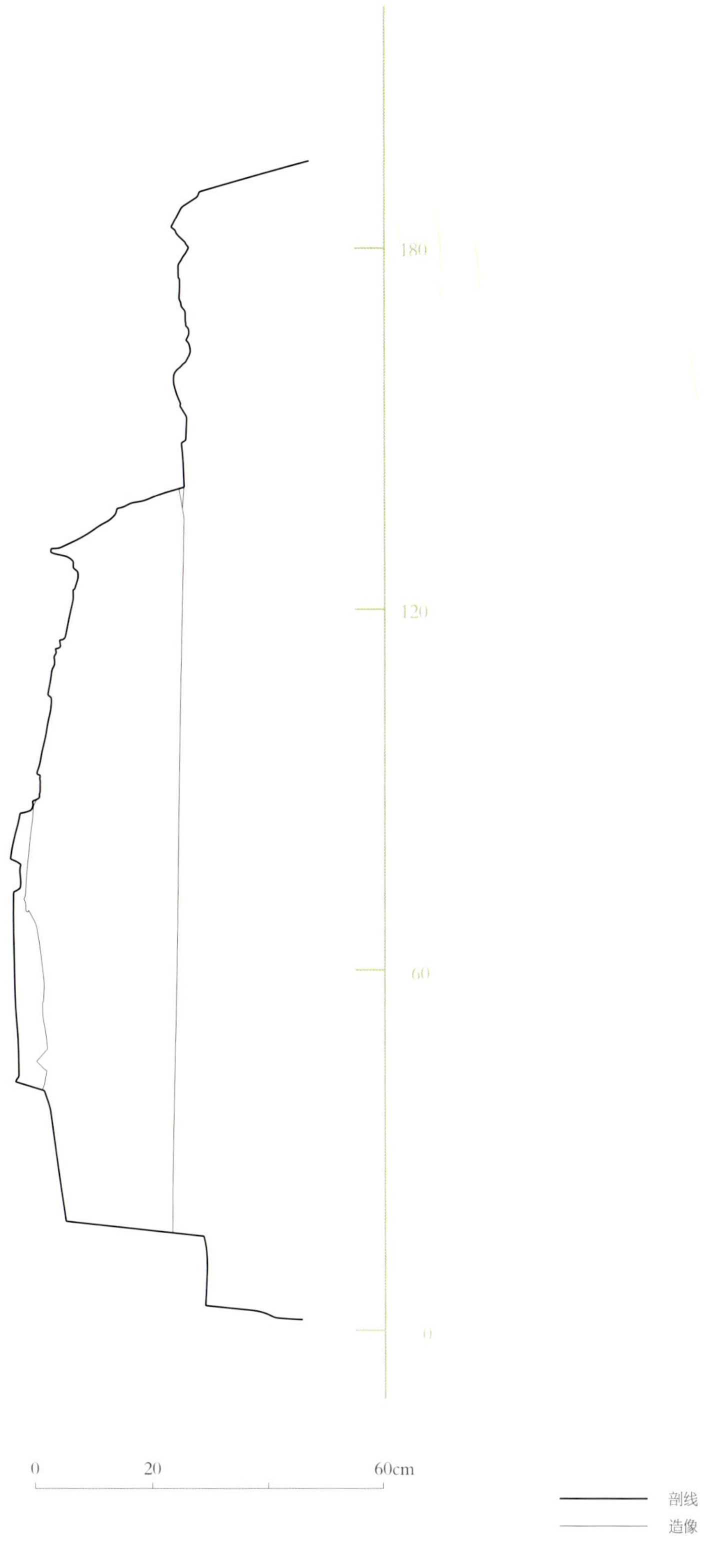

图 280　第 288 号龛左壁方龛剖面图

图 279　第 288 号龛左壁方龛立面图

368　大足石刻全集　第三卷（上册）

图 282　第 288 号龛右壁方龛剖面图

图 281　第 288 号龛右壁方龛立面图

第五章　第 285—290 号　369

右沿。龛口呈方形，高121厘米，宽71.5厘米。龛口左右上角凿三角形斜撑，低于沿面1.5厘米；斜撑高12.5厘米，宽13厘米，斜边弧形。龛内壁面及造像已被后世改刻。

3. 龛顶

龛顶内侧存少许焰尖，估计为原正壁造像的背光火焰纹尖端。

龛顶前部浮雕8朵云纹，相绕略呈环状。云纹上下高84厘米，宽161厘米。内刻乐器8件，均系飘带（图283；图版Ⅰ：365）。从左至右编为第1—8件。其规格列入表52。

表52　第288号龛龛顶乐器规格简表

编号	乐器	规格
1	筝	长22厘米，宽3厘米。
2	笙	高10.5厘米，最宽9厘米。
3	六合板	高9.5厘米，上宽3厘米，下宽6厘米。
4	鼓	高11.5厘米，面径14厘米。
5	笛	长9厘米。
6	方响	高7.5厘米，宽11.5厘米。
7	四弦屈颈琵琶	高22.5厘米，箱体最宽9厘米。
8	细腰鼓	长12.5厘米，面径5厘米，腰径1厘米。

4. 龛底

龛底中部原造像被后世凿毁，凿毁面略呈圆形，存粗大的凿痕。龛底左右侧线刻云纹，部分剥蚀；左侧外端于云纹中刻一牛头（图277-2；图版Ⅰ：366）。

（二）改刻造像

后世在正壁改刻坐像1身，左右壁外侧下方浅龛内各改刻坐像1身。

1. 正壁

刻坐像1身（图277-1；图版Ⅰ：360）。坐高95厘米，头长36厘米，肩宽36厘米，胸厚27厘米。头戴幞头，冠体方正，幞脚略上翘，面方圆，略蚀，刻连鬓胡须。上着圆领宽袖长服，腰系带；下着裙；腰带下垂腿间。双手持笏，笏上端残；倚坐于方台上，着鞋踏圆形足踏。方台高42厘米，宽73厘米，深30厘米；足踏高13厘米，直径20厘米。

龛口上方平整面左起横刻"大明蜀总制林公之像"9字，楷体，字径11厘米（图版Ⅱ：36）。

2. 左壁外侧下方

左壁被后世改刻为内凹的弧面浅龛，并刻坐像1身（图279；图版Ⅰ：361）。坐像高59厘米，头戴梁冠，面方，脸平，自上唇、下颌、两腮各垂长须。身躯扁平，腹部内凹，上着内衣，外披对襟窄袖服，下着裙。腰系革带，腰带下垂腿间。双手持笏。未见刻出大腿，倚坐于低台上。双足着方头鞋。

3. 右壁外侧下方

龛内壁面后世改刻为内凹的弧面，并刻坐像1身（图281；图版Ⅰ：362）。像坐高61厘米，头戴方形小冠，脸形略圆，面平，面容略老，前额刻三道皱纹。身内着两层内衣，外披对襟衫，下着裙。腰束带，腰带垂于腿间。左手抚膝，右手托物，物难辨。倚坐于方台上。双足着尖头鞋。

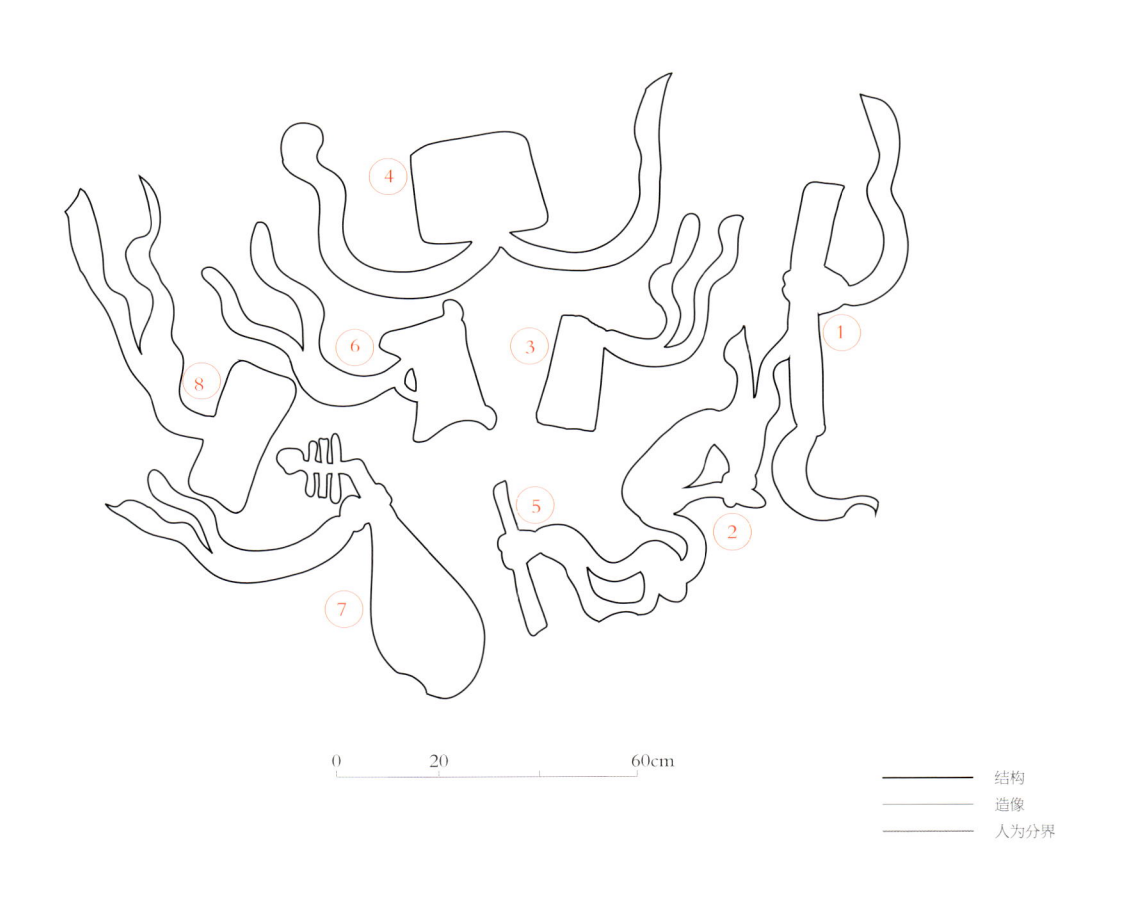

图 283　第 288 号龛龛顶仰视及乐器编号图

第五章　第 285—290 号

四 铭文

3则。

第1则

马道者造阿弥陀佛龛镌记，北宋大观元年（1107年）。位于龛口右侧上方平整面。刻石面高51厘米，现存最宽50厘米；刻石面边缘饰边框。文左起，竖刻21行，存139字，楷体，字径2厘米（图版Ⅱ：37）。

01 镌造各保寿年永远[1]□报弥〔陀〕□□马道者〔书〕□□□
02 初九日表庆功德奉善弟子□□□□□□□□□
03 □有随喜见闻同□胜〔利〕[2]□大观元年丁〔亥〕□十一〔月〕
04 〔大〕香启愿迩大圣之威风〔宝纸〕□□□□□□□□
05 〔母〕亲相生恶〔开古〕发愿□三业〔以〕□□川□□□□□
06 〔化〕身[3]变大化□〔宜金回投[4]妄念〕□长河〔为〕□□□□□
07 〔愿岂〕智道〔于〕州果□〔因〕示□州千手千眼（漶）
08 □□□□知见于回流□永□〔就〕院存六〔道〕（漶）
09 □□□炭思苦□般（漶）
10 招□之密〔语〕[5]利益[6]（漶）
11 □□神无□□□□□□之〔神〕（漶）
12 □□□□□□□□□此人（漶）
13 □□□□□□□□□之（漶）
14 □□□□□□□□求（漶）
15 各□□□□求（漶）
16 心□□贵无（漶）
17 □□□心□□□□□六〔道〕（漶）
18 □□□□自□□□一□（漶）
19 □□□□□□□□历顶（漶）
20 □□□□□□□□不（漶）
21 □□利□□□□□（漶）

第2则

李季升题刻，南宋庆元四年（1198年）。位于龛壁右端浅龛左沿。刻石面高94厘米，宽9厘米；竖刻1行22字，隶书，字径7厘米（图版Ⅱ：38）。

戊午春初李季升李德举来岩[2]像一新知主僧之用心也

1　此"远"字《大足石刻铭文录》未辨识。重庆大足石刻艺术博物馆编：《大足石刻铭文录》，重庆出版社1999年版，第24页。
2　此"利"字《大足石刻铭文录》未辨识。同前引。
3　此"化身"2字《大足石刻铭文录》录为"一生"。同前引。
4　此"投"字《大足石刻铭文录》录为"款"。同前引。
5　此"语"字《大足石刻铭文录》未辨识。同前引。
6　此"益"字《大足石刻铭文录》未辨识。同前引。

第3则

"季立父"题刻，年代不明。位于龛壁右端浅龛右沿。刻石面高2.0厘米，宽7厘米；竖刻1行3字，楷体，字径7厘米（图版Ⅱ：39）。

季立父

五　晚期遗迹

龛内正壁官员像部分为后世水泥涂抹修补。

龛口左右端上方壁面各凿圆形小孔，大小相近，对称布置。孔径5厘米，深5厘米。

龛内保存红色、灰白色、蓝色、黑色四种涂层。

第七节　第289号

一　位置

位于第288号龛右侧，分界不明。右距岩体裂隙边缘120厘米，上为崖壁，下距地坪27厘米。

龛口西向，方向263°。

二　形制

单层方形龛（图284、图285；图版Ⅰ：367）。

龛口　从崖壁表面平直凿进最深约12厘米形成龛口。龛口方形，外缘分界不明；左沿存宽11厘米，中部纵向凿一道凹线；右沿宽11厘米，部分残损；上沿宽9.5厘米，部分残；下沿分界不明，沿面与地坪垂直相接。龛口内缘高144厘米，宽109厘米，至后壁深50厘米。龛口左右上角凿三角形斜撑，高17厘米，宽18厘米，斜边平直；低于沿面10厘米。

龛底　呈方形，略蚀；外凸左右沿面5.5—12厘米。龛底内侧建一级低坛，高23厘米，深39厘米。

龛壁　呈弧壁，外侧三面建帐具一座，刻悬垂的帐幔，线刻褶纹。

龛顶　平顶，方形，略剥蚀。

三　造像

刻像13身（图284-1；图版Ⅰ：367）。其中，正壁帐具内刻主尊坐像1身，怀抱小孩1身，其左右各立侍女像1身；低坛前端刻乳母1身及小孩8身。此外，上沿中部残存少许圆弧段遗迹，估计原刻有匾额，大部残。

主尊像　坐高59厘米，头长25厘米，肩宽24厘米，胸厚12厘米（图版Ⅰ：368）。梳髻，戴凤冠，冠略残。面长圆，略蚀。戴珠串耳饰，下垂至胸。内着翻领内衣，外着交领宽袖服，罩披肩；下着长裙，裙腰上束至胸；腰带作结下垂；身前刻蔽膝。身饰飘带，绕后颈交垂腹前，敷搭前臂后下垂体侧。双手腹前抱一小孩，倚坐于圆台上，双足不现。小孩身长24厘米，上身毁，下身略残。方台高约27厘米，宽52厘米，深18厘米。

左侍女像　立像高50厘米（图版Ⅰ：369）。梳双丫髻，面圆，略蚀。内着翻领窄袖服，外着交领宽袖服，下着裙。双手胸前笼袖内，着鞋站立。

右侍女像　立像高50厘米（图版Ⅰ：370）。梳双丫髻，面部分残，身剥蚀，衣饰不明。双手胸前似持圆扇，扇略残，双足不现。

图284 第289号龛平、立面图
1 立面图　2 平面图

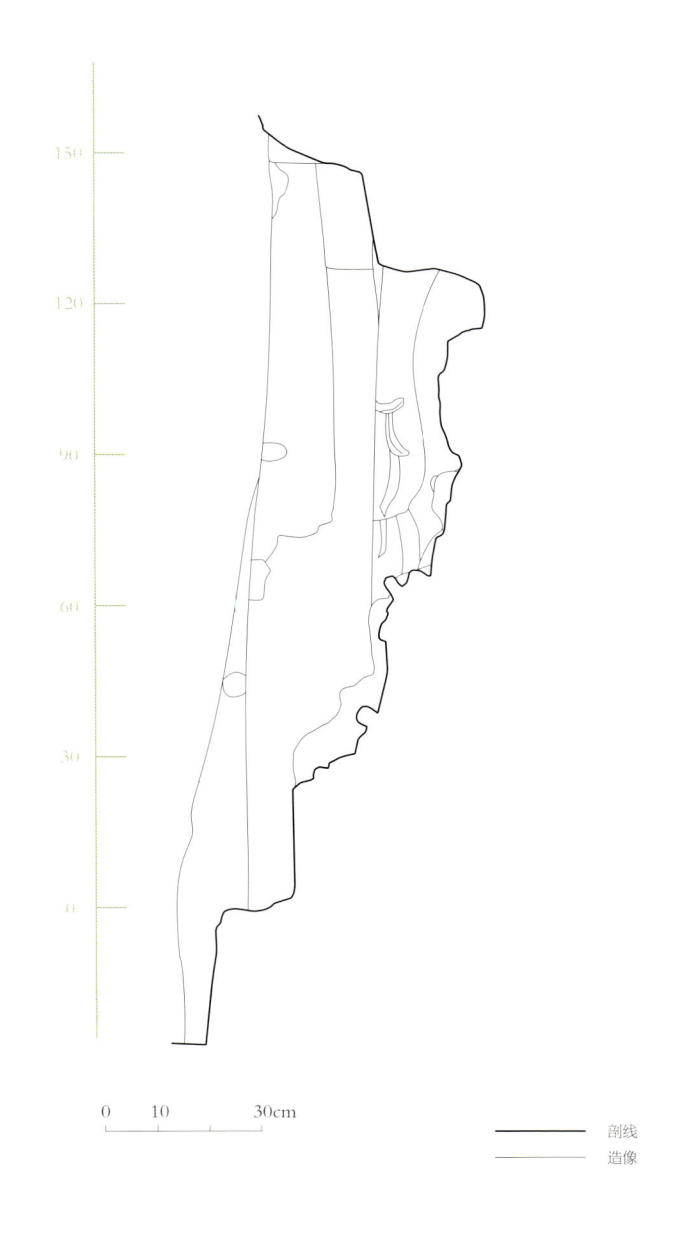

图 285　第 289 号龛剖面图

乳母像　头毁，残坐高19厘米；身着对襟衫，左手抱一小孩，右手托乳，作哺乳状，盘腿而坐。小孩头大部残，仰卧于乳母怀中，作吮吸状。乳母身后左侧刻一小孩，头毁，残高17厘米；上着短褂，下着裤；双手毁，跪于乳母身后。

在低坛前端及右侧，另刻小孩6身，作嬉戏玩耍状。从左至右大致分为3组：第1组，小孩2身，前侧小孩头毁，背剥蚀，向右跪伏，身着窄袖衫，胸系带，左手扶地，右手持绣球绣带，身前刻绣球；后侧小孩头毁，身大部残，可辨坐姿。第2组，小孩2身，前侧小孩大部毁，可辨向左跪伏，与第1组前侧小孩相对，左手似持绣球绣带；后侧小孩头残，身蚀；左手外伸，扶第1组后侧小孩后背，右手毁，盘腿而坐。第3组，小孩2身，残毁甚重，仅辨遗迹。

四　铭文

2则。

第1则

吕元锡等游北山题记，南宋乾道元年至七年（1165—1171年）。位于本龛与第288号龛之间的竖直壁面，刻石面高67厘米，宽11厘米；文右起，竖刻2行，存20字，楷体，字径4厘米（图版Ⅱ：40）。

01　吕元锡范米美同来婿李孙孝男祖□
02　□□祖吉侍行乾道□□□□□□

第2则

王季立观吕元锡字题记，南宋乾道七年（1171年）。位于龛左侧壁中上部，刻石面高53厘米，宽22米；文左起，竖刻2行18字，楷体，字径5厘米（图版Ⅱ：41）。

01　懿恪公裔王季立观
02　吕元锡兄题字乾道辛卯

五　晚期遗迹

龛主尊凤冠左侧、乳母及小孩头部残毁处均凿有不规则的小孔，大小不一。

龛外上方、左右均凿有枋孔，数量较多，大小不一。

龛外下方左端凿一枋孔，与地坪相接。孔高12厘米，宽7厘米，深4厘米。

龛内保存红色、灰白色、蓝色、绿色、黑色五种涂层。

第八节　第290号

一　位置

位于第289号龛右侧。左距岩体裂隙边缘约46厘米，右距后世砌筑的砖墙约59厘米；上距岩顶约105厘米，下距地坪约117厘米。龛口西向，方向259°。

二　形制

从崖壁表面平直凿进最深约13厘米形成竖直平整壁面（图286；图版Ⅰ：371）。壁面呈方形，高241厘米，宽355厘米，边缘岩体略残损。壁面中部以双线刻出方框，分隔为上下两部分；方框边框宽4厘米。其中，方框上部高73厘米，宽309厘米，左下角及右侧壁面大部脱落；下部高159厘米，与上部等宽。

三　铭文

方框上部左侧存线刻像1身，下部方框内阴刻铭文（图版Ⅰ：371）。

（一）线刻像

半身高67厘米（图版Ⅰ：372）。头戴翘脚幞头，脸形方正，眉目可辨，下颌刻短须；着圆领宽袖服，双手胸前持笏。

（二）铭文

范府书林俊诗并跋，明嘉靖三年（1524年）。分左、右两部分。左部行书，文左起，竖刻10行，80字，字径16厘米；右部行草，文左起，竖刻13行，228字，字径7厘米（图版Ⅱ：42）。

左部分

01　石屋忘年记霜松记十
02　围壮容惊变尽迁叟是
03　真归局小一庄足名逃[3]
04　百念希山盘开野水新

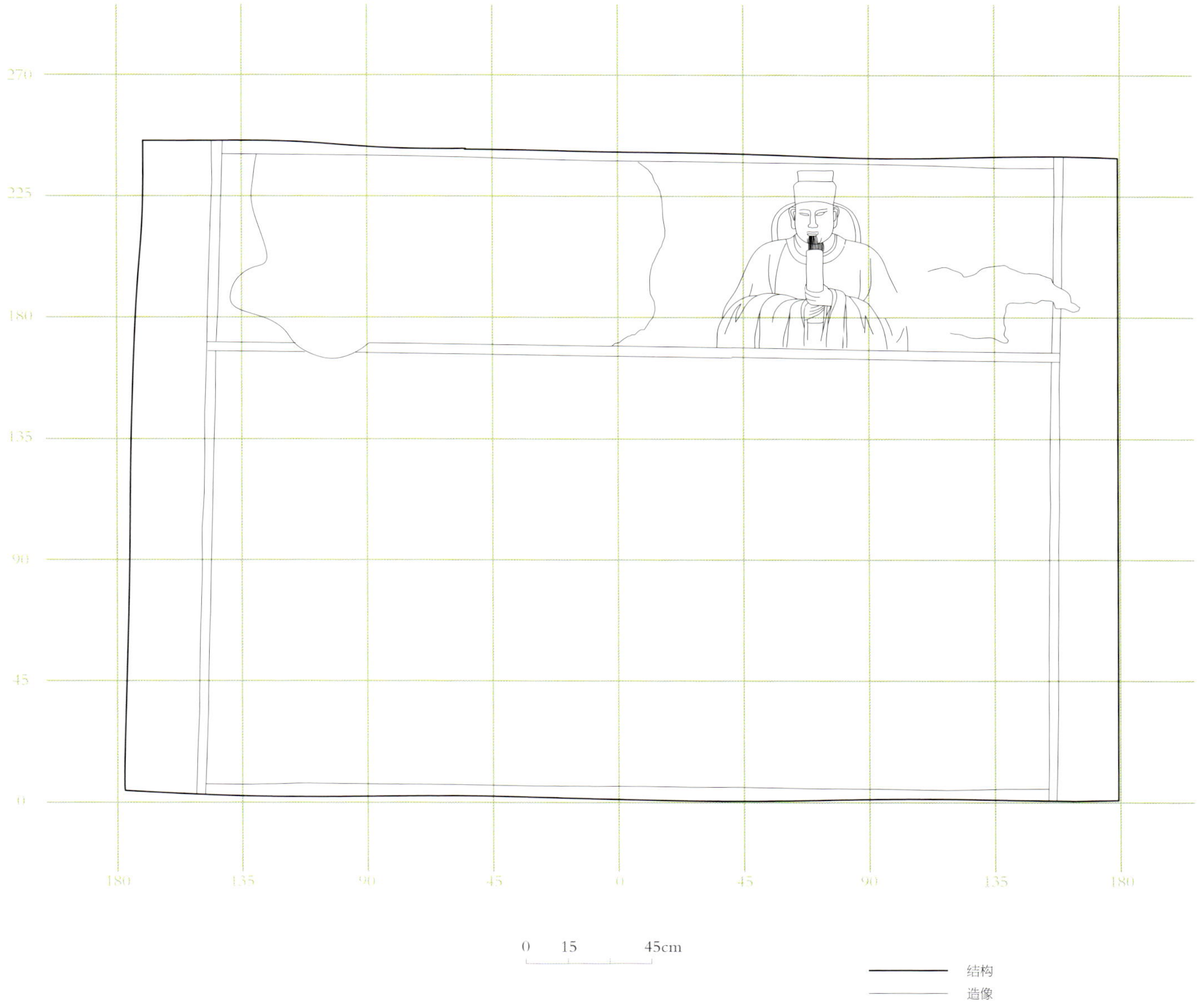

图286　第290号龛立面图

05　雨蕨芽肥
06　风雨睡曾着幽堂重乃
07　心龙归先有洞鹿触故
08　成林遗蜕遭逢际孤庐
09　恍惚临更阑销短烛凉泪
10　落衣襟

右部分

01　右二诗乃太子太保刑部尚书
02　见素林公之作也正德庚午公被召起用征剿剧贼
03　巡[4]抚四川府时为巴县教谕辛从事幕下受
04　教最深越明年功成身退蜀人为立生祠嘉
05　靖初科道交荐三聘复起其精忠大节天下共知无
06　容喙者兹累疏乞老荣归云庄仰慕风采不
07　可得见近偶蒙寄赐小像并云庄之怀诚如
08　久处密林忽见长天也携以公行至大足闻有奇

09　岩登摩[1]雅刻乃大宋太史公范祖禹撰赵懿简公

10　神道碑上有遗像犹存遂捐廪命匠凿一石洞以

11　镌公之像茗一石碑以刻公之诗用识蜀人之思共传不

12　朽云嘉靖甲申秋八月吉重庆府同知范府拜书

13　知大足县事临安唐鳌翔

第九节　本章小结

一　形制特点

本章6个编号中，第287、290号为摩崖方碑；第285号龛残毁甚重，第288号龛已被改刻，龛制特点不明。其余两龛均为单层方形龛，有龛沿，左右上角凿三角形斜撑结构，低于沿面。第286号龛底呈半圆形，龛壁为弧壁。第289号龛底呈方形，内侧建低坛一级；龛壁为弧壁，外侧三面建帐具一座。

二　年代分析

本章6个编号中，第290号摩崖碑有明嘉靖三年（1524年）纪年。

其余5个编号龛像中，第288号龛是本章规模最大的龛像，占据岩体显著位置，推测应是本章最早开凿的龛像；第285、286、287、289号龛，位于第288号龛左右壁面，且规制略小，应是继后开凿的龛像。

上述龛像中，第288号龛所存造像纪年为北宋大观元年（1107年）；第286号龛所存造像纪年为北宋大观三年（1109年）；第287号龛所存造像纪年为南宋绍兴八年（1138年）；第289号龛左侧沿面游记纪年为南宋乾道辛卯七年（1171年）。由此可知，本章龛像的上限年代在北宋大观元年（1107年），下限年代在南宋乾道辛卯七年（1171年）。

另据第288号龛口上方平整面所刻"大明蜀总制林公之像"题额及第290号《林俊诗碑》可知，此龛被改刻的时间约在明嘉靖三年（1524年）。

三　题材内容

第285号　龛内结跏趺坐主尊像梳髻戴冠，内着僧祇支，外披双领下垂式袈裟，下着裙，左手腹前托净瓶，右手持杨柳枝，应为净瓶观音像。视其右下立像衣饰、持物等特征，应为供养人像。据主尊像，此龛为"净瓶观音龛"。

第286号　龛内倚坐主尊梳髻戴冠，内着僧祇支，外披双领下垂式袈裟，下着裙，左手托钵，右手持杨柳枝。据其所存"镌造观音"造像记知，此龛应为"观音龛"。

第287号　龛内造像系线刻，保存较差，为"残像龛"。

第288号　据龛内原刻所存火焰纹、龛顶云纹乐器、左右壁上部菩萨像，并结合造像记知，此龛原刻为"阿弥陀佛龛"。又据后刻"大明蜀总制林公之像"题额及第290号《林俊诗碑》可知，现龛正壁坐像为大明蜀总制"林俊"，左侧壁外侧坐像为重庆府同知"范府"，右侧壁外侧坐像为大足知县唐鳌翔。

第289号　龛内主尊坐像双手腹前抱小孩，左右立侍女；乳母怀抱小孩作哺乳状，龛前另刻小孩作游戏状。据其特征，应为"诃利帝母龛"。

第290号　结合碑后跋文，将此碑简称为《林俊诗碑》。其上部线刻官员像，推测应为林俊像。

1　此"摩"字《大足石刻铭文录》录为"攀"。重庆大足石刻艺术博物馆编：《大足石刻铭文录》，重庆出版社1999年版，第67页。

四　晚期遗迹

（一）构筑遗迹

第285—290号龛所在壁面左侧、中部及右侧凿有圆形梁孔和方形枋孔，表明在壁面上方，历史上曾搭建过建筑设施。

第288号龛龛外侧左右对称凿有较小的圆孔，第289号龛龛外侧左右亦对称凿有枋孔，估计在历史上此二龛曾建有类似龛门的设施。

第289号龛主尊凤冠左侧、乳娘及小儿头部残毁断面处均凿有不规则的小孔，大小不一；推测这些小孔为后世所凿，为插接榫头补接塑像所用。

（二）妆绘遗迹

在本章6个编号中，第287、290号龛未见遗存明显的妆绘涂层，其余4个编号龛存有涂层。

涂层颜料主要为红色和灰白色，即龛壁、龛顶以红色作底，造像底层施绘灰白色涂层；外层于不同部位妆绘蓝色、绿色、黑色等涂层。第286、288、289号龛涂层保存较完好。

此外，第286号龛题记表明，此龛于北宋大观三年（1109年）进行了首次妆彩活动。

注释：

[1] 此"毕"字，铭文为：

[2] 此"岩"字，铭文为：

[3] 此"逃"字，铭文为：

[4] 此"巡"字，铭文为：

第六章　北山佛湾石窟结语

第一节　石窟开凿

北山佛湾石窟位于北山佛岩坡半山崖壁上，坐东面西，略呈南北走向。造像区为一坪状地形，地质构造简单，地层产状平缓，为近水平岩层，处于一平缓开阔的向斜构造内。石窟沿山崖立壁，顺山势开凿，长约300米，高约7—10米。

北山佛湾石窟龛窟相间，大小相配，密如峰房。造像分为南北两区，中为隙地。从南至北通编为290号及14个附号，计304个编号。其中，第1—98号及第3-1、9-1、9-2、55-1、70-1等5个附号，共计103个编号位于南区；第99、100号位于南北区之间空隙地中部；第101—290号及第116-1、151-1、171-1、175-1、180-1、180-2、187-1、190-1、229-1等9个附号，共计199个编号位于北区。

北山佛湾石窟304个编号中，既有龛窟，也有单独编号的摩崖碑刻、题记等。现将有关情况列入表53。

表53　北山佛湾石窟编号情况统计表

类别		编号	备注
碑刻、题记		第2号《唐韦君靖碑》、第102号《教孝碑》、第103号《赵懿简公神道碑》、第104号《古文孝经碑》、第115号《民国彩化佛像功德碑》、第134号《民国大足石刻考察团记事碑》、第138号《鲁瀛书〈峰烟永靖〉题刻》、第143号《鲁瀛五古十七韵诗碑》、第150号《刘子发等较试南昌事毕拉游北山题记》、第156号《赵紫光等游西域禅师坐塔诗碑》、第160号《绍兴残碑》、第163号《无尽老人碑》、第290号《林俊诗碑》。	13个编号
造像龛窟	空龛	80、93、98、114、116-1、124、236、283	8个龛窟
	宋以后	99、100、101、139	4个龛窟
	唐末至宋	其余279个编号均为唐末至宋造像龛窟	共代表273个龛窟[1]。其中残毁龛窟约53个。

由表53可见，北山佛湾石窟304个编号中，单独编号的摩崖碑刻及题记有13号，其中，唐末1号，宋代5号，明代1号，清代2号，民国4号；其余291个编号均为龛窟，所代表的龛窟总数为285个，其中，空龛8个，宋代以后4个，唐末至宋273个。在285个龛窟中，有53个残毁甚重，形制不清，故保存较好者有232个。

北山佛湾230个保存较好的龛窟大致可分为龛、窟两大类[2]。根据立面和平面形制，龛形又可分为方形龛、圆拱形龛、尖拱形龛。现将有关情况列入表54。

---

[1] 在对北山佛湾石窟进行考古调查时，发现第181与184号，第203与204号，第260与262、266号，第268与272号，第269与270号等11个编号，实为5龛造像。为使原编号不产生混乱，记录中虽仍保留了原编号，但龛窟数量的统计应以实有数为准。故此处279个编号所代表的龛窟实数为273个。下同。
[2] 在报告记录中，将开凿深度在两米以上者称为窟，不足两米者称为龛。

由表54可见，230个龛窟中，仅有9个窟，占比极小。221个龛中，以方形龛为主，有196个；其余圆拱形龛有23个，尖拱形龛2个，所占比例较小。

北山佛湾石窟有27个龛窟刻有纪年，其中唐末6个，前后蜀10个，宋代11个。具体排年情况如表55。

表54　北山佛湾石窟龛窟形制分类情况统计表

类别		编号	龛窟数量
窟形		114、133、136、149、155、168、176、177、180	9
龛形	方形龛	3、3-1、5、6、9、9-1、10、11、13、14、15、16、17、18、19、20、21、22、23、24、25、26、27、28、29、30、31、32、33、34、35、36、37、38、39、40、45、46、47、48、49、51、52、53、55-1、56、57、58、59、60、61、62、63、65、66、67、68、69、71、72、73、74、76、77、78、79、80、81、82、83、84、85、86、87、90、91、92、94、95、96、97、98、99、100、101、105、106、107、108、109、110、111、112、116-1、118、120、121、122、123、125、126、128、130、135、137、139、142、144、146、148、153、158、159、161、162、164、165、169、172、174、179、187、188、190、191、192、193、195、196、197、198、200、201、202、203（含204）、205、206、207、208、209、210、211、212、213、217、218、219、220、221、222、224、225、226、228、229、230、231、232、233、234、235、238、240、241、242、243、244、245、246、247、248、249、251、252、254、255、256、257、258、259、260（含262、266）、267、269（含270）、271、273、274、275、276、277、278、279、280、281、285、286、289	196
	圆拱形龛	1、50、75、88、89、93、113、116、117、119、124、127、129、131、132、147、157、166、180-2、181（含184）、199、227、237	23
	尖拱形龛	41、253	2

表55　北山佛湾石窟纪年龛窟排年表

序号	纪年龛窟	年代	造像人及造像题材
1	58	唐乾宁三年（896年）	检校司空守昌州刺史王宗靖，节度左押衙、检校左散骑常侍兼御史大夫、上柱国赵师恪为故外姑何氏，镌妆第58号观音、地藏龛。
2	240	唐乾宁三年（896年）	比丘尼惠志为奉报十方施主，敬镌造第240号欢喜王菩萨龛。
3	52	唐乾宁四年（897年）	女弟子黎氏，奉为亡夫□□昌□将□□御史大夫刘□□，敬造第52号阿弥陀佛并观音、地藏龛。
4	50	唐乾宁四年（897年）	□都典座僧明悟，奉为十方施主，敬造第50号如意轮菩萨龛。
5	51	唐光化二年（899年）	节度左押衙、充四州都指挥兼昌州军事银青光禄大夫、上柱国王宗靖镌造第51号三世佛龛。
6	243	唐天复元年（901年）	军事押衙蹇知进镌造第243号千手观音龛。
7	32	前蜀永平三年（913年）	周氏奉为亡妣镌造第32号日光、月光菩萨龛。
8	53	前蜀永平五年（915年）	右衙第三军散副将种审能，为亡男希言被贼伤煞，祈化生西方，见佛闻法，镌造第53号阿弥陀佛并观音、地藏龛。
9	39	前蜀乾德四年（922年）	弟子温孟达等镌造第39号大威德炽盛光佛龛。
10	27	后蜀广政元年（938年）	佚名镌造第27号观音菩萨龛。
11	37	后蜀广政三年（940年）	右弟子于彦章、邓知进以希眷属宁泰，发心镌造第37号地藏菩萨龛。
12	35	后蜀广政四年（941年）	佚名镌造第35号释迦佛龛。
13	244	后蜀广政八年（945年）	佚名镌造第244号观音地藏龛。

续表55

序号	纪年龛窟	年代	造像人及造像题材
14	281	后蜀广政十七年（954年）	右弟子右厢都押衙都知兵马刘恭等，伏愿身田清爽，寿算遐昌，眷属康安，高封禄位，敬镌造第281号药师琉璃光佛、八菩萨、十二神王一部众并七佛、三世佛、阿弥陀佛、尊胜幢壹所，兼地藏菩萨三身共壹龛。
15	279	后蜀广政十八年（955年）	弟子通引官行首王承秀夫妇希保家门之昌盛，夫妇以康和，镌造第279号十方佛、阿弥陀佛、尊胜幢、地藏菩萨四身共一龛。
16	260	后蜀广政十八年（955年）	佚名造第260号佛顶尊胜陀罗尼经幢并刻经。
17	288	北宋大观元年（1107年）	马道者镌造第288号阿弥陀佛龛[1]。
18	286	北宋大观三年（1109年）	佚名镌造第286号观音龛。
19	180	北宋政和六年至宣和二年（1116—1120年）	县门前仕人邓惟明等为乞一家安乐，敬造第180号十三观音变相窟。
20	168	北宋宣和三年（1121年）	昌州在城□□□居住奉善弟子李世明夫妇，为乞合家安宁，寿命延长，敬造第168号五百罗汉窟内罗汉像五身。
20	168	北宋宣和四年（1122年）	昌州大足县袁□乡东郊住何仪兴，合家发心镌造妆銮第168号五百罗汉窟内罗汉像十九身。
20	168	北宋宣和年间（1119—1125年）	奉善弟子苗以夫妇合家发心敬造、伏小八镌刻第168号窟五百罗汉内罗汉五身；王惟祖敬造同窟罗汉数身，弟子赵仲□敬造十身。
21	155	北宋靖康元年（1126年）	本州匠人伏元俊、男世能镌刻第155号孔雀明王窟。
22	176	北宋靖康元年（1126年）	本州匠人伏元俊、男世能镌刻第176号弥勒下生经变窟。
23	177	北宋靖康元年（1126年）	伏元俊镌刻第177号泗州大圣窟。
24	149	南宋建炎二年（1128年）	奉直大夫、知军州事任宗易同恭人杜氏，为祈乞干戈永息，发心镌造妆銮第149号如意轮圣观自在菩萨龛。
25	137	南宋绍兴四年（1134年）	当州克宁十将文志施钱三贯，李大郎重摹，罗复明另刻第137号维摩诘经变图。
26	287	南宋绍兴八年（1138年）	佚名镌刻第287号残像龛。
27	136	南宋绍兴十二年至十六（1142—1146年）	权发遣昌州军州事张萃民，昌州录事参军兼司户司法赵彭年，奉佛弟子张文明、王升等敬造第136号转轮经藏窟。赖川镌匠胥安镌刻。

在现场调查及报告编写中，以上述纪年龛窟为标尺，将无纪年的龛窟从造像组合、题材内容、龛窟形制、雕刻技法、艺术风格等诸方面与之进行排比，并综合考虑其龛窟位置、崖面状况、时代背景等因素，对除碑刻题记以外的285个龛窟的相对年代作了推定。现将推定的各龛窟的参考年代列入表56[2]。

---

[1] 此龛开凿于北宋大观元年，原刻阿弥陀佛像。明嘉靖年间改刻为林俊等三像，今龛顶尚存原刻之华盖和伎乐。

[2] 张媛媛、黎方银通过对北山佛湾石窟龛窟形制、造像特征、题材组合的分析，结合各组之间的打破关系、位置分布和演变情况，并以纪年龛窟为标尺，参考川渝地区其他纪年造像，对北山佛湾石窟作了分期研究。张媛媛、黎方银：《大足北山佛湾石窟分期研究》，载本报告集第九卷《大足石刻专论》，第1—55页。

根据表56的统计，北山佛湾石窟285个龛窟中，唐末有18个，前后蜀有154个，宋代109个，宋以后4个。因此，就龛窟数量而言，北山佛湾前后蜀石窟几乎占总数的一半以上，成为中国这一时期最为重要的造像中心之一。

从上述龛窟的分布位置看，唐末造像分别集中于南区南端和北区北段中部，均选择了崖面平整、岩体稳定、视线开阔的最佳崖面进行开凿。南区南端的第5、9、10号龛是昌州刺史、昌普渝合四州都指挥、静南军使韦君靖于唐景福元年（892年）至乾宁二年（895年）最早开凿的龛像；其北侧另一崖面的第50、51、52、58号等由王宗靖等人续凿。此期另一个造像中心是第245号龛，该龛占据了北区北段既高且平的中部崖面，稍晚的第240、243、248号均选择在该龛外左右侧立面中部开凿。

前后蜀最早开凿的一批龛像选择了紧靠唐末造像、岩体稳定、视角较佳的区域。南区南端唐末造像留下的空余崖面首先被占据，同时还在南区巷道大量开凿。当巷道壁面在较短时间内用尽后，遂逐渐向其中北部的上层崖壁转移。因此段崖面质地较差，所开凿的龛像现几乎风化殆尽。另一部分选择了北区北段第245号龛左右侧较为平整的崖面。其中，第245号龛左侧崖面平整度差、石质较软，且被软弱夹层带割裂，整体而言岩体不佳，其造像似晚于右侧崖面。后蜀晚期，在北区北段中部区域岩体已然用尽的情况下，造像开始向北区北段两端崖面发展。

唐末、前后蜀的连续开凿似乎用尽了南区和北区北段北部的大部分崖壁，故至宋代时，造像首先转向前期基本未造像的北区北段南部区域。这一区域的崖面整体较好，岩体结构较为稳定，部分崖面高阔平整，但是连续性差，比较适宜营建较为独立且体量较大的龛窟，如第155、168、176、177、180号等。其后转向北区的南段和中段。北区中段的崖面与北段偏南的崖面较为相似，因此洞窟和大龛均集中于这一区域，如第133、136号等。北区南段的情况稍为复杂，其北部崖面曲折呈"S"形，但岩体结构稳定，系此段崖面最早开凿的龛像；中部崖面平直但岩石质地极差，为此段崖面稍后开凿的龛像；南端崖体外凸，且为本段崖体边缘，刻碑两通，当晚于北区南段的其他龛像。除此之外，宋代还在南区中北部和北区北段的边角崖面增补了一些小型龛像。

表56　北山佛湾石窟各编号年代统计表

唐末	前后蜀	宋代	明清
1、3、4、5、9、10、12、18、20、50、51、52、54、58、240、243、245、248	3-1、6、7、8、9-1、9-2、11、13、14、15、16、17、19、21、22、23、24、25、26、27、28、29、30、31、32、33、34、35、36、37、38、39、40、41、42、43、44、45、46、47、48、49、53、55、55-1、56、57、59、60、61、62、63、64、66、68、69、71、72、74、77、78、79、80、81、82、85、86、87、88、89、90、91、93、94、95、96、97、98、147、185、186、187、187-1、188、189、190、190-1、191、194、195、196、198、199、200、201、202、203（含204）、205、206、215、216、217、218、220、221、222、223、224、225、226、227、228、229、229-1、230、231、232、233、234、235、236、237、238、239、241、242、244、246、247、249、250、251、252、253、254、255、256、257、260（含262、266）、261、263、264、265、267、269（含270）、271、273、275、276、279、281、282、283、286	65、67、70、70-1、73、75、76、83、84、92、105、106、107、108、109、110、111、112、113、114、116、116-1、117、118、119、120、121、122、123、124、125、126、127、128、129、130、131、132、133、135、136、137、140、141、142、144、145、146、148、149、151、151-1、152、153、154、155、157、158、159、161、162、164、165、166、167、168、169、170、171、171-1、172、173、174、175、175-1、176、177、178、179、180、180-1、180-2、181（含184）、182、183、192、193、197、207、208、209、210、211、212、213、214、219、258、259、268（含272）、274、277、278、280、284、285、287、288、289	99、100、101、139
18龛窟	154龛窟	109龛窟	4龛窟

第六章　北山佛湾石窟结语　383

关于北山佛湾石窟的开凿过程及其开凿原因，我们可以根据有关碑刻及供养人题记，结合各个时期的历史背景作一简要分析。据统计，在北山佛湾石窟现存的造像记中，共刻有一百多名供养人的姓名及身份，基本勾勒出了供养人的基本构成。为方便分析，现按时代，将北山佛湾石窟主要造像记中反映的供养人情况分别列入表57、表58、表59，同时将雕刻工匠情况列入表60。

表57　北山佛湾石窟唐末供养人情况统计表

序号	龛号	供养人	身份	造像动机	年代
1	9	韦君靖[1]	使持节、都督昌州诸军事、守昌州刺史、充昌普渝合四州都指挥、静南军使		景福元年（892年）
2	245	刘净意、陈静喜等	化首、弟子		景福元年至乾宁三年（892—896年）
3	51	王宗靖	检校司空、守昌州刺史	故何七娘早生西方，受诸快乐	乾宁三年（896年）
3	58	王宗靖	节度左押衙、充四州都指挥、兼昌州军事、银青光禄大夫、上柱国	资财增益	光化二年（899年）
4	58	赵师恪	节度左押衙、检校左散骑常侍兼御史大夫、上柱国	资财增益	乾宁三年（896年）
5	52	黎氏	昌□将□□、御史大夫刘氏之妻	亡夫刘氏	乾宁四年（897年）
6	240	惠志	比丘尼	奉报十方施主	乾宁三年（896年）
7	50	明悟	都典座僧	奉为十方施主	乾宁四年（897年）
8	243	蹇知进	军事押衙	愿齐加护，□□安泰，与骨肉团圆	天复元年（901年）

从表57可见，唐末时期的供养人以官吏及其眷属所占比例较大，其次是僧人和平民。官吏中，守昌州刺史、充昌普渝合四州都指挥、静南军使韦君靖系北山佛湾石窟首建者。据现存于北山佛湾之首的《唐韦君靖碑》记载，唐代末年，三川鼎沸，川中军阀相互攻伐，部将不时起兵反叛。韦君靖在镇压韩秀昇的叛乱中崛起，此后又作为东川节度使的部将参与平定杨师立、攻伐山行章的东西川之役[2]。因战功晋至"使持节、都督昌州诸军事、守昌州刺史、充昌普渝合四州都指挥、静南军使"。然因"士马虽精，其如城栅未固"，而北山则具"崖巘重叠，磴道崎岖，一夫荷戈，万人莫上"的险峻地势，韦氏遂于唐景福元年（892年），"卜筑当镇西北维龙岗山，建永昌寨"；于其周围二十八里，筑城墙二千余间，建敌楼一百余所，粮贮十年，兵屯数万；其时公又于寨内凿出金仙，现千手眼之威神，具八十种之相好，舍回禄俸，以建浮图，聆钟磬于朝昏，喧赞呗于远近，首开北山石窟[3]。

继韦氏之后，为守昌州刺史、节度左押衙、充四州都指挥、兼昌州军事王宗靖开龛凿像。与韦氏一样，王氏亦系司掌昌州地区军政事务的最高长官。从题记所署官衔看，赵师恪、蹇知进等其他官员也疑为其下属。其所发之愿，或为资财增益、骨肉团圆，或为亡者积累功德、超度往生。作为僧尼供养人的惠志、明悟等，其造像发愿则为"奉报十方施主"，符合其身份。明确可知为众多平民捐资镌造的仅第245号一龛，龛外刻出数排供养人，残存题记自称"弟子"而不署头衔，其中刘净意、陈静喜二人称为"化首"，似为

---

1 第9号龛题记残存"检校司空、使持节都督"铭文，陈明光先生认为其唯与北山佛湾第2号《唐韦君靖碑》所载韦君靖衔署一致，故认定第9号开凿者为佛湾石窟创始人韦君靖。见陈明光：《大足北山佛湾发现开创者造像镌记》，《四川文物》2007年第3期。
2 刘豫川：《〈韦君靖碑〉考辨》，《重庆师范大学学报（哲学社会科学版）》1985年第3期；王家祐、徐学书：《大足〈韦君靖碑〉与韦君靖史事考辨》，《四川文物》2003年第5期；龙腾：《大足唐代韦君靖摩崖碑探讨》，《四川文物》1996年第3期。
3 见本报告集第一卷上册第40—45页。

集资造像的民间组织首领。由上述可见，北山佛湾石窟早期造像，主要与以韦君靖为首的军事割据势力有关。

由表58可见，前后蜀时期的供养人主要为官吏和平民。官吏仅见种审能、刘恭、王承秀三人，职位分别是"右衙第三军散副将""右厢都押衙知衙务""通引官行首"，不仅数量大减，其官职和地位也很难再与唐末时期权倾一方的昌州刺史韦君靖、王宗靖相提并论。而与此同时，没有头衔自称弟子的平民供养人则开始大量出现，且除个别龛像系众多亲眷共同发心镌造外，大多仅署一位供养人名。其祈愿的对象，一般是自身或眷属，如希望亡者"神生净土""见佛闻法"，生者"自身安泰、夫妇咸昌""身田清爽、寿算遐昌"；也有的祈请"先灵祖远、同沾殊善"。由于财力悬殊，官员出资镌造的如第53、279、281号龛体量较大、内容丰富、刻工精美，而平民出资开凿的数量众多的龛像则较浅小。

北山出现大量的前后蜀造像，当与前后蜀时期四川地区几无战乱、安定富足的局面有关。《蜀梼杌》记载，广政年间"蜀中久安，赋役聚省，斗米三钱。……村落闾巷之间，弦管歌声，合筵社会，昼夜相接。府库之积，无一丝一粒入于中原，所以财币充实"[1]。蜀主王建对僧人颇为尊崇，"乾宁初，王氏始定成都，雅郡守罗罢任，携广来谒蜀主。王氏素知奇术，唯呼为圣师焉"[2]；"时王氏将图僭伪，邀四方贤士，得休甚喜，盛被礼遇，赐赉隆洽，署号禅月大师"[3]。后蜀孟氏也有类似记载："孟蜀主昶欲携花蕊夫人至寺祭扫父知祥墓，因避暑，师前月戒寺僧敬待，昶至知而异之，赐号普通大师，有勅牒碑"[4]。昌州地区虽难称富庶，但也受到安定政局和崇佛风尚的影响，成为这一时期开龛造像的中心地区之一。

表58　北山佛湾石窟前后蜀供养人情况统计表

序号	龛号	供养人	身份	造像动机	年代
1	32	周氏		为亡妣造	永平三年（913年）
2	53	种审能	右衙第三军散副将	祈亡男希言化生西方、见佛闻法、永安无灾祸	永平五年（915年）
3	24	何君友	弟子	自身安泰、夫妇咸昌	乾德（919—924年）
4	26	何君友	弟子	为亡男造上件功德	乾德二年（920年）
5	39	温孟达、蹇忠进、于彦章等	弟子	百年相守、家人□□、□□偶随、永无障堤	乾德四年（922年）
6	37	于彦章、邓知进	弟子	希眷属宁泰、□□增荣	广政三年（940年）
7	281	刘恭、姨母任氏等	右厢都押衙知衙务	身田清爽、寿算遐昌、眷属康安、高封禄位，先灵祖远、同沾殊善	后蜀广政十七年（954年）
8	279	王承秀	通引官行首	福寿长远、灾障不侵、眷属□□、公私清吉，保家门之昌盛、保夫妇以康和	后蜀广政十八年（955年）
9	260	佚名		亡母王氏永升净土	后蜀广政十八年（955年）
10	21	王启仲	孤子	愿亡者神生净土	前后蜀（907—961年）

1　（唐）张唐英：《蜀梼杌》，王云五主编：《丛书集成初编》，商务印书馆，中华民国二十八年（1939年），第22页。
2　（宋）赞宁撰，范祥雍点校：《宋高僧传》第二册，中华书局1987年版，第687页。
3　（宋）赞宁撰，范祥雍点校：《宋高僧传》第二册，中华书局1987年版，第749页。
4　（明）曹学佺：《蜀中广记》卷八十三，《文渊阁四库全书》第592册，商务印书馆1986年版。

表59　北山佛湾石窟宋代供养人情况统计表

序号	龛号	供养人	身份	造像动机	年代
1	249	李氏九娘子	女弟子	奉为亡夫三周年，用伸追广生界	至道年间（995—997年）
2	281	胡承进	弟子	为阖家妆此功德	景德二年（1005年）
3	253	陈绍珣、黄氏	都知兵马使、前知昌元永川大足县事	眷尚平善、常值圣明	咸平四年（1001年）
4	180	邓惟明	县门前仕人	壹家安乐	政和六年（1116年）
5	168	苗以夫妇一家	奉善弟子	祈乞弟子无□	宣和年间（1119—1125年）
6	168	李世明夫妇	昌州在城居住奉善弟子	合家安宁、寿命延长	宣和三年（1121年）
7	168	何仪兴一家	大足县袁□乡东郊住弟子		宣和四年（1122年）
8	176	何□夫妇一家	在城左厢□正街居住弟子	眼目校可	靖康元年（1126年）
9	149	任宗易、杜氏	奉直大夫、知军州事	干戈永息	建炎二年（1128年）
10	168	文志夫妇一家	昌州克宁荣□挥十将	乞祈安乐、保佑自身	建炎四年（1130年）
11	137	文志	当州克宁十将	福利坚久、斯碑不坠	绍兴四年（1134年）
12	136	张莘民	左朝散大夫、权发遣昌州军州事	国祚兴隆、阖门清吉	绍兴十二年（1142年）
13	136	赵彭年、杨氏	左从事郎、昌州录事参军、兼司户司法	上祝今上皇帝圣寿无疆、皇封永固、夷夏乂安、人民快乐，次乞母亲康宁、眷属吉庆，普愿法界有情，同沾利益	绍兴十三年（1143年）
14	136	陈吉、郭氏、孙男陈文明等	郭外居住奉善弟子	祈保寿年遐远、福寿□昌、续裔□□、转增荣贵，法轮常转、舜日惟明	绍兴十三年（1143年）
15	136	王升、何氏	在城奉佛弟子	二亲寿算增延、合属百顺来宜、五福咸备、二六时中、公私清吉	绍兴十六年（1146年）
16	110	张辉一家	昌州在郭正东街居住奉善弟子	□嗣繁昌、子孙□□	南宋建炎至绍兴（1127—1162年）

表60　北山佛湾石窟宋代工匠情况统计表

序号	龛号	工匠	造像内容	镌造题记	年代
1	176	伏元俊、伏世能	弥勒下生经变相	本州匠人伏元俊、男世能镌	靖康元年（1126年）
2	177	伏元俊	泗州大圣龛	伏元俊镌	靖康元年（1126年）
3	155	伏元俊、伏世能	孔雀明王窟	伏元俊镌	靖康元年（1126年）
4	137	李大郎、罗复明	维摩诘经变相	李大郎摹、罗复明另刻	绍兴四年（1134年）
5	136	胥安	大势至菩萨等像	赖川镌匠胥安	绍兴十三年（1143年）

从表59可知，宋代供养人中，官吏数量有所回升，职务亦高于前后蜀时期的低级小吏。任宗易"知军州事"，张莘民"权发遣昌州军州事"，均为朝廷任命的重要行政长官，署理政务、宣布条教、劝课农桑、导民向善，以及赋役、钱谷、狱讼之事。赵彭年官职为"昌州录事参军、兼司户司法"，不仅司掌州院刑狱之事、议法断刑，还主管户籍、赋税、仓库交纳等事。"前知昌元永川大足县事"陈绍珣也曾管理昌州三县的行政事务。文志为"当州克宁十将"。熙宁之后四川厢军以克宁军为名，十将位次副兵马使与副都头，属于军中官吏。这一时期，自称"奉善弟子""奉佛弟子"的平民占更大比例，绝大多数为"在城居住""郭外居住"的本地居民。单独一人的功德主较之前期较为少见，夫妻二人及其子女组成的、以家庭为单位的供养主体增多。最为常见的造像动机是祈请"合家安宁、寿命延长"，也有的希望"患者病愈"，祈望"佛法昌盛""法轮常转"；数名官吏还有"国祚兴隆""干戈永息""圣寿无疆、皇封永固"之类对国家和皇上的祈福。而为亡灵超度者仅见一例，说明此时供养人对现世比荐亡更为看重。

宋代与唐末、前后蜀不同之处在于工匠开始在镌刻作品上留下自己的姓名[1]。如表60所列，北山佛湾石窟现存有五则工匠题名，其中至少有三位工匠为昌州本地人。伏元俊、伏世能自称"本州匠人"，镌匠胥安来自赖川。宋代赖川属昌元，即昌州下辖的三县之一。说明此时昌州本地已经培养出了一批技术高超的雕刻大师，其所开凿的第136、155、176、177号窟堪称宋代石窟精品便是其明证。

经唐末、前后蜀的发展，北山佛湾石窟在宋代达到了顶峰。宋代时，大足先后隶属于梓州路和潼川府路，历为昌州州治所在地。而昌州在四川地区的经济发展状况仅次于成都府路[2]。有学者研究认为，大足地区在北宋元丰年间（1078—1085年）已经发展成为人口密度很高、土地高度集中、场镇经济发达、富家大户云集的富庶之地[3]。正是因为有这种良好的政治、经济、社会条件，才推动和营造了包括北山在内的大足地区的开龛造像之风。

值得注意的是，北山佛湾石窟的开凿并未终其宋代一世，而是在南宋绍兴之后，几近没落，转而成为时人游玩避暑之所。其重要原因，正如前述对崖壁和造像开凿次第所分析的那样，至南宋绍兴后，北山佛湾可供开凿的合适崖面已然用尽，造像中心转向了大足的其他地区。

第二节 题材内容

北山佛湾石窟造像内容丰富，题材多样，其中有192个龛窟大致可辨识其内容。现以各龛窟主尊造像作为重点考察对象，将其整体情况列入表61。因北山佛湾石窟系官绅士庶祈佛而建，造像内容较繁杂，且个别造像风蚀甚重，难以准确辨识其具体身份，故表中所列仅涵盖当前所能辨识的造像题材。

表61 北山佛湾石窟造像题材统计表

序号	造像题材		龛窟号	龛窟数
1	佛像	释迦说法	4、10	2
2		药师佛	23、46、158、161、227、231	6
3		金轮炽盛光佛	39、169	2
4		三世佛	51	1
5		华严三圣	105、106	2
6		西方三圣	20、21、35	3
7		阿弥陀佛、观音、地藏	22、40、52、53、57、73、166、194、254	9

---

1 大足石刻中留存有30多位工匠师的题名，有关情况请参见邓之金：《简述镌造大足石窟的工匠师》，《大足石刻研究文集》（2），重庆出版社1997年版，第423—428页；张划：《大足宋代石刻镌匠考述》，《大足石刻研究文集》（2），重庆出版社1997年版，第411—422页。
2 张邦炜、贾大泉：《宋代四川发展的不平衡性》，《西南师范大学学报（哲学社会科学版）》1989年第2期。
3 张划：《宋代大足石刻崛起内因探讨》，《四川文物》1991年第2期。

续表61

序号	造像题材		龛窟号	龛窟数
8	佛像	释迦、观音、大势至菩萨	230	1
9		释迦、经幢	269（含270）	1
10		药师、观音	248	1
11		毗卢遮那与文殊、普贤	12	1
12		佛与水月观音	135	1
13		十佛像	207	1
14		三佛	33、206	2
15		一佛二菩萨或一佛二弟子	6、11、18、34、44、48、123、129、140	9
16		二佛二菩萨	112	1
17		佛像	198、237	2
18	菩萨像	观音菩萨	19、27、83、84、92、152、214、233、247、286	10
19		千手观音	60、197、218、229-1、235、243、273	7
20		水月观音	70、113、128、131、133、151、165、192、200、210、213、259、280	13
21		不空羂索观音	116、119、127、148、159、173、174、212	8
22		水月观音与不空羂索观音	146	1
23		持印观音	118、126、211、274	4
24		净瓶观音	120、225、285	3
25		数珠手观音	125	1
26		救苦观音	26	1
27		如意珠观音	132	1
28		六臂观音	224	1
29		六臂菩萨	70-1	1
30		如意轮菩萨	50、149	2
31		解冤结菩萨	209	1
32		欢喜王菩萨	240	1
33		地藏菩萨	15、28、37、81、85、89、91、94、141、186、195、217、242、276	14
34		地藏、十王	205	1
35		观音、地藏	58、71、72、82、117、121、172、187、191、193、196、203（含204）、221、241、244、249、275、277	18

续表61

序号	造像题材		龛窟号	龛窟数
36		观音、地藏、十王	253	1
37	菩萨像	日光月光菩萨	24、45	2
38		二观音	208	1
39		菩萨	31、49、54、65、164、175、179、219、282	9
40		二菩萨	29、32、79、87、202、228、234、251、252、257、267	11
41	明王像	不动明王	47、56	2
42		孔雀明王	155	1
43	天部像	诃利帝母	122、289	2
44		摩利支天	130	1
45		毗沙门天王	3、5、229	3
46	罗汉像	降龙罗汉	189、258	2
47		十六罗汉	36、220	2
48		五百罗汉	168	1
49	圣僧像	泗州大圣	177	1
50	经变相	药师经变相	38、107、110、147、190、255、256、278、279、281	10
51		弥勒下生经变相	176	1
52		维摩诘经变相	137	1
53		观无量寿佛经变相	245	1
54		十三观音变相	180	1
55		千手观音经变相	9	1
56	其他像	经幢	250、260（含262、266）、261、271	4
57		转轮经藏	136	1
合计	8类	57种	192个龛窟	

由表61可见，北山佛湾可辨识的造像题材大致可分为8类57种。

诸佛类：释迦说法2龛，药师佛6龛，金轮炽盛光佛2龛，三世佛1龛，华严三圣2龛，西方三圣3龛，阿弥陀佛与观音、地藏9龛，释迦佛与观音、大势至菩萨1龛，释迦佛与经幢1龛，药师佛与观音1龛，毗卢遮那佛与文殊、普贤1龛，佛与水月观音1龛，十佛像1龛，三佛像2龛，一佛二菩萨或一佛二弟子9龛，二佛二菩萨1龛，佛像2龛。

菩萨类：观音菩萨10龛，千手观音7龛，水月观音13龛，不空羂索观音8龛，持印观音4龛，净瓶观音3龛，数珠手观音1龛，救苦观音1龛，如意珠观音1龛，六臂观音1龛，六臂菩萨1龛，如意轮菩萨2龛，解冤结菩萨1龛，欢喜王菩萨1龛，地藏菩萨14龛，地藏与十王1龛，观音、地藏18龛，观音、地藏与十王1龛，日光月光菩萨2龛，二观音1龛，水月观音与不空羂索观音1龛，单尊菩萨像9龛，二菩萨像11龛。

明王像：不动明王2龛，孔雀明王1窟。

天部像：诃利帝母2龛，摩利支天女1龛，毗沙门天王3龛。

罗汉像：十六罗汉2龛，五百罗汉1窟，降龙罗汉2龛。

圣僧像：泗州大圣1龛。

经变像：药师经变相10龛，弥勒下生经变相1龛，维摩诘经变相1龛，观无量寿佛经变相1龛，十三观音变相1龛，千手观音经变相1龛。

其他：经幢4龛、转轮经藏1窟。

北山佛湾石窟造像题材具有明显的时代特征。现将唐末、前后蜀、宋代造像题材的有关情况分别列入表62、63、64。

表62　北山佛湾石窟唐末造像题材统计表

序号	造像题材		龛窟号	龛窟数
1	佛像	释迦说法	4、10	2
2		三世佛	51	1
3		西方三圣	20	1
4		阿弥陀佛、观音、地藏	52	1
5		药师、观音	248	1
6		毗卢遮那与文殊、普贤	12	1
7		一佛二菩萨或一佛二弟子	18	1
8	菩萨像	千手观音	243	1
9		如意轮菩萨	50	1
10		欢喜王菩萨	240	1
11		观音、地藏	58	1
12		菩萨	54	1
13	天部像	毗沙门天王	3、5	2
14	经变相	观无量寿佛经变相	245	1
15		千手观音经变相	9	1
合计	4类	15种	17龛窟	

由表62可见，北山佛湾石窟唐末造像题材大致可分为4类15种。佛像类有释迦说法、三世佛、西方三圣，以及阿弥陀佛与观音、地藏，药师佛与观音，毗卢遮那佛与文殊、普贤等。菩萨类有千手观音、如意轮菩萨、欢喜王菩萨、观音地藏。天部类有毗沙门天王。经变类有观无量寿佛经变相、千手观音经变相。

在内容组合上，释迦佛与二弟子、二菩萨、四天王等组合，构成典型的说法图样式。开始出现阿弥陀佛与地藏、观音的组合。千手观音的组合方式有两种，一种是与婆薮仙、吉祥天的简单组合，另一种是身周环绕大量眷属部众，构成千手观音经变相。毗沙门天王的组合方式亦有两种，一种是与二子独健、五行道天女形成一铺三身的简单组合，另一种主尊左右环列侍者、眷属部众等像，较前者复杂。观无量寿佛经变相除有传统的阿弥陀说法、西方净土世界、未生怨、十六观等内容外，还新增了一佛五十二菩萨和文殊、普贤图像，当是此类题材发展到晚期阶段的一些创新。第240号龛题记定名的"欢喜王菩萨"则未见于川渝其他石窟。

表63　北山佛湾石窟前后蜀造像题材统计表

序号	造像题材		龛窟号	龛窟数
1	佛像	阿弥陀佛、观音、地藏	22、40、53、57、194、254	6
2		药师佛	23、46、227、231	4
3		金轮炽盛光佛	39	1
4		西方三圣	21、35	2
5		释迦、观音、大势至菩萨	230	1
6		释迦、经幢	269（含270）	1
7		一佛二菩萨或一佛二弟子	6、11、34、44、48	5
8		佛像	198、237	2
9		三佛像	33、206	2
10	菩萨像	观音菩萨	19、27、233、247	4
11		千手观音	60、229-1、235、273	4
12		水月观音	200	1
13		净瓶观音	225	1
14		救苦观音	26	1
15		六臂观音	224	1
16		地藏菩萨	15、28、37、81、85、89、91、94、186、195、217、242、276	13
17		地藏十王	205	1
18		观音、地藏、十王	253	1
19		观音、地藏	71、72、82、187、191、196、203（含204）、221、241、244、249、275	12
20		日光月光菩萨	24、45	2
21		菩萨像	31、49、282	3
22		二菩萨像	29、32、79、87、202、228、234、251、252、257、267	11
23	明王像	不动明王	47、56	2
24	天王像	毗沙门天王	229	1
25	罗汉像	十六罗汉	36、220	2
26		降龙罗汉	189	1
27	经变相	药师经变相	38、147、190、255、256、279、281	7
28	其他像	经幢	250、260（含262、266）、261、271	4
合计	7类	28种		96龛窟

由表63可见，北山佛湾前后蜀造像题材约7大类28种。佛像类有药师佛、金轮炽盛光佛、西方三圣，以及阿弥陀佛与观音、地藏，释迦佛与观音、大势至，释迦佛与经幢，一佛二菩萨等。菩萨类有观音、地藏菩萨、观音地藏、日光月光菩萨；其中观音又有千手观音、水月观音、净瓶观音、救苦观音、六臂观音等。明王类有不动明王。天王类有毗沙门天王。罗汉类有十六罗汉和降龙罗汉。经变类有药师经变相。此外还出现了为数不少的经幢。

在内容组合方面，释迦佛均配置为一佛二菩萨；新出现骑狮文殊、骑象普贤胁侍释迦佛的组合。以阿弥陀佛为主尊的造像有两种样式，一种是与观音、大势至组合成西方三圣，有的还胁侍迦叶和阿难；更多的是与观音、地藏组合，这种组合最早见于唐末，至此已极为流行。金轮炽盛光佛仅见一例，身侧侍立九曜星神。菩萨类造像中单尊的观音像和地藏像数量激增，两者合龛或并龛形成观音地藏组合的情况相当普遍，且个别还配置十王、两司、判官等。观音根据不同经典显现出多种形象，出现了千手观音、水月观音、净瓶观音、六臂观音等特定臂数、持物或姿势的观音像。除观音、地藏外，双身并立的菩萨像还有日光、月光菩萨及身份不明的二菩萨。十六罗汉、不动明王以及经幢为此时所特有。两龛十六罗汉像均以释迦牟尼佛为主尊。经幢既有独立成龛的，也有与释迦说法图、药师经变相形成组合关系的。唐末出现的三类经变相尽皆消失，此时仅流行药师经变一种，主要内容包括药师佛、日光月光菩萨、八大菩萨和十二神将，其布局及位置大多一致。第279号龛与药师经变同龛配置的还有十方佛、地藏菩萨和经幢，第281号龛与药师经变同龛配置的则有七佛、三世佛、阿弥陀佛、地藏菩萨和经幢。

表64　北山佛湾石窟宋代造像题材统计表

序号	造像题材		龛窟号	龛窟数
1	佛像	药师佛	158、161	2
2		金轮炽盛光佛	169	1
3		华严三圣	105、106	2
4		阿弥陀佛、观音、地藏	73、166	2
5		十佛像	207	1
6		佛与水月观音	135	1
7		一佛二菩萨或二弟子	123、129、140	3
8		二佛二菩萨	112	1
9	菩萨像	观音菩萨	83、84、92、152、214、286	6
10		水月观音	70、113、128、131、133、151、165、192、210、213、259、280	12
11		千手观音	197、218	2
12		不空羂索观音	116、119、127、148、159、173、174、212	8
13		持印观音	118、126、211、274	4
14		净瓶观音	120、285	2
15		数珠手观音	125	1
16		如意珠观音	132	1
17		如意轮观音	149	1
18		地藏	141	1
19		观音、地藏	117、121、172、193、277	5
20		二观音	208	1
21		水月观音、不空羂索观音	146	1

续表64

序号	造像题材		龛窟号	龛窟数
22	菩萨像	解冤结菩萨	209	1
23		菩萨像	65、164、175、179、219	5
24		六臂菩萨	70-1	1
25	明王像	孔雀明王	155	1
26	天部像	诃利帝母	122、289	2
27		摩利支天	130	1
28	罗汉像	降龙罗汉	258	1
29		五百罗汉	168	1
30	圣僧像	泗州大圣	177	1
31	经变相	药师经变相	107、110、278	3
32		弥勒下生经变相	176	1
33		维摩诘经变相	137	1
34		十三观音变相	180	1
35	其他像	转轮经藏	136	1
合计	8类	35种	79龛窟	

由表64可见，宋代造像题材极其丰富，大致可分为8类35种。佛像类有药师佛、金轮炽盛光佛、华严三圣，以及阿弥陀佛与观音、地藏，佛与水月观音，一佛二菩萨等。菩萨类有观音、解冤结菩萨、地藏菩萨、观音地藏合龛等；其中观音又有水月观音、不空羂索观音、持印观音、净瓶观音、数珠手观音、如意珠观音、如意轮观音、水月观音与不空羂索观音等。明王类有孔雀明王。天部类有诃利帝母和摩利支天。罗汉类有降龙罗汉、五百罗汉。圣僧类有泗州大圣。经变类有药师经变相、弥勒下生经变相、维摩诘经变相、十三观音变相。其他还有转轮经藏。

宋代造像题材的一大发展趋势是佛像衰微，菩萨像兴盛。以释迦佛、毗卢遮那佛、药师佛、阿弥陀佛为主尊的一铺三身或一铺五身像数量减少。金轮炽盛光佛的胁侍星神从九曜变为十一曜，还增加了二十八宿等相关内容。菩萨像数量大增，组合多样。其中以观音菩萨尤为流行，水月观音、不空羂索观音、持印观音、净瓶观音、数珠手观音、如意珠观音、如意轮观音都开始大量涌现，且大多数属于前期不流行而在此时十分兴盛的题材。组合方面也发生很大变化，多尊菩萨像以各种形式互相组合，两尊菩萨像如水月观音与不空羂索观音、持印观音与不空羂索观音组合，六尊如文殊、普贤、持印观音、不空羂索观音、如意珠观音、数珠手观音组合等。观音地藏的组合在此时不仅数量大幅减少，且地位也大幅下降，与其他造像的多种组合形式趋于衰落。观音地藏与阿弥陀佛、舍卫城神变的组合仅有个别发现，并且开始作为胁侍配置于一佛二菩萨和并坐二佛的两侧。单尊地藏像更为少见，相关的冥府像、药师佛等题材也不再出现。解冤结菩萨、诃利帝母、摩利支天、孔雀明王等前期不见的新题材纷纷涌现。罗汉类造像以降龙罗汉和五百罗汉为代表，取代了前期流行的十六罗汉。泗州大圣与志公、万回并坐，形成三圣僧的组合。药师经变相继续流行，但其内容更为丰富，主尊除单尊药师佛外还新发现了药师七佛，另增加了燃灯、持幡、放生等供养情节。经变类还有弥勒下生经变相、维摩诘经变相、十三观音变相各一龛。值得注意的是，此时还出现了一些组合复杂的龛窟。如第136号窟以转轮经藏作为中心柱，后壁刻西方三圣及胁侍弟子，左右壁开龛造文殊、普贤、持印观音、不空羂索观音、如意珠观音、数珠手观音；第135号龛后壁以隔梁划分为上下两部分，上部为一佛二弟子，下部为水月观音、善财、龙女，这种内容组合较特别。

第三节　造像特征

北山佛湾石窟从唐末、经前后蜀至宋代，历时约250多年。因开凿状况及历史背景的差异，各时期造像都有其自身的特点。通过对龛窟形制、造像特征、题材组合的梳理和分析，现对各时期造像的主要特征作一简要介绍。

唐末

唐末龛形以单层方形龛为主，圆拱形龛较少。大多由崖壁向内凿出长方形平整面后开凿，少部分在崖壁上直接开凿。方形龛上方两角的三角形斜撑斜边平直或略弧，上边等于或短于侧边。个别圆拱形龛龛沿浮雕尖桃形龛楣，上沿垂饰帷幔。

唐末佛像肉髻普遍较高，遍布螺发或水波纹。面部方圆，眉目较细，鼻翼与嘴角宽度大体相等，肩部宽厚，体形匀称，神情肃穆。身着双领下垂式或通肩式袈裟，以流畅而疏朗的阴刻线条表现衣纹，有轻薄贴体之感。

唐末菩萨像有两种样式。一种以第9、10、52、58号龛为代表，其面部丰圆，脸颊饱满，嘴角略翘，神情和蔼；头身比例协调，身材匀称；双肩圆润，体态丰腴柔美，身体曲线明显，衣裙轻薄贴体，衣纹浅而流畅。另一种以第240、243、245、248号龛为代表，头残面蚀，缯带两翅短及耳垂，较前者颈部略长，体形细长瘦削，身体直立几无动态，璎珞紧贴膝前裙摆，缯带体积感较强，全身满布密集深刻的纵向衣纹，衣裙质地稍显厚重。

唐末年轻弟子像面部圆润，神情柔和；年长弟子像容貌苍老，颈部青筋暴露。两者体形或匀称或瘦高，头身比例协调；身着双领下垂式或通肩式袈裟，阴刻稀疏流畅的衣纹。光头、不戴风帽的地藏菩萨像双耳戴耳珰，胸前饰璎珞，不持禅杖，托珠而立。

唐末武士像均头戴头盔、方冠或幞头，明光甲较之裲裆甲更为常见；胸前束革带或勒甲索，袍服袖口常向上翻卷飞扬。毗沙门天王像头戴四方冠，腰悬鱼形小刀，身披璎珞等。

唐末男供养人像头戴翘脚幞头，身着圆领长服；女供养人像头束发髻，内着抹胸，外着对襟长服。男女供养人像大多双手合十，或胡跪于祥云之上，或侧身面向主尊列队直立，领头者多为一僧。僧人像光头，着双领下垂式或交领式袈裟。个别供养人浮雕于龛内，绝大多数在龛外两侧和外龛两壁开凿浅龛造像。

唐末坐像台座分为方形束腰须弥座和束腰仰莲台座，立像则多立于低矮的仰莲台上。束腰仰莲台座的上部为二层或三层仰莲台，中部束腰为圆轮形或八边形，下部多为叠涩的圆形或八边形台，个别座基装饰莲瓣。

唐末龛像顶部大多有华盖，分为较为简素的覆莲形和垂饰璎珞、流苏、多层帷幔的八角形两种。

唐末佛、菩萨像主要装饰内圆外尖桃形头光和双重椭圆形身光，也有个别仅有圆形背光。头光和身光外圈饰火焰纹，有的身光内侧还有一圈几何纹样。弟子、天王、护法像均为圆形头光，部分饰尖芒纹。第5号龛毗沙门天王像为牛角形火焰纹头光。个别佛像头顶放出毫光。

唐末飞天像较常见，大多位于龛顶或主尊左右斜上方。头梳高髻，戴项圈，身饰飘带，下着长裙，身周环绕祥云。身皆纤巧细长，体曲折婉转，动感极强。长裙尾长分叉，双手多对称举于身侧，亦有捧物于身前者。

唐末伎乐均浮雕于龛顶，既有零散分布者，也有在左右对称的祥云中成组表现者。

前后蜀

前后蜀流行单层方形龛、双重方形龛和圆拱形龛。单层方形龛数量最多，三角形斜撑的下方斜边弧度大多较明显，上边开始变长，一般等于或长于侧边。斜撑与顶部、后壁连为一体形成弧顶的情况较常见。后蜀后期出现少数体量较大，下方斜边平直无弧度，两侧边长度大致相当，斜撑与龛沿无分界的三角形斜撑。多数龛沿素面无饰，少数饰飞天和帷幔。除上沿垂饰的帷幔外，左右侧龛沿还浮雕束带的帷帐。圆拱形龛龛沿装饰简化，绝大多数为素面，个别装饰尖桃形龛楣。双重方形龛是本期独有的龛形，这种特殊形制与整合多种题材于一龛的实际需求密切相关，如第279、281号龛即属此类情况。此期大多为进深较浅的中小型龛。

前后蜀佛像面部长圆，体形匀称健硕。身着双领下垂式或通肩式袈裟。双领下垂式袈裟下沿处衣角外翻不明显，通肩式袈裟腋下稍凹，凹陷处多阴刻弧线衣纹，相当数量的造像领口呈"U"字形凸起，后领耸立与下垂的长耳相连。衣摆敷搭方式多样。衣纹以密集繁复为主，后期逐渐疏朗粗犷。

前后蜀菩萨像姿势更为多样。除继续流行立式菩萨像外，半跏趺坐和倚坐菩萨像数量上升，结跏趺坐和游戏坐菩萨像也开始出现。菩萨像面部长圆，颈部细长，斜肩瘦削，体形或匀称或瘦高。除身披披帛者外，身着袈裟的菩萨像开始大量出现。衣裙较为轻薄柔软，衣纹普遍细腻复杂。此期菩萨像发展到后期出现了头部变大、双肩宽平、上身粗壮、腿部细短的特征，衣纹也更为稀疏粗大。

前后蜀弟子像的姿势和衣着多样化。结跏趺坐、半跏趺坐与立像一样普遍。除双领下垂式和通肩式袈裟外，袒右式和交领式也有发现。沙门形地藏像发生了很大变化，光头、不持禅杖、呈立姿的地藏像数量大减，头戴风帽、身着袈裟的地藏像成为普遍现象。一般左手托宝珠，右手持禅杖，杖首呈尖桃形，且从早到晚逐渐变大变圆；坐姿以半跏趺坐为主，也有少数立像，还有道明和尚和狮子胁侍左右。

前后蜀武士类造像头戴头盔或束发冠。在唐末流行的明光甲不再出现，仅见裲裆甲；胸前不束革带，仅束勒甲索；袍服袖口不再向上飞扬，而用绳带作结垂悬肘部。

前后蜀供养人像对唐末有明显的继承关系。除男性供养人像开始出现直角幞头外，俗装供养人像与唐末差别不大，也有立姿和跪姿两种。胡跪者身下均有祥云承托，云尾上扬；立姿者多以二或三人面向主尊并列而立。供养人像的雕刻方式和分布位置略有变化，相当数量的供养人像开始出现在龛沿，一般在左右下方龛沿另开小龛造像或直接浮雕于龛沿，同时唐末已经出现的在龛外侧壁开小龛凿像的现象在此时较为普遍。

前后蜀方形束腰须弥座和束腰仰莲台座仍然流行，且出现了山石台座的新样式。除仰莲台座外，还出现了更低的覆莲台座。束腰仰莲台的中部束腰部分以圆轮形和瓜棱形为主，八角形束腰基本消失。部分基座仍有多层叠涩，无叠涩者数量明显增多。更值得注意的是，开始在束腰和基座外侧镂雕如意头带纹、羊角形云头纹、绳结纹等多种纹饰。

前后蜀佛像多见内圆外尖桃形头光和双重椭圆形身光，也有部分无头光仅有圆形背光者。菩萨像多数无身光，除内圆外尖桃形头光外，圆形头光也较为常见。弟子像多为圆形素面头光，小型武士像无身光。头光和背光多饰火焰纹，也有个别饰卷草纹或云纹。个别佛像顶放毫光。

前后蜀华盖仍并存覆莲形和八角形两种。八角形华盖造型与唐末区别不大，但数量减少；覆莲形华盖成为主流，发展到后期体量变小、装饰简化、写实性增强。

前后蜀的飞天像造型和姿势与唐末接近，但祥云环绕于身周的仅见一例，绝大多数不见云气或以云气托于身下。除继续作相向飞动状浮雕于龛顶和主尊左右斜上方外，亦有少数作为龛楣装饰出现在龛上沿处。

前后蜀伎乐大多浮雕于龛顶，作散状分布，仅第35号龛一例刻于团云内。

宋代

宋代龛窟形制的最大变化在于出现了一批洞窟。按窟形可分为方形平顶窟和仿中心柱窟。两种窟形平面均呈近方形或竖长方形，窟内均环壁起低台，窟底中后部一般也设低坛。龛形方面继续流行单层方形龛和圆拱形龛。此期无斜撑的单层方形龛所占比例大幅上升。有三角形斜撑者，其体量较大，下方斜边平直，侧边长度相当，斜撑与龛沿无分界。圆拱形龛数量有所增加，个别龛沿浮雕山石纹样。两种龛形均多见龛底环壁或左右壁起低台的情况，个别壁面有隔梁分层造像的现象。龛的体量差异较大，以大中型为主。

宋代佛像数量减少，形象单一，造型固化，已进入衰落期。姿势方面仅见结跏趺坐像，面部长圆，眉目舒展，细颈斜肩，体形修长。除双领下垂式外，其他样式基本消失。袈裟质地略显厚重，衣褶起伏明显，写实性较强，衣纹较为疏朗流畅。

宋代菩萨像进入了大发展阶段，数量大增，样式繁多，演变迅速。除前期常见的立像、半跏趺坐像、倚坐像外，结跏趺坐式和游戏坐式开始大量出现。菩萨头戴单重或双重头冠，冠面镂雕牡丹和卷草，缯带作蝴蝶结。面部长圆，修眉细目，身材健壮高挑。身着双领下垂式袈裟者所占比例明显提高，还出现了只着络腋不披披帛的造像。衣裙质地厚重，衣褶体积感强，衣纹疏朗流畅。随着此期造像的发展演进，菩萨像的神情越来越生动写实，姿态越来越自然多样，衣带越来越细长繁琐。

宋代弟子像面相写实，体形较为健壮，部分造像腿部显短。多见双领下垂式和袒右式袈裟，质地厚重，体积感强。光头、托宝珠与戴风帽、持禅杖的地藏像并存，前者数量略多于后者。地藏禅杖的杖首出现多段转折，悬环变多变大。

宋代武士像除头盔和束发冠外，还戴进贤冠，冠带多上扬。着明光甲和裲裆甲，胸部以勒甲索束甲，腰部系勒帛和革带，与前后蜀相比袍服袖口变大变宽，下端不再打结，有的于肘部向上飞扬，也有悬垂于身侧的式样。

宋代供养人形象与唐末、前后蜀时期相比有很大变化。男供养人像戴直角或无脚幞头，身着交领或圆领长服，窄袖者较常见，腰间束带或系索。女供养人像梳高髻，垂耳珰，内着抹胸和长裙、外着褙子；个别头戴冠饰、着交领长服、肩披披帛；双手或手肘上多覆条形巾帛，长垂于膝前。几乎所有供养人像均呈立姿，男供养人像手持香炉或双手合十，女供养人像双手合十或罩于巾帛下。其体量显著变大，几乎全刻于龛内较为明显的位置，大多将供养人像置于龛内两侧壁近龛口处，也有的特意凿出小龛，或在龛底高坛正面造像，并开始在后壁主尊身侧凿造小型群像或高大立像。

宋代方形束腰须弥座和束腰仰莲台座依然是主流样式，低矮的覆莲台基本消失。除首见于前后蜀时期的山石台座兴盛一时之外，还有简素无饰的方台、圆台，以及仿照世俗家具而来的靠背椅、足踏、屏风等出现。本期束腰仰莲台座的中部束腰部分主要是八角形和圆轮形，壸门内雕人物或花草，外侧刻蹲狮或蟠龙盘绕。基座最多只有两层叠涩，多饰以仰莲瓣、覆莲瓣和羊角形云纹。

宋代造像身光装饰减少，不少造像无头光或背光。身光造型与唐末、前后蜀区别不大，头光和背光以素面居多，舟形身光和圆形背光较普遍，个别火焰纹变得细长连续。佛和菩萨顶出毫光的现象更为普遍。毫光自髻珠或额头放出，分为两股或四股向上蜿蜒延至龛顶。有的毫光绕出的圆圈中间还饰刻坐佛。

宋代华盖大致有三种形制。除数量基本相当的覆莲形和八角形外，还新出现了盛行于此期的圆形华盖。与前期相比，覆莲形华盖的立体感变弱，莲瓣中央的褶线消失，甚至出现了阴刻的华盖。八角形华盖顶部皆素面无饰，帷幔的层数减少，璎珞流苏卷草等也变得较为简素，装饰性大为下降。圆形华盖形如圆盘或圆轮，有的表面饰以璎珞、莲瓣或花卉。个别华盖下方凸出圆盘形物。

宋代除极个别飞天继承前期造型外，大多发髻变高，手臂变粗，腹部变鼓，身形较之前期粗壮。长裙和飘带尽皆变短变厚，一般一手持物于前，一手置于胸前或腰侧，前腿屈于腹前，后腿屈膝后伸，身体几无曲折，轻盈飞动的感觉基本消失。大多不再以祥云环绕或承托，仅有两例浮雕于团云之上。造像位置以左右侧壁上方最为常见，也有刻于华盖两侧或前方的。除浅浮雕外，还出现剔地平雕的手法。一般以云气纹环绕刻于龛窟顶部的乐器来表现伎乐。

宋代装饰的独特之处在于自然景观如云、花、石的运用非常普遍。云气的形态和位置更为多样，既有边缘卷曲的大片云气作为造像的背景，又有长拖云尾的环形祥云环绕人物和乐器，还有装饰边缘的条带状羊角形云纹。本期各种写实性的祥瑞花卉十分流行，多将带枝叶的牡丹、石榴、百合等浮雕于龛壁上方，卷草纹一类的传统纹样则趋于衰落。山石不仅成为一种台座样式，还用于装饰龛沿和后壁，且常与莲茎、莲花同出。此期的题记框一般上盖覆莲叶，下托仰莲座。

第四节 妆绘遗迹

佛像妆绘是僧尼信众获取功德的重要方式之一[1]。从唐末至民国，当地官绅、士庶、僧尼等或自发、或有组织地对北山佛湾石窟造像进行了大量贴金、彩画、描绘等妆绘活动。实地调查发现，北山佛湾石窟285个龛窟中，至今仍有186个龛窟保存较为明显的妆绘遗迹。

整体而言，龛窟顶部及壁面的妆绘涂层较单一，仅通体施绘灰白色涂层；部分龛窟在灰白色涂层之上另施绘红色涂层。造像妆绘则较为复杂，多见两层以上涂层。底层通体作灰白色，外层根据造像不同部位，分别选择红色、绿色、蓝色、黑色等颜料，其后再局部贴金。贴金部位主要在花冠、面部、颈部、胸部及手部。从涂层颜料色彩看，主要有灰白色、红色、蓝色、黑色、绿色、黄色、褐色等七种，以无机颜料为主[2]。其中，灰白色、红色、蓝色是遗存最多的三种，黑色、绿色、黄色、褐色则相对较少。

从保存状况看，这些妆绘遗迹有的保存较好，至今颜色鲜艳，光彩照人；有的则已残蚀剥落，淡化褪色。为便于简要概述其保存状况，将涂层颜料遗存多达4—6种者视为较好，将遗存2—3种者视为一般，将仅遗存1种或2种者视为较差。以此为据，将北山佛湾石窟妆绘遗迹总体情况列入表65。

上述龛窟中，有6个龛窟造像局部保存金箔，即第9号龛主尊千手观音像花冠、面部、胸部、手部；第10号龛主尊释迦牟尼像面部、袈裟以及左右菩萨像花冠；第122号龛主尊诃利帝母像面部、颈部；第149号窟正壁如意轮观音像花冠、颈部、胸部；第155号窟主尊孔雀明王像花冠、披巾及所持法器；第245号龛主尊阿弥陀佛面部、胸部。此6个龛窟造像的妆绘遗迹亦保存较好。

表65所列龛窟中，有20个龛窟保存着与妆绘有关的石刻铭文。为便于讨论，现将其相关信息摘录列入表66。

---

1 "修桥补路，建寺装像，斋僧布施，此为人天福果"。《佛说阿弥陀佛经直解正行》，《卍续藏经》第22册，No.434，第930页。
2 杨涛、赵岗：《大足石刻彩绘颜料检测分析报告》，见本报告集第九卷《大足石刻专论》，第471—505页。

表65 北山佛湾石窟妆绘遗迹总体情况

保存状况	龛窟号	数量
较好	3、5、9、10、21、51、52、53、120—123、130、133、135、136、146—149、155、180、208—211、245、247、249、273、279、281	32
一般	4、11—16、18、19、22—30、35—40、46、48、56—58、83、84、105—107、110—113、117—119、126、128、129、134、151—153、157—159、161、162、164、166、168、169、176、177、186、187、190—194、198、207、212、213、217、218、234、235、250、253、259、260、268、271、274—276、285、286、288、289	87
较差	17、31—34、45、55、62、64—66、69、73—76、79、81、82、85、87—89、94、101、131、132、139、141、154、165、170—174、178、181、190-1、201、205、206、214—216、219—222、224—233、229-1、251、252、261、269、278、282、284	67

表66 北山佛湾石窟铭文反映的妆绘情况[1]

序号	龛窟编号	造像题材	镌造年代	妆绘年代	妆绘铭文内容
1	58	观音地藏龛	唐乾宁三年（896年）	唐乾宁三年（896年）	节度左押衙检校左散骑常侍兼御史大夫上柱国赵师恪奉为故外姑何氏妆饰。
2	279	药师经变龛	后蜀广政十八年（955年）	1. 后蜀广政十八年（955年）2. 北宋咸平二年（999年）	1.弟子通引官行首王承秀等发心诵念药师经一卷并舍钱妆此龛。2.女解氏妆銮尊胜幢一所，并修斋表赞讫。
3	249	观音地藏龛	前后蜀	北宋至道年间（995—997年）	女弟子李氏九娘子为亡夫主王廷妆此地藏观音二菩萨，并斋供表赞讫。
4	253	观音地藏龛	前后蜀	北宋咸平四年（1001年）	都知兵马使前知昌元永川大足县事陈绍珣妆绘此龛，并修水陆斋表庆讫。
5	247	观音菩萨龛	前后蜀	北宋咸平六年（1003年）	佛子张文信为男天保就院画妆救苦观音菩萨，并修斋表庆讫。
6	281	药师经变龛	后蜀广政十七年（954年）	北宋景德二年（1005年）	弟子胡承进为阖家妆此龛。
7	286	杨柳观音龛	北宋大观三年（1109年）	北宋大观三年（1109年）	□□□彩绘此龛，并斋修庆赞讫。

[1] 有关铭文情况，请参见本报告集第一、二、三卷北山佛湾石窟相应龛窟调查记录。

续表66

序号	龛窟编号	造像题材	镌造年代	妆绘年代	妆绘铭文内容
8	180	十三观音变相窟	北宋政和六年至宣和四年（1116—1122年）	1.北宋政和六年（1116年） 2.北宋宣和二年（1120年） 3.北宋宣和四年（1122年）	1.县门前仕人弟邓惟明造画窟内一身造像。 2.□□□妆彩就窟内造像。 3.当州在城奉佛弟子等发心就画窟内菩萨一尊。
9	168	五百罗汉窟	北宋宣和三年至宣和四年（1121—1122年）	1.北宋宣和四年（1122年） 2.北宋宣和四年（1122年） 3.南宋建炎四年（1130年） 4.南宋 5.南宋	1.大宋昌州大足县袁□乡东郊住何仪兴等发心镌造妆銮中尊罗汉共一十九位。 2.□□□发心妆此五色云下相对罗汉共十六身。 3.昌州克宁荣□挥十将文志夫妇一家等先发心认妆罗汉计五身，并命僧庆题。 4.□□□发心妆銮窟内罗汉。 5.赵仲□与王氏妆此窟罗汉十身，并请僧十位设斋看经表庆祈。
10	176	弥勒下生经变相窟	北宋靖康元年（1126年）	北宋靖康元年（1126年）	在城左厢□正街居住清信何□妆銮弥勒下生经变窟。
11	149	如意轮菩萨窟	南宋建炎二年（1128年）	南宋建炎二年（1128年）	奉直大夫知军州事任宗易同恭人杜氏发心镌造妆銮如意轮圣观自在菩萨一龛。
12	136	转轮经藏窟	南宋绍兴十二年至绍兴十六年（1142—1146年）	1.南宋绍兴十二年至绍兴十六年（1142—1146年） 2.南宋绍兴十二年（1142年） 3.南宋绍兴十三年（1143年） 4.南宋绍兴十六年（1146年）	1.南山乡居住奉善弟子陈吉銮彩窟内释迦牟尼佛。 2.左朝散大夫权发遣昌州军州事张莘民镌造彩化窟内观音菩萨一尊。 3.佚名镌妆窟内大势至菩萨及迦叶阿难共三尊。 4.在城奉佛弟子王升同政何氏镌妆窟内数珠手观音菩萨一尊。
13	110	药师经变	南宋	1.南宋（1127—1279年） 2.民国十三年（1924年）	1.昌州在郭正东街居住奉善弟子张辉、刘氏夫妇等阖家命工开岩镌造妆銮。 2.杨淮清等于民国十三年彩化[1]。
14	155	孔雀明王	北宋靖康元年（1126年）	清道光二十三年（1843年）	棠城信士徐荣德合宅人等发心妆彩窟内诸神金身。
15	105	华严三圣	南宋	民国十三年（1924年）	杨淮清等于民国十三年彩化。
16	106	华严三圣	南宋	民国十三年（1924年）	杨淮清等于民国十三年彩化。
17	107	药师经变	南宋	民国十三年（1924年）	杨淮清等于民国十三年彩化。
18	111	残像	南宋	民国十三年（1924年）	杨淮清等于民国十三年彩化。
19	112	二佛二菩萨	南宋	民国十三年（1924年）	杨淮清等于民国十三年彩化。
20	113	水月观音	南宋	民国十三年（1924年）	杨淮清等于民国十三年彩化。

1 北山佛湾第115号龛为"彩化佛像碑"。碑曰："彩化佛像」帝王宫」三清殿」西佛宫」七贤洞」道佛宫」金仙殿」观音堂」承首人杨淮清三元八角（功德主名和捐资额，略）」民国拾叁年五月十八日吉立」"。此碑文1999年《大足石刻铭文录》未录。初步推测：帝王宫疑指第105号龛，三清殿疑指第110号龛，西佛宫疑指第106号龛，七贤洞疑指第107号龛，道佛宫疑指第112号龛，金仙殿疑指第111号龛，观音堂疑指第113号龛。

由表66可见，北山佛湾石窟铭文所反映的妆绘活动，最早者始于唐乾宁三年（896年），最晚者终于民国十三年（1924年）。

由表66还可见，北山佛湾石窟造像的妆绘有"妆饰""妆銮""彩化""认妆""造画""就画""画妆""銮彩""妆彩""彩绘"等称谓。根据妆绘时间的不同，可分为初次妆绘和后世重妆两种情形。初次妆绘多为镌妆同步，即妆绘与镌造系同一功德主所为，一次性完成。如宣和四年（1122年），何仪兴等发心镌造妆銮第168号窟内中尊罗汉共一十九身；南宋建炎二年（1128年），奉直大夫知亳州事任宗易同恭人杜氏发心镌造妆銮第149号窟；南宋绍兴十二年（1142年），左朝散大夫权发遣昌州军州事张莘民镌妆第136号窟内正壁左侧观音像一身等。后世重妆系为初妆后多次妆绘，如第110号龛，昌州在郭正东街居住奉善弟子张辉刘氏夫妇在南宋开龛时首次妆绘，至民国十三年（1924年），杨淮清等再次彩化其像。从整体上看，至今妆绘保存较好者，大多系后世多次重妆所致。

北山佛湾石窟造像记显示，在造像镌刻完成之时，功德主往往会举行"修斋""命僧看经""斋供"等活动。同样，伴随妆绘的完成，也会举行相关佛事活动，以资纪念，祈盼神灵呵护，获得福报。如左朝散大夫权发遣昌州军州事张莘民在镌妆完成第136号窟内正壁左侧观音像后，即"修设圆通妙斋，施献寿幡，以伸庆赞"；女弟子李氏九娘子在妆绘第249号观音地藏像后，举行"斋供表赞"；都知兵马使前知昌元永川大足县事陈绍珣等在完成第253号龛妆绘后，"修水陆斋"以表庆赞。

对于妆绘对象，主要选择在妆绘时较为流行，且为信众个人所喜爱者。表66所涉20个龛窟中，唐末3龛，题材为"观音、地藏"和"观音菩萨"2种；前后蜀3龛，题材为"药师经变"和"观音、地藏"2种；北宋6龛窟，题材为"如意轮菩萨""孔雀明王""五百罗汉""弥勒下生经变""十三观音变""杨柳观音"6种；南宋8龛，题材为"华严三圣""药师经变""二佛二菩萨""水月观音""转轮经藏"等5种，以及1龛无法辨识的残像。这些题材，正如本章第二节"题材内容"所述，皆为其时所尊崇者。

此外，还值得注意的是，功德主在选择妆绘对象时，不仅对造像题材有所选择，且对龛窟规模的大小以及所处崖壁位置有所考虑。一般选择的是位处崖壁底层、龛窟规模较大、主尊体量亦较大的龛窟。在表66所列20个龛窟中，第136、149、155、168、180号等5个龛窟皆为大型深窟，其高、宽、深皆在300厘米以上，占据崖壁显著位置，紧邻地坪；其余龛像规模亦较大，布置于壁面下层。这些深窟大龛，遮风避雨，局部环境相对稳定，故所保存的妆绘颜料不仅丰富，且涂层较多，颜色艳丽。如第136、149号窟等保存完好度皆在85%以上，不仅雕刻与妆绘和谐统一，相得益彰，也使得造像妙相庄严，历久弥新。

无疑，妆绘记仅从一个侧面反映了北山佛湾石窟妆绘的部分情况，整体而言，大多数造像都经过了镌妆同步及后世重妆，且从保存情况看，很多造像都经过了多次妆绘。可以说，北山佛湾石窟的镌妆史，既是一部开凿史，也是一部保护史。其颜料选择、妆绘工艺等，都将为今后的保护工作提供十分有益的借鉴。

综上所述，北山佛湾石窟中的唐末造像神形兼备，有盛唐余韵；前后蜀造像约占其总数的半数以上，是中国这一时期开龛造像最为集中的地区之一，为中国石窟艺术的继承和发展做出了特殊贡献，有着承上启下的重要意义；而宋代造像则以其雕刻细腻、精美典雅著称于世。可以说，作为大足石刻群中开凿时代较早，造像较集中的一处大型石窟，它集唐末、前后蜀、两宋造像于一处，生动而又形象地展示了唐末至宋中国佛教民间信仰及石窟艺术的发展变化，值得倍加珍视。

附　录　北山佛湾石窟造像一览表

序号	龛窟号	形制	年代	名称	内容	造像记
1	1	单层圆拱龛	唐末（895—906年）	韦君靖龛	刻韦君靖立像1身。	
2	2	单层横长方形龛	唐乾宁二年（895年）	韦君靖碑	碑文右起，竖刻，分上下两节。上节53行，存1203字；下节101行，存1870字。碑首题："□□禄大夫检校司空使持节都督昌州诸军事守昌州刺史充昌普渝合四州都指挥□〔南〕军使兼御史大夫上柱国扶风县开国男食邑三百户韦君靖建。"碑末署款："大唐乾宁二年岁次□□□□月癸未朔十九日辛丑记"。	
3	3	单层方形龛	唐末（892—906年）	毗沙门天王龛	龛中刻毗沙门天王立像1身，左右各刻侍者立像1身。	
4	3-1	单层方形龛	前、后蜀	残像龛	龛内残存坐像1身。	
5	4	残龛	唐末（892—906年）	释迦说法	龛中刻释迦牟尼坐像1身，左右侍立二弟子，皆残。	
6	5	单层方形龛	唐景福元年至乾宁二年（892—895年）	毗沙门天王龛	龛中刻主尊毗沙门天王像1身，足踏尼篮婆、毗篮婆二夜叉，胯下刻地天像。主尊像左右环列力士、侍者、眷属等立像8身。	
7	6	单层方形龛	前、后蜀	一佛二菩萨龛	龛中刻坐佛1身，身左像毁，存右菩萨立像。	
8	7	残	前、后蜀	残像龛	龛内存残像5身。	
9	8	残龛	前、后蜀	残像龛	龛内残存坐像1身。	
10	9	单层方形龛	唐景福元年至乾宁二年（892—895年）	千手观音经变相龛	龛正壁刻四十二只手臂的千手观音像1身，座台左右分刻饿鬼、穷人。左右壁分四层对称布置十佛、雷神、火神、龙王、孔雀王、文殊、普贤、天王、力士、婆薮仙等。	（漶）"（漶）□〔校〕司〔空使持节都督〕"（漶）"（漶）□〔靖〕泰□县安□□世"（漶）"□宿世□殃〕□〔愿〕□□"（漶）"不自天□□□从地踊"（漶）"□□□□大悲□召募良〔工镌〕"大悲观世音菩萨〔天龙〕□〔部〕众一龛"
11	9-1	单层方形龛	前、后蜀	残像龛	龛内残存坐像1身。	

续表

序号	龛窟号	形制	年代	名称	内容	造像记
12	9-2	残	前、后蜀	残像龛	造像毁。	
13	10	单层方形龛	唐景福元年至乾宁二年（892—895年）	释迦说法龛	龛中刻释迦牟尼坐像1身，头后左右刻两身飞天像持物供奉。佛像左右壁环列阿难、迦叶、观音、大势至菩萨、十方佛、四天王、四金刚像等。	
14	11	单层方形龛	前、后蜀	一佛二菩萨龛	龛刻坐佛1身，菩萨像2身，皆略残。	
15	12	残龛	唐末（892—906年）	毗卢遮那佛与文殊、普贤龛	龛中刻毗卢遮那佛坐像1身，头顶飞天环绕。左右各刻文殊、普贤菩萨坐像1身。	
16	13	单层方形龛	前、后蜀	残像龛	龛内残存坐像1身。	
17	14	单层方形龛	前、后蜀	残像龛	龛内残存立像1身。	
18	15	单层方形龛	前、后蜀	地藏龛	主尊头部残存披帽遗迹，座下刻一伏兽，疑为地藏像。	
19	16	单层方形龛	前、后蜀	残像龛	正壁刻主尊立像1身，可辨椭圆形背光。左右侧壁和龛沿造像仅辨轮廓。	
20	17	单层方形龛	前、后蜀	残像龛	龛内并立残像2身。	
21	18	单层方形龛	唐末（892—897年）	一佛二菩萨龛	龛中刻坐佛1身，大部残；左右侍立菩萨像1身。	（漶）」（漶）」（漶）静南军（漶）」
22	19	单层方形龛	前、后蜀	观音龛	龛中刻主尊观音坐像1身，头后左右云纹内各刻坐佛5身（残）；左右侧壁各立菩萨像1身，部分残。	敬造救苦观音菩萨一身（漶）」（漶）菩萨两身（漶）」（漶）共一龛（漶）」
23	20	单层横长方形龛	唐末（892—897年）	西方三圣龛	龛中主尊毁，左右侍立观音、大势至菩萨像。主尊上方及左右侧壁浮雕10排菩萨小像，计300身，坐于仰莲台上。	
24	21	单层方形龛	前、后蜀	西方三圣龛	龛中刻主尊阿弥陀佛坐像1身，左右侍立阿难、迦叶二弟子；左右侧壁各刻观音、大势至菩萨立像1身。	敬造阿弥陀佛兼观（漶）」右孤子王启仲奉为（漶）」愿亡者神生净土（漶）」
25	22	单层方形龛	前、后蜀	阿弥陀佛、观音、地藏龛	龛内刻阿弥陀佛、观音、地藏像。	
26	23	单层方形龛	前、后蜀	药师佛龛	龛内刻药师佛坐像1身，右壁存竖直的锡杖1根。	

续表

序号	龛窟号	形制	年代	名称	内容	造像记
27	24	单层方形龛	前、后蜀	日光月光菩萨龛	龛内刻日光、月光菩萨2身，双手于胸前捧持圆状物。	敬〔镌〕造日月光菩萨一龛」右〔弟子〕何〔君友先〕发心造上件功德□已」〔自身安泰夫妇〕咸昌□□□以乾□」□□□〔修〕斋表赞讫永为供养」
28	25	单层方形龛	前、后蜀	残像龛	龛内残存立像3身。	□□奉△△亡妣」
29	26	单层方形龛	前蜀乾德二年（920年）	救苦观音龛	龛内刻救苦观音立像1身，龛外右下刻侧跪式供养人像1身。	敬镌造救苦观音菩萨一身」右弟子何君友敬为△亡男□□造上件〔功〕德□□□〔以乾〕□二年二月十三日赞讫」
30	27	单层方形龛	后蜀广政元年（938年）	观音龛	龛内刻观音立像1身，龛右沿中刻跪式供养人1身。	（漫）一身右□」（漫）」（漫）广政元年七月八日□」（漫）表赞讫」
31	28	单层方形龛	前、后蜀	地藏菩萨龛	龛内刻托珠持杖坐式地藏残像1身。	
32	29	单层方形龛	前、后蜀	二菩萨像龛	龛内残存菩萨立像2身。	
33	30	单层方形龛	前蜀天复七年至永平三年（907—913年）	残像龛	龛内残存坐像3身。	
34	31	单层方形龛	前蜀天复七年至永平三年（907—913年）	菩萨龛	龛内残存菩萨立像1身。	
35	32	单层方形龛	前蜀永平三年（913年）	二菩萨龛	龛内刻菩萨立像2身。左像饰披帛、着裙；右像饰璎珞、着袈裟。	□□□为亡妣造」周氏奉为亡妣造」永平三年九月十四日追斋赞讫」
36	33	单层方形龛	前蜀天复七年至永平三年（907—913年）	三佛龛	龛内残存坐像3身，疑为三佛像。	
37	34	单层方形龛	前蜀天复七年至永平三年（907—913年）	一佛二菩萨龛	龛内中刻坐像1身，左右各刻立像1身，皆残。	
38	35	单层方形龛	后蜀广政四年（941年）	西方三圣龛	龛内中刻阿弥陀佛坐像1身，左右内侧侍立阿难、迦叶；左刻观音菩萨坐像，右刻大势至菩萨坐像。龛顶饰云纹两朵，内刻琵琶、笛、拍板、螺等乐器。	（漫）一龛」（漫）意所造上件」（漫）为妻□陈」（漫）应愿心」（漫）广政四年二月廿八日记」
39	36	单层横长方形龛	前、后蜀	十六罗汉龛	龛中刻主尊释迦牟尼坐像1身，左侧刻8身罗汉像，右侧存7身罗汉像（应为8身）。罗汉像座前刻净瓶、鞋、靴等。	
40	37	单层方形龛	后蜀广政三年（940年）	地藏龛	龛内刻主尊地藏坐像，其座右下角刻一蹲伏的谛听。龛左及龛外右下各刻供养人1身，合十站立。龛上沿刻相对飞翔的飞天2身。	敬〔镌造〕地藏菩萨一龛」右弟〔子〕于彦章邓知进等奉为」外〔学任〕师礼发心造上件功德以希」眷属〔宁〕泰□□〔增〕荣以广政三年」〔二月四日〕修斋表庆讫永为〔瞻〕敬」

续表

序号	龛窟号	形制	年代	名称	内容	造像记
41	38	单层方形龛	前蜀乾德四年（922年）	药师经变龛	龛中刻主尊药师佛立像1身，其内侧左右分刻救脱菩萨、阿难二立像；外侧分立日光、月光菩萨像。左右侧壁上部共刻半身药叉神将12身，下部共刻菩萨立像8身。	
42	39	单层方形龛	前蜀乾德四年（922年）	金轮炽盛光佛龛	龛中刻主尊大威德金轮炽盛光佛坐像1身，左右侧壁刻九曜神立像（左四右五），部分残。龛上沿刻侧身卧于云纹上的飞天像2身。	敬□发心镌造〔大威〕德炽盛光佛并九曜共一龛右弟子□□」与□□□兄弟等□造上件功德并已成〔就意〕者□□□□同」范□□陈雷□陪□法百年相守次乞家（人）（湶）」偶随永无障提时〔以乾〕德四年十二月十六〔日修斋表庆讫〕□」〔敬〕弟子温孟达塞忠〔进〕于彦章梁垒陈（季）□〔邓知进）」□□□杨宗厚塞□芝程彦晖王（孟言）王〔德〕全陈（马敬造〕」
43	40	单层方形龛	后蜀广政三年（940年）	阿弥陀佛、观音、地藏龛	龛中刻阿弥陀佛1身，座后侧刻阿难、迦叶二弟子立像。左刻观音坐像，右刻地藏坐像，皆部分残。龛外左下刻供养人立像1身。	
44	41	单层尖拱龛	前、后蜀	残像龛	龛内残存立像1身。	
45	42	残	前、后蜀	残像龛	龛内造像毁。	
46	43	残	前、后蜀	残像龛	龛内造像毁。	
47	44	残	前、后蜀	一佛二菩萨龛	龛内残存一坐像一立像，疑为一佛二菩萨像组合。	
48	45	单层方形龛	前、后蜀	日光月光菩萨	龛内刻菩萨立像2身，部分残；疑为日、月光菩萨像。	
49	46	单层方形龛	前、后蜀	药师佛龛	龛中刻药师佛坐像1身，座台后侧分刻二弟子立像。左右侧各刻日、月光菩萨坐像1身。	
50	47	单层方形龛	前、后蜀	不动明王龛	龛内刻明王立像1身，左壁存武士残像1身，右壁造像毁。明王像下部低坛正面刻立像、马、菩提树等，皆残。	
51	48	单层方形龛	前、后蜀	一佛二菩萨龛	龛内中刻坐佛1身，头顶有华盖；华盖左右云纹内刻蹲跪的飞天像。左右各刻倚坐菩萨像1身。三主尊下部低坛中刻一供案，案两侧各刻跪式供养菩萨像1身，菩萨身后各蹲一狮。	

附录　403

续表

序号	龛窟号	形制	年代	名称	内容	造像记
52	49	单层方形龛	前、后蜀	菩萨龛	龛内刻观音立像1身。	
53	50	单层圆拱龛	唐乾宁四年（897年）	如意轮菩萨龛	龛内刻如意轮菩萨像1身，侧头，顶有华盖，身四臂（残），左腿横置，右腿屈膝而坐。	敬造如意轮菩萨壹龛」□都典座僧明悟奉为拾〔方〕施主镌造乾宁四年三月」□日设斋表赞讫」□□主僧道广△△△小师道添」
54	51	单层方形龛	唐光化二年（899年）	三世佛龛	龛内正壁刻主尊三世佛，中为释迦牟尼，左为迦叶佛，右为弥勒佛。三主尊间刻阿难、迦叶二弟子立像。正壁上部刻十二光佛坐像，左右侧壁上部分刻文殊、普贤二菩萨坐像，下部分刻八身人形化的"天龙八部"立像。龛顶中刻宝盖，左右共刻12件乐器，系飘带。龛外左右沿下部刻立式力士像1身。	1.（漶）」（漶）资财增益」(漶)昌盛光化二年七月廿六」（漶）〔庆赞〕毕」2.〔三世佛〕并部众」（漶）〔节〕度左押衙充四州都指」〔挥〕（漶）〔昌州军〕事银青（漶）上柱国王宗（漶）」（漶）」（漶）」（漶）为女（漶）」（漶）十二娘（漶）」（漶）赞毕」
55	52	单层方形龛	唐乾宁四年（897年）	阿弥陀佛、观音、地藏龛	龛中刻阿弥陀佛坐像1身，头顶刻华盖，左右刻云朵，内飞天持物敬奉。左刻光头地藏立像，右刻观音立像。	1.女弟子黎氏奉为亡夫刘□设□〔奠〕敬造时以〔乾〕宁四年正月廿三日设〔斋表赞〕讫」□〔亡夫〕□□〔昌〕□□〔将〕□□〔御〕史大夫刘□□〔供养〕」2.敬造阿弥陀佛」地藏菩萨一身」救苦观音菩萨一身」
56	53	单层方形龛	前蜀永平五年（915年）	阿弥陀佛、观音、地藏龛	龛中刻阿弥陀佛坐像1身，其背光左右分刻云朵，内各刻飞天像1身，持幡捧物。左刻光头地藏立像，右刻持柳枝的观音立像。	1.敬造地藏菩萨一身」右衙第三军散副将种审能为亡」男希言被贼伤煞造上件功德化」生西方见佛闻法以永平五年四月」四日因〔终〕七斋表赞讫永为供养」2.敬造阿弥陀佛敬造观音菩萨」弟子种审能[愿嘉]佑」上下骨肉[常]口[荣]」泰造」又为男师乞丑胡」[鄢盐祸]永安无灾[褐]永平五年七月六日设斋赞讫」
57	54	浮雕	唐乾宁三年（896年）	菩萨像龛	浮雕菩萨残像1身，立于云纹上。	（漶）二万钱（漶）」（漶）五日因百日斋表赞」（漶）供养（漶）」
58	55	残	前、后蜀	残像龛	龛中残存坐像1身，左刻盘屈的蛇状物，右残存立像1身。	
59	55-1	单层方形龛	前、后蜀	残像龛	龛内残存坐像1身。	
60	56	单层方形龛	前、后蜀	不动明王龛	龛中刻主尊明王坐像1身，其背光右侧上方刻坐像1身；左右侧壁各刻童子立像1身。	
61	57	单层方形龛	前、后蜀	阿弥陀佛、观音、地藏龛	龛内中刻主尊阿弥陀佛坐像1身，座前刻迦陵频伽2身；左右侧壁分刻观音、地藏立像各1身。	

续表

序号	龛窟号	形制	年代	名称	内容	造像记
62	58	单层方形龛	唐乾宁三年（896年）	观音、地藏龛	龛内中刻观音、地藏二主尊坐像，二像顶刻华盖，背光间刻供养人坐像1身。左右侧壁分刻立式胁侍菩萨像1身。	1.敬造救苦观世音菩萨地藏菩萨一龛」右为故何七娘镌造当愿承此功德早生」西方受诸快乐乾宁三年九月廿三日设〔斋〕」表赞毕检校司空守昌〔州刺〕史王宗靖造」 2.〔乾〕宁三年九月廿三日节度左押衙检校左〔散骑常〕侍兼」〔御〕史大夫上柱国赵师恪奉为故外姑何氏妆饰」
63	59	单层方形龛	前、后蜀	残像龛	龛内残存坐像3身。	
64	60	单层方形龛	前、后蜀	千手观音龛	龛内刻千手观音坐像1身，残毁甚重。	
65	61	单层方形龛	前、后蜀	残像龛	龛内残存主尊坐像3身，其间刻弟子像2身，合十站立。左右壁外侧各刻立式供养人像1身。	
66	62	单层方形龛	前、后蜀	残像龛	龛内存坐式残像2身。	
67	63	单层方形龛	前、后蜀	残像龛	龛内残存坐像1身。	
68	64	残	前、后蜀	残像龛	龛内残存坐像1身。	
69	65	单层方形龛	宋	菩萨龛	正壁中刻主尊菩萨坐像1身，左右各刻侍者立像1身；左壁外侧刻男供养人立像1身，右壁外侧刻供养人立像2身。	
70	66	单层方形龛	前后蜀	残像龛	龛内残存坐像2身。	
71	67	单层方形龛	宋	残像龛	正壁下部中刻主尊坐像1身，上部并刻坐像2身；左右侧刻供养人立像3身。	
72	68	单层方形龛	前后蜀	残像龛	龛中刻主尊坐像1身，左右各刻立像1身。	
73	69	单层方形龛	前后蜀	残像龛	龛内残存坐像1身。	
74	70	残	宋	水月观音龛	龛内刻游戏坐水月观音像1身。	
75	70-1	残	宋	六臂菩萨像龛	龛正壁分三排残存立像11身，其中第2排主尊为一六臂菩萨像，两上手上举执物，两中手置腹前，右下手执羂索，左下手不明。	
76	71	单层方形龛	前、后蜀	观音、地藏龛	龛内刻坐像2身，左为地藏像，右为观音像。	
77	72	单层方形龛	前、后蜀	观音、地藏龛	龛内左为地藏像，右为观音像。	

续表

序号	龛窟号	形制	年代	名称	内容	造像记
78	73	单层方形龛	宋	阿弥陀佛、观音、地藏龛	龛中刻主尊阿弥陀佛坐像1身，左右分刻地藏、观音胁侍立像1身。佛像头顶左右上方各刻飞天1身。龛底左右低坛刻供养人立像9身。	
79	74	单层方形龛	前、后蜀	残像龛	龛中刻主尊坐像1身，左右侧依次各刻弟子像、菩萨像1身，皆部分残。	
80	75	单层圆拱龛	宋	残像龛	龛内残存立像1身。	
81	76	单层方形龛	宋	残像龛	龛内残存立像2身，疑为观音、地藏像。	
82	77	单层方形龛	前、后蜀	残像龛	龛内残存主尊坐像1身，左右各残存立像1身。	
83	78	单层方形龛	前、后蜀	残像龛	龛内残存主尊坐像1身，左右各残存立像1身。	
84	79	单层方形龛	前、后蜀	二菩萨龛	龛内刻菩萨坐像2身，大部残。	
85	80	单层方形龛	前、后蜀	空龛		
86	81	单层方形龛	前、后蜀	地藏龛	龛内刻地藏菩萨坐像1身，头部右侧存桃形杖首遗迹。	
87	82	单层方形龛	前、后蜀	观音、地藏龛	龛内左刻地藏握锡杖，右刻观音持物。	
88	83	单层方形龛	宋	观音龛	龛中刻主尊观音菩萨坐像1身，左右侧壁各刻胁侍菩萨立像1身。壁面上方左右相对各刻飞天像1身。	
89	84	单层方形龛	宋	观音龛	正壁刻主尊观音菩萨立像1身，左右侧壁上部各刻飞天1身，中下部浅龛内存供养人像5身。	
90	85	单层方形龛	前、后蜀	地藏龛	正壁残存地藏菩萨坐像1身，右沿下部刻立式残像1身。	
91	86	单层方形龛	前、后蜀	残像龛	龛内残存立像2身。	
92	87	单层方形龛	前、后蜀	二菩萨龛	龛内残存菩萨坐像2身。	
93	88	单层圆拱龛	前、后蜀	残像龛	正壁残存坐像1身，龛沿左右上角对称各刻飞天1身，龛外浅龛内刻立像1身；皆残。	
94	89	单层圆拱龛	前、后蜀	地藏龛	正壁残存地藏坐像1身，龛外右侧浅龛残存立像1身。	

续表

序号	龛窟号	形制	年代	名称	内容	造像记
95	90	单层方形龛	前、后蜀	残像龛	正壁残存坐像1身，左沿下部存立像1身，右沿外侧浅龛内存立像1身，皆残。	
96	91	单层方形龛	前、后蜀	地藏龛	正壁刻主尊地藏菩萨坐像1身，左壁残存立像1身。	
97	92	单层方形龛	宋	观音龛	龛内刻倚坐的观音像1身。	
98	93	单层圆拱龛	前、后蜀	空龛		
99	94	单层方形龛	前、后蜀	地藏龛	正壁残存地藏坐像1身，左沿下部刻立像1身。	
100	95	单层方形龛	前、后蜀	残像龛	龛内残存立像1身。	
101	96	单层方形龛	前、后蜀	残像龛	正壁残存立像1身，右沿下方存立式供养人像1身。	
102	97	单层方形龛	前、后蜀	残像龛	龛内残存坐像1身。	
103	98	单层方形龛	前、后蜀	空龛		
104	99	单层方形龛	清	舍利塔龛	龛内刻仿木楼阁式单檐舍利塔（背面）一座。	
105	100	单层方形龛	清	舍利塔龛	龛内刻仿木楼阁式单檐舍利塔（正面）一座。	
106	101	单层方形龛	清	一佛二菩萨龛	龛内刻主尊一佛二菩萨坐像3身，左侧弟子合十站立，右侧弟子毁。	
107	102	摩崖方碑	清光绪二十八年（1902年）	教孝碑	碑左侧横刻"教孝"2字，右侧竖刻碑文22行，367字。	
108	103、104	方形人字顶龛	南宋孝宗年间（1163—1194年）	103号为古文孝经碑	103号古文孝经碑碑文依次刻于六个平整壁面上，共计竖刻66行，存1602字。	
				104号为赵懿简公神道碑	104号碑首中部两行篆书竖刻"懿简公神道碑"，碑文左起竖刻38行，满行84字，实存1873字。	
109	105	方形龛	南宋	华严三圣龛	龛正壁上部刻主尊毗卢遮那佛坐像1身，左右内侧立弟子像2身，外侧左刻文殊坐像，右像毁。中部环壁刻菩萨立像10身。下部环壁刻方案、宝塔、草庐、二侍者及供养人立像10身。	

续表

序号	龛窟号	形制	年代	名称	内容	造像记
110	106	单层方形龛	南宋	华严三圣龛	正壁中刻毗卢遮那佛，左刻文殊菩萨，右刻普贤菩萨。三坐像间各立侍者像1身。左侧壁残存观音坐像，右侧壁残存地藏坐像；左右侧壁另刻飞天2身、供养人像10身。	
111	107	单层方形龛	南宋	药师经变龛	壁面上层环壁刻药师七佛及二侍者像。中层刻八菩萨坐像，左右侧壁下部刻十二药叉神将。此外，龛正壁下部还刻数尊侍者和供养人像。	
112	108	单层方形龛	南宋	残像龛	龛内刻坐像1身，毁。	
113	109	方形残龛	南宋	残像龛	龛内造像已毁。	
114	110	单层方形龛	南宋	药师经变龛	正壁中刻药师佛，左右刻日光、月光菩萨，三坐像间刻侍者立像2身。左右侧壁外侧分三排刻十二药叉神将。	1.昌州在郭正东街居住奉善」弟子张辉刘氏夫妇膝下男」张师明妇昝氏次女道保娘」阖家同命工开岩镌造妆銮」药师琉璃光如来菩萨药叉」神将共一龛永为历世瞻仰」 2.□□□□□□□□□所生□」□□□□□□□□氏各〔堂〕」佛妆□□□□□□□□方利」祐阖家□眷无□□□□嗣繁」昌子孙□□□以岁次癸□叁」月初贰日奉□就院斋□表庆」
115	111	单层方形龛	南宋	残像龛	正壁上层中刻二主尊坐像，残泐，其头顶上方刻坐像3身。左侧壁刻普贤坐像，右侧壁刻文殊坐像。正壁与左右侧壁转折处，以及下层环壁另刻若干坐式、立式小像，皆残。	
116	112	方形残龛	南宋	二佛二菩萨龛	正壁刻主尊佛像2身，其外侧各刻弟子立像1身。左侧壁刻四臂菩萨坐像，右侧壁刻地藏坐像。两佛像间圆拱龛内刻供养人像立像6身，右侧壁内侧刻供养人像立像2身。	
117	113	单层圆拱龛	南宋	水月观音龛	龛内刻主尊水月观音呈游戏坐，其左侧刻一童子像，右侧刻一捧盘侍者像。龛左侧壁4身、右侧壁2身立像皆为供养人像。	
118	114	方形平顶窟	南宋	空窟		
119	115	摩崖方碑	民国十三年（1924年）	杨淮清等彩化佛像碑记	碑文左起，上部竖刻8行，下部竖刻功德主名和署款共12行，163字，记述民国时功德主彩化佛像之事。	

续表

序号	龛窟号	形制	年代	名称	内容	造像记
120	116	圆拱残龛	南宋	不空羂索观音龛	龛内中刻主尊不空羂索观音坐像1身,身六臂;座台前刻飞人跪像1身。左右侧壁低坛上各刻3身供养人像立像。	
121	116-1	单层方形龛	南宋	空龛		
122	117	单层圆拱龛	南宋	观音、地藏龛	正壁刻观音、地藏二主尊立像,头毁;其头顶上方刻飞天环绕的圆形华盖。左侧壁分三排刻立像10身,右侧壁分三排刻立像12身,皆为供养人像。	
123	118	单层方形龛	南宋	持印观音龛	龛中刻持印观音坐像1身,左右侧壁各刻男女侍者立像1身。	
124	119	单层圆拱龛	南宋	不空羂索观音龛	龛内中刻主尊不空羂索观音坐像1身,六臂;其左刻善财立像,右刻龙女立像。左、右侧壁分刻比丘、侍女立像1身。	
125	120	单层方形龛	南宋	净瓶观音龛	龛内中刻主尊净瓶观音坐像1身,左右侧壁分刻捧盏侍者像1身。	
126	121	单层方形龛	南宋	观音、地藏龛	龛内中刻观音、地藏二主尊坐像,左右壁内侧分刻持锡杖的弟子像和捧净瓶的侍女像各1身,外侧分刻立式供养人像2身。	
127	122	单层方形龛	南宋	诃利帝母龛	龛内中刻主尊诃利帝母坐像,怀抱小孩;其左右各刻侍女立像1身。座前刻奶母及小孩像8身。	
128	123	单层方形龛	南宋	一佛二菩萨龛	龛正壁刻释迦佛像坐像1身,左侧壁刻不空羂索观音坐像1身,右侧壁刻坐式菩萨像1身,略残。龛左右低坛外侧各刻供养人像立像2身。	
129	124	单层圆拱龛	南宋	空龛		
130	125	单层方形龛	南宋	数珠手观音龛	龛内中刻数珠手观音立像1身,左右侧壁上方各刻飞天像1身,下部各刻侍者立像1身。	
131	126	单层方形龛	南宋	持印观音龛	龛内中刻持印观音坐像1身,左右侧壁各刻侍者立像1身。	

续表

序号	龛窟号	形制	年代	名称	内容	造像记
132	127	单层圆拱龛	南宋	不空羂索观音龛	龛内中刻不空羂索观音坐像1身，身六臂，座前刻立式童子像1身。左右侧壁各刻侍者立像1身。	
133	128	单层方形龛	南宋	水月观音龛	龛内中刻水月观音像1身，手持数珠，呈游戏坐式。左右侧壁分刻菩萨坐像1身，其外侧各刻供养人立像1身。	
134	129	单层圆拱龛	南宋	一佛二弟子龛	龛内中刻坐佛1身，头毁；其左右侧各刻立式弟子像1身。	
135	130	方形残龛	南宋	摩尼支天女龛	龛内正壁刻主尊摩尼支天女立像1身，三头八臂。左右侧壁分上下两层各刻金刚像4身，持诸般兵器。	□□州□镌造题记耳」□□□□□命僧□」
136	131	圆拱残龛	南宋	水月观音龛	龛内中刻水月观音坐像1身，其左刻善财立像，右立像大部残。	
137	132	圆拱残龛	南宋	如意珠观音龛	龛内中刻如意珠观音坐像1身，两侧各刻侍者立像1身。	
138	133	方形平顶窟	南宋	水月观音像窟	正壁中刻水月观音坐像1身，左立善财像，右立龙女像。两侧壁对称刻金刚像4身。	
139	134	摩崖方碑	民国三十四年（1945年）	民国大足石刻考察团记事碑	碑文左起竖刻14行，180字，记述1945年大足石刻考察团考察北山、宝顶山石刻之事。	
140	135	双层方形龛	南宋	佛与水月观音龛	龛上部刻一佛二弟子3身像，下部中刻水月观音坐像，左刻善财立像，右刻龙女立像。	
141	136	方形平顶窟	南宋绍兴十二年至绍兴十六年（1142—1146年）	转轮经藏窟	窟中央由地及顶刻转轮经藏。正壁正中刻释迦佛坐像，左右分立迦叶、阿难像；其左侧刻净瓶观音立像，右刻大势至菩萨立像。左侧壁内龛刻文殊菩萨坐像，身前刻狮奴，身后刻童子；中龛刻持印观音和左右侍者3身像；外龛刻如意珠观音立像。右侧壁内龛刻普贤菩萨坐像，象前刻象奴，身后刻童子；中龛刻不空羂索观音坐像和左右侍者立像3身；外龛刻数珠手观音立像。窟口左右分刻力士像1身。正壁与右侧壁交接处刻供养人立像4身。	1.南山乡居住奉善陈吉」同诚郭氏孙男文明王氏」共发丹诚捐舍净财銮」彩△本师释迦牟尼佛」 2.左朝散大夫权发遣昌州军州事」张莘民谨发诚心就院镌造」观音菩萨一尊永为瞻奉」今者彩绘同就修设」圆通妙斋施献寿幡以伸庆」赞祈乞」国祚兴隆阖门清吉」壬戌绍兴十二年仲冬二十九日题」 3.□□□□郭外居住奉善□□□」□□□□郭氏孙男陈文明□□□」□□□□镌刻妆彩」大势至菩萨迦叶阿难〔共三尊〕□□」经藏洞永为历世」瞻仰祈保寿年遐远福寿□昌」续裔□□转增荣贵愿」法轮常转祈」舜日惟明今者镌妆工毕时以癸亥」绍兴十三年正月二十五日伏僧庆」赞谨题△△赖川镌匠胥安（港）」

续表

序号	龛窟号	形制	年代	名称	内容	造像记
141	136	方形平顶窟	南宋绍兴十二年至绍兴十六年（1142—1146年）	转轮经藏窟		4.弟子赵彭年同寿杨氏」发至诚心敬镌造」文殊师利菩萨普贤王」菩萨二龛上祝」今上皇帝圣寿无疆皇」封永固夷夏乂」安人民快」乐次乞母亲康宁眷属」吉庆普愿法界有情同」沾利益绍兴十三年岁」在癸亥六月丙戌朔十六」日辛丑斋僧庆赞左从」事郎昌州录事参军」兼司户司法赵彭年谨题」 5.在城奉佛弟子王陉同政」何氏伏为在堂父王山母亲」周氏谨舍净财镌妆」大圣数珠手观音菩萨一尊」永为瞻仰伏愿二亲寿算增」延合属百顺来宜五福咸备」二六时中公私清吉以丙寅绍」兴十六年季冬十二日表庆讫」
142	137	摩崖方龛	南宋绍兴四年（1134年）	维摩诘经变相龛	阴刻线图，保存较差。画面左侧刻维摩诘坐像，其身后立屏风，四周环立侍女；右侧刻文殊菩萨坐像，四周环立合十的光头弟子。	1.李大郎摹」罗复明另刻」住岩僧志诚」 2.当州克宁十将文志于」初摹日同施大钱叁贯」图福利坚久斯碑不坠」绍兴甲寅重九日谨铭」母亲薛氏家室任氏男谦」
143	138	摩崖方碑	民国十三年（1924年）	鲁瀛书"烽烟永靖"题刻	壁面左起篆刻"烽烟永靖"，左上款竖刻"民国十三年元日"，右署款竖刻"遵义鲁瀛"。	
144	139	方形残龛	清末民初	俗神龛	龛内刻坐像2身，刻工粗糙。	
145	140	残	南宋	一佛二菩萨龛	龛内刻坐像3身，残。	
146	141	残	南宋	地藏龛	龛内残存立像1身。	
147	142	方形残龛	南宋	残像龛	龛内残存立像2身，仅辨轮廓。	
148	143	摩崖方碑	民国十三年（1924年）	鲁瀛五古十七韵诗碑	文左起，竖刻20行218字。	
149	144	方形残龛	南宋	残像龛	龛内残存坐像2身，仅辨轮廓。	
150	145	残	南宋	残像龛	龛内存残像3身。	
151	146	单层方形龛	南宋	水月观音与不空羂索观音龛	龛内左刻水月观音坐像1身，右刻不空羂索观音坐像1身，身六臂。龛下部刻勾栏、童子像。	
152	147	单层圆拱形龛	前、后蜀	药师经变龛	龛内中刻药师佛，日光、月光菩萨三主尊坐像，其后侧刻立式侍者像2身。左右侧壁上部刻飞天像1身，下部刻八大菩萨立像。龛下部刻立式十二药叉神将。	
153	148	方形残龛	南宋	不空羂索观音龛	龛内中刻不空羂索观音坐像1身，身六臂；左侧立像大部残。	

附录 411

续表

序号	龛窟号	形制	年代	名称	内容	造像记
154	149、150	方形平顶窟	南宋建炎二年（1128年）	149号为如意轮圣观自在菩萨窟；150号为刘子发等较试南昌毕事拉游北山题记	149号窟正壁刻主尊菩萨坐像3身，主尊像身后4身立像及窟左右侧壁37身立像皆为天众像。	奉直大夫知军州事任宗易同恭人」杜氏发心镌造妆銮」如意轮圣观自在菩萨一龛永为一」方瞻仰祈乞」□□□干戈永息建炎二年四月」
155	151	残	南宋	水月观音龛	龛内刻水月观音坐像1身，大部残。	
156	151-1	残	南宋	残像龛	仅存造像痕迹。	
157	152	残	南宋	观音龛	龛内中刻观音菩萨坐像1身，左右立像残。	
158	153	方形残龛	南宋	残像龛	龛内残存立像1身。	
159	154	残	南宋	残像龛	龛内造像残。	
160	155	方形平顶窟	北宋靖康元年（1126年）	孔雀明王菩萨窟	窟中心石柱刻主尊孔雀明王坐像1身，四臂。窟三壁刻规整的坐式小佛像，其中正壁12排、左壁13排、右壁12排，形似千佛。	1.（漶）工造佛贰拾身（漶）」2.孔雀明王菩萨□母」3.丙午年伏元俊男世能镌此一身」
161	156	摩崖方碑	清	赵紫光题《西域禅师坐化塔》诗	摩崖诗碑，左起，竖刻8行65字。	
162	157	圆拱残龛	南宋	残像龛	龛内上方造像毁，下部刻相对残坐像2身。	
163	158	方形残龛	南宋	药师佛龛	龛中刻药师佛坐像1身，左右各侍立弟子像1身；其余造像毁。	
164	159	方形残龛	南宋	不空羂索观音龛	龛内刻不空羂索观音坐像1身，身六臂。	
165	160	摩崖方碑	南宋绍兴十二年（1142年）	绍兴残碑	摩崖残碑，文左起，竖刻4行27字。	
166	161	单层方形龛	南宋	药师佛龛	龛中刻药师佛坐像1身，左刻捧钵弟子1身，右刻持杖侍女1身。龛左、右壁前侧立像残。	
167	162	方形残龛	南宋	残像龛	龛中存坐式残像1身，其右刻卷曲的盘龙；左右立像残。	
168	163	摩崖方碑	南宋	无尽老人语录碑	碑文左起，竖刻16行，存237字。	
169	164	方形残龛	南宋	菩萨像龛	龛内中刻菩萨坐像3身，略残；左右侧壁立像残。	
170	165	方形残龛	宋	水月观音龛	龛中刻水月观音像1身，坐山石座；左右各残存立像2身。	

续表

序号	龛窟号	形制	年代	名称	内容	造像记
171	166	单层圆拱形龛	宋	阿弥陀佛、观音、地藏龛	龛上部刻一佛二菩萨坐像3身，下部残存坐像3身。	
172	167	浮雕	宋	残像龛	残存立像1身。	
173	168	方形平顶窟	北宋宣和三年至宣和四年（1121—1122年）	五百罗汉窟	窟正壁小龛内刻一佛二菩萨及十弟子像，其余壁面及左右侧壁满镌规整的罗汉像495身。窟底后侧条石建"西域禅师坐化塔"1座。	1.大宋昌」州大足」县袁□」乡东郊」住何仪」兴男觉」发女大」娘子二」娘三娘」四娘子阖」家等并」发心镌」造妆銮」中尊罗」汉共一」十九位」以宣和」四年六」月□十」八□□」次男□」上□□（漶）」（漶）」庆□□」供养记」 2.□□存日发心妆此五色云下相对罗汉共拾陆身以宣和四年中（漶）」 3.昌州克」宁荣□」挥十将」文志夫」妇一家」等先发」心认妆」罗汉计」五位乞」祈安乐」保佑自」身生日」命僧庆」题建炎」四年贰」月二十」二日记」 4.（漶）」宣和□□」七月七日」题记」□城」外居住」奉善」弟子苗」以夫妇」一家等」（漶）」愿罗汉」□建造」□像五」身祈乞」弟子无」□今者」（漶）」同孙」女□绊」之日命」僧看经」表庆」小八□题」 5.弟子〔王惟祖〕夫〔妇〕造上件四身乞无灾」 6.寄居」昌州」（漶）」（漶）」□奉」善男」弟子」赵仲」□与」王氏」为膝」下□」妆此」罗汉」十位」（漶）」□□生」日之□」斋僧」十位看」经□□」庆祈」 7.昌州在城」（漶）居」住奉善」弟子李」世明夫妇」意为膝」下女三二」娘子」造罗汉」五身乞」合家安」宁寿命」延长宣」和三年七」月初五」日题□」 8.弟子王惟祖夫妇造上件」
174	169	方形残龛	宋	金轮炽盛光佛龛	龛内中刻金轮炽盛光佛坐像1身，左右各刻立像5身。左侧壁造像大部毁，右侧壁刻5排立像，皆残。	
175	170	残	宋	残像龛	龛内残存主尊坐像2身，余像残。	
176	171	残	宋	残像龛	龛内像皆残。	
177	171-1	残	宋	残像龛	龛内像大部残。	
178	172	单层方形龛	宋	观音、地藏龛	龛正壁刻地藏、观音二坐像，其上方及左右侧共刻8身坐佛像。	
179	173	残	宋	不空罥索观音龛	龛中刻不空罥索观音坐像1身，左右立像残。	

续表

序号	龛窟号	形制	年代	名称	内容	造像记
180	174	单层方形龛	宋	不空羂索观音龛	龛中刻不空羂索观音坐像1身，左右立像残。	
181	175	残	宋	菩萨龛	龛内残存观音立像1身。	
182	175-1	残	宋	残像龛	龛内立像残。	
183	176	方形平顶窟	北宋靖康元年（1126年）	弥勒下生经变相窟	正壁刻主尊弥勒佛坐像，左右侧壁刻弥勒下生经变相部分场景。	本州匠人伏元俊男世能镌弥」勒泗洲大圣时丙午岁题」
184	177	方形平顶窟	北宋靖康元年（1126年）	泗州大圣窟	正壁中刻泗州大圣坐像，左刻持杖弟子木叉像，右刻持净瓶弟子慧俨像。左壁刻志公坐像和侍者立像，右壁刻万回坐像及侍者立像。	伏元俊镌记」丙午年记」
185	178	残	宋	残像龛	龛内造像残。	
186	179	方形残龛	宋	菩萨龛	龛中刻菩萨坐像1身，左右分刻侍者、供养人像各1身，皆残。	
187	180	方形平顶窟	北宋政和六年至宣和四年（1116—1122年）	十三观音变相窟	窟中刻主尊观音坐像1身，左右环列立式观音12身。	1.县门前仕人弟邓惟明」造画普见壹身供养乞」愿壹家安乐政和六年」□壹月内弟子邓惟明」 2.当州在城〔奉佛弟子〕」等□为同（漶）」发心就画（漶）」菩萨一尊（漶）」经表庆讫宣和四年」 3.□□□德」身□□镌」妆彩同就」贺恩水□」庚子三月」
188	180-1	残	宋	残像龛	龛内仅辨2身坐像轮廓。	
189	180-2	单层圆拱龛	宋	残像龛	龛内残存坐像1身。	
190	181、184	单层圆拱龛	宋	残像龛	龛左存体量较大的主尊立像1身，右下刻胁从侍像1身。	
191	182	残	宋	残像龛	龛内残存坐像1身。	
192	183	残	宋	残像龛	龛中残存坐像1身，左右立像毁。	
193	185	残	前、后蜀	残像龛	龛中刻主尊坐像1身，左右刻立像1身，皆残。	
194	186	残	前、后蜀	地藏龛	龛正壁下部刻地藏坐像1身，上方刻坐于仰莲上的十佛。	
195	187	单层方形龛	前、后蜀	观音、地藏龛	正壁并坐地藏、观音像，上部刻十佛，坐于仰莲上。龛左右壁外侧各刻立式菩萨像1身。	

续表

序号	龛窟号	形制	年代	名称	内容	造像记
196	187-1	残	前、后蜀	残像龛	龛内残存坐像2身。	
197	188	单层方形龛	前、后蜀	残像龛	龛内造像毁。	
198	189	残	前、后蜀	降龙罗汉龛	龛中残存像1身,座左刻盘龙1条。	
199	190	单层方形龛	前、后蜀	药师经变龛	正壁刻药师佛及日光、月光菩萨坐像3身,像间刻持杖和合十的侍者立像2身。左右侧壁刻八菩萨立像,下部刻12身药叉神将立像。	
200	190-1	残	前、后蜀	残像龛	龛内造像残。	
201	191	单层方形龛	前、后蜀	观音、地藏龛	龛中并坐观音、地藏像2身,二像间瓶内生起的仰莲上刻佛像10身;左右侧壁外侧各刻菩萨立像1身。	
202	192	单层方形龛	宋	水月观音龛	龛中刻水月观音坐像1身,左右各刻侍者立像1身。低坛正面刻供养人立像5身。	
203	193	单层方形龛	宋	观音、地藏龛	龛中并坐观音、地藏像2身,左右刻侍者立像1身。龛下刻供养人立像9身。	
204	194	残	前、后蜀	阿弥陀佛、观音、地藏龛	龛中刻阿弥陀佛坐像1身,左右分别刻观音、地藏立像1身。	
205	195	单层方形龛	前、后蜀	地藏龛	龛内刻地藏菩萨坐像1身,大部残。	
206	196	单层方形龛	前、后蜀	观音地藏龛	龛内左刻地藏,右刻观音。右沿外侧浅龛内刻供养人立像5身。	
207	197	单层方形龛	宋	千手观音龛	龛内刻主尊千手观音,大部残;其上方和左右坐像皆大部残。	
208	198	单层方形龛	前、后蜀	佛像龛	龛中刻主尊坐佛1身,左右各刻立式弟子、胁侍菩萨像1身,皆残。左右侧壁分三排刻像23身,皆残。	
209	199	单层圆拱形龛	前、后蜀	残像龛	正壁刻主尊坐像1身,左侧壁上部云纹内刻坐像1身,右沿下方刻立像1身,皆残。	
210	200	单层方形龛	前、后蜀	水月观音龛	正壁中刻主尊水月观音坐像1身,座前左右各刻立像1身。	
211	201	方形残龛	前、后蜀	残像龛	正壁中刻坐像1身,左右各刻立像1身,皆残。龛外右侧方龛内刻供养人立像2身。	

续表

序号	龛窟号	形制	年代	名称	内容	造像记
212	202	单层方形龛	前、后蜀	二菩萨龛	正壁刻主尊菩萨立像2身，左沿下方刻供养人立像1身。	
213	203、204	单层方形龛	前、后蜀	观音、地藏龛	第203号龛刻地藏，第204号龛刻观音。龛内及龛外另刻供养人立像10身。	
214	205	单层方形龛	前、后蜀	地藏十王龛	龛内中刻主尊地藏坐像1身，左右各刻云纹5组，内刻十王及侍者像。左右壁下部各刻立像3身，龛沿刻飞天像2身，皆残。	
215	206	单层方形龛	前、后蜀	三佛像龛	龛内刻坐式佛像3身，皆残。	
216	207	单层方形龛	宋	十佛龛	10个小龛内各刻坐佛1身。	
217	208	单层方形龛	宋	二观音龛	龛左残存观音菩萨坐残1身，右刻不空羂索观音坐像1身。二像座前刻童子蹲跪像，左右各立供养人像1身。	
218	209	单层方形龛	宋	解冤结菩萨龛	龛中刻主尊解冤结菩萨坐像1身，左右刻二飞天像及水牛五头。龛口刻武士立像2身。	「无大圣解冤结菩萨壹身」
219	210	单层方形龛	宋	水月观音	龛中刻水月观音坐像1身，左刻善财立像，右刻龙女立像。	
220	211	单层方形龛	宋	持印观音龛	龛中刻主尊持印观音坐像1身，左右各刻立式供养人像1身。	
221	212	单层方形龛	宋	不空羂索观音龛	龛中刻不空羂索观音坐像1身，三面六臂；座前刻飞人立像1身，左右各刻供养人立像1身。	
222	213	单层长方形龛	宋	水月观音龛	龛中刻水月观音坐像1身，山石座前存立式供养人像3身。	
223	214	残	宋	观音龛	龛中刻观音立像1身，左侧存供养人立像1身。	
224	215	残	前、后蜀	残像龛	龛内造像毁。	
225	216	残	前、后蜀	残像龛	龛内残存立像1身。	
226	217	方形残龛	前、后蜀	地藏龛	龛内刻地藏坐像1身，左刻光头立式弟子像；右沿立像毁。	

续表

序号	龛窟号	形制	年代	名称	内容	造像记
227	218	单层方形龛	前、后蜀	千手观音龛	龛中刻主尊千手观音坐像，头顶左右飞天大部残。左右侧壁各刻婆薮仙和吉祥天立像。	
228	219	单层方形龛	宋	菩萨龛	龛中刻菩萨立像1身，左刻侍者立像1身和供养人像3身，右侧造像残。	
229	220	方形残龛	前、后蜀	十六罗汉龛	龛中刻释迦佛坐像1身，左右对称各刻罗汉坐像8身。	
230	221	单层方形龛	前、后蜀	观音、地藏龛	龛内刻主尊观音、地藏菩萨立像2身，左右沿及下方刻供养人像7身。	
231	222	单层方形龛	前、后蜀	残像龛	龛中刻一坐像二立像，皆残。	
232	223	残	前、后蜀	残像龛	龛内残存立像1身。	
233	224	单层方形龛	前、后蜀	六臂观音龛	龛内中刻六臂菩萨立像1身，左右立像残。	
234	225	方形残龛	前、后蜀	净瓶观音龛	龛内刻净瓶观音立像1身。	
235	226	单层方形龛	前、后蜀	残像龛	龛内残存立像1身。	
236	227	单层圆拱形龛	前、后蜀	药师佛龛	龛内刻药师佛立像1身。	
237	228	单层方形龛	前、后蜀	二菩萨龛	龛内刻并立的菩萨残像2身，右沿刻供养人像5身。	
238	229	单层方形龛	前、后蜀	毗沙门天王龛	龛右刻主尊毗沙门天王立像1身，左右刻眷属立像10身，皆残。	
239	229-1	残	前、后蜀	千手观音龛	龛中刻千手观音坐像1身，手毁；左右上方各刻坐像2身，下方各刻立像2身，皆残。	
240	230	单层方形龛	前、后蜀	释迦、观音、大势至菩萨龛	龛内刻一佛二菩萨三主尊坐像，其身后刻弟子立像10身，左右龛沿残存力士立像各1身。	
241	231	单层方形龛	前、后蜀	药师佛龛	龛内刻一佛二菩萨立像3身，略残。	
242	232	单层方形龛	前、后蜀	残像龛	龛内中刻坐像1身，左右各刻立像1身，皆残。龛外左刻供养人立像1身。	
243	233	单层方形龛	前、后蜀	观音龛	龛内刻观音立像1身。	
244	234	单层方形龛	前、后蜀	二菩萨龛	龛内并立菩萨像2身，龛外刻供养人立像5身。	

附录 417

续表

序号	龛窟号	形制	年代	名称	内容	造像记
245	235	单层方形龛	前、后蜀	千手观音龛	龛内刻主尊千手观音坐像,有42只手臂,或持物或结印。座台左右刻胡跪的穷人、饿鬼像。左右侧壁上方刻飞天像,下刻婆薮仙和吉祥天。	
246	236	残	前、后蜀	空龛		
247	237	单层圆拱龛	前、后蜀	佛像龛	龛内残存坐佛像1身。	
248	238	单层方形龛	前、后蜀	残像龛	龛内正壁、左壁造像毁,右壁近龛口处存菩萨立像1身。	
249	239	残	前、后蜀	残像龛	龛中残存坐像1身,右侧存弟子立像1身。	
250	240	单层方形龛	唐乾宁三年(896年)	欢喜王菩萨龛	龛内并立菩萨像2身,右下刻立式供养人像3身。	敬造欢喜王菩萨一身」比丘尼惠志造奉报十方施主乾宁三年五」月十六日设斋表庆讫永为供养」小师敬修△小师法进」
251	241	单层方形龛	前、后蜀	观音、地藏龛	龛正壁左刻观音立像,右刻地藏坐像,右侧壁刻侍者立像,左沿面下部刻供养人立像2身。	
252	242	单层方形龛	前、后蜀	地藏龛	龛内刻地藏菩萨立像1身,龛外左下刻供养人立像1身。	
253	243	单层方形龛	唐天复元年(901年)	千手观音龛	龛内中刻主尊千手观音坐像,有38只手臂,皆持物。头顶左右各刻飞天像1身。左侧壁刻持棍婆薮仙,右侧壁刻持莲吉祥天。	敬〔镌〕造大悲千手眼菩萨壹龛□□□□□」〔右弟子军事押衙塞知进先为〕□□□〔塞〕□中之际夫妇惊忧同」□□□□△△贤圣□□□□□□安□与骨肉团圆今不负前」心□□□上件△△菩萨〔悉己酉年〕以天〔复〕元年五月十五日就院修」□□□□□鸿□永为供养」
254	244	单层方形龛	后蜀广政八年(945年)	观音、地藏龛	龛内刻观音、地藏二主尊立像。龛外左下方刻供养人立像7身。	□□造地藏□□」一龛(漶)」(漶)子之□氏」求造□□□广政」八年四月十七日」表赞讫」
255	245	单层方形龛	唐末(892—906)	观无量寿佛经变相龛	龛中部刻阿弥陀佛、观音、大势至三主尊坐像。龛上部刻主殿、配殿、斜殿等建筑,以廊道、虹桥相连;其间刻毫光、飞天、迦陵频伽、孔雀等,表现天宫楼阁盛况。龛下部刻伎乐图、说法图、天众像等,左右侧壁对称刻52身菩萨坐像。龛顶刻飞天、共命鸟及诸般乐器。龛左右沿中上部对称刻"十六观"图像。龛正壁及左右沿下部以方框形式,表现"未生怨"图像。	造西方」龛〔化〕首」刘净意」陈静喜」弟子李氏」(6至8行漶)」□□文氏」(漶)」

续表

序号	龛窟号	形制	年代	名称	内容	造像记
256	246	方形残龛	前后蜀	残像龛	龛内残存坐像2身。	
257	247	单层方形龛	前、后蜀	观音菩萨龛	龛内残存救苦观音立像1身。	□佛子张文信□□发为男天保」就院画妆救苦观音菩萨」□□以咸平六年十月廿八日修」□表庆讫」
258	248	方形残龛	唐末（892—906）	药师、观音龛	龛左刻药师佛，右刻观音立像。龛外左右各刻供养人立像2身。	
259	249	单层方形龛	前、后蜀	观音、地藏龛	龛内左刻持钵观音坐像，右刻持杖地藏坐像。地藏座前刻跪像1身，右沿下部及龛外左右侧竖直壁面刻供养人立像6身。	敬造救苦兼圣地藏菩萨一龛」
260	250	残	前、后蜀	经幢龛	龛内刻力士举抬的经幢一座，右侧壁上部刻立像1身。龛口右侧下部刻供养人立像1身。	
261	251	方形残龛	前、后蜀	二菩萨龛	龛内刻并坐菩萨像2身。	
262	252	单层方形龛	前、后蜀	二菩萨龛	龛内残存菩萨像2身。龛右沿下部刻供养人坐像1身。	弟子陈氏不（漶）」（漶）功德以〔至〕（漶）」（漶）日修斋（漶）
263	253	单层尖拱龛	前、后蜀	观音、地藏与十王龛	龛正壁左立地藏，右立观音，二像头顶华盖，上饰飞天像2身。左右侧壁对称共刻团云12组，内刻地狱十王及二司像。	
264	254	单层方形龛	前、后蜀	阿弥陀佛、观音、地藏龛	龛中刻阿弥陀佛、观音、地藏三主尊坐像，左右侧壁对称四组团云内，刻十王及判官像。龛顶刻乐器，部分残。	
265	255	单层方形龛	前、后蜀	药师经变龛	龛中刻药师佛，日光、月光菩萨三主尊坐像，左右侧壁对称8身菩萨立像，部分残。龛前刻十二药叉神将立像。龛外左右刻供养人立像5身。	1.（漶）一龛（漶）」（漶）意为（漶）」（漶）上件圣容□门」（漶）」（漶）月十八日就（漶）」男杨正章」男杨古章」 2.（漶）女弟子解氏」（漶）人（漶）」（漶）月七日设斋表赞」（漶）患耳愿早除（漶）」（漶）龛」（漶）娘（漶）」
266	256	单层方形龛	前、后蜀	药师经变龛	龛内刻药师佛，日光、月光菩萨坐像3身，像间刻弟子、侍女立像各1身。左右侧壁对称各刻菩萨立像4身，坛前刻药叉神将立像12身。龛顶残存乐器。	
267	257	单层方形龛	前、后蜀	二菩萨龛	龛内残存菩萨立像2身。	
268	258	单层方形龛	宋	降龙罗汉龛	龛内刻光头、鼓眼罗汉坐像1身，座左侧刻龙1条。	

续表

序号	龛窟号	形制	年代	名称	内容	造像记
269	259	单层方形龛	宋	水月观音龛	龛内刻水月观音坐像1身，左右刻供养人立像3身。	
270	260、262、266	单层方形龛	后蜀广政十八年（955年）	经幢龛	第260、262号龛内各刻经幢一座，266号刻地藏坐像2身。	佛顶尊胜陀罗尼」……」亡母王氏造此真言以愿永升净（澨）」……」以广政十八年岁次乙卯囗月囗日（澨）」赞讫永为供养」
271	261	残	前、后蜀	经幢龛	龛内刻经幢1座。	
272	263	残	前、后蜀	残像龛	龛内存残像3身，仅辨轮廓。	
273	264	残	前、后蜀	残像龛	龛内可辨造像1身。	
274	265	残	前、后蜀	残像龛	龛内存残像2身。	
275	267	方形残龛	前、后蜀	二菩萨龛	正壁刻菩萨坐像2身，左右壁外端及龛外左壁刻立式供养人像11身。	
276	268、272	残	宋	残像龛	两龛正壁下部皆刻主尊坐像3身，中主尊左右各刻弟子像1身；正壁上部分两排刻坐佛7身。	
277	269、270	单层方形龛	前、后蜀	释迦、经幢龛	第269号龛刻经幢一座。第270号龛中刻释迦坐像1身，左右分刻弟子、菩萨立像各1身。龛顶残存乐器。龛外浅龛存立式供养人像。	
278	271	单层方形龛	前、后蜀	经幢龛	龛内正壁刻经幢1座，左右侧壁刻立像3身。	
279	273	双层方形龛	前、后蜀	千手观音龛	龛内刻主尊千手观音坐像1身，有42只手臂；座左右刻穷人及饿鬼像。龛左右壁分刻捧盏的吉祥天和持杖的婆薮仙。龛上沿刻坐佛10身。龛外左右对称各刻地藏坐像4身。	
280	274	单层方形龛	宋	持印观音龛	龛中刻主尊持印观音立像1身，左右各刻立式供养人像1身。龛底右端刻立式供养人像1身。	
281	275	单层方形龛	前、后蜀	观音、地藏龛	龛内左刻观音坐像，右刻持杖地藏坐像；右沿下部存立像1身。龛外右侧二浅龛内残存立像2身。	
282	276	单层方形龛	前、后蜀	地藏龛	龛内刻持杖坐式地藏像1身，右沿下部刻立像1身。龛右沿外侧二浅龛内各刻供养人立像1身。	

续表

序号	龛窟号	形制	年代	名称	内容	造像记
283	277	单层方形龛	宋	观音、地藏龛	龛左刻捧珠持杖的地藏立像，右刻握念珠的观音立像。	
284	278	单层方形龛	宋	药师经变龛	龛中刻药师、日光菩萨、月光菩萨坐像3身，中像左右各刻弟子立像1身；左右壁上部各刻飞天1身，中下部各刻立式菩萨像4身。龛顶残存乐器，龛前刻勾栏四段和残像10身。	
285	279	双层方形龛	后蜀广政十八年（955年）	药师经变龛	龛内左龛正壁刻药师佛、日光菩萨、月光菩萨坐像3身，左右侧壁对称刻菩萨立像8身，龛前药叉神将立像12身。龛内右龛正壁刻经幢1座。外龛正壁上方刻坐佛10身；外龛左壁纵向刻地藏坐像4身。龛顶刻飞天2身及乐器9件。	1.弟子通引官行首王承秀室家女弟子救脱部众并十方佛阿弥陀佛尊胜幢地藏菩萨四身共一龛」氏发心诵念药师经一卷并舍钱妆此龛劝氏同发心造上件□□今已成就伏冀福寿长远灾障不侵〔眷属〕□□公私清吉以广政十八年二月廿四日修斋表」德意希保家门之昌盛保夫妇以康和男福□□□□妇□□子李氏△周氏」女二娘子△四娘子□□□□娘子女婿于承江△子五香二香三香」△△△△△△△△△△△△△△△通引行首王承〔秀〕 2.妆銮尊胜幢」一所」右女弟子董氏为」女解氏造以咸平」二年三月三十日修」斋表赞讫」
286	280	方形残龛	宋	水月观音龛	龛正壁刻水月观音坐像1身，保存较差。	（漶）」（漶）」（漶）」（漶）」（漶）」（漶）」（漶）作天下（漶）」（漶）同圣人之（漶）」（漶）圣人之（漶）」（漶）禹恩天（漶）」（漶）此□音（漶）」（漶）」（漶）壹龛（漶）」（漶）延长男（漶）」（漶）」
287	281	双层方形龛	后蜀广政十七年（954年）	药师经变、经幢、地藏龛	龛内左龛刻经幢1座。龛内右龛正壁刻药师佛、日光菩萨、月光菩萨坐像3身，左右侧壁对称共刻菩萨立像8身，龛前刻药叉神将立像12身；龛顶飞天2身及乐器若干。外龛正壁上方左起依次刻三世佛、阿弥陀、七佛等坐佛像；外龛左壁纵向刻地藏坐像3身。龛外左、右侧浅龛内存供养人立像7身。	（漶）」（漶）」（漶）」娑□□□萨□诃□□娑秫地」弟子右厢□□衙知衙务刘恭造」阿鼻说者苏揭多伐（漶）」嚩秫地阿鼻〔说〕者苏揭多伐折」那阿嚱嘌多毗□劚阿诃啰阿」罗阿瑜散陀」 2.敬镌造药师琉璃光佛八菩萨十二神王一部众并七佛三世佛阿弥陀佛尊胜幢壹所」兼地藏菩萨三身都共壹龛」右弟子右厢都押衙知衙务刘恭姨母任氏男女大娘子二娘子男〔仁寿〕仁福仁禄等发心镌造前件功德今并周圆伏愿身田清〔爽〕」寿算遐昌眷〔属〕康安高封禄位先灵祖远同沾殊善以广政十七年太岁甲寅二月丙午朔十一日丙辰设斋表赞讫永为瞻敬」
288	282	残	前、后蜀	菩萨龛	龛内残存菩萨坐像1身。	

续表

序号	龛窟号	形制	年代	名称	内容	造像记
289	283	残	前、后蜀	空龛		
290	284	残	宋	残像龛	龛内左右各残存立像1身。	
291	285	方形残龛	宋	净瓶观音龛	龛内刻净瓶观音坐像1身，右下刻供养人立像1身。	
292	286	单层方形龛	北宋大观三年（1109年）	观音龛	龛中刻观音坐像1身，其头顶左右上方各刻飞天1身；左右侧壁各刻立像1身。	□□□□□」□□同登□□」□官之年□□〔病〕疾□时□□」遂发心就此□」〔镌〕造观音□」龛以大观三〔年〕」正月彩绘毕□」斋〔修〕庆赞讫□」月十八日〔记〕」
293	287	残	宋	残像龛	龛内中下部仅可辨一线刻的佛像。	
294	288	残	北宋大观元年（1107年）	残像龛	龛正壁原刻阿弥陀佛像，龛顶刻乐器。现龛正壁改刻为大明蜀总制林俊坐像，左壁刻重庆府同知范府坐像，右壁刻大足知县唐鳌翔。	镌造各保寿年永远□报弥〔陀〕□□马道者〔书〕□□□」初九日表庆功德奉善弟子□□□□□□」□有随喜见闻同〔胜〕〔利〕□大观元年丁〔亥〕□十一〔月〕」〔大〕香启愿迓大圣之威风〔宝纸〕□□□□□□□」〔母〕亲相生恶〔开古〕发愿□三业〔以〕□□川□□□□」〔化〕身变大化□〔宜金回投妄念〕□长河〔为〕□□□□□」〔愿当〕智道〔于〕州果□〔因〕示□州千手千眼〔湆〕」□□□□知见于回流〔永□〔就〕院存六〔道〕〔湆〕」□□□炭思苦□般〔湆〕」招□之密〔语〕利益〔湆〕」□□□神无□□□□之〔神〕〔湆〕」□□□□□□□此人〔湆〕」□□□□□□□□□求〔湆〕」各□□□□求〔湆〕」心□□贵无〔湆〕」□□□心□□□六〔道〕〔湆〕」□□□□□自□□□一□〔湆〕」□□□□□□□□历顶〔湆〕」□□□□□□□□不〔湆〕」□□利□□□□□〔湆〕
295	289	单层方形龛	北宋	诃利帝母龛	龛中刻诃利帝母坐像1身，怀抱小儿；左右刻侍女立像1身。龛前左刻乳娘坐像1身和小儿残像数身。	
296	290	摩崖方碑	明嘉靖三年（1524年）	林俊诗碑	龛内方框上部线刻林俊像，下部刻林俊诗及跋文，左起竖刻10行，80字。	

图书在版编目（CIP）数据

北山佛湾石窟第193—290号考古报告. 上册 / 黎方银主编；大足石刻研究院编. — 重庆：重庆出版社，2017.11
（大足石刻全集. 第三卷）
ISBN 978-7-229-12682-7

Ⅰ. ①北… Ⅱ. ①黎… ②大… Ⅲ. ①大足石窟－考古发掘－发掘报告
Ⅳ. ①K879.275

中国版本图书馆CIP数据核字(2017)第228170号

北山佛湾石窟第193—290号考古报告　上册
BEISHAN FOWAN SHIKU DI 193-290 HAO KAOGU BAOGAO SHANGCE

黎方银　主编　　大足石刻研究院　编

总 策 划：郭　宜　黎方银
责任编辑：廖建明　夏　添
美术编辑：郑文武　夏　添　吕文成　王　远　周　瑜
责任校对：何建云
装帧设计：胡靳一　郑文武
排　　版：唐　珊

重庆出版集团
重庆出版社　出版

重庆市南岸区南滨路162号1幢　邮政编码：400061　http://www.cqph.com
重庆新金雅迪艺术印刷有限公司印制
重庆出版集团图书发行有限公司发行
E-MAIL:fxchu@cqph.com　邮购电话：023-61520646
全国新华书店经销

开本：889mm×1194mm　1/8　印张：58
2017年11月第1版　2017年11月第1次印刷
ISBN 978-7-229-12682-7
定价：2000.00元

如有印装质量问题，请向本集团图书发行有限公司调换：023-61520678

版权所有　侵权必究